公路工程施工质量控制技术

主　编　华学礼
副主编　潘　威
　　　　梁清民
主　审　刘祖祥

人民交通出版社

内 容 提 要

本书论述全面，注重理论与实践相结合，对公路工程施工关键工序、关键材料、关键工艺提出了相应的控制要求，并对这些质量因素作为质量控制点，进行重点控制和预控。主要内容包括：公路工程施工质量控制概论、公路工程施工质量控制管理方法、沥青路面施工质量控制、水泥混凝土路面施工质量控制、路基工程施工质量控制、路面基层（底基层）施工质量控制、公路工程施工中常见的问题与防治。

本书适合公路工程施工一线的技术人员使用，可供公路工程技术人员参考，也可作为有关专业继续教育与职业培训教材。

图书在版编目（CIP）数据

公路工程施工质量控制技术 / 华学礼主编—北京：人民交通出版社，2007.10

ISBN 978-7-114-06747-1

Ⅰ. 公… Ⅱ. 华… Ⅲ. 道路工程-工程质量-质量控制 Ⅳ. U415.12

中国版本图书馆 CIP 数据核字（2007）第 123955 号

书　　名：公路工程施工质量控制技术
著 作 者：华学礼
责任编辑：袁　方
出版发行：人民交通出版社股份有限公司
地　　址：（100011）北京市朝阳区安定门外外馆斜街 3 号
网　　址：http://www.ccpress.com.cn
销售电话：（010）59757973
总 经 销：人民交通出版社股份有限公司发行部
经　　销：各地新华书店
印　　刷：北京市密东印刷有限公司
开　　本：787×1092　1/16
印　　张：23
字　　数：576 千
版　　次：2007 年 10 月　第 1 版
印　　次：2016 年 1 月　第 2 次印刷
书　　号：ISBN 978-7-114-06747-1
定　　价：42.00 元

前言

公路工程项目施工涉及面广，是一个极其复杂的过程。在公路工程施工的过程中，直接影响其质量的因素很多，如设计、材料、机械、地形、地质、水文、气象、施工工艺、操作方法、技术措施、管理制度等；而且公路工程项目位置固定、体积大，不同项目所在地点不同，不像工业生产有固定的流水线、规范化的生产工艺及检测技术、成套的生产设备和稳定的生产条件，因此影响公路施工项目质量的因素多，容易产生质量问题。如使用材料的微小差异、操作的微小变化、环境的微小波动、机械设备的正常磨损，都会产生质量变异、造成质量事故，因此，公路工程项目施工过程中的质量控制，就显得极其重要。公路工程质量的形成受到所有参加工程项目施工的管理干部、技术人员、操作人员、服务人员共同作用，他们是形成工程质量的主要因素。因此，要控制施工质量，就要培训、优选施工人员，抓好质量教育。在培训和教育中，首先应增强他们的质量意识。按照全面质量管理的观点，施工人员应当树立五大观念：质量第一的观念，预控为主的观念，为用户服务的观念，用数据说话的观念以及社会效益、企业效益、综合效益的观念。其次是提高他们的技术素质。管理干部、技术人员应有较强的质量规划、目标管理、施工组织和技术指导、质量检查的能力；生产人员应有精湛的技术技能、一丝不苟的工作作风，应有严格执行质量标准和操作规程的法制观念。总之，人员质量意识的增强和素质的提高，就能有效地保障工程施工的质量。

在公路工程施工过程中，运用全面质量控制的知识，对工程质量影响因素进行认真细致的分析，确定质量控制的措施和目标，使工程质量控制有的放矢，达到事前认真预防、事中严格控制，扭转事后检测达不到标准的被动局面，从而提高工程质量控制的水平和效率。

本书结合质量控制点的选择，对关键工序、关键材料、关键工艺提出了进行重点控制的要求，并对这些质量因素作为质量控制点，进行重点控制和预控，这是进行质量控制的有效方法。质量控制的目标应抓住目标制定、目标展开和目标实施这三个环节。施工质量目标的制定，应根据企业的质量目标和控制中没有解决的问题、没有经验的新施工产品、用户的意见和特殊的要求等，其中同类工程质量通病是最主要的质量控制目标；目标展开就是目标的分解与落实；目标的实施，中心环节是落实和实施目标责任。各专业、各工序都应以质量控制为中心进行全方位管理,从各个侧面发挥对工程质量的保证作用,从而使工程质量控制目标得以实现。

参加本书编写工作的有:河南省商丘市豫东公路勘察设计有限公司华学礼、余彦军、张少华、张凌风;河南省交通职业技术学院潘威、尚云东;河南省商丘市交通局梁清民;河南省商丘市公路管理局户相玉、郑凤玺、张敏、刘娟;河南省商丘市东方工程监理咨询有限公司王春艳;河南省漯河市公路管理局常伟琴;河南省商丘市交通工程质量监督站黄幸福;河南省郑州市公路管理局李子云。全书由华学礼担任主编,潘威、梁清民担任副主编;河南省商丘市公路管理局刘祖祥担任主审。

本书在编写过程中,参考了很多教材、专著和手册,值此向这些书的作者致谢。限于编者的水平,书中的不妥之处在所难免,恳请读者批评指正。

编　者

2007 年 6 月

目录

第一章 公路工程施工质量控制概论

公路工程施工质量是公路产品使用价值的集中表现。只有符合国家和交通行业现行法律、法规、技术标准、批准的设计文件及工程合同，满足工程的安全、适用、经济、美观等特性的综合质量要求的工程，才具有使用价值，才能投入生产和交付使用，并取得投资效果。质量不合格，就丧失了使用价值，是最大的浪费；工程质量高，使用价值就大。因此，在施工中必须牢固树立“百年大计、质量第一”的思想，做到“好中求快、好中求省”。投资者或建设单位最关心工程质量的优劣。用户的最大利益在于工程质量。因此，施工企业要想维持生存、求得发展，不可不重视工程质量，不然必将在竞争中被淘汰。从一定意义上讲保证工程质量应视作施工企业的生命。

由于公路基础设施的公益属性，决定了公路工程质量具有特殊性、公开性和效益性。

(1)特殊性。公路工程质量不仅是产品质量问题，而且关系到国计民生和人民出行的财产和生命安全，与公众利益息息相关。

(2)公开性。因为公路是开放的，对其质量问题，人人都可以监督和评说，因此，公路工程质量是涉及行业形象的大事。

(3)效益性。公路设施建设需要高投入，优质工程会延长使用周期，带来长远的经济效益和社会效益；劣质工程要付出高额代价；勉强过得去的工程，则会增大养护成本。由此看来，工程质量好坏，不仅关系到企业的信誉，而且更重要的是关系到国民经济的全局，关系到人民生活。

因此，必须把工程质量当作关系现代化建设的大事来抓。总而言之，保证工程质量，是施工企业追求产值、产量、速度、成本节约、企业信誉、经济效益和社会综合效益的基础。

工程施工阶段既是形成工程项目实体的阶段，又是实现工程项目设计意图的重要阶段。因此，施工阶段的工程质量控制工作是工程项目建设工作的重要组成部分。施工质量控制工作的主要任务，是从组织、技术、合同和经济的角度采取一系列措施进行工程质量、进度、投资控制与项目合同管理和信息资料管理及必要的指导协调，使得工程建设项目的设计总目标得以实现。

第一节 概 述

一、我国质量控制管理概况及发展

中华人民共和国成立以来，经过近60年的建设实践，施工质量控制管理取得了很大成就，并积累了十分宝贵的经验。国家制定了一系列的建设方针和政策，如“百年大计、质量第一”，“严格把关与积极预防相结合，以预防为主”等。同时在施工中建立了质量控制管理机构，组成专业质量管理和群众质量管理相结合的体制，提倡三结合。还建立了自检、互检、交接检的“三检”制度。大多数企业都建立和健全了技术管理制度，除执行国家规程外，还补充了一些行之有效的方法，如中间交工、隐蔽工程验收、质量事故处理规定，重视质量通病的管理；还建立了工程交工后回访制度和定期保修制度等。但近些年来，在工程质量管理方面，出现了下列一些突出问题：一是建设项目管理乏力。由于建设单位(业主)对工程合理标段、合理标价、合理工期要求不严，致使“人情工程”、“感情工程”有了市场，助长了行政干预市场，如指定分包，指定材料采购等，诱发了腐败现象。二是公路设计市场尚未完全形成，缺乏竞争机制，致使重大技术方案缺乏比选，地质材料收集不齐，设计文件“错、漏、缺”成为通病，甚至出现设计上的分包和挂靠现象，形成无资质或越级设计。三是施工管理粗放。在市场竞争激烈的条件下，一些单位低价抢标，形成“总公司中标，服务公司进场”，层层分包，从中获取管理费的现象，导致进场施工的单位技术力量不足，不按规范施工，工程粗制滥造。四是监理工作不适应当前公路建设的形势。目前，监理队伍从数量到质量均不能适应加快公路建设的要求，许多项目监理与建设单位为同一部门，缺乏监理工作的独立性和公正性。

实践证明，要搞好公路工程质量控制管理，一要改善施工企业外部经济和经营环境；二要在施工企业内部真正推广全面质量控制管理。

1. 改善施工企业外部经济和经营环境

(1)加大政府对建设市场和工程质量的监管力度。各级交通主管部门要进一步建立和健全对工程质量的监督约束机制，通过政府质量监督机构，完善质量监督手段，有效地促进公路工程质量全面提高。

(2)要严肃处理质量事故和公路建设市场管理的违规行为。地方各级交通主管部门要按照交通部要求，对工程质量问题不护短、不包庇、不纵容，认真调查核实。一方面要科学严谨处理质量上的技术问题，另一方面要严肃处理责任单位和责任人。

(3)积极推行招、投标制度。建设单位(业主)在进行工程项目建设时，对具备招标条件项目，必须坚持通过招标，择优选择设计、施工和监理单位。在整个招标过程中，要重点审查建设队伍的资质、能力和信誉；要加强合同管理，不搞行政干预。各级交通主管部门要按照分级管理原则对资格预审和招标文件给予把关。

(4)切实加强设计质量管理。对具备条件的要坚持招标择优选择设计单位；不具备条件的要对公路设计方案进行多方案比选，科学确定合理方案。对大、中型公路建设项目，设计单位在施工现场应派驻设计代表或设置机构。

(5)加强监理队伍建设。进入现场的监理单位必须持有交通主管部门审批的相应工程监理资质，主要监理人员要持证上岗。同时监理单位要强化监理手段，对工程现场配备相应的人员和设备，保证满足项目的要求。

(6)严格施工企业现场管理。施工企业必须按资质能力和相应工程项目质量要求承接工程，坚决取缔建设中的转包，严格限制分包。分包单位必须具备相应资格。

2. 在施工企业内部真正推广全面质量管理

(1)加强领导。全面质量管理搞得好不好，关键在领导，特别是主要领导。领导如果不重视、不支持，全面质量管理是推不开、搞不好的。因此，领导特别是主持全面工作的经理、厂长和总工程师必须亲自动手抓。质量管理的关键在于企业领导班子牢固树立“质量第一、信誉第一、用户第一”的经营指导思想。

(2)要培养一批技术骨干，使其成为推进全面质量管理的中坚力量。

(3)广泛开展群众性的质量管理小组活动。开展质量管理小组活动，对提高质量、降低消耗、提高企业素质有很重要的作用。质量管理小组活动，是我国多年来开展的群众参加管理的

经验同国外先进的科学管理方法相结合的产物，是搞好全面质量管理的群众基础。

(4)搞好职工的培训。必须使每个职工从思想上认识到保证产品质量和工作质量对国家、企业和个人的重要意义，真正树立起"质量第一"的思想。同时也必须使他们提高工作能力和技术水平，拥有不断提高产品质量和工作质量的基本手段。企业的各级领导也必须学习业务技术，同时要为广大干部钻研业务、提高技术创造必要的条件。

(5)搞好质量管理，要有明确的方针、目标、计划。搞好全面质量管理，要结合现场存在的问题选择课题，确定方针、目标、计划，不搞形式主义。

(6)全面质量管理工作要和企业内部工资、奖金分配政策挂钩，建立健全质量保证体系。明确各职能部门、各环节以至每个职工在质量上的责任、权限、分工，并和考核奖惩、个人物质利益结合起来；要使质量高的单位和职工，得到更多的收入，对质量差的单位和职工，扣减一定数量的奖金或工资额；各级要建立健全质量管理专职机构，充实得力精干的人员，加强检验、化验和标准化机构。

二、工程质量概念

1. 质量的定义

质量是反映实体满足明确或隐含需要能力的特性之总和(GB/T 6583—94、ISO 8402—1994)。质量主体是"实体"。实体可以是活动或过程(如监理单位受业主委托实施工程建设监理或承建商履行施工合同的过程)；也可以是活动或过程结果的有形产品，如建成的公路、桥梁或无形产品，如监理规划等；也可以是某个组织体系或人；也可以是以上各项的组合。由此可见，质量的主体不仅包括产品，而且包括活动、过程、组织体系或人，以及它们的结合。

需要通常被转化为有规定准则的特性，如使用性、安全性、可信性、可靠性、维修性、经济性、美观和环境协调等方面。在许多情况下，需要随时间、环境的变化而改变，这就要求定期修改反映这些需要的各种文件。明确需要是指在合同、标准、规范、图纸、技术文件中已经作出明确规定的要求。隐含需要则应加以识别和确定，它一是指业主或社会对实体的期望；二是指人们所公认的、不言而喻的、不必作出规定的"需要"，如公路、桥梁应满足汽车交通最起码的畅通和安全功能即属于"隐含需要"。获得满意的质量要涉及全过程各阶段相互作用的众多活动的影响，有时为了强调不同阶段对质量的作用，可以称某阶段对质量的作用或影响，如"设计对质量的作用或影响"、"施工对质量的作用或影响"、"验收对质量的作用或影响"、"养护对质量的作用或影响"等。

质量定义中所说的满足明确或隐含需要，不仅是针对业主的，还应考虑到社会的需要，符合国家有关的法律、法规的要求。如某些产品虽然能适应某些地区业主的需要，但该地区从总体规划上来考虑不允许发展，因此，这样的产品也就不能"满足需要"，不具有所要求的质量。

2. 工程项目质量

工程项目质量是国家现行的有关法律、法规、技术标准、设计文件及工程合同中对工程的安全、适用、经济、美观等特性的综合要求。工程项目一般都是按照合同条件承包建设的，因此，工程项目质量是在"合同条件"下形成的。合同条件中，对工程项目的功能、使用价值及设计、施工质量等的明确规定，这些规定都是业主的"需要"，都是质量的内容。

从功能和使用价值来看，工程项目质量又体现在适用性、可靠性、经济性、外观质量与环境协调等方面。由于工程项目是根据业主的要求而兴建的，不同的业主也就有不同的功能要求，所以，工程项目的功能与使用价值的质量是相对于业主的需要而言，并无一个固定和统一的标准。

任何工程项目都是由分项工程、分部工程和单位工程所组成，而工程项目的建设，则是通过一道道工序来完成，是在工序中创造的。所以，工程项目质量包含工序质量、分项工程质量、分部工程质量和单位工程质量。但工程项目质量不仅包括活动或过程的结果，既要包括活动或过程本身，还要包括生产产品的全过程。因此，工程项目质量应包括如下工程建设各个阶段的质量及相应的工作质量：工程项目决策质量；工程项目设计质量；工程项目施工质量；工程项目养护质量。各阶段的质量内涵可以概括为表 1-1。

工程建设各阶段的质量内涵

表 1-1

工程项目质量形成的阶段	工程项目质量在各阶段的内涵	合同环境下满足需要的主要规定
决策阶段	可行性研究，工程项目投资决策	国家的发展规划或业主的需求
设计阶段	功能、使用价值的满足程度，工程设计的安全、可靠性，自然及社会环境的适应性，工程概（预）算的经济性，设计进度的时间性	工程建设勘察、设计合同及有关法律、法规
施工阶段	功能、使用价值的实现程度，工程的安全、可靠性，自然及社会环境的适应性，工程造价的控制状况，施工进度的时间性	工程建设施工合同及有关法律、法规
养护阶段	保持或恢复原使用功能的能力	工程建设施工合同及有关法律、法规

工程项目质量也包含工作质量。工作质量是指参与工程建设者，为保证工程项目质量所从事工作的水平和完善程度。工作质量包括：社会工作质量，如社会调查、市场预测、质量保证和技术服务等；生产过程工作质量，如决策工作质量、管理工作质量、技术工作质量和后勤工作质量等。工程项目质量的好坏是决策、计划、勘察、设计、施工等单位各方面、各环节工作质量的综合反映。要保证工程项目的质量，就要求有关部门和人员精心工作，对决定和影响工程质量的所有因素严加控制，即通过提高工作质量来保证和提高工程项目的质量。

三、公路工程质量特点和形成过程的影响

1. 公路工程项目和公路工程质量的特点

公路工程质量的特点是由公路工程项目的特点决定的。

(1)公路工程项目的特点

①具有单项性：公路工程项目是按业主的建设意图单项进行设计的，其施工内外部管理条件、所在地点的自然和社会环境、生产工艺过程等也各不相同，即使类型相同的工程项目，其设计、施工也会存在着千差万别。

②具有一次性与寿命的长期性：公路工程项目的实施必须一次成功，它的质量必须在建设的过程中一次全部满足合同规定要求。公路工程项目质量不合格会长期影响工程的正常使用，甚至会危及工程使用者的人身安全。

③具有高投入性：任何一个公路工程项目都要投入大量的人力、物力和财力，投入建设的时间也是一般产品所不可比拟的。

④具有生产管理方式的特殊性：公路工程项目施工地点是特定的，产品位置固定而操作人员流动。因此，这些特点形成了公路工程项目管理方式的特殊性。这种管理方式的特殊性还

体现在工程项目建设必须实施监督管理，从对工程质量有制约和提高的作用。

⑤具有风险性：公路工程项目在自然环境中进行建设，受自然的影响很多，由于建设周期很长，遭遇风险的机会也多，工程的质量会受到不同程度的影响。

(2)公路工程质量的特点

由于上述工程项目的特点而形成了公路工程质量本身的特点。

①影响因素多：如决策、设计、材料、机械、环境、工艺、方案、方法和技术措施、管理制度、施工人员素质等均直接或间接地影响工程项目的质量。

②质量波动大：公路工程建设因其具有复杂性、单一性，不像生产一般工业产品那样，有固定的生产流水线，有规范化的生产工艺和完善的检测技术，有成套的生产设备和稳定的生产环境，有相同系列规格和相同功能的产品，所以其质量波动性大。

③质量变异大：由于影响公路工程质量的因素较多，任何因素出现质量问题，均会引起工程建设系统的总体质量变异，造成工程质量事故。

④质量隐蔽性：公路工程项目在施工过程中，由于工序交接多、中间环节多、隐蔽工程多，若不及时检查并发现其存在的质量问题，事后检查表面质量可能很好，容易产生第二判断错误，即将不合格的产品，也认为是合格的产品。

⑤质检局限大：公路工程项目建成后，质量的终检验收难以发现工程内在的、隐蔽的质量缺陷。

所以，对公路工程质量更应重视事前控制、事中监督，防患于未然，将质量事故消灭于萌芽状态之中。

2. 工程建设各阶段对质量形成的影响

工程质量是按照工程建设程序，经过工程建设系统各个阶段而逐步形成的。其形成的系统过程阶段的主要内容包括：可行性研究阶段、项目决策阶段、工程设计阶段、工程施工阶段和工程验收阶段。

要实现对工程项目质量的控制，就必须严格执行工程建设程序，对工程建设质量形成过程中的各个阶段进行严格控制。工程建设的不同阶段，对工程项目质量的形成有不同的作用和影响。

(1)项目可行性研究对工程项目质量的影响

项目可行性研究是运用技术经济学原理，在对投资建议有关的技术、经济、社会、环境等所有方面进行调查研究的基础上，对各种可能的拟建方案和建成投产后的经济效益、社会效益和环境效益等进行技术经济分析、预测和论证，确定项目建设的可行性，并在可行的情况下提出最佳建设方案，作为决策、设计的依据。在此阶段，需要确定工程项目的质量要求，并与投资目标相协调。因此，项目的可行性研究直接影响项目的决策质量和设计质量。

(2)项目决策阶段对工程项目质量的影响

项目决策阶段，主要是确定工程项目应达到的质量目标及水平。对于工程项目建设，需要控制的总体目标是投资、质量和进度，它们三者之间是互相制约的。要做到投资、质量、进度三者协调统一，达到业主最为满意的质量水平，则应通过可行性研究和多方案论证来确定。因此，项目决策阶段是影响工程项目质量的关键阶段，要能充分反映业主对质量的要求和意愿。在进行项目决策时，应从整个国民经济角度出发，根据国民经济发展的长期计划和资源条件，有效地控制投资规模，以确定工程项目最佳的投资方案、质量目标和建设周期，使工程项目的预定质量标准，在投资、进度目标下能顺利实现。

(3)工程设计阶段对工程项目质量的影响

工程项目设计阶段,是根据项目决策阶段已确定的质量目标和水平,通过工程设计使其具体化。设计在技术上是否可行,工艺是否先进,经济是否合理,设备是否配套,结构是否安全可靠等,都将决定着工程项目建成后的使用价值和功能。因此,设计阶段是影响工程项目质量的决定性环节。

(4)工程项目施工阶段对工程项目质量的影响

工程项目施工阶段,是根据设计文件和图纸的要求,通过施工形成工程实体。这一阶段直接影响工程的最终质量。因此,施工阶段是工程质量控制的关键环节。

(5)工程项目竣工验收阶段对工程项目质量的影响

工程项目竣工验收阶段,就是对项目施工阶段的质量进行试运行、检查评定、考核质量目标是否符合设计阶段的质量要求。这一阶段是工程建设向运营管理转移的必要环节,影响工程能否最终投入运营及其运营后的效果,体现了工程质量水平的最终结果。因此,工程竣工验收阶段是工程质量控制的最后一个重要环节。

综上所述,工程项目质量的形成是一个系统的过程,即工程质量是可行性研究、投资决策、工程设计、工程施工和竣工验收各阶段质量的综合反映。

四、施工控制的理论与方法

1. 施工控制的概念

控制论是一门研究系统的状态、功能、行为方式及其变动趋势,控制系统的稳定,使系统按预定目标运行的技术科学。控制是指在实现行为对象目标的过程中,行为主体按预定的计划实施,在实施的过程中会遇到众多的干扰,行为主体通过检查,收集到实施状态的信息,将其与原计划(标准)作比较,发现偏差时,采取措施纠正这些偏差,从而保证计划正常实施,达到预定目标的全部活动过程。在这里主要是研究公路工程施工项目的控制,实质是施工现场施工活动的控制。

公路工程施工项目控制的行为对象是施工项目。控制行为的主体是施工项目经理部,控制对象的目标构成目标体系。对不同的目标控制,如工程质量目标、工程进度目标、成本目标、生产安全目标等,分别编制不同的计划,采用具有相应有效的科学方法与手段纠正由于各种干扰产生的偏差。施工项目目标控制的主要要素包括:施工项目、控制目标、控制主体、实施计划、实施信息、偏差数据、纠偏行为等。因此,其一般控制系统模式,如图1-1所示。

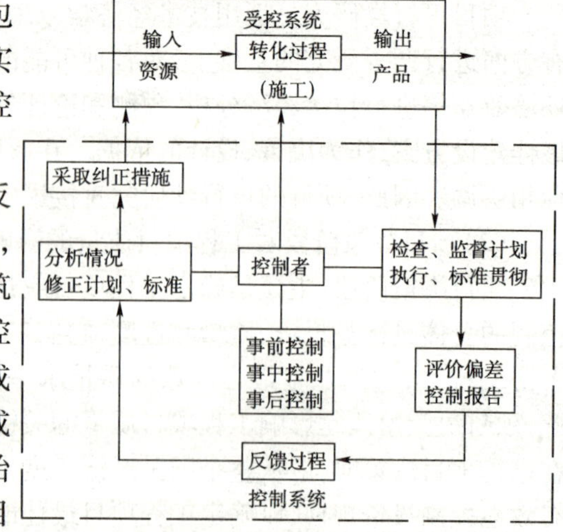

图1-1　控制系统模式

从图1-1可以看出,控制者控制的过程是从反馈系统得到控制系统的信息后,便着手制订计划,采取措施,输入受控系统,在输入资源转化为建筑产品的过程中,对受控系统根据事前控制、事中控制、事后控制的原则进行检查、监督,并与计划或标准进行比较,对比较后的偏差进行直接纠正,或通过(报告等)信息反馈修正计划或标准,并开始新的一轮控制循环。图中的控制者系指施工项目的经理、总工程师(或主任工程师)、经济师、所有

技术人员、行政干部与施工工人等，当然也包括监理人员。所有人员均应按其已明确的责任对所属任务进行控制。必须明确，控制是全员的控制。

2. 施工控制的目的与意义

施工项目的控制的目的是通过科学有效的控制，达到全面实现合同目标。可见施工控制是实现施工目标的手段。实施控制的意义是通过科学有效的控制，能动地排除各种干扰和偏差来保证和促进施工目标的实现。如果没有施工项目的控制，特别是对施工现场的有效可靠控制，就谈不上施工项目管理，也不会有合同目标的实现。

3. 施工控制的基本理论与方法

控制的需要产生于社会化的生产活动。控制的基本理论服从于控制论的基本思想。其要点如下。

(1)控制是一定主体为实现一定的目标而采取的一种行为

要实现最优化控制，首先要有一个合格的控制主体，其次是要有明确的系统目标，这是必须满足的两个条件。公路工程施工项目控制的行为对象是施工项目。控制行为的主体则是该施工项目的经理部，控制对象的目标构成体系包括成本目标、质量目标、进度目标、安全生产目标、环境保护目标、合同管理目标等。

(2)控制是按事先拟订的计划和标准进行的

控制活动就是要检查实际发生的情况与标准(计划或规范等)是否存在偏差，偏差是否是在允许范围之内，是否应采取控制措施及采取何种措施以纠正偏差。

(3)控制的主要方法

控制的主要方法，包括测量、试验、观察、分析、监督、总结提高等。

(4)控制是针对被控制系统而言的

既要对被控制系统进行全过程控制，又要对其所有要素进行全面控制。施工现场是施工生产要素的集中点，这些要素包括人力、物力、财力、信息、技术、组织、时间、信誉等。全过程控制包括事前控制、事中控制和事后控制。

(5)控制是动态的

公路工程施工现场是施工生产要素的集中点，现场点多、面广、工程类型众多、结构复杂、技术难度大、施工环境和自然条件(如地质、地理、水文等)变化大，致使作业环境多变，所用材料品种众多且数量大，所用机械种类众多且人机流动性大，施工作业往往是主体作业。总之，公路工程施工现场的生产要素是处于动态的变化之中，因此，对其控制也必然是动态的。其动态控制原理，如图1-2所示。

(6)提倡主动控制

应根据施工现场的实际情况及施工单位的条件，结合以往的经验等，认真分析研究，预先分析发生偏离的可能性和状况及提出相应的预防措施，防止发生偏离，亦即必须加强预控。

(7)控制是一个大系统

施工项目控制的系统模式，如图1-3所示。

五、工程项目质量控制

1. 质量控制

质量控制是指为达到质量要求所采取的一系列技术措施和活动，质量要求需要转化为可用定性或定量的规范表示的质量特性，以便于质量控制的执行和检查。质量控制贯穿于质量

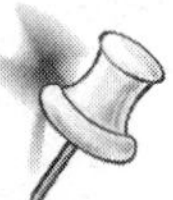

形成的全过程、各环节，要排除这些环节的技术、活动偏离有关规范的现象，使其恢复正常，达到控制的目的。质量控制的内容是指“采取的一系列技术措施和活动”。这些活动包括：

(1)确定控制对象，例如设计过程、施工过程、试验检测过程和验收评定过程等。

(2)规定控制标准，即详细说明控制对象应达到的质量要求。

(3)制订具体的控制方法，例如技术方案、工艺规程。

(4)明确所采用的检验方法和检验手段。

(5)实际进行检验，并按相关技术标准进行评定。

(6)说明实际与标准之间有差异的原因。

(7)为解决差异而采取的技术措施和方案。

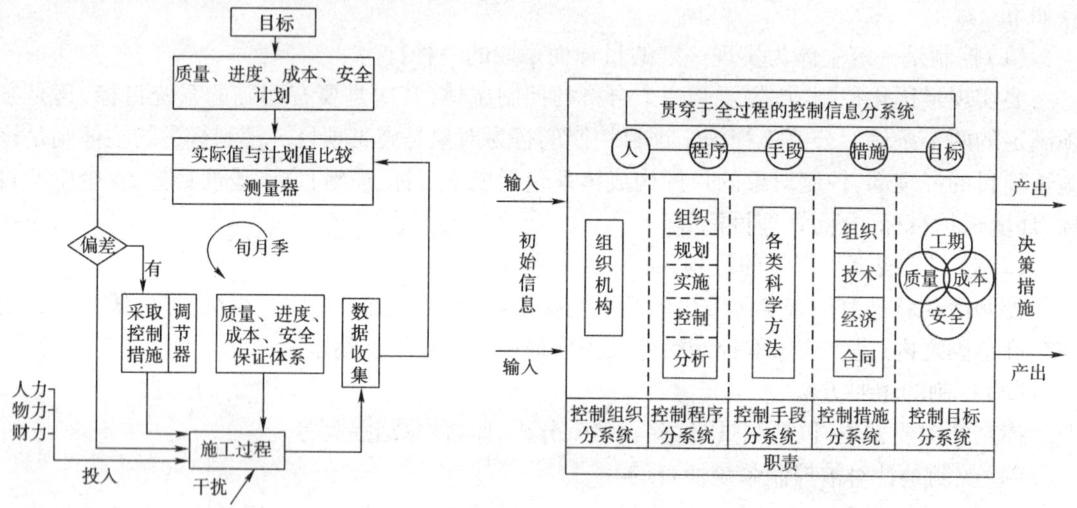

图 1-2　动态控制原理

图 1-3　施工项目控制的系统模式

2. 工程项目质量控制

工程项目质量控制定义是：为达到工程项目质量要求所采取的一系列技术措施和活动。工程项目质量要求主要表现为工程合同、设计文件、技术规范规定的质量标准。因此，工程项目质量控制就是为了保证达到工程合同规定的质量标准而采取的一系列措施、手段和方法。工程项目质量控制按其实施者不同，包括以下三方面。

(1)业主方面的质量控制：业主方面的质量控制主要通过工程建设监理来控制。工程建设监理的质量控制，其特点是外部的、横向的控制。工程建设监理的质量控制，是指监理单位受业主委托，为保证工程合同规定的质量标准对工程项目进行的质量控制。其目的在于保证工程项目能够按照工程合同规定的质量要求达到业主的建设意图，取得良好的投资效益。其控制依据除国家制定的法律、法规外，主要是合同文件、设计图纸。设计阶段及其前期的质量控制以审核可行性研究报告及设计文件、图纸为主，审核项目设计是否符合业主要求。施工阶段的质量控制主要是驻现场实地监理，检查是否严格按图施工，并达到合同文件规定的质量标准。

(2)政府方面的质量控制：政府监督机构的质量控制，其特点是外部的、纵向的控制。政府监督机构的质量控制是按专业部门建立有权威的工程质量监督机构，根据有关法规和技术标准，对本地区工程质量进行监督检查。其目的在于维护社会公共利益，保证技术性法规和标准贯彻执行。其控制依据主要是有关的法律文件和法定技术标准。在设计阶段及其前期的质

量控制以审核设计纲要、选址报告、建设用地申请及设计图纸为主；施工阶段以不定期的检查为主，审核是否违反总体规划，是否符合有关技术法规和标准的规定，对环境影响的性质和程度大小，有无系统质量保证技术措施。因此，政府质量监督机构对工程进行质量等级的核定是单位工程评定的最后质量等级，是工程交付验收的依据。

(3)承包人方面的质量控制，其特点是内部的、自身的控制。

综上所述，工程施工质量控制就是根据已定的工程质量标准对施工过程中的材料质量、工艺过程、实施方案和试验检测方法进行综合管理，并且监控工程质量问题发生的原因。即工程施工质量控制就是将工程项目实际测试的数据结果与工程合同中所规定的质量标准进行对比，并对差异采取必要的技术措施进行调节和管理的过程。在工程施工过程中，对所完成的分项工程进行检测、验收、评定，对检测评定不合格的项目或工程质量有缺陷的项目，应查明原因并采取相应的技术措施进行整修，最终应达到工程质量目标要求。

六、公路工程项目施工质量控制

1. 公路工程施工质量控制依据

合同文件、设计文件(图纸)、公路工程技术标准、试验规程、设计规范、施工及验收规范、工程质量检验评定标准与方法，是施工质量控制的共同依据。除此之外，单位内部施工技术规程和实施细则，工序质量控制及原材料、半成品、构(配)件的质量控制还须以相应的专门技术法规或规定作为控制依据。国外中标公路应按国际或该国的标准、施工规范作为施工质量控制依据。

1989 年 4 月起施行的《中华人民共和国标准化法》规定四级标准：国家标准、行业标准、地方标准和企业标准。这四级标准的划分，不是标准技术水平高低的划分，而是标准适应范围的划分。其基本原则是上级标准是下级标准的依据，下级标准是上级标准的补充，下级标准不得与上级标准相抵触，有了上级标准一般不制定下级标准，但在不违背上述原则的情况下，企业可制定严于上级标准的企业标准，在企业内部适用。

2. 公路工程施工质量控制原则

根据公路工程的特点，在工程施工质量控制过程中，应遵循以下几点原则。

(1)坚持“质量第一、用户至上”原则

公路工程产品作为一种特殊的商品，使用年限长，是“百年大计”，直接关系到人民生命财产的安全。如公路路面抗滑能力达不到质量标准要求，将出现翻车的严重质量事故问题，所以，在施工中应自始至终地把“质量第一、用户至上”作为对工程项目质量控制的基本原则。

(2)坚持以人为控制核心的原则

人是质量的创造者，一切控制都由人来掌握实现。质量控制必须“以人为核心”，把人作为质量控制的动力，充分发挥人的积极性、创造性；加强有效的培训和教育，增强人的责任感，树立“质量第一”的思想；提高人的素质，避免人的失误；以人的工作质量保工序质量、保工程质量。

(3)坚持“以预防为主”的原则

“预防为主”是指要重点做好质量的事前控制、事中控制，并保证事后的质量检查把关；同时严格对工作质量、工序质量、中间产品和最终产品质量的检查。这是确保工程质量的有效措施。

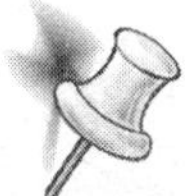

(4)坚持质量标准、一切以数据说话的原则

质量标准是评价产品质量的尺度,数据是质量控制的基础和依据。应注意检查的质量项目、规定值和允许偏差、检验方法和频率等。产品质量是否符合合同规定的质量标准,必须通过严格检查,以数据为依据。

(5)坚持贯彻科学、公正、守法的职业规范

在监控和处理质量问题过程中,应尊重客观事实,尊重科学,客观、公正,不持偏见,遵纪守法,坚持原则,严格要求,秉公执法;并谦虚谨慎、实事求是、以理服人、以数据说话。

3. 工程项目质量控制过程

从工程项目质量的形成过程可知,要控制工程项目的质量,就应按照建设过程的程序依次控制各阶段的工程质量。

项目决策阶段的质量控制,要保证选线合理,使项目的质量要求和标准符合业主的意图,并与投资目标相协调;使建设的项目与所在地区环境相协调,为项目的长期使用创造良好的运行条件和环境。

工程设计阶段的质量控制,一是要选择好设计单位,要通过设计招标,组织设计方案竞赛,从中选择能保证设计质量的设计单位;二是要保证各部分的设计符合决策阶段确定的质量要求;三是要保证各部分设计符合有关技术法规和技术标准的规定;四是要保证各专业设计部分之间的协调;五是要保证设计文件、图纸符合现场和施工实际条件,其深度应能满足施工的要求。

在工程施工阶段的质量控制,一是要开展施工招标,认真审核投标单位的标书中关于保证工程质量的措施和施工方案,择优选择承包人,将能否保证工程质量作为选择承包人的重要依据;二是严格监督承包人按设计图纸进行施工,并保证工程最终达到符合合同文件规定的质量,道道工序按质量要求完成。所以,根据工程实体形成过程,工程项目施工质量系统控制过程是:工序质量控制,分项工程质量控制,分部工程质量控制,单位工程质量控制,整个建设项目质量控制。

工程质量控制过程也是一个由对投入原材料的质量控制开始,经过工程施工质量控制,直到完成工程质量检验为止的过程。施工质量控制过程,如图 1-4 所示。

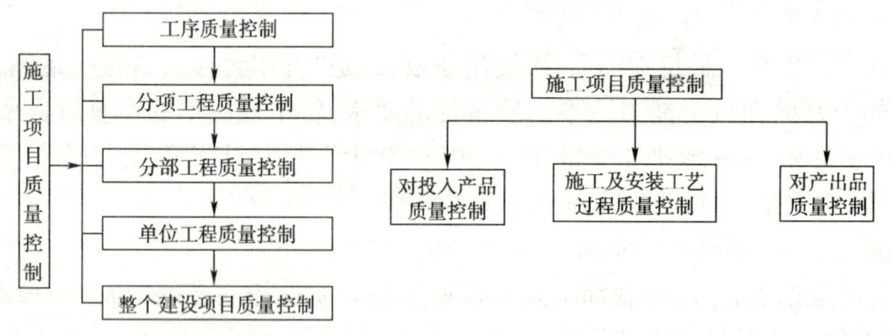

图 1-4　施工质量控制过程

4. 公路工程施工质量控制任务

施工阶段质量控制工作是通过采取有效措施确保施工承包合同商定的质量要求和标准,避免发生质量问题。质量控制应做到:施工过程与技术要求相一致,与技术规范相一致,与设计质量相一致,符合施工承包合同要求和验收标准。同时还应满足施工进度计划和投资计划的要求。工程质量是在修建的过程中形成的,因此,施工质量控制必须贯穿于施工阶段的全过

程和每个方面。概括地说，在施工阶段工程质量控制的任务包括：

1）督促建立承包人工程项目质量控制保证体系

承包人是工程的具体实施者，他们的工作直接影响工程质量的好坏。监理工程师首先要抓住这个环节，在项目开工前就要求承包人根据工程项目的组织结构和质量要求，设置保证体系，以适应工程项目的要求。如果工程项目较大或者较复杂时，可要求承包人设置项目质量保证经理，专门负责质量保证与控制。一般情况下要求设质量控制工程师或设质量检验负责人，下设质量检验工作人员及TQC小组，形成质量控制体系。这个体系主要是根据合同中规定的技术标准进行内部的质量控制和验收测评活动。在这个体系中，要有明确的质量管理目标和质量管理职责以及一套质量管理程序和办法。监理工程师要注意处理好这个保证体系与监理工程师质量控制体系的衔接关系。

2）施工准备阶段的质量控制

主要内容包括：细致、准确、全面地做好调查研究工作；组织好质量控制体系；搞好施工组织设计，认真选择施工方案；做好材料、机具的检测进场工作，编好质量计划，做好技术交底；如果合同中有要求，还要组织好TQC活动。施工准备工作贯穿于整个施工过程中，不但各阶段要做好准备工作，而且对各工序、各工种的质量控制准备工作，监理工程师也都要考虑周全。

3）材料和施工机具的质量控制

从国内情况看，这一类因素对工程质量的影响是不容忽视的，虽然说这是一个牵涉面很广的"社会性"问题，但监理工程师仍然应注意，严格督促有关方面按照合同规定的质量标准组织采购和运输；自身要严格按标准进行检查和验收（质量和数量）；材料等验收入场后，严格按要求堆放、储存、保管和加工，并按计划组织配套供应到现场。

4）施工实施过程的质量控制

施工过程是形成工程项目质量的重要环节，也是监理工程师控制质量的重点，必须充分重视，严格控制。按质量计划目标要求，加强工艺管理，督促承包人认真执行工艺标准和操作规程，以提高项目质量的稳定性。加强工序控制，实行检查认证制，严格控制每道工序质量，关键部位还要进行旁站监理、中间检查和技术复核，防止质量隐患。监理工程师还要注意做好记录，认真做好试验检测数字处理分析，对不符合质量标准的提出报告，加以处理。

每个阶段、每个分项工程，甚至每道工序质量的检测与验收均要取得监理工程师的签证认可，取得认可证书后，方能进行下道工序。这是监理工程师必须坚持的原则。在施工过程中，监理工程师要注意督促承包人服从政府质量监督机构的监督，并为其工作提供方便。

第二节　工程施工质量的影响因素分析

工程施工质量控制的内容是围绕控制任务而展开的，不同区域的工程由于其道路等级和所属的自然区划和水文地质的不同，其控制的内容不一定完全相同，但从工程质量的总体状况、工程的整体结构以及各部分应具备的功能来看，影响工程项目施工质量的因素主要有"4M1E"五大方面，它是指：人（Man）、材料（Material）、机械（Machine）、方法（Method）和环境（Environment）。对这五方面的因素严加控制，是保证施工项目质量的关键。

一、人员的控制

工程建设项目中的人员包括直接参与工程建设的决策管理人员、技术人员和操作人员。

人作为控制的对象，是避免产生失误；人作为控制的动力，是充分调动积极性，发挥人的主导作用。为了避免人的失误，调动人的主观能动性，增强人的责任感，达到以工作质量保工程质量的目的。除了加强政治思想教育、劳动纪律教育、职业道德教育、专业技术知识培训，健全岗位责任制，改善劳动条件，公平合理地激励外，还需根据工程项目的特点，从确保质量出发，本着因材适用、扬长避短的原则来控制人的使用。在工程质量控制中，应从以下几方面来考虑人对质量的影响。

1. 领导者的素质

在对设计、施工承包单位进行资质认证和优选时，一定要考核领导层的素质，如领导层的整体素质好，必然决策能力强、组织机构健全、管理制度完善、经营作风正派、技术措施得力、社会信誉很高、实践经验丰富、善于协作配合，就有利于合同执行，有利于确保质量、投资、进度三大目标的控制。事实证明，领导层的整体素质，是提高工作质量和工程质量的关键。所以，在FIDIC合同条款中明文规定，对项目经理、总工程师、计划、财务、质量、主体工程、试验、机械等主要管理人员的个人经历及能力均要进行考察。监理工程师随时有权检查承包人员的情况，有权建议撤销承包方的任何施工人员；建议业主或业主主动提出解除合同，驱逐承包人等。这些均有利于加强对承包方人员的控制，促使承包方提高自身领导素质和管理水平。

2. 人员的理论和技术水平

人员的理论和技术水平直接影响工程质量水平，尤其是对技术复杂、难度大、精度高、工艺新的工程结构的工序操作。例如：功能独特、造型新颖的工程结构施工，特种结构、空间结构的理论验算，危害性大、原因复杂的工程质量事故分析等，均应选择既有丰富理论知识，又有丰富实践经验的工程师或工程技术人员承担。又如：金属结构的焊接、桥隧施工的放样、立交结构的模板、监控系统的安装、大梁构件的吊装、桥面防水层的施工、沥青路面铺筑等，则应由熟悉工艺原理，操作熟练、经验丰富的技术工人来完成。必要时，还应对他们的技术水平予以考核，进行资质认证。

3. 人的生理缺陷

根据工程施工的特点和环境，应严格控制人的生理缺陷，如有高血压、心脏病的人，不能从事高空作业和水下作业；反应迟钝、应变能力差的人，不能操作快速运行、动作复杂的机械设备；视力、听力差的人，不宜参与校正、测量或用信号、旗语指挥的作业等。否则，将影响工程质量，引起安全事故，产生质量事故。

4. 人的心理行为

由于人要受社会、经济、环境条件和人际关系的影响，要受组织纪律、法律、规章和管理制度的制约，要受劳动分工、生活福利和工资报酬的支配。因此，人的劳动态度、注意力、情绪、责任心等在不同地点、不同时期也会有所变化。如当个人某种需要未得到满足或受到批评处分，带着愤懑和怨气的不稳定情绪工作；或上下级关系紧张，产生疑虑、畏惧、抑郁的心理，注意力发生转移，也极容易诱发质量、安全事故。所以，对某些需确保质量、万无一失的关键工序和操作，一定要分析人的心理变化，控制人的思想活动，稳定人的情绪。

5. 人的错误行为

人的错误行为，是指人在工作场地或工作中吸烟、打赌、错视、错听、误判断、误操作等，都会影响质量或造成质量事故。所以，对有危险的现场作业，应严禁吸烟、嬉戏；当进入强光或暗环境对工程质量进行检验、测试时，应经过一定时间，使视力逐渐适应光照度的改变，然后才能正常工作，避免视觉错误；在不同的作业环境，应采用不同的色彩、标志，以免发生误判或误操

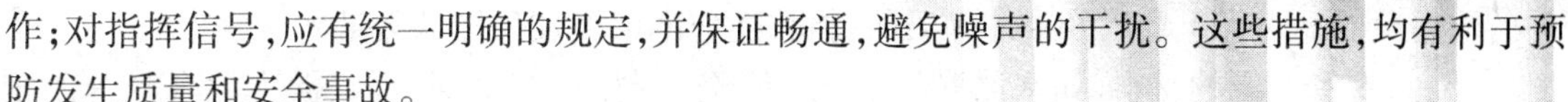

作;对指挥信号,应有统一明确的规定,并保证畅通,避免噪声的干扰。这些措施,均有利于预防发生质量和安全事故。

6. 人的违纪违章

人的违纪违章,指人粗心大意、漫不经心、注意力不集中、不懂装懂、无知而又不虚心、不履行安全措施、安全检查不认真、随意乱扔东西、任意使用规定外的机械装置,不按规定使用防护用品、碰运气、图省事、玩忽职守、有意违章、只顾自己而不顾他人等,对这些行为都必须严加教育、及时制止。否则,如粗心大意,将计算数据输入错误,就会造成"差之毫厘,谬以千里"的后果。此外,应严格禁止无技术资质的人员上岗操作。总之,人员使用的问题,应从政治素质、思想素质、业务素质和身体素质等方面综合考虑、全面控制。

二、材料的控制

材料的质量和性能是直接影响工程质量的主要因素;尤其是某些工序,更应将材料质量和性能作为控制的重点。材料控制包括原材料、成品、半成品、构(配)件等的控制,主要是严格检查验收,正确合理地使用,建立管理台账,进行收、发、储、运等各环节的技术管理,避免混料和将不合格的原材料使用到工程上。对施工材料质量的控制,是很艰巨的任务,这需要设计、施工、监理、建设单位、材料供应部门一起抓。施工单位是建筑材料的直接使用者,从材料员、质检员、具体操作的工人班组和工长到项目经理都要重视材料的质量控制工作。对工程材料质量的控制应着重于以下工作。

1. 掌握材料信息,优选供货厂家

掌握材料质量、价格、供货能力的信息,选择好供货厂家,就可获得质量好、价格低的材料资源,从而就可确保工程质量,降低工程造价。为此,对主要材料、设备及构件在订货前,必须要求承包单位申报,经监理工程师论证同意后,方可订货。

2. 合理组织材料供应,确保施工正常进行

合理、科学地组织材料采购、加工、储备、运输,建立严密的计划、调度、管理体系,加快材料的周转,减少材料的占用量,按质、按量、如期地满足建设需要,是提高供应效益,确保正常施工的关键环节。

3. 合理地组织材料使用,减少材料的损失

正确按定额计量使用材料,加强运输、保管工作,加强材料限额管理和发放工作,健全现场材料管理制度,避免材料损失、变质,是确保材料质量、节约材料的重要措施。

4. 加强材料检查验收,严把材料质量关

(1)对用于工程的主要材料,进场时必须具备正式的出厂合格证和材质化验单,否则,应补作检验。

(2)工程中所有各种构件,必须具有厂家批号和出厂合格证。钢筋混凝土和预应力钢筋混凝土构件,均应按规定的方法进行抽样检验。由于运输、安装等原因出现的构件质量问题,应分析研究,经处理鉴定后方能使用。

(3)标志不清或认为质量有问题的材料;对质量保证资料有怀疑或与合同规定不符的一般材料;由工程重要程度决定,应进行一定比例试验的材料;需要进行追踪检验,以控制和保证其质量的材料等,均应进行抽检。对于进口的材料设备和重要工程或关键施工部位所用的材料,则应进行全部检验。

(4)材料质量抽样和检验的方法,应符合有关材料质量标准和测试规程,要能反映该批材

料的质量性能。对于重要构件或非匀质的材料，还应酌情增加采样的数量。

(5)在现场配制的材料，如水泥混凝土、砂浆、防水材料、基层混合料、沥青混合料等的配合比，应先提出试配要求，经试配检验合格后才能使用。

(6)对进口材料、设备应会同商检局检验，如核对凭证中发现问题，应取得供方和商检人员签署的商务记录，按期提出索赔。

5. 重视材料的质量认证工作

(1)对主要材料及建筑配件，应在订货前要求厂家提供样品或看样订货；主要设备订货时，要审核设备清单，是否符合设计要求。

(2)对材料性能、质量标准、适用范围和对施工要求必须充分了解，以便慎重选择和使用材料。如石料的磨光值达不到技术指标要求，不宜用做沥青路面面层集料；外加剂木钙粉不宜用蒸汽养护；早强剂三乙醇胺不能用做抗冻剂；碎石或卵石中含有不定型二氧化硅时，将会使混凝土产生碱—集料反应，使质量受到影响。

(3)凡是用于重要结构、部位的材料，使用时必须仔细地核对、认证，其材料的品种、规格、型号、性能有无错误，是否适合工程特点和满足设计要求。

(4)新材料应用必须通过试验和鉴定；代用材料必须通过计算和充分的论证，并要符合结构功能的要求。

(5)材料认证不合格时，不许用于工程中。有些不合格的材料，如过期、受潮的水泥是否降级使用，需结合工程的特点予以论证，但绝不允许用于重要的工程部位。

对工程材料质量控制的内容，主要有材料的质量标准，材料的性能，材料取样、试验方法，材料的适用范围和施工要求等。

三、机械设备的控制

施工机械是实现施工机械化的重要物质基础，是现代化工程建设中必不可少的设施，对工程项目施工进度和质量均有直接影响。为此，在项目施工阶段，监理工程师必须综合考虑施工现场条件、质量工期目标、机械设备性能、施工工艺方法、施工组织管理、建筑技术经济等各种因素参与承包单位机械化施工方案的制订和评审。使之合理装备、配套使用、有机联系，以充分发挥施工机械的效能，力求获得较好的综合经济效益。从保证项目施工质量角度出发，应着重从机械设备的选型、机械设备的主要性能参数和机械设备的使用操作要求三方面加以控制。

1. 机械设备的选型

机械设备的选择，应本着因地制宜、因工程制宜，按照技术上先进、经济上合理、生产上适用、性能上可靠、使用上安全、操作和维修方便等原则，贯彻执行机械化、半机械化与改良工具相结合的方针，突出机械与施工相结合的特色，使其具有工程的适用性，具有保证工程质量的可靠性，具有使用操作的方便性和安全性。例如从适用性出发，正铲挖土机只适用于挖掘停机面以上的土层；反铲挖土机则适用于挖掘停机面以下的土层；而抓铲挖土机则最适宜于水中挖土。又如路面碾压设备，根据路面结构形式，从适用性出发，振动压路机适用于碾压粒料类路面基层；重型单钢轮压路机只适用于路面基层和底基层，而不能用于碾压沥青路面面层；而胶轮重型压路机更适宜于沥青路面面层的碾压。

2. 机械设备的主要性能参数

机械设备的主要性能参数是选择机械设备的依据，要能满足施工需要和保证质量的要求。如打桩机械的选择，实质上就是对桩锤的选择，首先要根据工程特点(土质、桩的种类、施工条

件)确定锤的类型,然后再定锤的质量。而锤的质量必须具有一定的冲击能,应使锤的质量大于桩的质量,当桩的质量大于2t时,锤的质量也不能小于桩质量的75%。这是因为,锤重则落距小,"重锤低击",锤不产生回跃,不至于损坏桩头,桩入土快,能保证打桩质量;反之,"轻锤高击",锤易回跃,易打坏桩头,桩难以打入土中,不能保证打桩质量。又如,沥青混合料拌和机械的性能参数,必须满足路面结构质量和工期的要求,同时还要与摊铺机械和碾压、运输机械相适应,才能保证正常施工,不致引起路面质量缺陷。

3. 机械设备的使用操作要求

合理使用机械设备,正确地进行操作,是保证项目施工质量的重要环节,应贯彻"人机固定"原则,实行定机、定人、定岗位责任的"三定"制度。操作人员必须认真执行各项规章制度,严格遵守操作规程,防止出现安全质量事故。例如,起重机械应保证安全装置(行程、高度、变幅、超负荷限位装置、其他保险装置等)齐全可靠;并要经常检查、保养、维修,使运转灵活;操作时,不准机械带"病"工作,不准超载运行,不准负荷行驶,不准猛旋转、开快车,不准斜牵重物等。而对吊装的结构和构件,还应事先进行吊装验算,合理地选择吊点,正确绑扎,使构件在吊装过程中保持平衡,不致因吊装受力过大而使结构遭到损害。又如,用插入式振动器振捣混凝土时,就应按"直上直下、快插慢拔、插点均布、切勿漏插、上下抽动、层层扣搭、时间掌握好、密实质量佳"的操作要点进行操作。再如,用振动压路机进行沥青路面下面层碾压时,什么时间振,什么时间不振,振幅和频率如何协调等问题,必须进行严格控制,否则,就难以达到预期的路面质量目标。

四、工艺方法的控制

方法控制包含工程项目整个建设周期内所采取的技术方案、工艺流程、组织措施、检测手段、施工组织设计等的控制。

1. 施工方案

施工方案的正确与否,是直接影响工程项目的进度控制、质量控制、投资控制三大目标能否顺利实现的关键。往往由于施工方案考虑不周而拖延进度、影响质量、增加投资。在制订和审核施工方案时,必须结合工程实际,从技术、组织、管理、工艺、操作、经济等方面进行全面分析、综合考虑,力求方案技术可行、经济合理、工艺先进、措施得力、操作方便,有利于提高质量、加快进度、降低成本。

2. 工艺流程

起重机开行路线与停机点的位置和起重机的性能,构件的尺寸及质量,构件的平面布置、供应方式与吊装方法等有关。应力求开行路线最短;每一停机点尽可能吊多件构件,并保证能将构件吊至安装位置,严禁起重机斜吊或负荷行驶。构件平面布置应满足吊装工艺的要求,充分发挥起重机的效率,避免构件在场内进行二次搬运。

例如,审核大、中桥梁的梁板结构吊装方案时,应着重解决起重机的选择、结构吊装工艺、起重机运行路线及停机点位置,构件的平面布置等问题。所选起重机的性能参数,应能满足吊装所需的起重质量、起重高度和起重半径的要求。当需要起重机进行超负荷吊装或接重臂时,则在采取有效措施后,还应对起重机进行整机稳定性验算,以确保施工安全,避免起重机在吊装中发生倾覆事故。当采用双机抬吊重型构件时,应根据吊升方法合理确定吊点位置,并应对起重机进行负荷分配计算。又如,在拟订混凝土浇筑方案时,应保证混凝土浇筑能连续进行。在浇筑上层混凝土时,下面一层混凝土不致产生初凝现象,否则,就不能采用"全面分层"的浇筑方案。此时,则应采取技术措施,执行“全面分层掺缓凝剂”或“全面分层进行二次振捣”的浇筑方案。在这种情况下,对需要缓凝的时间和缓凝剂的掺量,或二次振捣的间隔时间和振动设备的数量,均应准确计算,并通过试验调整确定。若考虑掺缓凝剂或二次振捣全面分层的浇筑方案,在技术上虽然可行,但在经济上因要增加费用而不甚合理。此时,还可寻求其他的浇筑方案,如“分层”、“斜面分层”的浇筑方案,或将几种浇筑方案进行技术经济比较后,择优选择其中技术效益较好的浇筑方案。对大体积混凝土的施工方案,关键是要解决和控制水泥的水化热问题,因水化热可使混凝土内外温差高达50~55℃,混凝土在温度应力作用下而遭到破坏。所以,大体积混凝土的施工方案,不论采取何种技术措施,都要从降低水泥的水化热出发,把温差控制在25℃范围内。

另外，选择施工方案的前提，是一定要满足技术的可行性，如在有地下水、流沙，且可生管漏现象的地质条件下进行沉井施工时，则只能采取沉井连续下沉、水下挖土、水下浇筑混凝土的施工方案，否则，采取排水下沉施工，则难以解决流沙、地下水和管涌问题，若采取降水下沉施工，又可能更不经济。总之，方法是实现工程建设的重要手段，无论方案的制订、工艺的设计、施工组织设计制、施工顺序的开展和操作要求等，都必须以确保质量为目的，严加控制。

五、环境因素的控制

对环境因素的控制与施工方案和技术措施紧密相关。如在寒冬、雨季、风季、炎热季节施工,应针对工程的特点,尤其是对沥青路面工程、水泥混凝土工程、路基土方工程、桥涵基础工程等,必须拟定季节性施工保证质量和安全的有效措施,以免工程质量受到冻害、干裂、冲刷、坍塌的危害。同时,要不断改善施工现场的作业环境,要加强对自然环境和文物的保护,要尽可能减少施工所产生的危害对环境的污染,要健全施工现场管理制度,合理地布置,实现文明施工。

影响工程项目质量的环境因素较多:有工程技术环境,如工程地质、水文、气象等;有工程管理环境,如质量保证体系、质量管理制度等;有劳动环境,如劳动组合、劳动工具、工作面等。环境因素对工程质量的影响,具有复杂而多变的特点,如气象条件变幻,温度、湿度、大风、暴雨、酷暑、严寒都直接影响工程质量,往往前一工序就是后一工序的环境,前一分项、分部工程也就是后一分项、分部工程的环境。因此,根据工程特点和具体条件,应对影响质量的环境因素,采取有效的措施严加控制。

如在砂类土的高地下水位工程地质条件下进行桥涵基础工程施工时,就不能采用明沟排水大开挖的施工方案。因该工程的地质条件为砂类土,地下水位又高,采用大开挖、明排水施工时,必然会产生流沙现象。这样,不仅会使施工条件恶化,拖延工期,而且会增加对流沙处理的费用,更严重的是将会影响地基的质量。

第三节　公路工程施工质量控制

施工质量控制是通过采取有效措施确保施工合同商定的质量要求和标准,避免发生质量问题。施工质量控制应做到施工过程与技术要求相一致、与技术规范相一致、与设计质量相一致,符合施工合同要求和验收标准。同时还应满足施工进度和投资计划的要求。工程质量是在修建的过程中形成的。因此,施工质量控制必须贯穿于施工全过程和每个环节。

一、施工质量控制的阶段内容

施工阶段，既是形成工程实体的阶段，又是形成最终质量的重要阶段。因此，施工阶段的质量控制是工程项目控制的重点，也是监理工程师工作的重要内容。

施工阶段工程质量的主要控制内容有如下几点。

1. 事前控制内容

(1)审查施工承包单位的技术资质和参加承包项目的人员资质及施工质量控制管理系统机构。对于施工承包单位的技术资质审查可在施工招标中进行，其审查的主要内容：审查施工单位是否具有完成所承包的工程项目，并确保施工质量和施工进度的技术能力和管理水平。对参加施工的人员资格和组织机构审查可在施工前进行。这里所指的施工人员应包括三方面的成员，即参加施工的技术人员、管理人员和质检人员。

(2)建立监理工程师的质量控制系统。协助施工单位订立施工现场质量管理制度、现场质检制度、现场会议制度和质量统计报表制度、质量事故处理制度；协助施工承包单位完善质量保证体系；完善或改进计量校验和质量检测试验的方法和手段。

(3)对工程项目所需的原材料、半成品混合料、预制构件等进行质量检查与控制。凡进场的原材料均应有产品合格证或产品技术说明书；凡重要的原材料应先提交样品，经检验认可后方能进行采购。

(4)审查施工单位提交的施工方案和施工组织设计，并从工程项目整体角度对其实行协调控制，保证工程质量具有可靠的技术措施。

(5)审核施工单位提交的有关施工控制参数及施工配合比，有必要时，应进行复校试验。另外，对工程项目中采用的新材料、新工艺、新技术均应审核其技术鉴定书，凡未经试验鉴定或无技术鉴定书者一般不能在工程项目中使用。

(6)检查施工现场的测量标桩、结构物的定位放线及高程控制水准点。重要结构的桩位及高程应组织复核。

(7)组织设计技术交底和施工图纸会审。

(8)对工程质量有重大影响的施工机械和施工设备，应审核施工单位提供的技术性能参数，凡不能保证工程项目施工质量要求的机械设备，不允许在工程中使用。

(9)审查工地检测试验室的仪器设备和试验检测人员的配备及试验室的工作环境，是否能满足所承包工程的质量需要。

(10)开工报告审核，把好工程项目开工第一关。在对现场各项施工准备进行检查并认为可开工之后，才能批准并发布开工令。若因某种原因而停工的工程，无监理工程师的复工令，工程不得复工。

2. 事中控制内容

事中控制是指在施工过程中进行的质量控制。在此阶段的质量控制具体工作主要有：

(1)完善工序质量控制，把影响工序质量的因素都纳入监控状态，并及时审核施工单位提交的质量检测试验资料和控制管理图表。

(2)严格工序间交接检查，主要工序应按有关质量验收规定需经过监理人员检查验收，否则不得进行下道工序。如路基工程中，对于填方地段的路基，未经压实度检查，不得填筑另一层次；又如在路面工程铺筑前，若路基工程未经验收，则不能铺筑路面基层；而路面基层未经验收，则不能进行路面面层铺筑；再如在桥涵通道基础工程中，对开挖的基槽或基坑，未经监理工

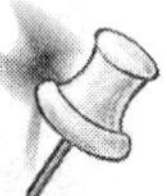

程师检查验收并签证,不得进行下一道工序。

(3)对于重要工程部位或重要施工环节,必要时,监理工程师应亲自组织抽查验收或随时复查;对于重要工程材料或预制构件可自己组织检测或直接参与试验检测工作。

(4)对完成的分项或分部工程,且经自检合格后,监理工程师则可参照现行《公路工程质量检验评定标准》(JTG F80/1—2004)和有关验收办法进行检测验收。

(5)审核设计变更方案和变更施工图。

(6)可定期或不定期组织现场质量会议,及时分析并通报工程质量、施工进度及有关工程动态,同时不断协调有关单位间的关系等。

(7)按工程项目合同条款中的有关规定行使工程质量监控权、工程数量认可权、工程计量支付权,使整个工程项目始终在监理工程师的监控之中。

3. 事后控制内容

事后控制是完成单项或单位工程项目施工后的质量控制,具体工作主要有:

(1)组织有关人员按照承包合同文件中规定的有关质量验收评定标准和办法,对所完成的单位工程或单项工程进行检查验收。

(2)审核施工单位提交的质量检验评定报告及其他有关技术资料文件;审核施工单位提交的竣工图表。

(3)组织整理工程项目的有关质量技术资料文件,并编目、汇总、装订、建档。

施工阶段的质量监控实质是监理工程师组织各施工单位,按照工程项目合同及设计文件中所规定的质量目标进行实施的过程,监理工程师在整个工程实施过程中处于中心地位。为此,应通过建立完善的工程项目质量监控体系来履行工作职责。

二、施工质量控制方法

施工质量控制的目的在于使实施的结果符合预期的目标值。如何对施工质量进行有效控制,是值得研究和探讨的问题。选择合适的方法是能否达到项目质量目标控制的一个重要手段。公路工程项目建设本身是一个动态系统,因而它具有一般动态系统的主要特征,即有预期的相对稳定性(项目目标、投资、进度、质量);系统内部又存在经常可变性(工程变更、材料、人员、机具变化);从外部环境到系统内部有信息转移性,而所传递的信息则是系统内部调节进程的依据(政策、规范、标准、合同、经验等);并具有可以调节、纠正行为的能力,能保持系统的动态平衡(调整设计、工艺、施工方案等,使实际值与计划值趋于一致)。公路工程项目施工质量控制的方法主要是通过审核有关技术文件、报告和直接进行动态跟踪检验这两个基本环节,动用质量控制系统在工程项目施工过程中进行连续地评价、验收及纠偏。

1. 审核技术文件报表

监理工程师或其代表审核技术资料文件报表的具体内容如下。

(1)审核进入施工现场的各施工单位和施工人员的技术资质证明文件,确保有可靠的技术人员和施工管理人员以保证工程质量。

(2)审核施工单位提交的施工方案和施工组织设计,确保有可靠的技术措施来保证工程质量。

(3)审核施工单位提交的有关原材料、半成品的质量检验报告;审核施工单位提交的有关施工控制标准及施工配合比。

(4)审核施工单位的开工报告,然后下达开工指令。

(5)审核施工单位提交的有关工序质量动态的统计资料和管理图表。

(6)审核设计变更、修改图纸和有关技术证书。

(7)审核有关新材料、新技术、新工艺的技术鉴定书。

(8)审核施工单位提交的工序交接检查、分项工程质量检查报告。

(9)审核有关工程质量事故处理报告。

(10)审核并签署现场有关技术、质量、计量、进度等统计报表。

2. 施工质量跟踪检查

在施工现场对所监控的工程项目进行质量跟踪监理和检测,监理工程师或其代表进行工程质量检查的具体方法通常有:目视检查、量测检查和试验检查三种。发现有关工程质量问题应及时进行纠正,并指令施工单位采取相应技术措施。其具体工作内容主要有:

(1)开工前检查。检查的目的是施工单位是否具备开工条件,并且开工后能否在保证工程质量的前提下,连续顺利地进行施工。

(2)工序交接检查。对主要工序或对工程质量有重大影响的工序应进行工序交接检查,检查的目的是尽力消除施工隐患。

(3)隐蔽工程完成后的检查。

(4)分项、分部工程完工后的检查。

(5)随班日常定期检查。

(6)停工后复工前检查。

(7)不定期的随机抽查。

公路工程建设项目是一种特殊的复杂工程建设项目,又是一个动态系统,在施工质量目标控制的整个过程中,其信息资料的传递,不仅种类多、数量大,而且各种有用的、无用的、关键的和一般的信息混杂在一起,若完全依靠人工来收集、处理、分析这样多的信息,不仅进度慢,而且效率低,根本不能满足质量目标控制的及时且准确的要求。因此,施工质量控制的资料信息处理必须借助现代化工具,及时收集各种信息,快速地进行分类处理并分析整理,准确得到可靠结果。实际上,若要使公路工程建设项目质量目标得到控制,必须借助计算机和项目质量管理软件,以及快速且准确的检测手段。

三、施工工序质量控制

工程质量是在施工工序中形成的,而不是最后检验出来的。为了把工程质量从事后检查把关转向事前控制,达到"以预防为主"的目的,必须加强施工工序的质量控制。

1. 工序质量控制的目的和作用

(1)工序质量控制的目的

影响工程产品质量的原因有两大方面,即偶然性因素和异常性因素。当工序仅在偶然性因素的作用下,其工程产品的性能特征数据(计量值数据)分布基本是算术平均值及标准差固定不变下的正态分布。工序处于这样的状态称为稳定状态。当工序既有偶然性又有异常性因素作用影响时,则算术平均值及标准差将发生不规律的变化,这时的工序状态称为异常状态,并采取必要的措施不断地消除,使工序处于管理状态,确保工程产品质量。

(2)工序质量控制的作用

①有效地控制施工生产过程,及时发现异常原因,便于采取有效措施,防止不合格项目发生,保证工程质量。

②有助于企业的各项管理工作的改进和提高。通过质量控制活动中的工序条件质量的分析和解决,促进企业与施工生产活动有关的业务部门和管理人员的协同工作,促使其改进本部门或本岗位的工作,提高工作质量,以保证工序条件质量的改善。

2. 工序质量控制的原理和方法

工程项目的施工过程是由一系列相互关联、相互制约的工序所构成,工序质量是基础,直接影响工程项目的整体质量。要控制工程项目施工质量,首先必须控制工序质量。

(1)工序质量控制原理

工序质量控制的原理是采用数理统计方法,通过对部分工序检验的数据进行统计、分析,判断整道工序的质量是否稳定、正常。若不稳定,产生异常情况时,必须及时采取对策和措施予以改善,从而实现对工序质量的控制。

(2)工序质量控制方法

①实测:采用必要的检测工具和手段,对抽出的部分工序子样进行质量检验。

②分析:对检验所得的数据通过直方图法、排列图法或管理图法等进行分析,了解这些数据所遵循的规律。

③判断:根据数据分布规律分析的结果,对整个工序的质量予以判断,从而确定该道工序是否达到质量标准。如数据是否符合正态分布曲线,是否在上下控制线之间,是否在公差(质量标准)规定的范围内,是属正常状态还是异常状态,是偶然性因素引起的质量变异,还是系统性因素引起的质量变异等。若出现异常情况,即可寻找原因,采取对策和措施加以预防,这样便可达到控制工序质量的目的。

3. 工序质量控制内容

工序质量包含两方面的内容:一是工序活动条件的质量;二是工序活动效果的质量。从质量控制的角度来看,这两者是互为关联的,一方面要控制工序活动条件的质量,即每道工序投入的人、材料、机械、方法和环境等的质量是否符合要求;另一方面又要控制工序活动效果的质量,即每道工序施工完成的工程产品是否达到有关质量标准。工序质量的控制,就是对工序活动条件的质量控制和工序活动效果的质量控制,据此来达到整个施工过程的质量控制。工序质量控制主要有以下四方面的工作内容。

(1)严格遵守工艺规程

施工工艺和操作规程是进行施工操作的依据和法规,是确保工序质量的前提,任何时候都必须严格执行,不得违反。

(2)主动控制工序活动条件的质量

工序活动条件包括的内容较多,主要指影响质量的五大因素,即施工操作人员、施工所用材料、施工机械设备、施工工艺方法和施工环境等。只要将这些因素切实有效地控制起来,使它们处于被控制状态,确保上道工序的质量,避免系统性因素变异发生,就能保证每道工序质量正常、稳定。

(3)及时检验工序活动效果的质量

工序活动效果是评价工序质量是否符合标准的尺度。为此,必须加强质量检验工作,对质量状况进行综合统计与分析,及时掌握质量动态。一旦发现质量问题,随即研究处理,自始至终使工序活动效果的质量满足规范和标准的要求。

(4)设置工序质量控制点

控制点是指为了保证工序质量而需要进行控制的重点、关键部位或薄弱环节,以便在一定

时期内、一定条件下进行强化管理,使工序处于良好的控制状态。

4. 工序质量控制点的设置

工序质量控制点的主要作用,就是要使工序按规定的质量要求和均匀的操作而正常运转,从而获得满足质量要求的最多产品和最大经济效益。为了保证产品在生产制造过程中质量稳定,除了对一般工序进行控制和验证,使其处于受控状态外,还应对关键的工序设置质量控制点,系统地开展工序控制活动。质量控制点的设置是根据工程的重要程度,即质量特征对整个工程质量的影响程度来确定。为此,在设置质量控制点时,首先要对施工的工程对象进行全面分析、比较,以明确质量控制点,而后进一步分析所设置的质量控制点在施工中可能出现的质量问题,或造成质量隐患的原因,针对隐患的原因,相应地提出对策措施予以预防。由此可见,设置质量控制点是对工程质量进行预控的有力措施。质量控制点的涉及面较广,根据工程特点,视其重要性、复杂性、质量标准和技术要求,可能是结构复杂的某一工程项目,也可能是技术要求高、施工难度大的某一结构构件或分项、分部工程,还可能是影响质量关键的某一环节中的某一工序或若干工序。

总之,无论是操作、材料、机械设备、施工顺序、技术参数、自然条件、工程环境等,均可作为质量控制点来设置,主要视其对质量特征影响的大小及危害程度而定。工程质量控制点的种类有:以质量特性值为对象来设置工序质量控制点;以设备为对象来设置工序质量控制点;以工序为对象来设置工序质量控制点;以管理工作为对象来设置工序质量控制点。质量控制点的设置是保证施工过程质量的有力措施,也是进行质量控制的重要手段。

四、公路工程质量控制需要注意的问题

根据我国公路工程质量管理的现状和发展情况,在进行公路工程施工质量控制时应注意以下几个问题。

(1)监理工程师在施工阶段实施监控的过程中,必须明确监理工作在施工控制中的定位,同时应清楚工程监理制度是一种外部监控制度。监理人员必须超脱于工程施工日常管理之外,站在建设单位的角度对工程施工中的质量问题进行监督控制。如果监理人员不能明确自身定位,纠缠于日常工程施工管理之中,必然会影响工程质量控制管理工作的开展。

(2)坚持公正、科学地对待施工中出现的质量问题,这是工程质量控制管理工作必须遵循的原则。在处理工程质量问题的过程中,应尊重事实、尊重科学、立场公正、谦虚谨慎、以理服人、多做协调工作,同时要根据设计文件、技术规范和评定标准,以试验数据说话,不能靠主观想象或推测去评价有关工程质量问题。只有工程质量控制管理人员做到公正、科学地对待工程施工中出现的质量问题,才能有效地保证公路工程项目的施工质量。

(3)在施工质量控制实施中,应以事前控制为主,把可能发生的工程质量事故消除在萌芽状态。为此,作为质量控制人员应经常深入施工现场,对工程的各个过程、各个环节及时检查,发现问题应及时纠正。对于技术难、要求高的工程部位,质量控制管理人员应将其他工程上发现的质量通病和所采取的技术措施,提出合理且可行的建议和技术措施,既要坚持工程质量标准,又要提供优质服务。

(4)对施工质量控制的工作范围、深度、采用何种工作方式,应根据工程项目目标,同时考虑施工单位的技术能力,结合工程实际,事先制订详细的工程项目控制工作计划或工程项目施工监控大纲,经讨论修订后,应作为工程合同文件的组成内容,使施工单位的全体成员都清楚工程施工质量监控工作的方法、依据、作用和监理人员在实施工程质量控制过程中的职责、权

力以及对施工单位的要求。

(5)坚持履行签证手续,这是工程项目监理工程师工作的具体体现。对施工单位提供的原材料、半成品混合料、预制构件和隐蔽工程的自检结果,监理工程师应及时进行抽检或直接参与检查,对满足工程技术指标或达到质量标准的应进行签证认可;对达不到质量要求的应拒绝签证,并不允许使用。履行签证手续是监理人员对施工过程进行有效监控和制约的重要手段。另外,应定期对工程质量进行随机抽查评比,及时向建设单位汇报工程质量、进度、费用等情况,并向施工单位反馈工程信息。这样做可以及时发现影响工程质量的因素,监理人员可以对症下药,建设单位和施工单位可以掌握工程项目动态,以便从各自的工作角度采取必要的措施。

第四节　工程施工质量保证体系

质量保证体系,是企业以保证和提高工程质量为目标,运用系统的概念和方法,把企业各部门、各环节的质量管理职能组织起来,形成的一个有明确任务、职责、权限、互相协调、互相促进、互相监督的有机整体。使质量管理制度化、标准化,从而建造用户满意的工程。

一、质量保证体系的基本内容

施工企业质量保证体系应包括施工准备、施工过程、使用过程的质量管理三个基本组成部分。

1. 施工准备阶段的质量管理

准备阶段的质量管理工作主要有以下几项:

(1)图纸的审查。设计图纸是施工的依据,因此,要保证施工的质量首先就要研究和熟悉图纸,了解设计意图。同时,通过熟悉和审查图纸,也可以发现设计中可能存在的差错与不便施工或难以保证施工质量之处,并使之得到改正。

(2)施工组织设计的编制。这是保证施工经济合理、有计划、有秩序地进行的重要措施和先决条件。

(3)材料和预制构件、半成品等的检验。施工单位必须建立和健全试验机构,充实试验人员,认真做好原材料、半成品、构件和设备的检验工作。凡是没有合格证明、材料或设备性能不清的,一定要严格按照规定进行检验,未经检验的设备不得安装,不合格的材料和半成品、构件不得使用。

(4)施工机械设备的检修。施工单位必须搞好检修工作,经常保持机械设备的完好和精度。

2. 施工过程的质量管理

施工过程是控制质量的主要阶段,这一阶段的质量管理工作主要是以下几项:

(1)做好施工的技术交底,监督按照设计图纸和规范、规程施工。

(2)进行施工质量检查和验收。保证和不断提高工程质量,必须坚持质量检查与验收制度,加强对施工过程各个环节的质量检查。对于已完工的分部分项工程,特别是隐蔽工程进行验收,不合格的工程绝不允许通过,该返工的必须返工,不留隐患。上道工序不合格,下道工序就不得进行。对于质量容易波动、常见的质量通病,或对工程质量影响比较大的关键工序,检测手段或检验技术比较复杂,靠自检、互检不能保证质量的工序和最后交工前的检查更要注意质量检验。质量检验要实行专职检验与群众检验相结合,以专职检验为主。但是工程建设十分复杂,每一道工序都要依靠专职检查人员检查又是不可能的,而且,施工质量的好坏归根到底还是决定于参加施工的工人。因此,除专职检验外,还要发动工人群众参加自检、互检和工

序交接检查验收，这对保证质量是非常重要的。

(3)质量分析。检查验收终究是事后的，即使发现了问题而事故已经发生，浪费已经造成。所以质量管理工作必须走在事故发生之前，防患于未然，方能发挥更大的作用。通过对质量检验可以获得大量反映质量问题的数据，采用质量管理统计方法对这些数据进行分析，就能找出产生质量缺陷的种种原因，采取预防措施，尽可能把质量问题消除于出现之前，使不合格产品和因返工或修理的工料费用降到最低的限度。

(4)实现文明施工。按照施工组织设计的要求和施工程序进行施工，做好施工准备，搞好现场的平面布置与管理，保持现场的施工秩序和整齐清洁，对于保证和提高工程质量有着重要意义。

3. 使用过程的质量管理

建筑工程投产使用过程是考验工程实际质量的过程。它是企业质量管理的归宿点，又是企业质量管理的出发点。因此，企业施工质量管理，必须从现场施工过程延伸到一定期限的使用过程。

对施工企业而言，产品使用阶段的质量管理有两项：

一是及时回访。对已完工程进行调查，听取使用部门对施工质量方面的意见，从中发现工程质量存在的问题，分析原因，以便及时补救，并为日后改进施工质量管理积累经验。

二是实行保修制度。对于施工原因造成的质量问题，施工企业要负责无偿保修。

二、质量保证体系运行的基本形式

质量保证体系，是按科学的程序运转的，其运转的基本方式是按 PDCA 管理循环活动。美国数理统计学家戴明根据管理工作客观规律总结出来的 PDCA 循环，是一种科学的质量管理方法与工作程序。它通过计划(Plan)、实施(Do)、检查(Check)和处理(Action)四个阶段把经营和生产过程的质量管理有机地联系起来。

第一阶段是计划阶段(也叫 P 阶段)。这一阶段工作内容是分析现状，找出存在的质量问题，找出原因和主要因素，针对主要原因，拟定对策和措施，提出计划，预计效果。

第二阶段是实施阶段(也叫 D 阶段)。这一阶段工作内容是按计划去实施、执行。

第三阶段是检查阶段(也叫 C 阶段)。这一阶段是对计划执行的结果进行必要的检查和测试，将执行的实际结果，与预定目标对比，检查执行情况，找出存在的问题。

第四阶段是处理阶段(也叫 A 阶段)。对检查出来的各种问题进行处理，正确加以肯定，总结成文，编制标准；提出不能解决的问题，移到下一循环作进一步研究。

质量管理活动的全部过程，就是反复地按照 PDCA 的管理循环不停地、周而复始地运转。这个管理循环每运转一次，工程质量就提高一步，管理循环不停地运转，质量水平也就随之不断地提高。图 1-5 和图 1-6 是管理循环的示意图。

三、质量保证体系的建立

建立质量保证体系要求做好下列工作。

1. 建立“政府监督、社会监理、企业自检”的三级质量保证体系

建立“政府监督、社会监理、企业自检”的三级质量保证体系，是确保工程质量的重要手段。政府监督是指政府依据法律、法规和技术标准、规范来约束建设各方的行为，各省(市、区)交通主管部门要组建质量监督站，全面监督公路工程质量；社会监理是具有监理资格的法

人在工程现场,对施工全过程进行监督,以实现对工程质量、进度、投资进行全面控制;施工企业自检是企业内部通过自身建立的质量保证体系对工程质量自检、自查、自纠的基础工作,是施工企业必须建立的制度。

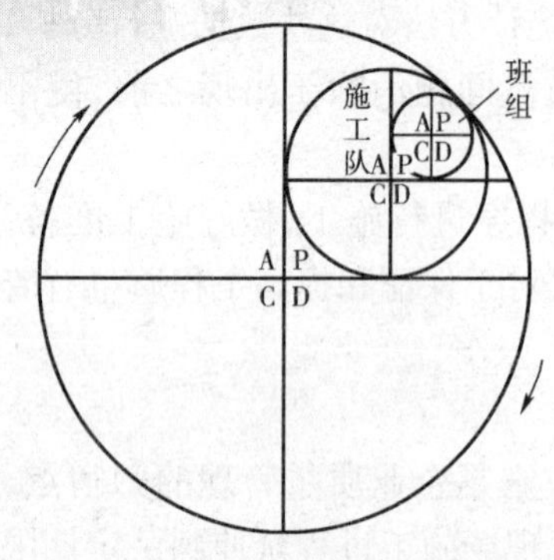

图 1-5　PDCA 循环关系示意图

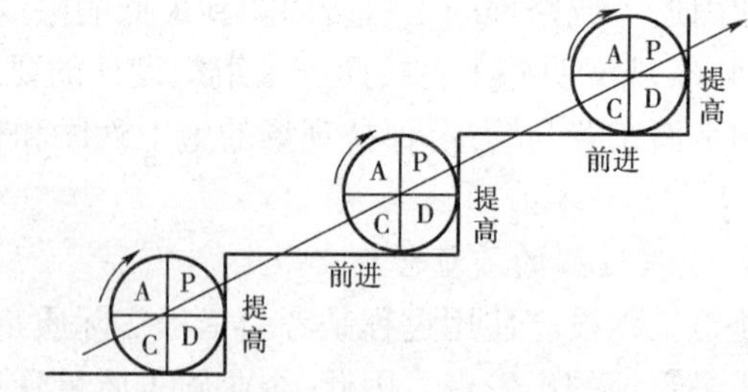

图 1-6　PDCA 循环逐步提高示意图

工程建设管理部门是业主,监理部门按照合同赋予的权力,独立、公正地对工程项目进行监理。承包商是业主在招标竞争过程中选择的施工单位,依据承包合同进行施工。业主、承包商和监理三方既受国家法律、法规和政策保护,又受国家和部门颁布的技术标准(例如技术标准、施工标准、质量检验标准、操作和使用标准等)的约束和支持。三方相互联系、相互作用又相互制约、相互监督,为保证工程质量提供了保障。

2. 建立和健全施工企业内部专职质量管理机构,明确职责分工

实现质量计划,组织质量信息系统,实行质量检验制度,都需要有组织保证。必须建立和健全相应的专职质量管理机构,并确定各级质量管理机构的职责、权限及相互关系,明确规定各部门、各类人员在实现质量总目标中必须完成的任务、承担的责任和具体权限。

企业专职质量管理部门在质量保证体系中的任务主要是:协助经理进行日常质量管理工作,开展全面质量管理宣传教育,推动质量管理工作;组织编制企业质量发展规划和质量计划,督促其认真执行,掌握质量管理的动态;组织制订重大工程、重要产品的保证质量的技术组织措施;组织和协调有关部门的质量管理活动;研究、总结、推广企业内外质量管理的先进经验和先进控制方法;审定企业有关质量的奖惩制度,并组织贯彻执行;参与图纸会审、技术交底和新结构、新工艺、新材料的质量鉴定。企业除公司设置质量管理机构外,施工队要配备专职检查人员或成立质量管理领导小组;班组则要设不脱产的质量管理员。从上到下形成一套完整的质量管理组织系统。

3. 制订明确的计划

质量计划是实现质量目标,具体组织和协调质量管理活动的基本手段,也是各部门、各环节质量工作的行动纲领。企业既要有提高工程质量的综合计划,又要有分项目、分部门的具体计划,形成一套完整的质量计划体系,并且有检查、有分析。

4. 建立一套灵敏的质量信息反馈系统

工程质量的形成过程,伴随着大量与质量有关的信息,这些质量信息是进行一切质量管理工作的依据。质量管理就是质量管理机构和有关部门根据质量信息,协调和控制质量活动的过程。要保证和提高工程质量,就要求信息畅通无阻、灵敏度高。没有信息反馈,就没有质量管理。

信息的来源有企业外部和企业内部两个方面。企业外部信息来源主要有:材料、预制构件

和设备供应部门的产品质量信息；用户对产品使用要求的质量信息；上级机关的指示、文件和各种信息；协作单位的信息。企业内部信息来源包括：工序测试、质量检验、施工工艺、上下工序质量反馈、群众的革新和建议等。

建立和健全信息反馈系统，一定要抓好信息流转环节，注意和掌握数据的检测、收集、处理、传递和储存。信息流转速度要快、效率要高。

5. 建立质量管理的有关制度

保证工程质量，必须建立一系列的制度。只有企业的各个部门和全体职工，都遵循统一的制度和工作程序，方能协调一致地、有秩序地进行工作，提高产品的质量和工作质量。企业管理有许多活动都是重复发生的，具有一定规律性。因此，可以把这些重复出现的质量管理业务，按照客观要求分类归纳，并将处理办法制定成规章制度，作为职工的行动准则，变成例行工作。把管理业务处理过程所经过的各环节、各管理岗位、先后工作步骤等，经过分析研究，加以改进，定为标准的管理程序，使管理流程程序化。严格按照制度和程序进行管理，有利于质量管理活动的条理化、规格化，可以避免职责不清，防止前后左右脱节、互相推诿扯皮现象。

在相关制度中，最为重要的就是技术责任制和岗位责任制。企业必须配备技术负责人，对各级的技术工作负责。同时，也要使企业的每一个职工都明确自己的职责和权限，对自己承担的工作负责，做到每一件事都有人负责，每一个人都有自己的责任范围。对职工的技术培训也应成为企业的一项重要制度。

四、质量控制管理机构

工程项目质量控制高度重视逻辑思维程序，工程技术只有通过科学的组织管理才能充分地发挥其效能。任何组织机构都包括有五个必不可少的要素：人员、职位、职责、关系及信息。以下就从几个方面，作一概略介绍。

1. 质量控制机构的组织模式

组织是管理的一项重要职能。质量控制机构的功能是通过任务结构和权力关系的设计，来协调工程项目施工中的各方面。其组织模式大致有直线制、职能制、直线职能制、矩阵制等。一般大、中型项目班子，大都采用直线制或直线职能制的模式。典型施工现场的质量控制机构，如图 1-7 所示。

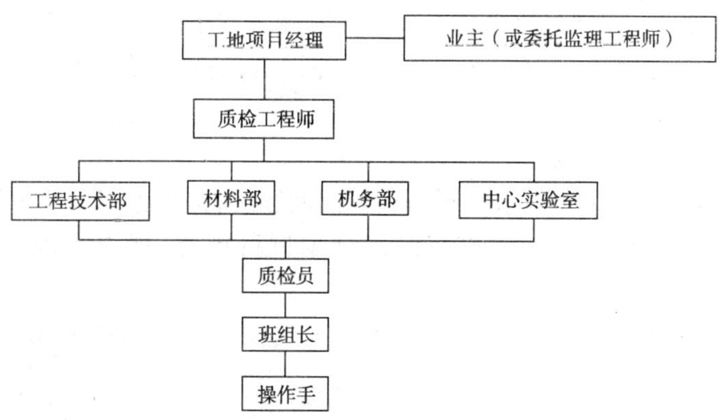

图 1-7　典型施工现场的质量控制机构

项目经理部下设专职质检工程师 1 人，专职负责项目的质量控制管理；各施工工序设工序质检员 1 人，专职负责本工序的质量自检；工程质量的一切方面由质检工程师直接对总经理负

责。对质量问题的处理,质检工程师有否决权。

2. 质量控制管理机构职责划分

1)业主

一项工程建设的成败关系到业主的投资利益,所以业主对工程质量问题有最终决策权。施工每一步的质量情况都要形成文字资料,作为进行下一步工作的依据,这样便于承包商及时听取业主的意见,避免大量返工。

2)监理工程师

监理工程师应按照合同要求对影响工程质量的各个因素从原材料、施工工艺及成品进行控制。任何环节出现疏忽,包括施工时施工人员自身的疏忽大意和放松质量检查,都会给工程最终质量带来严重的损害。因而监理工程师必须对整个工程实行施工全过程的质量监理。工程质量监理与单纯的质量验收不一样,它不是仅仅对最后产品的检查而是对产品进行全方位、全过程的监理。每道工序从开工前便进入监理。每道工序开工前,承包商必须提出开工申请单,向监理工程师说明材料、设备、工艺及人员的准备情况,开工申请得到监理工程师批准后才能开工。为了保证工程质量,在审查开工申请时做到四个不准:人力、材料、机具设备准备不足不准开工;不经检查认可的材料不准使用;施工工艺未经批准,施工中不准采用;前道工序未经验收,后道工序不准进行。

3)项目经理

现代大型工程项目建设,需要在有限的时间、空间范围内交叉运用多种现代化工业技术、施工技术、管理技术。因而,项目经理的职责有很多,但最基本的有:

(1)确保项目目标实现,保证业主满意。

(2)组织精干的工程项目管理班子,组织开展创优质工程活动。

(3)专设质量管理人员,加强对全体施工人员质量意识教育,组织工程质量检查,组织工程质量回访。

(4)履行合同义务,监督合同执行,处理合同变更。

(5)内部职责,包括施工准备、落实材料设备、监督检查、处理关键性问题等。

总之,项目经理的职责和任务就是要使项目"优质、高速、低耗",达到业主的要求。

4)质检工程师

质检工程师负责向工程项目班子所有人员介绍该工程项目的质量控制制度,负责指导和保证此项制度的实施,通过质量控制来保证工程建设满足技术规范和合同规定的质量要求。具体职责有:

(1)研究施工对象的质量要求。

(2)在研究本单位或外单位过去质量所存在的问题后,提出施工中质量管理工作的重点。

(3)从质量控制的角度出发,对施工组织计划进行审查,提出实现高质量施工方案的建议。

(4)编写质量管理方面的规章制度,包括内部质量控制方面的政策、法规、技术标准、施工规范及实施细则。

(5)组织实施,报告结果。

(6)接受工程建设各方关于质量控制的申请和要求,包括向各有关部门传达必要的质量措施。如质检工程师有权停止分包商不符合验收标准的工作,有权决定需要进行实验室分析的项目并亲自准备样品、监督实验工作等。

5）中心试验室

中心试验室对工程原材料、半成品、水泥混凝土的内在质量的检验数据负责，包括检测项目取样方法及频度、制件方法、试验方法及原始数据的记录、计算、报告，以及对试验结果的误差分析等。

（1）设计检测和试验方案，制订试验检测实施计划。按照规定的检测试验项目、频度及时完成检测试验工作。

（2）根据检测试验标准、规范，制订每一项目检测及试验的操作规程及补充细则。对观感性、描述性的项目要设计制订有效的、标准的评价方式及表达述语。

（3）调查偶然性缺陷的原因，报告调查结果，并随时采取纠正措施。

（4）对所使用的仪器、量具和设备进行计量方面的检定、校准、保养及维修，保证计量设备的计量精度，以求试验结果的正确。

（5）编制检测试验工作的总结报告。

6）机务部

机务部应对机械技术状况的完好性、附件的齐全性以及工作装置调整的正确性负责。设备应保养良好，达到能满足施工规范的技术要求。机务部主管负责实施和监督机手的工作。机务部主管定期向质检工程师提供有关机械完好、技术条件状况的报告。

7）材料部

材料部应对所购进材料的质量负责。所有材料应有出厂质量保证书、合格证及应有的化验报告，并应主动配合试验室进行抽检。

8）工程技术部

工程技术部是贯彻有关施工、质检的技术标准、规范和规程的执行部门。质量标准要落实到每一道工序、每个操作人员。每道工序的自检质量日报，由该工序的质检员填写，施工技术负责人审签交质检工程师汇总。工程部负责处理施工质量问题。凡经复检后质检工程师审定不合格的项目，工程技术部主管负责组织修整，直到返工，并提出各级应承担的责任以及处罚意见。工程技术部要在技术措施和工艺措施上保证工程质量，要根据施工技术规范编制操作工艺的实施细则，并在施工人员中宣讲。

9）质检员

质检员是生产班组的质量负责人。一切施工项目和所有工序，都由各质检员每天填报质量日报表。填表的原始数据必须由质检员亲自（或旁站）检测，如实记录，班、组长签认后逐级上报。检测项目和频度，由质检工程师根据施工规范制定。内部质检频度要大于规范的要求。班（组）长和操作手直接对其所完成的工序的质量负责。每个工人都要熟悉自身工序的施工技术要求、操作规程和验收标准。各工序完工后，由班（组）长填报“项目质量自检单”，对本工序的质量作出评价。由工序质检员会同试验检测人员对所完成的工作，按自检规定的检测项目和频度进行抽检，并在“项目质量自检单”上如实填写，同时对班（组）长自检作出评价。自检的项目及频度，由质检工程师根据规范要求及施工条件制定。自检的项目和频度一定要比上报监理工程师的报告多，这是内部质量管理信息系统建立的基础工作。

上述自检单经检测人员、施工操作者和工序质检员签字后，上报质检工程师。

3．质量控制机构的检验工作程序

为了使质量控制机构能够有条不紊地运转，每当一个分部、分项或单位工程完工后，承包商应请业主（或业主委托的监理工程师）对分部、分项或单位工程进行质量检验。承包商向业

主(或监理工程师)提出质量检验申请,必须在 24h 以内送给业主(或监理工程师)。业主(或监理工程师)必须及时转达有关信息,进行协调工作,避免影响承包商的工作进度及随之而来的索赔。质量控制机构的检验工作程序,如图 1-8 所示。

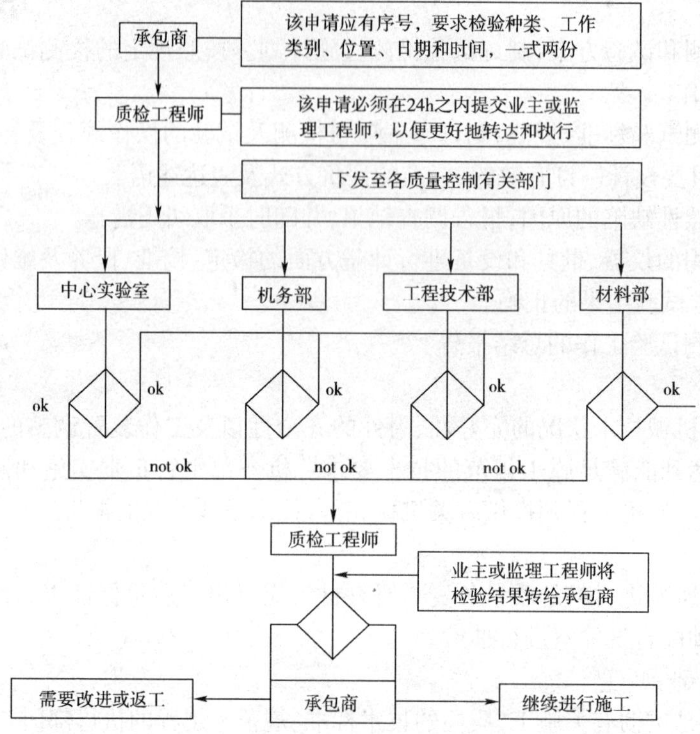

图 1-8　质量控制机构的检验工作程序

第二章　公路工程施工质量控制管理方法

工程施工质量的保证，要依靠全体职工的努力，综合运用各种科学方法，试验检测，取得大量的数据，对工程质量及工作质量形成全过程的各种影响因素，进行全面预防、控制和系统的管理，以保证提供出满意的合格工程。在传统的质量控制方法中，往往存在着定性方法多，定量方法少，凭经验的成分多，科学性成分少。要选用有效的质量控制方法，定量地分析和研究、预测工程质量的变化，以实现有效的质量控制。

第一节　公路工程施工质量控制的静态法

鉴于工程施工项目质量控制的重要性和特殊性，在实践中，应采取一些行之有效的科学方法，正确分析质量事故的原因，提出解决问题的办法。工程质量控制和评价以数理统计方法作为基本手段，所谓数理统计方法就是运用统计性规律，将收集来的数据资料进行整理、分析，加工处理，使其转变为有用的质量数据特征值，从而查找异常波动的原因并加以排除，使质量只受偶然性因素的影响。以此作为判断、决策和解决质量问题的依据。施工质量控制方法十分丰富，如排列图法、因果分析图法、分组分析法、调查列表分析法、直方图法，这些方法都局限于某一时间段内，通过数据进行事后分析，拟定控制方法，可以说都是静态的质量控制方法，下面从静态的控制方法加以介绍。

一、分层法

分层法又称分组分析法或分类法，它是将收集的资料根据不同的目的，按其性质、来源、影响因素等加以分组和分类进行研究的方法。它可以使杂乱的数据和错综复杂的因素系统化、条理化，从而找出主要原因，采取相应措施。

根据分层的目的，按照一定的标志加以区分，把性质相同、在同一条件下收集的数据归在一起进行分层，并使同一层内的数据波动幅度尽可能小，而层间的差别尽可能大。按此原则分析，也就是为了找出同一类型中不同层次之间的因素差异，以及产生差异的原因。公路工程施工的质量问题，一般可作如下分类：

(1)按公路组成部分分类：有路基工程、路面工程、桥梁工程、涵洞工程、隧道工程、排水设施、其他人工构造物和附属辅助工程等。

(2)按工程施工检查项目分类：根据有关工程项目的施工及验收规范具体条款，进行细致的分类。如对于路基工程，可按路基高程、路基宽度、平整度、填方路基密实度、边坡坡度等进行分类；对于沥青路面，可按其厚度、平整度、路面宽度、中线高程、横坡度以及沥青用量、施工温度、压实度、矿料级配等进行分类。

(3)按公路施工的时间分类：公路施工质量易受季节、昼夜更替所引起的温度和湿度变化的影响。施工记录应载明项目、工序的施工年、季、月、旬、日、昼夜等必要时间，以及环境特点，为按质量问题进行分层分析做好准备。

(4)按操作班或操作者分类:可考虑按新、老工人,男、女性别,操作技术水平高低等的差异进行分类。

此外,还可按不同的施工工艺和操作方法,料场、材质,检测手段,质量事故的性质,以及造成的经济损失等进行分类。

通过这样逐次分层、多次分解,从而找出同类因素中各自对质量的不同影响程度和规律,为着手解决存在的问题提供依据。

【例 2-1】 某公路施工段长 9km,每 3km 分为一段,每段分别采用稳定土厂拌设备、自行式稳定土拌和机和平地机施工搅拌石灰粉煤灰碎石混合料基层,经检测该混合料层的含水量、配合比及密实度结果如表 2-1 所示。试分析以施工机械作为同一类型,它们产生的质量特性差异及其原因。

按施工机械分层分析表 表 2-1

施工机械 \ 检验项目及结果	配合比	含水量	密实度
	不合格率(%)		
稳定土厂拌设备	10	5	20
自行式稳定土拌和机	15	35	15
平地机	35	30	30

由表列数据可知,对于配合比检查项目来说,稳定土厂拌设备的施工效果最好,自行式稳定土拌和机次之,平地机最差;而对于含水量控制来说,稳定土厂拌设备也最好,其余两种都较差。上述三种机械对密实度影响的规律性不十分明显,这是由于混合料的密实度还与压实功效有极其密切的关系。由此表的分析结果可以看出,通过有关质量问题数据的对比,能够发现同类因素对质量的不同影响程度,以便采取相应的措施。

二、调查列表分析法

调查列表分析法,是利用统计调查表来进行数据整理和质量分析的一种灵活简便的方法和手段。调查表法,就是采用表格的形式,将在工程施工中出现的质量问题及相关因素的质量数据,进行收集、整理,以便了解和分析工程质量的不合格状况及不合格项目与相关因素之间的关系。由于调查的目的不同,其格式多种多样,可根据收集分析数据的需要自行设计。但是,表中的项目选择,一般地说,常常是按事故(不合格)项目、时间、工序、班组、场地等内容进行划分。

公路工程施工中,常用的几种调查(检查)表有:工序质量分布调查表、不良项目调查表、不良要因调查表、缺陷位置调查表和检查评定调查表。

三、排列图法

排列图又称主次因素排列图,是根据意大利经济学家帕雷托(Pareto)提出的"关键的少数和次要的多数"的原理,由美国质量管理专家朱兰(J. M. Juran)运用于质量管理中而发明的一种质量管理工具。其作用是寻找主要质量问题或影响质量的主要原因,以便抓住提高质量的关键,取得好的效果。

1. 排列图的概念

排列图是由两个纵坐标、一个横坐标、几个直方块和一条曲线所构成。排列图的横坐标表示影响工程质量的因素或项目,按其影响程度大小,从左到右依次排列,直方块的高度表示影

响大小；左纵坐标表示影响质量的因素发生或出现的频次（件数、处数、点数、金额），也可以是在质量评定中所占的分数；右纵坐标表示质量受到影响的频率；曲线表示各个影响因素的累计百分数，由左到右逐渐上升，这条折线就称为帕雷托曲线。累计百分数在0～80%范围内的因素即为主要因素。

【例2-2】 某段长度为6km的沥青混凝土路面，经质量检查后发现，其所得评分不合格，各检查项目所扣除的评定分数情况如下：厚度扣6分，平整度扣24分，中线高程扣4分，沥青用量扣9分，压实度扣48.5分，其他项目共扣3.5分。试用排列图分析主要不合格项目。

解：绘制排列图，如图2-1所示。从图中可以看出，本例的压实度和平整度两项不合格的综合影响比重（累计百分率）为76.3%，即为主要因素，应采取措施加以改善。

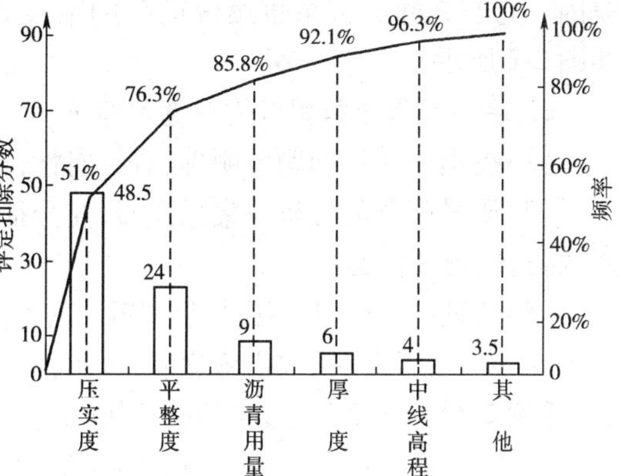

图2-1　沥青面层不合格项目排列图

2. 作排列图的注意事项

（1）做好因素的分层。对于同一基础上的各个因素，应具有相互的可比性（如沥青面层各项检查项目的得分）；如果某一主要因素可以再进一步分层，亦可利用排列图对此加以深入分析，以便得到更多的情况。

（2）主要因素不能过多。找出的主要因素以一二项为宜，最多不超过三项，其累计百分率为0～80%。当采取措施解决了这些主要因素之后，原先的次要因素，则上升为主要因素，这时再通过作排列图来分析处理。

（3）数据要充分。尽可能收集足够的数据，以便找出统计的规律性。当件数不多时，最好作全数分析，必要时也可采用随机抽样分析。

（4）适当合并一般因素。不太重要的因素可以列出很多项，为简化作图，常将这些因素合并为其他项，放在横坐标的末端。

（5）合理选择计量单位。对于同一项质量问题，如果计量单位不同，主次因素的排列顺序会有所不同。这就要看哪一种计量单位能更好地反映质量问题的实质，便采用哪一种。

（6）在采取措施之后，为验证其实施效果，还要重新画排列图，以便进行比较。

3. 排列图的应用范围

排列图的应用范围或目的可分为：分析主要缺陷形式；分析造成不合格项目的主要工序原因；分析产生不合格项目的关键工序；分析各种不合格项目的主次地位；分析经济损失的主次因素；对比采用措施前后的效果等。

四、因果分析图法

因果分析图又称特性要因图，因其形状像树枝或鱼骨，故又称鱼骨图、鱼刺图、树枝图，是用来寻找某种质量问题的所有可能原因的有效方法。是一种用来逐步深入地研究和讨论质量问题，寻找其影响因素，以便从重要的因素着手进行解决的一种工具。通过排列图，找到了影响质量的主要问题（或主要因素），可以供人们找出影响质量特性的大原因、中原因和小原因。但找到问题不是质量控制的最终目的，目的是搞清产生质量问题的各种原因，找出原因后可以有针对性地制定相应的对策加以改进。

1. 因果分析图的作图方法

因果分析图的作图方法是将要分析的问题放在图形的右侧，用一条带箭头的主杆指向要解决的质量问题，一般从人员、设备、材料、工艺、环境五个方面进行分析，这就是所谓的大原因。对具体问题来讲，这五个方面的原因不一定同时存在，要找到解决问题的方法，还需要对上述五个方面作进一步分解，这就是中原因、小原因或更小原因。它们之间的关系也用带箭头的箭线表示，如图 2-2 所示。

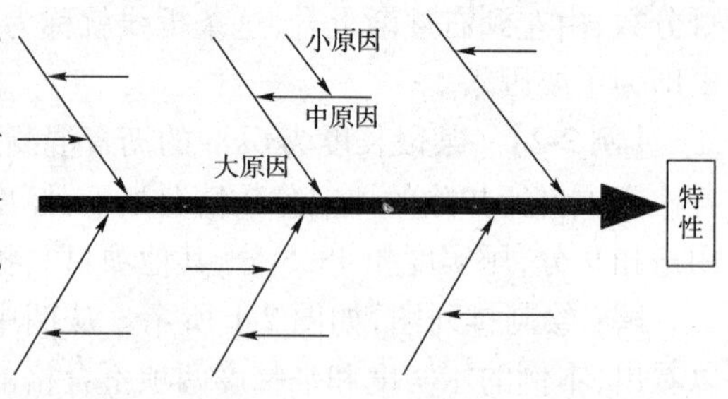

图 2-2　因果分析图

2. 绘制因果分析图时需注意的事项

(1)提出的质量问题要明确，有针对性，对改进质量影响较大。

(2)质量问题的分析应集思广益，充分征求各方面有关人员的意见，对一些没有把握的原因，需到现场去核实。

(3)所列出的原因，不应只是逻辑上的可能性，而必须是实际存在的需要改进的不足之处。

(4)对关键因素采取措施之后，再用排列图等方法来检验其效果。

【例 2-3】 图 2-3 是某沥青面层施工后压实度达不到要求的因果分析图。

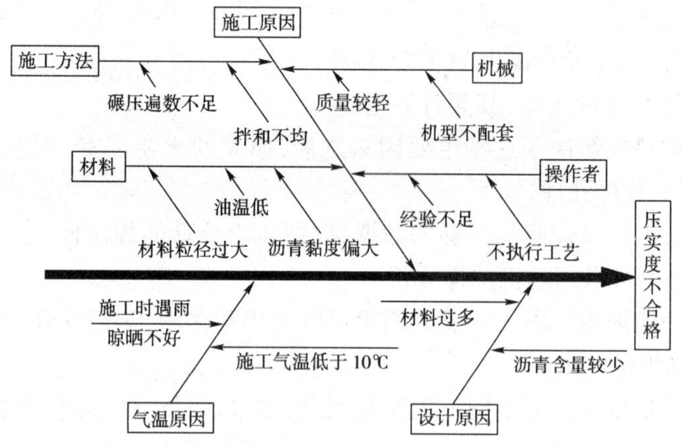

图 2-3　某沥青面层压实度不合格因果分析图

依据上述因果分析图并结合具体情况分析后得知，造成压实度不合格的主要原因是沥青温度过低、拌和不均匀及碾压遍数不够，应对此采取相应的措施予以改进。

五、直方图法

直方图又称为频数分布直方图或质量分布图、矩形图，它是对质量检测数据加工整理、观察分析和掌握质量分布规律，从而判断和预测施工过程质量状况或废品率，判断生产过程是否正常的有效方法。直方图可用来估计工序不合格品率的高低、制定质量标准、确定公差范围、评价施工管理水平等。

直方图由一个纵坐标、一个横坐标和若干个长方形组成。横坐标为质量特性、纵坐标是频数时，直方图为频数直方图；纵坐标是频率时，直方图为频率直方图。在正常施工条件下，大多数工程质量的数据虽然存在波动性，但经过分析可以看到这些波动的数据并不是杂乱无章的，而是呈现一定的规律性。将整理的数据恰当分组，作成直方图，可以一目了然地反映出工程质

量特征值的分布情况。

1. 直方图作法

下面结合例 2-4 说明作直方图的方法和步骤。

【例 2-4】 某稳定土拌和场,连续拌和石灰稳定土 100 天,每天检测一次所加入石灰的钙镁含量,将其记录列于表 2-2。作出频数分布直方图,并计算有关特征值。

记录数据表(钙镁含量,%) 表 2-2

8.16	8.00	7.62	7.77	7.97	7.57	8.28	8.11	7.92	8.01
8.01	8.22	8.25	8.24	7.96	7.90	8.06	7.90	8.14	8.02
8.05	7.58	7.79	7.87	8.10	8.31	7.73	7.90	7.98	7.94
7.79	8.06	7.80	7.79	8.02	8.24	8.16	8.17	7.99	7.85
7.80	7.95	7.87	8.10	8.12	7.87	7.75	7.82	7.95	8.01
8.23	7.80	7.80	8.09	7.99	8.43	8.01	8.10	7.85	7.89
7.53	8.09	7.89	7.92	7.88	8.31	7.63	7.72	7.89	7.95
8.21	8.11	7.78	8.03	7.94	7.58	8.14	7.70	7.77	7.97
8.26	7.77	7.67	8.16	8.07	8.38	8.05	8.06	7.88	7.83
8.17	7.78	7.68	8.02	7.83	7.86	7.62	7.94	7.86	8.06

(1)收集数据,一般不少于 50~100 个数据,本例的 100 个数据见表 2-2。

(2)找出数据的最大值与最小值,本例 $x_{max}=8.43$,$x_{min}=7.53$。

(3)确定组数 k,k 值可以从表 2-3 选取,本例取 $k=10$ 组。

(4)确定组距 h,取 $h=(x_{max}-x_{min})/k$。

本例 $h=(8.43-7.53)/10=0.09$。

(5)确定组界值,为避免数据恰好落在组界上,组界值的数据要比记录数据的精度高一位,其中第一组界值可由下式求出:$\left(x_1-\frac{h}{2}\right)\sim\left(x_1+\frac{h}{2}\right)$。

数据总数与组数 表 2-3

数据总数(n)	组数(k)
50 以内	5~7
50~100	6~10
100~250	7~12
250 以上	10~20

第一组的界值为:$\left(7.53-\frac{0.09}{2}\right)\sim\left(7.53+\frac{0.09}{2}\right)=7.485\sim7.575$

第二组的下界值取第一组的上界值,再加上组距 h,即为第二组的上界值,其余类推。

(6)计算组中值 $\bar{x}_i$=(某组上界值+某组下界值)/2。

(7)统计频数 f_i(即落在各组组界范围内的数据个数)。

(8)列出频数分布统计表(见表 2-4)。

频数分布统计表 表 2-4

组号	组界值	组中值	f_i	u_i	$f_i u_i$	$f_i u_i^2$
1	7.485~7.575	7.53	3	-4	-12	48
2	7.575~7.665	7.62	4	-3	-12	36
3	7.665~7.755	7.71	6	-2	-12	24
4	7.755~7.845	7.80	14	-1	-14	14
5	7.845~7.935	$\bar{x}_0=7.89$	21	0	0	0
6	7.935~8.025	7.98	20	1	20	20

续上表

组号	组界值	组中值	f_i	u_i	$f_i u_i$	$f_i u_i^2$
7	8.025 ~8.115	8.07	14	2	28	56
8	8.115 ~8.205	8.16	9	3	27	81
9	8.205 ~8.295	8.25	6	4	24	96
10	8.295 ~8.385	8.34	2	5	10	50
11	8.385 ~8.475	8.43	1	6	6	36
合计			100		65	461

(9)计算各组的变换组中值 u_i,以频数 f_i 最大一栏的组中值为 $\bar{x}_0$,用下式确定各组的值:

$$u_i = (\bar{x}_i - \bar{x}_0)/h$$

(10)统计频数 f_i 与变换组中值 u_i 的乘积,计入 $f_i u_i$ 栏内,并求出其合计 $\sum f_i u_i$,本例为65。

(11)统计频数与变换组中值平方的乘积 $f_i u_i^2$,计入 $f_i u_i^2$ 栏内,并求出其合计 $\sum f_i u_i^2$,本例为461。

(12)计算平均值:$\bar{x} = 7.89 + 0.09 \times \frac{65}{100} = 7.949$。

(13)计算标准偏差:$\sigma = 0.09 \times \sqrt{\frac{461}{100} - \left(\frac{65}{100}\right)^2} = 0.184$。

(14)画直方图,如图2-4所示。图中 T_L 为公差下限与 T_U 为公差上限。

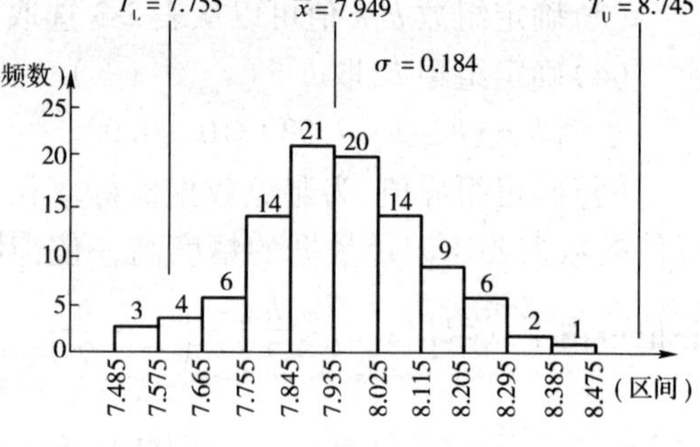

图2-4 频数分布直方图

2. 直方图的分析、判断

1)分布状态的分析

通过对直方图分布状态的分析,可以判断生产过程是否正常,下面就一些常见标准的直方图形加以分析:

(1)对称分布(正态分布),见图2-5a)。说明生产过程正常,质量稳定。

(2)偏态分布,见图2-5b)、c)。一般形位公差分布是偏态分布,此时,应属于正常生产情况。但是,由于技术上、习惯上的原因所出现的偏态分布,则应属于异常生产情况。

(3)锯齿分布,见图2-5d)。造成这种状态的原因可能是分组的组数不当,组距不是测试

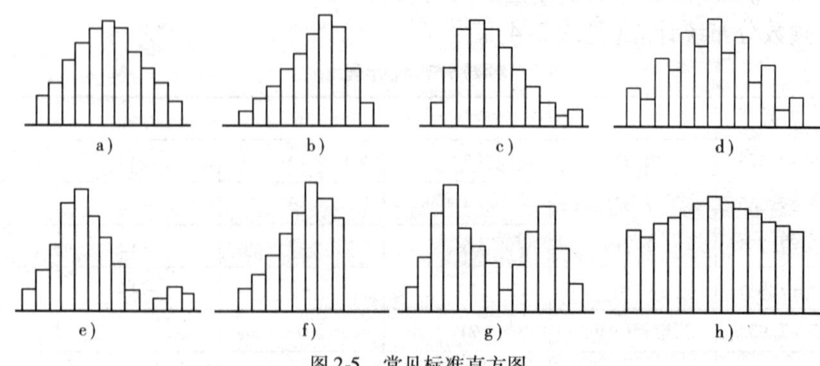

图2-5 常见标准直方图

a)对称分布;b)、c)偏态分布;d)锯齿分布;e)孤岛分布;f)陡壁分布;g)双峰分布;h)平峰分布

单位的整倍数，或测试时所用方法和读数有问题。

(4)孤岛分布，见图2-5e)。造成这种状态的原因往往是短期内不熟练的工人替班所造成的。

(5)陡壁分布，见图2-5f)。它往往是剔除不合格品、等外品或超差返修后造成的。

(6)双峰分布，见图2-5g)。它是两种不同的分布混在一起检查的结果，如把由两台设备或两个班组的数据混在一起就会出现这种情况。

(7)平峰分布，见图2-5h)。生产过程中有缓慢变化的因素起主导作用的结果。

2)同标准规格比较

通过直方图与标准规格(公差)的对比，观察质量特性值是否都落在规定的范围内，是否留有余地，图2-6是一些典型直方图同标准比较的情况。

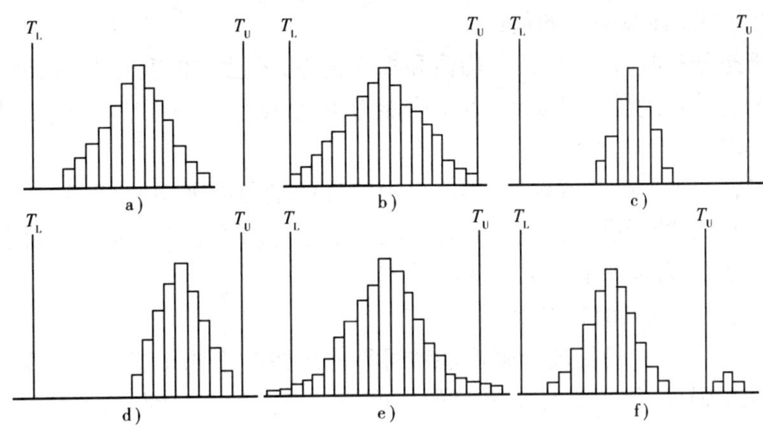

图2-6　直方图同标准的比较

(1)图2-6a)。该直方图呈正态分布，分布范围集中并全部在公差带内，平均值在中间，两侧均留有余地，生产稍有波动也不会超出公差界限，说明生产是正常、稳定的，是满足质量要求的。

(2)图2-6b)。该直方图呈正态分布，分布充满公差带，两侧均没有余地，生产稍有波动就会超出公差带，出现不合格品，应努力减小分散，或在可能的情况下增大公差带。

(3)图2-6c)。该直方图呈正态分布，分布非常集中，分布范围距公差带较远，生产即使发生较大波动也不会出现不合格现象，说明生产是正常、稳定的，但不经济。

(4)图2-6d)。该直方图太偏向公差带一侧，稍有不慎就可能在上限超差，出现不合格品，应采取措施使分布移向公差带中心。

(5)图2-6e)。该直方图呈正态分布，但分布过于分散，已超出公差范围，出现了不合格品，应设法减小分散程度。

(6)图2-6f)。该直方图大部分正常，有小部分超差，可能是不熟练工人临时替班造成的，应查明原因予以消除。

3. 直方图注意事项

画直方图及观察分析直方图时，应注意以下几个问题：

(1)直方图属于静态的，不能反映质量特性动态的变化。

(2)画直方图时，数据不能太少，一般应大于50个，否则画出的直方图难以正确反映总体的分布状态。

(3)注意分层,直方图出现异常,特别是出现双峰分布时,应注意将收集的数据分层,然后分别画直方图进行分析。

(4)直方图呈正态分布时,为了得到更多的信息,可求样本的平均值和样本的标准偏差。

4. 直方图在工程中的应用

直方图除了用以观察质量特性的分布状态和分析判断生产过程是否正常之外,还有多方面的用途。

(1)用来作为工程结构设计参数的依据

结构设计中需考虑的问题很多,除常规的力学计算外,还要考虑多种因素,如施工中的结构所受荷载的波动状况、材质性能的波动范围等,因此,往往需要在大量调研的基础上,进行数理统计分析,运用频率直方图方法,就是确定结构设计参数的方法之一。

(2)工序能力与总体废品率的估计

直方图呈正态分布时,可计算其平均值和标准偏差;若已知标准要求,就可计算出其工序能力指数并判断它是否满足质量要求;若工序能力不足,则可进一步计算可能产生的废品率。

(3)用以评定施工管理水平

施工企业的管理水平高低或好坏,不能只用定性的抽象的名词"好"或"一般"来表达,这样不够确切,应用一定的标准来衡量。国外对混凝土施工的质量控制要求已制定有标准,用标准偏差 S 和变异系数 C_v 来评定施工管理水平。

(4)确定混凝土的施工配制强度

在混凝土施工中,为了使混凝土强度能够可靠地达到设计要求,应根据不同的施工质量控制水平来确定配制强度,施工管理水平高的强度波动范围就小。因此,提高试配强度可少一些,而施工水平低者,强度波动大,试配强度相对应高些。

第二节　公路工程施工质量控制的动态法

工程的施工质量特性,要采用数据来反映。由于质量特性受到不断变化的4M1E的影响,从生产实际中观察得来的数据又具有波动性,因此,有必要对反映数据波动性的分布状态进行分析,找出数据分布规律与质量特性之间的关系,才能达到反映、处理和控制质量问题的目的。在常用质量管理的工具和方法中,前面介绍的不论是排列图、因果分析图法,还是分层法、调查表法、直方图法,都是静态的。要掌握工程施工质量特性随诸多影响因素的变化关系,质量特性数据随时间的变化状况,就需运用动态的质量控制管理方法,掌握施工质量状态,判断其生产过程的稳定性,及时发现隐患,并采取措施,防止不合格产品的产生。公路工程施工质量的动态管理方法有相关图分析法、控制管理图法等,下面对动态的工程质量控制管理方法加以介绍。

一、相关图法

相关图法,又叫散布图。它不是对一种数据进行分析和处理,而是对两种测定数据之间的相关关系进行处理、分析和判断,它也是一种动态的分析方法。

在工程施工中,工程质量的相关关系有三种类型:第一种是质量特性和影响因素之间的关系,例如混凝土强度与温度的关系;第二种是质量特性与质量特性之间的关系,如水泥强度与水泥混凝土强度之间的关系等;第三种是影响因素之间的关系,如混凝土密度与抗渗能力之间

的关系等。

通过对相关关系的分析、判断,可以提供对质量目标进行控制的信息。分析相关关系,有时从数据上很难看清,这就有必要借助相关图为进行相关分析提供方便。

1. 相关图的作图方法

下面结合例2-5,来说明相关图的作图步骤。

【例2-5】 某水泥混凝土拌和站为了找出水泥用量与水泥混凝土强度的关系,进行了大量的水泥混凝土配合比试验,其试验数据如表2-5所示。运用相关图的作图方法,建立水泥混凝土的强度与水泥用量的关系,如图2-7所示。

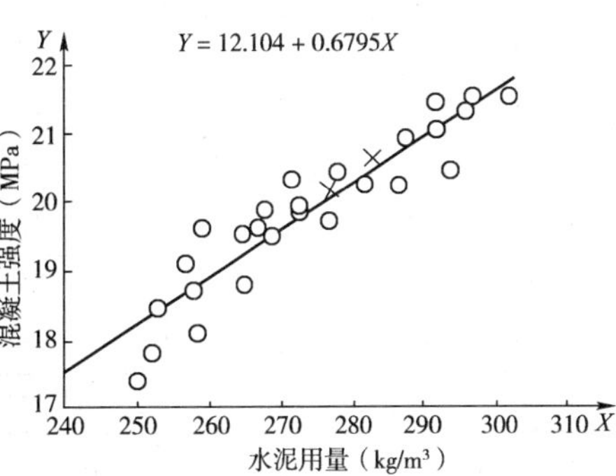

图2-7　水泥混凝土强度与水泥用量相关图

(1)选定对象。对象的选定,可以是质量特性值与因素之间的关系,也可以是质量特性值与质量特性值之间的关系,或因素与因素之间的关系。这里,通过分析研究水泥混凝土强度与水泥用量,即质量特性与因素之间的关系,来说明相关图的作法。

(2)收集数据。一般需要收集成对的数据30组以上,同时要记录收集数据的日期、取样方法、测定方法等有关事项。数据排列见表2-5。

试验数据表　　表2-5

试样号	X 水泥用量(kg/m³)	Y 混凝土强度(MPa)	X^2	Y^2	XY
1	250	174	62 500	30 276	43 500
2	252	178	63 504	31 684	44 856
3	253	185	64 009	34 225	46 805
4	257	191	66 049	36 481	49 087
5	258	181	66 564	32 761	46 698
6	258	187	66 564	34 969	48 246
7	259	196	67 081	3 816	50 764
8	265	195	70 225	38 025	51 675
9	265	188	70 225	35 344	49 820
10	267	196	71 289	38 416	52 332
11	268	199	71 824	39 601	53 332
12	269	195	72 361	38 025	52 455
13	272	203	73 984	41 209	55 216
14	273	198	74 529	39 204	54 054
15	273	199	74 529	39 601	54 327
16	277	197	76 729	38 809	54 569
17	277	201	76 729	40 401	55 677
18	277	201	76 729	40 401	55 677
19	278	204	77 284	41 616	56 712
20	282	202	79 524	40 804	56 964
21	283	206	80 089	42 436	58 298

续上表

试样号	X 水泥用量（kg/m^3）	Y 混凝土强度（MPa）	X^2	Y^2	XY
22	283	206	80 089	42 436	58 298
23	287	202	82 369	40 804	57 974
24	288	209	82 944	43 681	60 192
25	292	210	85 264	44 100	61 320
26	292	214	85 264	45 796	62 488
27	294	205	86 436	42 025	60 270
28	296	213	87 616	45 369	63 048
29	297	215	88 209	46 225	63 855
30	302	215	91 204	46 225	64 930
Σ	8 244	5 965	2 271 716	1 189 365	1 643 439

（3）画出横坐标 X 与纵坐标 Y，填上特性值刻度。一般横坐标表示原因特性，纵坐标表示结果特性。划分坐标刻度间距时，应使两坐标值相互协调，避免因相关图作法不合适而致使判断的错误。

（4）注出说明。在图中适当位置写明数据个数、收集时间、工程部位名称、制图人和制图日期等。

2. 作相关图时应注意的事项

（1）作相关图时，要注意对数据进行正确的分层，否则可能作出错误的判断。

（2）对明显偏离群体的点，要查明原因，对被确定为异常的点要删除。

（3）当收集的数据较多时，难免出现重复数据。在作图时，为了表示这种情况，在点的右上方标明重复次数。

（4）由相关分析所得的结论，仅适用于试验的取值范围内，不能随意扩大适用范围。在取值范围不同时，再作相应的试验与分析。

（5）有时做技术性观察时不认为有相关关系，而画出的相关图却偶然呈相关状态。由于相关图不能反映相关的原因，故应进行技术性研究来辨认相关的真伪。

3. 相关图的判断与分析

由于对应数据的相关关系不同，图上点的分布形态也各不相同。总的来说，有如图 2-8 所示的六种情况：

（1）正相关：X 增加，Y 显著增加，只要控制 X，Y 就得到控制。

（2）近似正相关：X 增加，Y 大致增加。

（3）无相关：X 与 Y 无任何关系，不能通过一个特征值来控制另一个特征值。

（4）负相关：X 增加，Y 显著减少，可以通过控制 X 来控制 Y。

（5）近似负相关：X 增加，Y 大致减少。

（6）非线性相关：X 与 Y 呈曲线关系，在一定范围内 X 增加，Y 也增加；而在一定范围以外，X 增加，Y 随之减少。这时要分别控制。

4. 相关系数与相关系数检验

（1）相关系数

相关系数 r，是表示两个质量特性的变量 X 与 Y 的线性相关程度的特征数值，其计算公式

如下：

$$r = \frac{s(XY)}{\sqrt{s(XX)s(YY)}}$$

式中：$s(XY) = \sum_{i=1}^{n}(X_i - \overline{X})(Y_i - \overline{Y}) = \sum_{i=1}^{n}X_iY_i - \frac{1}{n}(\sum_{i=1}^{n}X_i)(\sum_{i=1}^{n}Y_i)$

$$s(XX) = \sum_{i=1}^{n}(X_i - \overline{X})^2 = \sum_{i=1}^{n}X_i^2 - \frac{1}{n}(\sum_{i=1}^{n}X_i)^2$$

$$s(YY) = \sum_{i=1}^{n}(Y_i - \overline{Y})^2 = \sum_{i=1}^{n}Y_i^2 - \frac{1}{n}(\sum_{i=1}^{n}Y_i)^2$$

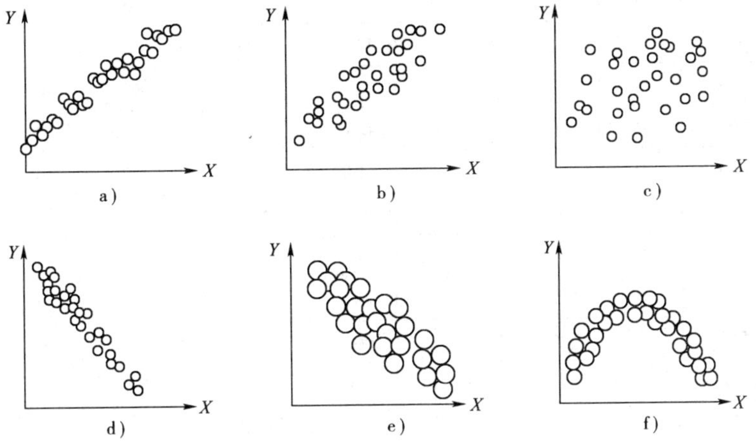

图 2-8　相关图的几种类型

a) 正相关图；b) 近似正相关图；c) 无相关图；d) 负相关图；e) 近似负相关图；f) 非线性相关图

相关系数 r 在 -1 至 $+1$ 之间取值（即 $|r| \leqslant 1$）。在 X 增加 Y 也随之增加时，$r>0$，是正相关；在 X 增加 Y 随之减小时，$r<0$，是负相关。当 r 的绝对值越接近于 1 时，表明 X 与 Y 越接近线性关系。如果 r 接近于 0，可认为 X 与 Y 之间没有线性关系，这时有两种情况，或者两者之间不存在相关关系，或者存在非线性关系。

从数据中算出的 r 值，其可信程度与数据个数 n 的多少有关，n 越大，r 值就越可靠。现以例 2-5 来计算相关系数 r。由表 2-5 可得：

$$s(XY) = \sum_{i=1}^{n}X_iY_i - \frac{1}{n}(\sum_{i=1}^{n}X_i)(\sum_{i=1}^{n}Y_i) = 4\ 257$$

$$s(XX) = \sum_{i=1}^{n}X_i^2 - \frac{1}{n}(\sum_{i=1}^{n}X_i)^2 = 6\ 264.8$$

$$s(YY) = \sum_{i=1}^{n}Y_i^2 - \frac{1}{n}(\sum_{i=1}^{n}Y_i)^2 = 3\ 324.2$$

$$r = \frac{s(XY)}{\sqrt{s(XX)s(YY)}} = 0.933$$

由 $r=0.933$ 可知，X 与 Y 为线性关系的正相关。

(2) 相关系数检验

相关系数的检验方法是：采用相关系数检验表（见表 2-6），由数据总数 n，查出表值为 r_n，若 $|r| \geqslant r_n$，则说明 X 与 Y 有相关关系，这时才考虑用回归直线来描述 X 与 Y 之间的关系，其所配置的直线才有意义；$|r| < r_n$，说明 X 与 Y 无相关关系。

在表 2-6 中,α 为危险率。危险率 0.01(或 0.05)系指在 100 次判断中有发生 1 次(或 5 次)判断错误的危险,也可说可靠性为 99%(或 95%)。

对于例 2-5,$n=30$,查表得 $r_n=0.463(0.361)$,$r=0.933>r_n$,且 r 接近于 1,故为正相关。

相关系数检验表

表 2-6

$n-2$	r_n		$n-2$	r_n		$n-2$	r_n	
	$\alpha=0.05$	$\alpha=0.01$		$\alpha=0.05$	$\alpha=0.01$		$\alpha=0.05$	$\alpha=0.01$
1	0.997	1.000	15	0.482	0.606	29	0.355	0.456
2	0.950	0.990	16	0.468	0.590	30	0.349	0.446
3	0.878	0.959	17	0.456	0.575	35	0.325	0.418
4	0.811	0.917	18	0.444	0.561	40	0.304	0.393
5	0.754	0.874	19	0.433	0.549	45	0.288	0.372
6	0.707	0.834	20	0.423	0.537	50	0.273	0.354
7	0.666	0.798	21	0.413	0.526	60	0.250	0.325
8	0.632	0.765	22	0.404	0.515	70	0.232	0.302
9	0.602	0.735	23	0.396	0.505	80	0.217	0.283
10	0.576	0.708	24	0.388	0.496	90	0.205	0.267
11	0.553	0.684	25	0.381	0.487	100	0.195	0.254
12	0.532	0.661	26	0.374	0.478	200	0.138	0.181
13	0.514	0.641	27	0.367	0.470	300	0.113	0.148
14	0.497	0.623	28	0.361	0.463	100	0.062	0.081

5. 回归直线的应用

通过相关系数的计算,可以了解两个质量特征数据之间是否存在相关关系,以及推测相关程度。为了进一步了解两组数据之间的依存状况,还必须了解它们之间的定量关系。

在工程实践中,经常发现两组质量特征数据之间表现出近似的线性关系。因为从相关图中无法找出一条直线通过图中所有的点,只能在一切可能的直线中找出一条比较合适的直线,在数理统计学上,这条直线称为回归直线,用下式表示,称为线性回归方程:

$$Y' = a + bX$$

其中:$a=\overline{Y}-b\,\overline{X}$,$b=\dfrac{s(XY)}{s(XX)}$

$$\overline{X}=\sum X_i/n,\overline{Y}=\sum Y_i/n$$

式中:Y'——回归直线上理论值的纵坐标;

Y_i——实际值纵坐标,两者通常并不完全一致。

从上述回归直线(见图 2-8)可知,只要控制一个变量 X 的变化,就可以预测和控制另一个变量 Y 的变化。如在例 2-5 中,可计算出 $a=0.6795$,$b=12.104$,若控制水泥用量在 280kg/m^3 以上时,就可以将水泥混凝土的强度控制在 20MPa 的水平以上。

二、控制图法

1. 基本概念

控制图又叫管理图,它是工序控制的重要方法之一,根据反映质量特性的数据随时间的变化,可以动态地掌握质量状态,判断其生产过程的稳定性,这样,就可以实现对工序质量的动态

控制,及时发现隐患,并采取措施,防止不合格产品的产生。控制图基本形式如图2-9所示,控制图纵坐标为质量特性,横坐标是样本的序号。图中有三条线:中间的一条细实线为中心线,是数据的均值,用CL表示;上下两条虚线为上控制界限UCL和下控制界限LCL。图中,中心线与上下控制界限的距离为3σ。

工序质量特性值x,通常为计量值数据,服从正态分布,即$x \sim N(\mu、\sigma^2)$。若工序受控,μ、σ^2不随时间变化或基本不随时间变化,且工序能力充足。对正态分布有:

$$P[(\mu-3\sigma)<x<(\mu+3\sigma)]=0.9973$$

因此,可用3σ原则确定控制图的控制线。若记中心线为CL,上控制线为UCL,下控制线LCL。则有:

$$CL=\mu;\ UCL=\mu+3\sigma;\ LCL=\mu-3\sigma$$

式中:μ——指一组数据的平均值,

σ——指一组数据的标准偏差。

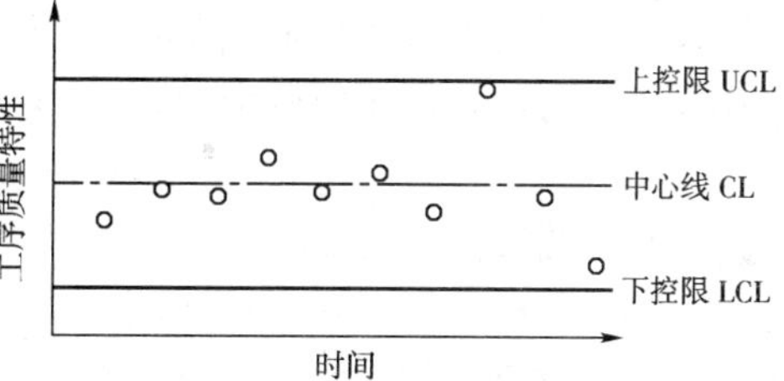

图2-9 控制图基本形式

2. 控制图的类型及用途

根据工序质量特性的数据统计特征,控制图可分为计量值控制图和计数值控制图两大类。常用的控制图类型如表2-7所示。

控制图类型 表2-7

控制图类型	控制图名称	代号	控制界限		备注
			中心线	上下控制线	
计量值控制图	平均值—极差控制图	$\bar{x}-R$	$\bar{\bar{x}}$	$\bar{\bar{x}} \pm A_2\bar{R}$	$A_2\bar{R}=3\sigma$
			$\bar{R}$	$D_4\bar{R}$	$D_4\bar{R}=\bar{R}+3\sigma$
				$D_3\bar{R}$	$D_3\bar{R}=\bar{R}-3\sigma$
	中位数—极差控制图	$\tilde{x}-R$	$\bar{\tilde{x}}$	$\bar{\tilde{x}} \pm m_3A_2\bar{R}$	$m_3A_2\bar{R}=3\sigma$
			$\bar{R}$	$D_4\bar{R}$	
				$D_3\bar{R}$	
	单值控制图	x	$\bar{x}$	$\bar{x} \pm E_2\bar{R}$	$E_2\bar{R}=3\sigma$
	单值—移动极差控制图	$x-R_s$	$\bar{\bar{x}}$	$\bar{x} \pm 2.66\bar{R}_s$	$2.66\bar{R}_s=3\sigma$
			$\bar{R}_s$	$UCL=3.27\bar{R}_s$	
				LCL不要求	
计数值控制图	废品率控制图	P	$\bar{P}$	$\bar{P} \pm 3\sqrt{\frac{\bar{P}(1-\bar{P})}{n}}$	$\sqrt{\frac{\bar{P}(1-\bar{P})}{n}}=\sigma$
	废品数控制图	P_n	$n\bar{P}$	$\bar{P} \pm 3\sqrt{\bar{P}_n(1-\bar{P}_n)}$	$\sqrt{\bar{P}_n(1-\bar{P}_n)}=\sigma$
	单位缺陷数控制图	u	$\bar{u}$	$\bar{u} \pm 3\sqrt{\frac{\bar{u}}{n}}$	$\sqrt{\frac{\bar{u}}{n}}=\sigma$
	缺陷数控制图	c	$\bar{c}$	$\bar{c} \pm 3\sqrt{\bar{c}}$	$\sqrt{\bar{c}}=\sigma$

(1)$\bar{x}-R$控制图,即平均值—极差控制图,它是将平均值控制图与极差控制图联合使用,这种控制图可以对生产过程的状况作较全面而准确的分析,提供的信息较多,检出能力高,是被广泛采用的计量值控制图。

(2)$\tilde{x}-R$控制图,即中位数—极差控制图,它是将$\tilde{x}$控制图代替了$\bar{x}-R$控制图中的$\bar{x}$控

制图制成的，这种控制图由于可以不计算样本的平均值，操作简单，很适用于现场，但 $\tilde{x}$ 控制图的检出能力比 $\bar{x}$ 控制图稍差。

(3)x 控制图又称单值控制图，是把一个个计量值的数据直接点入控制图，即每次抽检的样本为 1 的情况，通常用于测试费用高，得到数据间隔较长的场合，或只需测试一个数据就能反映质量特性的场合。由于这种控制图的检出能力较低，使用时需特别注意。

(4)$x-R_s$ 控制图，即单值—移动极差控制图，它是将单值控制图与移动极差控制图联合使用，单值控制图每次只取一个数据，无法观察数据分散程度的变化，所以和移动极差控制图并用，移动极差就是相邻两个数据 x_i 和 x_{i+1} 之差的绝对值：

$$R_{si}=|x_i-x_{i+1}| \qquad (i=1,2,\cdots,k-1)$$

(5)P 图，即不良品率控制图，除不合格品率以外，凡符合二项分布的计数值，如出勤率、合格品率等，也可使用这种控制图。在运用上，P 图必须经过运算求出 P 后才能点入图中，因此，使用上较 P_n 图麻烦，但当 n 在检验中取值不同时，必须用 P 图。

(6)P_n 图，即不良品数控制图，使用这种控制图时，要求每次抽检的样本大小 n 要相同；这种控制图可以把检验中所得的不合格品数直接点入图中，比较好用。

(7)u 图，即单位产品缺陷数控制图，如隧道内或防护工程挡土墙墙面及路面等每平方米的缺陷数、同类型的每座桥的伸缩缝安装缺陷数等均可采用这种控制图。

(8)c 图，即样本缺陷数控制图，例如，预制大梁安装的缺陷、混凝土桥面的缺陷等都可采用这种控制图。

3. 控制图的绘制方法

控制图是一种用正态分布规律为度量而绘制的图形。根据正态分布函数的计算式，可得控制图系数(见表 2-8)。

控制图系数表　　表 2-8

组样本数 n	$\bar{x}$ 控制图	R 控制图		$\tilde{x}$ 控制图	x 控制图
	$\bar{\bar{x}}\pm A_2\bar{R}$	$D_4\bar{R}$	$D_3\bar{R}$	$\bar{\tilde{x}}\pm m_3A_2\bar{R}$	$\bar{x}\pm E_2\bar{R}$
	A_2	D_4	D_3	m_3A_2	E_2
2	1.88	3.27	—	1.88	2.66
3	1.02	2.57	—	1.19	1.77
4	0.73	2.28	—	0.80	1.46
5	0.58	2.11	—	0.69	1.29
6	0.48	2.00	—	0.55	1.18
7	0.42	1.92	0.08	0.51	1.11
8	0.37	1.86	0.14	0.43	1.05
9	0.34	1.82	0.18	0.41	1.01
10	0.31	1.78	0.22	0.36	0.98

下面结合例 2-6，介绍 $\bar{x}-R$ 图的绘制方法。

【例 2-6】 某路面结构层施工时，所测定的弯沉值记录如表 2-9 所示，试画出反映该层强度和密实度特性的弯沉控制图。

(1)确定工序控制对象、工序施工条件。在工序能力充足的条件下，收集拟控制工序近期数据，一般数据样本应大于100。

弯沉值数据表　　　　表2-9

日期	分组序号	弯沉值					$\bar{x}$	R	日期	分组序号	弯沉值					$\bar{x}$	R
		x_1	x_2	x_3	x_4	x_5					x_1	x_2	x_3	x_4	x_5		
8月7日	1	13.2	13.3	12.7	13.4	12.1	12.94	1.3	8月9日	11	13.6	12.5	13.3	13.5	12.8	13.14	1.1
	2	13.5	12.8	13.0	12.8	12.4	12.90	1.1		12	13.4	13.3	12.0	13.0	13.1	12.96	1.4
	3	13.9	12.4	13.3	13.1	13.2	13.18	1.5		13	13.9	13.1	13.5	12.6	12.6	13.14	1.3
	4	13.0	13.0	12.1	12.2	13.3	12.72	1.2		14	14.2	12.7	12.9	12.9	12.5	13.04	1.7
	5	13.7	12.0	12.5	12.6	12.4	12.64	1.7		15	12.6	12.6	12.4	12.5	12.2	12.46	0.4
8月8日	6	13.9	12.1	12.7	13.4	13.0	13.02	1.8	8月10日	16	14.0	13.2	12.4	13.0	13.0	13.12	1.6
	7	13.4	13.6	13.0	12.4	13.5	13.18	1.2		17	13.1	12.9	13.2	12.3	12.8	12.86	0.9
	8	14.4	12.7	12.2	12.6	12.5	12.88	2.2		18	14.6	13.7	13.4	12.2	12.5	13.28	2.4
	9	13.3	12.4	12.6	12.9	12.8	12.80	0.9		19	13.9	13.0	13.0	13.2	12.6	13.14	1.3
	10	13.3	12.8	13.0	13.0	13.1	13.04	0.5		20	13.3	12.7	12.6	12.8	12.7	12.82	0.7

(2)按测量时间或分批的顺序将样本数据分为 k 组，每组样本量为 n，通常 $n=4$ 或5。

(3)计算控制限。

①求各组平均值和各组极差：

$$\bar{x}_i=\sum_{i=1}^{n}x_i/n;\qquad R_i=x_{i(max)}-x_{i(min)}$$

②计算 $\bar{\bar{x}}$ 和 $\bar{R}$：

$$\bar{\bar{x}}_i=\sum_{i=1}^{k}\bar{x}_i/k=259.4/20=12.97;\bar{R}=\sum_{i=1}^{k}R_i/k=26.2/20=1.31$$

③计算控制限：

从表2-8查得，当 $n=5$ 时，$A_2=0.58$，$D_4=2.11$，$D_3=0$。

故 $\bar{x}$ 图控制限为：$CL=\bar{\bar{x}}=12.97$

$$UCL=\bar{x}+3\sigma_{\bar{x}}=\bar{\bar{x}}+A_2\bar{R}=12.97+0.58\times1.31=13.55$$

$$LCL=\bar{\bar{x}}-3\sigma_{\bar{x}}=\bar{\bar{x}}-A_2\bar{R}=12.97-0.58\times1.31=12.21$$

R 图控制限为：$CL=\bar{R}=1.31$

$$UCL=\bar{R}+3\sigma_R=D_4\bar{R}=2.11\times1.31=2.78$$

$$LCL=\bar{R}-3\sigma_R=D_3\bar{R}=0$$

根据以上数据，可在坐标纸上画出 $\bar{x}$、R 控制图(见图2-10)。

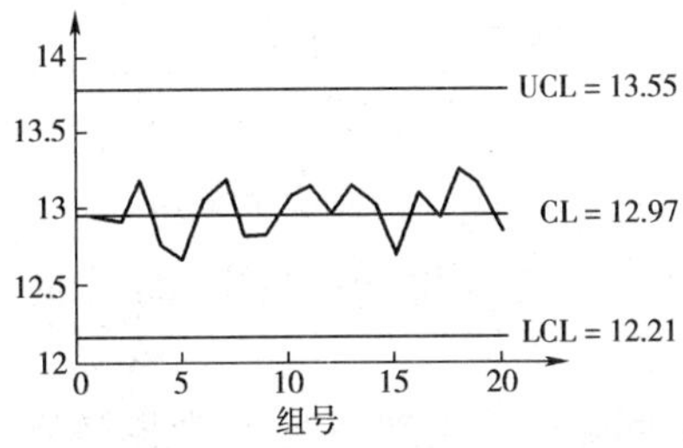

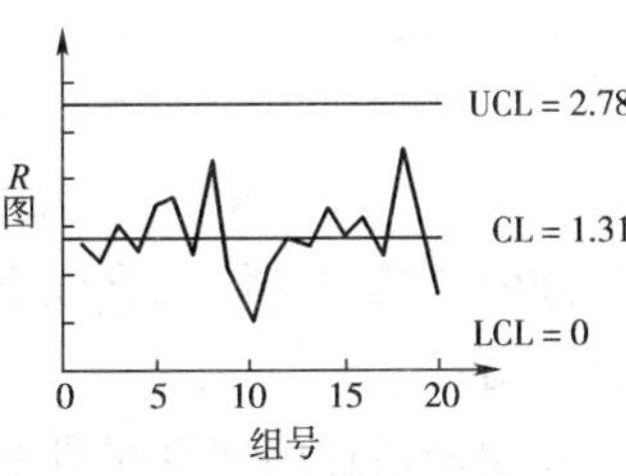

图2-10　$\bar{x}-R$ 控制图

4. 控制图的观察分析

按照上述方法所绘制的工序质量控制图,反映了工序质量状态信息。为了及时发现异常,以便采取有效措施,应对控制图所反映的情况进行观察分析,找出工序质量变化的规律性。

(1)工序稳定状态的判断

工序处于稳定状态的判断条件有二:点必须全部在控制界限之内;在控制界限内的点,排列无缺陷或者说点无异常排列。

如果点的排列是随机地处于下列情况,则可认为工序处于稳定状态:连续25个点在控制界限内;连续35个点,仅有一个点超出控制界限;连续100个点仅2个点超出控制界限。

(2)工序不稳定状态的判断

若点超出控制界限(点在控制界限上,按超出界限处理),或点在警戒区,如图2-11所示均可判断为工序不稳定。

点处在警戒区是指点处在 $2\sigma \sim 3\sigma$ 范围之内。若连续3点有2点在警戒区内,或连续7点有3点在警戒区内,或连续10点有4点在警戒区内,均判定工序不稳定。如图2-12所示。

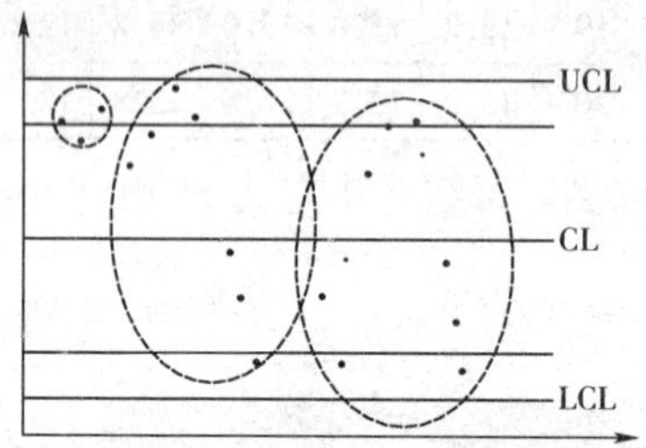

图2-11　工序不稳定　　图2-12　警戒区

(3)点虽在控制界限内,但排列异常。所谓异常,是指点排列出现链、倾向、周期等缺陷之一。此时,即判定工序不稳定。

①连续链。连续链是指在中心线一侧连续出现点。当链内所含点数为7时,则判定为点排列异常。如图2-13所示。

②间断链。间断链是指多数点在中心线一侧。如连续11点有10点在中心线一侧;连续14点有12点在中心线一侧;连续17点有14点在中心线一侧;连续20点有16点在中心线一侧。如图2-14所示。

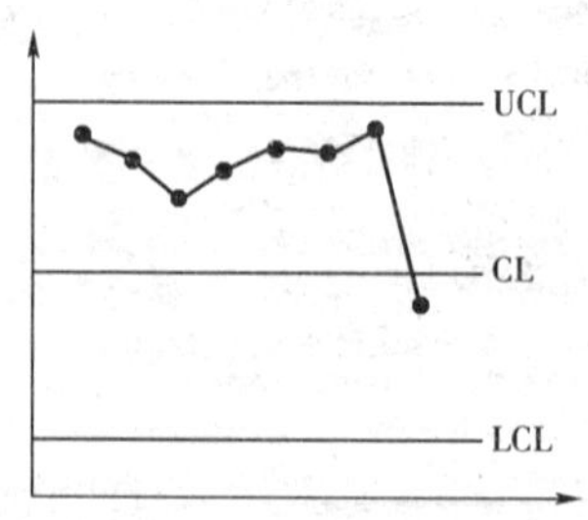

图2-13　连续链

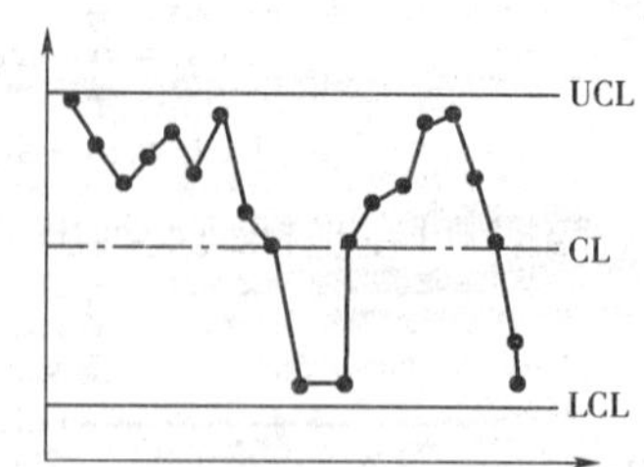

图2-14　间断链

③倾向。倾向是指点连续上升或下降,如连续上升或下降的点数超过7个时,则判定为异常。如图2-15所示。

④周期。周期是指点的变动呈现明显的一定间隔。点出现周期性,判断较复杂,应当慎重决策。通常,应先弄清原因,再作判断。如图2-16所示。

从以上可知，控制图能充分反映施工生产的工序质量状况，并可依据上下控制界限和标准公差界限进行控制。所以，运用它能有效地进行施工工序质量管理。

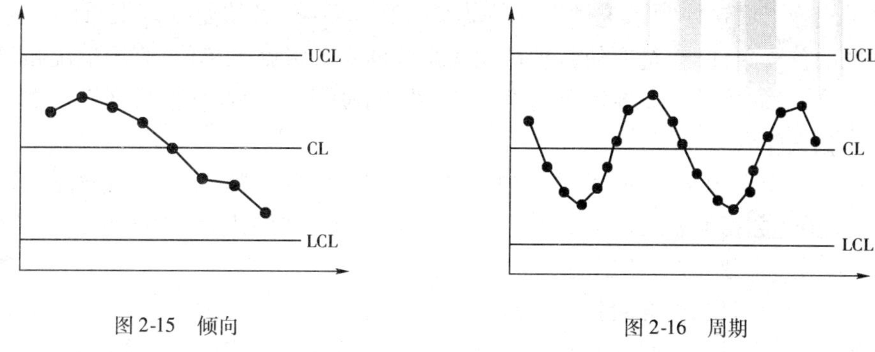

图 2-15　倾向　　　　图 2-16　周期

第三节　质量控制中的专家系统和灰色系统方法

一、质量管理中的专家系统

在公路施工现场的质量管理中，常采用的一些具有代表性的数理统计法，如控制图、直方图、相关图（包括线性回归分析）、统计的检验与估计等，有关的软件已进入市场。除了这些根据定量分析的结果就能作出决断的问题之外，绝大多数较复杂的问题需要在定量分析的基础上，由有关专家根据自己的经验与知识来作出判断，有些甚至无法进行定量分析。解决这类工程问题，需要用人工智能领域中有关专家系统的理论和方法。

随着我国高等级公路建设迅猛发展，质量管理的内容极为丰富，目前的质量管理（因素分析、确定事故处理方案、评价等）手段远不能适应形势发展的需要，建立高等级公路施工质量专家系统，是解决这一问题的有效途径。

专家系统是一种求解问题的计算机程序系统。它处理源于现实世界需要由具有专门领域知识和能力的专家来分析和判断的复杂问题；它利用包含有专家推理方法的计算机模型来求解问题，其工作绩效可以达到相应专门领域的人类专家的工作水平。

图 2-17 表示了专家系统的一般构成。知识库和推理机是专家系统的关键组成部分。知识库是专家系统的核心部分，开发专家系统的焦点在于获取和组织知识库。推理机则是指导处理存在于知识库中的知识的计算机程序。目前正在研究中或已投入使用的有关质量管理专家系统可分为两类：一类是交互式求解问题和提供咨询的专家系统；另一类是与自动控制技术密切结合的生产过程实施控制专家系统。

知识库　知识获取工具　专家
事实规则　数据库　数据装载工具
推理机　推理控制　人机接口　用户

图 2-17　专家系统的一般构成

在质量管理中，交互式求解问题与提供咨询的专家系统在钢筋混凝土建筑物、砖石与混凝土建筑物的质量诊断和维修方面已得到了应用。显然，计算机智能推理的正确性是以建立专家系统的专家的知识与经验的正确为前提。专家系统复现了专家的知识和逻辑思维方式，作为一种交互式求解问题和提供咨询的系统，它能提高使用者的决策能力。下面就自动控制技术密切结合的生产过程实施控制专家系统，即公路工程施工质量动态控制系统中的数据库系统作一些介绍。

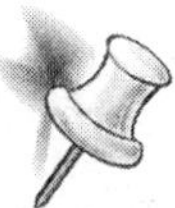

1. 专家系统数据库系统设计

1)数据库的特点

公路工程施工质量控制系统作为一种动态的管理系统,必须要处理大量的数据信息。因此系统实现的首要条件,就是要使各种数据信息能够在各级施工单位、监理单位和建设单位之间进行及时、准确的传递。而要实现这一传递,就要利用基于现代计算机网络技术上的数据处理技术——数据库管理系统。

数据库是一个通用化的综合性的数据集合,它按照信息的自然联系构造数据,即不仅描述元素本身,还描述数据元素之间的联系。数据库系统的主要特点是:数据冗余度最小;数据具有共享性;数据具有独立性;数据能统一的管理和控制。

数据库是个通用化的、综合性的数据集合,可以供多个用户共享,具有最小冗余度和较高的程序和数据的独立性。而且由于多个程序可能并行地使用的数据库,需要对数据进行及时、有效的处理,并保证数据的安全性和完整性。因此要有一个专门的软件——数据库管理系统,对数据库在建立、运行和维护时进行集中的控制。数据库系统的特点,可用图 2-18 来表示。

2)数据库数据分类

根据数据库管理系统的要求,需对数据进行分类,以利于建立数据库文件。根据系统中所有数据涉及的数据状况,可将数据分为三大类:原始静态输入数据、动态输入数据和系统产生数据。

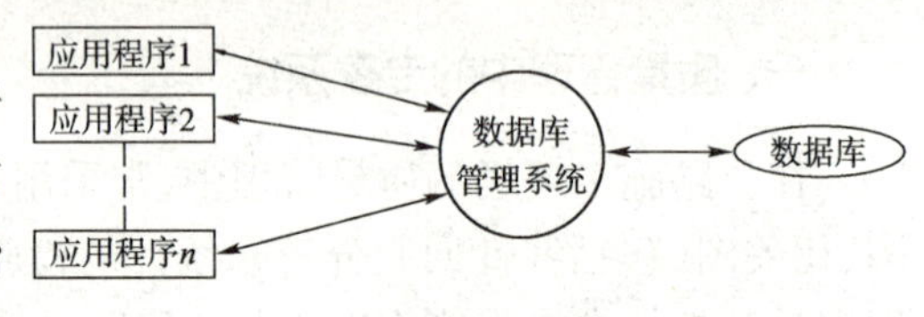

图 2-18 应用程序和数据库管理系统的关系

(1)原始静态输入数据

这种数据一旦输入,对某一正在施工的工程项目而言,基本保持不变,除非修改设计施工图纸或者改变评定标准,才可能使输入数据发生变化。这类数据包括:工程项目概况信息(路线、路基、路面、合同段、分项、分部);工程权重、资金情况等;工程项目的施工、监理单位信息;工程项目质量检验评定标准数据。

(2)动态输入数据

这种数据是随着施工进行而经常变动和逐步增加的。这类数据是施工现场质量抽样检测数据,如压实度、平整度、弯沉等。

(3)系统产生数据

这类数据是系统根据前两类数据进行分析、比较和判断,并经过计算产生的。这类数据包括:分项工程评价数据;分部(单位)工程评价数据;合同段评价数据;建设项目评价数据;决策输出数据;各类统计输出报表数据等。

3)数据库的建立及其特征

系统在设计时采用常用的 DBF 格式,可以被其他系统调用。它除具有一般数据库管理系统的优点外,还表现出具有极其友好的图形用户界面、良好的兼容性、跨平台性以及真正的可编译性。其具体表现为四个方面:

一是,数据(包括数据结构)的修改比较容易,数据存储速度快,便于进行大量的数据处理;

二是,编程效率高,特别是对非数值型数据的处理;

三是,许多命令可以使用范围、条件表达式等限制条件,以及具有宏代换功能,使用非常灵活和形式多样化;

四是,留有和其他计算机程序语言的"接口"。

(1)数据库的建立

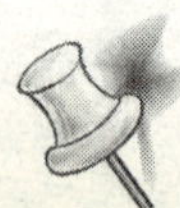

根据前面对数据的分类，主要建立了以下几种数据库：

①项目概况数据库：主要包括工程项目的一些基本信息，如路线名称、投资情况、合同段、招（投）标等情况，以及施工单位和监理单位的一些信息。

②设计文件数据库：主要包括有关设计文件的一些信息。

③质量评定标准数据库：主要包括有关工程质量评定标准的信息，其来源为《公路工程质量检验评定标准》（JTG F80/1—2004）。

④动态输入数据库：主要包括在施工中进行即时输入的数据信息，如现场质量抽样检测数据。数据的来源为施工现场检查。

⑤系统产生的评价数据库：主要包括系统对分项工程、分部工程、单位工程、合同段等的质量进行评价所产生的数据。

⑥专家对策库：主要包括针对施工中所出现的质量问题，由调查、咨询所收集到的一些相应的改进或解决措施。

⑦各种报表数据库：主要包括在施工中经常要用到的一些报表等。

数据库建立后，就可以实现对原始数据、动态输入数据和系统产生数据的管理。

（2）数据库的分级描述

数据库的数据是通过模型来描述的。对数据库的描述可分为三级：子模式、模式和储存模式。

①子模式：是用户关心而获准使用的那部分数据的逻辑结构，不涉及任何物理细节，用户可以根据系统给他的子模式，用询问语言或应用程序去操作数据库中数据。这是最靠近用户的一级数据库描述，代表用户的数据观点，可以看作程序员的文件组织。

②模式：是数据库数据的完整表示，也是对数据库的整体逻辑结构的描述，包括逻辑数据单位及数据之间的关系描述。它代表数据库管理员（DBA）的观点，故又称之为DBA视图。设立概念级数据库的目的是为把用户视图有机地计划成一个逻辑整体，统一考虑所有用户的要求，它涉及的仍然是数据库中所有对象的逻辑关系，而不是它们的物理情况。

③储存模式：是数据库的最低一级描述，即描述数据在储存介质上的安排与存放方式。它不仅定义各种不同类型的储存记录，还涉及硬件性能和数据存储的物理顺序、索引组织和压缩等问题。它代表系统程序员或系统设计者的数据观点，从系统程序员的角度看，数据库中的数据是以一定的文件组织方法组织起来的一个个物理文件（或储存文件），系统程序员编制专门的程序，实现对文件中数据的访问。数据库的分级结构，如图2-19所示。

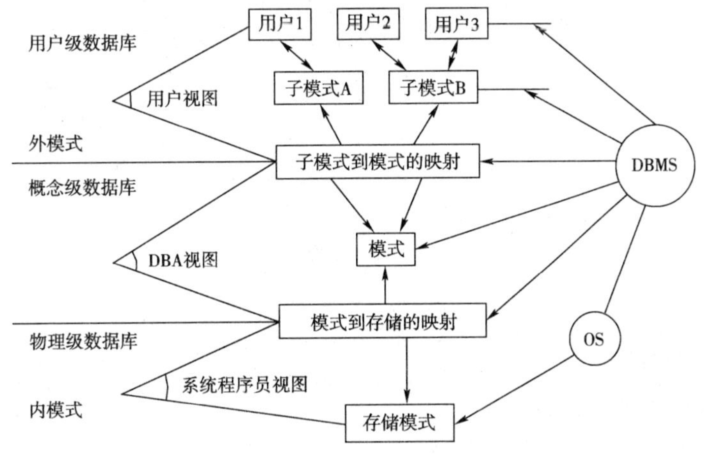

图2-19　数据库的分级结构示意图

4）数据处理流程

工程质量评价数据处理流程，如图 2-20 所示。

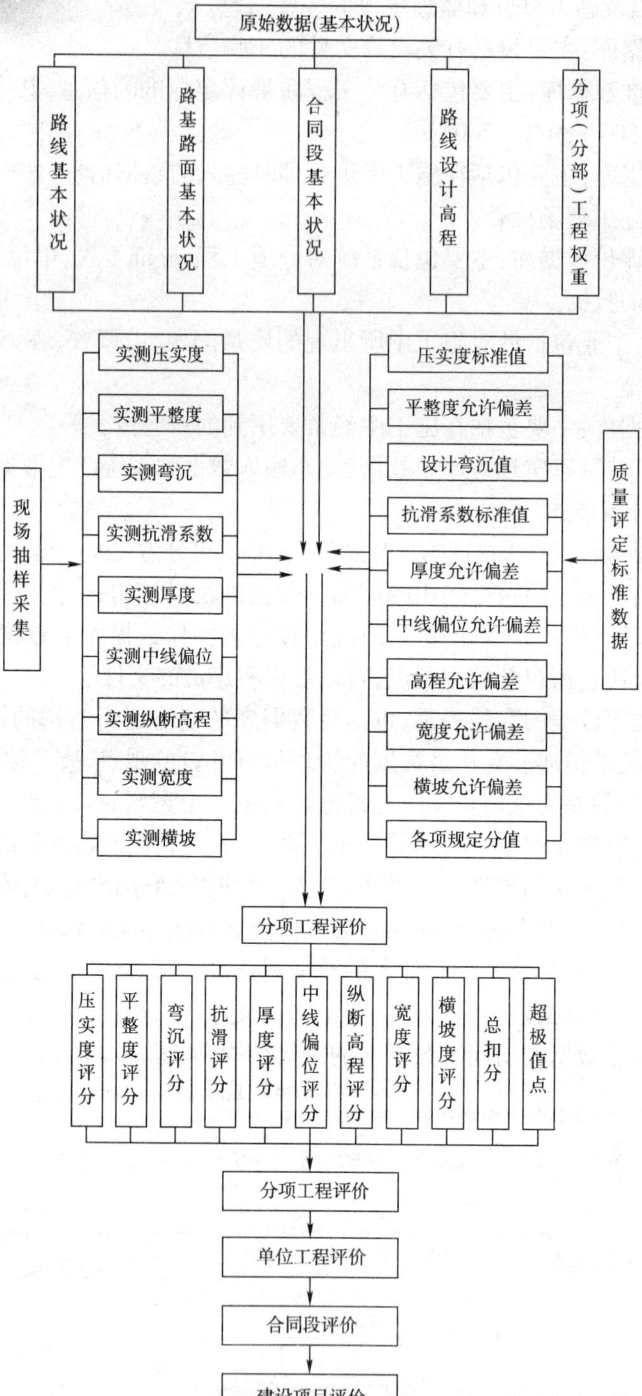

原始数据(基本状况)

路线基本状况

路基路面基本状况

合同段基本状况

路线设计高程

分项（分部）工程权重

现场抽样采集

实测压实度

实测平整度

实测弯沉

实测抗滑系数

实测厚度

实测中线偏位

实测纵断高程

实测宽度

实测横坡

压实度标准值

平整度允许偏差

设计弯沉值

抗滑系数标准值

厚度允许偏差

中线偏位允许偏差

高程允许偏差

宽度允许偏差

横坡允许偏差

各项规定分值

质量评定标准数据

分项工程评价

压实度评分

平整度评分

弯沉评分

抗滑评分

厚度评分

中线偏位评分

纵断高程评分

宽度评分

横坡度评分

总扣分

超极值点

分项工程评价

单位工程评价

合同段评价

建设项目评价

图 2-20　工程质量评价数据处理流程图

2. 数据库系统文件组成

1）基本库

根据数据类型划分，原始静态数据形成五个数据库，如图 2-21 所示。

(1)路线库:描述路线基本状况。

(2)路基路面库:描述路基路面基本状况。

(3)合同段库:描述合同段情况。

(4)路线设计高程库:描述路线设计高程。

(5)分项(分部)工程质量评价权重数据库:描述一般工程和主要工程评分计算权重。

2)质检库

施工工地质量抽样检测数据,根据结构层次可将其分为12个数据库,如图2-22所示。

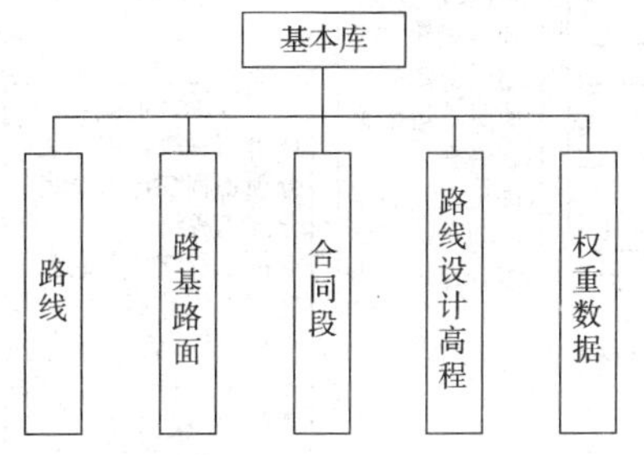

图2-21　基本库

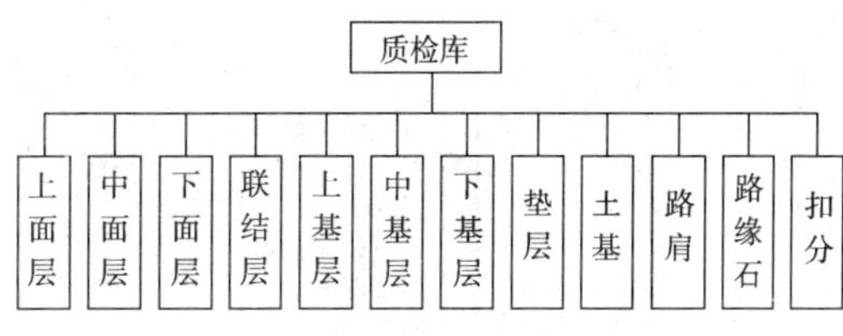

图2-22　质检库

(1)面层(上、中、下)、联结层四个库:记录各面层及联结层各项实测数据。

(2)基层(上、中、下)、垫层四个库:记录各基层及垫层各项实测数据。

(3)土方路基库:记录路基各项检测数据。

(4)路肩库:记录路肩施工检测数据。

(5)路缘石库:记录路缘石实测数据。

(6)扣分库:记录外观缺陷和资料不全扣分数据。

3)标准库

根据现行《公路工程质量检验评定标准》(JTG F80/1—2004),本文建立了一套包含15个评定标准的数据库,如图2-23所示,即各种面层、基层、联结层、垫层、土方路基、路缘石、路肩等评价标准。主要内容为检查项目、规定值或允许偏差、规定分等。

4)评价库

在系统的运行过程中,会产生多个评价库,这些评价数据库与检测数据库及评定标准库具有同一个参照系。此外,经过系统运行,还会产生一批超极值数据库,这些数据库的结构与实测数据库的结构一致,里面存放着各实测项目中或分项工程中超过极值偏差的那些检测数据,其中包括:桩号、检测内容、实测值等。

3. 数据库系统总体结构

数据库系统总体结构,如图2-24所示。

4. 质量控制信息专家系统的数据流程

根据公路工程质量控制业务流程和工程质量控制信息系统的功能分析,绘制施工过程质量控制子系统数据流程,如图2-25所示。

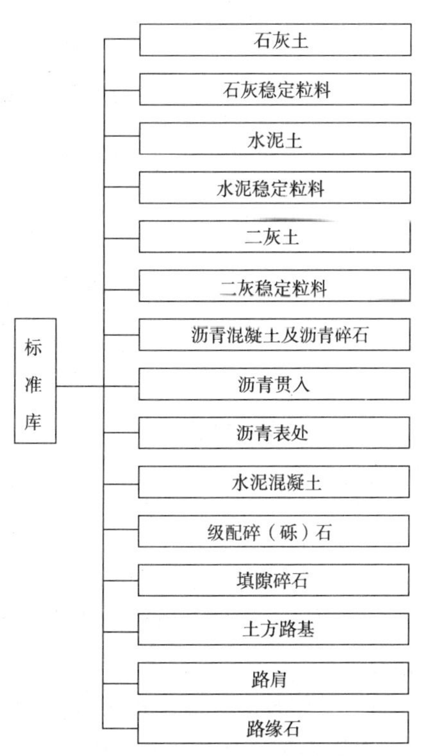

图2-23　标准库

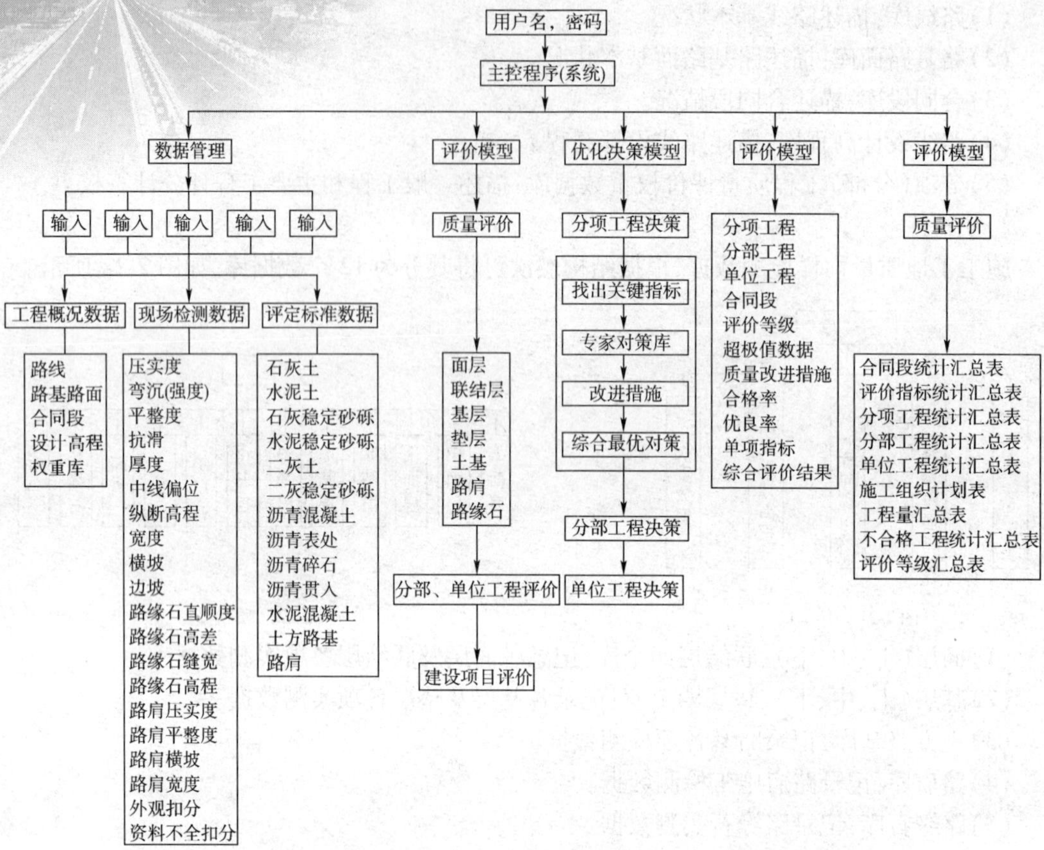

用户名，密码
主控程序(系统)
数据管理
评价模型
优化决策模型
评价模型
评价模型
输入
输入
输入
输入
输入
质量评价
分项工程决策
分项工程
分部工程
单位工程
合同段
评价等级
超极值数据
质量改进措施
合格率
优良率
单项指标
综合评价结果
质量评价
找出关键指标
专家对策库
改进措施
综合最优对策
工程概况数据
现场检测数据
评定标准数据
路线
路基路面
合同段
设计高程
权重库
压实度
弯沉(强度)
平整度
抗滑
厚度
中线偏位
纵断高程
宽度
横坡
边坡
路缘石直顺度
路缘石高差
路缘石缝宽
路缘石高程
路肩压实度
路肩平整度
路肩横坡
路肩宽度
外观扣分
资料不全扣分
石灰土
水泥土
石灰稳定砂砾
水泥稳定砂砾
二灰土
二灰稳定砂砾
沥青混凝土
沥青表处
沥青碎石
沥青贯入
水泥混凝土
土方路基
路肩
面层
联结层
基层
垫层
土基
路肩
路缘石
分部工程决策
分部、单位工程评价
单位工程决策
建设项目评价
合同段统计汇总表
评价指标统计汇总表
分项工程统计汇总表
分部工程统计汇总表
单位工程统计汇总表
施工组织计划表
工程量汇总表
不合格工程统计汇总表
评价等级汇总表

图 2-24　数据库系统总体结构

施工质量目标数据库
施工
承包商
工序质量
报验单
施工承包商
审核
登录
审核
工序质量
监理工程师
工序质量数据库
抽样
检验
监理工程师
工序质量
数分析
分析结果
质量评定数据库

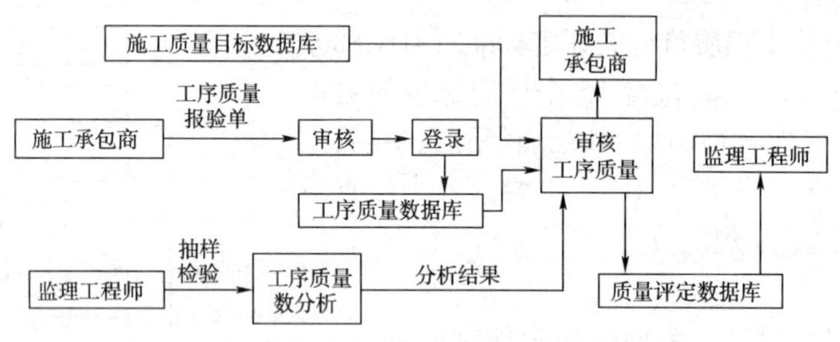

图 2-25　施工过程质量控制子系统数据流程

二、灰色系统方法

信息不完全的系统称为灰色系统。灰色系统理论有广泛的应用价值。质量管理系统因素不完全明确、因素关系不完全清楚，系统的结构及作用原理也不完全知道，这些正是属于灰色系统理论与方法研究的范畴。灰色关联与灰聚类分析法用于高等级公路施工质量因素分析与评估，克服了一般统计方法追求大样本和典型分布，计算工作量大，有时与定性分析大相径庭的弱点。

1. 质量因素灰色关联分析

灰色关联是指事物之间的不确定关联，即因子对主行为之间的不确定关联。其基本任务是基于行为因子序列的微观或宏观几何接近，以分析和确定因子之间的影响程度或因子对主

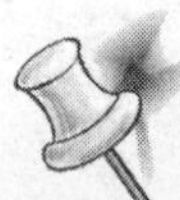

行为的贡献测定。

1）基本理论

X 为灰关联因子集，$X_0 \in X$ 为参考系列，$X_i \in X$ 为比较序列，$X_0^{(k)}$、$X_i^{(k)}$ 分别为 X_0 与 X_i 的第 k 点的数，若 $r(X^{(k)_0},X_i^{(k)})$ 为实数，则关联度为：

$$r(X_0,X_i)=\frac{1}{n}\sum_{k=1}^{n}r(X_0^{(k)},X_i^{(k)})$$

式中关联系数：

$$r(X_0{}^{(k)},rX_i{}^{(k)})=\frac{\min\limits_{j\in I}\min\limits_{k}|X_0{}^{(k)}-X_j{}^{(k)}|+\xi_j\max\limits_{j\in I}\max\limits_{k}|X_0{}^{(k)}-X_j{}^{(k)}|}{|X_0{}^{(k)}-X_i{}^{(k)}|+\xi_j\max\limits_{j\in I}\max\limits_{k}|X_0{}^{(k)}-X_j{}^{(k)}|}$$

其中 ξ 为分辨系数，取值(0,1)。

因素之间的关联程度主要用灰关联度的大小顺序来描述，而不完全用灰关联度的大小来描述。如果 $r_i(X_0,X_i)$，则认为 X_i 对 X_0 的关联程度大于 X_j 对 X_0 的关联程度。同理：

$$r_{ij}(X_i,X_j)=\frac{1}{n}\sum_{k=1}^{n}r(X_i^{(k)},X_j^{(k)})$$

若将 X_i 与各个数据的关联 r_{ij} 由大到小排成一行，称为数列对 X_i 的关联序。同理，轮换计算最终得到关联矩阵，以研究因素之间的影响程度。

2）分析方法

质量特征为母因素 L，影响质量的因素为子因素 $N—L$，实验数据为 M，为便于叙述，设 $L=1$，则原始数据构成的矩阵为：

$$X_0=\begin{bmatrix} X_{11}^{(0)} & X_{12}^{(0)} & \cdots & X_{1M}^{(0)} \\ X_{21}^{(0)} & X_{22}^{(0)} & \cdots & X_{2M}^{(0)} \\ \vdots & \vdots & \ddots & \vdots \\ X_{N1}^{(0)} & X_{N2}^{(0)} & \cdots & X_{NM}^{(0)} \end{bmatrix}$$

（1）按照 $X_{ij}^{(1)}=\dfrac{X_{ij}^{(0)}}{X_{i1}^{(0)}}$ 对原始数据初始化得

$$X_1=\begin{bmatrix} 1 & X_{12}^{(1)} & \cdots & X_{1M}^{(1)} \\ 1 & X_{22}^{(1)} & \cdots & X_{2M}^{(1)} \\ \vdots & \vdots & \ddots & \vdots \\ 1 & X_{N2}^{(1)} & \cdots & X_{NM}^{(1)} \end{bmatrix}$$

或进行均值变换，即按 $X_{ij}^{(1)}=\dfrac{X_{ij}}{\overline{X}_i}$ 进行变换，$\overline{X}_i$ 为第 i 行数据均值。

（2）求差序列 $\delta_{ij}(k)$

$$\delta_{ij}(k)=|X_i^{(k)}-X_j^{(k)}|$$

（3）计算 A 与 I

$$\begin{cases} A=\max\limits_{j\in I}\max\limits_{k}(\delta_{ij}(k)) \\ I=\min\limits_{j\in I}\min\limits_{k}(\delta_{ij}(k)) \end{cases}$$

（4）求关联系数 $\xi_i^{(k)}$

$$\xi_{i}^{(k)}=\frac{I+\xi A}{\delta_{ij}(k)+\xi A}$$

(5)求关联度

$$r_{i}=\frac{1}{N-1}\sum_{k=2}^{n}\xi_{i}^{(k)}$$

对 r_i 从大到小排序，即得关联序，据此进行有关分析。

【例 2-7】 某地区塑性水泥混凝土抗弯拉强度灰关联分析，试验资料如表 2-10 所示。

塑性水泥混凝土试验结果 表 2-10

母因素	1	抗弯拉强度(MPa)	4.21	4.97	4.96	5.00	5.08
子因素	1	水灰比 W/C	0.53	0.51	0.49	0.45	0.41
	2	灰 C(kg/m^3)	330	340	357	389	430
	3	水 W(kg/m^3)	175	173	175	175	176
	4	砂率	33	33	32	31	30
	5	坍落度	2.0	2.3	2.0	1.7	1.5
	6	集浆比	5.99	5.72	5.46	4.93	4.40

表 2-10 中抗弯拉强度为 28d 龄期的实测值（以下同），关联度计算结果为：

$$r(1,j)=(0.311\,0\quad 0.547\,7\quad 0.359\,6\quad 0.337\,7\quad 0.406\,6\quad 0.305\,8)$$

由此得抗弯拉强度的关联序为：

$$r(1,2)>r(1,5)>r(1,3)>r(1,4)>r(1,1)>r(1,6)$$

从计算结果得知，水泥用量（水泥的质量相同）对水泥混凝土抗弯拉强度的影响是最主要的。其余几个影响因素排序为：坍落度、用水量、砂率、水灰比，最后为集浆比。可见，在水泥用量不可能增加时，应从施工工艺入手，尽量减少用水量，以提高抗弯拉强度。

以上讨论了各因素对抗弯拉强度的影响程度。实践中，为满足施工、耐久性、抗磨耗等要求，各子因素之间的相互影响程度也应予以考虑。以坍落度为例，根据灰色关联计算得：

$$r_{5j}=(0.666\,9\quad 0.390\,8\quad 0.540\,4\quad 0.511\,1\quad 1.000\quad 0.611\,8)$$

即关联序为：$r(5,5)>r(5,1)>r(5,6)>r(5,3)>r(5,4)>r(5,2)$。

影响坍落度的主要因素依次为：水灰比、集灰比、用水量、砂率，最后为水泥用量。

【例 2-8】 粗集料特性对抗弯拉强度影响的灰关联分析，试验资料如表 2-11 所示。

石料性能与抗弯拉强度 表 2-11

母因素	1	抗弯拉强度(MPa)	5.43	5.38	5.52	5.36	5.09
子因素	1	视密度(g/cm^3)	2.804	2.707	2.700	2.810	2.738
	2	松散密度(g/cm^3)	1.523	1.410	1.426	1.480	1.460
	3	空隙率(%)	45.28	47.9	47.2	47.3	46.1
	4	饱水抗压强度(MPa)	155.8	152.58	51.9	65.2	70.8

粗集料石灰岩碎石特性，研究其视密度、松散密度、空隙率、饱水抗压强度等因素对抗弯拉强度的影响。通过计算得：

$$r_{1j}=(0.479\,0\quad 0.710\,3\quad 0.646\,4\quad 0.438\,8)$$

因此，影响抗弯拉强度的主要因素排序为：松散密度、空隙率、视密度及饱水抗压强度。饱水抗压强度排在最后，所以用何种标准来衡量碎石满足抗弯拉强度要求的质量值得研究。

上例中，仅将几个主要因素作为子因素。实用中，可引入水泥强度等级、外加剂种类与用

量、粗集料粒径、石料表面特性等更多的因素加以分析。灰关联分析亦可用于水泥混凝土路面的施工质量控制，只要将施工水平（机械化程度、养生条件、人员素质等）与气候条件等较复杂的因素量化后一并考虑，就可在质量控制中抓住主要矛盾，以确保工程质量。这一方法用于其他类型路面材料强度影响因素排序及施工质量控制同样有效。

2. 灰色评价方法

我国现行公路工程质量的评定，分为“优良”、“合格”、“不合格”三个等级，按分项、分部、单位工程逐级评定。在进行分部工程和单位工程评分时，采用了加权平均值计算法，使主要工程与一般工程的权重有所区别。但由于评定等级的划分是以评分值为准，因而，评分值处在分界值附近时，就很难客观地划分。实际上，对路基路面工程质量的评价，从单项指标看（如路面平整度），质量的划分标准是一个范围，即为灰数，综合评价时（如对路面的使用性能），各单项指标（平整度、强度等）相互之间的影响十分复杂，即它们之间的关系也是灰的。因此，采用灰色系统方法评价施工质量是可行的。

（1）灰统计

某高等级公路路基路面施工中，有 n^0 个标段，即统计对象为 $1^0,2^0,\cdots,n^0$；统计指标取为 $1',2',\cdots,n'$；各指标的统计灰类为 $1,2,\cdots,n$；设 $f_1,f_2,\cdots,f_n$ 为灰类的白化权函数；实类 d_{ij} 成为第 i 个统计路段对于第 j 个指标的样本。样本的矩阵为：

$$D=\begin{bmatrix} d_{11} & d_{12} & \cdots & d_{1n} \\ d_{21} & d_{22} & \cdots & d_{2n} \\ \vdots & \vdots & \ddots & \vdots \\ d_{n^01} & d_{n^02} & \cdots & d_{n^0n} \end{bmatrix}$$

$$d_{ij},i\in\{1^0,2^0,\cdots,n^0\},j\in\{1',2',\cdots,n'\}$$

令 F 为映射 $OPf_k(d_{ij})$ 是 $f_k(d_{ij})$ 的一种运算，σ_j 是权向量。

$$\sigma_j=(\sigma_{j1},\sigma_{j2},\cdots,\sigma_{jn}),j\in\{1',2',\cdots,n'\}$$

当 $F:OPf_k(d_{ij})\to\sigma_{jk}[0,1],k\in\{1,2,\cdots,n\},i\in\{1^0,2^0,\cdots,n^0\},j\in\{1',2',\cdots,n'\}$ 时，称 F 为灰色统计。若灰色统计的对象满足 $\sigma_{jk}[0,1],j\in\{1',2',\cdots,n'\},OPf_k(d_{ij})$ 中含有 $d_{1j},d_{2j},\cdots,d_{n^0j}$，则称 $F(OPf_k(d_{ij}))$ 为所有统计对象对于 j 指标的灰色统计权。权向量 σ_j 按下式计算：

$$\sigma_j=\{\sigma_{j1},\sigma_{j2},\cdots,\sigma_{jn}\}=\left\{\frac{\sum_{i=1^0}^{n^0}f_1(d_{ij})}{\sum_{k=1}^{n}\sum_{i=1^0}^{n^0}f_k(d_{ij})},\frac{\sum_{i=1^0}^{n^0}f_2(d_{ij})}{\sum_{k=1}^{n}\sum_{i=1^0}^{n^0}f_k(d_{ij})},\cdots,\frac{\sum_{i=1^0}^{n^0}f_n(d_{ij})}{\sum_{k=1}^{n}\sum_{i=1^0}^{n^0}f_k(d_{ij})}\right\}$$

当 $\sigma_{jk}^*=\max\limits_{k}\sigma_{jk}=\max\{\sigma_{j1},\sigma_{j2},\cdots,\sigma_{jn}\}$，则统计指标 j 属 k^* 类。

式中，灰类白化权函数 $f_k(d_{ij})$ 按下式计算：

灰类 $\in[X_2,\infty]$
$$\begin{cases} f_k(d_{ij})=L_k(d_{ij}) & d_{ij}\in[X_1,X_2] \\ f_k(d_{ij})=1 & d_{ij}\in[X_2,\infty] \end{cases}$$

灰类 $\in[X_1,X_2,X_3]$
$$\begin{cases} f_k(d_{ij})=L_k(d_{ij}) & d_{ij}\in[X_1,X_2] \\ f_k(d_{ij})=1 & d_{ij}=X_2 \\ f_k(d_{ij})=R_k(d_{ij}) & d_{ij}\in[X_2,X_3] \\ f_k(d_{ij})=0 & d_{ij}\overline{\in}[X_1,X_3] \end{cases}$$

灰类 $\in[0,X_2,X_3]$
$$\begin{cases} f_k(d_{ij})=1 & d_{ij}\in[0,X_1] \\ f_k(d_{ij})=R_k(d_{ij}) & d_{ij}\in[X_1,X_2] \end{cases}$$

例如，可用灰色统计方法来评定全线路基路面施工中压实度、平整度、弯沉值等单项指标处在什么水平(优良、合格、不合格)。

(2)灰聚类

某个标段的施工质量综合评定采用灰聚类法进行。设聚类对象为$1^0,2^0,\cdots,n^0$，聚类指标为$1',2',\cdots,n'$；灰类为$1,2,\cdots,n$；d_{ij}为第i个聚类对象对于第j个指标的样本，样本矩阵D为：

$$D=\begin{bmatrix} d_{11} & d_{12} & \cdots & d_{1n} \\ d_{21} & d_{22} & \cdots & d_{2n} \\ \vdots & \vdots & \ddots & \vdots \\ d_{n0_1} & d_{n0_2} & \cdots & d_{n0_n} \end{bmatrix}$$

灰聚类权σ_{ik}按下式计算：

$$\sigma_{ik}=\sum_{j=1}^{n}f_{jk}(d_{ij})\eta_{jk}$$

$$\eta_{jk}=\lambda_{jk}/\sum_{j=1}^{n}\eta_{jk}$$

式中λ_{jk}为f_{jk}的阈值，f_{jk}的计算同前，σ_i为灰色聚类权σ_{ik}的向量，

$$\sigma_i=(\sigma_{i1},\sigma_{i2},\cdots,\sigma_{in})=\sum_{j=1}^{n}f_{j1}(d_{ij})\eta_{j1},\sum_{j=1}^{n}f_{j2}(d_{ij})\eta_{j2},\cdots,\sum_{j=1}^{n}f_{jn}(d_{ij})\eta_{jn}$$

当$\sigma_{ik}^{*}=\max\limits_{k}\sigma_{ik}=\max\{\sigma_{i1},\sigma_{i2},\cdots,\sigma_{in}\}$，则称聚类对象$i$属于灰类$k^{*}$。

例如可用灰聚类法来评价某标段路基路面工程质量总体上所处的水平(优良、合格、不合格)。

第四节　工程施工质量抽检与数据处理方法

一、工程质量检测抽样方法

质量检验是生产过程中的一个重要环节，检验的目的有两个：一是判断产品合格与否；二是及时发现生产过程的不稳定性，以便及时采取措施加以纠正，使生产过程处于稳定状态。

检验包括原材料、构(配)件的进货检验，生产过程的检验和成品检验。按检验的程度又可分为免检、全检和抽检。免检是当供货单位质量长期稳定时，只检查其质量保证资料是否齐全并符合要求即可，不再检验实物；全检一般是对进口材料、设备和重要工程部位所用材料的要求；抽样检验通常是广泛采用的一种检验方法。

1. 抽样检验的几个基本概念

1)关于批的组成

抽样检验的质量保证是按每批进行的，所以，必须明确批的概念。通常，检查批应由同型号、同等级、同种类(尺寸、特性、成分等)且生产条件和生产时间基本相同的单位产品组成。批的组成、批量的大小和识别批的方式，应由供需双方协商确定。

2)两类风险

抽样检验建立在数理统计的基础上，从数理统计的观点看，抽样检验必然存在着两类风险：

(1)第一类判断错误的概率：合格批被判为不合格批的概率，即合格批被拒收的概率，记为α，称为供方风险或生产方风险。

(2)第二类判断错误的概率:不合格批被判为合格批的概率,即不合格批被误收的概率,记作β,称为用户方风险。

抽样检验必然存在两类风险,要求通过抽样检验的产品100%合格是不合理也是不可能的,除非产品中根本就不存在不合格品。抽样检验中,两类风险一般控制的范围是:$\alpha = 1\% \sim 5\%$;$\beta = 5\% \sim 10\%$。

3)检验特性曲线(OC 曲线)

由给定的抽样方案所确定的批合格概率与批质量间的关系曲线,称为检验特性曲线,简称 OC 曲线,如图2-26所示。

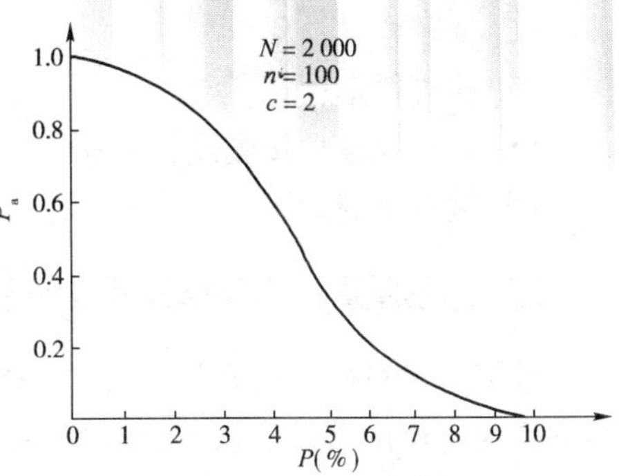

图2-26　检验特征曲线(OC 曲线)

P_a-批合格概率(%);P-批质量;N-批量大小;n-抽检样本大小;c-合格判定数

从批量N中抽取n个样品,检查后发现γ个不合格品,若$\gamma \leqslant c$,则这批产品被判为合格,应接收;若$\gamma > c$,则这批产品被判为不合格,应拒收。给定抽样方案可根据数理统计方法绘出其检验特性曲线,观察分析检验特性曲线可判断抽样方案是否科学合理;若已知产品的质量则可预测送检批的通过率;要求送检批不低于某一接收概率时,由检验特性曲线可确定批质量应控制的范围。

2. 质量检验抽样方案

我国已发布的质量检验抽样方案标准,是在数理统计的基础上参照国际标准和国外先进标准制定的,其中,对工程行业较适用的有GB/T 13262(不合格品率$N > 250$)、GB/T 13264(不合格品率,$N \leqslant 250$),GB 2828(连续批检验)和GB/T 13732(均匀散料检验)等。

计数标准型一次抽样是最常采用的抽样方案之一,其特点是抽样检验特性曲线通过两个特定点(P_0,$1-\alpha$)和(P_1,β)。计数标准型一次抽样检验特性曲线如图2-27和抽样方案如图2-28所示。

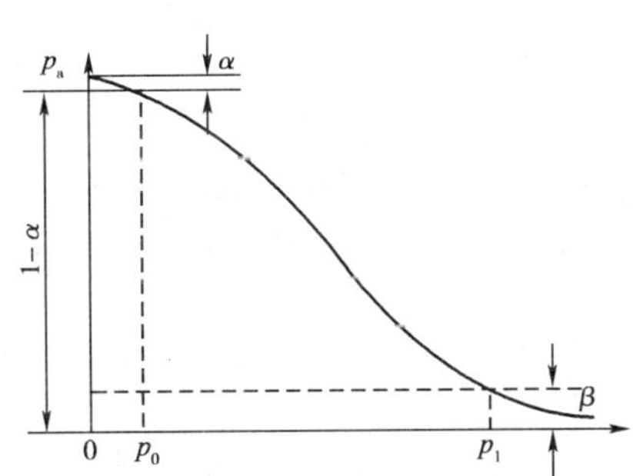

图2-27　标准型抽样检验特征曲线

P_a-优质批;P_1-劣质批;A_c-合格判定数;α-供方风险,$\alpha \approx 5\%$;β-用户方风险,$\beta \approx 10\%$

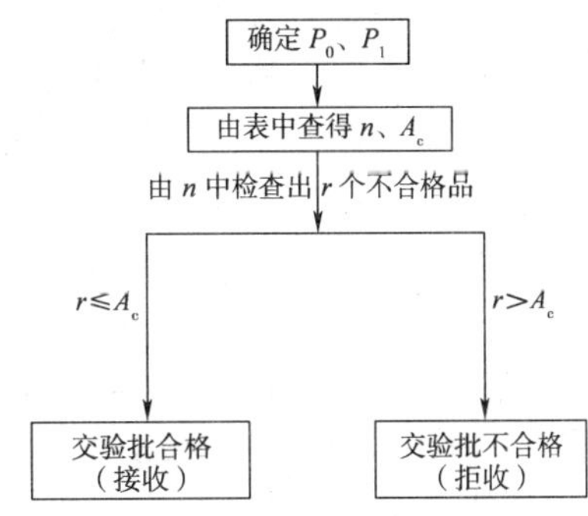

图2-28　计数标准型一次抽样方案

3. 抽样检测的程序

实施标准抽样检测的程序为:

(1)规定单位产品的质量特性;

(2)规定质量特性不合格的分类与不合格品的分类;

(3)规定生产方风险质量与使用方风险质量;

(4)组成检查批；
(5)检索抽样方案；
(6)抽取样本；
(7)检查样本；
(8)判断检查批接收或拒收；
(9)检查批的处置。

二、工程质量检测数据分析与处理方法

数据是进行质量控制的基础，"一切用数据说话"是质量控制的原则之一。为了将收集的数据变为有用的质量信息，就必须把收集来的数据进行整理，并经过统计分析，找出规律，发现存在的质量问题，进一步分析影响的原因，以便采取相应的对策与措施，使工程质量处于受控状态。

1．质量数据种类、特性和收集方法

1)数据种类

(1)计数值数据：可用个数计算的数据，即离散型数据，如不合格品数、缺陷数、疵点数等都属于计数值数据。

(2)计量值数据：可连续取值的数据，如长度、质量、高程等数据，都属于计量值数据。

(3)优劣值：只能定出优劣程度的数据，如产品质量评比中的Ⅰ、Ⅱ、Ⅲ等品。

(4)顺序值：只能排出顺序的数据。

(5)评分值：凭感官由专家评分的数据。

在数理统计中，可将数据分为计数值和计量值两类，这两类数据的分布规律不同，分析时采用的方法也不同。

2)数据特性与统计推断的关系

当生产处于稳定、正常的条件下时，质量数据的特性值具有二重性，即数据的波动性与统计规律性。质量数据在其平均值附近波动，一般呈正态分布。

数据的总体又称母体，通常用 N 表示，样本又称子样或试样，系从总体中抽出的部分个体，用 n 表示，n 的大小，即样本大小或样本容量，则由样品或个体的数量确定。所谓的统计推断就是根据抽检样本的数据去判断总体的质量分布状况。可根据目的不同进行判断，如图2-29所示。

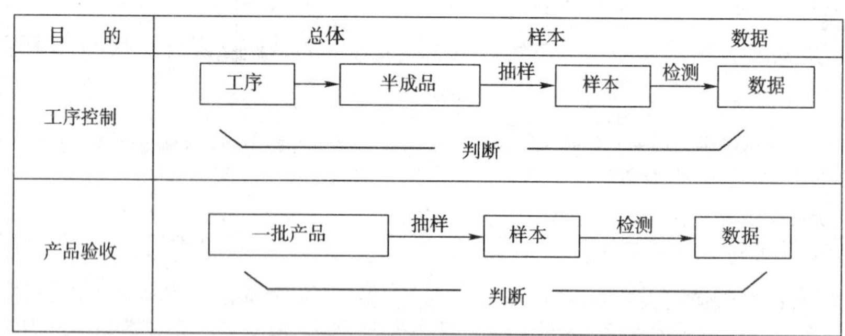

图2-29　总体、样本、数据间的关系

3)数据的收集

由统计推断的含义可知，样本的数据应能反映总体的全貌，也就是说，样本应具有代表性。

因此,数据的收集应建立在随机(机会均等)的基础上。常用的方法如下:

(1)单纯随机法:是用随机数表、随机数生成器或随机数骰子来进行抽样。其中,简便易行的方法是采用随机数骰子来进行,这也是国外通行的做法。广泛用于原材料、构(配)件的进货检验和分项、分部、单位工程完工后的检验。

(2)系统抽样:每隔一定的时间或空间抽取一个样本的方法,其第一个样本是随机的,所以,又称为机械随机抽样法。这种方法主要用于工序间的检验。

(3)二次抽样:又称二次随机抽样,当总体很大时,将总体分为若干批,先从这些批中随机抽出几批,再随机从抽中的几批中抽取所需的样品。如对批量很大的原材料(如沥青、水泥、砂石材料等)抽样就可按二次抽样进行。

(4)分层抽样:是先将批分为若干层,然后从每层中抽取样本的方法,这种方法是为了使样本具有较好的代表性。如砂、石、水泥等散料的检验和分层码放整齐的构(配)件的检验,都可用这种方法抽取样品。

2. 质量统计数据特征值

统计推断是用样本的数据去分析、判断总体的质量状况,常用的样本数据特征值有以下几种:

1)均值

样本的均值即样本的算术平均值,表示数据集中的位置,可用下式表示:

$$\overline{X}=\frac{1}{n}(x_1+x_2+\cdots+x_n)=\frac{1}{n}\sum_{i=1}^{n}x_i$$

式中:x_i——第 i 个样品的数值;

n——样本大小。

2)中位数

先将样本中的数据按大小排列,样本为奇数时,中间的一个数即为中位数;样本为偶数时,中间两数的平均值即为中位数。中位数也表示数据的集中位置,通常用 x 表示。

3)极值

一个样本中的最大值和最小值称为极值,第 i 个样本的最大值用 $x_{i(max)}$ 表示;第 i 个样本的最小值用 $x_{i(min)}$ 表示。

4)极差

样本中最大值与最小值之差称为极差,第 i 个样本的极差用 R_i 表示,即 $R_i=x_{i(max)}-x_{i(min)}$,极差永远为正,它表示数据的分散程度。

5)标准差

(1)总体的标准差用 σ 表示,即:

$$\sigma=\sqrt{\frac{\sum_{i=1}^{N}(x_i-\mu)^2}{N}}$$

式中:N——总体大小;

μ——总体均值。

(2)样本的标准差用 S 表示,即:

$$S=\sqrt{\frac{\sum_{i=1}^{N}(x_i-\overline{x})^2}{N}}\quad(n\geqslant n');S=\sqrt{\frac{\sum_{i=1}^{N}(x_i-\overline{x})^2}{n-1}}\quad(n<n')$$

式中，S 也叫标准差的无偏估计。标准差的大小反映了数据的波动情况，即分散程度。

6）变异系数

变异系数表示数据的相对波动大小，即相对的分散程度，用 Cv 表示：

$$Cv = \frac{S}{\bar{x}} \times 100\% \quad 或 \quad Cv = \frac{\sigma}{\mu} \times 100\%$$

3．质量变异因素与质量数据的波动分析

1）引起质量变异的因素分析

生产过程是否稳定要从生产过程中影响质量变化的因素来分析，影响质量的因素很多，如原材料性质上的差异、生产设备的误差或振动、操作者水平或操作的稳定性、工艺方法或操作方法的特点、温度或湿度的变化等因素的差异，都会影响产品的质量和生产过程的稳定性。由于这些因素的存在，使产品质量间存在着差异，这种差异称为质量的变异。根据对质量的影响程度，在数理统计上，又把影响质量变异的因素分为偶然性因素和系统性因素两大类。

偶然性因素又称随机性因素，例如，原材料的规格、型号符合标准，只是材质不均匀；或一天中温度、湿度的微小变化等，都会对工程质量产生影响，使工程质量产生微小的波动，这种质量的变异为正常变异，属于正常波动。质量的这种波动是不可避免的，所以，偶然性因素是无法或难以控制的因素。严格地讲，材质的不均匀或气候微小的变化等是可以设法消除的，但技术上不易识别和消除，经济上也不值得去消除，因为这种微小的波动在工程上是允许的。工程质量只有偶然性因素影响时，生产处于稳定状态，质量数据的大小、方向不定，但都在平均值附近波动。

系统性因素则是可控制、易消除的因素。这类因素不经常发生，但对工程质量的影响较大。系统性因素有一定的规律，对工程质量的影响，其大小、方向不变。例如，材料的规格、型号不对，则对工程质量影响很大，这时，质量的波动属于非正常波动，即非正常变异。

质量控制的目的（或目标）就是要查找异常波动的原因（系统性因素）并加以排除，使质量只受随机性因素的影响。因此，生产处于稳定状态时，只有偶然性因素的影响，质量正常波动；若生产发生了异常波动，则既有偶然性因素，又有系统性因素的影响。

2）质量数据的波动分析

生产处于正常的、稳定的情况下，质量数据具有波动性和统计规律性，一般符合正态分布规律。正态分布曲线如图 2-30 所示，它具有以下特征：

（1）分布曲线对称于 x、μ；

（2）当 $x = \mu$ 时，曲线位于最高点；

（3）曲线下所包围的面积为 1，$\mu \pm 3\sigma$ 所围成的面积为 99.73%。

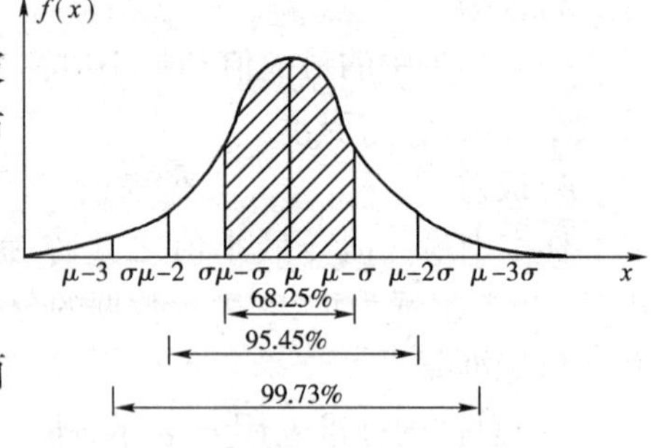

图 2-30　正态分布曲线

总体呈正态分布，用 $N(\mu,\sigma^2)$ 表示，σ^2 称为总体的方差；样本呈正态分布，用 $N(\bar{x},S^2)$ 表示，S^2 称为样本的方差。

由数理统计可知，总体服从正态分布时，其样本均值的分布也服从正态分布，即使总体不服从正态分布，当样本 $n \geqslant 4$ 时，样本均值的分布也接近于正态分布，所以，在分析质量问题时，当样本足够大时，都可近似地按正态分布来处理。

4．检测数据的数字修约规则

1）有效数字

在质量检测工作中，由于测试结果总会有误差，因此表示测试结果的位数不宜太多；但也

不宜太少,因为太多容易使人误认为测试精度很高,太少则会损失精度。

测试过程中,由于受到一系列不可控制和不可避免的主观因素和客观因素的影响,所获得的测试值必定含有误差,即获得的测试值仅仅是被测试的近似值。另一方面,在数据处理过程中引入的诸如 π 等一些常量,在大多数情况下,该常量是以无穷小数形式的无理数来表示,这就需要确定一项原则,将测得或计算的数截取到所需的位数。认为在一个数值中小数点后面的位数越多,这个数值就越准确;或者在计算中,保留的位数越多,这个数值就越准确的想法都是错误的。第一种想法的错误在于没有弄清楚小数点的位置不是决定准确与否的标准,而仅与所用计量单位的大小有关。如长度为 21.3mm 与 0.021 3m,其准确程度完全相同;第二种想法的错误在于不了解所有测试,由于仪器和人们的感官只能做到一定的准确程度,这个准确程度一方面决定于所用仪器刻度的精细程度,另一方面也与所用测试方法有关。因此在计算结果中,无论取多少位数都不可能把准确程度增加到超过测试误差所允许的范围。反之,表示一个数值时,如果书写的位数过少,即数值所取的有效位数少于实际所能达到的精度,不能把已经达到的精度表示出来,这也是错误的。

例如,不考虑测试误差,单从有效数字来考虑在数学上 23 与 23.00 两个数是相等的;而作为表示测试结果的数值,两者相差是很悬殊的。用 23 表示的测试结果,其误差可能为 ±0.5;而 23.00 表示的测试结果,其误差可能是 ±0.005。再如,1 和 0.1 在数值上相差 10 倍,单从数值上看两数是不等的,而作为测试结果可能因所用单位不同,所表示的测试结果和所达到的精度是相同的。

因此,在对测试数据的处理中,掌握有效数字的有关知识是十分重要的:

(1)有效数字的概念可表述为:由数字组成的一个数,除最末一位数字是不确切值或可疑值外,其他数字皆为可靠值或确切值,则组成该数的所有数字包括末位数字称为有效数字,除有效数字外其余数字为多余数字。

(2)对于"0"这个数字,它在数中的位置不同,可能是有效数字,也可能是多余数字。

(3)整数前面的"0"无意义,是多余数字。对纯小数在小数点后,数字前的"0"只起定位,决定数量级的作用(相当于所取的测试单位不同),所以,也是多余数字。

(4)处于数中间位置的"0"是有效数字。

处于数后面位置的"0"是否算有效数字可分三种情况:

①数后面的"0",若把多余数字的"0"用 10 的乘幂来表示,使其与有效数字分开,这样在 10 的乘幂前面所有数字包括"0"皆为有效数字;

②作为测试结果并注明误差值的数值,其表示的数值等于或大于误差值的所有数字,包括"0"皆为有效数字;

③上面两种情况外的数后面的"0"则很难判断是有效数字还是多余数字,因此,应避免采用这种不确切的表示方法。

(5)一个数,有效数字占有的位数,即有效数字的个数,为该数的有效位数。

在测试或计量中应取多少位有效数字,可根据下述准则判定:

①对不需要标明误差的数据,其有效位数应取到最末一位数字为可疑数字(也称为不确切或参考数字);

②对需要标明误差的数据,其有效位数应取到与误差同一数量级。

2)数字修约规则

(1)修约间隔

修约间隔是指确定修约保留位数的一种方式。修约间隔的数值一经确定,修约值即应为该数值的整数倍。

例如,指定修约间隔为0.1,修约值即应在0.1的整数倍中选取——相当于将数值修约到一位小数。又如指定修约间隔为100,修约值即应在100的整数倍中选取,相当于将数值修约到"百"数位。0.5单位修约(半个单位修约)是指修约间隔为指定数位的0.5单位,即修约到指定数位的0.5单位。0.2单位修约是指修约间隔为指定数位的0.2单位,即修约到指定数位的0.2单位。

最基本的修约间隔是10^n(n为整数),它等同于确定修约到某数位。

(2)数值修约进舍规则

①拟舍弃数字的最左一位数字小于5时,则舍去,即保留的各位数字不变。例如将13.247 6修约到一位小数,得13.2。

②拟舍弃数字的最左一位数字大于5;或者是5,而且后面的数字并非全部为0时,则进1,即保留的末位数字加1。例如将1 167修约到"百"数位,得12×10^2(特定时可写为1 200)。

③拟舍弃数字的最左一位数字为5,而后面无数字或全部为0时,若所保留的末位数字为奇数(1,3,5,7,9)则进一,为偶数(2,4,6,8,0)则舍弃。

例如,修约间隔为0.1(或10^{-1}),拟修约数值2.050,修约值2.0;拟修约数值0.150,修约值0.2。再如,修约间隔为1 000(或10^3),拟修约数值4 500,修约值4×10^3(特定时可写为4 000);拟修约数值5 500,修约值6×10^3(特定时可写为6 000)。

④负数修约时,先将它的绝对值按上述三条规定进行修约,然后在修约值前面加上负号。例如将下列数字修约至"十"数位,拟修约数值-255,修约值-26×10(特定时可写为-260);拟修约数值-245,修约值-24×10(特定时可写为-240)。

⑤0.5单位修约时,将拟修约数值乘以2,按指定数依进舍规则修约,所得数值再除以2。例如,将下列数字修约到"个"数位的0.5单位(或修约间隔为0.5),拟修约数值A为50.25,2A为100.50,2A修约值为100,A修约值为50.0。

⑥0.2单位修约时,将拟修约数值乘以5,按指定数位依进舍规则修约,所得数值再除以5。例如,将下列数字修约到"百"数位的0.2单位(或修约间隔为20),拟修约数值A为830,2A为4 150,2A修约值为4 200,A修约值为840。

上述数值修约规则(有时称这为"奇升偶舍法")与常用的"4舍5入"的方法区别在于,用"4舍5入"法对数值进行修约,从很多修约后的数值中得到的均值偏大。而用上述的修约规则,进舍的状况具有平衡性,进舍误差也具有平衡性,若干数值经过这种修约后,修约值之和变大的可能性与变小的可能性是一样的。

(3)数值修约注意事项

实行数值修约,应在明确修约间隔、确定修约位数后一次完成,而不应连续修约,否则会导致不正确的结果。然而,实际工作中常有这种情况,有的部门先将原始数据按修约要求多一位至几位报出,而后另一个部门按此报出值再按规定位数修约和判定,这样就会出现连续修约的错误。

①拟修约数字应在确定修约后一次修约获得结果,而不得多次按进舍规则连续修约。例如,修约15.454 6,修约间隔为1。正确的做法:15.454→15;不正确的做法:15.454→15.455→15.46→15.5→16。

②在具体实施中,有时测试与计算部门先将获得数值指定的修约数位多一位或几位报出,

而后由其他部门判定。为避免产生连续修约的错误,应按下列步骤进行:

a. 报出数值最右的非 0 数字为 5 时,应在数值后面加“(+)”号或“(-)”号或不加符号,以分别表明已进行过舍、进或未舍进。例如,15.50(+)表示实际值大于 15.50,经修约舍弃成为 15.50;15.50(-)表示实际值小于 15.50,经修约进 1 成为 15.50。

b. 如果判定报出值需要进行修约,当拟舍弃数字的最左一位数字为 5 而后面无数字或全部为 0 时,数值后面有(+)号者进 1,数值后面有(-)号者舍去,其他仍按进舍规则进行。例如,将下列数字修约到个位数后进行判定(报出值多留一位到一位小数)。实测值 15.454 6,报出值 15.5(-),修约值 15;实测值 15.520 3,报出值 15.5(+),修约值 16。

3)计算法则

(1)加减运算

加减运算,应以各数中有效数字末位数的数位最高者为准(小数即以小数部分位数最少者为准),其余数均比该数向右多保留一位有效数字。例如,有 4 个凑整后的数字相加,

$$
\begin{array}{rl}
 & 41.3x \\
 & 3.012x \\
 & 0.322x \\
+ & 0.0578x \\
\hline
 & 44.6918x
\end{array}
$$

其中“x”表示该数带有若干凑整误差。和数最多能正确到小数后第一位,小数后第二位及以后各位已不可靠,运算时保留小数第二位的目的,是为了不因凑整而严重影响结果的精度,所多保留的一位数常称为安全数字。

于是,上例应取为:

$$
\begin{array}{rl}
 & 41.3 \\
 & 3.01 \\
 & 0.32 \\
+ & 0.06 \\
\hline
 & 44.69
\end{array}
$$

(2)乘除运算

乘除运算,应以各数中声效数字位数最少者为准,其余数均多取一位有效数字,所得积或商也多取一位有效数字。例如,在 $0.0122 \times 26.52 \times 1.06892$ 中,因第一个数 0.012 2 的有效数字位数最少(3 位),因此,第二、第三个数的有效数字位数取 4 位,所得积也取 4 位有效数字,由此得:$0.0122 \times 26.52 \times 1.06892 = 0.3459$。

(3)平方或开方运算

平方或开方运算,其结果可比原数多保留一位有效数字,例如,$585^2 = 3.422 \times 10^5$;$\sqrt{3684} = 60.696$。

(4)对数运算

对数运算,所取对数位数应与真数有效数字位数相等。

(5)查角度的三角函数

查角度的三角函数,所用函数值的位数通常随角度误差的减小而增多,一般三角函数表选择如下:

角度误差	表的位数
10″	5
1″	6
0.1″	7
0.01″	8

在所有计算式中,常数 π、e 的数值以及因子$\sqrt{2}$等的有效数字位数,可认为无限制,需要几位就取几位。表示精度时,一般取一位有效数字,最多取两位有效数字。

第三章　沥青路面施工质量控制

以沥青为结合料与粗、细集料拌和成沥青混合料后铺筑成的路面为沥青混凝土路面。由于沥青混凝土的弹性模量相对较低，故又称为柔性路面。由于沥青混凝土路面具有表面平整、无接缝、行车舒适、耐磨、噪声低、施工期短、养护维修简便，且适宜分期修建等优点，它的多项使用性能有利于高速行车，因此被大量应用于高等级公路，作为路面结构的主要形式。特别近些年，沥青路面新技术的不断出现，克服了传统沥青路面温度敏感性强的弱点，使用的范围愈加广泛。

第一节　沥青路面的特性及基本要求

一、沥青路面的强度机理

沥青混合料的强度由两部分组成：一是矿料之间的嵌挤力与内摩阻力；二是沥青与矿料之间的黏结力。

1. 矿料之间的嵌挤力与内摩阻力

沥青混合料中嵌挤力与内摩阻力的大小，主要取决于矿料的尺寸均匀度、颗粒形状及表面粗糙度。矿料尺寸较大、颗粒均匀、有棱角、表面粗糙，所组成的混合料具有较大的嵌挤力与内摩阻力。沥青用量对摩阻力大小也有影响，摩阻力随沥青用量的减少而增大。沥青黏度、混合料温度和受荷载时的变形速度，对沥青混合料的嵌挤力和内摩阻力的影响较小。

2. 沥青混合料的黏聚力

沥青混合料的黏聚力主要取决于：矿料与沥青材料之间相互作用形成的黏结力和沥青材料本身的黏聚力。

沥青与矿料相互作用使沥青在矿料表面产生化学组分的重新分布，在矿料表面形成一层扩散结构膜，此膜以内的沥青称为结构沥青，此膜以外的沥青称为自由沥青。结构沥青与矿料之间相互作用，并使沥青的性质发生改变；自由沥青与矿料之间不发生作用，仅将分散的矿料黏结起来，沥青的性质不改变。如果矿料颗粒之间的接触处由扩散结构膜所联结，则会使沥青的黏滞度增高，并使扩散结构膜接触面积增大，从而可以获得更大的黏结力。如果矿料颗粒之间为自由沥青所黏结，则黏结力较小。

矿料表面形成沥青扩散结构膜的主要原因，是沥青与矿料两相界面之间相互作用过程中产生了物理吸附、化学吸附和选择性扩散吸附等比较复杂的多样吸附过程。物理吸附是沥青与矿料之间由于分子力（即范德华力）作用所产生的一种吸附过程。它普遍存在于矿料与沥青（吸附剂与被吸附物）之间，其吸附程度主要取决于作用各相接触界面的表面性质，而主要是表面自由能的作用。提高物理吸附可通过在沥青中掺加表面活性物质，使沥青更好地裹覆矿料表面，在矿料表面形成吸附层。但在一定条件下，物理吸附过程是可逆的，即矿料表面吸附的沥青膜在水的作用下产生剥离。化学吸附是沥青中的某些物质（如沥青酸）与矿料表面的金属阳离子发生化学反应,生成沥青酸盐,在矿料表面构成吸附层的过程。化学相互作用力的强度,超过分子作用力许多倍。因此当沥青与矿料形成化学吸附层时,相互间的黏结力远大于物理吸附,也只有产生化学吸附,沥青混合料才能具有良好的水稳定性。化学吸附的产生与否以及吸附程度,决定于沥青与矿料的化学成分。例如石油沥青中含有沥青酸及沥青酸酐能与碱性矿料中的高价金属盐产生化学反应,生成不溶于水的有机酸盐,而与酸性矿料之间只产生物理吸附。煤沥青中既有酸性物质(如酚类),又有碱性物质(如吡啶类),因而与酸性和碱性矿料都能起化学吸附作用。选择性扩散吸附是指某一相物质由于扩散作用沿着另一相的微孔渗到其内部。当沥青与矿料相互作用时,选择性扩散吸附产生的可能及其作用的大小,取决于矿料的表面性质、孔隙状况及沥青的组分与活性。矿料对沥青的选择性吸附作用,主要产生于表面具有微孔(孔隙直径小于0.02mm)的矿料,如石灰岩、泥灰岩、矿渣等。此时沥青中活性较高的沥青质吸附在矿料表面,树脂吸附在矿料表面层小孔中,而油分则沿着毛细管被吸附到矿料内部,使矿料表面的树脂和油分减少,沥青质相应增多,其结果沥青的黏度提高、黏聚力增大,从而在一定程度上改变了混合料的热稳性与水稳定性。当沥青与结构致密的矿料(如石英岩)相互作用时,上述过程就失去了必要的条件,所以结构致密的矿料对沥青的选择性吸附不显著。对于具有大孔结构的矿料,沥青的所有组分都将渗入到矿料内部,此时沥青用量应予增加,但沥青性质没有明显改变。

影响混合料的黏结力的主要因素有:沥青与矿料的性质、沥青用量及矿料的比表面积。石油沥青组分中,属于表面活性物质的有环烷酸和地沥青酸及酸酐、酚、树脂和地沥青质。煤沥青中有表面活性物质酚、吡啶及其同系物。由于各种沥青的表面活性组分及其含量有差别,因而它们的表面活性是不同的。石油沥青中的组分,按其表面活性程度而言,可排序为:地沥青酸 > 地沥青酸酐 > 地沥青质 > 树脂 > 油分。不同种类的沥青,按其表面活性程度,大致排序为:裂化石油沥青 > 煤沥青 > 页岩沥青 > 天然沥青 > 氧化和残余石油沥青。沥青与矿料的性质不同,其相互作用也不同。在应用石油沥青的情况下,碱性矿料与之发生化学吸附,从而产生坚强稳定的吸附力。在实际工作中,常遇到酸性矿料,为了改善其与沥青的相互作用过程,可在沥青中掺加表面活性物质,或对矿料进行活化处理。沥青的用量对混合料的黏聚力有较大影响。沥青混合料中的自由沥青一般只起将矿料黏结在一起的作用,黏聚力的大小主要取决于沥青本身的性质,而结构沥青是与矿料发生了一系列相互作用而形成,因而其间的黏附力较沥青的黏聚力大得多。因此,为了提高混合料的强度,不但要选用优质沥青,而且要严格控制沥青的合理用量,使矿料表面在被沥青充分裹覆的前提下适当减薄沥青膜的厚度。矿料的比表面对沥青混合料的黏聚力也有较大影响,当沥青含量不变时,增加矿料的比表面可以减薄沥青膜的厚度,使结构沥青所占比例增大,黏聚力提高。所以对密实级配混合料通常需要有适量的矿粉,它不仅起填充料作用,而且也增大了比表面。

二、沥青路面特性

1. 沥青路面的良好性能

当前世界各国的高等级公路多采用沥青路面,其原因是它具有下列诸多的良好性能。

(1)具有足够的力学强度,沥青路面能很好地承受车辆荷载施加到路面上的各种作用力。

(2)有一定的弹性和塑性变形能力,能承受一定的荷载。

(3)与汽车轮胎的附着力较好,可保证行车安全。

(4)有高度的减振性,可使汽车快速行驶,平稳而无噪声。

(5)不扬尘,容易清扫和冲洗。

(6)维修简便,还可再生利用。

2. 沥青路面的工作特性

沥青路面在车轮荷载的反复作用下,塑性变形逐步积累,导致产生永久变形或车辙,从而使路面平整度降低,这种塑性变形主要发生在高温季节沥青路面的重载低速行驶的路段。沥青路面在车轮垂直荷载作用下,当基层强度较低时,将产生较大的弯拉应力和弯拉应变。在低温季节,沥青路面变脆,抵抗变形能力极差,在车轮荷载的反复作用下,当应力或应变超过沥青路面的极限荷载或极限应变时,则产生裂缝,这是导致路面破坏的主要原因之一。

行车荷载的水平力作用对沥青面层的力学特性有着重要意义。在垂直力与水平力的综合作用下,沥青面层中将产生较大的剪切应力;在高温季节,路面强度降低,当所产生的剪切应力超过其本身的抗剪强度时,常发生沥青路面的推移、壅包等。这种现象多发生在急弯、陡坡以及停车站、十字路口等水平作用力较大之处。

沥青路面由于刚度较低,对来自荷载的冲击振动有一定的缓冲与消振能力。铺筑在路表的沥青面层还承受着车轮的磨耗作用,由于沥青膜包裹了矿料表面,使得沥青路面的耐磨性有所提高,由于沥青路面中的细料被沥青牢固地黏结在一起,故在真空吸力作用下不会导致扬尘。

3. 温度和水对沥青路面性能的影响

各种自然因素对沥青路面的物理、力学性质有直接的影响,尤其是温度和水这两个因素对沥青路面具有极其重要的影响。

在低温、短时间荷载作用下,沥青路面接近于弹性体,随着温度升高,特别是荷载作用时间的增长,或荷载重复次数的增多,逐渐接近塑性体。沥青路面的变形则由其黏滞性质决定。当荷载作用时间较短时,沥青路面的变形基本上是弹性的,但又不像弹性体那样变形瞬时就能恢复,而是受黏滞度的影响而逐渐恢复。水对沥青路面的影响主要表现在沥青路面在水的作用下会使沥青与矿料分离,还会将沥青中某些可溶性化合物溶解并冲走,尤其是当水中有易溶盐时会发生乳化作用,从而加剧了溶蚀作用。沥青路面长时间浸水后,会因含水量增加而发生体积膨胀,强度降低。沥青路面受水影响的程度取决于当地的气候、水文情况、路表的排水能力、路面的渗透性以及沥青路面本身的水稳定性。

此外,由于阳光、温度、空气等环境因素的作用,沥青中的轻质组分逐渐挥发,并不断发生氧化聚合反应,使沥青中的油分、树脂逐渐减少,沥青质相对增多,且由于沥青质部分转化为沥青炭,致使沥青路面黏塑性降低,路面相继出现干涩、开裂、松散,即发生沥青路面的老化。随着老化现象的发展,沥青变脆,沥青路面的抗变形能力降低,在行车荷载和冰冻的作用下极易产生裂缝,最终形成龟裂而导致路面的破坏。沥青路面的老化速度取决于当地气候、沥青路面的层位以及沥青和沥青混合料的性能。在气温较高及日照时间较长的地区,受大气因素作用较为剧烈的表层,老化速度最快。沥青中不饱和烃及芳香烃较多时,也易发生老化,沥青混合料的空隙率大时会加速老化。

三、沥青路面的基本要求

沥青路面直接受车轮荷载作用和自然环境及时间因素的影响,为了能使沥青路面具有较好的使用性能,必须满足如下基本要求。

1. 高温稳定性

沥青路面的强度与刚度,随温度升高而显著下降,在高温季节和行车荷载的反复作用下,为了保证沥青路面不致产生诸如波浪、推移、车辙、泛油等病害,沥青路面应具有良好的高温稳定性,即在高温时具有足够的强度与刚度。

由于沥青材料对温度变化的敏感性强,在气温高的条件下容易软化,在交通繁忙路段受渠化交通的影响,容易产生车辙。形成车辙的原因很多,如对当地高温气候状况估计不足、材料选择不当,或对高速公路通车后的交通组成和交通密度估计不足,高温季节沥青路面就会产生明显的车辙。另外,施工质量控制不严、碾压不及时、碾压次数不足、压路机吨位过轻致使混合料压实度不足等,在高温季节也容易产生车辙。

为了提高沥青路面的高温稳定性,可采用在沥青混合料中增加粗集料含量或控制剩余空隙率,使粗集料形成空间骨架结构,以提高沥青混合料的内摩阻力。适当地提高沥青材料的稠度,控制沥青与矿粉的比例,严格控制沥青用量,采用活性较高的矿粉,以改善沥青与矿料之间的相互作用,从而提高沥青混合料的黏聚力。此外,在沥青中掺入聚合物改善沥青性能,也可取得较为满意的结果。

2. 低温抗裂性能

沥青材料在低温条件下容易产生收缩变形,弹性模量相应增大,而出现脆性状态,因此在寒冷地区沥青混凝土路面会产生低温开裂。裂缝产生后,雨水易于浸入,冻融交替,加上重车碾压,在裂缝范围内很容易导致路面结构破碎。形成低温裂缝多半是设计人员忽略了当地的气象特征和缺乏气象历史统计资料,未能根据气象资料优选适用的沥青材料和配制相应的混合料。若能恰当地选择沥青材料,配制合适的沥青混合料使路面具有足够的抵抗低温变形能力,低温裂缝是可以减少的。

裂缝是沥青路面的一种主要破坏形式,且裂缝的出现往往是路面损坏急剧增加的开始。沥青路面的裂缝可归为两种类型:一种是在荷载反复作用下的疲劳开裂;另一种是由于降温而产生的温度收缩裂缝,或由于半刚性基层开裂而引起的反射裂缝。由于沥青路面在高温时变形能力较强,而低温时较差,不论哪种裂缝,以在低温时发生的居多。从低温抗裂性的要求出发,沥青路面在低温时应具有较低的劲度和较大的抗变形能力,且在行车荷载和其他因素的反复作用下不致产生疲劳开裂。

使用稠度较低及温度敏感性低的沥青,可提高沥青路面的低温抗裂性能。沥青材料的老化会使其低温抗裂性能恶化,故为了提高沥青路面的低温抗裂性能,应选用抗老化能力较强的沥青。在沥青材料中掺加橡胶类高分子聚合物,对提高沥青路面的低温抗裂性能具有较为明显的效果。在沥青路面结构层中铺设沥青橡胶应力吸收薄膜,对防止沥青路面的低温开裂具有显著的作用。

3. 水稳定性

大气降水、地下水或地面水进入沥青混凝土结构内部,若不能及时排出,在重车的反复碾压下,将引起沥青混凝土路面结构松散乃至破坏。大气水分进入沥青混凝土结构所引起的结构破坏机理大致分为两方面:一部分水浸润集料与沥青膜的结合面,将沥青膜剥离;另一部分水在车辆反复碾压时形成动水压力冲击混合料结构使沥青与矿料剥离,路面结构出现松散破坏。当沥青路面防渗能力较差时,不仅影响路面本身的稳定性,而且还会影响到基层的稳定性。沥青路面必须具有较好的抗渗能力。在潮湿多雨地区尤为重要。沥青路面的抗渗能力主要取决于沥青路面的空隙率。空隙率越大,其抗渗能力越差。

提高沥青混凝土的水稳定性，首先要充分了解当地的气象资料、降水情况。路面设计应从材料着手，选择水稳定性良好的集料，混合料配比设计以水稳定性作为控制指标，在结构设计中，选择结构致密的面层级配，尽量堵截雨水渗入。当然完全不渗水的沥青路面是不容易做到的，因此路面结构应为少量渗入的水分考虑排除的可能，使水分不能滞留于结构之内，所谓堵、疏结合，以堵为主的原则是可取的。

4. 耐疲劳性能

沥青路面应具有抵抗温度、阳光、空气、水等各种环境因素作用的能力。即在这些因素的作用下，沥青路面的性质不致很快恶化，失去黏性，性质变脆，以致在行车荷载和其他因素的作用下发生脆裂，乃至沥青与矿料脱离，使路面松散破坏。沥青路面的使用寿命与沥青混合料中的沥青含量有很大关系。当沥青用量不足时，则沥青膜变薄，沥青路面的延伸能力降低，脆性增加，且沥青路面的空隙率增大，使沥青膜暴露增多，从而促进了老化作用。空隙率增大也会使混合料的渗水率增加，从而加剧了水对沥青膜的剥落作用。

路面结构在使用期间，承受着反复作用的车辆荷载。在这样大量的反复荷载作用下，沥青混凝土抗疲劳性能的高低，将决定其使用寿命。为提高沥青混凝土路面的耐疲劳性能，一方面是要选择恰当的材料，设计优良的混合料，使材料的抗疲劳强度达到理想的范围；另一方面则需通过合理的结构设计，采用相应的结构层厚度，从总体结构着手，提高路面的抗变形能力和耐疲劳性能。

5. 良好的平整性

沥青路面的平整度直接影响着车辆在路面上的行驶质量和高速公路基本功能的充分发挥。路面的平整度是一项综合性指标，涉及施工过程各个环节的许多因素，它是路基路面施工全过程各个环节质量的最终体现。

尽管沥青混凝土路面易于做到平整舒适，但是只有严格控制施工质量才能达到目的。路面施工初期平整度完全取决于施工质量，包括严格用料、采用现代化摊铺、采用碾压设备和精确的平整度控制装置。一般来说，从土基表面碾压开始，层层都要严格控制，并且逐层提高标准，才能保证沥青面层的平整。长期使用过程中平整度的长久性与抗车辙性能一样主要取决于混合料的高温稳定性。若高温稳定性良好，施工初始平整度又得到严格控制，一般情况下，在使用期内平整度状况不会衰变得很快。

6. 良好的抗滑性

现代交通车速不断提高，对路面的抗滑能力也提出更高的要求。沥青路面应具有足够的抗滑能力，以保证在最不利的情况下，车辆能够高速安全行驶，而且在外界因素作用下其抗滑能力不致很快降低。保证高速行车的安全性很重要的因素是路表面的抗滑性能。许多研究表明，改善沥青混凝土路面的表面构造是提高抗滑性能的重要方面。如采用磨光值和压碎值高的石料，采用抗滑型混合料，加深表面纹理深度、防止表面积水等，对提高混合料中粗集料的抗滑作用有一定的效果。

沥青路面的粗糙度与集料的微表面性质、混合料的级配组成以及沥青用量等因素有关。为保证沥青路面的粗糙度不致很快降低，应选择硬质有棱角的石料。沥青用量对抗滑性的影响相当敏感，当沥青用量超过最佳用量0.5%时就会导致抗滑系数的明显降低。

以上六项性能要求对沥青路面来说都是十分重要的，只要精心设计和施工也是完全能够达到的。但是在工程实践中，会出现各项性能要求之间存在矛盾的情况，有时会顾此失彼。例如，有的工程过分强调抗滑性能，结果所设计的混合料渗水严重，影响了水稳定性；有的工程过

分强调高温抗车辙性能，低温状态却出现严重开裂等。因此，路面结构设计既要周密筹划兼顾多方面的需求，又要因地制宜，抓住主要矛盾，深入细致地探索各项因素对各项性能的影响，研究各项性能之间的相互制约关系，通过理论分析、试验探索、工程验证，以求尽量满足各项性能要求，提出相对较为完善的沥青路面结构设计方案。

四、沥青路面的损坏类型

公路沥青路面上常见的损坏现象主要有裂缝、车辙、松散剥落和表面磨光等。

1. 裂缝

裂缝是沥青路面最主要的一种破损形式。沥青路面上出现的裂缝，按其成因不同分为横向裂缝、纵向裂缝和网状裂缝三种类型。

(1)横向裂缝

横向裂缝是指垂直于行车方向的裂缝，按其成因不同，横向裂缝又可分为荷载型裂缝与非荷载型裂缝两大类。

①荷载型裂缝是由于路面结构设计不当或施工质量低劣，或者由于车辆严重超载，致使半刚性基层沥青路面在反复的车轮荷载作用下，沥青面层或半刚性基层内产生的拉应力超过其疲劳强度而断裂。荷载型裂缝首先在路面的底面发生，在车辆荷载的反复作用下，裂缝逐渐向上扩展至表面。由车轮荷载产生的裂缝反映在面层上，往往不是单独的、稀疏的或较有规则的裂缝，而是稠密的、有时互相联系的裂缝。

②非荷载型裂缝是横向裂缝的主要形式。这种裂缝又分两种情况，即沥青面层缩裂和基层反射裂缝。沥青面层缩裂多发生在冬季气温较低的地区或易发生温度骤变的地区。当沥青面层中的平均温度低于其断裂温度时，或者说在降温过程中沥青面层所产生的拉应力超过其在该温度时的抗拉强度时，沥青面层即发生断裂。另外，当骤然降温（如南方高温天气突然降雨，或北方寒流袭击）时，沥青面层骤然收缩，其产生的应力来不及松弛，也会导致沥青面层的开裂。应指出的是，沥青面层的温缩裂缝经常是在温度应力的反复作用下，逐渐发展与扩张的。基层反射裂缝是指半刚性基层先于沥青面层开裂。在荷载应力与温度应力的共同作用下，在基层开裂处的面层底部产生应力集中而导致面层底部开裂，而后逐渐向上扩张而使裂缝贯穿。半刚性基层的开裂通常由温缩或干缩引起，多数情况是在基层铺筑后，由于未及时按规定养生或由于未及时铺筑沥青面层，使基层长期暴露在大气中，在降温和水分蒸发联合作用下而开裂。当然也可能是在铺筑沥青面层后，路面在使用过程中，由于温度骤变使基层的日温差超过某一范围致使其温度应力超过其抗拉强度时而断裂。后者一般发生在沥青面层较薄且在日温差较大的地区。

非荷载型横向裂缝一般比较规则，每隔一定的距离产生一道裂缝，裂缝间距的大小取决于当地的气温和沥青面层与半刚性基层材料的抗裂性能。气温高、日温差变化小、面层和基层材料抗裂性能好的路段，一般间距较大，且出现裂缝的时间也较晚。

(2)纵向裂缝

纵向裂缝产生的原因有两种可能性：一种情况是沥青面层分路幅摊铺时，两幅衔接处未处理好，在车辆荷载与大气因素作用下逐渐开裂；另一种情况是由于路基压实度不均匀或由于路基边缘受水侵蚀产生不均匀沉陷而引起。

(3)网状裂缝

网状裂缝主要是由于路面的整体强度不足而引起，其原因可能是由于路面结构设计不合

理，路基路面压实度不足，路面材料配比不当或未拌和均匀等。也可能是由于路面出现横向或纵向裂缝后未及时封填，致使水分渗入下层，尤其在融雪期间冻融交替，加剧了路面的破损。沥青材料在施工期间以及在长期使用过程中的老化，也是导致沥青面层形成网裂的原因之一。

2. 车辙

车辙是渠化交通的高等级公路沥青路面的主要损坏类型之一。当车辙达到一定深度时，由于辙槽内积水，极易引发汽车飘滑而影响行车安全。车辙一般是在温度较高的季节，沥青面层在车辆的反复碾压下产生永久变形和塑性流动而逐渐形成。沥青面层在压缩沉陷的同时出现侧向隆起，二者组合起来构成车辙。应指出的是，对于半刚性基层沥青路面，由于半刚性基层具有较大的刚度，路面的永久变形主要发生在沥青面层中。因此为了延缓车辙的形成，应主要从提高沥青面层材料的高温稳定性着手。

3. 松散剥落

松散剥落是指沥青从矿料表面脱落，在车辆荷载的作用下沥青面层呈现松散状态，以致从路面剥落形成坑凹。产生松散剥落的原因主要是由于沥青与矿料之间的黏附性较差，在水或冰冻的作用下，沥青从矿料表面剥离所致。产生松散剥落的另一种可能性是由于施工中混合料加热温度过高，致使沥青老化失去黏性。

4. 表面磨光

沥青路面在使用过程中，在车轮反复滚动摩擦作用下，集料表面逐渐被磨光，有时还伴有沥青的不断上翻，从而导致沥青面层表面光滑，尤其是在雨季常会因此而酿成车祸。表面磨光的内在原因是集料质地软弱，缺少棱角，或矿料级配不当，粗集料偏少或粒径偏小，细集料偏多，或沥青用量偏多等。

五、新型沥青路面

随着公路建设事业的迅速发展，高速公路的大量修建，对路面工程提出了更高的要求。如果在修建高速公路中，仍然选用传统的路用材料或采用常规的施工技术，已不能满足重载大交通量高速公路建设的需要。因此，现实情况迫使公路建设者们不得不去开发研究新技术、新材料和新工艺，使之满足高速公路建设的需要。

1. 乳化沥青稀浆封层和微表处

乳化沥青稀浆封层技术是以级配的砂石材料为集料，选用满足某种技术要求的乳化沥青材料为结合料，加入适量的水、填料和必要的外加剂，在专用的稀浆封层机具内，在行驶过程中按设计比例配制成具有一定技术性能的稀浆混合料。该种稀浆混合料经破乳、凝结、硬化三个基本阶段后形成满足某种功能要求的封层。由于该种稀浆混合料的稠度较稀，形态似浆状，铺筑厚度一般在 3 ~ 10mm 之间，主要起防水或改善恢复路面表面功能的作用，故取名为乳化沥青稀浆封层，简称为稀浆封层。稀浆封层是经过长期的室内研究和大量的工程实践逐步提高完善的一项实用工程技术，该项技术的最初研究目的是为了改善沥青路面的表面功能，延长沥青路面使用性能而开发的一种快捷且经济的表面处治结构层。

稀浆封层根据所用的材料品种、材料质量、适用范围、铺筑设备的不同，可细分为普通乳化沥青稀浆封层（简称普通稀浆封层）、改性乳化沥青稀浆封层（简称改性稀浆封层）、改性乳化沥青精细表面处治（简称微表处）。普通稀浆封层适用于二级及二级以下公路的维修养护，高速公路及一级公路宜采用微表处。微表处也可用作新建公路的抗滑磨耗层。根据工程实施情况稀浆封层和微表处可采用一层或两层施工。稀浆封层可采用一般的单轴叶片式稀浆封层机

施工,微表处必须采用专用的大功率双轴叶片强制式摊铺机施工,微表处摊铺机的摊铺槽需备有两排布料器,当同时兼需修补车辙时,摊铺机必须配有专用的V字形车辙摊铺箱。

稀浆封层和微表处仅适用于尚未发生严重损坏的路面养护。计划进行养护的旧路面必须事先进行检查评定,其强度能满足承载能力的要求。施工前应清除原路面上的松散材料、泥土、各种杂物。坚硬的结块应刨除,并采用高压水与高压空气协助清扫。用水清扫时应待裂缝中基本无水后再施工。对局部损坏或坑槽凹陷必须认真修补或补强。裂缝需先补缝,微细裂缝可直接吹风清理后灌注乳化沥青,裂缝较宽的宜局部扩缝、清理下部的裂缝并灌缝后铺筑沥青混凝土填平。实施单层微表处的旧路面车辙深度不宜大于15mm,车辙深度超过15mm的旧路面必须分两层铺筑,车辙深度大于30mm时必须先行铣刨用热拌沥青混合料修补或现场再生处理后再进行微表处处理。

稀浆封层最初是一种路面预防性养护技术,近几年的发展已应用于路面抗滑表层、彩色路面、高速公路部分车辙处理,也可用做桥面防水以及路面下封层。

2. 沥青玛蹄脂碎石混合料(SMA)

SMA是一种由沥青、纤维稳定剂、矿粉及少量的细集料组成的沥青玛蹄脂填充间断级配的粗集料骨架间隙而组成的沥青混合料。它的基本组成是碎石骨架和沥青玛蹄脂结合料两大部分,SMA中的碎石骨架提高了混合料的强度和抗变形能力,减少了温度下降时混合料的收缩变形,使SMA具有优良的抗压强度、耐高温稳定性和抵抗收缩变形的能力。而碎石骨架之间所填充的足够数量的沥青玛蹄脂,则充分发挥了它在骨架中的胶结作用和密闭防水渗透作用,因此SMA具有多项优良使用性能。

SMA的结构与传统沥青混合料有根本差别。SMA是一种粗集料断级配密实热拌沥青混合料,它的基本组成是碎石骨架和沥青砂胶两大部分。SMA的碎石骨架结构被富沥青砂胶充分填充结合在一起,由粗集料承担行车荷载。传统沥青混凝土的力学性质在很大程度上取决于细集料和中间集料。传统沥青混凝土的稳定性由贫沥青砂胶提供。

SMA由于粗集料碎石相互接触形成碎石骨架有良好的传力功能,它有高抗车辙能力,同时SMA有较多的沥青砂胶包裹于集料表面形成相当的厚度,因此,SMA有较高的抗疲劳强度、抗老化能力、抗松散性和很好的耐久性,特别适合需要高摩擦力的位置,如环道、交叉口等。

3. 多孔隙沥青混凝土混合料(OGFC)

为了及时排除沥青路面在降雨时路表积水,国内外都在研究开发多孔隙排水沥青混凝土路面。多孔隙沥青混凝土也称开级配磨耗层,这种路面的开级配沥青混合料的空隙率高达20%,所以能及时将雨水渗入路面结构,再从侧向排出路基,以提高雨季行车的安全性,防止水漂发生。多孔隙沥青混凝土路面还具有另外一个特点,即多孔隙结构可以吸收车辆行驶时发出的噪声,这一点对于通过城镇的高速公路尤为重要。多孔隙沥青混凝土路面虽然有上述两项优点,但要求这种混合料的沥青结合料要具有特殊的性能,它应保证混合料在高温环境下仍具有较高的强度和抗变形能力,在低温条件下不因冻胀而引起混合料松散,且还要经久耐用,长期保持多孔隙特性。这种混合料一般多采用改性沥青作为结合料,我国目前正在开展这种路面的试验性研究。

4. 纤维沥青混合料(BAC)

在沥青混凝土中掺加纤维,以改善沥青混凝土的性能,提高沥青混凝土的高温稳定性、低温抗裂性、柔韧性、抗剥落性、抗磨耗性和水稳定性,以及抵抗反射裂缝等方面都有很好的功效。应用比较广泛的是聚酯类纤维博尼维(Bonifibers)、聚丙烯腈纶纤维德兰尼特AS(Dolani-

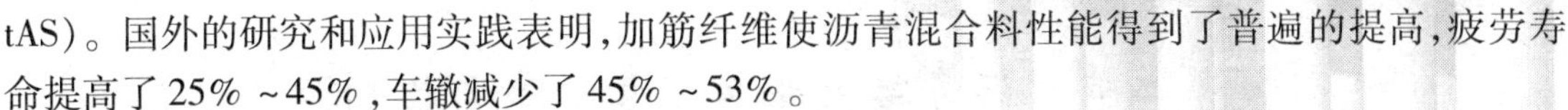

tAS)。国外的研究和应用实践表明,加筋纤维使沥青混合料性能得到了普遍的提高,疲劳寿命提高了25%~45%,车辙减少了45%~53%。

5. 半刚性路面混合料(CAC)

沥青混凝土和水泥混凝土是高等级公路的两种主要路面结构,这两种典型的路面结构已广泛应用于城市道路和高等级公路的路面工程中。但是,由于沥青材料具有黏弹塑等特性,致使沥青路面结构层的强度和流变性均受温度变化的影响。在夏季高温时,因沥青材料黏度的降低和与集料颗粒间凝聚力减弱,若在水平力作用下,极易使沥青混合料颗粒之间产生滑动和位移,导致沥青路面结构层形成波浪、壅包之类的变形破坏,降低了行车的舒适性。在分流行驶的高等级公路上坡路段,沥青路面容易产生过大的塑性变形而形成车辙。在冬季低温时,沥青路面结构材料的强度虽然有所增高,但因沥青材料黏度的提高而抗变形能力大为降低,表现出脆性,结果导致的沥青路面使用寿命短、路面病害多。而水泥混凝土路面材料具有抗变形能力强、使用寿命长以及日常维修养护费用低等特点,但是这种路面结构具有行驶舒适性差和路面结构产生病害后修复困难等不足之处。因此,如何有效地克服或减弱沥青混凝土与水泥混凝土路面材料的不足,同时充分发挥这两种典型路面材料的各自优良特性,将它们合为一体成为半刚性路面复合材料,从而达到提高公路路面使用性能的目的,具有重要的现实意义。

获得半刚性路面复合面层的途径可以采取两种方式:一种是在沥青混合料母体中掺加刚性材料,期望提高沥青混合料的抗车辙能力,同时改善沥青混合料的低温抗裂性和耐久性;另一种是在水泥混凝土拌和物中掺加柔性材料,从而达到降低水泥混凝土的模量,提高水泥混凝土的抗裂性能,同时也改善水泥混凝土路面行车舒适性和耐久性。不论采用何种方式所得到的具有刚柔相兼的路面复合材料都称为半刚性路面复合材料,由此种复合材料铺筑的路面面层称为半刚性路面面层。人们通常所说的半刚性路面都指无机结合料稳定土类,为了便于区别,我们把无机结合料稳定土类称为半刚性路面基层混合料,把上述两种称为半刚性路面面层复合材料,简称半刚性路面面层。在柔中掺刚的方案中通常有两种工艺,即拌和式和灌注式。采用灌注式工艺铺筑了多条半刚性路面面层试验路段,多年的行车观测结果表明,半刚性路面面层能满足高等级公路路用技术性能要求。

6. 大粒径沥青混合料(LSAM)

大粒径沥青混合料(简称LSAM),一般是指含有矿料的最大粒径在25~53mm之间的热拌热铺沥青混合料,级配良好的LSAM可以抵抗较大的塑性和剪切变形,承受重载交通,具有较好的抗车辙能力,提高了沥青路面的高温稳定性。特别对于低速、重载路段,需要的持荷时间较长,设计良好的LSAM与传统沥青混凝土相比,显示出十分明显的抗永久变形能力。骨架密实型LSAM的内摩阻角明显大于普通沥青混合料,由于其内摩阻角的温度敏感性较小,因而内摩擦力的变化也很小,强度衰减慢。LSAM粗集料能形成良好的石—石接触,发挥骨架作用,在车轮荷载不断碾压或冲击下,不会产生突然的大变形,集料间产生相对移动的可能性较小或产生的过程较慢,因此高温累积变形(车辙)较小。LSAM承载能力高的另一个重要原因是,在同等的路面厚度或轮载作用范围内,由于LSAM比普通AC粗集料粒径大,使容易产生错动、滑动的小集料接触面数量减少,而且粗集料传力方向明确且容易传力至基层,从而减少了斜截面上的剪切应力,提高了抗剪强度,这也是LSAM与普通AC承载机理的主要区别。

LSAM通常铺筑在表面层的下面,其上的细集料表面层,在保证必需的铺筑厚度和压实性的前提下,应当尽可能减薄其厚度,以便最大限度地发挥LSAM抗车辙能力。大粒径集料的增多和矿粉用量的减少,使得在不减少沥青膜厚度的前提下,减少了沥青总用量,从而降低工程造价。

第二节　沥青路面施工质量的事前控制

沥青路面施工质量事前控制的内容，主要包括原材料选择和质量把关、混合材料的组成设计质量控制、混合料生产设备和路面施工主要机械设备调试、试验路段的铺筑和基层的检查验收等内容。

一、原材料质量控制

材料的质量和性能是直接影响工程质量的主要因素；尤其是某些工序，更应将材料质量和性能作为控制的重点。材料控制包括原材料、成品、半成品、构(配)件等的控制，主要是严格检查验收，正确合理地使用，建立管理台账，进行收、发、储、运等各环节的技术管理，避免混料和将不合格的原材料使用到工程上。对施工材料质量的控制，是很艰巨的任务，这需要设计、施工、监理、建设单位、各材料供应部门一起抓。施工单位是建筑材料的直接使用者，从材料员、质检员、具体操作的工人班组和工长到项目经理都要重视材料的质量控制工作。

1. 做好材料质量控制工作的前提、要求和方法

1)做好材料质量控制工作的前提

掌握有关道路建筑材料的基本知识，熟练掌握有关建筑材料质量管理的各项法规、规章；掌握常用道路建筑材料的特性、质量标准和主要质量指标；了解常用建筑材料的质量检测方法和抽样要求。

2)做好材料质量控制工作的基本要求

虽然工程使用的道路建筑材料种类很多，其质量要求也各不相同，但是从总体上说，建筑材料可以分为直接使用的进场材料和现场二次加工后使用的材料两大类。材料进场时其质量必须符合规定。各种材料进场后要妥善保管，避免质量发生变化。材料在施工现场的几次加工必须符合有关规定。

3)进场原材料质量的验收方法

(1)沥青路面使用的沥青、集料、矿粉等各种材料应附有采石场、炼油厂等的质量检验单。运至现场的各种材料必须从现场取样进行质量检验，经评定合格方可使用，不得以供应商提供的检测报告或商检报告代替。

(2)沥青路面使用的集料选择必须经过认真的料源调查，确定料源时必须充分考虑就地取材的原则，开采地方材料注意环境保护，不能破坏生态平衡。

(3)集料粒径规格和筛分以方孔筛为准。不同料源、品种、规格的集料不得混杂使用，同一个工程采用不同来源的材料时，应保证品种、生产工艺及规格相同，尽量减小材料的变异性。

(4)检查材料性能是否符合设计要求。材料质量不仅应该达到规范规定的合格标准，当设计有要求时，还必须符合设计要求。因此，材料进场时，尚应对照设计要求进行检查验收。

(5)对主要材料抽样复试。为了确保工程质量，对涉及路面与主体结构安全或影响主要道路功能的材料，应当按照有关规范或行政管理规定进行抽样复试。

(6)做好见证取样和送检工作。实行见证取样送检制度，具体做法是对部分重要材料试验的取样、送检过程，由监理工程师或建设单位的代表到现场见证，确认取样符合有关规定后，予以签认，同时将试样封存，直到送达试验检测单位。这种方法，较好地对取样送检过程实施

了第三方监督，使试样的公正性大为提高。施工单位应将上述内容列为进场材料质量控制的重要措施，要配合甲方或监理完成见证取样送检工作。

2. 沥青路面各种原材料的质量要求

1）沥青材料质量要求

沥青材料可采用道路石油沥青，或经乳化、稀释、调和等工艺加工处理的石油沥青产品。沥青材料的品种根据工程的使用条件、沥青面层类型、施工方法等情况选择。

（1）道路石油沥青

①各沥青等级的适用范围应符合表3-1的规定。道路石油沥青的质量应符合表3-2规定的技术要求。经建设单位同意，沥青 *PI* 值、60℃动力黏度，10℃延度可作为选择性指标。

道路石油沥青的适用范围　　表3-1

沥青等级	适用范围
A级沥青	各个等级的公路，适用于任何场合和层次
B级沥青	①高速公路、一级公路沥青下面层及以下的层次，二级及二级以下公路的各个层次； ②用作改性沥青、乳化沥青、改性乳化沥青、稀释沥青的基质沥青
C级沥青	三级及三级以下公路的各个层次

道路石油沥青技术要求　　表3-2

指标	单位	等级	沥青标号																	试验方法[①]
			160号[④]	130号[④]	110号			90号					70号[③]					50号	30号[④]	
针入度(25℃,5s,100g)	dmm		140～200	120～140	100～120			80～100					60～80					40～60	20～40	T 0604
适用的气候分区[⑥]			注[④]	注[④]	2-1	2-2	3-2	1-1	1-2	1-3	2-2	2-3	1-3	1-4	2-2	2-3	2-4	1-4	注[④]	规范[⑤]
针入度指数 *PI*[②]		A	−1.5～+1.0																	T 0604
		B	−1.8～+1.0																	
软化点(R&B)不小于	℃	A	38	40	43			45			44		46		45			49	55	T 0606
		B	36	39	42			43			42		44		43			46	53	
		C	35	37	41			42			43		45		50					
60℃动力黏度[②]不小于	Pa·s	A	—	60	120			160			140		180		160			200	260	T 0620
10℃延度不小于	cm	A	50	50	40			45	30	20	30	20	20	15	25	20	15	15	10	T 0605
		B	30	30	30			30	20	15	20	15	15	10	20	15	10	10	8	
15℃延度[②]不小于	cm	AB	100															80	50	
		C	80	80	60			50					40					30	20	
蜡含量(蒸馏法)不大于	%	A	2.2																	T 0615
		B	3.0																	
		C	4.5																	

续上表

指标	单位	等级	沥青标号							试验方法①
			160号④	130号④	110号	90号	70号③	50号	30号④	
闪点不小于	℃		230			245	260			T 0611
溶解度不小于	%		99.5							T 0607
密度(15℃)	g/cm^3		实测记录							T 0603
TFOT(或RTFOT)后										T 0610 T 0609
质量变化不大于	%		±0.8							
残留针入度比不小于	%	A	48	54	55	57	61	63	65	T 0604
		B	45	50	52	54	58	60	62	
		C	40	45	48	50	54	58	60	
残留延度(10℃)不小于	cm	A	12	12	10	8	6	4	—	T 0605
		B	10	10	8	6	4	2	—	
残留延度(15℃)不小于	cm	C	40	35	30	20	15	10	—	T 0605

注:①试验方法按照现行《公路工程沥青及沥青混合料试验规程》(JTJ 052—2000)规定的方法执行。用于仲裁试验求取 *PI* 时的5个温度的针入度关系的相关系数不得小于0.997。

②经建设单位同意,表中 *PI* 值、60℃动力黏度、10℃延度可作为选择性指标,也可不作为施工质量检验指标。

③70号沥青可根据需要要求供应商提供针入度范围为60~70或70~80的沥青;50号沥青可要求供应商提供针入度范围为40~50或50~60的沥青。

④30号沥青仅适用于沥青稳定基层;130号和160号沥青除寒冷地区可直接在中低级公路上直接应用外,通常用作乳化沥青、稀释沥青、改性沥青的基质沥青。

⑤老化试验以TFOT为准,也可以RTFOT代替。

⑥气候分区参照《公路沥青路面施工技术规范》(JTG F40—2004)规定。

②沥青路面采用的沥青标号,宜按照公路等级、气候条件、交通条件、路面类型及在结构层中的层位及受力特点、施工方法等,结合当地的使用经验,经技术论证后确定。

对高速公路、一级公路,夏季温度高、高温持续时间长、重载交通、山区及丘陵区上坡路段、服务区、停车场等行车速度慢的路段,尤其是汽车荷载剪应力大的层次,宜采用稠度大、60℃黏度大的沥青,也可提高高温气候分区的温度水平选用沥青等级;对冬季寒冷的地区或交通量小的公路、旅游公路宜选用稠度小、低温延度大的沥青;对温度日温差、年温差大的地区宜注意选用针入度指数大的沥青。当高温要求与低温要求发生矛盾时应优先考虑满足高温性能的要求。

③沥青储运站及沥青混合料拌和厂必须将不同来源、不同标号的沥青分开存放,不得混杂。沥青使用期间,沥青在储罐中储存的温度不宜低于130℃,并不得高于170℃。在冬季停止施工期间,沥青可在低温状态下存放。桶装沥青宜加盖苫布直立存放。经较长时间存放的沥青在使用前应抽样检验,不符合要求者不得使用。同一工程项目使用不同品种或标号的沥青时,应明确记录各种沥青所使用的路段及部位。道路石油沥青在储运、使用及存放过程中应

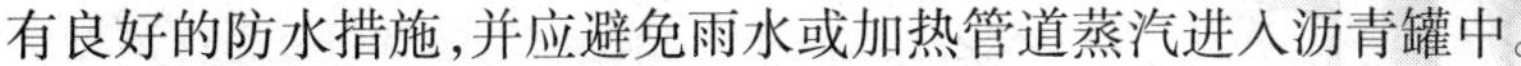

有良好的防水措施，并应避免雨水或加热管道蒸汽进入沥青罐中。

(2)乳化沥青

①乳化沥青适用于沥青表面处治路面、沥青贯入式路面、冷拌沥青混合料路面，修补裂缝，喷洒透层、粘层与封层等。乳化沥青的品种和适用范围宜符合表3-3的规定。

乳化沥青品种及适用范围　　表3-3

分　类	品种及代号	适　用　范　围
阳离子乳化沥青	PC-1	表处、贯入式路面及下封层用
	PC-2	透层油及基层养生用
	PC-3	粘层油用
	BC-1	稀浆封层或冷拌沥青混合料用
阴离子乳化沥青	PA-1	表面处治、贯入式路面及下封层用
	PA-2	透层油及基层养生用
	PA-3	粘层油用
	BA-1	稀浆封层或冷拌沥青混合料用
非离子乳化沥青	PN-2	透层油用
	BN-1	与水泥稳定集料同时使用(基层路拌或再生)

②乳化沥青的质量应符合表3-4的规定。在高温条件下宜采用黏度较大的乳化沥青，寒冷条件下宜使用黏度较小的乳化沥青。

③根据集料品种及使用条件选择乳化沥青的类型。阳离子乳化沥青可适用于各种集料品种，阴离子乳化沥青适用于碱性石料的情况，但与水泥、石灰、粉煤灰共同使用时，不宜采用阳离子乳化沥青。

④根据施工工艺及用途选择乳化沥青的破乳速度。对拌和法施工的冷拌沥青混合料或稀浆封层宜采用拌和型的慢裂或中裂型乳化沥青，对需要迅速开放交通的稀浆封层宜采用慢裂快凝型乳化沥青。对喷洒法施工的表面处治、贯入式路面应采用喷洒型的快裂型乳化沥青。透层油应采用慢裂型乳化沥青，粘层油应采用快裂或中裂的乳化沥青。

⑤根据施工方法及用途选择乳化沥青的稠度。拌和法施工时可采用黏度大的乳化沥青，喷洒法施工时采用黏度小的乳化沥青。对易于渗透的基层采用较稠的乳化沥青，难于渗透的基层材料可采用稠度小的慢裂型乳化沥青。乳化沥青作半刚性基层的透层油使用时，如果不能透入基层而在表面结成油皮，不得使用。

⑥用于制备乳化沥青的基质沥青质量应符合下列要求。

使用于高速公路和一级公路时，基质沥青应符合表3-2道路石油沥青A、B级沥青的要求，且与主层沥青相同的油源。二级公路应符合表3-2道路石油沥青B级沥青的要求。其他情况可采用C级沥青。

基质沥青的针入度标号应根据期望的乳化沥青的稠度和基质沥青的含量选用。通常情况下对喷洒型乳化沥青，基质沥青的针入度不宜小于100~120，对拌和型乳化沥青，基质沥青的针入度不宜小于80~100。

⑦乳化沥青宜在乳化沥青生产厂生产，也可利用胶体磨或匀油机等乳化机械在沥青拌和厂现场制备，乳化剂用量(按有效含量计)根据用途确定，通常宜为沥青质量的0.3%~2.0%。制备现场乳化沥青的温度应通过试验确定，乳化剂水溶液的温度宜为40~70℃，石油沥青宜

加热至 120 ~ 160℃。

道路用乳化沥青技术要求 表 3-4

试验项目		单位	品种及代号										试验方法
			阳离子				阴离子				非离子		
			喷洒用			拌和用	喷洒用			拌和用	喷洒用	拌和用	
			PC－1	PC－2	PC－3	BC－1	PA－1	PA－2	PA－3	BA－1	PN－2	BN－1	
破乳速度			快裂	慢裂	快裂或中裂	慢裂或中裂	快裂	慢裂	快裂或中裂	慢裂或中裂	慢裂	慢裂	T 0658
粒子电荷			阳离子(＋)				阴离子(－)				非离子		T 0653
筛上残留物(1.18mm 筛) 不大于		%	0.1				0.1				0.1		T 0652
黏度	恩格拉黏度计 E_{25}		2 ~ 10	1 ~ 6	1 ~ 6	2 ~ 30	2 ~ 10	1 ~ 6	1 ~ 6	2 ~ 30	1 ~ 6	2 ~ 30	T 0622
	道路标准黏度计 $C_{25.3}$	s	10 ~ 25	8 ~ 20	8 ~ 20	10 ~ 60	10 ~ 25	8 ~ 20	8 ~ 20	10 ~ 60	8 ~ 20	10 ~ 60	T 0621
蒸发残留物	残留分含量 不小于	%	50	50	50	55	50	50	50	55	50	55	T 0651
	溶解度 不小于	%	97.5				97.5				97.5		T 0607
	针入度(25℃)	dmm	50 ~ 200	50 ~ 300	45 ~ 150		50 ~ 200	50 ~ 300	45 ~ 150		50 ~ 300	60 ~ 300	T 0604
	延度(15℃) 不小于	cm	40				40				40		T 0605
与粗集料的黏附性，裹覆面积 不小于			2/3			—	2/3			—	2/3	—	T 0654
与粗、细粒式集料拌和试验			—			均匀	—			均匀	—		T 0659
水泥拌和试验的筛上剩余 不大于		%	—				—				—	3	T 0657
常温储存稳定性： 1d 不大于 5d 不大于		%	1 5				1 5				1 5		T 0655

注：①P 为喷洒型，B 为拌和型，C、A、N 分别表示阳离子、阴离子、非离子乳化沥青。

②黏度可选用恩格拉黏度计或沥青标准黏度计之一测定。

③表中的破乳速度、与集料的黏附性、拌和试验的要求与所使用的石料品种有关，质量检验时应采用工程上实际的石料进行试验，仅进行乳化沥青产品质量评定时可不要求此三项指标。

④储存稳定性根据施工实际情况选用试验时间，通常采用 5d，乳液生产后能在当天使用时也可用 1d 的稳定性。

⑤当乳化沥青需要在低温冰冻条件下储存或使用时，尚需按 T 0656 进行 －5℃低温储存稳定性试验，要求没有粗颗粒、不结块。

⑥如果乳化沥青是将高浓度产品运到现场经稀释后使用时，表中的蒸发残留物等各项指标指稀释前乳化沥青的要求。

⑧乳化沥青制作后应及时使用，储存条件满足供应商规定的条件，通常宜存放在立式罐中，保持适当搅拌。储存期以不离析、不冻结、不破乳为度。经较长时间存放的乳化沥青在使用前应认真搅拌并抽样检验，质量不符合要求者不得使用。

(3)改性沥青

①高速公路、一级公路的沥青路面当使用普通沥青不能适应使用要求时,应采用高分子聚合物材料、天然沥青或其他材料制作改性沥青材料,或直接制造改性沥青混合料,以改善沥青路面的使用性能。改性沥青通常适用于表面层,当以抵抗车辙为主要目的时,可同时在中面层采用改性沥青。各类聚合物改性沥青的质量应符合表3-5的技术要求,其中 *PI* 值可作为选择性指标。当使用表列以外的聚合物及复合改性沥青时,可通过试验研究制定相应的技术要求。

聚合物改性沥青技术要求　　表3-5

指　标	单位	SBS类(I类)				SBR类(II类)			EVA、PE类(III类)				试验方法
		I-A	I-B	I-C	I-D	II-A	II-B	II-C	III-A	III-B	III-C	III-D	
针入度25℃,100g,5s	dmm	>100	80~100	60~80	30~60	>100	80~100	60~80	>80	60~80	40~60	30~40	T 0604
针入度指数 *PI*　不小于		-1.2	-0.8	-0.4	0	-1.0	-0.8	-0.6	-1.0	-0.8	-0.6	-0.4	T 0604
延度5℃,5cm/min　不小于	cm	50	40	30	20	60	50	40	—				T 0605
软化点 $T_{R\&B}$　不小于	℃	45	50	55	60	45	48	50	48	52	56	60	T 0606
运动黏度①135℃　不大于	Pa·s	3											T 0625 T 0619
闪点　不小于	℃	230				230			230				T 0611
溶解度　不小于	%	99				99			—				T 0607
弹性恢复25℃　不小于	%	55	60	65	75	—			—				T 0662
黏韧性　不小于	N·m	—				5			—				T 0624
韧性　不小于	N·m	—				2.5			—				T 0624
储存稳定性													
离析48h软化点差　不大于	℃	2.5				—			无改性剂明显析出、凝聚				T 0661
TFOT(或RTFOT)后残留物													
质量变化　不大于	%	1.0											T 0610 或 T 0609
针入度比25℃　不小于	%	50	55	60	65	50	55	60	50	55	58	60	T 0604
延度5℃　不小于	cm	30	25	20	15	30	20	10	—				T 0605

注:①表中135℃运动黏度可采用《公路工程沥青及沥青混合料试验规程》(JTJ 052—2000)中的"沥青布氏旋转黏度试验方法(布洛克菲尔德黏度计法)"进行测定。若在不改变改性沥青物理力学性质并符合安全条件的温度下易于泵送和拌和,或经证明适当提高泵送和拌和温度时能保证改性沥青的质量,容易施工,可不要求测定。

②储存稳定性指标适用于工厂生产的成品改性沥青。现场制作的改性沥青对储存稳定性指标可不作要求,但必须在制作后,保持不间断的搅拌或泵送循环,保证使用前没有明显的离析。

②对气候条件十分恶劣,如夏季炎热、冬季寒冷、温度变化剧烈、年温差大、多雨潮湿、严重冰冻地区的道路表面层;交通繁重,重载车比例大或有长大坡度路段的表面层或中面层;铺筑特殊结构类型的沥青混合料,如SMA、OGFC、超薄罩面等对沥青材料性能要求较高的路段等。可根据情况选用改性沥青。

③天然沥青可以单独与石油沥青混合使用或与其他改性沥青混融后使用。天然沥青的质量要求宜根据其品种参照相关标准和成功的经验执行。

④用作改性剂的 SBR 胶乳中的固体物含量不宜少于 45%，使用中严禁长时间暴晒或遭冰冻。改性沥青的剂量以改性剂占改性沥青总量的百分率计算，胶乳改性沥青的剂量应以扣除水以后的固体物含量计算。胶乳类改性剂和制成颗粒的改性剂可直接投入拌和缸中生产改性沥青混合料。用溶剂法生产改性沥青母体时，挥发性溶剂回收后的残留量不得超过 5%。

⑤改性沥青宜在固定式工厂或在现场设厂集中制作，也可在拌和厂现场边制造边使用，改性沥青的加工温度不宜超过 180℃。现场制造的改性沥青宜随配随用，需作短时间保存，或运送到附近的工地时，使用前必须搅拌均匀，在不发生离析的状态下使用。

⑥改性沥青制作设备必须设有随机采集样品的取样口，采集的试样宜立即在现场灌模。工厂制作的成品改性沥青到达施工现场后储存在改性沥青罐中，改性沥青罐中必须加设搅拌设备并进行搅拌，使用前改性沥青必须搅拌均匀。在施工过程中应定期取样检验产品质量，发现离析等质量不符要求的改性沥青不得使用。

(4)改性乳化沥青

①改性乳化沥青质量应符合表 3-6 的技术要求，宜按表 3-7 选用。改性乳化沥青运送到工地后如不能在短时间内用完，需对其不停地搅拌，以确保储存稳定性达到要求。

改性乳化沥青技术要求 表 3-6

试验项目			单位	品种及代号		试验方法
				PCR	BCR	
破乳速度				快裂或中裂	慢裂	T 0658
粒子电荷				阳离子(+)	阳离子(+)	T 0653
筛上剩余量(1.18mm)		不大于	%	0.1	0.1	T 0652
黏度	恩格拉黏度 E_{25}			1~10	3~30	T 0622
	沥青标准黏度 $C_{25,3}$		s	8~25	12~60	T 0621
蒸发残留物	含量	不小于	%	50	60	T 0651
	针入度(100g,25℃,5s)		dmm	40~120	40~100	T 0604
	软化点	不小于	℃	50	53	T 0606
	延度(5℃)	不小于	cm	20	20	T 0605
	溶解度(三氯乙烯)	不小于	%	97.5	97.5	T 0607
与矿料的黏附性，裹覆面积		不小于		2/3	—	T 0654
储存稳定性	1d	不大于	%	1	1	T 0655
	5d	不大于	%	5	5	T 0655

注：①破乳速度与集料黏附性、拌和试验，与所使用的石料品种有关；工程上施工质量检验时应采用实际的石料试验，仅进行产品质量评定时可不对这些指标提出要求。

②当用于填补车辙时，BCR 蒸发残留物的软化点宜提高至不低于 55℃。

③储存稳定性根据施工实际情况选择试验天数，通常采用 5d，乳液生产后能在第二天使用完时也可选用 1d。个别情况下改性乳化沥青 5d 的储存稳定性难以满足要求，如果经搅拌后能够达到均匀一致并不影响正常使用，此时要求改性乳化沥青运至工地后存放在附有搅拌装置的储存罐内，并不断地进行搅拌，否则不准使用。

④改性乳化沥青或特种改性乳化沥青需要在低温冰冻条件下储存或使用时，尚需按 T 0656 进行 -5℃低温储存稳定性试验，要求没有粗颗粒、不结块。

②改性乳化沥青根据其品种和特点可采用下列方法制作。

a. 先乳化后改性：将石油沥青先制成乳化沥青后与改性剂乳液混合均匀。

b. 先改性后乳化：乳化已经改性的石油沥青。

改性乳化沥青的品种和适用范围　　表 3-7

品　　种		代号	适 用 范 围
改性乳化沥青	喷洒型改性乳化沥青	PCR	粘层、封层、桥面防水黏结层用
	拌和用乳化沥青	BCR	改性稀浆封层和微表处用

c. 乳液分别加入同时乳化和改性：分别将改性剂乳液、乳化剂水溶液、石油沥青同时加入乳化沥青设备进行乳化；或乳液混合后同时乳化和改性：将改性剂乳液均匀混入乳化剂水溶液后乳化石油沥青。

③改性乳化沥青宜存放在立式储存罐中，如不能在短时间内用完，需对其不停地搅拌，防止离析。

(5)液体石油沥青

液体石油沥青适用于透层、粘层及拌制冷拌沥青混合料。根据使用目的与场所，可选用快凝、中凝、慢凝的液体石油沥青，其质量应符合表 3-8 的规定。

道路用液体石油沥青技术要求　　表 3-8

试验项目		单位	快凝		中凝						慢凝						试验方法[1]
			AL(R)-1	AL(R)-2	AL(M)-1	AL(M)-2	AL(M)-3	AL(M)-4	AL(M)-5	AL(M)-6	AL(S)-1	AL(S)-2	AL(S)-3	AL(S)-4	AL(S)-5	AL(S)-6	
黏度	$C_{25.5}$	s	<20		<20						<20						T 0621
	$C_{60.5}$	s		5~15		5~15	16~25	26~40	41~100	101~200		5~15	16~25	26~40	41~100	101~200	
蒸馏体积	225℃前	%	>20	>15	<10	<7	<3	<2	0	0							T 0632
	315℃前	%	>35	>30	<35	<25	<17	<14	<8	<5							
	360℃前	%	>45	>35	<50	<35	<30	<25	<20	<15	<40	<35	<25	<20	<15	<5	
蒸馏后残留物	针入度(25℃)	dmm	60~200	60~200	100~300	100~300	100~300	100~300	100~300	100~300							T 0604
	延度(25℃)	cm	>60	>60	>60	>60	>60	>60	>60	>60							T 0605
	浮漂度(5℃)	S									<20	<20	<30	<40	<45	<50	T 0631
闪点(TOC 法)		℃	>30	>30	>65	>65	>65	>65	>65	>65	>70	>70	>100	>100	>120	>120	T 0633
含水量不大于		%	0.2	0.2	0.2	0.2	0.2	0.2	0.2	0.2	2.0	2.0	2.0	2.0	2.0	2.0	T 0612

液体石油沥青宜采用针入度较大的石油沥青，使用前按先加热沥青后加稀释剂的顺序，掺配煤油或轻柴油，经适当地搅拌、稀释制成。掺配比例根据使用要求由试验确定。液体石油沥青在制作、储存、使用的全过程中必须通风良好，配制液体石油沥青的现场和使用过程中严禁烟火，并有专人负责，确保安全。配制时先向沥青罐(或洒油车)中加入一定数量的石油沥青，基质沥青的加热温度严禁超过 140℃，液体沥青的储存温度不得高于 50℃。

(6)煤沥青

①道路用煤沥青的标号根据气候条件、施工温度、使用目的选用，其质量应符合表 3-9 的

规定。

道路用煤沥青技术要求　　表 3-9

试验项目		T-1	T-2	T-3	T-4	T-5	T-6	T-7	T-8	T-9	试验方法[①]
黏度[②]（s）	$C_{30.5}$	5～25	26～70								T 0621
	$C_{30.10}$			5～25	26～50	51～120	121～200				
	$C_{50.10}$							10～75	76～200		
	$C_{60.10}$									35～65	
蒸馏试验，馏出量（%）	170℃前不大于	3	3	3	2	1.5	1.5	1.0	1.0	1.0	T 0641
	270℃前不大于	20	20	20	15	15	15	10	10	10	
	300℃前不大于	15～35	15～35	30	30	25	25	20	20	15	
300℃蒸馏残留物软化点（环球法）（℃）		30～45	30～45	35～65	35～65	35～65	35～65	40～70	40～70	40～70	T 0606
水分	不大于（%）	1.0	1.0	1.0	1.0	1.0	0.5	0.5	0.5	0.5	T 0612
甲苯不溶物	不大于（%）	20	20	20	20	20	20	20	20	20	T 0646
萘含量	不大于（%）	5	5	5	4	4	3.5	3	2	2	T 0645
焦油酸含量	不大于（%）	4	4	3	3	2.5	2.5	1.5	1.5	1.5	T 0642

注：①试验方法按照现行《公路工程沥青及沥青混合料试验规程》（JTJ 052—2000）规定的方法执行。

②黏度 C 的脚标代表测试温度（℃）和黏度计孔径（mm）。

②道路用煤沥青适用于下列情况：

a. 各种等级公路的各种基层上的透层，宜采用 T-1 或 T-2 级，其他等级不含喷洒要求时可适当稀释调节使用。

b. 三级及三级以下的公路铺筑表面处治或贯入式沥青路面，宜采用 T-5、T-6 或 T-7 级。

c. 与道路石油沥青、乳化沥青混合使用，以改善渗透性。

③道路煤沥青严禁用于热拌热铺的沥青混合料。

④煤沥青使用期间在储油池或沥青罐中储存的温度宜为 70～90℃，并应避免长期储存。经较长时间存放的煤沥青在使用前应抽样检验，质量不符合要求者不得使用。

2）沥青路面用矿料质量要求

（1）粗集料

①沥青面层用粗集料包括碎石、破碎砾石、筛选砾石、钢渣、矿渣等，但高速公路和一级公路不得使用筛选砾石和矿渣。粗集料必须由具有生产许可证的采石场生产或施工单位自行加工。粗集料应该洁净、干燥、表面粗糙，质量应符合表 3-10 的规定。当单一规格集料的质量指标达不到表中要求，而按照集料配比计算的质量指标符合要求时，工程上允许使用。对受热易变质的集料，宜采用经拌和机烘干后的集料进行检验。

②粗集料的粒径规格，应按表 3-11 的规定生产和使用。

③采石场在生产过程中必须彻底清除覆盖层及泥土夹层。生产碎石用的原石不得含有土块、杂物，集料成品不得堆放在泥土地上。

④高速公路、一级公路沥青路面的表面层（或磨耗层）的粗集料的磨光值，应符合表 3-12 的要求。除 SMA、OGFC 路面外，允许在硬质粗集料中掺加部分较小粒径的磨光值达不到要求

的粗集料，其最大掺加比例由磨光值试验确定。

沥青混合料用粗集料质量技术要求　　表 3-10

指　　标		单位	高速公路及一级公路		其他等级公路	试验方法
			表面层	其他层次		
石料压碎值	不大于	%	26	28	30	T 0316
洛杉矶磨耗损失	不大于	%	28	30	35	T 0317
表观相对密度	不小于	t/m^3	2.60	2.50	2.45	T 0304
吸水率	不大于	%	2.0	3.0	3.0	T 0304
坚固性	不大于	%	12	12	—	T 0314
针片状颗粒含量（混合料）	不大于	%	15	18	20	T 0312
其中粒径大于 9.5mm	不大于	%	12	15	—	
其中粒径小于 9.5mm	不大于	%	18	20	—	
水洗法 <0.075mm 颗粒含量	不大于	%	1	1	1	T 0310
软石含量	不大于	%	3	5	5	T 0320

注：①用于高速公路、一级公路时，多孔玄武岩的视密度可放宽至 $2.45t/m^3$，吸水率可放宽至 3%，但必须得到建设单位的批准，且不得用于 SMA 路面。

②对 S14 即 3～5 规格的粗集料，针片状颗粒含量可不予要求，<0.075mm 含量可放宽到 3%。

沥青混合料用粗集料规格　　表 3-11

规格名称	公称粒径（mm）	通过下列筛孔（mm）的质量百分率（%）												
		106	75	63	53	37.5	31.5	26.5	19.0	13.2	9.5	4.75	2.36	0.6
S1	40～75	100	90～100	—	—	0～15	—	0～5						
S2	40～60		100	90～100	—	0～15	—	0～5						
S3	30～60		100	90～100	—	—	0～15	—	0～5					
S4	25～50			100	90～100	—	—	0～15	—	0～5				
S5	20～40				100	90～100	—	—	0～15	—	0～5			
S6	15～30					100	90～100	—	—	0～15	—	0～5		
S7	10～30					100	90～100	—	—	—	0～15	0～5		
S8	10～25						100	90～100	—	0～15	—	0～5		
S9	10～20							100	90～100	—	0～15	0～5		
S10	10～15								100	90～100	0～15	0～5		
S11	5～15								100	90～100	40～70	0～15	0～5	
S12	5～10									100	90～100	0～15	0～5	
S13	3～10									100	90～100	40～70	0～20	0～5
S14	3～5										100	90～100	0～15	0～3

⑤粗集料与沥青的黏附性应符合表 3-12 的要求，当使用不符要求的粗集料时，宜掺加消石灰、水泥或用饱和石灰水处理后使用，必要时可同时在沥青中掺加耐热、耐水、长期性能好的抗剥落剂，也可采用改性沥青的措施，使沥青混合料的水稳定性检验达到要求。掺加外加剂的

剂量由沥青混合料的水稳定性检验确定。

粗集料与沥青的黏附性、磨光值的技术要求 表 3-12

雨量气候区	1(潮湿区)	2(湿润区)	3(半干区)	4(干旱区)	试验方法
年降雨量(mm)	>1 000	1 000 ~500	500 ~250	<250	附录 A
粗集料的磨光值 PSV 不小于 高速公路、一级公路表面层	42	40	38	36	T 0321
粗集料与沥青的黏附性 不小于					
高速公路、一级公路表面层	5	4	4	3	T 0616
高速公路、一级公路的其他层次及其他等级公路的各个层次	4	4	3	3	T 0663

⑥破碎砾石应采用粒径大于50mm、含泥量不大于1%的砾石轧制,破碎砾石的破碎面应符合表3-13 的要求。筛选砾石仅适用于三级及三级以下公路的沥青表面处治路面。

粗集料对破碎面的要求 表 3-13

路面部位或混合料类型	具有一定数量破碎面颗粒的含量(%)		试验方法
	1 个破碎面	2 个或 2 个以上破碎面	
沥青路面表面层			T 0361
高速公路、一级公路	100	90	
其他等级公路	80	60	
沥青路面中下面层、基层			
高速公路、一级公路	90	80	
其他等级公路	70	50	
SMA 混合料	100	90	
贯入式路面	80	60	

⑦经过破碎且存放期超过6个月以上的钢渣可作为粗集料使用。除吸水率允许适当放宽外,各项质量指标应符合表3-10 的要求。钢渣在使用前应进行活性检验,要求钢渣中的游离氧化钙含量不大于3%,浸水膨胀率不大于2%。

(2)细集料

①沥青路面的细集料包括天然砂、机制砂、石屑。细集料必须由具有生产许可证的采石场、采砂场生产。细集料应洁净、干燥、无风化、无杂质,并有适当的颗粒级配,其质量应符合表3-14 的规定。细集料的洁净程度,天然砂以小于0.075mm 含量的百分数表示,石屑和机制砂以砂当量(适用于0 ~4.75mm)或亚甲蓝值(适用于0 ~2.36mm 或0 ~0.15mm)表示。

沥青混合料用细集料质量要求 表 3-14

项 目	单位	高速公路、一级公路	其他等级公路	试验方法
表观相对密度 不小于	t/m^3	2.50	2.45	T 0328
坚固性(>0.3mm 部分) 不小于	%	12	—	T 0340
含泥量(小于0.075mm 的含量) 不大于	%	3	5	T 0333
砂当量 不小于	%	60	50	T 0334
亚甲蓝值 不大于	g/kg	25	—	T 0346
棱角性(流动时间) 不小于	s	30	—	T 0345

②天然砂可采用河砂或海砂,通常宜采用粗、中砂,其规格应符合表3-15的规定。砂的含泥量超过规定时应水洗后使用,海砂中的贝壳类材料必须筛除。开采天然砂必须取得当地政府主管部门的许可,并符合水利及环境保护的要求。热拌密级配沥青混合料中天然砂的用量通常不宜超过集料总量的20%,SMA和OGFC混合料不宜使用天然砂。

沥青混合料用天然砂规格 表3-15

筛孔尺寸(mm)	通过各孔筛的质量百分率(%)		
	粗砂	中砂	细砂
9.5	100	100	100
4.75	90~100	90~100	90~100
2.36	65~95	75~90	85~100
1.18	35~65	50~90	75~100
0.6	15~30	30~60	60~84
0.3	5~20	8~30	15~45
0.15	0~10	0~10	0~10
0.075	0~5	0~5	0~5

③石屑是采石场破碎石料时通过4.75mm或2.36mm的筛下部分,其规格应符合表3-16的要求。采石场在生产石屑的过程中应具备抽吸设备,高速公路和一级公路的沥青混合料,宜将S14与S16组合使用,S15可在沥青稳定碎石基层或其他等级公路中使用。

沥青混合料用机制砂或石屑规格 表3-16

规 格	公称粒径(mm)	水洗法通过各筛孔的质量百分率(%)							
		9.5	4.75	2.36	1.18	0.6	0.3	0.15	0.075
S15	0~5	100	90~100	60~90	40~75	20~55	7~40	2~20	0~10
S16	0~3		100	80~100	50~80	25~60	8~45	0~25	0~15

注:当生产石屑采用喷水抑制扬尘工艺时,应特别注意含粉量不得超过表中要求。

④机制砂宜采用专用的制砂机制造,并选用优质石料生产,其级配应符合S16的要求。

3)填料质量要求

(1)沥青混合料的矿粉必须采用石灰岩或岩浆岩中的强基性岩石等憎水性石料经磨细得到的矿粉,原石料中的泥土杂质应除净。矿粉应干燥、洁净,能自由地从矿粉仓流出,其质量应符合表3-17的技术要求。

沥青混合料用矿粉质量要求 表3-17

项 目	单位	高速公路、一级公路	其他等级公路	试验方法
表观相对密度 不小于	t/m³	2.50	2.45	T 0352
含水量 不大于	%	1	1	T 0103 烘干法
粒度范围 <0.6mm <0.15mm <0.075mm	% % %	100 90~100 75~100	100 90~100 70~100	T 0351
外观		无团粒结块		
亲水系数		<1		T 0353
塑性指数		<4		T 0354
加热安定性		实测记录		T 0355

(2)拌和机的粉尘可作为矿粉的一部分回收使用。但每盘用量不得超过填料总量的25%,掺有粉尘填料的塑性指数不得大于4%。

(3)粉煤灰作为填料使用时,用量不得超过填料总量的50%,粉煤灰的烧失量应小于12%,与矿粉混合后的塑性指数应小于4%,其余质量要求与矿粉相同。高速公路、一级公路的沥青面层不宜采用粉煤灰作填料。

4)沥青路面用其他材料质量要求

(1)纤维稳定剂

①在沥青混合料中掺加的纤维稳定剂宜选用木质素纤维、矿物纤维等,木质素纤维的质量应符合表3-18的技术要求。纤维必须在混合料拌和过程中能充分分散均匀。

木质素纤维质量技术要求 表3-18

项　目		单位	指　标	试验方法
纤维长度	不大于	mm	6	水溶液用显微镜观测
灰分含量		%	18±5	高温590~600℃燃烧后测定残留物
pH值			7.5±1.0	水溶液用pH试纸或pH计测定
吸油率	不小于		纤维质量的5倍	用煤油浸泡后放在筛上经振敲后称量
含水率(质量计)	不大于	%	5	105℃烘箱烘2h后冷却称量

②纤维应在250℃的干拌温度不变质、不发脆,使用纤维必须符合环保要求,不危害身体健康。矿物纤维宜采用玄武岩等矿石制造,易影响环境及造成人体伤害的石棉纤维不宜直接使用。

③纤维应存放在室内或有棚盖的地方,松散纤维在运输及使用过程中应避免受潮,不结团。

④纤维稳定剂的掺加比例以沥青混合料总量的质量百分率计算,通常情况下用于SMA路面的木质素纤维不宜低于0.3%,矿物纤维不宜低于0.4%,必要时可适当增加纤维用量。纤维掺加量的允许误差宜不超过±5%。

(2)玻纤格栅

①玻纤格栅由玻璃纤维束编织并经过沥青结合料浸渍而成,纤维单束的抗拉强度不宜小于50kN/m,拉断时的延伸率不大于3%,纤维的熔点不低于1000℃。格栅应与沥青混合料有良好的黏结力,能承受施工车辆及摊铺机等运行而不变形。格栅不得有翘曲、断丝、铺设不平整、出现褶皱等现象。

②玻纤格栅的开口尺寸宜不小于沥青混合料的公称最大粒径。格栅应在洁净无尘、干燥的条件下遮盖保存。

③玻纤格栅适用于提高沥青路面的高温抗车辙能力,提高低温抗裂性能或减轻反射性裂缝等情况。玻纤格栅的铺筑部位根据目的和需要,确定经过实践证明确实是可靠有效的位置。可铺筑于基层表面、沥青层内部、旧水泥混凝土接缝上、建筑物连接处、铺设找平层等。铺筑在沥青混凝土层内的格栅必须使用涂设背胶具有自黏性质的格栅,格栅上覆盖的沥青层的厚度不宜小于80mm。

④铺设玻纤格栅前原路面必须清扫干净,无油污、杂物。铺设玻纤格栅时,洒透层或粘层油应在24h前完成,以加强格栅与基层或沥青混合料层的黏结。

⑤路面温度低于5℃时不得铺设玻纤格栅,玻纤格栅可以由人工或机械铺设。但格栅必须张紧,不得有翘曲、褶皱。必要时可用包裹橡胶的钢轮压路机碾压1~2遍压紧格栅。如果

发现有不平整或褶皱现象，必须重新铺设，在转弯处可以剪断后拉平。格栅铺筑在基层上时宜采用定位钉固定。相邻格栅接缝的搭接宽度在纵向宜为25～50mm，在横向宜为75～150mm。

⑥铺设玻纤格栅后即可通行施工车辆，但不得在格栅上小转弯或紧急制动，铺设的格栅应保持洁净，不得损坏，如有损坏必须更换或修补。

二、沥青混合料生产设备的要求

根据工程量的大小、工期要求、施工现场条件、工程质量要求按施工机械匹配的原则，确定合理的沥青混合料机械类型、数量及组合方式，使沥青路面的施工连续、均衡，施工质量高，经济效益好。施工前应检查各种机械设备，以便施工时能正常运行。

(1)热拌沥青混凝土拌和机是沥青路面施工最主要的设备之一。拌和机分两大类：一类是间歇式强制拌和机；另一类是连续式滚筒拌和机。热拌沥青混合料拌和厂可以是固定式的，建成后不再迁移，通常适合工程比较集中的城市道路和高速公路施工采用。移动式的拌和厂，可以较方便地从一个工地迁移到另一个工地，较适合于流动性大的公路施工企业使用。无论是间歇式拌和机还是连续式拌和机，其原则要求是性能可靠，功能及附属配套设备齐全，结构应严密紧凑，便于安装、拆卸和检修，技术先进，操作简便、安全，凡能进行自动化生产的工序，都应实现自动化。此外，还要符合环境保护要求，粉尘、沥青不得污染环境。

(2)沥青混合料拌和设备分类有多种形式，其类型、特点及适用情况如表3-19所示。

沥青混合料拌和设备分类、特点及适用范围　　表3-19

分类形式	分　类	特点及适用范围	
生产能力	小型	生产能力40t/h以下	
	中型	生产能力60～200t/h	
	大型	生产能力200～400t/h	冷料可不少于5个
	超大型	生产能力400t/h以上	
搬运方式	移动式	装置在拖车上，可随施工地点转移，多用于公路施工	
	半固定式	装置在几个拖车上，可随施工地点拼装，多用于公路施工	
	固定式	不搬迁，又称沥青混合料工厂，适用于工程集中的城市道路和公路施工	
工艺流程	间接强制式	按我国目前规范要求，高等级公路建设应使用间接强制式拌和设备，连续滚筒式拌和设备用于普通公路施工	
	连续强制式		
	连续滚筒式		

(3)按工艺流程，拌和设备可分为三种，即间歇强制式拌和机、连续强制式拌和机及连续滚筒式拌和机。

①间歇强制式拌和设备。

间歇强制式拌和机的特点，是冷矿料的烘干、加热以及与热沥青的拌和，是先后在不同设备中进行的，其中集料的烘干与加热是连续进行的，而混合料的拌制则是间歇地进行，由搅拌器强制拌和。其工作过程是从各冷料仓经过粗配后进入烘干筒的集料，除吸去的粉尘外将经过第二次筛分并分别进入4～5个热料仓，各热料仓的集料根据其颗粒组成设计的配合比进入拌缸并与沥青和矿粉一起拌制成沥青混合料。间歇强制式拌和工艺流程，如图3-1所示。

由于热料经过二次筛分和重新配制，原材料颗粒组成的变化对沥青混合料的矿料级配组成和质量的影响将明显小于使用连续式拌和机的情况。但是，如果原材料的颗粒组成变化大，

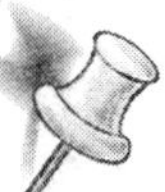

将各种原材料按照某一颗粒组成调试确定的冷料仓供料比例进入干燥筒和二次筛分后进入热料仓,则热料仓中集料的颗粒组成也会产生较大的变化,从而明显影响沥青混合料的集料级配组成和质量的均匀性。间歇强制式拌和设备总体结构,如图3-2所示。

间歇强制式拌和设备技术已趋完善,且采用相对较简单的计量技术,即可获得各种沥青混合料较准确的配合比,因此得到了广泛的应用,目前国内外大多数拌和设备属于此类。但它与滚筒式拌和设备相比,在同等生产能力条件下,间歇强制式拌和设备组成部分较多,结构复杂,设备庞大,对除尘设施要求高,搬迁困难。一般高速公路沥青混合料生产多采取这种作业方式。

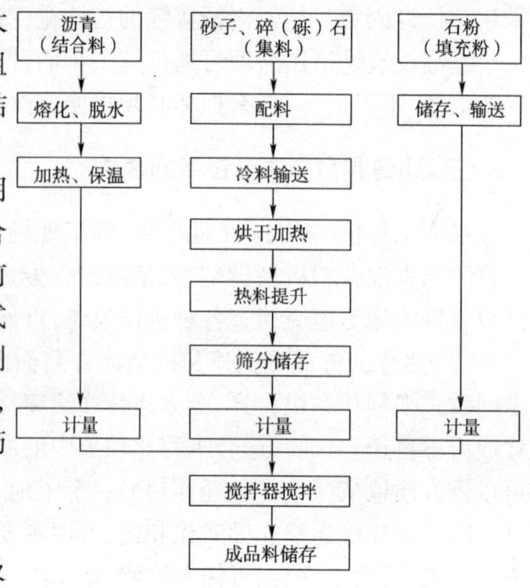

图3-1　间歇强制式拌和工艺流程

②连续强制式拌和设备。

在连续强制式拌和机中集料的烘干、加热及混合料的拌制均为连续进行,由搅拌器强制拌和。其工作过程是从各冷料仓进入烘干筒的集料,除粉尘外将全部进入拌和室并与矿粉和沥青一起拌成沥青混合料,也就是进什么料出什么混合料,因此,从冷料仓中出来的各种不同规格矿料颗粒组成的变化直接影响制成沥青混合料的颗粒组成和质量,只有原材料的颗粒组成变化小,才能得到集料级配组成和质量都比较稳定的沥青混合料。连续强制式拌和工艺流程和设备总体结构,如图3-3和图3-4所示。

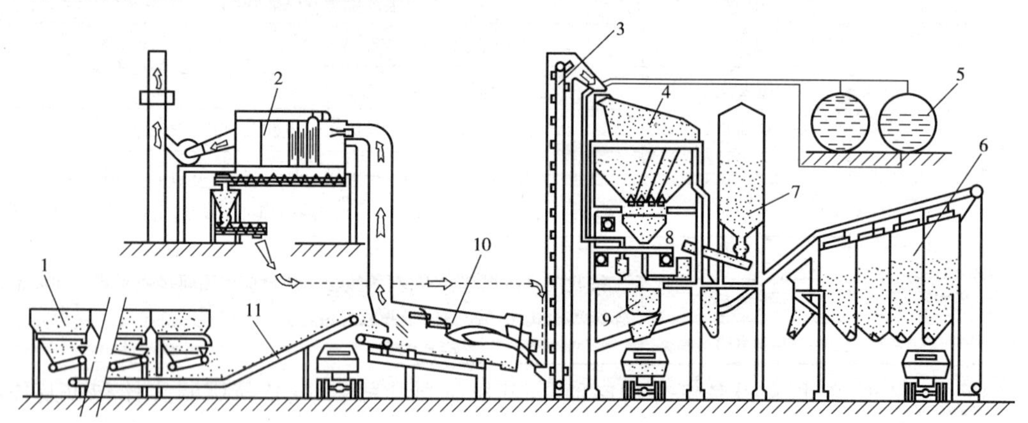

图3-2　间歇强制式拌和设备总体结构

1-冷集料定量给料装置; 2-除尘装置;3-热集料提升机;4-热集料筛分机和热集料储斗;5-沥青保温罐和定量供给装置;6-混合料成品储仓;7-矿粉储仓和定量供给装置;8-热集料计量装置; 9-搅拌器;10-干燥滚筒;11-冷集料输送机

强制式沥青混凝土拌和设备的一个很大缺点,是在工作过程中产生大量粉尘,造成严重的环境污染。除非大大改进除尘设施,提高净化程度,使逸出粉尘控制在环保法的容许范围内,否则,这种拌和设备的使用就要受到限制。但要提高除尘效果,使之达到很高的净化标准,势必大大增加除尘设施的投资,这种投资通常可达到拌和设备总造价的30%～40%,从而使这种拌和设备的成本剧增,建设投资大,能耗也高。

③连续滚筒式拌和设备。

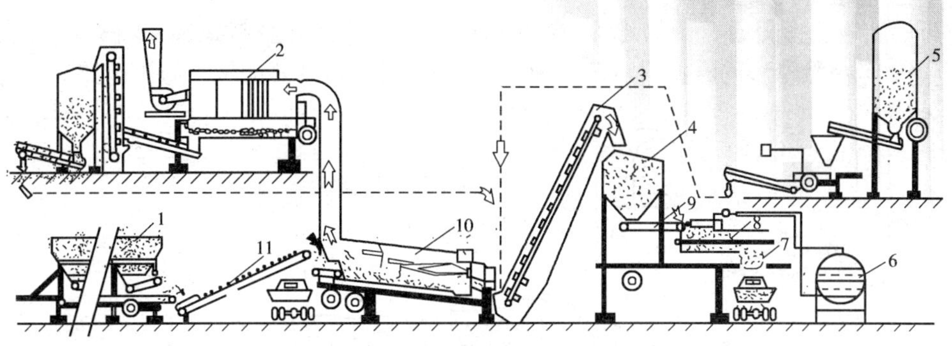

图 3-3　连续强制式拌和设备总体结构

1-冷集料定量给料装置;2-除尘装置;3-热集料提升机;4-热料储存斗;5-矿粉储仓及定量给料系统;6-沥青保温罐和定量给料系统;7-成品储仓;8-连续作业式搅拌器;9-热集料定量给料器;10-干燥滚筒;11-冷集料输送机

为解决粉尘污染和能耗高的问题,美国研制出一种滚筒式沥青混合料拌和设备。这种设备的工艺特点:集料烘干、加热及同沥青的搅拌是在同一个滚筒内完成的,即集料烘干与加热后未出滚筒就被沥青裹覆,从而避免了粉尘的飞扬和逸出。其拌和方式是非强制式的,它依靠滚筒的旋转,筒内集料不断地被提升和自由跌落,从而得到拌和,这种拌和设备的工艺过程与传统式拌和设备相比,具有结构简单、投资少、能耗低和污染少等优点。自 20 世纪 70 年代以来,滚筒式拌和设备得到迅速发展,在国内这种拌和设备主要用于一般公路沥青混合料的制备。滚筒式连续拌和的工艺流程和设备总体结构,如图 3-5 和图 3-6 所示。

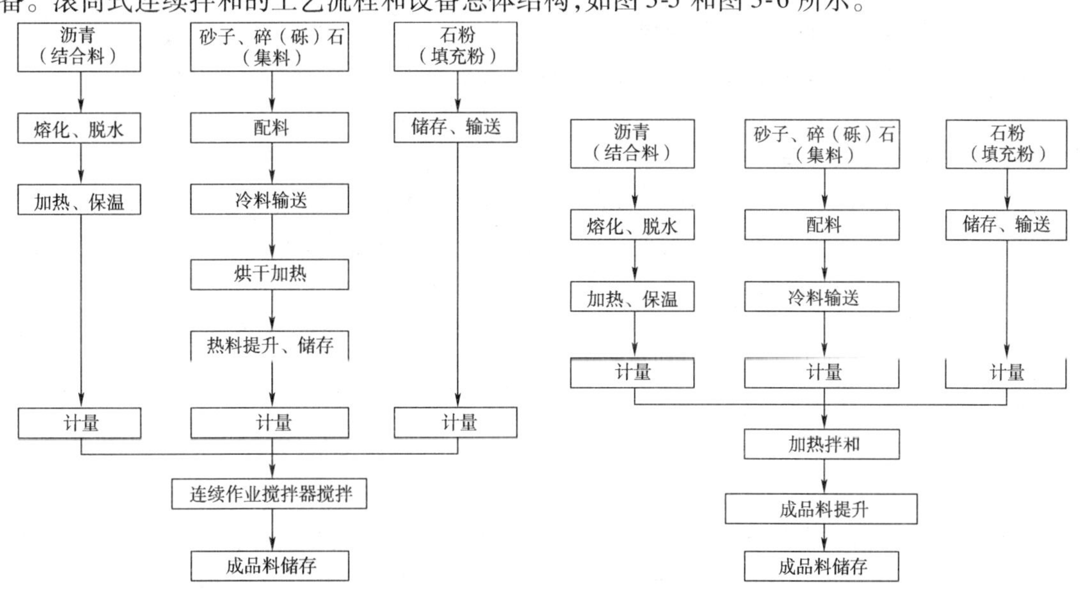

图 3-4　连续强制式拌和工艺流程

图 3-5　滚筒式连续拌和工艺流程

三、拌料厂的选址、布置与设备调试

拌和厂的选址应根据道路沿线的交通、通信、水、电、地貌和气候等诸多因素综合择优确定。拌和厂的布置应以拌和机为中心,合理地布置材料堆放厂、厂内道路和办公用房。

1. 厂址选择的基本要求

(1)厂址应尽量靠近施工道路,一般宜设在施工路段的中部或主要材料来源一端,以减少运距或避免材料运输倒流。

(2)厂址应选择交通方便的地方,尽量利用现有的公路和乡村道路,少修施工便道和便桥。应主要考虑数量大的原材料进厂方便,运送沥青混合料主要应依靠施工道路。

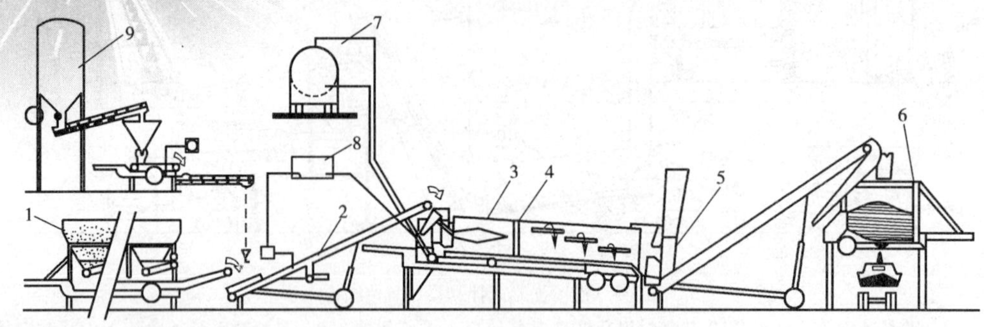

图3-6　连续式拌和设备总体结构

1-冷集料储存和配料装置;2-冷集料带式输送机;3-干燥滚筒;4-料帘;5-除尘装置;6-成品料储存仓;7-沥青供给系统成品料输送机;8-油石比控制仪;9-石粉供给系统

(3)厂址应靠近水源、电源,以便就近取水、接电,尽量避免远距运水或打井取水,尽量减少或避免自发电。

(4)尽量选择地势较高的地方设点,厂区排水应通畅,避免雨季积水污染材料,影响施工生产正常进行。

(5)应根据当地的气候情况选择适宜的地方设厂。北方较寒冷的地区应选择避风、向阳的地方;南方较炎热的地区应设在通风、背阳的地方。

(6)尽量利用非耕地或山坡地设点,少占或不占农田。

(7)应避开村、镇居民区设厂,以免可能对居民带来干扰。

2. 拌和厂的平面布置

拌和厂的布置,应合理、紧凑,功能齐全,应考虑各种设施、设备的占地位置和面积。特别是集料堆放场地,占地面积大,影响因素多,应根据材料来源和运输情况确定最少存料量和堆积高度等因素计算所需面积,既要满足正常生产需要,又要尽量少占地。办公、生活区应包括办公室、试验室、磅房、配电房等,各类房屋的间距应符合安全防火的要求。厂内的道路应畅通。采用自发电供电或配有备用发电机,发电机房应远离办公、生活区,并靠近用电量大的机械设备。

3. 拌料设备的安装与调试

新设备的安装、调试,通常由生产厂家派专业技术人员到现场进行,拌和厂应选派管理和操作人员参加。此外,设备生产厂家一般应负责对拌和厂的管理和操作人员进行培训。机械设备安装应严格按拌和厂的总体布局定位,按机械设备的安装图纸的要求进行安装,并达到规定的精度要求。拌和机和配套设备的调试,如冷集料的喂料与输送,集料的烘干与加热,热集料的筛分与储存,热集料输送与称量,沥青的加热、输送与称量,混合料的拌和、输送、储存与卸料,以及控制室的操作调试等,通常是按部位和系统进行。各部位、系统调试合格后,进行整机空转调试,空转调试正常后再进行投料调试。调试的重点是称量装置和温度控制系统。调试的目的是通过调试使称量装置和温度控制系统的精度符合要求,使拌和机各系统协调地工作,生产出符合设计要求的沥青混合料。在正常情况下应最大限度地发挥拌和机械的潜在能力,以最小的消耗达到最高的生产能力。使用旧拌和机者,拆卸后从一地运到另一地,在安装、调试前应对拌和机及其配套设备进行全面检修,待各部分设备都处于完好状态再进行安装与调试。此外,应配备足够的易损零部件,以便损坏的零部件能及时进行更换,确保拌和工作正常进行。

四、沥青路面施工机械设备的基本要求

沥青路面施工主要机械设备，除沥青混合料拌和机械外，还有沥青混合料摊铺机械（摊铺机）、沥青路面碾压机械（压路机）和沥青混合料运输车辆（自卸汽车）。

1. 摊铺机

它是把符合设计要求的沥青混合料，在适宜的温度下按给定的高程，均匀平整地铺筑在路面上的专用机械。对摊铺机的基本要求是控制摊铺高程（厚度）的自动传感装置必须精确、可靠。横向传送分布混合料的装置，在传送过程中不能使混合料产生离析现象，避免破坏混合料的级配、影响路面的质量。摊铺机的击实性能要好，平整度应符合技术规范所规定的平整度指标。最大摊铺宽度在不离析和保证横向平整度的前提下，以较宽的为好，这样不仅能提高摊铺效率而且可以减少纵向接缝。摊铺的厚度以幅度大的为好，这样既能摊铺薄层也能摊铺厚层，可适用各种厚度的面层铺筑。

2. 压路机

压路机是将摊铺后的铺筑层在适宜的温度下碾压到要求的密实度的专用机械。各种型号的双钢轮压路机和轮胎压路机，均可用于碾压沥青混合料铺筑层。一般情况下轻、中、重三种型号的压路机都要配备，并可按根据铺筑层的厚度和沥青混合料的类型和性质要求进行组合。

3. 自卸汽车

液压后翻自卸汽车的任务是将拌和厂生产的合格沥青混合料及时运到摊铺现场。运输汽车宜选择载质量较大的，这样既有利于运输过程中减少热量损失，又能减少摊铺机与自卸汽车的接触次数及由此引起的摊铺质量问题。

五、试验路铺筑和注意事项

1. 试验路铺筑

1）基本要求

（1）高速公路和一级公路在施工前应铺筑试验段，其他等级公路在缺乏施工经验或初次使用新型机械设备时，也应铺筑试验段。当同一施工单位在材料、机械设备及施工方法与其他工程完全相同时，经主管部门批准，也可利用其他工程的结果，不再铺筑新的试验路段。

（2）试验段的长度应根据试验目的确定，100～500m为宜。试验段宜在直线段上铺筑，当在其他道路上铺筑时，路面结构等条件应相同。路面各层的试验可安排在不同的试验段。

（3）在试验段的铺筑过程中，施工单位应认真做好试验记录，监理工程师应监控和检查试验段的施工质量，及时与施工单位分析有关试验结果。铺筑结束后，施工单位应就各项试验内容提出试验路总结报告，取得主管部门的批复。

2）试验内容

热拌热铺沥青路面试验段铺筑应分为试拌及试铺两个阶段，并应包括下列试验内容：

（1）根据沥青路面各种施工机械的匹配原则，确定合理的施工机械、数量及组合方式。

（2）通过试拌确定拌和机的投料顺序、拌和时间、拌和温度等拌和工艺。

（3）通过试铺确定粘层、透层和封层的施工技术方案、摊铺操作工艺、碾压技术方案和操作工艺、松铺系数和接缝处理方案等。

（4）按规范规定的方法验证沥青混合料配合比设计结果，提出生产配比和施工过程控制的基本参数。

(5)建立钻孔法及核子密度仪法测定密度的相应关系。确定沥青面层的压实标准密度。

(6)全面检查材料质量、机械性能和人员素质及试验检测的能力。

(7)确定施工组织和管理体系,并制订施工进度计划。

2. 需要注意的事项

1)施工放样及下承层检查

施工放样包括高程测量与平面控制两项内容。沥青路面铺筑前,监理工程师应对承包人的施工放样自检报告进行复核、审批。要求承包人对下承层(基层或底层)进行检查,内容包括以下几方面:

(1)下承层表面应清洁、干燥、坚实、无松散的石料、尘土与杂质,并且不允许有油污。

(2)下承层表面应平整,当其平面凹洼的深度大于铺筑沥青面层容许误差两倍时,应在主层料铺筑前予以填充沥青混合料并压实。

(3)当下承层为基层时,应喷洒透层沥青,当下承层为中下面层且中下面层与上面层的铺筑时间间隔较长时,应喷洒粘层沥青。

2)了解施工监理程序和报表

施工监理对保证工程质量越来越显示其不可缺少的作用。为了使施工顺利进行,施工单位(承包人)应处理好与施工监理的关系,相互之间密切配合。施工监理为完成三控(进度控制、质量控制和投资控制)、两管(合同管理和信息管理)的任务,通常要结合工程具体情况制定一套施工监理管理程序,要求施工单位遵照执行。施工监理的主要程序有原材料控制管理程序、工程质量检查验收程序、工程质量事故调查和分析处理程序、工程计量支付程序和工程进度控制程序及工程项目变更、索赔等管理程序。

第三节 沥青混合料配合比设计质量控制

沥青混合料组成设计的主要任务是选择合格的材料、确定矿料级配和沥青用量。设计的总目标则是确定混合料的最佳组成,确保沥青混合料具有良好的物理力学性能、施工性能和路用性能,而且经济。但由于沥青混合料是一种可变的相互矛盾的体系,当高温稳定性满足要求时,可能出现低温稳定性问题;而当采取一定措施满足低温稳定性时,却有可能对抗疲劳不利。为解决各种矛盾交叉的问题,混合料组成设计中,应结合当地具体情况,抓主要矛盾,求得相对的比较合理的“配方”。为了配制和生产出优质的沥青混合料,在配合比组成设计时,应严格按目标配合比(也称试验室配合比)设计、生产配合比设计和生产配合比验证(也称施工配合比设计)三阶段进行。设计结果作为控制沥青路面施工质量的依据。

一、沥青混合料配合比设计的技术标准

1. 密级配沥青混凝土混合料

密级配热拌沥青混凝土配合比设计应符合表3-20的技术标准,并有良好的施工性能,试件尺寸及成型击实次数按公称最大粒径选用标准马歇尔试件。改性沥青混合料马歇尔试验的流值可适当放宽。对重要的二级公路宜按一级公路的技术标准执行。

2. 沥青稳定碎石混合料

沥青稳定碎石混合料的马歇尔试验配合比设计方法,参照沥青混凝土的方法执行。试验结果应符合表3-21的技术标准,其VMA最小值的要求按表3-20执行,并有良好的施工性能。试

密级配沥青混凝土混合料马歇尔试验技术标准 表 3-20

试验指标		单位	高速公路、一级公路				其他等级公路	行人道路
			夏炎热区（1-1、1-2、1-3、1-4 区）		夏热区及夏凉区（2-1、2-2、2-3、2-4、3-2 区）			
			中轻交通	重载交通	中轻交通	重载交通		
击实次数（双面）		次	75				50	50
试件尺寸		mm	ϕ101.6×63.5					
空隙率 *VV*	深约 90mm 以内	%	3~5	4~6	2~4	3~5	3~6	2~4
	深约 90mm 以下	%	3~6		2~4	3~6	3~6	—
稳定度 *MS*，不小于		kN	8				5	3
流值 *FL*		mm	2~4	1.5~4	2~4.5	2~4	2~4.5	2~5
矿料间隙率 VMA（%）不小于	设计空隙率（%）	相应于以下公称最大粒径（mm）的最小 VMA 及 VFA 技术要求（%）						
		26.5		19	16	13.2	9.5	4.75
	2	10		11	11.5	12	13	15
	3	11		12	12.5	13	14	16
	4	12		13	13.5	14	15	17
	5	13		14	14.5	15	16	18
	6	14		15	15.5	16	17	19
沥青饱和度 VFA（%）		55~70		65~75			70~85	

注：①对空隙率大于 5% 的夏炎热区重载交通路段，施工时应至少提高压实度 1%。

②当设计的空隙率不是整数时，由内插确定要求的 VMA 最小值。

③对改性沥青混合料，马歇尔试验的流值可适当放宽。

④本表适用于公称最大粒径≤26.5mm 的密级配沥青混凝土混合料。

沥青稳定碎石混合料马歇尔试验配合比设计技术标准 表 3-21

试验指标	单位	密级配基层（ATB）		半开级配面层（AM）	排水式开级配磨耗层（OGFC）	排水式开级配基层（ATPB）
公称最大粒径	mm	26.5	等于或大于 31.5	等于或小于 26.5	等于或小于 26.5	所有尺寸
马歇尔试件尺寸	mm	ϕ101.6×63.5	ϕ152.4×95.3	ϕ101.6×63.5	ϕ101.6×63.5	ϕ152.4×95.3
击实次数（双面）	次	75	112	50	50	75
空隙率 *VV*	%	3~6		6~10	不小于 18	不小于 18
稳定度，不小于	kN	7.5	15	3.5	3.5	—
流值	mm	1.5~4	实测	—	—	—
沥青饱和度 VFA	%	55~70		40~70	—	—
密级配基层 ATB 的矿料间隙率 VMA（%），不小于	设计空隙率（%）		ATB-40	ATB-30	ATB-25	
	4		11	11.5	12	
	5		12	12.5	13	
	6		13	13.5	14	

注：在干旱地区，可将密级配沥青稳定碎石基层的空隙率适当放宽到 8%。

件尺寸及成型击实次数按公称最大粒径选用标准马歇尔试件或大型马歇尔试件。对半开级配的沥青碎石混合料无法进行马歇尔试验时，其配合比和最佳沥青用量可根据实践经验和试拌

试铺论证确定。对开级配沥青碎石混合料只测定试件的空隙率,不要求进行马歇尔试验。

3. 沥青玛蹄脂碎石混合料(SMA)

SMA 混合料的马歇尔试验配合比设计,应符合表 3-22 的技术要求。

SMA 混合料马歇尔试验配合比设计技术要求 表 3-22

试验项目	单位	技术要求		试验方法
		不使用改性沥青	使用改性沥青	
马歇尔试件尺寸	mm	φ101.6×63.5		T 0702
马歇尔试件击实次数①		两面击实 50 次		T 0702
空隙率 VV②	%	3~4		T 0708
矿料间隙率 VMA② 不小于	%	17.0		T 0708
粗集料骨架间隙率 VCA_{mix}③ 不大于		VCA_{DRC}		T 0708
沥青饱和度 VFA	%	75~85		T 0708
稳定度④ 不小于	kN	5.5	6.0	T 0709
流值	mm	2~5	—	T 0709
谢伦堡沥青析漏试验的结合料损失	%	不大于 0.2	不大于 0.1	T 0732
肯塔堡飞散试验的混合料损失或浸水飞散试验	%	不大于 20	不大于 15	T 0733

注:①对集料坚硬不易击碎,通行重载交通的路段,也可将击实次数增加为双面 75 次。

②对高温稳定性要求较高的重交通路段或炎热地区,设计空隙率允许放宽到 4.5%,VMA 允许放宽到 16.5%(SMA-16)或 16%(SMA-19),VFA 允许放宽到 70%。

③试验粗集料骨架间隙率 VCA 的关键性筛孔,对 SMA-19、SMA-16 是指 4.75mm,对 SMA-13、SMA-10 是指 2.36mm。

④稳定度难以达到要求时,容许放宽到 5.0kN(非改性)或 5.5kN(改性),但动稳定度检验必须合格。

4. 多孔隙沥青混凝土混合料(OGFC)

多孔隙沥青混凝土混合料(OGFC)的马歇尔试验配合比设计,应符合表 3-23 技术要求。

多孔隙沥青混凝土混合料(OGFC)技术要求 表 3-23

试验项目	单位	技术要求	试验方法
马歇尔试件尺寸	mm	φ101.6×63.5	T 0702
马歇尔试件击实次数		两面击实 50 次	T 0702
空隙率	%	18~25	T 0708
马歇尔稳定度 不小于	kN	3.5	T 0709
析漏损失	%	<0.3	T 0732
肯塔堡飞散损失	%	<20	T 0733

5. 沥青混合料的各种性能检验技术要求

对用于高速公路和一级公路的公称最大粒径等于或小于 19mm 的密级配沥青混合料(AC)及 SMA、OGFC 混合料,需在配合比设计的基础上按下列步骤进行各种使用性能检验,不符要求的沥青混合料,必须更换材料或重新进行配合比设计。二级公路参照此要求执行。

(1)沥青混合料必须在规定的试验条件下进行车辙试验。车辙试验动稳定度符合表 3-24 的要求。

(2)必须在规定的试验条件下进行浸水马歇尔试验和冻融劈裂试验检验沥青混合料的水

稳定性，并同时符合表3-25中的两个要求。达不到要求时必须掺加消石灰、水泥或采取相应的抗剥落措施，调整最佳沥青用量后再次试验。

沥青混合料车辙试验动稳定度技术要求　　表3-24

气候条件与技术指标	相应于下列气候分区所要求的动稳定度(次/mm)									试验方法
七月平均最高气温(℃)及气候分区	>30				20~30				<20	
	1.夏炎热区				2.夏热区				3.夏凉区	
	1-1	1-2	1-3	1-4	2-1	2-2	2-3	2-4	3-2	
普通沥青混合料，不小于	800		1 000		600	800			600	T 0719
改性沥青混合料，不小于	2 400		2 800		2 000	2 400			1 800	
SMA混合料 非改性，不小于	1 500									
SMA混合料 改性，不小于	3 000									
OGFC混合料	1 500(一般交通路段)、3 000(重交通量路段)									

注：①如果其他月份的平均最高气温高于七月时，可使用该月平均最高气温。

②在特殊情况下，如钢桥面铺装、重载车特别多或纵坡较大的长距离上坡路段、厂矿专用道路，可酌情提高动稳定度的要求。

③对因气候寒冷确需使用针入度很大的沥青(如大于100)，动稳定度难以达到要求，或因采用石灰岩等不很坚硬的石料，改性沥青混合料的动稳定度难以达到要求等特殊情况，可酌情降低要求。

④为满足炎热地区及重载车要求，在配合比设计时采取减少最佳沥青用量的技术措施时，可适当提高试验温度或增加试验荷载进行试验，同时增加试件的碾压成型密度和施工压实度要求。

⑤车辙试验不得采用二次加热的混合料，试验必须检验其密度是否符合试验规程的要求。

⑥如需要对公称最大粒径等于和大于26.5mm的混合料进行车辙试验，可适当增加试件的厚度，但不宜作为评定合格与否的依据。

沥青混合料水稳定性检验技术要求　　表3-25

气候条件与技术指标	相应于下列气候分区的技术要求(%)				试验方法
年降雨量(mm)及气候分区	>1 000	500~1 000	250~500	<250	
	1.潮湿区	2.湿润区	3.半干旱区	4.干旱区	
浸水马歇尔试验残留稳定度(%)　不小于					
普通沥青混合料	80		75		T 0709
改性沥青混合料	85		80		
SMA混合料 普通沥青	75				
SMA混合料 改性沥青	80				
冻融劈裂试验的残留强度比(%)　不小于					
普通沥青混合料	75		70		T 0729
改性沥青混合料	80		75		
SMA混合料 普通沥青	75				
SMA混合料 改性沥青	80				

(3)宜对密级配沥青混合料在温度-10℃、加载速率50mm/min的条件下进行弯曲试验，测定破坏强度、破坏应变、破坏劲度模量，并根据应力应变曲线的形状，综合评价沥青混合料的低温抗裂性能。其中沥青混合料的破坏应变宜不小于表3-26的要求。但对SMA混合料、开级配沥青混合料及按照嵌挤原则设计的混合料，可不进行低温弯曲试验。

(4)对用于高速公路和一级公路的上面层和中面层的公称最大粒径等于或小于19mm的

沥青混合料,宜利用轮碾机成型的车辙试验试件,脱模架起进行渗水试验,其渗水系数宜符合表3-27的要求。但对半干旱地区及干旱地区允许不进行此项试验。

沥青混合料低温弯曲试验破坏应变(με)技术要求　　表3-26

气候条件与技术指标	相应于下列气候分区所要求的破坏应变(με)									试验方法
年极端最低气温(℃)及气候分区	< -37.0		-21.5 ~ -37.0			-9.0 ~ -21.5		> -9.0		
	1.冬严寒区		2.冬寒区			3.冬冷区		4.冬温区		
	1-1	2-1	1-2	2-2	3-2	1-3	2-3	1-4	2-4	
普通沥青混合料　不小于	2 600		2 300			2 000				T 0728
改性沥青混合料　不小于	3 000		2 800			2 500				

(5)对使用钢渣作为集料的沥青混合料,应按现行试验规程(T 0363)进行活性和膨胀性试验,钢渣沥青混凝土的膨胀量不得超过1.5%。

(6)对改性沥青混合料的性能检验,应针对改性目的进行。以提高高温抗车辙性能为主要目的时,低温性能可按普通沥青混合料的要求执行;以提高低温抗裂性能为主要目的时,高温稳定性可按普通沥青混合料的要求执行。

沥青混合料试件渗水系数(mL/min)技术要求　　表3-27

级配类型		渗水系数要求(mL/min)	试验方法
密级配沥青混凝土	不大于	120	
SMA 混合料	不大于	80	T 0730
OGFC 混合料	不小于	实测	

注:渗水系数与混合料级配类型、公称最大粒径、空隙率有关,也与压实层厚度、试件成型方法有关。渗水系数过小或完全不渗水时,要警惕油石比过大导致空隙率过小,造成车辙隐患。

二、沥青混合料配合比设计过程中的质量控制

沥青混合料的配合比设计,宜在对同类公路使用情况调查研究的基础上,选用符合要求的材料,充分利用施工实践的成功经验,经配合比设计确定矿料级配和沥青用量。高速公路、一级公路的热拌沥青混合料的配合比设计应遵照下列步骤进行。

1. 选定沥青混合料的级配类型

沥青混合料的矿料级配应符合工程规定的设计级配范围。在缺乏设计级配范围要求时,可采用规范规定的级配范围,并根据公路等级、工程性质、气候条件、交通条件、材料品种选择适宜的级配类型。密级配沥青混合料按表3-28选择采用粗型(C型)或细型(F型)混合料,并在表3-29a)范围内确定工程设计级配范围。对高速公路和一级公路、重载道路,通常宜采用粗级配。对中低级公路、低交通量公路、寒冷地区的公路、园林道路、行人道路等的沥青路面宜选用细级配混合料。其他类型的混合料宜直接以表3-29b)~表3-29f)作为工程设计级配范围。除已经试验路段铺筑或实践证明表3-29a)~表3-29f)规定的级配范围不适用外,工程的设计级配范围不宜超出规范的级配范围,超出规范规定的级配范围必须得到主管部门的批准。

2. 目标配合比设计阶段

按交通部现行《公路沥青路面施工技术规范》(JTC F40—2004)中规定的方法,用工程实际使用的材料计算各种集料的用量比例,其合成级配应符合工程设计矿料级配的要求,通过马歇尔试验确定最佳沥青用量,符合配合比设计技术标准,经配合比设计检验合格。以此矿料级配及沥青用量作为目标配合比,供拌和机确定各冷料仓的供料比例、进料速度及试拌使用。

粗型和细型密级配沥青混凝土的关键性筛孔通过率　　表 3-28

混合料类型	公称最大粒径(mm)	用以分类的关键性筛孔(mm)	粗型密级配		细型密级配	
			名　称	关键性筛孔通过率(%)	名　称	关键性筛孔通过率(%)
AC-25	26.5	4.75	AC-25C	<40	AC-25F	>40
AC-20	19	4.75	AC-20C	<45	AC-20F	>45
AC-16	16	2.36	AC-16C	<38	AC-16F	>38
AC-13	13.2	2.36	AC-13C	<40	AC-13F	>40
AC-10	9.5	2.36	AC-10C	<45	AC-10F	>45

密级配沥青混凝土混合料矿料级配范围　　表 3-29a)

级配类型		通过下列筛孔(mm)的质量百分率(%)												
		31.5	26.5	19	16	13.2	9.5	4.75	2.36	1.18	0.6	0.3	0.15	0.075
粗粒式	AC-25	100	90~100	75~90	65~83	57~76	45~65	24~52	16~42	12~33	8~24	5~17	4~13	3~7
中粒式	AC-20		100	90~100	78~92	62~80	50~72	26~56	16~44	12~33	8~24	5~17	4~13	3~7
	AC-16			100	90~100	76~92	60~80	34~62	20~48	13~36	9~26	7~18	5~14	4~8
细粒式	AC-13				100	90~100	68~85	38~68	24~50	15~38	10~28	7~20	5~15	4~8
	AC-10					100	90~100	45~75	30~58	20~44	13~32	9~23	6~16	4~8
砂粒式	AC-5						100	90~100	55~75	35~55	20~40	12~28	7~18	5~10

沥青玛蹄脂碎石混合料矿料级配范围　　表 3-29b)

级配类型		通过下列筛孔(mm)的质量百分率(%)											
		26.5	19	16	13.2	9.5	4.75	2.36	1.18	0.6	0.3	0.15	0.075
中粒式	SMA-20	100	90~100	72~92	62~82	40~55	18~30	13~22	12~20	10~16	9~14	8~13	8~12
	SMA-16		100	90~100	65~85	45~65	20~32	15~24	14~22	12~18	10~15	9~14	8~12
细粒式	SMA-13			100	90~100	50~75	20~34	15~26	14~24	12~20	10~16	9~15	8~12
	SMA-10				100	90~100	28~60	20~32	14~26	12~22	10~18	9~16	8~13

开级配排水式磨耗层混合料矿料级配范围　　表 3-29c)

级配类型		通过下列筛孔(mm)的质量百分率(%)										
		19	16	13.2	9.5	4.75	2.36	1.18	0.6	0.3	0.15	0.075
中粒式	OGFC-16	100	90~100	70~90	45~70	12~30	10~22	6~18	4~15	3~12	3~8	2~6
	OGFC-13		100	90~100	60~80	12~30	10~22	6~18	4~15	3~12	3~8	2~6
细粒式	OGFC-10			100	90~100	50~70	10~22	6~18	4~15	3~12	3~8	2~6

密级配沥青碎石混合料矿料级配范围　　表 3-29d)

级配类型		通过下列筛孔(mm)的质量百分率(%)														
		53	37.5	31.5	26.5	19	16	13.2	9.5	4.75	2.36	1.18	0.6	0.3	0.15	0.075
特粗式	ATB-40	100	90~100	75~92	65~85	49~71	43~63	37~57	30~50	20~40	15~32	10~25	8~18	5~14	3~10	2~6
	ATB-30		100	90~100	70~90	53~72	44~66	39~60	31~51	20~40	15~32	10~25	8~18	5~14	3~10	2~6
粗粒式	ATB-25			100	90~100	60~80	48~68	42~62	32~52	20~40	15~32	10~25	8~18	5~14	3~10	2~6

半开级配沥青碎石混合料矿料级配范围　　表 3-29e)

级配类型		通过下列筛孔(mm)的质量百分率(%)											
		26.5	19	16	13.2	9.5	4.75	2.36	1.18	0.6	0.3	0.15	0.075
中粒式	AM-20	100	90~100	60~85	50~75	40~65	15~40	5~22	2~16	1~12	0~10	0~8	0~5
	AM-16		100	90~100	60~85	45~68	18~40	6~25	3~18	1~14	0~10	0~8	0~5
细粒式	AM-13			100	90~100	50~80	20~45	8~28	4~20	2~16	0~10	0~8	0~6
	AM-10				100	90~100	35~65	10~35	5~22	2~16	0~12	0~9	0~6

开级配沥青碎石混合料矿料级配范围　　表 3-29f)

级配类型		通过下列筛孔(mm)的质量百分率(%)														
		53	37.5	31.5	26.5	19	16	13.2	9.5	4.75	2.36	1.18	0.6	0.3	0.15	0.075
特粗式	ATPB-40	100	70~100	65~90	55~85	43~75	32~70	20~65	12~50	0~3	0~3	0~3	0~3	0~3	0~3	0~3
	ATPB-30		100	80~100	70~95	53~85	36~80	26~75	14~60	0~3	0~3	0~3	0~3	0~3	0~3	0~3
粗粒式	ATPB-25			100	80~100	60~100	45~90	30~82	16~70	0~3	0~3	0~3	0~3	0~3	0~3	0~3

3. 生产配合比设计阶段

对间歇式拌和机,应在干拌若干次以后,将二次筛分进入各热料仓分别放出的材料,取样进行筛分,以确定各热料仓的材料比例,供拌和机控制室使用。同时选择适宜的筛孔尺寸,反复调整冷料仓进料比例以达到各料仓的供料大体平衡,并取目标配合比设计的最佳沥青用量、最佳沥青用量 ±0.3% 等三个沥青用量进行马歇尔试验,确定生产配合比的最佳沥青用量。

4. 生产配合比验证阶段

拌和机按生产配合比确定的矿料级配和最佳沥青用量进行试样、铺筑试验段,并用拌和的沥青混合料进行马歇尔试验及从路上钻取芯样检验,由此确定生产用的标准配合比。标准配合比的矿料合成级配中,至少应包括 0.075mm、2.36mm、4.75mm 及公称最大粒径筛孔的通过率,接近工程设计级配范围的中值,避免在 0.3~0.6mm 处出现驼峰。

5. 配合比设计报告

(1)经过配合比设计试验及配合比设计检验,各项指标均符合要求的沥青混合料可作为设计的标准混合料。当设计指标达不到要求,应调整级配重新设计。当配合比设计检验指标不能达到要求时,应重新进行配合比设计,必要时采取更换集料或采用改性沥青等措施。

(2)当在试验得到的最佳沥青用量 OAC 的基础上,增加或减少沥青用量后作为最终的配合比设计的沥青用量,建设单位可适当调整规范的技术标准,同时采用原设计的最佳沥青用量检验是否符合规范的设计标准,并进行各项配合比设计检验。试验报告必须提供两套沥青用量的各项试验结果,并特别注明施工单位必须通过加强碾压、提高压实度等措施,使路面成型的混合料密度达到未调整最佳沥青用量时的水平。

(3)配合比设计报告必须得到监理工程师及主管部门的批准方可交付生产使用。

三、沥青混合料配合比设计注意事项

经设计确定的标准配合比在施工过程中不得随意变更。生产过程中,如遇进场材料发生变化并经检测沥青混合料的矿料级配、马歇尔技术指标不符合要求时,应及时调整配合比,使沥青混合料质量符合要求并保持相对稳定,必要时重新进行配合比设计。二级及二级以下其他等级公路热拌沥青混合料的配合比设计可按步骤进行。当材料与同类道路完全相同时,也

可直接引用成功的经验。

1. 混合料配合比设计三个阶段

试验室混合料组成设计为目标配合比设计，由拌和楼的热料仓取样，在工地试验室进行的混合料组成设计为生产配合比设计，在生产配合比的基础上进行批量生产，并铺筑试验路段，然后确定的混合料配合比为施工配合比。在进行沥青混合料生产时，虽然所用的材料，包括沥青、砂石料等都是同一料源来的材料，但是实际情况与试验室还是有所差别的。同时，在生产时，砂石料经过干燥筒加热，然后再经筛分，分成几档不同粒径的集料，这几档集料与原来的冷料的分档就可能不完全相同。沥青混合料生产厂的任务就是要对这几档材料重新进行配合比设计，使其所组成的级配与目标配合比设计的级配一致，或基本接近，然后在此基础上确定沥青用量。此沥青用量应与目标配合比设计的沥青用量接近，但也可能略有差别。在生产配合比与目标配合比差别不大的情况下，可以认为目标配合比设计时所进行的性能检验结果可反映生产配合比设计混合料的性能。尽管如此，按生产配合比进行生产后，还需要根据所铺试验路段实际观测，取其芯样进行有关试验，并结合生产实践的经验，确认是否符合要求。如合格，则认为整个设计完成，否则，还需要进行调整。

2. 混合料配合比调整

(1)美国按马歇尔试验方法确定最佳沥青用量 OAC_1，而日本则是以满足稳定度、流值、空隙率、饱和度等几个指标共同范围的中值为最佳沥青用量 OAC_2。我国现行的方法则同时考虑了这两种情况，因而比较完善。但是对于最佳沥青用量 OAC_2，在有些情况下，却得不到公共的沥青用量范围，或者公共范围非常狭窄，这主要是由于所配合而成的矿料间隙率 VMA 存在问题。VMA 大体有以下三种情况：

①VMA 偏小：VMA 偏小，混合料极易压密。在这种情况下，即使沥青用量不多，也能达到空隙率标准值的下限和饱和度标准值的上限。这样，在沥青用量适合的范围内，确定不了公共范围的下限值，即使求出下限值，其沥青用量也明显偏小。

②VMA 大：VMA 大，混合料不能压密。在这种情况下，即使增加沥青用量，空隙率仍然过大，而饱和度还是不足，这样也不能确定公共范围，即使有公共范围，其范围也很窄。且此种混合料即使沥青用量少流值还是大。对于 VMA 大的情况，有时即使是密级配沥青混合料，其 VMA 也可大到 18%。

③VMA 偏大：沥青混合料 VMA 偏大，并不是难以压实的混合料，而是由于使用了吸水率大的集料。在这种情况下，由于集料吸收沥青量大，有时即使增加沥青用量，空隙率仍然大，而饱和度还是偏小，但其流值不会太大，这种情况也没有公共范围。

(2)上述三种情况，就需要根据混合料的具体情况来调整集料的配合比，或更换集料。

①调整的方法是通过改变 VMA 来解决。具体的做法是改变集料的配合比，即在规定的级配范围内修正合成级配，使合成级配线往上移动或往下移动。当级配线向上移动时，一般 VMA 可减小；反之，VMA 可增大，但也不尽然，还要视具体情况而定。

②在更换材料时，要注意的是在粗集料中，棱角大的碎石比圆形的碎砾石更能增大 VMA，而在细集料中，河砂有利于增大 VMA，而使用细的石屑(粒径小于 2.5mm)则有利于减小 VMA。增加矿粉用量可以达到减小 VMA 的目的。

③为便于更换材料，并了解混合料的特性，将几种情况的变化列于表 3-30。

在表 3-30 中，当各变量因素增加或提高时，左边的指标特征值也随之增加或提高，则用符号“+”表示；反之，则用符号“-”表示。这里符号的不同只是表示特征值的变化方向，而不表

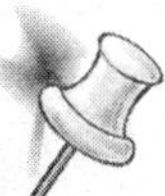

示可否接受，或是优是劣。

影响沥青混合料特性的因素　　表 3-30

指　标	最大粒径	有棱角的集料含量	细砂含量	矿粉用量	沥青针入度	集料吸水率
稳定度	+	+		+	−	−
流值	−	−		+	+	+
空隙率		+	+	−		+
饱和度		−	−	+		−
集料孔隙		+	+	−		
施工难易	−	−		−	+	+

3. *沥青混合料性能检验*

(1)沥青混合料的最佳沥青用量确定后，其性能是否符合要求，需要进行性能检验。按照沥青路面设计规范的规定，沥青混合料的高温稳定性和水稳定性必须满足规定的技术要求。

①高温稳定性检验：按最佳沥青用量 OAC 和设计级配，拌制沥青混合料，并按《公路工程沥青及沥青混合料试验规程》(JTJ 052—2000) T 0719 的方法，在 60℃温度下进行车辙试验，测定其动稳定度。当最佳沥青用量 OAC 与初始沥青用量 OAC_1 和 OAC_2 相差较大时，宜按 OAC 与 OAC_1 或 OAC_2 分别制作试件，并进行车辙试验。

②水稳定性检验：按最佳沥青用量 OAC 和设计级配，制作马歇尔试件，进行浸水马歇尔试验或真空饱水后的浸水马歇尔试验，检验其残留稳定度是否满足要求。按现行沥青路面设计规范，应对混合料进行冻融循环试验的检验。

(2)无论高温稳定性还是水稳定性，如不合格，则应采取措施。对于高温稳定性，除重新调整级配外，应考虑采用改性沥青等措施。对于水稳定性，则应考虑采取抗剥落措施。确定改进措施后重新进行配合比设计。

(3)对于沥青混合料的低温抗裂性，在有条件的情况下，可以进行低温性能的试验(如低温劈裂强度)。

经设计确定的标准配合比在施工过程中不得随意变更。生产过程中，如遇进场材料发生变化并经检测沥青混合料的矿料级配、马歇尔技术指标不符合要求时，应及时调整配合比，使沥青混合料质量符合要求并保持相对稳定，必要时重新进行配合比设计。二级公路及二级公路以下其他等级公路热拌沥青混合料的配合比设计可按步骤进行。当材料与同类道路完全相同时，也可直接引用成功的经验。

第四节　沥青路面施工质量的事中控制

沥青路面是各种规格的粗、细集料和矿粉与沥青一般在热态下拌和、热态下铺筑并碾压成型的沥青路面面层。其特点是集料、沥青或沥青混合料从拌和到铺筑成型均须在一定的温度范围内完成。

一、沥青路面施工准备

1. *下承层准备质量控制*

在铺筑沥青混合料前，应检查基层或下卧沥青层的质量。虽然下承层完成之后，已进行过检查验收，但在两层施工的间隔，很可能因某种原因，如雨天、施工车辆通行或其他施工干扰

等,会使其发生程度不同的损坏,如基层可能出现弹软和松散或表面浮尘等,因此,需进行维修。沥青类联结层下层表面可能泥泞污染,必须清洗干净。下承层表面出现的任何质量缺陷,都会影响到路面结构的层间结合强度,以至于路面整体强度。特别对桥头及通道两端基层发现沉陷,则应在两端全宽范围内进行挖填处理(一定深度与长度范围内重新分层填筑与压实)。并在两端适当长度内,线形略向上抬起0~3cm,使线形“饱满”。对下承层缺陷处理后,即可洒透层油或粘层油。

2. 施工放样

施工放样包括高程测定与平面控制两项内容。高程测定的目的是确定下承层表面高程与原设计高程相差的确切数值,以便在挂线时纠正到设计值或保证施工层厚度。根据高程值设置挂线标准桩,以控制摊铺厚度和高程。对无自控装置的摊铺机,不存在挂线问题,但应根据所测高程值和本层应铺厚度综合考虑确定实铺厚度,用适当垫块或定位螺旋调整就位,为便于掌握铺筑宽度和方向,还应放出摊铺的平面轮廓线或设置导向线。

高程放样应考虑下承层高程差值(设计值与实际高程值之差)、厚度和本层应铺厚度。综合考虑后定出挂线桩顶的高程,再打桩挂线。当下承层厚度不够时应在本层内加入厚度差并兼顾设计高程。如果下承层厚度够而高程低时,应根据设计高程放样。如果下承层的厚度与高程都超过设计值时,应按本层厚度放样。若厚度和高程都不够时,应按差值大的为标准放样。总之,不但要保证沥青路面总厚度,而且要考虑高程不超出容许范围。当两者矛盾时,应以满足厚度为主考虑放样,放样时计入实测的松铺系数。

3. 沥青面层原材料准备

施工前应合理安排各种材料的储罐及堆放场地,各种材料分开储存,粗(细)集料均应堆放在硬化的地面上,并有隔墙分隔。对进场的各种原材料不得遭受污染。对进场的各种材料必须取样进行试验,各种不同规格、不同料场、不同批次的材料应按规定验收,不符合要求的不得使用。经选择确定的材料在施工过程中应保持稳定,不得随意变更。对沥青面层原材料准备工作的基本要求如下:

(1)固定式拌和厂的各种材料都应设置防水雨棚,工程现场的移动式拌和厂采用临时性料场时,露天的场地宜有适当的斜坡和良好的排水设施,细集料宜设置防水雨棚,矿粉和纤维、改性剂等应存放在室内。拌和厂自制矿粉的装置必须安置在室内。

(2)集料的进场和取用宜遵守一定的次序,进料时在整个堆料区逐层向上堆放,以减少离析。取用时装载车依次从底部向上铲料。对固定式拌和厂采用连续式拌和机时,进场的集料宜先行筛分后由皮带运输系统分送到各个料仓。

(3)沥青应根据不同品种和标号分别存放,采用不同的储存温度,使用前应加热到适宜的温度。桶装沥青宜加盖苫布。

(4)对购置的成品改性沥青,应遵照供应商关于储存的要求,使用前确认存放后的质量仍能符合技术要求。对需要较长时间储存的成品改性沥青,储存温度宜适当降低,并设置循环泵送或搅拌装置以减少离析。固态的天然沥青宜存放在室内。

(5)在现场加工改性沥青时,应对改性剂的质量进行检查,确认没有变质,再按规定的工艺生产改性沥青。当采用现场改性沥青生产工艺或直接将改性剂投入拌和机生产改性沥青混合料时,改性剂应准确计量。

(6)对生产再生沥青混合料的拌和厂,旧沥青混合料应分开堆放在有顶棚的场地上,不得与其他集料混杂。

4. 施工机具调试与检查

施工前对各种施工机具应作全面试运行检查,遇有故障应及时消除与调整,应经调试证明处于良好的性能状态之后,方可正式投入施工。机械数量足够,施工能力配套,关键性重要机械宜有备用设备与配件。

5. 沥青材料与沥青混合料施工温度控制

石油沥青的储存温度、加热温度及沥青混合料施工温度应根据沥青标号及黏度、气候条件、铺装层的厚度确定。试验室的试验温度应与施工温度相同。现行沥青路面施工技术规范对沥青材料和沥青混合料施工温度规定如下:

(1)沥青混合料的施工温度,通常应通过沥青结合料在135℃及175℃条件下测定的黏温曲线,按表3-31的规定确定。但此表不适用于改性沥青和SMA混合料。

确定沥青混合料拌和及压实温度的适宜温度 表3-31

黏 度	适宜于拌和的沥青结合料黏度	适宜于压实的沥青结合料黏度	测定方法
表观黏度	(0.17±0.02)Pa·s	(0.28±0.03)Pa·s	T 0625
运动黏度	(170±20)mm^2/s	(280±30)mm^2/s	T 0619
赛波特黏度	(85±10)s	(140±15)s	T 0623

(2)缺乏黏温曲线数据时,普通沥青混合料的施工温度可按表3-32规定的范围选择。对A、B、C级沥青采用不同的施工温度,较稠的沥青在黏度高、铺筑层厚度较薄时,选用高值,反之选用低值。施工气温较低、风速大、下承层温度较低时,应作为低温施工,适当提高施工温度。粒径较粗的混合料宜采用较高的拌和温度。但经试验段或施工实践证明表中规定温度不

热拌沥青混合料的施工温度(℃) 表3-32

施工工序		石油沥青的标号			
		50号	70号	90号	110号
沥青加热温度		160~170	155~165	150~160	145~155
矿料加热温度	间隙式拌和机	集料加热温度比沥青温度高10~30			
	连续式拌和机	矿料加热温度比沥青温度高5~10			
沥青混合料出料温度		150~170	145~165	140~160	135~155
混合料储料仓储存温度		储料过程中温度降低不超过10			
混合料废弃温度 高于		200	195	190	185
运输到现场温度 不低于		150	145	140	135
混合料摊铺温度 不低于	正常施工	140	135	130	125
	低温施工	160	150	140	135
开始碾压的混合料内部温度 不低于	正常施工	135	130	125	120
	低温施工	150	145	135	130
碾压终了的表面温度 不低于	钢轮压路机	80	70	65	60
	轮胎压路机	85	80	75	70
	振动压路机	75	70	60	55
开放交通的路表温度 不高于		50	50	50	45

注:①沥青混合料的施工温度采用具有金属探测针的插入式数显温度计测量。表面温度可采用表面接触式温度计测定。当采用红外线温度计测量表面温度时,应进行标定。

②表中未列入的130号、160号及30号沥青的施工温度由试验确定。

符合实际情况时,应作适当调整。

(3)当使用聚合物改性沥青混合料时,施工温度宜比照实践经验并参照表3-33选择。在基质沥青混合料的施工温度的基础上,按改性剂的不同,调整集料加热温度,使改性沥青混合料的出厂温度相应提高10~20℃,但改性沥青结合料的加热温度不得提高太多。对采用冷态胶乳直接喷入法制作改性沥青混合料时,集料烘干温度应进一步提高。

聚合物改性沥青混合料的正常施工温度范围(℃) 表3-33

工序		聚合物改性沥青品种		
		SBS类	SBR胶乳类	EVA、PE类
沥青加热温度		160~165		
改性沥青现场制作温度		165~170	—	165~170
成品改性沥青加热温度	不大于	175	—	175
集料加热温度		190~220	200~210	185~195
改性沥青SMA混合料出厂温度		170~185	160~180	165~180
混合料最高温度(废弃温度)		195		
混合料储存温度		拌和出料后降低不超过10		
摊铺温度	不低于	160		
初压开始温度	不低于	150		
碾压终了的表面温度	不低于	90		
开放交通时的路表温度	不高于	50		

注:①同表3-32。

②当采用表列以外的聚合物或天然沥青改性沥青时,施工温度由试验确定。

(4)对SMA混合料,应视沥青结合料的种类、纤维品种和数量、矿粉用量的不同,适当提高施工温度。通常应在改性沥青混合料施工温度的基础上提高10~20℃。对较稠的沥青,或使用改性沥青,使用颗粒纤维,矿粉用量大,施工气温较低时,选用高值,反之选用低值。

(5)工厂或现场制造再生沥青混合料时,旧沥青混合料或旧路面混合料的加工温度不宜过高,防止沥青的老化或焦化,适宜的施工温度通过试验确定。

二、沥青混合料的拌和生产质量控制

沥青混合料必须在沥青拌和厂(场、站)采用拌和机械拌制。

1. 沥青混合料拌和厂应具备的基本条件

拌和厂的设置除应符合国家有关环保、消防、安全等规定外,还应具备下列条件:

(1)拌和厂场地空旷、干燥,运输条件良好。各种集料必须分隔储存,细集料应设防雨顶棚,料场及场内道路应做硬化处理,严禁泥土污染集料。

(2)沥青应分品种、分标号密闭储存,各种矿料应分开堆放,不能混杂或遭受污染。

(3)具有良好的排水设施,有可靠的电力供应。

(4)配备有工地试验室,仪器设备能满足施工要求。

(5)固定式拌和站配置有运料车的称重设备(地磅)和自动记录装置。

(6)拌和厂与工地现场距离应充分考虑交通堵塞的可能,确保混合料的温度下降不超过要求,且不致因颠簸造成混合料离析。最大运输距离不宜大于30km。

2. 沥青混合料拌和设备基本要求

(1)热拌沥青混合料可采用间歇式拌和机或连续式拌和机拌制。各类拌和机均应有防止矿粉飞散损失的密封及除尘设备,并有检测拌和温度的装置。连续式拌和机所使用的集料必须重新筛分后入库储存,拌和机应具备根据含水量变化调整矿料上料比例、上料速度、沥青用量的装置。高速公路、一级公路的热拌沥青混合料宜采用间歇式拌和机拌和。一个工程从多处进料、来源或质量不稳定时,不得采用连续式拌和机。

(2)沥青混合料拌和设备必须进行定期检验。检验周期对固定式拌和设备为每年一次,对移动式拌和设备为开始生产前检验后每年一次。定期检验的项目包括:

①计量系统,感量不小于最大量称的0.5%,集料传感器的最小读数不大于1kg,沥青传感器的最小读数不大于0.5kg。应进行静态和运作状态的加载、卸载的全量程检测,全量程时的显示误差不应超过标称量度的1%。

②温度计,在加热至100℃、150℃、200℃的油浴中分别与标准温度计比较,记录显示温度的时间和实际温度的差,与标准温度之差不得超过5℃。

③沥青加入量,采用已知容量的容器检查,用实际接收量与设定时间的一次喷出量比较,连续检查的数量不宜少于1 000kg,误差不超过1%。

(3)间歇式拌和机应符合下列要求:

①拌和容量能符合施工进度及摊铺的要求,公称拌和能力与施工进度要求相匹配,能达到环保要求。

②冷料仓的数量能满足集料种类和掺配的需要,通常不宜少于5~6个。

③拌和机冷料供料装置的皮带运输机的速率、冷料仓的开启大小及振动电动机的频率与集料供料速度的关系经过标定,并具有集料供料曲线。

④拌和机二次筛分用的振动筛设置符合所拌和的沥青混合料规格要求,筛孔尺寸应与拌和的混合料类型相匹配,并参照标准筛孔与振动筛孔的对应关系选用,不同级配必须配置不同的筛孔组合,最大筛孔宜小于混合料的最大粒径,且略大于公称最大粒径,筛网不得有破损或变形,振动筛安装倾斜角应根据材料的可筛分性、振动能力等由试验确定。

⑤各种称重计量传感器经过标定,自动记录打印结构经过校验,保证各热料仓、矿粉、沥青称量记录数据及总量检验结果准确,温度显示系统正常,传感器使用中如有可疑情况应随时校验标定。

⑥沥青储存罐的数量和容积适当,加热炉的功率能满足沥青加热温度的要求。当使用成品改性沥青时应能保持搅拌状态。

⑦拌和楼沥青罐容积适当,随温度变化的不同稠度的沥青结合料的喷入速率必须经过标定,每次拌和的喷入沥青时间准确。

⑧拌和锅密封良好,没有细粉析漏。拌和机除尘装置完好,经除尘后能达到环保要求。

⑨具有其他为生产所需的附加设备,如纤维、消石灰等外掺剂的添加设备。

(4)拌和机操作人员必须具有相应的任职资格,非经许可,不得随意调整设定的数据,改变配合比及施工温度。拌和机应采用自动控制模式生产,当遇有异常情况时,应立即与拌和厂技术负责人及监理取得联系。

(5)工地试验室的试验人员必须符合相应的资格,所有的试验设备经过计量认证。工地试验室应具备进行各阶段沥青混合料配合比设计、原材料及沥青混合料质量检验的能力。

(6)热拌沥青混合料拌和设备的选型。通常在施工前根据所要完成的工程量和计划的工

期来选择拌和设备的生产能力和移动方式(固定式、半固定式和移动式),而且其生产能力应与摊铺能力相匹配,最好高于摊铺能力10%左右。对高等级公路沥青路面施工,应选用拌和能力较大的设备,宜选择拌和设备生产能力不少于300t/h。

(7)高速公路和一级公路施工用的间歇式拌和机须配备自打印设备,且经过严格的标定校核,确保数据的准确性。拌和前设定各料仓的要求配合比和施工温度,拌和过程中逐盘打印实际使用的沥青及各料仓的材料用量、沥青混合料数量、拌和温度等各种拌和参数,与设定的数据进行比较是否正常。每个台班结束时打印出一个台班的统计量,按动态控制方法,进行混合料生产质量及铺筑厚度的总量检验。遇有异常应立即停止拌和,分析原因。

(8)沥青材料采用导热油加热,沥青与集料的加热温度应调节到能使拌和的沥青混合料出厂温度符合施工要求,但沥青结合料的加热温度不得超过175℃,改性沥青结合料的加热温度不宜超过185℃。当混合料出厂温度过高,并影响沥青与集料的黏结力时,混合料不得使用,已铺筑的沥青路面应予铲除,混合料的废弃温度按表3-32执行。沥青混合料的出厂温度在取样平台上从运料车顶部或从运料车下部侧板上的测温孔插入深度15cm以上检测。

(9)拌和机的矿粉仓宜根据要求配备振动装置,防止矿粉仓起拱,使矿粉能自由流出。当需要添加消石灰、水泥等外掺剂时,宜增加粉料仓,也可由专用管线和螺旋升送器加入拌锅中,或事先与矿粉按比例混匀后一起加入,此时须注意外掺剂与矿粉的相对密度不同,防止在添加过程中发生离析。生产SMA混合料的拌和机宜增加矿粉添加设备,或将普通的矿粉投料口扩大,减少矿粉投入时间。

(10)拌和机必须有二级除尘装置,被抽吸的粉尘,较粗的部分经一级除尘后可直接回收进入料仓。细粉部分宜另配回收粉仓。对于高等级公路,尤其是高速公路的上面层应严格控制回收粉尘的利用。沥青混合料生产过程中必须查清被吸走损失的粉尘数量,保证混合料中有足够的矿粉。

3. 沥青混合料生产过程中的取样规定

(1)集料的取样应在集料原产地料场分规格品种从每种料的皮带运输机出料处取样。

(2)若在拌和厂的料堆上取样时,应在几个不同的位置、不同的高度取样混合得到,并与料场取样的结果比较。

(3)生产过程中从间歇式拌和机热料仓取集料样品时,宜采用专用设备从每个热料仓出口下方全断面随机取料。无专用设备时,至少应在正常生产一车混合料以后,将不加沥青的集料逐个开启热料仓在下方用装载机接料,倒在水泥地上拌和均匀后按四分法取样。取样过程中必须慎防粉料的散失。

(4)从运料车上取沥青混合料样品时,应按《公路工程沥青及沥青混合料试验规程》(JTJ 052—2000)沥青混合料取样方法T 0701,在专用的高架平台上从运料车上部采集一定深度下的样品。

(5)集料和混合料的取样筛分都必须是3次(或3车)以上试验结果的平均值。

4. 沥青混合料拌和基本要求

沥青混合料拌和时间应以混合料拌和均匀、所有矿料颗粒全部裹覆结合料为度,并经试拌确定。对沥青混合料拌和基本要求如下:

(1)拌和时间取决于施工气温、材料的湿度、集料粒径、沥青用量和拌和机能力。在寒冷季节,对潮湿、粒径较粗、表面粗糙的集料、沥青用量较少的混合料要求有较长的拌和时间,反之可缩短拌和时间。

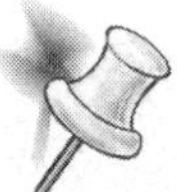

(2)每天开工的头几锅混合料,应适当延长拌和时间,提高拌和温度。

(3)间歇式拌和机每锅拌和时间宜不少于40s(其中干拌时间不得少于5s)。

(4)连续式拌和机的拌和时间由上料速度及拌和温度调节。

(5)拌和改性沥青混合料和SMA混合料时,拌和时间应根据情况适当延长。

(6)对生产改性沥青混合料或SMA混合料的生产率降低的影响,应在计算拌和能力时充分考虑到,以免造成停顿影响摊铺。

(7)拌和厂拌和的沥青混合料应均匀一致,无花白料、无结团成块或严重的粗细料分离现象,不符合要求时不得使用,并应及时调整。

5. 生产SMA混合料基本要求

(1)拌和机必须配备有纤维稳定剂投料装置,根据纤维的品种和形状的不同,可选择采用适当的方式与拌和周期同步添加,纤维不加热,在拌和过程中必须充分分散,与沥青混合料拌和均匀。

(2)松散的絮状纤维宜采用风送设备自动打散上料,并在喷入沥青的同时或稍后喷入拌和锅内与沥青混合料拌和,拌和时间一般需要延长5s以上。

(3)颗粒纤维宜采用专用设备自动上料,纤维应在粗集料投入的同时加入,经5~8s的干拌,再投入矿粉,总的干拌时间应比普通沥青混合料增加5~10s。

(4)当工程量很小,且缺乏机械添加纤维设备,只能由人工添加时,颗粒纤维可将每拌一锅所需的数量换算成体积由人工量取直接投入拌和缸中拌和;絮状纤维可预先分装成塑料小包,按照每拌一锅混合料需要的数量,添加一包或两包,包装纤维用的塑料袋应能在拌和过程中遇热熔化。

(5)拌和SMA混合料的拌和机应有良好的密闭性,防止纤维、石粉飞扬而影响添加数量。

6. 沥青混合料拌和注意事项

间隙式拌和机应设置成品储料仓,并具有良好的保温性能。拌好的沥青混合料不立即铺筑时,可放入储料仓储存,允许的储存时间应以符合摊铺温度要求为准。对普通沥青混合料的储存时间不得超过72h,对改性沥青混合料的储存时间不宜超过24h,对SMA混合料只限当天使用,OGFC混合料宜随拌随用。混合料在储存期间的温降不应超过10℃。如发现因储存而引起结合料老化、滴漏、混合料降温过多或有其他影响产品质量的情况时,应予废弃,并找出原因,采取纠正措施。

沥青混合料出厂时应逐车检测沥青混合料的质量和温度,记录出厂时间,签发一式三份的运料单:一份存拌和厂,一份交摊铺现场,一份交驾驶员。

7. 沥青混合料拌和中可能出现的问题和原因

造成沥青混合料拌和质量缺陷的原因十分复杂,表3-34列出了沥青混合料拌和中可能出现的问题及原因,帮助沥青混合料拌和厂技术人员有效地控制生产质量。

三、沥青混合料的运输与摊铺施工质量控制

1. 沥青混合料运输控制要求

(1)热拌沥青混合料宜采用较大吨位的运料车运输,但不得超载运输或紧急制动、急弯掉头,以防破坏基层或透层、封层。运料车厢的各个侧面和底面必须采用金属板制作,每次使用前后必须清扫干净。为了防止沥青混合料与车厢板黏结,车厢侧板和底板可涂一层适宜的薄隔离剂,若掺加表面活性剂或少量柴油的油水混合液,不得有余液积聚在车厢底部。

沥青混合料拌和中可能出现的问题及原因　　表 3-34

质量缺陷 / 原因分析	沥青含量不符合要求	集料等级不符合要求	混合料中细集料过量	无法保持均匀的温度	料车载重与一锅质量不符合	料车中沥青混合料呈游离状态	料车中混合料粉尘呈游离状态	粗集料未被沥青裹覆	料车内混合料不均匀	料车一边混合料沥青过量	料车内混合料无光泽	混合料明显老化	混合料呈深褐色或深灰色	混合料中沥青过量	料车内沥青混合料冒烟	料车内沥青混合料冒水蒸气	料车内沥青混合料色泽灰暗
	适用设备类型																
矿料含水量过大				A				A					A			A	
料仓分隔不严		A	A														
矿料进料口设置不当	A	A	A														
烘干机超负荷运行				A				A					A			A	
烘干机位置太陡				A				A					A			A	
烘干机操作不当				A				A			A	A	A		A	A	A
温度指示器未调准				A				A				A	A		A	A	A
矿料温度过高				A								A			A		A
筛网破损		B															
筛网工作故障		B	B						B				B				
溢料溜槽失灵		B	B						B								
料斗渗漏		B	B		B				A								
料斗内矿料离析		A	A						A								
筛网超载(料过满)		A	A						A								
矿料规格未作调整	B	B	B		B	B			B					B			
矿料不准	B	B	B		B	B			B					B			
矿粉供料不均		B	B						B					B			
热料斗矿料不足		A	A						A					A			
称量次序不对							B		B	B							
沥青用量不足	A							A					A				A
沥青用量过多	A					A					A			A			
矿料中沥青分布不均	A					A		A	A	A	A			A			
沥青称量不准	B					B		B	B		B		B	B			
沥青计量器不准	C					C		C	C		C		C	C			
一拌数量过多或过少	B	B	B		B	B		B		B	B		B	B			
拌和时间不适	B		B					B	B	B							
出料口安装不当或叶片破	B	B				B		B	B	B							
卸料口故障		B					B		B								
沥青和矿料供料不协调	C	C	C			C		C	C		C		C	C			
料斗中混入灰尘		B	B					B									A
拌和设备作业不稳定				A			A	A	A	A	A	A	A	A	A	A	A
取样错误		A	A	A													

注:A-适用于传统间歇式拌和设备和滚筒式拌和设备;B-适用于传统间歇式拌和设备;C-适用于滚筒式拌和设备。

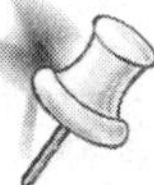

(2)从拌和机向运料车上装料时,应分前、后、中三次挪动汽车位置,平衡装料,以减少粗(细)集料的离析现象。

(3)运料车应备有覆盖篷布,除夏季高温施工,且运输时间短于0.5h时,通常应加以覆盖,用以保温、防雨、防污染。对SMA或改性沥青混合料,运料车在任何情况下都宜加盖苫布,有条件时应采用具有保温功能的运料车。

(4)运料车进入摊铺现场时,轮胎上不得沾有泥土等可能污染路面的脏物,否则宜设水池洗净轮胎后进入工程现场。沥青混合料在摊铺地点凭运料单接收,并检查拌和质量。若混合料不符合施工温度要求,或已经结成团块、已遭雨淋的不得铺筑。

(5)沥青混合料运输车的运量应较拌和能力或摊铺速度有所富余,施工过程中摊铺机前方应有运料车在等候。对高速公路、一级公路,宜待候卸料的运料车多于5辆后开始摊铺。

(6)连续摊铺过程中,运料车应在摊铺机前100~300mm处停住,空挡等候,由摊铺机推动前进开始缓缓卸料,避免撞击摊铺机。在有条件时,运料车可将混合料卸入转运车经二次拌和后向摊铺机连续均匀地供料。

(7)运料车卸料必须倒净,尤其是对改性沥青或SMA混合料,如发现有剩余,应及时清除,防止硬结。

(8)SMA及OGFC混合料在运输、等候及铺筑过程中,如发现有沥青结合料沿车厢板滴漏,应分析原因,并立即采取适当减少沥青用量或增加纤维数量等措施。

2. 沥青混合料摊铺前准备要求

(1)铺筑沥青混合料前,应检查确认下承层的质量。当下承层质量不符合要求,或未按规定洒布透层、粘层、铺筑下封层时,不得铺筑沥青面层。

(2)对于SMA或改性沥青混合料,宜使用履带式摊铺机铺筑。摊铺机的受料斗应涂刷薄层隔离剂或防黏结剂。

(3)对高速公路、一级公路,一台摊铺机的铺筑宽度,双车道不宜超过6m,三车道不宜超过7.5m。通常应采用两台以上相同型号的摊铺机前后错开10~20m,保证两台摊铺机铺筑的混合料温度接近,不致影响热接缝的碾压效果。成梯队作业联合摊铺,两幅搭接位置宜躲开车道的轮迹带,相邻两幅之间应有3~6cm宽度的搭接,上下两层的搭接位置宜错开20cm以上。

3. 沥青混合料摊铺过程质量控制

(1)摊铺机必须在开始铺筑前提前0.5~1h利用燃油、燃气或电对熨平板预热,加热温度视气温情况确定,气温低时应加热温度高些,通常宜加热至100℃以上。铺筑SMA及改性沥青混合料时,预热温度宜适当提高。每天施工开始阶段宜采用较高温度的混合料,使摊铺机温度尽快升高至正常情况。

(2)摊铺机采用自动找平时,下面层或基层宜采用一侧的钢丝绳引导的高程控制方式,上面层应采用摊铺层前后保持相同高差的平衡梁或雪橇式摊铺厚度控制方式,中面层根据情况选用找平方式。采用直接接触式平衡梁时,轮子不得黏附沥青,必要时可涂刷少许油水混合物。铺筑改性沥青或SMA路面时宜采用非接触式平衡梁。经摊铺机初步压实的摊铺层应符合平整度、横坡的要求。

(3)热拌沥青混合料的摊铺温度应符合规范有关规定的要求,并应根据沥青标号、黏度、气温、摊铺层厚度选用。对改性沥青混合料或SMA混合料,应比普通沥青混合料提高摊铺温度10~20℃。混合料的摊铺温度在运料车卸料到摊铺机的料斗后,或在摊铺机的两侧摊铺料

上测量。

(4)铺筑热拌沥青混合料的施工条件取决于铺筑层厚度、气温、风速及地表温度。高速公路和一级公路铺筑沥青混合料的允许最低气温为10℃,其他等级公路为5℃。不同地面温度条件下,不同厚度摊铺层的混合料最低铺筑温度应符合表3-35的要求。遇有大风降温天气,不能保证迅速压实沥青层时,不得铺筑沥青混合料。

沥青混合料的最低摊铺温度　　表3-35

下卧层的表面温度(℃)	相应于下列不同摊铺层厚度的最低摊铺温度(℃)					
	普通沥青混合料			改性沥青混合料或SMA沥青混合料		
	<50m	50~80mm	>80mm	<50mm	50~80mm	>80mm
<5	不允许	不允许	140	不允许	不允许	不允许
5~10	不允许	140	135	不允许	不允许	不允许
10~15	145	138	132	165	155	150
15~20	140	135	130	158	150	145
20~25	138	132	128	153	147	143
25~30	132	130	126	147	145	141
>30	130	125	124	145	140	139

(5)在临近允许最低温度情况下铺筑沥青混合料时,应按低温施工要求采取措施。

①提高混合料拌和温度,使其符合低温铺筑温度的要求。

②运料车必须覆盖保温,直至卸料前方可揭去苫布。

③采用高压实功能的摊铺机,熨平板应加热,降低摊铺机速度。

④提高碾压开始温度,摊铺后紧接着碾压,增加压路机台数,缩短碾压长度。

(6)沥青混合料的松铺系数应根据实际的混合料类型、施工机械和施工工艺等,由试铺试压方法或根据试验确定,表3-36的松铺系数仅供初始铺筑时选用。

沥青混合料的松铺系数　　表3-36

种　类	机械摊铺	人工摊铺
沥青混凝土混合料	1.15~1.35	1.25~1.50
沥青碎石混合料	1.15~1.30	1.20~1.45
SMA混合料	1.05~1.20	—

摊铺过程中应随时检查摊铺层厚度及路拱、横坡,并按下式由使用的混合料总量与面积校验平均厚度,不符合要求时应根据铺筑情况及时进行调整。

$$T = 100M/(D \times L \times W)$$

式中:T——摊铺层压实成型的平均厚度(cm);

D——压实成型后沥青混合料的平均密度,由室内试验的标准密度与压实度计算得到(t/m^3);

L——摊铺段长度(m);

M——摊铺段的沥青混合料总质量,由拌和厂提供(t);

W——摊铺层宽度(m)。

(7)摊铺机的摊铺工艺必须按摊铺机的操作规程进行。应缓慢、均匀、连续不间断地摊

铺,提高摊铺平整度。当所摊铺的混合料出现明显的离析、波浪、裂缝、疤痕时,应分析原因,予以消除。

①摊铺过程中,摊铺机不得随意变换速度或中途停顿。

②摊铺速度应根据拌和机产量、施工机械配套情况及摊铺厚度、宽度按下式确定,并应符合2~6m/min的要求。对改性沥青及SMA混合料宜采用较慢的摊铺速度,通常不超过3m/min,容许放慢到1~2m/min。

$$v=[100Q/(60D\times W\times T)]\times C$$

式中:v——摊铺机摊铺速度(m/min);

D——压实成型后沥青混合料的平均密度,由室内试验的标准密度与压实度计算得到(t/m^3);

Q——拌和机的实际产量(t/h);

W——摊铺宽度(m);

T——摊铺层压实成型后的平均厚度(cm);

C——效率系数,根据材料供应、运输能力等配套情况确定,宜为0.6~0.8。

③在铺筑过程中,应根据混合料的类型、集料尺寸、厚度等情况选择熨平板的振动、捣实或两种并用等压实手段,采用适宜的振动频率和振幅,以提高初始压实度。

④摊铺机的螺旋送料器应相应于摊铺速度调整到保持一个稳定的速度均衡地转动,不宜时转动时停顿,两侧应保持有不少于送料器2/3高度的混合料,以减少在摊铺过程中混合料的离析。当熨平板按所需厚度固定后,不得随意调整。

⑤在一台运料车卸完开出后,摊铺机操作人员应不等受料仓内的混合料全部用完就将其折起回收,并立即准备接受下一台运料车卸料。

4. 摊铺注意事项

(1)用机械摊铺的混合料,不得用人工反复修整。当出现下列情况时,可用人工作局部找补或更换混合料,并及时调整熨平板的密度、横坡。

①构造物接头部位缺料。

②摊铺带边缘局部缺料。

③表面明显不平整。

④局部混合料明显离析。

⑤摊铺机后有明显的拖痕,混合料中有杂物、石块。

⑥接缝未处理好,有明显痕迹。

(2)当出现摊铺机供料跟不上摊铺需要的特殊情况时,宜采用运料车集中等候、集中摊铺的方式,尽量减少摊铺机的停顿次数。此时摊铺机每次均应将剩余的混合料铺完,做好临时接头。如等料时间过长,混合料温度降低,表面结硬成硬壳,影响继续摊铺时,必须将硬壳铲除。

(3)在路面狭窄部分、平曲线半径过小的匝道或加宽部分,以及小规模工程不能采用摊铺机铺筑时可用人工摊铺沥青混合料。摊铺时,应符合下列要求:

①半幅施工时,路中一侧宜事先设置挡板。

②沥青混合料宜卸在铁板上,摊铺时扣锹摊铺,铁锨等工具宜沾防黏剂或加热后使用。

③边摊铺边用刮板整平,刮平时应轻重一致,往返刮2~3次达到平整即可,不得反复撒料反复刮平引起粗集料离析。

④摊铺不得中途停顿。摊铺好的沥青混合料应紧接着进行碾压。如因故不能及时碾压或遇雨时,应立即停止摊铺,并对已卸下的沥青混合料覆盖苫布保温。

⑤低温施工时,每次卸下的混合料应以苫布覆盖。

(4)人工找补或更换混合料应在现场主管人员指导下进行。缺陷较严重的,应整层铲除。

(5)在雨季铺筑沥青路面时,已摊铺的沥青层因遇雨未经压实的应予铲除。

5. 摊铺中的质量缺陷及防治对策

摊铺中常见的质量缺陷主要有:厚度不准、平整度差(小波浪、台阶)、混合料离析、裂纹、拉沟等。产生这些质量缺陷的原因有:机械本身的调整、摊铺机的操作和混合料的质量等方面,如表 3-37 所示。

铺层各种缺陷产生的原因　　表 3-37

原因＼铺面缺陷		裂纹	拉沟	小波浪	混合料离析
混合料	200 号以下石料过多(0.074mm)	√			
	温度不当	√			
	沥青含量过多或过少		√		
	矿粉含量不足		√		
	集料的尺寸与摊铺厚度不协调		√		
	砂未完全烘干	√			
摊铺机的操作	受料斗两翼板上积料过多				√
	受料斗两翼板翻动过速				√
	供料系统速度忽快忽慢			√	
	机械猛烈起步和紧急制动	√		√	
	摊铺速度快慢不匀			√	
	行走装置打滑			√	
摊铺机的调整	熨平板的工作迎角调整过量			√	
	振捣梁与熨平板的相互位置调整不当		√		
	振捣梁、熨平板底面磨损		√		
	刮料护板安装不当	√	√		
	各部分的驱动链条松紧度未调好			√	
	发动机调速器未调好			√	

为了防止和消除在施工中可能发生的各种质量缺陷,应注意以下几点:

(1)波浪形基层的摊铺,不必考虑摊铺厚度的均一性,实际的混合料用量应比理论计算的要多。在波浪地段,即使摊铺得很严整,在碾压后仍会出现与基层相似的波形。因此对有大波浪的基层应在其凹陷处预先铺上一层混合料,并予以压实。在平整度较差的地段摊铺联结层和面层时,应预先测好各点铺层的高程,把厚度调节器调整到与各点高程相适应的位置。但要求达到更高平整度时,最好采用自动调平装置。

(2)摊铺机的操作及本身的调整对摊铺质量影响很大。摊铺机速度的改变会导致摊铺厚度的变化。为了保持恒定的摊铺厚度,当速度变快时,厚度调节器应稍微向右(增加厚度方向)转动。当速度减慢时,则稍微向左(减小厚度的方向)转动。其调整量还应依混合料种类的不同而不同。转动厚度调节器时,每次不应超过 1/4 圈,一般尽量避免转动它(除非发现了严重的凹凸与波浪),因为利用熨平装置的自动调平能力可能比转动厚度调节器去调整更

好些。

振捣梁捣实混合料，同时混合料对熨平板有一定支承的作用，如果工作不正常，会改变混合料的支承能力，从而使摊铺厚度发生变化，铺层出现不平。振捣梁的底面比熨平板底面低得太多时，熨平板的边缘容易黏附混合料，这样熨平板底面就不能全部用来压实混合料，而使铺层易形成裂纹和拉沟。如果振捣梁的底面过高时，熨平板底板容易磨损。振捣梁的底面应调整到比熨平板底面低0.4~0.5mm为宜。

熨平板底面磨损或严重变形时，铺层容易产生裂纹和拉沟，故应及时更换。有时熨平板的工作迎角太小，也会使铺层的两边形成裂纹或拉沟。在这种情况下，可调整熨平板的前缘拱度，并在试铺过程中应多次调整，直到能铺出具有良好的铺层为止。如果多次调整仍不能消除上述缺陷，就应该更换熨平板的底板。

(3)沥青混合料的性质也是影响摊铺质量的主要原因。混合料的性质不稳定，易使摊铺厚度发生变化。如温度过高，沥青量过多，矿粉掺量过多等都会使铺层变薄。

混合料中的沥青与矿粉过量会减小其承载能力，所以熨平板的工作迎角应增大，使铺层增厚一些。这种混合料还容易受温度的影响。一般温度应控制在140~160℃的范围内，当高于此范围时，混合料变软而支承力大大降低。温度过低时，混合料又会变硬。此外，在混合料搅拌以及运输过程中，如管理不当都会使其性质发生变化，从而影响铺层厚度。所以，此时应根据混合料性质的变化及时改变熨平板的工作迎角。此种变化可从铺层厚度突然变化中觉察到。含沥青、矿粉及小于0.074mm的石屑较多的混合料都比较难铺，在摊铺过程中，铺层厚度变化也较频繁，应予以足够的重视。

当矿料中的大颗粒尺寸大于摊铺厚度时，在摊铺过程中该大颗粒将被熨平板拖着滚动，使铺层产生裂纹、拉沟等。所以应严格控制矿料粒径，使其最大粒径小于摊铺厚度的一半。

混合料的配比不当，会产生全铺层的裂缝。因为振捣梁在摊铺过程中对混合料进行捣实的同时，还要将它向前推移，如果混合料的大颗粒过多，就会出现全铺层的大裂缝。为了消除这种裂缝，有时可将熨平板加热进行热熨，但大多数情况需要改变混合料的配比。

(4)其他因素。轮胎摊铺机气压超限(一般为0.5~0.55MPa)，摊铺机易打滑；气压过低，机体会随受料质量变化而上下变动，使铺层出现波浪。履带式摊铺机履带松紧超限将导致摊铺速度发生脉冲，进而使铺面形成搓板。履带或轮胎的行驶线上因卸料而撒落的粒料未清除，该部分摊铺厚度易突变。被顶摊的料车刹车太紧，使摊铺机负荷增大，或料车倒退撞击摊铺机或单侧轮接触、另一侧轮脱空等会引起速度变化或偏载，使铺面出现凸楞。施工中往往第一、二车料质量较差，注意取舍或调剂使用。自动熨平装置运用中，挂线不紧，中间出现挠度，会引起铺层波浪。采用冷接茬法摊铺时，其纵向接茬由于密实度不够，行车不久往往会产生坑洼和裂缝。因此必须注意接茬的重叠量，并在前一条摊铺带未被弄脏或变形之前就摊铺后一条。以上因素，在施工中加以注意，缺陷是能够避免的。

四、沥青路面碾压质量控制

压实是沥青路面施工的最后一道工序，若采用了优质的筑路材料、精良的拌和与摊铺设备及良好的施工技术，摊铺出了较理想的混合料层，而良好的路面质量最终要通过碾压来体现。如果碾压中出现任何质量缺陷，必将前功尽弃。因此，必须重视压实工作。

压实的目的是提高沥青混合料的强度、稳定性以及疲劳特性。研究表明，在渠化交通条件下，若压实不足，会出现车辙。10.2cm厚的沥青混凝土路面，其压实度为95%，当其渠化交通

进一步压实至100%时，将产生5mm的车辙深度；标准压实度相应的空隙率增加1%，疲劳寿命将要降低约35%，压实度每降低1%，沥青混合料的渗透性提高两倍，压实不足，导致空隙率增大，从而加速沥青混合料的老化；过压将会使矿料破碎而使压实度反而降低或空隙率过小，易出现泛油和失稳，影响路面的强度与稳定性。因此，必须合理地进行碾压。

1. 沥青路面碾压机械的选型与组合

(1)压实成型的沥青路面应符合压实度及平整度的要求。沥青混合料压实层的最小厚度应符合有关规定的要求，沥青混合料的压实层最大厚度不宜大于100mm，沥青类基层混合料的压实层厚度不宜大于120mm，若采用大功率压路机且经试验证明能达到要求压实度时允许增大到150mm。

(2)道路沥青混合料压实机械有如下几个方面：

①钢筒式压路机：双轮的静质量为6～15t(或关闭振动的振动压路机)，适宜于压实层较薄的情况，常用于初压和终压；三轮的静质量为8～12t(轻型)或12t以上(重型)，适用于压实层较薄沥青层的复压和终压。

②轮胎压路机：静质量为12～25t(轻型)或22～25t以上(重型)，可加载调节质量，适用于不同厚度的沥青层，常用于复压。

③振动压路机：静质量为2～13t(轻型)或13t以上(重型)，频率与振幅可调，关闭振动可作为静碾使用，开启振动时常适用于压实层较厚的沥青层。

④手扶式小型振动压路机：静质量为1～2t，适用于路面边缘通常压路机无法碾压的部位作补充碾压。

⑤振动夯板：静质量不小于180kg，振动频率不小于3 000次/min，适用于路面边缘通常压路机无法碾压的部位作补充碾压。

⑥人工热夯，适用于接缝、路边缘熨平使用。

(3)沥青路面碾压机械的选型与组合宜结合工程实际，选择压路机种类、大小和数量，应考虑摊铺机的生产率、混合料特性、摊铺厚度、施工现场的具体条件等因素。选择合理的压路机组合方式及碾压步骤，以达到最佳碾压效果。

摊铺机的生产率决定了需要压实的能力，从而影响了压路机大小和数量的选用，而混合料的特性则为选择压路机的大小、最佳频率与振幅提供了依据。如混合料矿料含量的增加或最大尺寸的增大，都会使其工作度下降，要达到要求的密实度就需要较大压实能力的压路机。沥青稠度高时，也是如此。选择压路机质量和振幅，应与摊铺层厚度相适应，摊铺层厚度小于6cm，最好使用振幅为0.35～0.6mm的中小型振动压路机(2～6t)，这样，就可避免材料出现堆料、波浪、压坏集料等现象。在压实较厚的摊铺层(厚度大于10cm)时，使用高振幅(可高达1.00mm)的大、中型振动压路机(6～10t)。压路机的选择必须考虑施工现场的具体情况，若有陡坡、转弯的路段应考虑压路机操作的机动灵活性。

压路机的需要量是根据合同范围确定。但在工程开始时，难以得知压实遍数。因为混合料的冷却速率及其他因素难以确定。因此，只有在摊铺初期通过仔细观察、测量和试验才能得出，一般要求压路机尽可能尾随摊铺机。在混合料温度、厚度、下承层温度变化的条件下，研究混合料冷却速率表明：利用温度参数可以相当准确地估算有效压实时间。所谓有效压实时间是指混合料从摊铺后的温度冷却至最低压实温度所需的时间，这种有效时间的估计可帮助工地工程技术人员确定需要多少台压路机。

压路机的数量应根据与铺筑速度匹配的原则，由压路机的碾压宽度、速度、要求的碾压遍数

按下式计算确定。车道数多的应多准备压路机数量，铺筑双车道高速公路沥青路面的压路机数量不宜少于4～5台；铺筑改性沥青路面或SMA路面时，压路机的数量不宜少于5台。施工气温低、风大、铺筑速度快，或碾压层较薄，碾压降温较快的粗混合料时，压路机数量应适当增加。

$$K = (T\times v)/(S\times B/2)\times n\times C$$

式中：K——需要的压路机台数；

n——要求碾压的遍数，以全幅碾压一个往返为1遍；

S——压路机的速度（m/min）；

v——摊铺机摊铺速度（m/min）；

T——路幅宽度（m）；

B——压路机的有效碾压宽度，对刚性碾，B为碾压轮宽的2/3；对轮胎碾，B为1/2轮宽；对振动碾，B为轮宽减去0.2m；

C——考虑碾压条件以及压路机加水、休息、故障而预留的富余系数，可取1.2～1.5。

例如，沈大高速公路某施工队碾压机械组合见表3-38。考虑了压实温度的要求和摊铺机生产率后提出与气温相应的碾压长度为：常温时（15℃左右）40～50m；偏低时（<10℃）20～40m；偏高时（>20℃）50～80m；高温时（>30℃）100m左右。

碾压机具组合 表3-38

碾压流程	型　号	台　数	轮宽(m)	碾压速度(km/h)
初压	2Y8/10双轮压路机	2	1.25	3.6
复压	YL9-16轮胎压路机	1	2	5.0
	3Y12/15三轮压路机	2	2×0.53	4.5
终压	2Y8/10双轮压路机	2	1.25	3.6

2. 沥青路面碾压作业程序质量控制

沥青路面碾压作业程序，分为初压、复压和终压三道工序。初压的目的是整平和稳定混合料，并为复压创造有利条件，是压实的基础，因此要注意压实的平整性；复压的目的是使混合料密实、稳定、成型，混合料的密实程度取决于这一道工序，因此复压必须与初压紧密衔接，且一般采用重型压路机；终压的目的是消除轮迹，最后形成平整的压实面，因此，这道工序不宜采用重型压路机在高温下完成，否则，会影响平整度。当然，为保证压实表面的平整、密实及外形规则，碾压作业亦应按一定的要求进行，并对未压实的边角应辅以小型机具压实。

1）沥青混合料压实按初压、复压、终压三个阶段进行

压路机应慢而均匀的速度碾压，压路机的碾压速度应符合表3-39的规定。

压路机碾压速度（km/h） 表3-39

压路机类型	初　压		复　压		终　压	
	适宜	最大	适宜	最大	适宜	最大
钢筒式压路机	2～3	4	3～5	6	3～6	6
轮胎压路机	2～3	4	3～5	6	4～6	8
振动压路机	2～3 （静压或振动）	3 （静压或振动）	3～4.5 （振动）	5 （振动）	3～6 （静压）	6 （静压）

2）沥青路面初压阶段质量控制

（1）初压应紧跟在混合料摊铺机后在较高温度下进行，并保持较短的初压长度以尽快使

表面压实,减少热量散失。但不得产生推移和裂缝。开始压实的温度应根据混合料类型与软硬程度、压路机类型、气温、铺筑层厚度,按有关规定经试铺试压确定。对摊铺机摊铺宽度较窄,且摊铺机振捣能力较强,摊铺后初始压实度较大,经实践证明采用振动压路机或轮胎压路机直接碾压无严重推移而有良好效果时,可免去初压直接进入复压工序。

(2)初压应采用钢轮压路机静压或振动压路机关闭振动方式从外侧向中心碾压,在外侧有超高的路段则由低向高碾压,在坡道上应将驱动轮从低处向高处碾压。相邻碾压带应重叠1/3～1/2轮宽,压完全幅为一遍。当边缘有挡板、路缘石、路肩等支挡时,应紧靠支挡碾压。当边缘无支挡时,可用耙子将边缘的混合料稍稍耙高,然后将压路机的外侧轮伸出边缘10cm以上碾压。也可在边缘先空出宽30～40cm,待压完第一遍后,使压路机大部分重力位于已压实过的混合料面上后再压边缘,以减少边缘向外推移。

(3)初压宜碾压1～2遍,其线压力不宜小于35N/mm。初压后应检查平整度、路拱,必要时应修整,但通常不宜在表面撒料找补。

(4)碾压时应将驱动轮面向摊铺机,如图3-7所示。但在坡道上碾压时应将驱动轮放在低处,推向高处碾压。碾压路线及碾压方向不应突然改变而导致混合料产生推移。压路机起动、停止应减速缓慢进行。

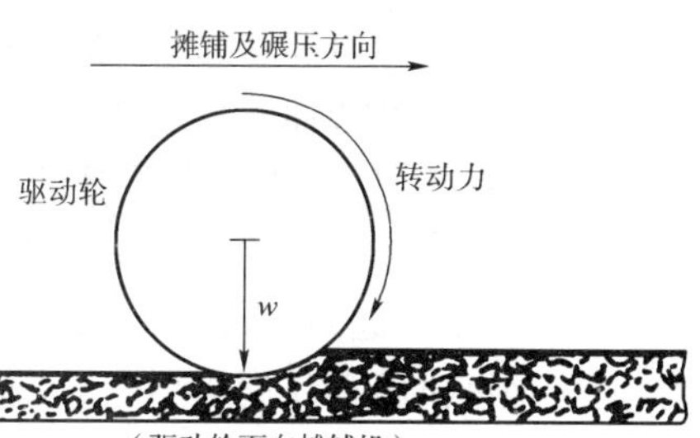

图3-7　压路机的碾压方向

(5)对SMA混合料,碾压应紧跟在摊铺机后高温状态下开始碾压,不得等候。如发现SMA混合料高温碾压时有推拥现象,应复查其级配是否合适。碾压温度应符合要求。

(6)对改性沥青混合料或SMA混合料,初压的长度应缩短,且与摊铺机的速度匹配,以尽快使表面压实,减少热量散失,一般不宜大于10～20m。

3)沥青路面复压阶段质量控制

(1)复压应紧跟在初压后开始,且不得随意停顿。压路机碾压段的总长度应尽量缩短,通常不超过60～80m。采用不同型号的压路机组合碾压时宜安排每一台压路机做全幅碾压。防止不同压实功能的压路机固定在断面的不同部位压实导致压实度不均匀。

(2)密级配沥青混凝土的复压宜优先采用重型的轮胎压路机进行搓揉碾压,增加密水性,其总质量不宜小于25t,每个轮胎的压力不小于15kN,冷态时轮胎充气压力不小于0.55MPa,且各个轮胎的气压大体相同;吨位不足时宜附加重物或提高轮胎充气压力至0.6MPa以上,相邻碾压带应重叠1/3或1/2的碾压轮宽度。总碾压遍数由试压确定,且不宜少于4～6遍。使复压后路面达到要求的压实度,且无显著轮迹。

(3)以粗集料为主或集料粒径较大的沥青混合料,尤其是大粒径的沥青稳定碎石基层,宜优先采用振动压路机作复压。当采用振动压路机时,振动频率宜为35～50Hz,振幅宜为0.3～0.8mm,并应根据混合料种类、温度和层厚选用。厚度小于30mm的超薄型路面不宜采用振动压路机碾压。层厚较大时选用较小的频率和较大的振幅,以产生较大的激振力,厚度较薄时宜采用高频低振幅的方法。相邻碾压带重叠宽度为10～20cm。振动压路机倒车时应先停止振动,并在向另一方向运动后再开始振动,并应避免混合料形成鼓包。在坡道上碾压时,下坡宜关闭振动碾压。为防止碾压过程中集料过分压碎,振动压路机的压实温度不宜低于100℃。振动压路机的碾压速度按下式计算,冲击间距通过振幅调节,应控制在0.3m/次以内。

$$v(\text{km/h}) = \text{振动频率}\ N(\text{次/s}) \times \text{冲击间距}\ L(\text{m/次}) \times 3.6$$

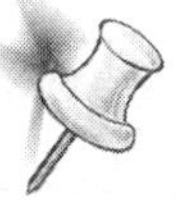

(4)当采用三轮钢筒式压路机时,总质量不宜小于12t,相邻碾压带应重叠后轮的1/2宽度,并不应少于20cm。开级配沥青混凝土宜采用小于12t的钢筒式压路机碾压。

(5)为防止轮胎压路机黏附混合料,应尽可能在高温状态下碾压,同时在采用轮胎压路机和振动压路机组合方式作复压时,宜先将轮胎压路机放在振动压路机前面压热混合料,待轮胎发热不再粘轮时调整到振动压路机后面作搓揉压实。

(6)对路面边缘、加宽及港湾式停车带等大型压路机难于碾压的部位,宜采用小型振动压路机或振动夯板作为补充碾压。对雨水井与各种检查井的边缘还应用人工夯锤、热烙铁补充压实。

4)沥青路面终压阶段质量控制

终压应紧接在复压后进行。终压可选用双轮钢筒式压路机或关闭振动的振动压路机碾压,不宜少于2遍,至无明显轮迹为止。对改性沥青混合料和SMA混合料,应根据混合料的降温速率掌握好碾压时间,如经振动压路机复压后已无明显轮迹时可免去终压。

5)SMA与OGFC路面的压实质量控制

(1)SMA路面宜采用振动压路机或钢筒式压路机碾压,振动压路机或钢筒式压路机的碾压速度通常不宜超过5km/h。采用振动压路机碾压时应遵循“紧跟、慢压、高频、低幅”的原则,即压路机紧跟在摊铺机后面,采取高频率、低振幅的方式慢速碾压。如发现SMA混合料高温碾压有推拥现象,应复查其级配是否合适。

(2)通常不宜采用轮胎压路机碾压,以防搓揉作用将沥青结合料挤到表面。在沥青用量较低等特殊情况下,经试验证明采用轮胎压路机碾压不会产生沥青结合料上浮,且有良好效果时,允许采用轮胎压路机碾压,但必须得到主管部门批准。

(3)不得在碾压终了温度以下反复碾压,以防止石料棱角磨损、压碎,破坏集料嵌挤。如碾压过程中发现有沥青玛蹄脂部分上浮,或石料压碎、棱角明显磨损等过碾现象时,碾压即应停止。

(4)OGFC路面宜采用小于12t的钢筒式压路机碾压。

3. 沥青路面碾压注意事项

(1)碾压轮在碾压过程中应保持清洁,有混合料粘轮应立即清除。对钢轮可涂刷隔离剂或防黏结剂,但严禁刷柴油。当采用向碾压轮喷水(可添加少量表面活性剂)的方式时,必须严格控制喷水量且成雾状,不得漫流,以防混合料降温过快。轮胎压路机开始碾压阶段,可适当烘烤、涂刷少量隔离剂或防黏结剂,也可少量喷水,并先到高温区碾压使轮胎尽快升温,之后停止洒水。轮胎压路机轮胎外围宜加设围裙保温。

(2)压路机不得在未碾压成型并冷却的路段上转向、掉头、加水或停留。振动压路机在已成型的路面上行驶时应停止振动。在当天成型的路面上,不得停放各种机械设备或车辆,不得撒落矿料、油料等杂物。路面发现有油污染的部位应挖除。

(3)如遇沥青混合料在某些温度条件下碾压难于稳定,宜采用振动压路机初碾,尽快采用轮胎压路机在降低至不稳定温度区之前完成碾压,也可直接采用轮胎压路机在高温时完成初压及复压,不得已时在混合料降温至不稳定温度区之后完成终压,但不宜采用振动压路机进行较低温度的碾压。

(4)压路机在碾压过程中宜横向错开排列成梯队压实,不宜采用首尾相接的纵列方式。压路机的碾压段长度应与摊铺速度相适应,并保持大体稳定。压路机每次折回的位置应成台阶形的随摊铺机的前进而向前推进,每一层的每一台压路机的折回处都不得发生在同一横断

面上。在摊铺机连续摊铺的过程中,压路机不得随意停顿。压路机碾压的总长度应尽量缩短,通常不超过80～100m。

(5)在匝道等小半径大纵坡的路段上碾压,有可能出现推移情况时,宜改用轮胎压路机慢速碾压。采用振动压路机时宜采用上坡振动下坡静压的方式。

五、沥青路面接缝施工质量控制

沥青路面的施工中,在施工缝及构造物两端的连接处必须仔细操作,必须接缝紧密、连接平顺,不得产生明显的接缝离析。

1. 纵向接缝施工质量控制

(1)摊铺时采用梯队作业的纵缝应采用热接缝。应将已铺混合料部分留下100～200mm宽暂不碾压,作为后续摊铺部分的高程基准面,然后作跨缝碾压以消除缝迹。尤其是对改性沥青混合料或SMA混合料,应避免纵向冷接缝。

(2)当半幅施工不能采用热接缝时,或因特殊原因无法避免而产生的纵向冷接缝时,宜加设挡板或采用切刀切齐,也可在混合料尚未完全冷却前用镐刨除边缘留下毛茬的方式,但不宜冷却后采用切割机切缝作纵向冷接缝。加铺另半幅前必须将缝边缘清扫干净,并涂洒少量沥青。摊铺时应重叠在已铺层上50～100mm,再铲走铺在前半幅上面的混合料。碾压时宜按图3-8的方式,由边向中碾压留下100～150mm,再跨缝挤紧碾压;或者先在已压实路面上行走,碾压新铺层100～150mm,然后压实新铺部分。

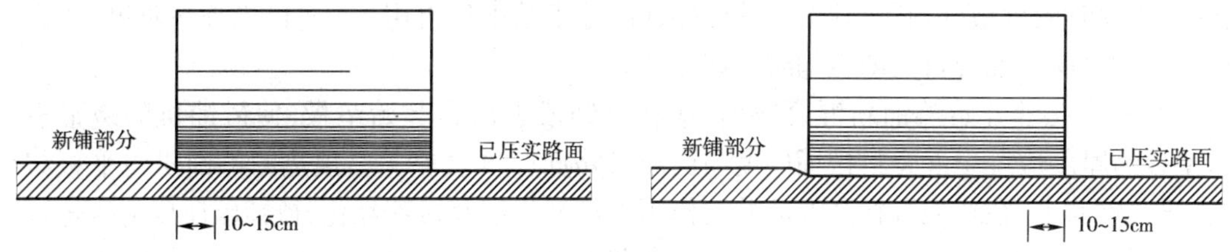

图3-8 纵缝冷接缝的碾压

(3)上下层的纵缝应错开150mm(热接缝)或300～400mm(冷接缝)以上,表层的纵缝应顺直,表面层的冷接缝宜留在车道区画线位置上。

2. 横向接缝施工质量控制

(1)相邻两幅及上下层的横向接缝均应错位1m以上。对高速公路和一级公路的中下层横向接缝可采用自然碾压的斜接缝,当层厚较厚时,也可采用阶梯形接缝。对上面层应采用垂直的平接缝(见图3-9)。其他等级公路的各层均可采用斜接缝。铺筑接缝时,可在已压实部分上面铺设一些热混合料使之预热软化,以加强新旧混合料的黏结。

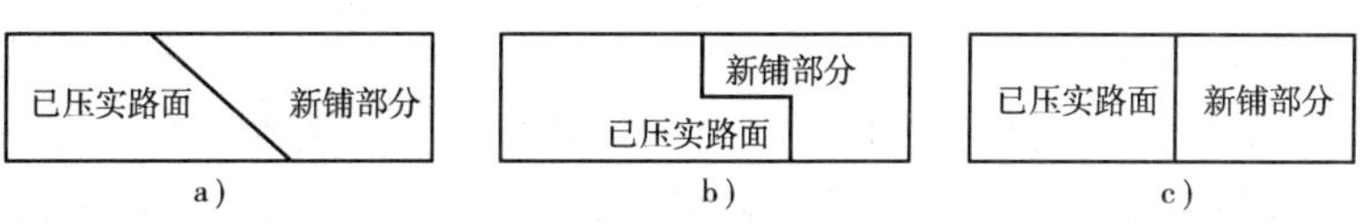

图3-9 横向接缝的几种形式

a)斜接缝;b)阶梯形接缝;c)平接缝

(2)斜接缝的搭接长度与层厚有关,宜为0.4～0.8m。搭接处应清扫干净并洒少量沥青。当搭接处混合料中的粗集料颗粒超过压实层厚度时应予剔除,并补上细料,斜接缝应充分压实并搭接平整。阶梯形接缝的台阶经铣刨而成,并洒粘层沥青,搭接长度不宜少于3m。

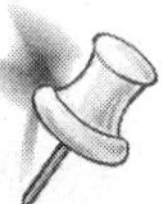

(3)平接缝应黏结紧密,压实充分,连接平顺。平接缝施工可采用下列方法:

①在施工结束时,摊铺机在接近端部前约1m处将熨平板稍稍抬起驶离现场,用人工将端部混合料铲齐后再碾压。然后用3m直尺检查平整度,趁尚未冷透时垂直刨除端部层厚不足的部分,使下次施工时成直角连接。

②在预定的摊铺段的末端先撒一薄层砂带,摊铺混合料后趁热在摊铺层上挖出一道缝隙,缝隙应位于撒砂与未撒砂的交界处,在缝中嵌入一块与压实层厚等厚的木板或型钢,待压实后铲除撒砂的部分,扫尽砂子,撤去木板或型钢,并在端部洒粘层沥青后接着摊铺。

③在预定摊铺段的末端先铺上一层麻袋或牛皮纸,摊铺碾压成斜坡,下次施工时将铺有麻袋或牛皮纸的部分用人工刨除,在端部洒粘层沥青接着摊铺。

④在预定摊铺段的末端先撒一薄层砂带,再摊铺混合料。待混合料稍冷却后将撒砂的部分用切割机切割整齐后取走,用干拖布吸走多余的冷却水。待完全干燥后在端部洒粘层沥青接着摊铺,不得在接头有水或潮湿的情况下铺筑混合料。

(4)当采用切割机制作平接缝时,宜在铺设当天混合料冷却但尚未结硬时进行,利用3m直尺确定切割位置,进行切割,此工序宜在铺设当天进行。刨除或切割必须准确控制切割深度,不得损伤下层路面。切割时留下的泥水必须冲洗干净,待干燥后涂刷粘层油。铺筑新混合料接头应使接茬软化,压路机先进行横向碾压,再纵向碾压成为一体,充分压实,连接平顺。

3. 接缝施工注意事项

(1)从接缝处起继续摊铺混合料前应用3m直尺检查端部平整度,当不符合要求时,应予清除。摊铺时应调整好预留高度,接缝处摊铺层施工结束后再用3m直尺检查平整度,当有不符合要求者,应趁混合料尚未冷却时立即处理。

(2)横向接缝开始摊铺新混合料前,应在已铺段上放置起始垫板,使摊铺机的熨平板抬起,垫板的厚度应等于混合料松铺厚度与已压实路面厚度之差。已预热的摊铺机熨平板架设在已压实路面上,在新混合料高温的共同作用下使沥青层及接茬软化,摊铺碾压成为一体。

(3)横向接缝的碾压宜先用双轮或三轮钢筒式压路机进行横向碾压。碾压带的外侧应放置供压路机行驶的垫木。当压路机较轻时,可将压路机位于已压实的混合料层上,伸入新铺层的宽度150mm静压,然后每压一遍向新铺混合料移动150~200mm,直至全部在新铺层上为止,再改为纵向碾压。当压路机较重时,可直接把压路机位于新铺混合料层上,伸入已铺层150mm,压实一遍后即改为纵向碾压。当相邻摊铺层已经成型,同时又有纵缝时,可先用钢筒式压路机沿纵缝碾压一遍,其碾压宽度为150~200mm,然后再沿横缝作横向碾压,最后进行正常的纵向碾压。

六、沥青路面表面处治及连接层施工质量控制

1. 沥青表面处治与封层

沥青表面处治适用于三级及三级以下公路的沥青面层。各种封层适用于加铺薄层罩面、磨耗层、水泥混凝土路面上的应力缓冲层、各种防水和密水层、预防性养护罩面层。沥青表面处治与封层宜选择在干燥和较热的季节施工,并在最高温度低于15℃到来以前半个月及雨季前结束。

1)层铺法沥青表面处治

(1)沥青表面处治可采用道路石油沥青、乳化沥青、煤沥青铺筑,沥青标号应按规范相关规定选用。沥青表面处治的集料最大粒径应与处治层的厚度相等,其规格和用量宜按表3-40

选用；沥青表面处治施工后，应在路侧另备 S12（5～10mm）碎石或 S14（3～5mm）石屑、粗砂或小砾石 2～3m³/1 000m² 作为初期养护用料。

沥青表面处治材料规格和用量 表 3-40

沥青种类	类型	厚度（mm）	集料（m³/1 000m²）						沥青或乳液用量（kg/m²）			
			第一层		第二层		第三层		第一次	第二次	第三次	合计用量
			规格	用量	规格	用量	规格	用量				
石油沥青	单层	1.0	S12	7～9					1.0～1.2			1.0～1.2
		1.5	S10	12～14					1.4～1.6			1.4～1.6
	双层	1.5	S10	12～14	S12	7～8			1.4～1.6	1.0～1.2		2.4～2.8
		2.0	S9	16～18	S12	7～8			1.6～1.8	1.0～1.2		2.6～3.0
		2.5	S8	18～20	S12	7～8			1.8～2.0	1.0～1.2		2.8～3.2
	三层	2.5	S8	18～20	S12	12～14	S12	7～8	1.6～1.8	1.2～1.4	1.0～1.2	3.8～4.4
		3.0	S6	20～22	S12	12～14	S12	7～8	1.8～2.0	1.2～1.4	1.0～1.2	4.0～4.6
乳化沥青	单层	0.5	S14	7～9					0.9～1.0			0.9～1.0
	双层	1.0	S12	9～11	S14	4～6			1.8～2.0	1.0～1.2		2.8～3.2
	三层	3.0	S6	20～22	S10	9～11	S12 S14	4～6 3.5～4.5	2.0～2.2	1.8～2.0	1.0～1.2	4.8～5.4

注：①煤沥青表面处治的沥青用量可比石油沥青用量增加 15%～20%。

②表中的乳液用量按乳化沥青的蒸发残留物含量 60% 计算，如沥青含量不同应予折算。

③在高寒地区及干旱风沙大的地区，可超出高限 5%～10%。

（2）在清扫干净的碎（砾）石路面上铺筑沥青表面处治时，应喷洒透层油。在旧沥青路面、水泥混凝土路面、块石路面上铺筑沥青表面处治路面时，可在第一层沥青用量中增加 10%～20%，不再另洒透层油或粘层油。

（3）层铺法沥青表面处治路面宜采用沥青洒布车及集料撒布机联合作业。沥青洒布车喷洒沥青时应保持稳定速度和喷洒量，并保持整个洒布宽度喷洒均匀。小规模工程可采用机动或手摇的手工沥青洒布机洒布沥青。洒布设备的喷嘴应适用于沥青的稠度，确保能成雾状，与洒油管成 15°～25°的夹角，洒油管的高度应使同一地点接受 2～3 个喷油嘴喷洒的沥青，不得出现花白条。

（4）沥青表面处治施工应确保各工序紧密衔接，每个作业段长度应根据施工能力确定，并在当天完成。人工撒布集料时应等距离划分段落备料。沥青表面处治喷洒沥青材料时应对道路人工构造物、路缘石等外露部分作防污染遮盖。

（5）三层式沥青表面处治的施工工艺，应按下列步骤进行：

①清扫基层，洒布第一层沥青。沥青的洒布温度根据气温及沥青标号选择，石油沥青宜为 130～170℃，煤沥青宜为 80～120℃，乳化沥青在常温下洒布，加温洒布的乳液温度不得超过 60℃。前后两车喷洒的接茬处用铁板或建筑纸铺 1～1.5m，使其搭接良好。分几幅浇洒时，纵向搭接宽度宜为 100～150mm。洒布第二、三层沥青的搭接缝应错开。

②洒布主层沥青后应立即用集料撒布机或人工撒布第一层主集料。撒布集料后应及时扫匀，达到全面覆盖、厚度一致、集料不重叠也不露出沥青的要求。局部有缺料时适当找补，集料过多的将多余集料扫出。两幅搭接处，第一幅洒布沥青应暂留 100～150mm 宽度不撒布石料，待第二幅一起撒布。

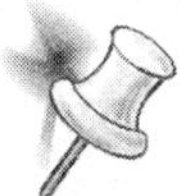

③撒布主集料后，不必等全段撒布完，立即用 6 ~ 8t 钢筒双轮压路机从路边向路中心碾压 3 ~ 4 遍，每次轮迹重叠约 300mm。碾压速度开始不宜超过 2km/h，以后可适当增加。

④第二、三层的施工方法和要求应与第一层相同，但可以采用 8t 以上的压路机碾压。

(6)双层式或单层式沥青表面处治浇洒沥青及撒布集料的次数相应减少。

(7)沥青表面处治应注意初期养护。当发现有泛油时，应在泛油处补撒与最后一层石料规格相同的嵌缝料并扫匀，过多的浮料应扫出路外。

2)上封层

(1)根据情况可选择乳化沥青稀浆封层、微表处、改性沥青集料封层、薄层磨耗层或其他适宜的材料。

(2)铺设上封层的下卧层必须彻底清扫干净，对车辙、坑槽、裂缝进行处理或挖补。

(3)上封层的类型根据使用目的、路面的破损程度选用。裂缝较细、较密的可采用涂洒类密封剂、软化再生剂等涂刷罩面；对二级及二级以下公路的旧沥青路面可以采用普通的乳化沥青稀浆封层，也可在喷洒道路石油沥青后撒布石屑(砂)后碾压作封层。

3)下封层

(1)多雨潮湿地区的高速公路、一级公路的沥青面层空隙率较大，有严重渗水可能，或铺筑基层不能及时铺筑沥青面层而需通行车辆时，宜在喷洒透层油后铺筑下封层。

(2)下封层宜采用层铺法表面处治或稀浆封层法施工。稀浆封层可采用乳化沥青或改性乳化沥青作结合料。下封层的厚度不宜小于 6mm，且做到完全密水。

(3)以层铺法沥青表面处治铺筑下封层时，通常采用单层式，表 3-40 中的矿料用量宜为 $5 \sim 8m^3/1\,000m^2$，沥青用量可采用要求范围的中高限。

2. *稀浆封层和微表处*

微表处主要用于高速公路及一级公路的预防性养护以及填补轻度车辙，也适用于新建公路的抗滑磨耗层。稀浆封层一般用于二级及二级以下公路的预防性养护，也适用于新建公路的下封层。

(1)稀浆封层和微表处必须使用专用的摊铺机进行摊铺。单层微表处适用于旧路面车辙深度不大于 15mm 的情况，超过 15mm 的必须分两层铺筑，或先用 V 字形车辙摊铺箱摊铺，深度大于 40mm 时不适宜微表处处理。

(2)微表处必须采用改性乳化沥青，稀浆封层可采用普通乳化沥青或改性乳化沥青，其品种和质量应符合相关技术规范的要求。

(3)稀浆封层和微表处应选择坚硬、粗糙、耐磨、洁净的集料。其中微表处用通过 4.75mm 筛的合成矿料的砂当量不得低于 65%，稀浆封层用通过 4.75mm 筛的合成矿料的砂当量不得低于 50%。当用于抗滑表层时，还应符合有关磨光值的要求。细集料宜采用碱性石料生产的机制砂或洁净的石屑。对集料中的超粒径颗粒必须筛除。

(4)根据铺筑厚度、处治目的、公路等级等条件，按照表 3-41 选用合适的矿料级配。

(5)稀浆封层和微表处的混合料中乳化沥青及改性乳化沥青的用量，应通过配合比设计确定。混合料的质量应符合表 3-42 的技术要求。

(6)稀浆封层和微表处混合料的配合比设计按下列步骤进行：

①根据选择的级配类型，按表 3-41 确定矿料的级配范围。计算各种集料的配合比例，使合成级配在要求的级配范围内。

②根据以往的经验初选乳化沥青、填料、水和外加剂用量，进行拌和试验和黏聚力试验。

可拌和时间的试验温度应考虑最高施工温度，黏聚力试验的温度应考虑施工中可能遇到的最低温度。

稀浆封层和微表处的矿料级配　　表 3-41

筛孔尺寸(mm)	不同类型通过各筛孔的百分率(%)				
	微表处		稀浆封层		
	MS-2 型	MS-3 型	ES-1 型	ES-2 型	ES-3 型
9.5	100	100		100	100
4.75	95～100	70～90	100	95～100	70～90
2.36	65～90	45～70	90～100	65～90	45～70
1.18	45～70	28～50	60～90	45～70	28～50
0.6	30～50	19～34	40～65	30～50	19～34
0.3	18～30	12～25	25～42	18～30	12～25
0.15	10～21	7～18	15～30	10～21	7～18
0.075	5～15	5～15	10～20	5～15	5～15
一层的适宜厚度(mm)	4～7	8～10	2.5～3	4～7	8～10

③根据上述试验结果和稀浆混合料的外观状态，选择 1～3 个认为合理的混合料配方，按表 3-42 规定试验稀浆混合料的性能。

稀浆封层和微表处混合料技术要求　　表 3-42

项　目	单位	微表处	稀浆封层	试验方法
可拌和时间	s	>120		手工拌和
稠度	cm	—	2～3	T 0751
黏聚力试验			(仅适用于快开放交通的稀浆封层)	T 0754
30min(初凝时间)	N·m	≥1.2	≥1.2	
60min(开放交通时间)	N·m	≥2.0	≥2.0	
负荷轮碾压试验(LWT)			(仅适用于重交通道路表层时)	T 0755
黏附砂量	g/m^2	<450	<450	
轮迹宽度变化率*	%	<5	—	
湿轮磨耗试验的磨耗值(WTAT)				T 0752
浸水 1h	g/m^2	<540	<800	
浸水 6d	g/m^2	<800	—	

注：* 负荷轮碾压试验(LWT)的宽度变化率适用于需要修补车辙的情况。

④当设计人员经验不足时，可将初选的 1～3 个混合料配方分别变化不同的沥青用量(一般在 6.0%～8.5%之间)，按照表 3-42 的要求重复试验，并分别将不同沥青用量的 1h 湿轮磨耗值及砂黏附量绘制成图 3-10 的关系曲线。以磨耗值接近表 3-42 中要求的沥青用量作为最小沥青用量 $P_{b(min)}$，砂黏附量接近表 3-42 中要求的沥青用量为最大沥青用量 $P_{b(max)}$，得出沥青用量的可选择范围 $P_{b(min)} \sim P_{b(max)}$。

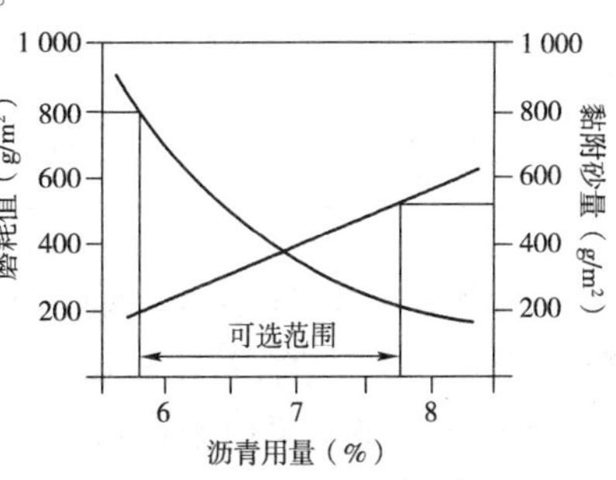

图 3-10　确定稀浆封层和微表处最佳沥青用量的曲线

⑤根据经验在沥青用量的可选范围内选择适宜的沥

青用量。对微表处混合料，以所选择的沥青用量检验混合料的浸水 6d 湿轮磨耗指标，用于车辙填充的增加检验负荷车轮试验的宽度变化率指标，不符要求时调整沥青用量重新试验，直至符合要求为止。

⑥根据以往经验及配合比设计试验结果，在充分考虑气候及交通特点的基础上综合确定混合料配方。

(7)稀浆封层和微表处施工前，应彻底清除原路面的泥土、杂物，修补坑槽、凹陷，较宽的裂缝宜清理灌缝。在水泥混凝土路面上铺筑微表处时宜洒布粘层油，过于光滑的表面需拉毛处理。

(8)稀浆封层和微表处的最低施工温度不得低于 10℃，严禁在雨天施工，摊铺后尚未成型混合料遇雨时应予铲除。

(9)稀浆封层和微表处两幅纵缝搭接的宽度不宜超过 80mm，横向接缝宜做成对接缝。分两层摊铺时，第一层摊铺后至少应开放交通 24h 后方可进行第二层摊铺。

(10)稀浆封层和微表处铺筑后的表面不得有超粒径料拖拉的严重划痕，横向接缝和纵向接缝处不得出现余料堆积或缺料现象，用 3m 直尺测量接缝处的不平整度不得大于 6mm。对微表处不得有横向波浪和深度超过 6mm 的纵向条纹。经养生和初期交通碾压稳定的稀浆封层和微表处，在行车作用下应不飞散且完全密水。

3. 透层

(1)沥青路面各类基层都须喷洒透层油，沥青层必须在透层油完全渗透入基层后方可铺筑。基层上设置下封层时，透层油不宜省。气温低于 10℃或大风、降雨时不得喷洒透层油。

(2)根据基层类型选择渗透性好的液体沥青、乳化沥青、煤沥青作透层油，喷洒后通过钻孔或挖掘确认透层油渗透入基层的深度宜不小于 5mm（无机结合料稳定集料基层）至 10mm（无结合料基层），并能与基层联结成为一体。

(3)透层油的黏度通过调节稀释剂的用量或乳化沥青的浓度得到适宜的黏度，基质沥青的针入度通常宜不小于 100。透层用乳化沥青的蒸发残留物含量允许根据渗透情况适当调整，当使用成品乳化沥青时可通过稀释得到要求的黏度。透层用液体沥青的黏度通过调节煤油或轻柴油等稀释剂的品种和掺量经试验确定。

(4)透层油的用量通过试洒确定，不宜超出表 3-43 要求的范围。

沥青路面透层材料的规格和用量表　　表 3-43

用途	液体沥青		乳化沥青		煤沥青	
	规格	用量(L/m²)	规格	用量(L/m²)	规格	用量(L/m²)
无结合料粒料基层	AL(M)-1、2 或 3 AL(S)-1、2 或 3	1.0~2.3	PC-2 PA-2	1.0~2.0	T-1 T-2	1.0~1.5
半刚性基层	AL(M)-1 或 2 AL(S)-1 或 2	0.6~1.5	PC-2 PA-2	0.7~1.5	T-1 T-2	0.7~1.0

注：表中用量是指包括稀释剂和水分等在内的液体沥青、乳化沥青的总量。乳化沥青中的残留物含量以 50% 为基准。

(5)用于半刚性基层的透层油宜紧接在基层碾压成型后表面稍变干燥、但尚未硬化的情况下喷洒。在无结合料粒料基层上洒布透层油时，宜在铺筑沥青层前 1~2d 洒布。

(6)透层油宜采用沥青洒布车一次喷洒均匀，使用的喷嘴宜根据透层油的种类和黏度选择并保证均匀喷洒，沥青洒布车喷洒不均匀时宜改用手工沥青洒布机喷洒。

(7)喷洒透层油前应清扫路面，遮挡防护路缘石及人工构造物避免污染，透层油必须洒布

均匀，有花白遗漏应人工补洒，喷洒过量的立即撒布石屑或砂吸油，必要时作适当碾压。透层油洒布后不得在表面形成能被运料车和摊铺机粘起的油皮，透层油达不到渗透深度要求时，应更换透层油稠度或品种。

(8)透层油洒布后的养生时间随透层油品种和气候条件由试验确定，确保液体沥青中稀释剂全部挥发，乳化沥青渗透且水分蒸发，然后尽早铺筑沥青面层，防止工程车辆损坏透层。

4. 粘层

在双层式或三层式热拌热铺沥青混合料路面的沥青层之间；水泥混凝土路面、沥青稳定碎石基层或旧沥青路面层上加铺沥青层；路缘石、雨水口、检查井等构造物与新铺沥青混合料接触的侧面。这都必须喷洒粘层油。

(1)粘层油宜采用快裂或中裂乳化沥青、改性乳化沥青，也可采用快、中凝液体石油沥青，其规格和质量应符合规范的要求，所用的基质沥青标号宜与主层沥青混合料相同。

(2)粘层油品种和用量，应根据下卧层的类型通过试洒确定，并符合表3-44的要求。当粘层油上铺筑薄层大空隙排水路面时，粘层油的用量宜增加到0.6~1.0L/m²。在沥青层之间兼作封层而喷洒的粘层油宜采用改性沥青或改性乳化沥青，其用量宜不少于1.0L/m²。

沥青路面粘层材料的规格和用量表　　表3-44

下卧层类型	液体沥青		乳化沥青	
	规格	用量(L/m²)	规格	用量(L/m²)
新建沥青层或旧沥青路面	AL(R)-3~AL(R)-6 AL(M)-3~AL(M)-6	0.3~0.5	PC-3 PA-3	0.3~0.6
水泥混凝土	AL(M)-3~AL(M)-6 AL(S)-3~AL(S)-6	0.2~0.4	PC-3 PA-3	0.3~0.5

注：表中用量是指包括稀释剂和水分等在内的液体沥青、乳化沥青的总量。乳化沥青中的残留物含量以50%为基准。

(3)粘层油宜采用沥青洒布车喷洒，并选择适宜的喷嘴，洒布速度和喷洒量保持稳定。当采用机动或手摇的手工沥青洒布机喷洒时，必须由熟练的技术工人操作，均匀洒布。气温低于10℃时不得喷洒粘层油，寒冷季节施工不得不喷洒时可以分成两次喷洒。路面潮湿时不得喷洒粘层油，用水洗刷后需待表面干燥后喷洒。

(4)喷洒的粘层油必须成均匀雾状，在路面全宽度内均匀分布成一薄层，不得有洒花漏空或成条状，也不得有堆积。喷洒不足的要补洒，喷洒过量处应予刮除。喷洒粘层油后，严禁运料车外的其他车辆和行人通过。

(5)粘层油宜在当天洒布，待乳化沥青破乳、水分蒸发完成，或稀释沥青中的稀释剂基本挥发完成后，紧跟着铺筑沥青层，确保粘层不受污染。

七、沥青路面施工过程中的质量检查与控制标准

沥青面层施工必须在得到主管部门的开工令后方可开工。在施工过程中，业主、施工和监理部门都应独立地设置试验室，并由专职的试验检测人员负责日常施工质量的检查与试验。对施工过程的工序划分及交接、质量检验及验收必须明确，基层施工、沥青混合料生产、沥青路面的铺筑应分别作为独立的分项工程进行质量验收。施工单位在施工过程中应随时对施工质量进行自检。监理应按规定要求自主地进行试验，并对承包商的试验结果进行认定，如实评定质量，计算合格率。当发现有质量低劣等异常情况时，应立即追加检查。施工过程中无论是否已经返工补救，所有数据均必须如实记录，不得丢弃。

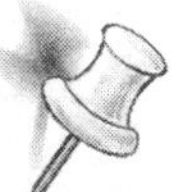

1. 施工中原材料的质量检查与控制

沥青混合料生产过程中,必须按表3-45规定的检查项目与频度,对各种原材料进行抽样试验,其质量应符合规范规定的技术要求。每个检查项目的平行试验次数或一次试验的试样数必须按相关试验规程的规定执行,并以平均值评价是否合格。未列入表中的材料的检查项目和频度按材料质量要求确定。

施工过程中材料质量检查的项目与频度　　表3-45

材料	检查项目	检查频度		试验规程规定的平行试验次数或一次试验的试样数
		高速公路、一级公路	其他等级公路	
粗集料	外观(石料品种、含泥量等)	随时	随时	—
	针片状颗粒含量			2~3
	颗粒组成(筛分)		必要时	2
	压碎值	必要时		2
	磨光值			4
	洛杉矶磨耗值			2
	含水量			2
细集料	颗粒组成(筛分)	随时	必要时	2
	砂当量	必要时		2
	含水量			2
	松方单位重			2
矿粉	外观	随时	随时	—
	<0.075mm 含量	必要时	必要时	2
	含水量			2
石油沥青	针入度	每2~3天1次	每周1次	3
	软化点			2
	延度			3
	含蜡量	必要时	必要时	2~3
改性沥青	针入度	每天1次	每天1次	3
	软化点			2
	离析试验(对成品改性沥青)	每周1次	每周1次	2
	低温延度	必要时	必要时	3
	弹性恢复			3
	显微镜观察(对现场改性沥青)	随时	随时	—
乳化沥青	蒸发残留物含量	每2~3天1次	每周1次	2
	蒸发残留物针入度			2
改性乳化沥青	蒸发残留物含量	每2~3天1次	每周1次	2
	蒸发残留物针入度			3
	蒸发残留物软化点			2
	蒸发残留物的延度	必要时	必要时	3

注:①表列内容是在材料进场时已按"批"进行了全面检查的基础上,日常施工过程中质量检查的项目与要求。

②"随时"是指需要经常检查的项目,其检查频度可根据材料来源及质量波动情况由业主及监理确定;"必要时"是指施工各方任何一个部门对其质量发生怀疑,提出需要检查时,或是根据需要商定的检查频度。

2. 施工中沥青混合料的质量检查与控制

沥青拌和厂必须按下列步骤对沥青混合料生产过程进行质量控制，并按表3-46规定的项目和频度检查沥青混合料产品的质量，如实计算产品的合格率。单点检验评价方法应符合相关试验规程的试样平行试验的要求。

热拌沥青混合料的频度和质量要求　　表3-46

<table>
<tr><th colspan="2" rowspan="2">项　目</th><th rowspan="2">检查频度及
单点检验评价方法</th><th colspan="2">质量要求或允许偏差</th><th rowspan="2">试 验 方 法</th></tr>
<tr><th>高速公路、一级公路</th><th>其他等级公路</th></tr>
<tr><td colspan="2">混合料外观</td><td>随时</td><td colspan="2">观察集料粗细、均匀性、离析，油石比、色泽、冒烟，有无花白料、油团等各种现象</td><td>目测</td></tr>
<tr><td rowspan="3">拌和
温度</td><td>沥青、集料的加热温度</td><td>逐盘检测评定</td><td colspan="2" rowspan="3">符合规范规定</td><td>传感器自动检测、显示并打印</td></tr>
<tr><td rowspan="2">混合料
出厂温度</td><td>逐车检测评定</td><td>传感器自动检测、显示并打印，出厂时逐车按T 0981 人工检测</td></tr>
<tr><td>逐盘测量记录，每天取平均值评定</td><td>传感器自动检测、显示并打印</td></tr>
<tr><td rowspan="9">矿料
级配
（筛孔）</td><td>0.075mm</td><td rowspan="3">逐盘在线检测</td><td>±2%（2%）</td><td>—</td><td rowspan="3">计算机采集数据计算</td></tr>
<tr><td>≤2.36mm</td><td>±5%（4%）</td><td>—</td></tr>
<tr><td>≥4.75mm</td><td>±6%（5%）</td><td></td></tr>
<tr><td>0.075mm</td><td rowspan="3">逐盘检查，每天汇总1次取平均值评定</td><td>±1%</td><td>—</td><td rowspan="3">总量检验</td></tr>
<tr><td>≤2.36mm</td><td>±2%</td><td>—</td></tr>
<tr><td>≥4.75mm</td><td>±2%</td><td>—</td></tr>
<tr><td>0.075mm</td><td rowspan="3">每台拌和机每天1～2次，以2个试样的平均值评定</td><td>±2%（2%）</td><td>±2%</td><td rowspan="3">T 0725 抽提筛分与标准级配比较的差</td></tr>
<tr><td>≤2.36mm</td><td>±5%（3%）</td><td>±6%</td></tr>
<tr><td>≥4.75mm</td><td>±6%（4%）</td><td>±7%</td></tr>
<tr><td colspan="2" rowspan="3">沥青用量（油石比）</td><td>逐盘在线检测</td><td>±0.3%</td><td>—</td><td>计算机采集数据计算</td></tr>
<tr><td>逐盘检查，每天汇总1次取平均值评定</td><td>±0.1%</td><td>—</td><td>附录F总量检验</td></tr>
<tr><td>每台拌和机每天1～2次，以2个试样的平均值评定</td><td>±0.3%</td><td>±0.4%</td><td>抽提T 0722、T 0721</td></tr>
<tr><td colspan="2">马歇尔试验：
空隙率、稳定度、流值</td><td>每台拌和机每天1～2次，以4～6个试件的平均值评定</td><td colspan="2" rowspan="3">符合规范规定</td><td>T 0702、T 0709</td></tr>
<tr><td colspan="2">浸水马歇尔试验</td><td>必要时（试件数同马歇尔试验）</td><td>T 0702、T 0709</td></tr>
<tr><td colspan="2">车辙试验</td><td>必要时（以3个试件的平均值评定）</td><td>T 0719</td></tr>
</table>

注：①单点检验是指试验结果以一组试验结果的报告值为一个测点的评价依据，一组试验（如马歇尔试验、车辙试验）有多个试样时，报告值的取用按《公路工程沥青与沥青混合料试验规程》（JTJ 052—2000）的规定执行。

②对高速公路和一级公路，矿料级配和油石比必须进行总量检验和抽提筛分的双重检验控制，互相校核，表中括号内的数字是对SMA的要求。油石比抽提试验应事先进行空白试验标定，提高测试数据的准确度。

(1)从料堆和皮带运输机随时目测各种材料的质量和均匀性，检查泥块及超粒径碎石，检查冷料仓有无窜仓。目测混合料拌和是否均匀，有无花白料，油石比是否合理，检查集料和混合料的离析情况。

(2)检查控制室拌和机各项参数的设定值、控制屏的显示值，核对计算机采集和打印记录的数据与显示值是否一致。按规范规定的方法进行沥青混合料生产过程的在线检测、总量检验和沥青混合料质量动态管理。

(3)检测沥青混合料的材料加热温度、混合料出厂温度，取样抽提、筛分检测混合料的矿料级配、油石比。抽提筛分应至少检查 0.075mm、2.36mm、4.75mm、公称最大粒径及中间粒径 5 个筛孔的通过率。

(4)取样成型试件进行马歇尔试验，测定空隙率、稳定度、流值，计算合格率。对 VMA、VFA 指标可只做记录。同时按附录 E 的方法确定压实度的标准密度。

(5)沥青混合料的存放时间对体积指标有一定影响，施工质量检验的马歇尔试验以拌和厂取样后立即成型的试件为准，但成型温度和试件高度必须符合试验要求。

3. *沥青路面摊铺及层间处治的施工质量检查与控制*

(1)沥青路面铺筑及层间处治施工过程中必须随时对铺筑质量进行评定，质量检查的内容、频度、允许差应符合表 3-47a) ~ 表 3-47c)的规定。

公路热拌沥青混合料路面施工过程中工程质量的控制标准 表 3-47a)

项　目		检查频度及单点检验评价方法	质量要求或允许偏差		试验方法
			高速公路、一级公路	其他等级公路	
外观		随时	表面平整密实，不得有明显轮迹、裂缝、推挤、油汀、油包等缺陷，无明显离析		目测
接缝		随时	紧密平整、顺直、无跳车		目测
		逐条缝检测评定	3mm	5mm	T 0931
施工温度	摊铺温度	逐车检测评定	符合本规范规定		T 0981
	碾压温度	随时			插入式温度计实测
厚度①	每一层次	随时，厚度 50mm 以下 随时，厚度 50mm 以上	设计值的 5% 设计值的 8%	设计值的 8% 设计值的 10%	施工时插入法量测松铺厚度及压实厚度
	每一层次	1 个台班区段的平均值 厚度 50mm 以下 厚度 50mm 以上	-3mm -5mm	—	总量检验
	总厚度	每 2 000m^2 一点单点评定	设计值的 -5%	设计值的 -8%	T 0912
	上面层		设计值的 -10%	设计值的 -10%	
压实度②		每 2 000m^2 检查 1 组，逐个试件评定并计算平均值	实验室标准密度的 97%(98%) 最大理论密度的 93%(94%) 试验段密度的 99%(99%)		T 0924、T 0922
平整度(最大间隙)④	上面层	随时，接缝处单杆评定	3mm	5mm	T 0931
	中下面层		5mm	7mm	

续上表

项目		检查频度及单点检验评价方法	质量要求或允许偏差		试验方法
			高速公路、一级公路	其他等级公路	
平整度(标准差)	上面层	连续测定	1.2mm	2.5mm	T 0932
	中面层		1.5mm	2.8mm	
	下面层		1.8mm	3.0mm	
	基层		2.4mm	3.5mm	
宽度	有侧石	检测每个断面	±20mm	±20mm	T 0911
	无侧石		不小于设计宽度	不小于设计宽度	
纵断面高程		检测每个断面	±10mm	±15mm	T 0911
横坡度			±0.3%	±0.5%	
沥青层层面上的渗水系数③不大于		每1km不少于5点，每点3处取平均值	300mL/min(普通密级配沥青混合料) 200mL/min(SMA混合料)		T 0971

注:①表中厚度检测频度指高速公路和一级公路的钻坑频度,其他等级公路可酌情减少状况,且通常采用压实度钻孔试件测定。上面层的允许误差不适用于磨耗层。

②压实度检测、钻孔试件的数量按规范的规定执行。括号中的数值是对SMA路面的要求,对马歇尔成型试件采用50次或者35次击实的混合料,压实度应适当提高要求。进行核子仪等无破损检测时,每13个测点的平均数作为一个测点进行评定是否符合要求。实验室密度是指与配合比设计相同方法成型的试件密度。以最大理论密度作标准密度时,对普通沥青混合料通过真空法实测确定,对改性沥青和SMA混合料,由每天的矿料级配和油石比计算得到。

③渗水系数适用于公称最大粒径等于或小于19mm的沥青混合料,应在铺筑成型后未遭行车污染情况下测定,且仅适用于要求密水的密级配沥青混合料、SMA混合料,不适用于OGFC混合料。表中渗水系数以平均值评定,计算合格率不得小于90%。

④3m直尺主要用于接缝检测,对正常生产路段,采用连续式平整度仪测定。

(2)施工厚度的检测按以下方法执行,并相互校核,当差值较大时通常以总量检验为准。

①利用摊铺过程在线控制,即不断地用插尺或其他工具插入摊铺层测量松铺厚度。

公路沥青表面处治及贯入式路面施工过程中工程质量的控制标准 表3-47b)

路面类型	项目	检查频度及单点检验评价方法	质量要求或允许偏差	试验方法
沥青表面处治	外观	随时	集料嵌挤密实,沥青洒布均匀,无花白料,接头无油包	目测
	集料及沥青用量	每日1次逐日评定	±10%	每日施工长度的实际用量与计划用量比较,T 0982
	沥青洒布温度	每车1次评定	符合规范要求	温度计测量
	厚度(路中及路侧各1点)	不少于每2 000m² 一点,逐点评定	-5mm	T 0912
	平整度(最大间隙)	随时,以连续10尺的平均值评定	10mm	T 0931
	宽度	检测每个断面逐个评定	±30mm	T 0911
	横坡度		±0.5%	

续上表

路面类型	项　目	检查频度及单点检验评价方法	质量要求或允许偏差	试 验 方 法
沥青贯入式路面	外观	随时	集料嵌挤密实，沥青洒布均匀，无花白料，接头无油包	目测
	集料及沥青用量	每日1次总量评定	±10%	每日施工长度的实际用量与计划用量比较，T 0982
	沥青洒布温度	每车1次逐点评定	符合规范要求	温度计测量
	厚度	每 $2000m^2$ 一点，逐点评定	-5mm或设计厚度的-8%	T 0912
	平整度（最大间隙）	随时，以连续10尺的平均值评定	8mm	T 0931
	宽度	检测每个断面	±30mm	T 0911
	横坡度		±0.5%	

公路稀浆封层、微表处施工过程中工程质量的控制标准　　表3-47c)

项　目		检查频度及单点检验评价方法	质量要求或允许偏差	试 验 方 法
外观		随时	表面平整，均匀一致，无拖痕，无显著离析，接缝顺畅	目测
油石比		每日1次总量评定	±0.3%	每日实际沥青用量与总集料数量，总量检验
厚度		每公里5个断面	±10%	钢尺测量，每幅中间及两侧各1点
矿料级配	0.075mm	每日1次取2个试样筛分的平均值	±2%	T 0725
	0.15mm		±3%	
	0.3mm		±4%	
	0.6、1.18、2.36、4.75、9.5mm		±5%	
湿轮磨耗试验		每周1次	符合设计要求	从工程取样按T 0752进行

②利用拌和厂沥青混合料总生产量与实际铺筑的面积计算平均厚度进行总量检验。

③当具有地质雷达等无破损检验设备时，可利用其连续检测路面厚度，但其测试精度需经标定认可。

④待路面完全冷却后，在钻孔检测压实度的同时测量沥青层的厚度。

4. 沥青路面压实施工质量检查与控制

沥青路面的压实度采取重点对碾压工艺进行过程控制，适度钻孔抽检压实度的方法。

(1)施工单位所配备的压路机，包括压路机台数、吨位及机型配置情况，必须符合规范的要求，并取得监理工程师的认可。压路机台数不足，吨位过轻，雾化水喷嘴失灵，不能保证达到要求的压实度者不得铺筑沥青混合料。

(2)施工单位必须配备专职技术人员进行严格控制碾压工艺，密切注视不同类型及吨位压路机排列方式，压路机紧跟摊铺机及碾压温度、压路机速度和洒水情况，控制碾压段长度和

掉头方式，要求的碾压遍数视碾压层厚度、气温情况和混合料类型经试验确定。根据试铺段检测结果和经验得到的能达到压实度要求标准的压实工艺，一经确定，不得随意变更。

(3)碾压过程中宜采用核子密度仪或压路机的密实度仪等检测设备对压实度进行无破损动态跟踪检测，作为辅助的碾压控制手段，碾压至测定值基本上无变化为止。当采用核子密度仪检测时，测点应随机选择，一组测点不少于13点，取平均值与试验段测定值比较评定。核子仪测定的路表面需进行填平处理，测定温度应与试验段测定时一致。

(4)沥青路面的压实重点控制压实工艺，采取适度钻孔抽检压实度校核的方法。压实度计算及标准密度的确定方法应遵照规范规定。钻孔频度按规范的规定执行，当所有钻孔试件检测的各项指标持续稳定并达到要求时，经监理及主管部门同意，钻孔频度可适当减少至不少于每公里一个孔。但钻孔取样的位置必须严格按《公路路基路面现场测试规程》(JTJ 059—95)规定的随机取样方法选点，并按《公路路基路面现场测试规程》(JTJ 059—95)的方法将试件充分干燥后，于第二天之后方可测定密度。钻孔取样后应及时将灰浆冲洗干净，吸净孔中余水，待干燥后以相同的沥青混合料分层填充夯实。

(5)施工单位和监理工程师应独立进行压实度检测，一组数据的最少测点数为3个，当一组检测的合格率小于60%，或平均值$\bar{x}_3$小于要求的压实度时，可增加一倍检测点数，如6个测点的合格率小于60%，或平均值$\bar{x}_6$仍然达不到压实度要求时，再增加一倍检测点数，要求其合格率大于60%，且$\bar{x}_{12}$达到规定的压实度要求。必要时应核查标准密度的准确性，以确定是否需要返工以及返工的范围。

(6)钻孔取样的试件需经切割机切割后分层测定密度。沥青层取样不能带出下卧层，或同时取出的试件不经切割便能分开时，说明透层油渗透较差或粘层油黏结不良，此时应采取措施，仔细消除层间污染、调整透层油或粘层油的品种或数量。施工过程中钻孔的试件宜编号贴上标签予以保存，以备工程交工验收时使用。

(7)当遇有以下情况，经主管部门同意，可免于钻孔取样，此时必须严格碾压工艺管理并采用核子密度仪检测。

①压实层厚度等于或小于3cm的表面层或磨耗层，测定密度困难。

②对厚度小于4cm的SMA路面等表面层构造深度很大、层厚较薄，经切割分离的试件难以准确测定密度。

③当使用改性沥青后，钻孔难以取出完整试样，或试样表面改性剂鼓出，形状改变，难以准确测定密度。

④对冬天易发生温缩裂缝的地区的表面层，采用碾压工艺管理和核子密度仪检测足以控制压实度时。

5. 沥青路面施工中质量检查与控制注意事项

(1)沥青层的铺筑厚度宜进行混合料数量的总量检验，同时利用压实度试验的钻孔试件量测检查，其频度与压实度相同。当具有地质雷达等无破损检验设备时，可免于钻孔检测厚度，但其测试精度需经标定认可。

(2)压实成型的路面应按《公路路基路面现场测试规程》(JTJ 059—95)规定的方法随机选点检测渗水情况，渗水系数的平均值宜符合规范规定的要求。对排水式沥青混合料，应要求水能够迅速排走。如需要测定构造深度时，宜在测定渗水系数的同时在附近选点测定，记录检测结果。

(3)碾压成型过程中应对路面的外观(色泽、油膜厚度、表面空隙)进行评定，根据经验发

现有沥青用量不合适、级配粗细不正常、离析严重、超粒径料过多、有摊铺机拖痕、压实不足、路面渗水严重等情况时，应分析原因及时采取措施。在碾压 SMA 路面时如发现“油汀”较多时，应仔细检查纤维添加的情况、有无纤维或矿粉漏放及拌和是否均匀等，严重的应予铲除，并调整油石比。

(4)沥青路面施工必须特别注意防止粗、细集料的离析和混合料温度不均，造成路面局部渗水严重或压实度不足，酿成隐患。如果局部路段离析严重、或者经检测密水性不能满足要求，且确属压实度不良，施工质量差的应返工重铺，并采取调整配合比和工艺措施。

(5)施工过程中必须随时用 3m 直尺检测沥青路面的平整度，尤其是注意接缝及与构造物的连接处平整度的检测。在路段成型较长如 1 ~ 2km 后宜及时用连续式平整度仪或颠簸累积仪测定国际平整度指数校核。

(6)施工单位的质量检测结果应按 1km 为单位整理成表格。连同原始记录一起及时反馈给主管部门。当发现异常时，应停止施工，分析原因，找出影响因素，采取措施。经主管部门同意后，方可复工。

(7)高速公路和一级公路沥青路面的施工应按规范规定的方法，利用计算机实行动态质量管理，并计算出平均值、极差、标准差、变异系数及各项指标的合格率。

(8)公路施工的关键工序或重要部位宜拍摄照片或进行录像，作为实态记录及保存资料的一部分。

第五节　沥青路面施工质量检评的事后控制

要保证沥青路面的施工质量达到规定的质量标准，除做好施工的事前质量控制和施工过程中的质量控制外，在沥青路面施工完工后，还应根据规定的质量验收标准，进行路面施工质量的交工验收和检验评定，即工程施工质量的事后检评控制。通过对沥青路面的交验和评定，符合规定质量验收标准，达到规定的合格质量水平的即予验收，否则不予验收。工程施工质量的事后检评控制包括交工验收检查和质量检验评定两部分内容。

一、沥青路面交工验收阶段的质量检查和验收

交工验收是对施工各阶段中每一工序质量的验收，是工程项目建设单位、施工单位、监理单位、质量监督部门通过检查验收对工程项目质量进行认可的过程。

1. 沥青路面

(1)工程完工后，施工单位应将全线每 1 ~ 3km 作为一个评定路段，每一侧车行道按表 3-48a) ~ 表 3-48c)规定频度，随机选取测点，对沥青面层进行全线自检，将单个测定值与表中质量要求或允许偏差进行比较，计算合格率；然后计算一个评定路段的平均值、极差、标准差及变异系数。施工单位应在规定时间内提交全线检测结果及施工总结报告，申请交工验收。

(2)沥青路面交工时应检查验收沥青面层的各项质量指标，包括路面的厚度、压实度、平整度、渗水系数、构造深度、摩擦系数。

①需要作破损路面进行检测的指标，如厚度、压实度宜利用施工过程中的钻孔数据，检查每一个测点与极值相比的合格率，同时按规范规定的方法计算代表值。厚度也可利用路面雷达连续测定路面剖面进行评定。压实度验收可选用其中的 1 个或 2 个标准，并以合格率低的作为评定结果。

公路热拌沥青混合料路面交工检查与验收质量标准　　表 3-48a)

<table>
<tr><td colspan="2" rowspan="2">检查项目</td><td rowspan="2">检查频度
(每一侧车行道)</td><td colspan="2">质量要求或允许偏差</td><td rowspan="2">试验方法</td></tr>
<tr><td>高速公路、一级公路</td><td>其他等级公路</td></tr>
<tr><td colspan="2">外观</td><td>随时</td><td colspan="2">表面平整密实,不得有明显轮迹、裂缝、推挤、油汀、油包等缺陷,且无明显离析</td><td>目测</td></tr>
<tr><td rowspan="2">面层总厚度</td><td>代表值</td><td rowspan="2">每 1km 5 点</td><td>设计值的 -5%</td><td>设计值的 -8%</td><td rowspan="4">T 0912</td></tr>
<tr><td>极值</td><td>设计值的 -10%</td><td>设计值的 -15%</td></tr>
<tr><td rowspan="2">上面层厚度</td><td>代表值</td><td rowspan="2">每 1km 5 点</td><td>设计值的 -10%</td><td>—</td></tr>
<tr><td>极值</td><td>设计值的 -20%</td><td>—</td></tr>
<tr><td rowspan="2">压实度</td><td>代表值</td><td rowspan="2">每 1km 5 点</td><td colspan="2">实验室标准密度的 96%(98%)
最大理论密度的 92%(94%)
试验段密度的 98%(99%)</td><td rowspan="2">T 0924</td></tr>
<tr><td>极值
(最小值)</td><td colspan="2">比代表值放宽 1%(每 km)或 2%(全部)</td></tr>
<tr><td rowspan="3">路表平整度</td><td>标准差 σ</td><td rowspan="2">全线连续</td><td>1.2mm</td><td>2.5mm</td><td>T 0932</td></tr>
<tr><td>IRI</td><td>2.0m/km</td><td>4.2m/km</td><td>T 0933</td></tr>
<tr><td>最大间隙</td><td>每 1km 10 处,各连续 10 杆</td><td>—</td><td>5mm</td><td>T 0931</td></tr>
<tr><td colspan="2">路表渗水系数不大于</td><td>每 1km 不少于 5 点,每点 3 处取平均值评定</td><td>300mL/min(普通沥青路面)
200mL/min(SMA 路面)</td><td>—</td><td>T 0971</td></tr>
<tr><td rowspan="2">宽度</td><td>有侧石</td><td rowspan="2">每 1km 20 个断面</td><td>±20mm</td><td>±30mm</td><td rowspan="2">T0911</td></tr>
<tr><td>无侧石</td><td>不小于设计宽度</td><td>不小于设计宽度</td></tr>
<tr><td colspan="2">纵断面高程</td><td rowspan="3">每 1km 20 个断面</td><td>±15mm</td><td>±20mm</td><td rowspan="3">T 0911</td></tr>
<tr><td colspan="2">中线偏位</td><td>±20mm</td><td>±30mm</td></tr>
<tr><td colspan="2">横坡度</td><td>±0.3%</td><td>±0.5%</td></tr>
<tr><td rowspan="2">弯沉</td><td>回弹弯沉</td><td>全线每 20m 1 点</td><td rowspan="2">符合设计对交工验收的要求</td><td>符合设计对交工验收的要求</td><td>T 0951</td></tr>
<tr><td>总弯沉</td><td>全线每 5m 1 点</td><td>—</td><td>T 0952</td></tr>
<tr><td colspan="2">构造深度</td><td rowspan="2">每 1km 5 点</td><td rowspan="3">符合设计对交工验收的要求</td><td>—</td><td>T 0961/62/63</td></tr>
<tr><td colspan="2">摩擦系数摆值</td><td>—</td><td>T 0964</td></tr>
<tr><td colspan="2">横向力系数</td><td>全线连续</td><td>—</td><td>T 0965</td></tr>
</table>

注:高速公路、一级公路面层除验收总厚度外,尚需验收上面层厚度,代表值的计算方法按规范规定进行。

公路沥青路面稀浆封层交工检查与验收质量标准　　表 3-48b)

<table>
<tr><td rowspan="2">检查项目</td><td rowspan="2">检查频度
(每一幅车行道)</td><td colspan="2">质量要求或允许偏差</td><td rowspan="2">试验方法</td></tr>
<tr><td>高速公路、一级公路</td><td>其他等级公路</td></tr>
<tr><td>平均厚度</td><td rowspan="2">每 1km 3 点</td><td>-10%</td><td>-10%</td><td>挖小坑量测,取平均值</td></tr>
<tr><td>渗水系数</td><td>10mL/min</td><td>10mL/min</td><td>T 0971</td></tr>
<tr><td>路表构造深度</td><td rowspan="2">每 1km 5 点</td><td rowspan="3">符合设计要求</td><td>—</td><td>T 0961、T 0962</td></tr>
<tr><td>路面摩擦系数摆值</td><td>—</td><td>T 0964</td></tr>
<tr><td>横向力系数</td><td>全线连续</td><td>—</td><td>T 0965</td></tr>
</table>

公路沥青表面处治及贯入式路面交工检查与验收质量标准　　表3-48c)

路面类型	检查项目		检查频度(每一侧车行道)	质量要求或允许偏差	试验方法
沥青表面处治	外观		全线	密实,不松散	目测
	厚度	代表值	每200m每车道1点	-5mm	T 0921
		极值		-10mm	
	路表平整度	标准差	全线每车道连续	4.5mm	T 0932
		IRI		7.5m/km	T 0933
		最大间隙	每1km 10处,各连续10尺	10mm	T 0931
	宽度	有侧石	每1km 20个断面	±3cm	T 0911
		无侧石		不小于设计宽度	
	纵断面高程			±20mm	
	横坡度			±0.5%	
	沥青用量		每1km 1点	±0.5%	T 0722
	矿料用量			±5%	
沥青贯入式路面	外观		全线	密实,不松散	目测
	厚度	代表值	每200m 1点	-5mm或-8%	T 0921
		极值		15mm	
	路表平整度	标准差	全线连续	3.5mm	T 0932
		IRI		5.8m/km	T 0933
		最大间隙	每1km 10处,各连续10尺	8mm	T 0931
	宽度	有侧石	每1km 20个断面	±30mm	T 0911
		无侧石		不小于设计宽度	
	纵断面高程			±20mm	
	横坡度			±0.5%	
	沥青用量		每1km 1点	±0.5%	T 0722
	矿料用量			±5%	

②路表平整度可采用连续式平整度仪和颠簸累积仪进行测定,以每100m计算一个测值,计算合格率。

③路表渗水系数与构造深度宜在施工过程中在路面成型后立即测定,但每一个点为3个测点的平均值,计算合格率。

④交工验收时可采用连续式摩擦系数测定车在行车道实测路表横向摩擦系数,如实记录测点数据。

⑤交工验收时可选择贝克曼梁或连续式弯沉仪实测路面的回弹弯沉或总弯沉,如实记录测点数据(含测定时的气候条件、测定车数据等)。测定时间宜在公路的最不利使用条件下(指春融期或雨季)进行。

(3)工程交工时应对全线宽度、纵断面高程、横坡度、中线偏位等进行实测,以每个桩号的测定结果评定合格率,最后提出实际的竣工图。

(4)行人道路沥青面层质量检查及验收与车行道相同,其质量指标应符合表3-49规定。

行人道路沥青面层质量标准　　表3-49

检查项目		质量要求或允许偏差	检查频度	检查方法
厚度		±5mm	每100m 1点	T 0912
路表平整度（最大间隙）	沥青混凝土	5mm	每200m 2点，各连续10尺	T 0931
	其他沥青面层	7mm		
宽度		-20mm	每100m 2点	T 0911
横坡度		±0.3%		

2. 桥梁桥面沥青路面铺装

大、中型桥梁桥面沥青铺装的质量检查与验收，以100m作为一个评定路段，其质量指标应符合表3-50的规定。

桥面沥青铺装工程质量标准　　表3-50

检查项目		检查频度	允许偏差		检查方法
			高速公路、一级公路	其他等级公路	
厚度		每100m 2点	0～+5mm	—	T 0912
路表平整度	标准差	连续测定	1.8mm	2.5mm	T 0932
	最大间隙		3mm	5mm	T 0931
宽度		每100m 10点	0～+5mm		T 0911
压实度		每100m 2点	马歇尔密度的97%，最大相对密度的93%		T 0924
横坡		每100m 10点	±0.3%		T 0911
其他			按照规范热拌沥青混合料要求		

3. 路缘石和止水带的质量检查及验收

路缘石和止水带的质量检查及验收与车行道相同，其质量指标应符合表3-51的规定。

路缘石及止水带工程质量标准　　表3-51

检查项目	质量要求或允许偏差	检查频度	检查方法
直顺度	10mm	每100m 2点	拉20m小线量取最大值
预制块相邻块高差	3mm	每100m 5点	用钢板尺量
预制块相邻缝宽	±3mm		
立式路缘石顶面高程	±10mm		T 0911
水泥混凝土路缘石的预制块强度	25MPa	每1km 1点	留试块试验
沥青混凝土拦水带的压实度	95%		取样试验

二、沥青路面工程质量检验评定标准

1. 一般规定

(1)路面工程的实测项目规定值或允许偏差按高速公路、一级公路和其他公路(指二级及以下公路)两档设定。对于在设计和合同文件中提高了技术要求的二级公路，其工程质量检验评定按设计和合同文件的要求进行，但不应高于高速公路、一级公路的检验评定标准。

(2)路面工程实测项目规定的检查频率，为双车道公路每一检查段内的检查频率(按m^2或m^3或工作班设定的检查频率除外)。多车道公路的路面各结构层均须按其车道数与双车

道之比,相应增加检查数量。

(3)路面表层平整度规定值是指交工验收时应达到的平整度要求,其检查测定以自动或半自动的平整度仪为主,全线每车道连续测定按每100m输出结果计算合格率。采用3m直尺测定路面各结构层平整度时,以最大间隙作为指标,按尺数计算合格率。

(4)路面表层渗水系数宜在路面成型后立即测定。

(5)路面各结构层厚度按代表值和单点合格值设定允许偏差。当代表值偏差超过规定值时,该分项工程评为不合格;当代表值偏差满足要求时,按单个检查值的偏差不超过单点合格值的测点数计算合格率。

(6)材料要求和配比控制列入各节基本要求,可通过检查施工单位、工程监理单位的资料进行评定。

2. *沥青混凝土面层和沥青碎(砾)石面层*

1)基本要求

(1)沥青混合料的矿料质量及矿料级配应符合设计要求和施工规范的规定。

(2)严格控制各种矿料和沥青用量及各种材料和沥青混合料的加热温度,沥青材料及混合料的各项指标应符合设计和施工规范要求。沥青混合料的生产,每日应做抽提试验、马歇尔稳定度试验。矿料级配、沥青含量、马歇尔稳定度等结果的合格率应不小于90%。

(3)拌和后的沥青混合料应均匀一致,无花白,无粗细料分离和结团成块现象。

(4)基层必须碾压密实,表面干燥、清洁、无浮土,其平整度和路拱度应符合要求。

(5)摊铺时应严格控制摊铺厚度和平整度,避免离析,注意控制摊铺和碾压温度,碾压至要求的密实度。

2)沥青混凝土面层和沥青碎(砾)石面层的实测项目

沥青混凝土面层和沥青碎(砾)石面层的实测项目,如表3-52所示。

沥青混凝土面层和沥青碎(砾)石面层实测项目 表3-52

<table>
<tr><th rowspan="2">项次</th><th rowspan="2" colspan="2">检查项目</th><th colspan="2">规定值或允许偏差</th><th rowspan="2">检查方法和频率</th><th rowspan="2">权值</th></tr>
<tr><th>高速公路、一级公路</th><th>其他公路</th></tr>
<tr><td>1</td><td colspan="2">压实度(%)</td><td colspan="2">试验室标准密度的96%(*98%);
最大理论密度的92%(*94%);
试验段密度的98%(*99%)</td><td>按规范规定检查,每200m测1处</td><td>3</td></tr>
<tr><td rowspan="3">2</td><td rowspan="3">平整度</td><td>σ(mm)</td><td>1.2</td><td>2.5</td><td rowspan="2">平整度仪:全线每车道连续按每100m计算IRI或σ</td><td rowspan="3">2</td></tr>
<tr><td>IRI(m/km)</td><td>2.0</td><td>4.2</td></tr>
<tr><td>最大间隙h(mm)</td><td>—</td><td>5</td><td>3m直尺:每200m测2处×10尺</td></tr>
<tr><td>3</td><td colspan="2">弯沉值(0.01mm)</td><td colspan="2">符合设计要求</td><td>按规范规定检查</td><td>2</td></tr>
<tr><td>4</td><td colspan="2">渗水系数</td><td>SMA路面200mL/min;其他沥青混凝土路面300mL/min</td><td>—</td><td>渗水试验仪:每200m测1处</td><td>2</td></tr>
<tr><td rowspan="2">5</td><td rowspan="2">抗滑</td><td>摩擦系数</td><td rowspan="2">符合设计要求</td><td rowspan="2">—</td><td>摆式仪:每200m测1处;摩擦系数测定车:全线连续,按规范方法评定</td><td rowspan="2">2</td></tr>
<tr><td>构造深度</td><td>铺砂法:每200m测1处</td></tr>
</table>

续上表

<table>
<tr><th rowspan="2">项次</th><th rowspan="2" colspan="2">检 查 项 目</th><th colspan="2">规定值或允许偏差</th><th rowspan="2">检查方法和频率</th><th rowspan="2">权值</th></tr>
<tr><th>高速公路、一级公路</th><th>其他公路</th></tr>
<tr><td rowspan="2">6</td><td rowspan="2">厚度（mm）</td><td>代表值</td><td>总厚度:设计值的 -8%
上面层:设计值的 -10%</td><td>-8%H</td><td rowspan="2">按规范规定检查,双车道每 200m 测 1 处</td><td rowspan="2">3</td></tr>
<tr><td>合格值</td><td>总厚度:设计值的 -10%
上面层:设计值的 -20%</td><td>-15%H</td></tr>
<tr><td>7</td><td colspan="2">中线平面偏位（mm）</td><td>20</td><td>30</td><td>经纬仪:每 200m 测 4 点</td><td>1</td></tr>
<tr><td>8</td><td colspan="2">纵断高程(mm)</td><td>±10</td><td>±15</td><td>水准仪:每 200m 测 4 断面</td><td>1</td></tr>
<tr><td rowspan="2">9</td><td rowspan="2">宽度（mm）</td><td>有侧石</td><td>±20</td><td>±30</td><td rowspan="2">尺量:每 200m 测 4 断面</td><td rowspan="2">1</td></tr>
<tr><td>无侧石</td><td colspan="2">不小于设计</td></tr>
<tr><td>10</td><td colspan="2">横坡(%)</td><td>±0.3</td><td>±0.5</td><td>水准仪:每 200m 测 4 处</td><td>1</td></tr>
</table>

注:①表内压实度可选用其中的 1 个或 2 个标准,并以合格率低的作为评定结果。带 * 号者是指 SMA 路面,其他为普通沥青混凝土路面。

②表列厚度仅规定负允许偏差。其他公路的厚度代表值和极值允许偏差按总厚度计,当总厚度≤60mm 时,允许偏差分别为 -5mm 和 -10mm;总厚度 >60mm 时,允许偏差分别为 -8% 和 -15% 的总厚度。H 为总厚度(mm)。

3)外观鉴定

(1)表面应平整密实,不应有泛油、松散、裂缝和明显离析等现象,对于高速公路和一级公路,有上述缺陷的面积(凡属单条的裂缝,则按其实际长度乘以 0.2m 宽度,折算成面积)之和不得超过受检面积的 0.03%,其他公路不得超过0.05%。不符合要求时每超过 0.03% 或 0.05% 减 2 分。半刚性基层的反射裂缝可不计作施工缺陷,但应及时进行灌缝处理。

(2)搭接处应紧密、平顺,烫缝不应枯焦。不符合要求时,累计每 10m 长减 1 分。

(3)面层与路缘石及其他构筑物应密贴接顺,不得有积水或漏水现象。不符合要求时,每一处减 1 ~2 分。

3. 沥青贯入式面层(或上拌下贯式面层)

1)基本要求

(1)沥青材料的各项指标应符合设计要求和施工规范。

(2)各种材料的规格和用量应符合设计要求和施工规范;上拌沥青混凝土混合料每日应做抽提试验和马歇尔稳定度试验。

(3)碎石层须平整坚实,嵌挤稳定,沥青贯入深透,浇洒均匀,不得污染其他构筑物。

(4)嵌缝料必须趁热撒铺,扫布均匀,不应有重叠现象。

(5)上层采用拌和料时,混合料应均匀一致,无花白和粗细分离现象,摊铺平整,接茬平顺,及时碾压密实。

(6)沥青贯入式面层施工前,应先做好路面结构层与路肩的排水。

2)沥青贯入式面层(或上拌下贯式面层)实测项目

沥青贯入式面层(或上拌下贯式面层)实测项目,如表 3-53 所示。

3)外观鉴定

(1)表面应平整密实,不应有松散、裂缝、油包、油汀、波浪、泛油等现象,有上述缺陷的面

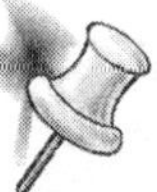

积之和不超过受检面积的0.2%。不符合要求时每超过0.2%减2分。

沥青贯入式面层(或上拌下贯式面层)实测项目 表3-53

项次	检查项目		规定值或允许偏差	检查方法和频率	权值
1	平整度	σ(mm)	3.5	平整度仪:全线每车道连续按每100m计算IRI或σ	1
		IRI(m/km)	5.8		
		最大间隙h(mm)	8	3m直尺:每200m测2处×10尺	
2	弯沉值(0.01mm)		符合设计要求	按规范规定检查	2
3	厚度(mm)	代表值	-8%H或-5mm	按规范规定检查,每200m每车道1点	3
		合格值	-15%H或-10mm		
4	沥青总用量(kg/m²)		±0.5%	每工作日每层洒布查1次	3
5	中线平面偏位(mm)		30	经纬仪:每200m测4点	1
6	纵断高程(mm)		±15	水准仪:每200m测4断面	2
7	宽度(mm)	有侧石	±30	尺量:每200m测4处	7
		无侧石	不小于设计		
8	横坡(%)		±0.5	水准仪:每200m测4断面	2

注:①当设计厚度≥60mm时,按厚度百分率控制;当设计厚度<60mm时,按厚度不足的毫米数控制。H为厚度(mm)。

②沥青总用量按《公路路基路面现场测试规程》(JTJ 059—95)中T 0892的方法,每工作日每层洒布沥青检查一次,并计算同一路段的单位面积的总沥青用量。

(2)表面无明显碾压轮迹。不符合要求时,每处减1~2分。

(3)面层与路缘石及其他构筑物应密贴接顺,无积水。不符要求时,每一处减1~2分。

4. 沥青表面处治面层

1)基本要求

(1)在新建或旧路的表层进行表面处治时,应将表面的泥砂及一切杂物清除干净,底层必须坚实、稳定、平整,保持干燥后才可施工。

(2)沥青材料的各项指标和石料的质量、规格、用量,应符合设计要求和施工规范的规定。

(3)沥青浇洒应均匀,无露白,不得污染其他构筑物。

(4)嵌缝料必须趁热撒铺,扫布均匀,不得有重叠现象,压实平整。

2)沥青表面处治面层实测项目

沥青表面处治面层实测项目,如表3-54所示。

沥青表面处治面层实测项目 表3-54

项次	检查项目		规定值或允许偏差	检查方法和频率	权值
1	平整度	σ(mm)	4.5	平整度仪:全线每车道连续按每100m计算IRI或σ	3
		IRI(m/km)	7.8		
		最大间隙h(mm)	10	3m直尺:每200m测2处×10尺	
2	弯沉值(0.01mm)		符合设计要求	按规范规定检查	2
3	厚度(mm)	代表值	-5	按规范规定检查,每200m每车道1点	3
		合格值	-10		

续上表

项次	检查项目		规定值或允许偏差	检查方法和频率	权值
4	沥青总用量(kg/m^2)		±10%	每工作日每层洒布查1次	3
5	中线平面偏位(mm)		30	经纬仪:每200m测4点	1
6	纵断高程(mm)		±15	水准仪:每200m测4断面	2
7	宽度(mm)	有侧石	±30	尺量:每200m测4处	2
		无侧石	不小于设计		
8	横坡(%)		±0.5	水准仪:每200m测4断面	2

3)外观鉴定

(1)表面平整密实,不应有松散、油包、油汀、波浪、泛油、封面料明显散失等现象,有上述缺陷的面积之和不超过受检面积的0.2%。不符合要求时每超过0.2%减2分。

(2)无明显碾压轮迹。不符合要求时,每处减1~2分。

(3)面层与路缘石及其他构筑物应密贴接顺,不得有积水。不符要求,每处减1~2分。

三、沥青路面质量检验评定注意事项

(1)确保各种矿料质量是沥青路面质量的基本保证。要加强对各种材料规格和用量的重要性的高度认识,严格控制矿质材料的规格和用量是施工质量管理与质量检验的重要内容和保证沥青路面质量的基本要求。

(2)沥青混凝土面层和沥青碎石面层质量评定实测项目的评定注意事项。

①压实度:按照《公路沥青路面施工技术规范》(JTG F40—2004)规定,沥青混凝土面层和沥青碎(砾)石面层压实度可从试验室标准密度、最大理论密度和试验路段密度三个指标中选择1个或2个标准进行施工质量控制,并以合格率低的标准作为质量检验评定结果。

②平整度:《公路工程质量检验评定标准(土建工程)》(JTG F80/1—2004)列出了IRI、σ和3m直尺(高速公路和一级公路不用)三个指标的规定值,由于考虑到机械化施工发展现状和各地对平整度的重视,要求对平整度指标严格控制。

③弯沉值:由于高速公路和一级公路的路基较高,路面总厚度较厚,非不利季节的弯沉测定结果的季节影响,不会像一般三级公路的路基填土不高和路面总厚不大时那样显著。沥青层较厚,温度影响比较明显,因此,在确定季节影响系数时要慎重。

④抗滑性:高速公路和一级公路交通量大,且为渠化交通,应重视路面结构的抗滑性能,控制好面层摩擦系数和构造深度,以保证行车安全。

⑤厚度:高速公路和一级公路的沥青面层多为2~3层铺筑,下面层厚度的变异性较大,验收时不作特殊要求,但施工单位和监理应从严予以控制。沥青层厚度是关键质量指标,也与施工单位经济效益密切相关。基层的平整度和纵断高程控制得越好,沥青层的厚度就越容易得到合理控制。

⑥外观鉴定:沥青路面表面均匀性是施工的难点,关系到路面的使用质量、使用寿命和整体美观。在质量检验时,一旦发现外观缺陷超过规范规定值时,应予扣分。针对半刚性基层的反射裂缝,由于受半刚性材料的特性所决定,可不计作施工缺陷,但要求施工单位及时采取灌缝处理措施。

(3)沥青贯入式面层、沥青表面处治质量检验评定注意事项。

弯沉是路面综合质量的重要指标,针对贯入式、沥青表处路面的内在质量难以定量控制,弯沉值指标则更显其重要意义。考虑到涉及厚度的差异,在厚度控制上允许其偏差以设计厚度60mm为界,分别按厚度的百分率和厚度不足的毫米数控制。由于压实度指标标准值和工地检验密度不容易准确确定,因此,在质量评定时未列压实度指标。

四、沥青路面施工总结及质量保证期管理

(1)工程结束后,施工企业应根据国家竣工文件编制的规定,提出施工总结报告及若干个专项报告,连同竣工图表,形成完整的施工资料档案。

(2)施工总结报告应包括工程概况(包括设计及变更情况)、工程基础资料、材料、施工组织、机械及人员配备、施工方法、施工进度、试验研究、工程质量评价、工程决算、工程使用服务计划等。

(3)施工管理与质量检查报告,应包括施工管理体制、质量保证体系、施工质量目标、试验段铺筑报告、施工前及施工中材料质量检查结果(测试报告)、施工过程中工程质量检查结果(测试报告)、工程交工验收质量自检结果(测试报告)、工程质量评价,以及原始记录、相册、录像等各种附件。

(4)施工企业在质保期内,应进行路面使用情况观测、局部损坏的原因分析和维修保养等。质量保证的期限根据国家规定或招标文件等要求确定。

第四章　水泥混凝土路面施工质量控制

水泥混凝土路面俗称白色路面，通常以水泥和水拌和成的水泥浆为结合料，以碎（砾）石、砂为集料，再添加适当的外加剂，有的是掺加掺和料拌制成的混凝土铺筑路面的面层。由于其具有强度高、刚度大、使用耐久和养护工作量小等优点，水泥混凝土路面广泛被应用于各级公路的铺面。水泥混凝土路面是以水泥混凝土板作面层的路面，是高等级公路上最重要的路面结构层。水泥混凝土路面施工质量的好坏直接影响高等级公路的行驶舒适性、服务水平及其使用寿命，同时水泥混凝土路面质量也反映了高等级公路建设中的设计、施工、监理和工程管理综合水平，在高等级公路建设中具有举足轻重的作用。

水泥混凝土路面施工的质量控制，应依据施工质量标准和设计技术要求采取一定的检测手段和方法，对水泥混凝土路面的设计和施工技术参数进行监控，目的是通过设计施工的全面质量管理和控制，建设高质量、经久耐用的高等级公路水泥混凝土路面。水泥混凝土路面的施工质量控制包括设计质量控制和施工质量控制两项重要内容。其中设计质量控制是关键，施工质量控制是重点。

第一节　水泥混凝土路面的使用性能与技术问题

水泥混凝土路面又称为刚性路面，当车轮行驶在路面上时，整个水泥混凝土路面会起抵抗作用，不使路面产生较大的弯曲变形；当车轮驶过后，又重新恢复原来的形状。水泥混凝土路面不但具有很高的强度，而且具有汽车运行中所必需的平整度、很好的耐磨性和必要的粗糙度，可以确保汽车的高速安全行驶。为了修筑好水泥混凝土路面，保证行车安全、舒适以及耐久性等指标达到标准，对水泥混凝土路面在设计与施工中，要求在设计中准确计算出路面的结构和厚度，在施工时必须选择优质材料，科学地进行施工组成设计，做到“精心设计，精心施工”，确保水泥混凝土路面工程的质量。要做到这些，就必须对水泥混凝土路面的使用性能、特点和修筑技术等有一个充分的认识。

一、水泥混凝土路面的使用性能

水泥混凝土路面的使用性能，是指其在设计使用期内为满足交通和环境的要求所具有的结构强度，以及为保障车辆行驶的舒适、安全及经济性所具有的表面功能。前者要求水泥混凝土路面结构不仅具备能够承受各种荷载的作用，还要满足其使用的耐久性，这主要由面层混凝土的强度及疲劳特性等决定；后者要求路面表面平整、抗滑，能迅速排水，且尽可能将车辆与路面表面产生的噪声降低到要求限度。而要保证水泥混凝土路面的结构强度和表面功能，应从路面的结构设计、材料组成设计和施工技术等方面采取措施。

1. 结构强度

结构强度是保证路面使用性能的前提。水泥混凝土路面是由面层、基层、垫层及路基等组成的层状结构，每个结构层对于实现路面使用性能发挥着不同的作用，而路面的结构强度即由

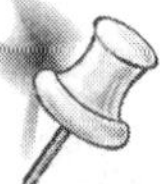

这些层次的合理组合确定。

水泥混凝土面层强度高、刚度大，是主要承受荷载的结构层，因此，面层混凝土的强度与疲劳特性是保证水泥混凝土路面结构强度的关键因素。前者主要指混凝土的弯拉强度及抗压强度。由于混凝土是脆性材料，其弯拉强度远低于抗压强度，水泥混凝土路面破坏主要是混凝土面层的断裂破坏，路面设计通常以面层混凝土的弯拉强度作为设计指标，并根据此指标确定面层所需的厚度。抗压强度虽然不是混凝土路面的设计指标，但由于其试件制作简单，测试方便，可以建立抗压强度与弯拉强度的回归关系，通过抗压强度推求弯拉强度。而且抗压强度与混凝土面层的耐磨性有直接的关系，抗压强度越大，混凝土的耐磨性越好，因此，抗压强度也是保证混凝土强度的重要指标。水泥混凝土路面在使用期内直接承受着荷载应力和温度应力的反复作用，一次荷载的作用一般不会引起面层的断裂破坏，但是混凝土在承受反复应力的作用时，会在低于一次作用下的极限强度值时出现破坏，混凝土强度随重复作用而降低的现象即为疲劳。水泥混凝土路面结构设计以行车荷载和温度荷载的综合作用产生的疲劳断裂作为设计标准，因此，混凝土良好的疲劳特性是保证水泥混凝土路面结构强度的必要因素。

面层混凝土本身具有足够的弯曲刚度，是提供路面结构强度的主要来源，但须以基(垫)层和路基提供稳定而均匀的支承为前提。由于接缝渗入水对基层顶面的冲刷是引起水泥混凝土路面唧泥、错台及断裂等病害的主要原因，因此对基层的首要要求是具有足够的抗冲刷能力。而对于路基的主要要求是提供均匀支承，即路基在环境因素和荷载作用下产生的不均匀变形应尽可能小。

2. 表面功能

水泥混凝土路面的表面功能是路面表面为轮胎或车辆行驶提供的使用功能。它一方面与轮胎或车辆作用的性状有关，另一方面与面层混凝土的表面特性有关。根据波长的大小，路面表面特性可以分为细构造、粗构造、宏构造和不平整性。其中，细构造为轮胎提供附着力，以保证路面的抗滑能力；粗构造为路表水从快速滚动的轮胎下面排除提供通路，以保证雨天高速行驶的安全性，这二者是保证行车安全所必需的。而宏构造会使滚动的车轮轮胎产生较大的噪声，不平整性则影响行车的舒适性、安全性和经济性，应尽量减小。

1)平整度

路面平整度是路面表面诱发行驶车辆出现振动的高程变化，它直接影响到行车的舒适性及燃料消耗。平整度的测定方法和仪器大致可以分为两类：一类是断面类平整度测量，直接沿行驶车辆的轮迹量测路面表面的高程，得到路表纵断面，通过数学分析采用综合统计量作为其平整度指标；另一类是反应类平整度测量，通过在主车或拖车上安装由传感器和显示器组成的仪器，传感和积累车辆以一定速度经不平整路表面时悬挂系统的竖向位移量。不同量测方法的结果可以通过转换而采用统一的标准，如国际平整度指数(IRI)。

路面不平整的初始来源主要是混凝土面层摊铺和压实的施工质量。尔后，随着路面的使用，路面结构强度不断降低，沉降、错台等随之出现，其不平整也会逐渐加剧。因此，应注意路面施工过程中对各结构层平整度与强度的控制，以及混凝土路面使用中的养护工作。

2)抗滑性能

路面抗滑性能是指车辆轮胎制动时路表面对车轮滑移的阻抗能力，通常采用锁轮拖车、偏转轮拖车及摆式仪等方法进行测定。

影响路面表面抗滑性能的因素，主要是路面表面的细构造和粗构造。路面表面的细构造是指集料表面的粗糙度，它随车轮的反复作用而逐渐被磨光，通常采用石料磨光值(PSV)表征

其抗磨光的性能。细构造在低速(30～50km/h以下)时对路表抗滑性能起决定作用。而行驶速度高时起主要作用的是粗构造,通常用构造深度表征其构造特性。其功能是使车轮下的路表水迅速排除,以避免形成水膜。粗构造也会随车轮的反复作用而逐渐丧失。

为保障行车安全,路面表面需有一定的抗滑能力,应从路面表面的细构造和粗构造两个方面解决。混凝土面层的细构造主要与水泥砂浆和粗集料的性质有关,应注意集料的选用和水泥混凝土的配合比设计。粗构造则主要采用机械方法,通过刻槽、拉槽、压槽、拉毛等措施形成。

3)轮胎—路表面的噪声特性

混凝土面层众多的接缝、较高的刚度,以及为提供抗滑能力而筑造的粗构造,使行驶其上的车轮轮胎与其作用产生较大的噪声。为降低混凝土路面的噪声,在设计混凝土表层材料时应优化路表面的构造特性,以达到平衡抗滑和降低噪声的要求。可以采取的措施主要有纵向整平技术,双层混凝土铺筑,纵向粗构造制作,外露集料和多孔混凝土等。

二、水泥混凝土路面结构形式与常用结构组合

1. 水泥混凝土路面的断面形式

水泥混凝土路面是指以水泥混凝土板作面层的路面。总体由面层、基层、垫层(底基层)、路基、路肩和排水设施等组成,水泥混凝土路面的横坡(路拱),一般采用1%～2%,路肩横坡一般比路面横坡大1%～2%。其横断面形式如图4-1所示。

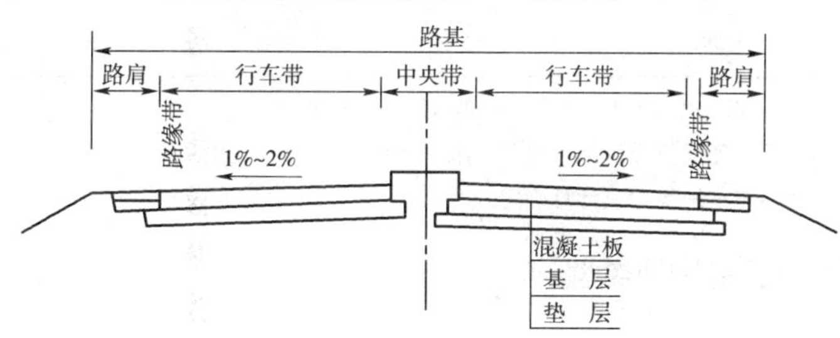

图4-1　混凝土路面横断面

2. 水泥混凝土路面结构形式

(1)素水泥混凝土路面

素水泥混凝土路面包括:普通水泥混凝土路面、所有缩缝均带传力杆的混凝土路面、碾压混凝土路面、联锁式混凝土路面、轮迹混凝土路面、膨胀混凝土化学自应力路面。

(2)配筋混凝土路面

这种路面分为钢筋混凝土路面和纤维混凝土路面两类。钢筋混凝土路面有:间断钢筋混凝土路面、连续钢筋混凝土路面、预(自)应力钢筋混凝土路面。纤维混凝土路面有:钢纤维混凝土路面、聚丙烯纤维混凝土路面、玻璃纤维混凝土路面、石棉纤维混凝土路面、植物纤维混凝土路面。

(3)特种混凝土路面

特种混凝土路面分为两大类:一类是由传统水泥混凝土改进性能发展而来的路面;另一类路面则完全是高新材料铺设的路面。高强与高性能混凝土路面,高强、高抗滑、低噪声混凝土路面,彩色混凝土路面,快通混凝土路面等属于前一类;聚合物混凝土路面、聚合物浸渍混凝土路面、树脂混凝土路面等属于后一类。

这三大类水泥混凝土路面并未完全概括现有的所有路面结构形式，而且，随着新技术和新材料的发展，会有更多、更廉价的新型路面结构形式扩展进来。

3. 水泥混凝土路面常用结构组合

水泥混凝土路面结构组合根据交通等级和地质条件而定，表4-1列出了一些常用的水泥混凝土路面结构组合。

水泥混凝土路面结构常用组合　表4-1

交通等级	路面结构组合		
特重	水泥混凝土 水泥稳定粒料类 级配碎石或砂砾	水泥混凝土 水泥或石灰稳定粒料类 级配碎石或砂砾	水泥混凝土 二灰稳定粒料类 石灰土或二灰土
重	水泥混凝土 水泥或石灰稳定粒料类 级配碎石或砂砾	水泥混凝土 水泥稳定粒料类 石灰土	水泥混凝土 二灰稳定粒料类 石灰土或二灰土
中	水泥混凝土 水泥或石灰稳定粒料类 天然砂砾或石屑	水泥混凝土 水泥或石灰稳定类 二灰土	水泥混凝土 二灰稳定粒料类 石灰土或二灰土
轻	水泥混凝土 级配碎、砾石 天然砂砾	水泥混凝土 石灰土	水泥混凝土 二灰土

注：①路基回弹模量小于20MPa时，应对路基进行处理，使之达到20MPa以上。

②冰冻地区路面结构总厚度应符合抗冻厚度的要求。

③各结构层厚度尚应参考本地经验或计算确定。

三、水泥混凝土路面的破坏类型

水泥混凝土路面的使用性能在行车和自然因素的不断作用下逐渐变差，以致出现各种类型的损坏现象。水泥混凝土路面的病害大体分为接缝破坏和混凝土面板损坏两个方面，损坏性质也可分为功能性损坏与结构性损坏两个范畴。

1. 接缝的破坏

(1)挤碎：出现于横向接缝（主要是胀缝）两侧数十厘米宽度内。这是由于胀缝内的滑动传力杆位置不正确，或滑动端的滑动功能失效，或施工时胀缝内局部有混凝土搭连，或胀缝内落入坚硬的杂屑等原因，阻碍了板的伸长，使混凝土在膨胀时受到较高的挤压应力，当其超过混凝土的抗剪强度时，板即发生剪切挤碎。

(2)拱起：混凝土面板在受热膨胀而受阻时，某一接缝两侧的板突然向上拱起。这是由于板收缩时缝隙张开，填缝料失效，坚硬碎屑等不可压缩的材料塞满缝隙，使板在膨胀时产生较大的热压应力，从而出现纵向压曲失稳。

(3)错台：横向接缝两侧路面板出现的竖向相对位移。当胀缝下部嵌缝板与上部缝隙未能对齐，或胀缝两侧混凝土壁面不垂直，使缝旁两板在伸胀挤压过程中，会上下错开而形成错台。地面水通过接缝渗入基础使其软化，或者接缝传荷能力不足，或者传力效果降低，都会导致错台的产生。当交通量或基础承载力在横向各幅板上分布不均匀，各幅板沉陷不一致时，纵缝也会产生错台现象。

(4)唧泥:汽车行经接缝时,由缝内喷溅出稀泥浆的现象。在轮载的频繁作用下,基层由于塑性变形累积而同面层板脱空;地面水沿接缝下渗而积聚在脱空的空隙内;在轮载作用下积水变成有压水而同基层内浸湿的细料混搅成泥浆,并沿接缝缝隙喷溅出来。唧泥的出现,使面板边缘部分失去支承,因而往往在离接缝1.5~1.8m以内导致横向裂缝。

此外,纵缝两侧的横缝前后错开、纵缝缝隙拉宽、填缝料丧失和脱落等也都属于接缝的破坏。

2. 混凝土面板本身的破坏

混凝土面板的破坏主要是断裂和裂缝。面板由于所受内应力超过了混凝土的强度而出现横向或纵向以及板角的断裂和裂缝,其原因是多方面的:板太薄或轮载太重;行车荷载的渠化作用(荷载次数超过允许值);板的平面尺寸太大,使温度翘曲应力过大;地基过量塑性变形使板底脱空失去支承;养生期间收缩应力过大,由于材料或施工质量不良,混凝土未能达到设计要求等。断裂裂缝破坏了板的结构整体性,使板丧失应有的承载能力。因而,断裂裂缝可视为混凝土面层结构破坏的临界状态。

四、普通水泥混凝土路面的优缺点

1. 普通水泥混凝土路面的优点

(1)强度高刚度大,混凝土路面具有较高的抗压强度和抗弯拉强度以及抗磨耗能力。混凝土路面板弹性模量在3 000~5 000MPa之间,板底分布荷载小,标准10t轴载下,实测压应力仅为0.03~0.04MPa。这使其对基层的承载力要求相对较低,适用于稳定基层上的大交通量和重载交通的高速公路、国道、省道、机场、厂矿道路。土基承载力小的轻交通量的乡村道路、停车场可直接将水泥混凝土路面铺筑于土基上。

(2)水泥混凝土路面的水稳定性好,能够较好地使用于降雨量较大的地区和在短期浸水的过水路面上;在洪水短期淹没路面条件下,可照常通行。

(3)疲劳寿命长,弯拉强度不小于5.5MPa、抗压强度不小于35MPa的强度合格的混凝土路面板,在标准轴载的应力强度比下,可达到500万~1 000万次弯曲疲劳循环。它的强度能随着时间的延长而逐渐提高,不存在沥青路面的那种"老化"现象。热稳性较好,在任何气温条件下,不会出现车辙或壅包。

(4)由于混凝土路面的强度高和稳定性好,在正确设计和保证施工质量的条件下,水泥混凝土路面的耐候性、抗冻性、抗滑性和耐磨性等耐久性优良。经久耐用,一般能使用20~40年,而且它能通行包括履带式车辆等在内的各种运输工具。

(5)路面只要施工平整度好,基层抗冲刷性高,其良好平整度的衰变很慢,优良平整度的保持年限比柔性路面长得多。

(6)水泥混凝土路面的边缘不像沥青路面的边缘那样经常受侵蚀、压碎破坏,可不设路缘石。水泥混凝土路面对粗集料的磨光值和磨耗率的要求相对较低,可使用的粗集料岩石种类广泛,集料易得。

(7)养护费用少、经济效益高,与沥青混凝土路面相比,水泥混凝土路面的设计使用年限长一倍,混凝土路面的养护工作量和养护费用均较少。它的建筑投资虽较大,但使用年限长,所分摊于每年的工程费用较少。因此,从长远角度来看,选用水泥混凝土路面,其经济效益是比较显著的。

(8)水泥混凝土刚性路面在任何等级的轴载作用下,均无柔性路面的弯沉盆,所以在使用

期内车辆的燃油消耗比沥青路面低10% ~15%,刚性路面的运营经济性优于柔性路面。

(9)流经或渗透过水泥混凝土路面的水,对周围土壤和地下水无污染,是环保型路面类型。同时可在水泥混凝土路面中使用粉煤灰,具有良好的环保效益。

(10)混凝土路面色泽鲜明,能见度好,有利于夜间行车。

2. 普通水泥混凝土路面的缺点

(1)对水泥和水的需要量大,修筑0.2m厚、7m宽的混凝土路面,每1 000m要耗费水泥约400 ~500t;耗费水约250t,尚不包括养生用的水。这对水泥供应不足和缺水地区将带来较大的困难。

(2)有接缝,一般混凝土路面要建造许多接缝,这些接缝不但增加施工和养护的复杂性,而且容易引起行车跳动,减振效果差,行车噪声较大,影响行车的舒适性,接缝又是路面的薄弱点。在交通量大、重载车多的路面上,对基层的抗冲刷性要求较高,若不能满足则将在接缝部位出现唧泥、错台和啃边,造成路面行车颠簸,进而导致路面板边和板角处破坏。

(3)普通水泥混凝土路面不适应于基层和路基不均匀变形和不均匀沉降的软基、山区填(挖)方交界、高填方及长期浸水路段,要求具有相对稳固的路基和基层支撑条件。

(4)在超载条件下,普通水泥混凝土路面对板厚设计不足、材料强度不高或不均匀、结构内渗透排水不畅、施工质量不高、基层淘刷和基础支撑不稳固等很敏感,超轴载运行对刚性路面极为不利,极易形成断板、断边、断角等结构性破坏。

(5)水泥混凝土路面具有比沥青路面更高的阳光反射率,光、热反射能力均高于沥青路面,驾驶员行车易于造成晃眼疲劳。当然,可通过彩色路面技术调整混凝土路面的颜色,以降低其晃眼等不利影响。

(6)水泥混凝土路面损坏后,开挖困难,修补工作量大,且影响交通,在缺乏修复新材料和机械时,水泥混凝土路面维修较为困难。对于有地下管线的城市道路,则困难更大。

(7)开放交通较迟,一般混凝土路面完工后,要经过15 ~20d的湿治养生,才能开放交通,如需提早开放交通,则需采取特殊措施。

由于混凝土路面的强度高,耐久性好,能适应重载、高速而繁密的汽车运输的要求,在我国一些城市道路、工矿道路、停车场和机场跑道上采用较多。由于它的水稳定性及能见度好,特别适用于修筑隧道内的路面。随着我国公路运输事业的发展,行车密度、载质量和行车速度日益提高,水泥工业的进一步发展,今后,混凝土路面在我国必然获得越来越广泛的采用。

五、各类型水泥混凝土路面的适用状况与施工方式

1. 各类型水泥混凝土路面的适用状况

1)素水泥混凝土路面

普通水泥混凝土使用最多、最广泛。由于其接缝间距短且数量多,因此其对于路面和基层的要求最苛刻。对路基而言,一定要沉降稳定;对基层而言,要求使用抗冲刷性较高的材料。碾压混凝土路面接缝间距与普通混凝土路面相同或稍长,对路基和基层的要求亦很苛刻。普通混凝土路面适用于日交通量不大于200辆的路段上,对路基和基层适应性略强一些。

对于膨胀混凝土材料化学自应力路面,从材料角度看,目前我国的UEA膨胀剂产量居世界第一,国外多数国家使用我国生产的膨胀剂。该种路面应用的关键环节在于施工工艺以及自应力路面的结构设计,特别是要限制膨胀,从而保证足够的自应力。这种路面是处在研究中的路面结构,极少使用,对路基的适应性尚不清楚。

与普通水泥混凝土路面相比,所有缩缝均带传力杆的混凝土路面适应的基层种类则广泛得多。它是国际上发达国家使用在特重、重交通量高等级公路以及渠化交通严重的收费广场上的主要结构形式。传力杆的施工设置主要靠预制传力杆支架和传力杆自动插入机械手两种施工方式。它的最大优点是可以消除水泥混凝土路面长期使用中的板间错台跳车现象,降低了对基层抗冲刷的苛刻要求。

联锁式混凝土路面,是最便于维修养护的混凝土路面结构,但它要求特殊的砂垫层和填缝砂,对边界变形约束的要求很高。

除了联锁式路面,上述各种素水泥混凝土整体板块路面对路基沉降的要求都较高,在大填大挖变换频繁、路基沉降没有稳定的山区路段上,基本上都不适用。联锁式混凝土路面按目前工厂预制、人工拼装施工方式,其平整度达不到高等级公路的要求。采用滑模摊铺机施工再锯成1/4~1/8小镶嵌块,适用于大填大挖变换频繁、路基沉降未达到稳定的山区、桥头或高填方高等级公路过渡路段上。

2)配筋混凝土路面

配筋混凝土路面,分为钢筋混凝土路面和纤维混凝土路面两类。这两类路面的特点是:由于配筋路面接缝间距可大大延长,这就降低了对基层抗冲刷性的要求,基本上消除了错台。连续配筋混凝土路面接缝间距甚至可加长到500m或更长。接缝间距最短的纤维混凝土路面也可延长 到20m以上。这么长的接缝,断裂就不可避免,但是配筋混凝土路面的裂缝宽度受到钢筋和纤维的束缚,因而很窄,在允许的裂缝宽度内是可带裂缝正常工作的,开裂后结构承载力并不衰减,可承受的路基变形较大。对路基沉降的要求相对较低,适应于在大填大挖变换频繁、路基沉降尚未稳定的山区、桥头高填方路段上使用。

3)特种混凝土路面

高强与高性能混凝土路面,以高抗折强度(设计抗折强度5.5~6.0MPa,施工抗折强度6.35~7.0MPa)、优良工作性和使用耐久性为特征。

高强、高抗滑、低噪声特种混凝土路面,是以降低路面行车噪声、提高行车舒适性为目的的路面。根据这种路面裸露集料,使噪声漫反射的消噪原理和表面特征,在高速车轮的冲击下,试验段已经证明,普通强度的混凝土路面做成裸露集料的表面,3个月的使用期限都达不到。在车轮的冲击荷载作用下,无法黏结和稳定裸露石子,非高强混凝土不足以稳固和保持裸露着的粗集料。

彩色混凝土路面一般用于市政道路、人行道路、旅游观光道路以及休闲、娱乐场合,也可用于高等级公路交通导向控制,目前我国公路上使用得极少。

快通混凝土路面是专门针对普通水泥混凝土路面凝结硬化慢、开放交通时间长而研究的。其主要由快硬早强混凝土材料制成,一般的要求是在3~5h内达到开放交通的要求,放行时的混凝土最低弯拉强度不小于4.0MPa,特别适用于公路交叉路口路面施工及高等级公路路面的破损抢修。

聚合物混凝土路面、树脂混凝土路面等新材料建造的路面,已经从本质上改变了水泥混凝土刚性路面特性。其结构刚度小、变形性能强,随之而来的接缝设置都将与水泥混凝土路面截然不同。但由于其造价昂贵,目前即使在发达国家也使用得很有限,主要用于重大桥梁的桥面铺装、机场跑道和高速公路路面的1~2h内通车的抢修等特殊场合。

2. 水泥混凝土路面的施工方式

我国水泥混凝土路面的施工方式很多,施工所达到的混凝土路面的内在质量差别很大。

从设计车速、轴载吨位对路面的破坏能量来看，要保证混凝土路面的内在质量，达到设计使用寿命，必须对不同设计车速即不同等级的公路提出明确的施工方式和机械装备要求。目前，要保证水泥混凝土路面的施工质量，除需要大力推广滑模施工技术外，还需要增大科技投入，提高水泥混凝土路面的科技含量，改善水泥混凝土路面的结构设计，从施工机械装备和施工方式上严格控制水泥混凝土路面的施工质量。

1）不同等级公路对施工机械装备的要求

我国公路水泥混凝土路面施工技术，正在由过去的人工加小型机具施工，向大规格现代化的滑模施工技术转变和发展。对于各级公路水泥混凝土路面，从保证其施工质量出发，公路等级和相应的施工技术、装备及施工方式的要求，如表4-2所示。

公路等级和适宜的水泥混凝土路面施工方式 表4-2

<table>
<tr><td>公路等级</td><td colspan="3">高速公路</td><td>一级公路</td><td>二级公路</td><td>三级公路</td><td>四级公路</td></tr>
<tr><td>地形</td><td>平原微丘</td><td>重丘</td><td>山岭</td><td>平原，山岭</td><td>平原，山岭</td><td>平原，山岭</td><td>平原，山岭</td></tr>
<tr><td>设计速度（km/h）</td><td>120</td><td>100</td><td>60</td><td>100，60</td><td>80，40</td><td>60，30</td><td>40，20</td></tr>
<tr><td>平整度</td><td colspan="4">δ≤1.5；IRI≤2.5；3m直尺90%≤3mm</td><td colspan="3">δ≤2.5；IRI≤4.8；3m直尺90%≤5mm</td></tr>
<tr><td rowspan="4">水泥混凝土路面适宜施工方式</td><td colspan="4">大、中型滑模摊铺机和大型自动化搅拌楼</td><td colspan="3">中、小型滑模摊铺机和自动化搅拌楼</td></tr>
<tr><td colspan="3"></td><td colspan="4">轨道摊铺机和相应容量的自动化搅拌楼</td></tr>
<tr><td colspan="4"></td><td colspan="3">三辊轴整平机（密集排振）和自动化搅拌楼</td></tr>
<tr><td colspan="4"></td><td colspan="3">人工小型机具和自动化搅拌楼（真空吸水或外加剂之一）</td></tr>
</table>

表4-2中，除了滑模施工技术适用于高速公路及所有等级的公路外，其他施工方式只适用于相应等级的公路。一级公路可采用轨道摊铺机施工；二级以下公路可采用三辊轴机具施工，但必须配备保证中下部面板密实度的密集排振支架措施；三、四级公路可采用人工小型机具施工，但必须采用真空吸水或掺外加剂措施，任何技术措施都不使用，人工粗放施工三、四级公路水泥混凝土路面是不允许的。另外，高等级公路水泥混凝土路面的施工，都必须采用有计算机自动计量、自动控制的混凝土搅拌楼生产合格的路面混凝土。那种采用启落式滚筒搅拌机拌和，砂石料用手推车计量、水泥数袋、加水量无控制的生产路面混凝土的做法是不允许的。那样拌和出的混凝土材料色泽不匀，配合比精度误差一般要超过7%～10%，是无法抵抗重载车轮碾压冲击破坏的。

2）各类型水泥混凝土路面的施工方式选择

在各种水泥混凝土路面结构形式中，碾压混凝土路面要求采用有强力熨平板的沥青摊铺机施工；聚合物浸渍水泥混凝土路面要求水泥混凝土路面摊铺后采用特殊浸渍材料、工艺和设备施工，属于特殊施工方式。其他类型水泥混凝土路面结构均可采用滑模摊铺机施工。

（1）无筋混凝土路面施工

彩色混凝土路面、快通混凝土路面、聚合物和树脂混凝土路面、联锁式混凝土路面或桥面铺装，均可用滑模摊铺机进行摊铺施工。

彩色路面有两种制作方法：一是用进口脱色沥青再配色制作；二是用白水泥或彩色水泥加彩色碎石制作。进口脱色沥青价格相当昂贵，后者价格略贵于普通水泥混凝土路面，可采用机

械化摊铺或人工摊铺。采用滑模机械施工,可避免人工作业污染且使铺出的路面具有更好的均质性及更佳的色彩。

快通混凝土路面、聚合物和树脂混凝土路面,要求快速施工,也只有滑模摊铺机才能满足其很短凝结时间的苛刻要求。

(2)高强、高抗滑、低噪声混凝土路面施工

高强、高抗滑、低噪声混凝土路面,较先进的施工技术是在德国采用的一台滑模摊铺机湿对湿同时铺筑两层。其上层5cm是夯实的高强低噪声抗滑混凝土表层,滑模摊铺过后,表面喷洒超缓凝剂;4~7h后,用专用洗刷机械将表面缓凝的砂浆洗掉,做成裸露的最大粒径为5~7mm(几乎是均匀集料)的漫反射噪声和高抗滑性能的路表面。其下层是25~30cm的普通或再生集料混凝土路面。施工时,需要两种不同配合比的混凝土,至少要求有两台混凝土搅拌楼同时供料,只有采用滑模摊铺机才能够实现同时摊铺双层并实现快速施工。

(3)纤维混凝土路面施工

纤维混凝土路面,基本上都使用滑模摊铺机施工。各种纤维混凝土路面在搅拌时,要防止纤维搅拌成团。滑模摊铺机施工时,振捣棒位置一定要高于路表面,否则就会拉出没有纤维的沟槽,产生纵向开裂。

(4)钢筋混凝土路面施工

钢筋混凝土路面施工的关键是如何将设置的钢筋网准确安装在面板中间或上部1/3的位置上。钢筋网的配置,在人工和机械施工条件下有如下几种施工方式:

①在基层上由支架预先将钢筋网、接缝支架设置安装好。由布料机侧向布料,滑模摊铺机施工,或者由一台滑模摊铺机前方自带侧向上料斗和传输皮带,侧向卸料连续滑模摊铺。这种方式适用于间断、连续钢筋混凝土路面和先张法预应力钢筋混凝土路面施工。

②在滑模摊铺机前方有两台布料机,其中夹一台钢筋网摆放机配置间断钢筋网,最后用滑模摊铺机进行摊铺施工;也可用轨道摊铺列车进行钢筋混凝土路面的施工。或者用一台布料机布底层混凝土,随后钢筋网摆放机进行钢筋网配置,用能够侧向上料的滑模摊铺机施工。这种施工方式只适用于间断钢筋混凝土路面施工。

③混凝十布料方面的最新进展是不用布料机,在一台滑模摊铺机的前侧面增设一个接料斗和输送皮带,直接由滑模摊铺机带动,作为摊铺机的选购备件。所有预制钢筋网的混凝土路面和桥面铺装,只用一台机械解决布料、摊铺、振捣、挤压、抹面等全部施工功能。

④一台滑模摊铺机在机前部配备钢筋网位置校正滑杆,卸料时,钢筋网是摆在基层上的,只在滑模摊铺混凝土路面时将钢筋网挑起来,使钢筋网以正确位置置入路面板中间设定位置。这种方法适用于连续配筋混凝土路面和后张无黏结预应力混凝土路面的施工,在胀缝或预应力支座处,滑杆脱离,采用胀缝和预应力支架,侧向上料方式施工。

⑤采用坍落度不小于10cm的泵送混凝土布料。这种混凝土一是容易塌边,二是要求以小频率振捣密实。这种方式主要用于滑模摊铺机施工特大桥或立交桥面钢筋混凝土铺装层。它要求提前做好两侧人行道上的边缘混凝土,摊铺机卸掉边模板,仅机械摊铺行车道和超车道部位的桥面。

⑥国内在重载交通混凝土路面加铺层上,已经试验了滑模摊铺机连续施工钢筋混凝土路面。其采用的方法:一是使用挖掘机在钢筋网上布料;二是使用吊车起吊施工便桥,车辆直接驶上便桥卸料,要求钢筋网稳固焊接,经受卸料冲击而不变形;三是使用吊车加吊斗布料,再用滑模摊铺机连续摊铺。

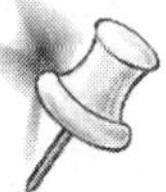

六、我国水泥混凝土路面修筑存在的技术问题

(1)结构强度不足:主要是在现有的混凝土路面弯拉设计强度基础上的设计板厚不足,结构种类单一,总体结构强度偏弱。相当多的国道主干线公路,施工中偷工减料相当严重,设计 22cm 的面板,破坏后修补时,挖开测量仅有 15cm 厚。另一方面,现有的路面设计弯拉强度难以承受超重轴载重交通量的破坏。目前绝大多数国道主干线公路上,有 1/4 的车辆为超过 10t 的超重车辆,按现行水泥混凝土路面设计规范明显感到路面设计弯拉强度和设计板厚不适应。

(2)机械化施工程度低:先进的滑模机械施工技术普及程度不够,人工施工的公路特别是高等级公路早期破损相当严重。

(3)材料不精良:原材料和配合比要求粗放,原材料不合规格,水泥的路用品质要求不严,有的水泥混凝土路面使用的水泥中游离氧化钙和氧化镁含量严重超标,使用不到 1 年就造成路面全线崩溃。有的水泥中掺了过多黏土、煤矸石、火山灰、窑灰,导致混凝土路面严重开裂等。集料的要求相当粗放,水泥混凝土路面的外加剂和掺和料的使用混乱,混凝土配合比精度不够,新拌混凝土搅拌不充分,色泽不一。

(4)面板不密实:人工施工的混凝土路面板欠振、漏振较普遍,从而影响路面板强度。不少路面因混凝土局部强度偏低,磨损严重,表面裸露集料,局部成坑,平整度严重劣化。

(5)路基和基层支撑不稳固:支撑变形量超出了路面板所能容许的限度,造成大量断板破坏。除了软基和填挖方交替处理不好带来的问题以外,更多的是基层石灰土、水泥土等材料抗冲刷能力不足,大量使用“两黑一白”的透水的“蓄水槽”横断面结构,水破坏导致的断板相当严重;其次是填方路基局部软化甚至塌陷造成的断板破坏。

(6)接缝密封不好:渗透排水不畅,导致了基层软化,造成唧泥、错台和啃边,致使路面平整度差,行车舒适性差。表面强度欠佳,耐磨性和抗滑能力不足,行车安全性不高。

(7)在我国不少高寒和寒冷地区,路面混凝土仍然在使用非引气的混凝土,造成水泥混凝土路面冻害相当严重。在撒除冰盐的情况下,冰冻加盐结晶膨胀,在入冬的前 2~3 场雪作用下,撒除冰盐的混凝土路表面砂浆盐冻脱裂,3~5 年后混凝土被完全冻酥破坏,需要重建。

(8)水泥混凝土路面的修复技术不过关,修补困难。水泥混凝土路面的快速修复,主要依靠快速修补机械设备和快硬早强新材料,我国在这两方面的研究开发力度尚需加强。

由于水泥混凝土路面存在着上述一些未能很好解决的问题,所以,尽管大家都认识到修筑水泥混凝土路面可有效拉动经济发展,但在高等级公路上又不敢大规模使用。我国水泥混凝土路面建设,尽管尚存在许多有待解决的问题,但就总体而言,质量水平在逐年提高,一些高等级公路水泥混凝土路面修筑的技术水平已接近或达到国际先进水平。

第二节　水泥混凝土路面施工质量的事前控制

水泥混凝土路面施工质量的事前控制的内容,主要包括原材料选择和质量把关、混合料的配合比设计质量控制、混合料生产设备与路面施工机械的选择调试、施工组织设计和施工搅拌场设置,试验路段的铺筑以及基层和封层的检查验收等项工作内容。这些工作是保证水泥混凝土路面施工质量的基本前提。水泥混凝土配合比设计质量控制的内容多,将在本章第三节中讲述。

一、原材料质量控制

材料的质量和性能是直接影响工程质量的主要因素；尤其是某些工序，更应将材料质量和性能作为控制的重点。材料控制包括原材料、成品、半成品、构(配)件等的控制，主要是严格检查验收，正确合理地使用，建立管理台账，进行收、发、储、运等各环节的技术管理，避免混料和将不合格的原材料使用到工程上。对施工材料质量的控制，是很艰巨的任务，这需要设计、施工、监理、建设单位、各材料供应部门一起抓。施工单位是建筑材料的直接使用者，从材料员、质检员、具体操作的工人班组和工长到项目经理都要重视材料的质量控制工作。

1. 材料质量控制的前提、要求及方法

1)材料质量控制的基本前提

掌握有关道路建筑材料的基本知识，熟练掌握有关建筑材料质量管理的各项法规、规章；掌握常用道路建筑材料的特性、质量标准和主要质量指标；了解常用建筑材料的质量检测方法和抽样要求。

2)材料质量控制的基本要求

虽然工程使用的道路建筑材料种类很多，其质量要求也各不相同，但是从总体上说，建筑材料可以分为直接使用的进场材料和现场二次加工后使用的材料两大类。材料进场时其质量必须符合规定。各种材料进场后要妥善保管，避免质量发生变化。材料在施工现场的几次加工必须符合有关规定。

3)进场原材料质量的验收方法

(1)水泥混凝土路面使用的水泥、集料、掺料等各种材料，应附有采石场、水泥厂等的质量检验单。运至现场的各种材料必须从现场取样进行质量检验，经评定合格方可使用，不得以供应商提供的检测报告或商检报告代替。

(2)选择水泥混凝土路面使用的集料必须经过认真的料源调查，确定料源时必须充分考虑就地取材的原则。开采地方材料要注意环境保护，不要破坏生态平衡。

(3)集料粒径规格和筛分以方孔筛为准，不同料源、品种、规格的集料不得混杂使用。同一个工程采用不同来源的材料时，应保证品种、生产工艺及规格相同，尽量减小材料的变异性。

(4)检查材料性能是否符合设计要求。材料质量不仅应该达到规范规定的合格标准，当设计有要求时，还必须符合设计要求。因此，材料进场时，尚应对照设计要求进行检查验收。

(5)对主要材料抽样复试。为了确保工程质量，对涉及路面与主体结构安全或影响主要道路功能的材料，应当按照有关规范或行政管理规定进行抽样复试。

(6)见证取样和送检。实行见证取样送检制度，具体做法是对部分重要材料试验的取样、送检过程，由监理工程师或建设单位的代表到现场见证，确认取样符合有关规定后，予以签认，同时将试样封存，直到送达试验检测单位。这种方法，较好地对取样送检过程实施了第三方监督，使试样的公正性大为提高。施工单位应将上述内容列为进场材料质量控制的重要措施，要配合甲方或监理完成见证取样送检工作。

2. 水泥混凝土路面各种原材料的质量控制指标

1)水泥

(1)特重、重交通路面宜采用旋窑道路硅酸盐水泥，也可采用旋窑硅酸盐水泥或普通硅酸盐水泥；中、轻交通的路面可采用矿渣硅酸盐水泥；低温天气施工或有快通要求的路段可采用

R 型水泥,此外宜采用普通型水泥。各交通等级路面水泥抗折强度、抗压强度应符合表 4-3 的规定。

各交通等级路面水泥各龄期的抗折强度、抗压强度　表 4-3

交通等级	特重交通		重交通		中、轻交通	
龄期(d)	3	28	3	28	3	28
抗压强度(MPa),≥	25.5	57.5	22.0	52.5	16.0	42.5
抗折强度(MPa),≥	4.5	7.5	4.0	7.0	3.5	6.5

(2)水泥进场时每批量应附有化学成分、物理、力学指标合格的检验证明。各交通等级路面所使用水泥的化学成分、物理性能等路用品质要求应符合表 4-4 的规定。

各交通等级路面水泥的化学成分和物理指标　表 4-4

水泥性能	特重、重交通路面	中、轻交通路面
铝酸三钙	不宜 >7.0%	不宜 >9.0%
铁铝酸四钙	不宜 <15.0%	不宜 <12.0%
游离氧化钙	不得 >1.0%	不得 >1.5%
氧化镁	不得 >5.0%	不得 >6.0%
三氧化硫	不得 >3.5%	不得 >4.0%
碱含量	$Na_2O+0.658K_2O \leqslant 0.6\%$	怀疑有碱活性集料时,≤0.6% 无碱活性集料时,≤1.0%
混合材料种类	不得掺窑灰、煤矸石、火山灰和黏土,有抗盐冻要求时不得掺石灰、石粉	
出磨时安定性	雷氏夹或蒸煮法检验必须合格	蒸煮法检验必须合格
标准稠度需水量	不宜 >28%	不宜 >30%
烧失量	不得 >3.0%	不得 >5.0%
比表面积	宜在 300～450m^2/kg	
细度(μm)	筛余量不得 >10%	
初凝时间	不早于 1.5h	
终凝时间	不迟于 10h	
28d 干缩率 *	不得 >0.09%	不得 >0.10%
耐磨性 *	不得 >3.6 kg/m^2	

注:*28d 干缩率和耐磨性试验方法采用《道路硅酸盐水泥》(GB 13693—2005)标准。

(3)选用水泥,除满足表 4-3 和表 4-4 的各项规定外,还应通过混凝土配合比试验,根据其配制弯拉强度、耐久性和工作性优选适宜的水泥品种、强度等级。

(4)采用机械化铺筑,宜选用散装水泥。散装水泥的夏季出厂温度:南方不宜高于 65℃,北方不宜高于 55℃。混凝土搅拌时的水泥温度:南方不宜高于 60℃,北方不宜高于 50℃,且不宜低于 10℃。

(5)当贫混凝土和碾压混凝土用做基层时,可使用各种硅酸盐类水泥。不掺用粉煤灰时,宜使用强度等级32.5级以下的水泥。掺用粉煤灰时,只能使用道路水泥、硅酸盐水泥、普通水泥。水泥的抗压强度、抗折强度、安定性和凝结时间必须检验合格。

2) 粉煤灰及其他掺和料

(1)混凝土路面在掺用粉煤灰时,应掺用质量指标符合表4-5规定的电收尘I、II级干排或磨细粉煤灰,不得使用III级粉煤灰。贫混凝土、碾压混凝土基层或复合式路面下面层应掺用符合表4-5规定的III级或III级以上粉煤灰,不得使用等外粉煤灰。

粉煤灰分级和质量指标 表4-5

粉煤灰等级	细度①(45μm气流筛,筛余量)(%)	烧失量(%)	需水量比(%)	含水量(%)	Cl^-(%)	SO_3(%)	混合砂浆活性指数②	
							7d	28d
I	≤12	≤5	≤95	≤1.0	<0.02	≤3	≥75	≥85(75)
II	≤20	≤8	≤105	≤1.0	<0.02	≤3	≥70	≥80(62)
III	≤45	≤15	≤115	≤1.5	—	≤3	—	—

注:① 45μm气流筛的筛余量换算为80μm水泥筛的筛余量时换算系数约为2.4。

②混合砂浆的活性指数为掺粉煤灰的砂浆与水泥砂浆的抗压强度比的百分数,适用于所配制混凝土强度等级大于或等于C40的混凝土;当配制的混凝土强度等级小于C40时,混合砂浆的活性指数要求应满足28d括号中的数值。

(2)粉煤灰宜采用散装灰,进货应有等级检验报告。应确切了解所用水泥中已经加入的掺和料种类和数量。

(3)路面和桥面混凝土中可使用硅灰或磨细矿渣,使用前应经过试配检验,确保路面和桥面混凝土弯拉强度、工作性、抗磨性、抗冻性等技术指标合格。

3)粗集料

(1)粗集料应使用质地坚硬、耐久、洁净的碎石、碎卵石和卵石,并应符合表4-6的规定。高速公路、一级公路、二级公路及有抗(盐)冻要求的三、四级公路混凝土路面使用的粗集料级别应不低于II级;无抗(盐)冻要求的三、四级公路混凝土路面、碾压混凝土及贫混凝土基层可使用III级粗集料。有抗(盐)冻要求时,I级集料吸水率不应大于1.0%;II级集料吸水率不应大于2.0%。

碎石、碎卵石和卵石技术指标 表4-6

项 目	技术要求		
	I级	II级	III级
碎石压碎指标(%)	<10	<15	<20①
卵石压碎指标(%)	<12	<14	<16
坚固性(按质量损失计%)	<5	<8	<12
针片状颗粒含量(按质量计%)	<5	<15	<20②
含泥量(按质量计%)	<0.5	<1.0	<1.5
泥块含量(按质量计%)	<0	<0.2	<0.5
有机物含量(比色法)	合格	合格	合格

续上表

项目	技术要求		
	Ⅰ级	Ⅱ级	Ⅲ级
硫化物及硫酸盐(按 SO_3 质量计%)	<0.5	<1.0	<1.0
岩石抗压强度	火成岩不应小于 100MPa;变质岩不应小于 80MPa;水成岩不应小于 60MPa		
表观密度	>2 500kg/m³		
松散堆积密度	>1 350kg/m³		
空隙率	<47%		
碱集料反应	经碱集料反应试验后,试件无裂缝、酥裂、胶体外溢等现象,在规定试验龄期的膨胀率应小于 0.10%		

注:①Ⅲ级碎石的压碎指标,用做路面时,应小于 20%;用做下面层或基层时,可小于 25%。

②Ⅲ级粗集料的针片状颗粒含量,用做路面时,应小于 20%;用做下面层或基层时,可小于 25%。

(2)用做路面和桥面混凝土的粗集料不得使用不分级的统料,应按最大公称粒径的不同采用 2~4 个粒级的集料进行掺配,并应符合表 4-7 合成级配的要求。卵石最大公称粒径不宜大于 19.0mm;碎卵石最大公称粒径不宜大于 26.5mm;碎石最大公称粒径不应大于 31.5mm。贫混凝土基层粗集料最大公称粒径不应大于 31.5mm;钢纤维混凝土与碾压混凝土粗集料最大公称粒径不宜大于 19.0mm。碎卵石或碎石中粒径小于 75μm 的石粉含量不宜大于 1%。

粗集料级配范围 表 4-7

类型 \ 粒径		方筛孔尺寸(mm)							
		2.36	4.75	9.50	16.0	19.0	26.5	31.5	37.5
		累计筛余(以质量计%)							
合成级配	4.75~16	95~100	85~100	40~60	0~10				
	4.75~19	95~100	85~95	60~75	30~45	0~5	0		
	4.75~26.5	95~100	90~100	70~90	50~70	25~40	0~5	0	
	4.75~31.5	95~100	90~100	75~90	60~75	40~60	20~35	0~5	0
粒级	4.75~9.5	95~100	80~100	0~15	0				
	9.5~16		95~100	80~100	0~15	0			
	9.5~19		95~100	85~100	40~60	0~15	0		
	16~26.5			95~100	55~70	25~40	0~10	0	
	16~31.5			95~100	85~100	55~70	25~40	0~10	0

4)细集料

(1)细集料应采用质地坚硬、耐久、洁净的天然砂、机制砂或混合砂,并应符合表 4-8 的规定。高速公路、一级公路、二级公路及有抗(盐)冻要求的三、四级公路混凝土路面使用的砂应不低于Ⅱ级,无抗(盐)冻要求的三、四级公路混凝土路面、碾压混凝土及贫混凝土基层可使用Ⅲ级砂。特重、重交通混凝土路面宜使用河砂,砂的硅质含量不应低于 25%。

细集料技术指标　　表 4-8

项　目	技术要求		
	Ⅰ级	Ⅱ级	Ⅲ级
机制砂单位粒级最大压碎指标(%)	<20	<15	<30
氯化物(氯离子质量计%)	<0.01	<0.02	<0.06
坚固性(按质量损失计%)	<6	<8	<10
云母(按质量计%)	<1.0	<2.0	<2.0
天然砂、机制砂含泥量(按质量计%)	<1.0	<2.0	<3.0
天然砂、机制砂泥块含量(按质量计%)	<0	<1.0	<2.0
机制砂 MB 值<1.4 或合格石粉含量(按质量计%)	<3.0	<5.0	<7.0
机制砂 MB 值≥1.4 或不合格石粉含量(按质量计%)	<1.0	<3.0	<5.0
有机物含量(比色法)	合格	合格	合格
硫化物及硫酸盐(按 SO_3 质量计%)	<0.5	<0.5	<0.5
轻质物(按质量计%)	<1.0	<1.0	<1.0
机制砂母岩抗压强度	火成岩不应小于 100MPa；变质岩不应小于 80MPa；水成岩不应小于 60MPa		
表观密度	> 2 500kg/m^3		
松散堆积密度	>1 350kg/m^3		
空隙率	<47%		
碱集料反应	经碱集料反应试验后，由砂配制的试件无裂缝、酥裂、胶体外溢等现象，在规定试验龄期的膨胀率应小于 0.10%		

注：①天然 III 级砂用做路面时，含泥量应小于 3%；用做贫混凝土基层时，可小于 5%。

②亚甲蓝试验 BM 试验方法参照有关规范规定。

(2)细集料的级配要求应符合表 4-9 的规定，路面和桥面用天然砂宜为中砂，也可使用细度模数在 2.0～3.5 之间的砂。同一配合比用砂的细度模数变化范围不应超过 0.3，否则，应分别堆放，并调整配合比中的砂率后使用。

细集料级配范围　　表 4-9

砂分级	方筛孔尺寸(mm)					
	0.15	0.30	0.60	1.18	2.36	4.75
	累计筛余(以质量计%)					
粗砂	90～100	80～95	71～85	35～65	5～35	0～10
中砂	90～100	70～92	41～70	10～50	0～25	0～10
细砂	90～100	55～85	16～40	0～25	0～15	0～10

(3)路面和桥面混凝土所使用的机制砂除应符合表 4-8 和表 4-9 规定外，还应检验砂浆磨光值，其值宜大于 35，不宜使用抗磨性较差的泥岩、页岩、板岩等水成岩类母岩品种生产机制砂。配制机制砂混凝土应同时掺引气型高效减水剂。

(4)在河砂资源紧缺的沿海地区，二级及二级以下公路混凝土路面和基层可使用淡化海

砂，缩缝设传力杆混凝土路面不宜使用淡化海砂；钢筋混凝土及钢纤维混凝土路面和桥面不得使用淡化海砂。淡化海砂除应符合表4-8和表4-9要求外，尚应符合下述规定：

①淡化海砂带入每立方米混凝土中的含盐量不应大于1.0kg；

②淡化海砂中碎贝壳等甲壳类动物残留物含量不应大于1.0%；

③与河砂对比试验，淡化海砂应对砂浆磨光值、混凝土凝结时间、耐磨性、弯拉强度等无不利影响。

5）水

饮用水可直接作为混凝土搅拌和养护用水。对水质有疑问时，应检验下列指标，合格者方可使用。

①硫酸盐含量（按 SO_4^{2-} 计）小于0.002 7mg/mm^3；

②含盐量不得超过0.005mg/mm^3；

③pH值不得小于4；

④不得含有油污、泥和其他有害杂质。

6）外加剂

（1）外加剂的产品质量应符合表4-10的各项技术指标。供应商应提供有相应资质外加剂检测机构的品质检测报告，检验报告应说明外加剂的主要化学成分，认定对人员无毒副作用。

混凝土外加剂产品的技术性能指标　　表4-10

实验项目		普通减水剂	高效减水剂	早强减水剂	缓凝高效减水剂	缓凝减水剂	引气减水剂	早强剂	缓凝剂	引气剂
减水率（%），≮		8	15	8	15	8	12	—	—	6
泌水率比（%），≮		95	90	95	100	100	70	100	100	70
含气量（%）		≤3.0	≤4.0	≤3.0	<4.5	<5.5	>3.0			>3.0
凝结时间（min）	初凝	-90～+120	-90～+120	-90～+90	> +90	> +90	-90～+120	-90～+90	> +90	-90～+120
	终凝				—	—			—	
抗压强度比（%），≮	1d	—	140	140	—	—	—	135	—	—
	3d	115	130	130	125	100	115	130	100	95
	7d	115	125	115	125	110	110	110	100	95
	28d	110	120	105	120	110	100	100	100	90
收缩率比（%），28d≯	120	120	120	120	120	120	120	120	120	120
抗冻强度	50	50	50	50	50	50	200	50	50	200
对钢筋的锈蚀作用	应说明对钢筋无锈蚀危害									

注：①除含气量外，表中数据为掺外加剂混凝土与基准混凝土差值或比值。

②凝结时间指标“—”表示提前，“+”表示延缓。

（2）引气剂应选用表面张力降低值大、水泥稀浆中起泡容量多而细密、泡沫稳定时间长、不溶残渣少的产品。有抗冰（盐）冻要求地区，各交通等级路面、桥面、路缘石、路肩及贫混凝土基层必须使用引气剂；无抗冰（盐）冻要求地区，二级及二级以上公路路面混凝土中应使用引气剂。

（3）各交通等级路面、桥面混凝土宜选用减水率大、坍落度损失小、可调控凝结时间的复

合型减水剂。高温施工宜使用引气缓凝(保塑)(高效)减水剂;低温施工宜使用引气早强(高效)减水剂。选定减水剂品种前,必须与所用的水泥进行适应性检验。

(4)处在海水、海风、氯离子、硫酸根离子环境的或冬季洒除冰盐的路面或桥面钢筋混凝土、钢纤维混凝土中宜掺阻锈剂。

7)钢筋

(1)各交通等级混凝土路面、桥面和搭板所用钢筋网、传力杆、拉杆等钢筋,应符合国家有关标准的技术要求。

(2)各交通等级混凝土路面、桥面和搭板所用钢筋应顺直,不得有裂纹、断伤、刻痕、表面油污和锈蚀。传力杆钢筋加工应锯断,不得挤压切断;断口应垂直、光圆,用砂轮打磨掉毛刺,并加工成2~3mm的圆倒角。

8)钢纤维

(1)用于公路混凝土路面和桥面的钢纤维除应满足《混凝土用钢纤维》(YB/T151)的规定外,还应符合下列技术要求:

①单丝钢纤维抗拉强度不宜小于600MPa。

②钢纤维长度应与混凝土粗集料最大公称粒径相匹配,最短长度宜大于粗集料最大公称粒径的1/3;最大长度不宜大于粗集料最大公称粒径的2倍;钢纤维长度与标称值的偏差不应超过±10%。

(2)路面和桥面混凝土中,宜使用防锈蚀处理的钢纤维;宜使用有锚固端的钢纤维。不得使用表面磨损前后裸露尖端导致行车不安全的钢纤维;不宜使用搅拌易成团的钢纤维。

9)接缝材料

(1)应选用能适应混凝土面板膨胀和收缩、施工时不变形、弹性复原率高、耐久性好的胀缝板。高速公路、一级公路宜采用塑胶、橡胶泡沫板或沥青纤维板;其他公路可采用各种胀缝板。其技术要求应符合表4-11的规定。

胀缝板的技术要求　　表4-11

试验项目	膨胀板种类		
	木材类	塑胶、橡胶泡沫类	纤维类
压缩应力(MPa)	5.0~20.0	0.2~0.6	2.0~10.0
弹性复原率(%)	≥55	≥90	≥65
挤出量(mm)	<5.5	<5.0	<3.0
弯曲荷载(N)	100~400	0~50	5~40

注:各类胀缝板吸水后的压缩应力不应小于不吸水的90%,木板应去除结疤,沥青浸泡后木板厚度应为(20~25)±1mm。

(2)填缝材料应具有与混凝土板壁黏结牢固、回弹性好、不溶于水、不渗水,高温时不挤出、不流淌、抗嵌入能力强、耐老化龟裂,负温拉伸量大,低温时不脆裂、耐久性好等性能。填缝料有常温施工式和加热施工式两种,其技术指标应分别符合表4-12和表4-13的规定。常温施工式填缝料主要有聚(氨)酯、硅树脂类,氯丁橡胶、沥青橡胶类等。加热施工式填缝料主要有沥青玛蹄脂类、聚氯乙烯胶泥类、改性沥青类等。高速公路、一级公路应优选使用树脂类、橡胶

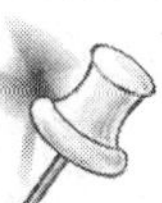

类或改性沥青类填缝材料，并宜在填缝料中加入耐老化剂。

常温施工式填缝料技术要求　　表 4-12

试验项目	低弹性型	高弹性型
失黏（固化）时间（h）	6～24	3～16
弹性复原率（%）	≥75	≥90
流动度（mm）	0	0
（-10℃）拉伸量（mm）	≥15	≥25
与混凝土黏结强度（MPa）	≥0.2	≥0.4
黏结延伸率（%）	≥200	≥400

注：低弹性型适宜在气候严寒、寒冷地区使用；高弹性型适宜在炎热、温暖地区使用。

加热施工式填缝料技术要求　　表 4-13

试验项目	低弹性型	高弹性型
针入度（0.01mm）	<50	<90
弹性复原率（%）	≥30	≥60
流动度（mm）	<5	<2
（-10℃）拉伸量（mm）	≥10	≥15

（3）填缝时应使用背衬垫条控制填缝形状系数。背衬垫条应具有良好的弹性、柔韧性、不吸水、耐酸碱腐蚀和高温不软化等性能。背衬垫条材料有聚氨酯、橡胶或微孔泡沫塑料等，其形状应为圆柱形，直径应比接缝宽度大 2～5mm。

10）其他材料

（1）当使用油毡、玻纤网和土工织物做防裂层及修补基层裂缝时，油毡的物理力学性能应符合《石油沥青玻璃纤维胎油毡》（GB/T 14686—93）或《石油沥青玻璃布胎油毡》（JC/T 84—96）的规定；玻纤网和土工织物的技术性能应满足《公路土工合成材料应用技术规范》（JTJ/T 019—98）的规定。

（2）传力杆套（管）帽、沥青及塑料薄膜应符合下列要求：

①用于滑模摊铺传力杆自动插入装置（DBI）缩缝传力杆塑料套管，其管壁厚度不应小于 0.5mm，套管与传力杆应密切贴合，套管长度应比传力杆一半长度长 30mm。

②用于胀缝传力杆端部的套帽宜采用镀锌管或塑料管，厚度不应小于 2.0mm；要求端部密封不透水，内径宜较传力杆直径大 1.0～1.5mm，塑料套帽长度宜为 100mm 左右，镀锌套帽长度宜为 50mm 左右，顶部空隙长度均不应小于 25mm。

③用于滑动封层的石油沥青、改性沥青和乳化沥青，应符合《公路沥青路面施工技术规范》（JTG F40—2004）的规定。

④用于滑动封层的软聚氯乙烯吹塑或压延塑料薄膜厚度不应小于 0.12mm，拉伸强度不应小于 12.0MPa，直角撕裂强度不应小于 400N/mm。用于混凝土路面养生塑料薄膜可为聚氯乙烯、聚乙烯、聚丙烯等品种，厚度不宜小于 0.5mm。

（3）用于混凝土路面养护的养生剂性能，应符合表 4-14 的规定。

混凝土路面施工用养生剂的技术指标　　表 4-14

检验项目		一级品	合格品
有效保水率①，不小于（%）		90	75
抗压强度比②，不小于（%）	7d	95	90
	28d	95	90
磨损量③，不大于（kg/m²）		3.0	3.5

续上表

检验项目	一级品	合格品
含固量,不小于(%)	20	
干燥时间,不短于(h)	4	
成膜后浸水溶解性④	应注明不溶或可溶	
成膜耐热性	合格	

注:①有效保水率试验条件:温度 38±2℃;相对湿度 32%±3%;风速 0.5±0.2m/s;失水时间 72h。

②抗压强度比也可为弯拉强度比,指标要求相同,可根据工程需要和用户要求选测。

③在对有耐磨性要求的表面上使用养生剂时为必检项目。

④露天养生的永久性表面,必须为不溶;在要求继续浇筑的混凝土结构上使用,应使用可溶,该指标由供需双方协商。

二、水泥混凝土路面施工组织

(1)开工前,建设单位应组织设计、施工、监理单位进行技术交底。

(2)施工单位应根据设计图纸、合同文件、摊铺方式、机械设备、施工条件等确定混凝土路面施工工艺流程、施工方案,进行详细的施工组织设计。

(3)开工前,施工单位应对施工、试验、机械、管理等岗位的技术人员和各工种技术工人进行培训。未经培训的人员不得单独上岗操作。

(4)施工单位应根据设计文件,测量校核平面和高程控制桩,复测和恢复路面中心边缘全部基本标桩,测量精确度应满足相应规范的规定。

(5)施工工地应建立具备相应资质的现场试验室,能够对原材料、配合比和路面质量进行检测和控制,提供符合交工检验、竣工验收和计量支付要求的自检结果。

(6)各种桥涵、通道等构造物应提前建成;确有困难不能通行时,应有施工便道。施工时应确保运送混凝土的道路基本平整、畅通,不得延误运输时间或碾压土基层或桥面。施工中的交通运输应配备专人进行管制,保证施工有序、安全进行。

(7)摊铺现场和搅拌场之间应建立快速有效的通信联络,及时进行生产调度和指挥。

三、水泥混凝土搅拌场的设置

(1)搅拌场宜设置在摊铺路段的中间位置。搅拌场内部布置应满足原材料储运、混凝土运输、供水、供电、钢筋加工等使用要求,并尽量紧凑,减少占地。

(2)搅拌场应保障搅拌、清洗、养生用水的供应,并保证水质。供水量不足时,搅拌场应设置与日搅拌量相适应的蓄水池。

(3)搅拌场应保证充足的电力供应。电力总容量应满足全部施工用电设备、夜间施工照明及生活用电的需要。

(4)应确保摊铺机械、运输车辆及发电机等动力设备的燃料供应。离加油站较远的工地宜设置油料储备库。

(5)水泥、粉煤灰储存和供应要求:

①每台搅拌楼应至少配备 2 个水泥罐仓,如掺粉煤灰还应至少配备 1 个粉煤灰罐仓。当水泥的日用量很大,需要两家以上的水泥厂供应水泥时,不同厂家的水泥,应清仓再灌,并分罐

存放。严禁粉煤灰与水泥混罐。

②应确保施工期间的水泥和粉煤灰供应。供应不足或运距较远时,应储备和使用吨包装水泥或袋装粉煤灰,并准备水泥仓库、拆包及输送入灌设备。水泥仓库应覆盖或设置顶篷防雨,并应设置在地势较高处,严禁水泥、粉煤灰受潮或浸水。

(6)砂石料储备:

①施工前,宜储备正常施工 10~15d 的砂石料。

②砂石料场应建在排水通畅的位置,其底部应做硬化处理。不同规格的砂石料之间应有隔离设施,并设标志牌,严禁混杂。

③在低温天、雨天、大风天及日照强烈的条件下,应在砂石料堆上部架设顶篷或覆盖,覆盖砂石料数量不宜少于正常施工一周的用量。

(7)原材料与混凝土运输车辆不应相互干扰。搅拌楼下宜采用厚度不薄于 200mm 的混凝土铺装层,并应设置污水排放管沟、积水坑或清洗搅拌楼的废水处理回收设备。

四、施工机械的选型与配置

1. 施工机械选择

根据公路等级的不同,混凝土路面的施工机械装备宜符合表 4-15 的规定。

与公路等级相适应的机械装备 表 4-15

摊铺机械装备	高速公路	一级公路	二级公路	三级公路	四级公路
滑模摊铺机	√	√	√	△	○
轨道摊铺机	△	√	√	√	○
三辊轴机组	○	△	√	√	√
小型机具	×	○	△	√	√
碾压混凝土机械	×	○	√	√	△
计算机自动控制强制搅拌楼(站)	√	√	√	△	○
强制搅拌楼(站)	×	○	△	√	√

注:①符号含义:"√"应使用;"△"有条件使用;"○"不宜使用;"×"不得使用。

②各等级公路均不得使用体积计量、小型自落滚筒式搅拌机,严禁使用人工控制加水量。

③碾压混凝土亦可用于高速公路、一级公路复合式路面的下面层和贫混凝土基层。

2. 机械合理配置

合理配套主要指拌和机与摊铺机、运输车辆之间的配套情况。当摊铺机选定后,可根据机械的有关参数和施工中的具体情况计算出摊铺机械的生产率。拌和机械与之配套就是在保证摊铺机械生产率充分发挥的前提下,使拌和机械的生产率得到正常发挥,并在施工中保持均衡、协调一致。

当摊铺机和拌和机的生产率确定后,车辆在整个系统内的配套实质上是车辆与拌和机的配套。车辆的配套问题可以应用排队论,找出合理的配套方案。考虑到装载点与车辆的配套是一个动态系统,即随着摊铺作业的推进,车辆的运输路程随时间的增加而增加。在运输与装载过程中,随机影响因素又较多,如道路状况、操作水平、设备运行状况等都在不断变化,因此对排队论中单通道模型进行改进,增加时间变化等因素便于在配套方案中适时优化控制,通过

输入不同的采集数据得到不同的结果,然后进行分析比较,找出合理的优化方案。

五、试验路段的铺筑

1. 基本要求

二级及二级以上公路混凝土路面工程,使用滑模、轨道、碾压、三辊轴机组机械施工时,在正式摊铺混凝土路面前,必须铺筑试验路段,试验路段长度不应短于200m。高速公路、一级公路宜在主线路面以外进行试铺。路面厚度、摊铺宽度、接缝设置、钢筋设置等均应与实际工程相同。

2. 铺筑试验路段的目的

试验路段分为试拌及试铺两个阶段。通过试验路段应达到下述目的:

(1)通过试拌检验搅拌楼性能及确定合理搅拌工艺,检验适宜摊铺的搅拌楼拌和参数:上料速度、拌和容量、搅拌均匀所需时间、新拌混凝土坍落度、振动黏度系数、含气量、泌水性、*VC*值和生产使用的混凝土配合比等。

(2)通过试铺检验主要机械的性能和生产能力;检验辅助施工机械组配合理性;检验路面摊铺工艺和质量:模板架设固定方式或基准线设置方式,摊铺机械(具)的适宜工作参数,包括松铺高度、摊铺速度、振捣时间与频率、滚压遍数、碾压遍数、压实度、中间和侧向拉杆置入情况等;检验整套施工工艺流程。

(3)使工程技术及工作人员熟悉并掌握各自的操作要领。

(4)按施工工艺要求检验施工组织形式和人员编制。

(5)建立混凝土原材料、拌和物、路面铺筑全套技术性能检验手段,熟悉检验方法。

(6)检验通信联络和生产调度指挥系统。

3. 试验路段总结报告

试铺中,施工人员应认真做好记录,监理工程师或质监部门应监督检查试验段的施工质量,及时与施工单位商定并解决问题。试验段铺筑后,施工单位应提出试验路段总结报告,上报监理和业主批复,取得正式开工认可。

第三节　水泥混凝土路面配合比设计的质量控制

水泥混凝土配合比设计的目的,就是根据对路面混凝土的强度、工作性、环境耐久性及经济性等要求,进行科学且合理的确定水泥混凝土的水泥、水、粗集料、细集料、外加剂和掺和料各组分的配合比。通过计算和试配调整,确保满足有关技术规范的要求。确定水泥混凝土配合比的方法有经验公式法和正交试验法,前者适用于一般路面工程或规模较小的工程,后者适用于重大工程或大规模工程,这样可以用较少的试验次数优选出满足要求的水泥混凝土配合比。本节介绍普通混凝土、钢纤维混凝土、碾压混凝土及贫混凝土配合比设计技术要求与配合比确定及调整。

一、各类型水泥混凝土配合比设计的基本要求

1. 普通混凝土配合比设计的基本要求

普通混凝土配合比设计基本要求,适用于滑模摊铺机、轨道摊铺机、三辊轴机组及小型机具四种施工方式。普通混凝土路面的配合比设计在兼顾经济性的同时,应满足弯拉强度、工作

性和耐久性等技术要求。

1)弯拉强度

(1)各交通等级路面板的28d设计弯拉强度标准值f_r,应符合《公路水泥混凝土路面设计规范》(JTG D40—2003)的规定。

(2)应按下式计算配制28d弯拉强度的均值。

$$f_c=\frac{f_r}{1-1.04C_v}+ts$$

式中:f_c——配制28d弯拉强度的均值(MPa);

f_r——设计弯拉强度标准值(MPa);

s——弯拉强度试验样本的标准差(MPa);

t——保证率系数,应按表4-16确定;

C_v——弯拉强度变异系数,应按统计数据在表4-17的规定范围内取值;在无统计数据时,弯拉强度变异系数应按设计取值;如果施工配制弯拉强度超出设计给定的弯拉强度变异系数上限,则必须改进机械装备和提高施工控制水平。

保证率系数t 表4-16

公路技术等级	判别概率P	样本数n(组)				
		3	6	9	15	20
高速公路	0.05	1.36	0.79	0.61	0.45	0.39
一级公路	0.10	0.95	0.59	0.46	0.35	0.30
二级公路	0.15	0.72	0.46	0.37	0.28	0.24
三、四级公路	0.20	0.56	0.37	0.29	0.22	0.19

各级公路混凝土路面弯拉强度变异系数C_v 表4-17

公路技术等级	高速公路	一级公路		二级公路	三、四级公路	
混凝土弯拉强度、变异水平等级	低	低	中	中	中	高
弯拉强度变异系数允许变化范围(%)	0.05~0.10	0.05~0.10	0.10~0.15	0.10~0.15	0.10~0.15	0.15~0.20

2)工作性

(1)混凝土路面滑模摊铺最佳工作性及允许范围,应符合表4-18的规定。

(2)轨道摊铺机、三辊轴机组、小型机具摊铺的路面混凝土坍落度及最大单位用水量,应满足表4-19的规定。

3)耐久性

(1)根据当地路面无抗冻性、有抗冻性或有抗盐冻性要求及混凝土最大公称粒径,路面混凝土含气量宜符合表4-20的规定。

混凝土路面滑模摊铺最佳工作性及允许范围　　表 4-18

指标 / 界限	坍落度 S_L(mm)		振动黏度系数 V(N·s/m²)
	卵石混凝土	碎石混凝土	
最佳工作性	20~40	25~50	200~500
允许波动范围	5~55	10~65	100~600

注:①滑模摊铺机适宜的摊铺速度应控制在 0.5~2.0m/min 之间。

②本表适用于设超铺角的滑模摊铺机;对不设超铺角的滑模摊铺机,最佳振动黏度系数为 250~600N·s/m²;最佳坍落度:卵石为 10~40mm,碎石为 10~30mm。

③滑模摊铺时的最大单位用水量:卵石混凝土不宜大于 155 kg/m³;碎石混凝土不宜大于 160kg/m³。

不同路面施工方式混凝土坍落度及最大单位用水量　　表 4-19

摊铺方式	轨道摊铺机摊铺		三辊轴机组摊铺		小型机具摊铺	
出机坍落度(mm)	40~60		30~50		10~40	
摊铺坍落度(mm)	20~40		10~30		0~20	
最大单位用水量(kg/m)	碎石 156	卵石 153	碎石 153	卵石 148	碎石 150	卵石 145

注:①表中的最大单位用水量系采用中砂、粗(细)集料为风干状态的取值;采用细砂时,应使用减水率较大的(高效)减水剂。

②使用碎卵石时,最大单位用水量可取碎石与卵石中值。

路面混凝土含气量及允许偏差(%)　　表 4-20

最大公称粒径(mm)	无抗冻性要求	有抗冻性要求	有抗盐冻要求
19.0	4.0±1.0	5.0±0.5	6.0±0.5
26.5	3.5±1.0	4.5±0.5	5.5±0.5
31.5	3.5±1.0	4.0±0.5	5.0±0.5

(2)各交通等级路面混凝土满足耐久性要求的最大水灰(胶)比和最小单位水泥用量应符合表 4-21 的规定。最大单位水泥用量不宜大于 400kg/m³;掺粉煤灰时,最大单位胶材总量不宜大于 420kg/m³。

混凝土满足耐久性要求的最大水灰(胶)比和最小单位水泥用量　　表 4-21

公路技术等级		高速公路、一级公路	二级公路	三、四级公路
最大水灰(胶)比		0.44	0.46	0.48
抗冰冻要求最大水灰(胶)比		0.42	0.44	0.46
抗盐冻要求最大水灰(胶)比		0.40	0.42	0.44
最小单位水泥用量(kg/m³)	42.5 级	300	300	290
	32.5 级	310	310	305
抗冰(盐)冻时最小单位水泥用量(kg/m³)	42.5 级	320	320	315
	32.5 级	330	330	325
掺粉煤灰时最小单位水泥用量(kg/m³)	42.5 级	260	260	255
	32.5 级	280	270	265
抗冰(盐)冻掺粉煤灰最小单位水泥用量(42.5 级水泥)(kg/m³)		280	270	265

注:①掺粉煤灰,并有抗冰(盐)冻性要求时,不得使用 32.5 级水泥。

②水灰(胶)比计算以砂石料的自然风干状态计(砂含水量≤1.0%;石子含水量≤0.5%)。

③处在除冰盐、海风、酸雨或硫酸盐等腐蚀性环境中,或在大纵坡等加减速车道上的混凝土,最大水灰(胶)比可比表中数值降低 0.01~0.02。

(3)严寒地区路面混凝土抗冻强度等级不宜小于F250,寒冷地区不宜小于F200。

(4)在海风、酸雨、除冰盐或硫酸盐等腐蚀环境影响范围内的混凝土路面和桥面,在使用硅酸盐水泥时,应掺加粉煤灰、磨细矿渣或硅灰掺和料,不宜单独使用硅酸盐水泥,可使用矿渣水泥或普通水泥。

4)外加剂的使用要求

(1)高温施工时,混凝土拌和物的初凝时间不得小于3h,否则应采取缓凝或保塑措施;低温施工时,终凝时间不得大于10h,否则应采取必要的促凝或早强措施。

(2)外加剂的掺量应由混凝土试配试验确定。引气剂的适宜掺量可由搅拌机口的拌和物含气量进行控制。实际路面和桥面引气、混凝土的抗冰冻、抗盐冻耐久性,采用规范规定的钻芯法测定。测定位置:路面为表面和表面下50mm;桥面为表面和表面下30mm。测得的上下两个表面的最大平均气泡间距系数不宜超过表4-22的规定。

混凝土路面和桥面最大平均气泡间距系数(μm) 表4-22

环境 \ 公路技术等级		高速公路、一级公路	其他公路
严寒地区	冰冻	275	300
	盐冻	225	250
寒冷地区	冰冻	325	350
	盐冻	275	300

(3)引气剂与减水剂或高效减水剂等其他外加剂复配在同一水溶液中时,应保证其共溶性,防止外加剂溶液发生絮凝现象。如产生絮凝现象,应分别稀释、分别加入。

2. 钢纤维混凝土配合比设计基本要求

本配合比设计基本要求适用于采用滑模摊铺机、轨道摊铺机、三辊轴机组及小型机具铺筑的钢纤维混凝土路面。钢纤维混凝土的配合比设计在兼顾经济性的同时应满足弯拉强度、工作性、耐久性技术要求。

1)弯拉强度

(1)钢纤维混凝土路面板28d设计弯拉强度标准值f_{rf}应符合设计规范的规定。

(2)钢纤维混凝土配制28d弯拉强度的均值计算,以f_{cf}和f_{rf}代替f_c和f_r。

2)工作性

(1)钢纤维混凝土的坍落度可比表4-18或表4-19的规定值小20mm。

(2)钢纤维混凝土掺高效减水剂时的单位用水量可按表4-23初选,再由拌和物实测坍落度确定。

钢纤维混凝土单位用水量选用表 表4-23

拌和物条件	粗集料种类	粗集料最大公称粒径 D_m(mm)	单位用水量(kg/m^3)
长径比 $L_f/D_f=50$ $\rho_f=0.6\%$ 坍落度20mm 中砂,细度模数2.5 水灰比0.42~0.50	碎石	9.5、16.0	215
		19.0、26.5	200
	卵石	9.5、16.0	208
		19.0、26.5	190

注:①钢纤维长径比每增减10,单位用水量相应增减10kg/m³。

②钢纤维体积率每增减0.5%,单位用水量相应增减8kg/m³。

③坍落度在10~50mm范围内,相对于坍落度20mm每增减10mm,单位用水量相应增减7kg/m³。

④细度模数在2.0~3.5范围内,砂的细度模数每增减0.1,单位用水量相应增减1kg/m³。

3）耐久性

（1）钢纤维混凝土满足耐久性要求的最大水灰（胶）比和最小单位水泥用量，应符合表4-24的规定。

钢纤维混凝土满足耐久性要求的最大水灰（胶）比和最小单位水泥用量　　表4-24

公路等级		高速、一级公路	二级公路	三、四级公路
最大水灰（胶）比		0.47	0.49	0.50
抗冰冻要求最大水灰（胶）比		0.45	0.46	0.48
抗盐冻要求最大水灰（胶）比		0.42	0.43	0.46
最小单位水泥用量（kg/m^3）	42.5级	360	360	350
	32.5级	370	370	365
抗冰（盐）冻时最小单位水泥用量（kg/m^3）	42.5级	380	380	375
	32.5级	390	390	385
掺粉煤灰时最小单位水泥用量（kg/m^3）	42.5级	320	320	315
	32.5级	340	340	335
抗冰（盐）冻掺粉煤灰最小单位水泥用量（42.5级水泥）（kg/m^3）		330	330	325

（2）钢纤维混凝土严禁用海水、海砂，不得掺加氯盐及氯盐类早强剂、防冻剂等外加剂。

（3）处在海风、酸雨、硫酸盐及除冰盐等环境中的钢纤维混凝土路面，宜掺用表4-5中的Ⅰ、Ⅱ级粉煤灰，桥面宜掺用硅灰与S95和S105级磨细矿渣。

3. 碾压混凝土配合比设计基本要求

碾压混凝土的配合比设计基本要求，在兼顾经济性的同时应满足相关技术要求。

1）弯拉强度

（1）碾压混凝土设计弯拉强度 f_r 应符合表4-16的规定。

（2）碾压混凝土配制28d弯拉强度均值可按下式计算：

$$f_{cc}=\frac{f_r+f_{cy}}{1-1.04Cv}+ts$$

式中：f_{cc}——碾压混凝土配制28d弯拉强度均值（MPa）；

f_{cy}——碾压混凝土压实安全弯拉强度，可按下式计算：

$$f_{cy}=\frac{\alpha}{2}(y_{c1}+y_{c2})$$

y_{c1}——弯拉强度试件标准压实度（95%）；

y_{c2}——路面芯样压实度下限值（由芯样压实度统计得出）；

α——相应于压实度变化1%的弯拉强度波动值（通过试验得出）。

其他符号意义同前。

2）工作性

碾压混凝土出搅拌机口的改进 VC 值宜为5～10s；碾压时的改进 VC 值宜控制在30s±5s。试验中的试样表面出浆评分应为4～5分。

3）耐久性

（1）处于严寒和寒冷地区的碾压混凝土面层或基层，应掺引气剂。其含气量宜符合表4-20的规定。

（2）面层碾压混凝土满足耐久性要求的最大水灰（胶）比和最小单位水泥用量，应符合表

4-25的规定。

面层碾压混凝土耐久性要求的最大水灰(胶)比和最小单位水泥用量　表4-25

公路等级		二级公路	三、四级公路
最大水灰(胶)比		0.40	0.42
抗冰冻要求最大水灰(胶)比		0.38	0.40
抗盐冻要求最大水灰(胶)比		0.36	0.38
最小单位水泥用量(kg/m^3)	42.5级	290	280
	32.5级	305	300
抗冰(盐)冻要求最小单位水泥用量(kg/m^3)	42.5级	315	310
	32.5级	325	320
掺粉煤灰时最小单位水泥用量(kg/m^3)	42.5级	255	250
	32.5级	265	260
抗冰(盐)冻掺粉煤灰最小单位水泥用量(42.5级水泥)(kg/m^3)		260	265

4)粗集料

面层碾压混凝土粗、细集料合成级配宜符合表4-26的要求,基层应符合《公路路面基层施工技术规范》(JTJ 034—2000)水泥稳定粒料的级配规定。

面层碾压混凝土粗(细)集料合成级配范围　表4-26

筛孔尺寸(mm)	19.0	9.50	4.75	2.36	1.18	0.60	0.30	0.15
通过百分率(%)	90~100	50~70	35~47	25~38	18~30	10~23	5~15	3~10

5)掺粉煤灰

碾压混凝土中所掺粉煤灰的技术要求和代替水泥的粉煤灰掺量,应符合有关技术规范的规定。粉煤灰超量取代系数k:I级灰可取1.4~1.8;II级灰可取1.6~2.0;碾压混凝土基层和复合式路面下面层用III级灰宜取1.8~2.2。

6)掺外加剂

碾压混凝土中外加剂的使用要求除满足原材料技术要求的规定外,应预先通过碾压混凝土性能试验优选品种和掺量,确认满足各项性能要求后方可使用。

4. 贫混凝土配合比设计基本要求

基层贫混凝土配合比设计,应符合下列技术要求。

1)强度

基层贫混凝土设计强度应符合表4-27的规定。

贫混凝土基层的设计强度标准值(MPa)　表4-27

交通等级	特重	重	中等
7d施工质检抗压强度$f_{cu,7}$	10.0	7.0	5.0
28d设计抗压强度标准值$f_{cu,k}$	15.0	10.0	7.0
28d设计弯拉强度标准值$f_{c,k}$	3.0	2.0	1.5

2)工作性

贫混凝土的坍落度应满足表4-18或表4-19的要求。基层贫混凝土中应掺粉煤灰,粉煤灰的品质、掺量和超量取代系数应符合有关技术规范规定。

3)耐久性

(1)满足耐久性要求的贫混凝土最大水灰(胶)比宜符合表4-28的规定。

满足耐久性要求的贫混凝土最大水灰(胶)比　　表4-28

交通等级	特重	重	中等
最大水灰(胶)比	0.65	0.68	0.70
有抗冻要求的最大水灰(胶)比	0.60	0.63	0.65

(2)在基层受冻地区,贫混凝土中应掺引气剂,并控制贫混凝土含气量为4%±1%。当水灰(胶)比不能满足抗冻耐久性要求时,宜使用引气减水剂。当高温摊铺坍落度损失较大时,可使用引气缓凝减水剂。

二、各类型水泥混凝土配合比设计过程控制

1. 普通混凝土配合比设计过程控制

1)配合比参数的计算要求

(1)水灰比的计算和确定

①根据粗集料的类型,水灰比可分别按下列统计公式计算:

碎石或碎卵石混凝土:

$$\frac{W}{C}=\frac{1.5684}{f_c+1.0097-0.3595f_s}$$

卵石混凝土:

$$\frac{W}{C}=\frac{1.2618}{f_c+1.5492-0.4709f_s}$$

式中:f_s——水泥实测28d抗折强度(MPa)。

②掺用粉煤灰时,应计入超量取代法中代替水泥的那一部分粉煤灰用量(代替砂的超量部分不计入),用水胶比$W/(C+F)$代替水灰比W/C。

③应在满足弯拉强度计算值和耐久性两者要求的水灰比中取小值。

(2)砂率的确定

砂率应根据砂的细度模数和粗集料种类,查表4-29取值。在制作抗滑槽时,砂率在表4-29基础上可增大1%~2%。

砂的细度模数与最优砂率关系　　表4-29

砂细度模数		2.2~2.5	2.5~2.8	2.8~3.1	3.1~3.4	3.4~3.7
砂率 S_P(%)	碎石	30~34	32~36	34~38	36~40	38~42
	卵石	28~32	30~34	32~36	34~38	36~40

注:碎卵石可在碎石和卵石混凝土之间内插取值。

(3)单位用水量的确定

根据粗集料种类和表4-18、表4-19中适宜的坍落度,分别按下列经验式计算单位用水量(砂石料以自然风干状态计):

碎石:$W_0=104.97+0.309S_L+11.27(W/C)+0.6S_P$

卵石:$W_0=86.89+0.370S_L+11.24(W/C)+100S_P$

式中:W_0——不掺外加剂与掺和料混凝土的单位用水量(kg/m^3);

S_L——坍落度(mm);

S_P——砂率(%);

W/C——水灰比。

掺外加剂的混凝土单位用水量应按下式计算:

$$W_{0W}=W_0(1-\beta/100)$$

式中:W_{0W}——掺外加剂混凝土的单位用水量(kg/m^3);

β——所用外加剂剂量的实测减水率(%)。

单位用水量应取计算值和表4-18或表4-19的规定值两者中的小值。若实际单位用水量仅掺引气剂不满足所取数值,则应掺用引气(高效)减水剂,三、四级公路也可采用真空脱水工艺。

(4)单位水泥用量的计算

单位水泥用量应由下式计算,并取计算值与表4-21规定值两者中的大值。

$$C_0=(C/W)W_0$$

式中:C_0——单位水泥用量(kg/m^3)。

(5)砂石料用量的计算

砂石料用量可按密度法或体积法计算。按密度法计算时,混凝土单位质量可取2 400~2 450kg/m^3;按体积法计算时,应计入设计含气量。采用超量取代法掺用粉煤灰时,超量部分应代替砂,并折减用砂量。经计算得到的配合比,应验算单位粗集料填充体积率,且不宜小于70%。

(6)配合比优选

重要路面、桥面工程应采用正交试验法进行配合比优选。

2)真空脱水工艺要求

采用真空脱水工艺时,可采用比经验式计算值略大的单位用水量,但在真空脱水后,扣除每立方米混凝土实际吸除的水量,剩余单位用水量和剩余水灰(胶)比分别不宜超过表4-18最大单位用水量和表4-21最大水灰(胶)比的规定。真空脱水混凝土抗压强度试件成型方法参照有关规范规定。

3)掺用粉煤灰工艺要求

路面混凝土掺用粉煤灰时,其配合比计算应按超量取代法进行。粉煤灰掺量应根据水泥中原有的掺和料数量和混凝土弯拉强度、耐磨性等要求由试验确定。Ⅰ、Ⅱ级粉煤灰的超量系数可按表4-30初选。代替水泥的粉煤灰掺量:Ⅰ型硅酸盐水泥宜≤30%;Ⅱ型硅酸盐水泥宜≤25%;道路水泥宜≤20%;普通水泥宜≤15%;矿渣水泥不得掺粉煤灰。

各级粉煤灰的超量取代系数 表4-30

粉煤灰等级	Ⅰ	Ⅱ	Ⅲ
超量取代系数(%)	1.1~1.4	1.3~1.7	1.5~2.0

2. 钢纤维混凝土配合比设计过程控制

1)计算和确定水灰比

(1)以钢纤维混凝土配制28d弯拉强度f_{cf}替换f_c,按普通水泥混凝土设计方法计算出基体混凝土的水灰比。

(2)取钢纤维混凝土基体的水灰比计算值与表4-21规定值两者中的小值。

2)钢纤维掺量体积率的初选

钢纤维掺量体积率宜在0.60%~1.0%范围内初选,当板厚折减系数小时,体积率宜取上限;当长径比大时,宜取较小值;有锚固端者宜取较小值。

3）初选单位用水量

查表4-23，初选单位用水量 W_{0f}。

4）掺用粉煤灰

掺用粉煤灰时应符合有关技术规范要求。

5）单位水泥用量的计算

钢纤维混凝土的单位水泥用量应按下式计算：

$$C_{0f}=(C/W)W_{0f}$$

式中：C_{0f}——钢纤维混凝土的单位水泥用量（kg/m^3）；

W_{0f}——钢纤维混凝土的单位用水量（kg/m^3）。

取计算值与表4-21规定值两者中的大值，但不宜大于500kg/m^3。

6）砂率的计算

砂率可按下式计算，也可按表4-31初选。钢纤维混凝土砂率宜在38%～50%之间。

$$S_{pf}=S_P+10\rho_f$$

式中：S_{pf}——钢纤维混凝土砂率（%）；

ρ_f——钢纤维掺量体积率（%）。

钢纤维混凝土砂率选用值（%） 表4-31

拌和物条件	最大公称粒径19mm碎石	最大公称粒径19mm卵石
$L_f/d_f=50$；$\rho_f=1.0\%$； $W/C=0.5$；砂细度模数 $M_x=3.0$	45	40
L_f/d_f 增减10 ρ_f 增减0.10% W/C 增减0.1 砂细度模数 M_x 增减0.1	±5 ±2 ±2 ±1	±3 ±2 ±2 ±1

7）砂石料用量计算

砂石料用量可采用密度法或体积法计算。按密度法计算时，钢纤维混凝土单位质量可取2 450～2 580kg/m^3；按体积法计算时，应计入设计含气量。

8）配合比优选

重要路面、桥面工程应采用正交试验法进行钢纤维混凝土配合比优选。

3. 碾压混凝土配合比设计过程控制

1）正交试验法

（1）不掺粉煤灰的碾压混凝土正交试验可选用水量、水泥用量、粗集料填充体积率3个因素；掺粉煤灰的碾压混凝土可选用水量、基准胶材总量、粉煤灰掺量、粗集料填充体积率4个因素。每个因素选定三个水平，选用 $L_9(3^4)$ 正交表安排试验方案。

（2）对正交试验结果进行直观及回归分析。回归分析的考察指标：VC 值及抗离析性、弯拉强度或抗压强度、抗冻性或耐磨性。根据直观分析结果并依据所建立的单位用水量及弯拉强度推定经验公式，综合考虑拌和物工作性，确定满足28d弯拉强度或抗压强度、抗冻性或耐磨性等设计要求的正交初步配合比。

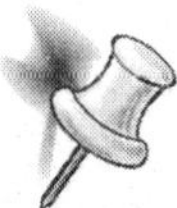

2)简捷法

(1)不掺粉煤灰的碾压混凝土配合比计算步骤:

①按下式计算单位用水量:

$$W_{oc}=137.7-20.55\lg VC$$

式中:W_{oc}——碾压混凝土的单位用水量(kg/m^3);

VC——碾压混凝土拌和物改进 VC 值(s)。

②按下式计算灰水比,并取计算值与表4-25中规定值两者中的小值。

$$\frac{C}{W}=\frac{f_{cc}}{0.2156f_s}-0.798$$

③按下式计算单位水泥用量,并取计算值与表4-25规定值两者中的大值。

$$C_{oc}=W_{oc}(C/W)$$

式中:C_{oc}——碾压混凝土单位水泥用量(kg/m^3)。

④按表4-32选定配合比中粗集料填充体积率。

粗集料填充体积率 表4-32

砂细度模数 M_x	2.40	2.60	2.80	3.00
粗集料填充体积率(%)	75	73	71	69

⑤按下式计算粗集料用量:

$$G_{oc}=\gamma_{cc}(V_g/100)$$

式中:G_{oc}——碾压混凝土粗集料单位体积用量(kg/m^3);

γ_{cc}——碾压混凝土单位质量(kg/m^3);

V_g——粗集料填充体积率(%)。

⑥根据 G_{oc}、C_{oc}、W_{oc} 及相应原材料密度,按体积法计算用砂量 S_{oc},计算时应计入设计含气量。

⑦按下式计算单位外加剂用量:

$$Y_{oc}=y\times C_{oc}$$

式中:Y_{oc}——碾压混凝土中单位外加剂用量(kg/m^3);

y——外加剂掺量。

(2)掺粉煤灰的碾压混凝土配合比计算步骤:

①选定粗集料填充体积率(%),由上面⑤式计算单位体积粗集料用量 G_{oc}。

②初选粉煤灰超量取代系数 k,并按经验或正交试验分析结果选定代替水泥的粉煤灰掺量 F_c。

③按下式计算单位用水量:

$$W_{ofc}=135.5-21.1\lg VC+0.32F_c$$

式中:W_{ofc}——掺粉煤灰的碾压混凝土单位用水量(kg/m^3);

F_c——代替水泥的粉煤灰掺量(%)。

④按下式计算基准胶材总量:

$$J=200(f_{cc}-7.22+0.025F_c+0.023V_g)$$

式中:J——碾压混凝土中单位体积基准胶材总量(kg/m^3)。

⑤按下式计算单位水泥用量,并应取计算值与表4-25规定值两者中大值。

$$C_{ofc}=J(1-F_c/100)$$

⑥按下式计算单位粉煤灰总用量：

$$F_{oc} = C_{ofc} \times F_c \times k$$

式中：F_{oc}——掺粉煤灰的碾压混凝土单位水泥用量（kg/m^3）；

C_{ofc}——单位粉煤灰总用量（kg/m^3）；

k——粉煤灰超量取代系数。

⑦按下式计算总水胶比，应取计算值与表4-25规定值两者中小值。

$$J_z = W_{ofc}/(C_{ofc} + F_{cc})$$

式中：J_z——碾压混凝土中总水胶比。

⑧根据C_{oc}、G_{ofc}、F_{cc}、W_{ofc}及相应原材料密度，按体积法计算单位用砂量S_{oc}，计算时应计入设计含气量。

⑨按下式计算单位外加剂用量：

$$Y_{ofc} = \gamma_f(C_{ofc} + F_{cc})$$

式中：Y_{ofc}——掺粉煤灰的碾压混凝土单位外加剂用量（kg/m^3）；

γ_f——掺粉煤灰的碾压混凝土外加剂掺量。

4. 贫混凝土配合比设计过程控制

（1）配制28d抗压强度$f_{cu,o}$可按下式计算：

$$f_{cu,o} = f_{cu,k} + ts$$

式中：$f_{cu,o}$——贫混凝土配制28d抗压强度（MPa）；

$f_{cu,k}$——混凝土28d设计抗压强度标准值（MPa），按表4-25取值；

t——抗压强度保证率系数，高速公路应取1.645；一级公路应取1.28；二级公路应取1.04；

s——抗压强度标准差，宜按不小于6组统计资料取值；无统计资料或试件组数小于6组时，可取1.5（MPa）。

（2）水灰比应按下式计算，并取计算值与表4-28规定值两者中的小值。

$$\frac{W}{C} = \frac{A \cdot f_{ce}}{f_{cu,o} + A \cdot B \cdot f_{ce}}$$

式中：f_{ce}——水泥实测28d抗压强度（MPa）；无实测值时，也可按下式计算：

$$f_{ce} = \gamma \times f_{cek}$$

f_{cek}——水泥抗压强度等级（MPa）；

γ——水泥抗压强度富余系数，应按统计资料取值；无统计资料时可在1.08～1.13范围内取值；

A、B——回归系数，碎石及碎卵石$A=0.46$，$B=0.07$；卵石$A=0.48$，$B=0.33$。

（3）贫混凝土单位水泥用量可按下式计算：

$$G_P = 0.5\xi C_0$$

式中：G_P——贫混凝土的单位水泥用量（kg/m^3）；

ξ——工作性及平整度放大系数，可取1.1～1.3；

C_0——路面混凝土单位水泥用量（kg/m^3）。

（4）掺用粉煤灰时，单位胶材总量可按下式计算：

$$J_z = 0.5C_0(1 + F_P k)$$

式中：J_z——单位胶材总量（kg/m³）；

F_P——代替水泥的粉煤灰掺量，可取0.15～0.30；

k——粉煤灰超量取代系数。

（5）不掺粉煤灰贫混凝土的单位水泥用量宜控制在160～230kg/m³之间；在基层受冻地区最小单位水泥用量不宜低于180kg/m³。掺粉煤灰时，单位水泥用量宜在130～175kg/m³之间；单位胶材总量宜在220～270kg/m³之间；基层受冻地区最小单位水泥用量不宜低于150kg/m³。

（6）根据水灰（胶）比和单位水泥（胶材）用量，计算单位用水量。

（7）砂率可按表4-33初选。

基层贫混凝土的砂率 S_P 表4-33

砂细度模数		2.2～2.5	2.5～2.8	2.8～3.1	3.1～3.4	3.4～3.7
砂率 S_P(%)	碎石混凝土	24～28	26～30	28～32	30～34	32～36
	卵石混凝土	22～26	24～28	26～30	28～32	30～34

注：碎卵石可在碎石和卵石混凝土之间内插取值。

（8）砂、石料用量可用密度法或体积法计算。在采用体积法计算时，应计入含气量。

三、混凝土配合比确定与调整

由上述各经验公式推算得出的普通混凝土、钢纤维混凝土、碾压混凝土和贫混凝土配合比，应在试验室内按下述步骤和《公路工程水泥及水泥混凝土试验规程》（JTG E30—2005）规定方法进行试配检验和调整。

（1）首先检验各种混凝土拌和物是否满足不同摊铺方式的最佳工作性要求。检验项目包括含气量、坍落度及其损失、振动黏度系数、改进 *VC* 值、外加剂品种及其最佳掺量。在工作性和含气量不满足相应摊铺方式要求时，可在保持水灰比不变前提下调整单位用水量、外加剂掺量或砂率，不得减小满足计算弯拉强度及耐久性要求的单位水泥用量、钢纤维体积率。

（2）对于采用密度法计算的配合比，应实测拌和物视密度，并应按视密度调整配合比，调整时水灰比不得增大，单位水泥用量、钢纤维掺量不得减小，调整后的拌和物视密度允许偏差为±2.0%。实测拌和物含气量 α（%），其偏差应满足表4-20的规定；不满足要求时，应调整引气剂掺量直至达到规定含气量。

（3）以初选水灰（胶）比为中心，按0.02增减幅度选定2～4个水灰（胶）比，制作试件，检验各种混凝土7d和28d配制弯拉强度、抗压强度、耐久性等指标（有抗冻性要求的地区，抗冻性为必测项目，耐磨性及干缩为选测项目）。也可保持计算水灰（胶）比不变，以初选单位水泥用量为中心，按15～20kg/m³增减幅度选定2～4个单位水泥用量；钢纤维混凝土还应以选定的钢纤维掺量为中心，按0.1%增减幅度选定2～4个钢纤维掺量，制作试件并做上述各项检验。

（4）施工单位通过上述各项指标检验提出的配合比，在经监理或建设方中心试验室验证合格后，方可确定为试验室基准配合比。

试验室的基准配合比应通过搅拌楼实际拌和检验和不小于200m试验路段的验证，并应根据料场砂石料含水量、拌和物实测视密度、含气量、坍落度及其损失，调整单位用水量、砂率或外加剂掺量。调整时，水灰（胶）比、单位水泥用量、钢纤维体积率不得减小。考虑施工中原材料含泥量、泥块含量、含水量变化和施工变异性等因素，单位水泥用量应适当增加5～10kg。

满足试拌试铺的工作性、28d(至少7d)配制弯拉强度、抗压强度和耐久性等要求的配合比,经监理或建设方批准后方可确定为施工配合比。

(5)施工期间配合比的微调与控制应符合下列要求:

①根据施工季节、气温和运距等的变化,可微调缓凝(高效)减水剂、引气剂、保塑剂的掺量,保持摊铺现场的坍落度始终适宜于铺筑,且波动最小。

②降雨后,应根据每天不同时间的气温及砂石料实际含水量变化,微调加水量,同时微调砂石料称量,其他配合比参数不得变更,维持施工配合比基本不变。雨天或砂石料变化时应加强控制,保持现场拌和物工作性始终适宜摊铺和稳定。

第四节　水泥混凝土路面施工质量的事中控制

水泥混凝土路面施工过程是一项较复杂的系统工程,它涉及到路面的结构、水泥混凝土的特性、施工机械与施工技术工艺,以及科学的组织管理等诸多重大技术问题。它是集土木、机械、管理科学的一项综合性技术工程,只有在施工过程中,严格对每一个施工环节进行质量技术控制,才能保证水泥混凝土路面的施工质量。

一、施工准备

1. 材料与设备检查

(1)在施工准备阶段,应依据混凝土路面设计要求、工程规模,对当地及周边的水泥、钢材、粉煤灰、外加剂、砂石料、水资源、电力、运输等状况进行实地调研,确认符合铺筑混凝土路面的原材料质量、品种、规格、原材料的供应量、供应强度、供给方式、运距等。通过调研优选,初步选择原材料供应商。

(2)开工前,工地试验室应对计划使用的原材料进行质量检验和混凝土配合比优选,监理应对原材料抽检和配合比试验验证,报请业主正式审批。

(3)应根据路面施工进度安排,保证及时地供给符合原材料技术指标规定的各种原材料,不合格原材料不得进场。所有原材料进出场应进行称量、登记、保管或签发。

(4)应将相同料源、规格、品种的原材料作为一批,分批量检验和储存。原材料的检验项目和批量应符合表4-34的规定。

(5)施工前必须对机械设备、测量仪器、基准线或模板、机具工具及各种试验仪器等进行全面的检查、调试、校核、标定、维修和保养。主要施工机械的易损零(部)件应有适量储备。

2. 路基、基层和封层的检测与修整

(1)路基应稳定、密实、均质,对路面结构提供均匀的支承。对桥头、软基、高填方、填挖交界等处的路基段,应进行连续沉降观测,并采取切实有效的措施保证路基的稳定性。

(2)垫层、基层除应符合《公路水泥混凝土路面设计规范》(JTG D40—2003)和《公路路面基层施工技术规范》(JTJ 034—2000)的规定外,尚应符合下列技术要求:

①(上)基层纵、横坡一般可与面层一致,但横坡可略大0.15%~0.20%,并不得小于路面横坡。

②硬路肩厚度薄于面板时,应设排水基层或排水盲沟。缘石和软路肩底部应有渗透排水措施。

③面层铺筑前,宜至少提供足够机械连续施工10d以上的合格基层。

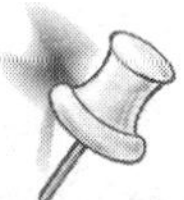

混凝土原材料的检测项目和频率　　表 4-34

材料	检查项目	检查频度	
		高速公路、一级公路	其他公路
水泥	抗折强度、抗压强度、安定性	机铺 1 500t 一批	机铺 1 500t、小型机具 500t 一批
	凝结时间、标稠需水量、细度	机铺 2 000t 一批	机铺 3 000t、小型机具 500t 一批
	f - CaO、MgO、SO_3 含量，铝酸三钙、铁铝酸四钙，干缩率、耐磨性、碱度，混合材料种类及数量	每标段不少于 3 次，进场前必测	
	温度、水化热	冬、夏季施工随时检测	
粉煤灰	活性指数、细度、烧失量	机铺 1 500t 一批	机铺 1 500t，小型机具 500t 一批
	需水量比、SO_3 含量	每标段不少于 3 次，进场前必测	
粗集料	针片状、超径颗粒含量，级配，表观密度，堆积密度，空隙率	机铺 2 500m^3 一批	机铺 5 000m^3、小型机具 1 500m^3 一批
	含泥量、泥块含量	机铺 1 000m^3 一批	机铺 2 000m^3，小型机具 1 000m^3 一批
	坚固性、岩石抗压强度、压碎指标	每种粗集料每标段不少于 2 次	
	碱集料反应	怀疑有碱活性集料进场前测	
	含水量	降雨或湿度变化随时测	
砂	细度模数、表观密度、堆积密度、空隙率、级配	机铺 2 000m^3 一批	机铺 4 000m^3、小型机具 1 500m^3 一批
	含泥量，泥块、石粉含量	机铺 1 000m^3 一批	机铺 2 000m^3、小型机具 500m^3 一批
	坚固性	每种砂每标段不少于 3 次	
	云母含量、轻物质与有机物含量	目测，有云母或杂质时测	
	含盐量（硫酸盐、氯盐）	必要时测，淡化海砂每标段 3 次	必要时测，淡化海砂每标段 2 次
	含水量	降雨或湿度变化随时测	
外加剂	减水剂减水率、液体外加剂含固量和相对密度、粉状外加剂的不溶物含量	机铺 5t 一批	机铺 5t，小型机具 3t 一批
	引气剂引气量、气泡细密程度和稳定性	机铺 2t 一批	机铺 3t，小型机具 1t 一批
养生剂	有效保水率、抗压强度比、耐磨性、耐热性、膜水溶性	开工前或有变化时，每标段 3 次	
	含固量、成膜时间	试验路段测，施工每 5t 测 1 次	
水	pH 值、含盐量、硫酸根及杂质含量	开工前和水源有变化时	

注：①开工前，所有原材料项目均应检验；当原材料规格、品种、生产厂、来源变化时，必检。

②机铺是指滑模、轨道、三辊轴机组和碾压混凝土摊铺，数量不足一批时，按一批检验。

（3）面板铺筑前，应对基层进行全面的破损检查。当基层产生纵、横向断裂、隆起或碾坏

时,应采取下述有效措施进行彻底修复:

①所有挤碎、隆起、空鼓的基层应清除,并使用相同的基层料重铺,同时设胀缝板横向隔开。胀缝板应与路面胀缝或缩缝上下对齐。

②当基层产生非扩展性温缩、干缩裂缝时,应灌沥青密封防水,还应在裂缝上粘贴油毡、土工布或土工织物,其覆盖宽度不应小于1 000mm,距裂缝最窄处不得小于300mm。

③当基层产生纵向扩展裂缝时,应分析原因,采取有效的路基稳固措施根治裂缝,且宜在纵向裂缝所在的整个面板内,距板底1/3 高度增设补强钢筋网,补强钢筋网到裂缝端部不宜短于5m。

④基层被碾坏成坑或破损面积较小的部位,应挖除并采用贫混凝土局部修复。对表面严重磨损裸露粗集料的部位,宜采用沥青封层处理。

(4)在高速公路和一级公路的半刚性上基层表面,宜喷洒热沥青和石屑(2 ~ $3m^3/1\ 000m^2$)做滑动封层,或做乳化沥青稀浆封层。沥青封层或乳化沥青稀浆封层的厚度不宜小于5mm。

(5)在各交通等级有可能被水淹没浸泡路面的路段,可采用较厚的坚韧塑料薄膜或密闭土工膜覆盖基层防水。

(6)当封层出现局部损坏时,摊铺前应采用相同的封层材料进行修补,经质量检验合格,并由监理签认后,方可铺筑水泥混凝土面层。

3. 贫混凝土基层铺筑与质量检验

(1)贫混凝土上基层宜采用与面板相同机械铺筑,可采用普通混凝土面层四种施工方式中的任一种。

(2)贫混凝土基层的铺筑除应满足混凝土面层铺筑中的技术要求外,尚应符合下列规定:

①贫混凝土基层应锯切与面板接缝位置和尺寸相对齐的纵、横向接缝,切缝深度不宜小于1/4 板厚,最浅不宜小于50mm,并使用沥青灌缝。基层设封层时,混凝土面板的横向缩缝在行车前进方向可前错300 ~500mm。

②贫混凝土基层纵、横向缩缝中可不设拉杆和传力杆,胀缝中应设传力杆和胀缝板,胀缝位置应与面层胀缝对齐,板顶宜与贫混凝土基层表面齐平,传力杆、胀缝板设置精确度应符合表4-35 的规定。

③若一块贫混凝土板上纵、横向断板缝仅为一条,可不挖除重铺,应灌沥青密封防水,还应在裂缝上粘贴油毡、土工布或土工织物,其覆盖宽度不应小于1 000mm,距裂缝最窄处不得小于300mm;但当一块板上的断板缝多于2 条或分叉,则应挖除重铺。

(3)贫混凝土基层的施工质量要求应符合表4-35 的规定。

4. 施工放样

施工放样是水泥混凝土路面施工的一项重要工作。首先应根据设计图纸放出路中线及路边线,在路中心线上一般每20m 设一中心桩,同时应设胀缩缝、曲线起讫点和纵坡转折点等中心桩,并相应在路边各设一对边桩。放样时,基层的宽度应比混凝土板每侧宽25 ~35cm。膨胀土路基上的基层,其宽度应横贯整个路基。主要中心桩应分别固定在路旁稳固位置。测设临时水准点于路线两旁固定建筑物上或另设临时水准桩,每隔100m 左右设置一个,不宜过长,以便于施工时就近对路面进行高程复核。根据放好的中心线及边线在现场核对施工图纸的混凝土分块线。放样时为了保证曲线地段中线内外侧车道混凝土块有较合理的划分,必须保持横向分块线与路中心线垂直。对测量放样必须经常进行复核,包括在浇捣混凝土过程中,

要做到勤测、勤核、勤纠偏。

贫混凝土基层质量要求 表4-35

<table>
<tr><th>项次</th><th colspan="4">检 查 项 目</th><th>规定值或允许值</th><th>检查方法和频率</th></tr>
<tr><td rowspan="4">1</td><td colspan="4">7d抗压强度(MPa)、28d试件或28～56d钻芯抗压强度(MPa)</td><td rowspan="4">$f_{cu,e}-K_1S_n \geq 0.9f_{cu,k}$
$f_{min} \geq K_2 f_{cu,e}$
式中：$f_{cu,e}$——统计平均抗压强度(MPa)；
$f_{cu,k}$——设计抗压强度(MPa)；
f_{min}——统计最小抗压强度(MPa)；
S_n——抗压强度标准差(MPa)，小于$0.06f_{cu,k}$时取$0.06f_{cu,k}$</td><td rowspan="4">标准立方体7d抗压强度用于施工期间的质量控制。28d弯拉强度试件或28～56d钻芯抗压强度用于质量验收，以钻芯抗压强度作为最终判定质量的标准。当要求返工时每车道每公里不少于3个芯样</td></tr>
<tr><td>n</td><td>10～14</td><td>15～24</td><td>≥25</td></tr>
<tr><td>K_1</td><td>1.70</td><td>1.65</td><td>1.60</td></tr>
<tr><td>K_2</td><td>0.90</td><td colspan="2">0.85</td></tr>
<tr><td>2</td><td colspan="4">每块板平均板厚(mm)</td><td>代表值：-5；极值：-10</td><td>尺测：每100m左右各1处，参考芯样</td></tr>
<tr><td>3</td><td colspan="4">平整度最大间隙(mm)</td><td>高速公路和一级公路≤4，合格率应≥85%；二级公路≤6，合格率应≥85%</td><td>3m直尺测：每车道200m 2处10尺</td></tr>
<tr><td>4</td><td colspan="4">纵断高程(mm)</td><td>代表值：±5；极值：±10</td><td>水准仪：每200m 4点</td></tr>
<tr><td>5</td><td colspan="4">相邻板高差(mm)</td><td>≤4</td><td>3m直尺测：每条横向胀缝、工作缝3点，每200m纵横缝2条，每条3点</td></tr>
<tr><td>6</td><td colspan="4">连接摊铺纵缝高差</td><td>代表值≤5mm；极值≤7m</td><td>3m直尺测：200m 2处，每处3尺</td></tr>
<tr><td>7</td><td colspan="4">接缝顺直度(mm)</td><td>≤10</td><td>每500m，20m拉线测2处</td></tr>
<tr><td>8</td><td colspan="4">中线平面偏位(mm)</td><td>≤20</td><td>经纬仪：每200m 4点</td></tr>
<tr><td>9</td><td colspan="4">路面宽度(mm)</td><td>±20</td><td>尺测：每200m 4点</td></tr>
<tr><td>10</td><td colspan="4">横坡度(%)</td><td>代表值≤+0.20；极值≤+0.25</td><td>水准仪：每200m 4个断面</td></tr>
<tr><td>11</td><td colspan="4">断板率(‰)</td><td>≤2</td><td>数断板量，计算占总板块比例</td></tr>
<tr><td>12</td><td colspan="4">坑穴、拱包、接缝缺边掉角</td><td>≤20mm/m²</td><td>尺测：每200m随机测4m²</td></tr>
<tr><td>13</td><td colspan="4">切缝深度(mm)</td><td>≥50或≥1/4h</td><td>尺测：每200m接缝4处</td></tr>
<tr><td>14</td><td colspan="4">胀缝板连浆(mm)</td><td>≤30</td><td>尺测：每条胀缝板安装时测</td></tr>
<tr><td>15</td><td colspan="4">胀缝传力杆偏斜(mm)</td><td>≤13</td><td>钢筋保护层仪：每5条胀缝抽测1条</td></tr>
</table>

二、水泥混凝土混合料拌制

1．搅拌设备

搅拌场的拌和能力配置应符合下列规定：

(1)采用滑模、轨道、碾压、三辊轴摊铺时，搅拌场配置的混凝土总拌和生产能力可按下式计算，并按总拌和能力确定所要求的搅拌楼数量和型号。

$$M = 60\mu \cdot b \cdot hV_t$$

式中：M——搅拌楼总拌和能力(m^3/h)；

b——摊铺宽度(m)；

V_t——摊铺速度(m/min)(≥1m/min)；

h——面板厚度(m)；

μ——搅拌楼可靠性系数，1.2～1.5，根据下述具体情况确定：搅拌楼可靠性高，μ 可取较小值；反之，μ 取较大值；拌和钢纤维混凝土时，μ 应取较大值；坍落度要求较低者，μ 应取较大值。

(2)不同摊铺方式所要求的搅拌楼最小生产容量应满足表4-36的规定。一般可配备2～3台搅拌楼，最多不宜超过4台。搅拌楼的规格和品牌尽可能统一。

混凝土路面不同摊铺方式的搅拌楼最小配置容量(m^3/h)　　表4-36

摊铺方式 / 摊铺宽度	滑模摊铺	轨道摊铺	碾压混凝土	三辊轴摊铺	小型机具
单车道3.75～4.5m	≥100	≥75	≥75	≥50	≥25
双车道7.5～9m	≥200	≥150	≥150	≥100	≥50
整幅宽不小于12.5m	≥300	≥200	≥200	—	—

搅拌楼的配备应符合施工技术规范的规定。应优先选配间歇式搅拌楼，也可使用连续式搅拌楼。

2. 拌和技术要求

(1)每台搅拌楼在投入生产前，必须进行标定和试拌。在标定有效期满或搅拌楼搬迁安装后，均应重新标定。施工中应每15d校验一次搅拌楼计量精确度。搅拌楼配料计量偏差不得超过表4-37的规定，不满足要求时，应分析原因、排除故障，确保拌和计量精确度。采用计算机自动控制系统的搅拌楼时，应使用自动配料生产，并按需要打印每天(周、旬、月)对应路面摊铺桩号的混凝土配料统计数据及偏差。

搅拌楼的混凝土拌和计量允许偏差(%)　　表4-37

材料名称	水泥	掺和料	钢纤维	砂	粗集料	水	外加剂
高速公路、一级公路每盘	±1	±1	±2	±2	±2	±1	±1
高速公路、一级公路累计每车	±1	±1	±1	±2	±2	±1	±1
其他公路	±2	±2	±2	±3	±3	±2	±2

(2)应根据拌和物的黏聚性、均质性及强度稳定性试拌确定最佳拌和时间。一般情况下，单立轴式搅拌机总拌和时间宜为80～120s，全部原材料到齐后的最短纯拌和时间不宜短于40s；行星立轴和双卧轴式搅拌机总拌和时间为60～90s，最短纯拌和时间不宜短于35s；连续双卧轴搅拌楼的最短拌和时间不宜短于40s。最长总拌和时间不应超过高限值的2倍。

(3)混凝土拌和过程中，不得用沥水、夹冰雪、表面沾染尘土和局部暴晒过热的砂石料。

(4)外加剂应以稀释溶液加入，其稀释用水和原液中的水量，应从拌和加水量中扣除。使用间歇搅拌楼时，外加剂溶液浓度应根据外加剂掺量、每盘外加剂溶液筒的容量和水泥用量计算得出。连续式搅拌楼应按流量比例控制加入外加剂。加入搅拌锅的外加剂溶液应充分溶解，并搅拌均匀。有沉淀的外加剂溶液，应每天清除一次稀释池中的沉淀物。

(5)拌和引气混凝土时，搅拌楼一次拌和量不应大于其额定搅拌量的90%。纯拌和时间应控制在含气量最大或较大时。

(6)粉煤灰或其他掺和料应采用与水泥相同的输送、计量方式加入。粉煤灰混凝土的纯

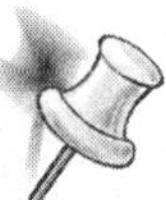

拌和时间应比不掺时延长10～15s。当同时掺用引气剂时，宜通过试验适当增大引气剂掺量，以达到规定含气量。

(7)拌和物质量检验与控制应符合下列要求：

①搅拌过程中，拌和物质量检验与控制应符合表4-38的规定。低温或高温天气施工时，拌和物出料温度宜控制在10～35℃。并应测定原材料温度、拌和物的温度、坍落度损失率和凝结时间等。

混凝土拌和物的质量检验项目和频率　　表4-38

检查项目	检查频度	
	高速公路、一级公路	其他公路
水灰比及稳定性	每5 000m³ 抽检1次，有变化随时测	
坍落度及均匀性	每工班测3次，有变化随时测	
坍落度损失率	开工、气温较高和有变化随时测	
振动黏度系数	试拌、原材料和配合比有变化时测	
钢纤维体积率	每工班测2次，有变化随时测	每工班测1次，有变化随时测
含气量	每工班测2次，有抗冻要求不少于3次	每工班测1次，有抗冻要求不少于3次
泌水率	必要时测	
视密度	每工班测1次	
温度、凝结时间、水化发热量	冬、夏季施工，气温最高、最低时，每工班至少测1～2次	冬、夏季施工，气温最高、最低时，每工班至少测1次
离析	随时观察	
*VC*值及稳定性、压实度、松铺系数	碾压混凝土做复合式路面底层时，检查频率与其他公路相同	每工班测3～5次，有变化随时测

注：①混凝土拌和物振动黏度系数试验方法见《公路水泥混凝土路面滑模施工技术规程》(JTJ/T037.1—2000)中有关规定。

②钢纤维混凝土拌和物钢纤维体积率试验方法参照规范规定的方法。

②拌和物应均匀一致，有生料、干料、离析或外加剂、粉煤灰成团现象的非均质拌和物严禁用于路面摊铺。一台搅拌楼的每盘和各搅拌楼之间，拌和物的坍落度最大允许偏差为±10mm。拌和坍落度应为最适宜摊铺的坍落度值与当时气温下运输坍落度损失值两者之和。

(8)钢纤维混凝土的拌和，除应满足上述规定外，尚应符合下列规定：

①当钢纤维体积率较高、拌和物较干时，搅拌楼一次拌和量不宜大于其额定搅拌量的80%。拌和物中不得有钢纤维结团现象。

②钢纤维混凝土搅拌的投料次序和方法应以搅拌过程中钢纤维不产生结团和保证一定的生产率为原则，并通过试拌或根据经验确定。宜采用将钢纤维、水泥、粗(细)集料先干拌后加水湿拌的方法；也可采用钢纤维分散机在拌和过程中分散加入的钢纤维。

③钢纤维混凝土的拌和时间应通过现场搅拌试验确定，并应比普通混凝土规定的纯拌和时间延长20～30s，采用先干拌后加水的搅拌方式时，干拌时间不宜少于1min。

④钢纤维混凝土严禁用人工拌和。当桥梁伸缩缝等零星工程使用少量的钢纤维混凝土时，可采用容量较小的搅拌机拌和，每种原材料应准确称量后加入，不得使用体积计量。采用小容量搅拌机拌和时，钢纤维混凝土总拌和时间应较搅拌楼拌和时间延长1～2min，采用先干拌后加水的搅拌方式时，干拌时间不宜少于1.5min。

⑤应保证钢纤维在混凝土中的分散性及均匀性,水洗法检测的钢纤维含量偏差不应大于设计掺量的±15%。

(9)碾压混凝土拌和除应满足上述有关规定外,尚应符合下列规定:

①砂石料堆应全部覆盖防雨,堆底严防浸水。必要时,还应对砂石料仓、粉煤灰料斗、外加剂溶液池等作防雨覆盖。在装载机料斗和料仓内的砂石料不应有明显的湿度差别,严禁雨天拌和碾压混凝土。

②拌和时,应精确检测砂石料的含水率,根据砂石料含水率变化,快速反馈并严格控制加水量和砂石料用量。除搅拌楼应配备砂(石)含水率自动反馈控制系统外,每台班至少应检测3次砂石料含水率。

③碾压混凝土的最短纯拌和时间应比普通混凝土延长15~20s。

三、水泥混凝土的运输

1. 运输车辆

(1)机械摊铺系统配套的运输车数量,可按下式计算。

$$N = 2n(1 + \frac{S\gamma_c m}{V_q g_q})$$

式中:N——汽车辆数(辆);

n——相同产量的搅拌楼台数;

S——单程运输距离(km);

γ_c——混凝土密度(t/m^3);

m——台搅拌楼每小时生产能力(m^3/h);

V_q——车辆的平均运输速度(km/h);

g_q——汽车载重能力(t/辆)。

(2)可选配车况优良、载质量5~20t自卸汽车。自卸汽车后挡板应关闭紧密,运输时不漏浆撒料,车厢板平整光滑。远距离运输或摊铺钢筋混凝土路面及桥面时,宜选配混凝土罐车。

2. 运输技术要求

(1)应根据施工进度、运量、运距及路况,选配车型和车辆总数。总运力应比总拌和能力略有富余。确保新拌混凝土在规定时间内运到摊铺现场。

(2)运输到现场的拌和物必须具有适宜摊铺的工作性。不同摊铺工艺的混凝土拌和物从搅拌机出料到运输、铺筑完毕的允许最长时间应符合表4-39的规定。不满足时应通过试验,加大缓凝剂或保塑剂的剂量。

混凝土拌和物出料到运输、铺筑完毕允许最长时间　　表4-39

施工气温(℃)	到运输完毕允许最长时间(h)		到铺筑完毕允许最长时间(h)	
	滑模、轨道	三轴、小机具	滑模、轨道	三轴、小机具
5~9	2.0	1.5	2.5	2.0
10~19	1.5	1.0	2.0	1.5
20~29	1.0	0.75	1.5	1.25
30~35	0.75	0.50	1.25	1.0

注:施工气温指施工时间的日平均气温,使用缓凝剂延长凝结时间后,本表数值可增加0.25~0.5h。

(3)混凝土拌和物的运输除应满足上述规定外,尚应符合下列技术要求:

①运送混凝土的车辆装料前,应清净厢罐,洒水润壁,排干积水。装料时,自卸汽车应挪动车位,防止离析。搅拌楼卸料落差不应大于2m。

②混凝土运输过程中应防止漏浆、漏料和污染路面,途中不得随意耽搁。自卸汽车运输应减小颠簸,防止拌和物离析。车辆起步和停车应平稳。

③超过表4-39规定摊铺允许最长时间的混凝土不得用于路面摊铺。混凝土一旦在车内停留超过初凝时间,应采取紧急措施处置,严禁混凝土在车厢(罐)内硬化。

④烈日、大风、雨天和低温天气远距离运输时,自卸汽车应加篷布遮盖混凝土,罐车宜加保温隔热套。

⑤使用自卸汽车运输混凝土最远运输半径不宜超过20km。

⑥运输车辆在模板或导线区掉头或错车时,严禁碰撞模板或基准线,一旦碰撞,应告知测工重新测量纠偏。

⑦车辆倒车及卸料时,应有专人指挥。卸料应到位,严禁碰撞摊铺机和前场施工设备及测量仪器。卸料完毕,车辆应迅速离开。

⑧碾压混凝土卸料时,车辆应在前一辆车离开后立即倒向摊铺机,并在机前10~30cm处停住,不得撞击摊铺机;然后换成空挡,并迅速升起料斗卸料,靠摊铺机推动前进。

四、水泥混凝土路面不同摊铺方式的施工控制要点

1. 滑模机械铺筑

1)机械配备

(1)高速公路、一级公路施工,宜选配能一次摊铺2~3个车道宽度(7.5~12.5m)的滑模摊铺机;二级及二级以下公路路面的最小摊铺宽度不得小于单车道设计宽度。硬路肩的摊铺宜选配中、小型多功能滑模摊铺机,并宜连体一次摊铺路缘石。滑模摊铺机可按表4-40的基本技术参数选择。

滑模摊铺机的基本技术参数表 表4-40

项目	发动机功率(kW)	摊铺宽度(m)	摊铺厚度(mm)	摊铺速度(m/min)	空驶速度(m/min)	行走速度(m/min)	履带数(个)	整机自重(t)
三车道滑模摊铺机	200~300	12.5~16.0	0~500	0~3	0~5	0~15	4	57~135
双车道滑模摊铺机	150~200	3.6~9.7	0~500	0~3	0~5	0~18	2~4	22~50
多功能单车道滑模摊铺机	70~150	2.5~6.0	0~400 护栏高度 800~1 900	0~3	0~9	0~15	2,3,4	12~27
路缘石滑模摊铺机	≤80	<2.5	<450	0~5	0~9	0~10	2,3	≤10

(2)滑模摊铺路面时,可配备1台挖掘机或装载机辅助布料。采用前置钢筋支架法设置缩缝传力杆的路面、钢筋混凝土路面、桥面和桥头搭板时,应选配下列适宜的布料机械:

①侧向上料的布料机;

②侧向上料的供料机;

③带侧向上料机构的滑模摊铺机;

④挖掘机加料斗侧向供料;

⑤吊车加短便桥钢凳，车辆直接卸料；

⑥吊车加料斗起吊布料。

(3)可采用拉毛养生机或人工软拉槽制作抗滑沟槽。工程规模大、日摊铺进度快时，宜采用拉毛养生机。高速公路、一级公路宜采用刻槽机进行硬刻槽，其刻槽作业宽度不宜小于500mm，所配备的硬刻槽机数量及刻槽能力应与滑模摊铺进度相匹配。

(4)滑模摊铺混凝土路面的切缝，可使用软锯缝机、支架式硬锯缝机和普通锯缝机。配备的锯缝机数量及切缝能力应与滑模摊铺进度相适应。

(5)滑模摊铺系统机械配套宜符合表4-41的要求。

滑模摊铺机施工主要机械和机具配套表 表4-41

工作内容	主要施工机械设备	
	名　称	机型及规格
钢筋加工	钢筋锯断机、折弯机、电焊机	根据需要确定规格和数量
测量基准线	水准仪、经纬仪、全站仪*	
	基准线、线桩及紧线器	300个桩、5个紧线器、3 000m基准线
搅拌	强制式搅拌楼	≥50(m^3/h)，数量由计算确定
	装载机	2~3m^3
	发电机	≥120kW
	供水泵和蓄水池	≥250m^3
运输	运输车*	4~6m^3，数量由匹配计算确定
	自卸汽车	4~24m^3，数量由匹配计算确定
摊铺	布料机*、挖掘机、吊车等布料设备	根据需要确定规格和数量
	滑模摊铺机1台	技术参数见表4-40
	手持振捣棒、整平梁、模板	根据人工施工接头需要确定
抗滑	拉毛养生机*1台	与滑模摊铺机同宽
	人工拉毛齿耙、工作桥	根据需要确定规格和数量
	硬刻槽机*	刻槽宽度≥500mm，功率≥17.5kW，数量与摊铺进度匹配
切缝	软锯缝机	根据需要确定规格和数量
	常规锯缝机或支架锯缝机	
	移动发电机	12~60kW，数量由施工需要确定
磨平	水磨石磨机	需要处理欠平整部位时
灌缝	灌缝机或插胶条工具	根据需要确定规格和数量
养生	压力式喷洒机或喷雾器	
	工地运输车	4~6t，按需要确定数量
	洒水车	4.5~8t，按需要确定数量

注：表中带*可按装备、投资、施工方式等不同要求选配。

2)基准线设置

(1)滑模摊铺混凝土路面的施工应设置基准线。基准线设置形式有单向坡双线式、单向坡单线式和双向坡双线式三种。

(2)基准线宽度除应保证摊铺宽度外,尚应满足两侧650~1 000mm横向支距要求。

(3)基准线桩纵向间距:直线段不应大于10m,竖、平曲线路段视曲线半径大小应加密布置,最小为2.5m。

(4)线桩固定时,基层顶面到夹线臂的高度宜为450~750mm。基准线桩夹线臂夹口到桩的水平距离宜为300mm。基准线桩应钉牢固。

(5)单根基准线的最大长度不宜大于450m。

(6)基准线拉力不应小于1 000N。

(7)基准线设置精确度应符合表4-42规定。

基准线设置精确度要求　　表4-42

项　目	中线平面偏位(mm)	路面宽度偏差(mm)	面板厚度(mm)		纵断高程偏差(mm)	横坡偏差(%)	连接纵缝高差(mm)
			代表值	极值			
规定值	≤10	≤+15	≥-3	≥-8	±5	±0.10	±1.5

注:在基准线上单车道一个横断面测3点、双车道一个横断面测5点确定板厚,其平均值为该断面平均板厚。断面平均板厚不应薄于其代表值,极小值不应薄于极值。每2mm测10个断面,其均值为该路段平均板厚,路段平均板厚不应小于设计板厚。不满足上述要求,不得摊铺面板。

(8)基准线设置后,严禁扰动、碰撞和振动。一旦碰撞变位,应立即重新测量纠正。多风季节施工,应缩小基准线桩间距。

3)摊铺准备

(1)所有施工设备和机具均应处于良好状态,并全部就位。

(2)基层、封层表面及履带行走部位应清扫干净。摊铺面板位置洒水湿润,但不得积水。

(3)横向连接摊铺时,前次摊铺路面纵缝的溜肩胀宽部位应切割顺直。侧边拉杆应校正扳直,缺少的拉杆应钻孔锚固植入。纵向施工缝的上半部缝壁应涂满沥青。

4)布料

(1)滑模摊铺机前的正常料位高度应在螺旋布料器叶片最高点以下,亦不得缺料。卸料、布料应与摊铺速度相协调。

(2)当坍落度在10~50mm时,布料松铺系数宜控制在1.08~1.15之间。布料机与滑模摊铺机之间施工距离宜控制在5~10m。

(3)摊铺钢筋混凝土路面、桥面或搭板时,严禁任何机械在钢筋网上直接施工。

5)滑膜摊铺机的施工参数设定及校准

(1)振捣棒下缘位置应在挤压板最低点以上,振捣棒的横向间距不宜大于450mm,应均匀排列;两侧最边缘振捣棒与摊铺边沿距离不宜大于250mm。

(2)挤压底板前倾角宜设置为3°左右。提浆夯板位置宜在挤压底板前缘以下5~10mm之间。

(3)两边缘超铺高程根据拌和物稠度宜在3~8mm间调整。搓平梁前沿宜调整到与挤压板后沿高程相同,搓平梁的后沿比挤压底板后沿低1~2mm,并与路面高程相同。

(4)滑模摊铺机首次摊铺路面,应挂线对其铺筑位置、几何参数和机架水平度进行调整和校准,确认准确无误后,方可开始摊铺。

(5)在开始摊铺的5m内,应在铺筑行进中对摊铺出的路面高程、边缘厚度、中线、横坡度等参数进行复核测量。所摊铺的路面精确度应控制在规范的规定值范围内。

6)铺筑作业技术要领

(1)操作滑模摊铺机应缓慢、匀速、连续不间断地作业。严禁料多追赶,然后随意停机等待,间歇摊铺。摊铺速度应根据拌和物稠度、供料数量和设备性能控制在0.5~3.0m/min之间,一般宜控制在1m/min左右。拌和物稠度变化时,应先调振捣频率,后改变摊铺速度。

(2)应随时调整松方高度板控制进料位置,开始时宜略设高些,以保证进料。正常摊铺时应保持振捣仓内料位高于振捣棒100mm左右,料位高低上下波动宜控制在±30mm之内。

(3)正常摊铺时,振捣频率可在6 000~11 000r/min之间调整,宜采用9 000r/min左右。应防止混凝土过振、欠振或漏振。应根据混凝土的稠度大小,随时调整摊铺的振捣频率或速度。摊铺机起步时,应先开启振捣棒振捣2~3min,再缓慢平稳推进。摊铺机脱离混凝土后,应立即关闭振捣棒组。

(4)滑模摊铺机满负荷时可铺筑的路面最大纵坡为:上坡5%,下坡6%。上坡时,挤压底板前仰角宜适当调小,并适当减轻抹平板压力;下坡时,前仰角宜适当调大,并适当增大抹平板压力。板底不小于3/4长度接触路表面时,适宜加大平板压力。

(5)滑模摊铺机施工的最小弯道半径不应小于50m;最大超高横坡不宜大于7%。

(6)单车道摊铺时,应视路面设计要求配置一侧或双侧打纵缝拉杆的机械装置。2个以上车道摊铺时,除侧向打拉杆的装置外,还应在假纵缝位置配置拉杆自动插入装置。

(7)软拉抗滑构造时,表面砂浆层厚度宜控制在4mm左右,硬刻槽路面的砂浆表层厚度宜控制在2~3mm。

(8)养护5~7d后,方可摊铺相邻车道。

7)摊铺过程中问题处治

(1)摊铺中应经常检查振捣棒的工作情况和位置。当路面出现麻面或拉裂现象时,必须停机检查或更换振捣棒。摊铺后,路面上出现发亮的砂浆条带时必须调高振捣棒位置,使其底缘在挤压底板的后缘高度以上。

(2)当摊铺宽度大于7.5m时,若左右两侧拌和物稠度不一致,摊铺速度应按偏干一侧设置,并应将偏稀一侧的振捣棒频率迅速调小。

(3)应通过调整拌和物稠度、停机待料时间、挤压底板前仰角、起步及摊铺速度等措施控制和消除横向拉裂现象。

(4)摊铺中的滑模摊铺机停机等料最长时间超过当时气温下混凝土初凝时间的4/5时,应将滑模摊铺机迅速开出摊铺工作面,并做施工缝。

8)抹面和切缝

(1)滑模摊铺过程中应采用启动抹平板装置进行抹面。对少量局部麻面和明显缺料部位,应在挤压板后或搓平梁前补充适量拌和物,由搓平梁或抹平板机械修整。滑模摊铺的混凝土面板在下列情况下,可采用人工进行局部修整:

①用人工操作抹面抄平器,精整摊铺后表面的小缺陷,但不得在整个表面加薄层修补路面高程。

②对纵缝边缘出现的倒边、塌边、溜肩现象,应顶侧模或在上部支方铝管进行边缘补料修整。

③对起步和纵向施工接头处,应采用水准仪抄平并采用大于3m的靠尺边测边修整。

(2)滑模摊铺结束后,必须及时清洗滑模摊铺机,进行当日保养等。并宜在第二天硬切横向施工缝,也可当天软做施工横缝。此外,应丢弃端部的混凝土和摊铺机振动仓内遗留下的纯

砂浆，两侧模板应向内各收进 20 ~ 40mm，收口长度宜比滑模摊铺机侧模板略长。施工缝部位应设置传力杆，并应满足路面平整度、高程、横坡和板长要求。

9）模板技术要求

（1）公路混凝土路面板、桥面板和加铺层的施工模板应采用足够刚度的槽钢、轨模或钢制边侧模板，不应使用木模板、塑料模板等其他易变形的模板。模板的精确度应符合表 4-43 的规定。钢模板的高度应为面板设计厚度，模板长度宜为 3 ~ 5m。需设置拉杆时，模板应设拉杆插入孔。每米模板应设置 1 处支撑固定装置，如图 4-2 所示。模板垂直度可用垫木楔方法调整。

模板（加工矫正）允许偏差 表 4-43

施工方式	高度偏差（mm）	局部变形（mm）	垂直边夹角（°）	顶面平整度（mm）	侧面平整度（mm）	纵向变形（mm）
三辊轴机组	±1	±2	90 ±2	±1	±2	±2
轨道摊铺机	±1	±2	90 ±1	±1	±2	±1
小型机具	±2	±3	90 ±3	±2	±3	±3

（2）横向施工缝端模板应按设计规定的传力杆直径和间距设置传力杆插入孔和定位套管。两边缘传力杆到自由边距离不宜小于 150mm。每米设置 1 个支撑横梁垂直固定孔套。工作缝端模侧立面如图 4-3 所示。

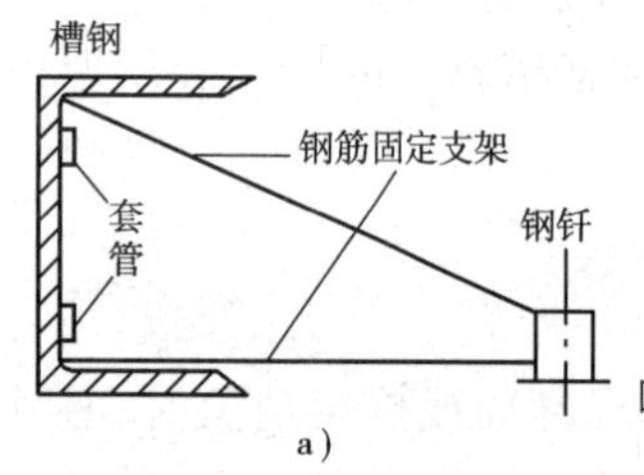

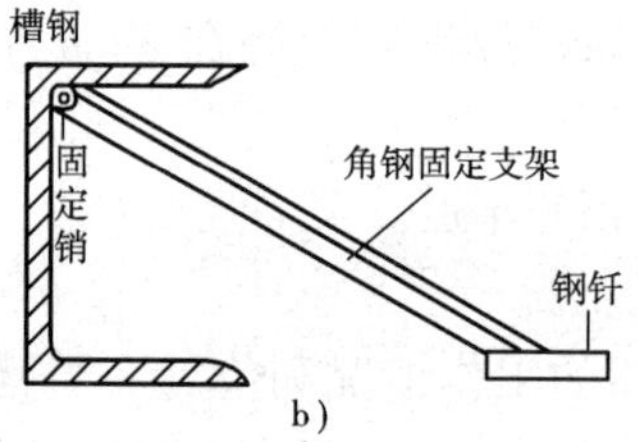

图 4-2 （槽）钢模板焊接钢筋或角钢固定示意图

a）焊接钢筋固定支架；b）焊接角钢固定支架

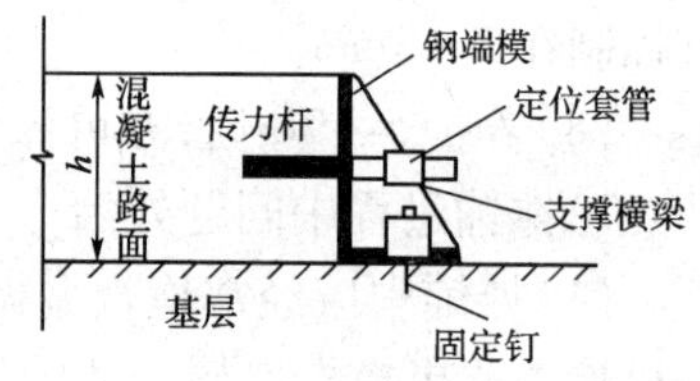

图 4-3 工作缝端模侧立面

（3）模板或轨模数量应根据施工进度和施工气温确定，并应满足拆模周期内周转需要。一般情况下，模板或轨模总量不宜少于 3 ~ 5d 摊铺的需要。

10）模板安装

（1）支模前在基层上应进行模板安装及摊铺位置的测量放样，每 20m 应设中心桩；每 100m 宜布设临时水准点；核对路面高程、面板分块、胀缝和构造物位置。测量放样的质量要求和允许偏差应符合相应规范的规定。

（2）纵、横曲线路段应采用短模板，每块模板中点应安装在曲线切点上。

（3）轨道摊铺应采用长度为 3m 的专用钢制轨模，轨模底面宽度宜为高度的 80%，轨道用螺栓、垫片固定在模板支座上，模板应使用钢钎与基层固定。轨道顶面应高于模板 20 ~ 40mm；轨道中心至模板内侧边缘距离宜为 125mm，如图 4-4 所示。

（4）模板应安装稳固、顺直、平整，无扭曲，相邻模板连接应紧密平顺，不得有底部漏浆、前后错茬、高低错台

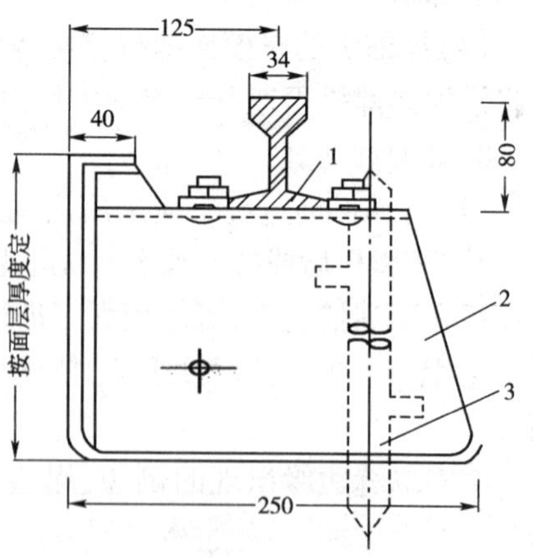

图 4-4 轨道模板（尺寸单位：mm）

1-轨道；2-模板；3-钢钎

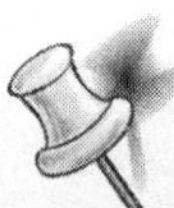

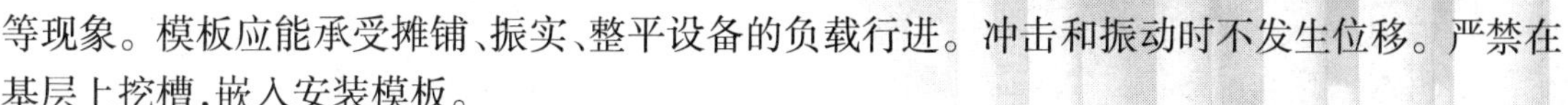

等现象。模板应能承受摊铺、振实、整平设备的负载行进。冲击和振动时不发生位移。严禁在基层上挖槽，嵌入安装模板。

(5)模板安装检验合格后，与混凝土拌和物接触的表面应涂脱模剂或隔离剂；接头应粘贴胶带或塑料薄膜等密封。

(6)模板安装完毕，测量人员应使用与设计板厚相同的模板作全断面检验，其安装精确度应符合表4-44的规定。

模板安装精确度要求 表4-44

检测项目＼施工方式		三辊轴机组	轨道摊铺机	小型机具
平面偏位(mm)，≤		10	5	15
摊铺宽度偏差(mm)，≤		10	5	15
面板厚度(mm)，≤	代表值	-3	-3	-4
	极值	-8	-8	-9
纵断高程偏差(mm)		±5	±5	±10
横坡偏差(%)		±0.10	±0.10	±0.20
相邻板高差(mm)，≤		1	1	2
顶面接茬3m尺平整度(mm)，≤		1.5	1	2
模板接缝宽度(mm)，≤		3	2	3
侧向垂直度(mm)，≤		3	2	4
纵向顺直度(mm)，≤		3	2	4

11)模板拆除及矫正

(1)当混凝土抗压强度不小于8.0MPa方可拆模。当缺乏强度实测数据时，边侧模板的允许最早拆模时间宜符合表4-45的规定。达不到要求，不能拆除端模时，可空出一块面板，重新起头摊铺，空出的面板待两端均可拆模后再补做。

(2)拆模不得损坏板边、板角和传力杆、拉杆周围的混凝土，也不得造成传力杆和拉杆松动或变形。模板拆卸宜使用专用拔楔工具，严禁使用大锤强击拆卸模板。

(3)拆下的模板应将黏附的砂浆清除干净，并矫正变形或局部损坏，矫正精度应符合表4-43的要求。

混凝土路面板的允许最早拆模时间(h) 表4-45

昼夜平均气温(℃)	-5	0	5	10	15	20	25	≥30
硅酸盐水泥、R型水泥	240	120	60	36	34	28	24	18
道路、普通硅酸盐水泥	360	168	72	48	36	30	24	18
矿渣硅酸盐水泥			120	60	50	45	36	24

注：允许最早拆侧模时间从混凝土面板精整成型后开始计算。

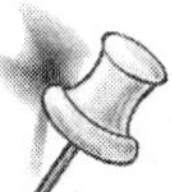

2. 三辊轴机组铺筑

1)设备选择与配套

(1)三辊轴整平机的主要技术参数应符合表4-46的规定。板厚200mm以上宜采用直径168mm的辊轴;桥面铺装或厚度较小的路面可采用直径为219mm的辊轴。轴长宜比路面宽度长出600~1 200mm。振动轴的转速不宜大于380r/min。

三辊轴整平机的主要技术参数　　表4-46

型号	轴直径(mm)	转速(r/min)	轴长(m)	轴质量(kg/m)	行走机构质量(kg)	行走速度(m/min)	整平轴距(mm)	振动功率(kW)	驱动功率(kW)
5001	168	300	1.8~9	65±0.5	340	13.5	504	7.5	6
6001	219	300	5.1~12	77±0.7	568	13.5	657	17	9

(2)三辊轴机组铺筑混凝土面板时,必须同时配备一台安装插入式振捣棒组的排式振捣机,振捣棒的直径宜为50~100mm,间距不应大于其有效作用半径的1.5倍,并不大于500mm。插入式振捣棒组的振动频率可在50~200Hz之间选择,当面板厚度较大和坍落度较低时,宜使用100Hz以上的高频振捣棒。该机宜同时配备螺旋布料器和松方控制刮板,并具备自动行走功能。

(3)当桥面铺装厚度小于150mm时,可采用振捣梁。振捣频率宜为50~100Hz,振捣加速度宜为4~5g(g为重力加速度)。

(4)当一次摊铺双车道路面时应配备纵缝拉杆插入机,并配有插入深度控制和拉杆间距调整装置。

(5)其他施工辅助配套设备可参照表4-41选配。

2)工艺流程

三辊轴机组铺筑的工艺流程:布料→密集排振→拉杆安装→人工补料→三辊轴整平→(真空脱水)→精平抹面→拉毛→切缝→养生→(硬刻槽)→填缝。

3)铺筑作业技术要求

(1)应有专人指挥车辆均匀卸料。布料应与摊铺速度相适应,不适应时应配备适当的布料机械。坍落度为10~40mm的拌和物,松铺系数为1.12~1.25。坍落度大时取低值,坍落度小时取高值。超高路段,横坡高侧取高值,横坡低侧取低值。

(2)混凝土拌和物布料长度大于10m时,可开始振捣作业。密排振捣棒组间歇插入振实时,每次移动距离不宜超过振捣棒有效作用半径的1.5倍,并不得大于500mm,振捣时间宜为15~30s。排式振捣机连续拖行振实时,作业速度宜控制在4m/min以内。具体作业速度视振实效果,可由下式计算:

$$v = 1.5(R/t)$$

式中:v——排式振捣机作业速度(m/s);

t——振捣密实所必需的时间(s),一般为15~30s;

R——振捣棒的有效作用半径(m)。

排式振捣机应匀速缓慢、连续不间断地振捣行进。其作业速度以拌和物表面不露粗集料,

液化表面不再冒气泡并泛出水泥浆为准。

(3)面板振实后，应随即安装纵缝拉杆。单车道摊铺的混凝土路面，在侧模预留孔中应按设计要求插入拉杆；一次摊铺双车道路面时，除应在侧模孔中插入拉杆外，还应在中间纵缝部位，使用拉杆插入机在1/2板厚处插入拉杆，插入机每次移动的距离应与拉杆间距相同。

(4)三辊轴整平机作业工序：

①三辊轴整平机按作业单元分段整平，作业单元长度宜为20～30m，振捣机振实与三辊轴整平两道工序之间的时间间隔不宜超过15min。

②三辊轴滚压振实料位高差宜高于模板顶面5～20mm，过高时应铲除，过低应及时补料。

③三辊轴整平机在一个作业单元长度内，应采用前进振动、后退静滚方式作业，宜分别进行2～3遍。最佳滚压遍数应经过试铺确定。

④在三辊轴整平机作业时，应有专人处理轴前料位的高低情况，过高时，应辅以人工铲除，轴下有间隙时，应使用混凝土找补。

⑤滚压完成后，将振动辊轴抬离模板，用整平轴前后静滚整平，直到平整度符合要求、表面砂浆厚度均匀为止。

⑥表面砂浆厚度宜控制在(4±1)mm，三辊轴整平机前方表面过厚、过稀的砂浆必须刮除丢弃。

(5)应采用3～5m刮尺，在纵、横两个方向进行精平饰面，每个方向不少于两遍。也可采用旋转抹面机密实精平饰面两遍。刮尺、刮板、抹面机、抹刀饰面的最迟时间不得迟于表4-45规定的铺筑完毕允许最长时间。

3. 轨道摊铺机铺筑

1)机械选型与配套

(1)轨道摊铺机的选型应根据路面车道数或设计宽度按表4-47的技术参数选择。最小摊铺宽度不得小于单车道3.75m。

轨道摊铺机的基本技术参数表　　表4-47

项　目	发动机功率(kW)	最大摊铺宽度(m)	摊铺厚度(mm)	摊铺速度(m/min)	整机质量(t)
三车道轨道摊铺机	33～45	11.75～18.3	250～600	1～3	13～38
双车道轨道摊铺机	15～33	7.5～9.0	250～600	1～3	7～13
单车道轨道摊铺机	8～22	3.5～4.5	250～450	1～4	≤7

(2)轨道摊铺机按布料方式不同，可选用刮板式、箱式和螺旋式。

(3)其他设备可参照表4-41配套。

2)布料作业

(1)使用轨道摊铺机前部配备的螺旋布料器或可上下左右移动的刮板布料，料堆不得过高过大，亦不得缺料，同时亦可使用挖掘机、装载机或人工辅助布料。螺旋布料器前的拌和物应保持在面板以上100mm左右，布料器后宜配备松铺高度控制刮板。也可使用有布料箱的轨道摊铺机精确布料，箱式轨道摊铺机的料斗出料口关闭时，装进拌和物并运到布料位置后，轻

轻打开料斗出料口，待拌和物堆成“堤状”，左右移动料斗布料。

(2)轨道摊铺时的适宜坍落度，按振捣密实情况宜控制在20~40mm之间。不同坍落度时的松铺系数K可参考表4-48确定，并按此计算出松铺高度。

松铺系数 K 与坍落度 S_L 的关系 表4-48

坍落度 S_L(nw)	5	10	20	30	40	50	60
松铺系数 K	1.30	1.25	1.22	1.19	1.17	1.15	1.12

(3)当施工钢筋混凝土路面时，宜选用(两台)箱型轨道摊铺机分两层两次布料，可在第一层布料完成后，将钢筋网片安装好，再进行表面第二层布料，然后一次振实；也可两次布料两次振实，中间安装钢筋网。采用双层两遍摊铺钢筋混凝土路面时，下部混凝土的布料与摊铺长度应根据钢筋网片长度和第一层混凝土凝结情况而定，且不宜超过20m。

3)振实作业

(1)轨道摊铺机应配备振捣棒组，振捣方式有斜插连续拖行及间歇垂直插入两种，当面板厚度超过150mm，坍落度小于30mm时，必须插入振捣；连续拖行振捣时，宜将作业速度控制在0.5~1.0m/min之间，并随着坍落度的大小而增减。间歇振捣时，当一处混凝土振捣密实后，将振捣棒组缓慢拔出，再移动到下一处振实，移动距离不宜大于500mm。

(2)轨道摊铺机应配备振动板或振动梁对混凝土表面进行振捣和修整，振动梁的振捣频率宜控制在50~100Hz，偏心轴转速调节到2 500~3 500r/min。经振捣棒组振实的混凝土，宜使用振动板振动提浆，并密实饰面，提浆厚度宜控制在(4±1)mm。

4)整平饰面

(1)往复式整平滚筒前的混凝土堆积物应涌向横坡高的一侧，保证路面横坡高端有足够的集料找平。

(2)及时清理因整平推挤到路面边缘的余料，以保证整平精度和整平机械在轨道上的作业行驶。

(3)轨道摊铺机上宜配备纵向或斜向抹平板。纵向抹平板随轨道摊铺机作业行进可左右贴表面滑动并完成表面修整；斜向修整抹平板作业时，抹平板沿斜向左右滑动，同时随机身行进，完成表面修整。

4. 小型机具铺筑

1)小型机具铺筑要点

(1)机具配置

小型机具性能应稳定可靠、操作简易、维修方便，机具配套应与工程规模、施工进度相适选配的成套机械、机具应符合表4-49的要求。

(2)摊铺基本要点

①混凝土拌和物摊铺前，应对模板的位置及支撑稳固情况，传力杆、拉杆的安设等进行全面检查。修复破损基层，并洒水润湿。用厚度标尺板全面检测板厚是否与设计值相符，满足要求方可开始摊铺。

②专人指挥自卸汽车，尽量准确卸料。

③人工布料应用铁锹反扣，严禁抛掷和耧耙。人工摊铺混凝土拌和物的坍落度应控制在5~20m之间，拌和物松铺系数K宜控制在1.10~1.25之间。混合料偏干，取较高值；反之，取较低值。

小型机具施工配套机械、机具配置　　表 4-49

<table>
<tr><td rowspan="2">工作内容</td><td colspan="2">主要施工机械、机具</td></tr>
<tr><td>机械和机具名称、规格</td><td>数量、生产能力</td></tr>
<tr><td>钢筋加工</td><td>钢筋锯断机、折弯机、电焊机</td><td rowspan="2">根据需要确定规格和数量</td></tr>
<tr><td>测量</td><td>水准仪、经纬仪</td></tr>
<tr><td>架设模板</td><td>与路面厚度等高 3m 长槽钢模板、固定钢钎</td><td>数量不少于 3d 摊铺用量</td></tr>
<tr><td rowspan="4">搅拌</td><td>强制式搅拌楼，单车道 ≥25（m³/h），双车道 ≥50（m³/h）</td><td>总搅拌生产能力及搅拌楼数量，根据施工规模和进度由计算确定</td></tr>
<tr><td>装载机</td><td>2～3m³</td></tr>
<tr><td>发电机</td><td>≥120kW</td></tr>
<tr><td>供水泵和蓄水池</td><td>单车道 ≥100m³，双车道 ≥200m³</td></tr>
<tr><td>运输</td><td>5～10t 自卸汽车</td><td>数量由匹配计算确定</td></tr>
<tr><td rowspan="4">振实</td><td>手持振捣棒，功率 ≥1.1kW</td><td>每 2m 宽路面不少于 1 根</td></tr>
<tr><td>平板振动器，功率 ≥2.2kW</td><td>每车道路面不少于 1 个</td></tr>
<tr><td>振捣整平梁，刚度足够 2 个振动器功率 ≥1.1kW；每车道路面不少于 1 个振动器</td><td>每车道路面不少于 1 根振动梁</td></tr>
<tr><td>现场发电机功率 30kW</td><td>不少于 2 台</td></tr>
<tr><td rowspan="4">提浆整平</td><td>提浆滚杠直径 15～20m；表面光滑无缝钢管，壁厚 ≥3mm</td><td>长度适应铺筑宽度，一次摊铺单车道路面 1 根，双车道路面 2 根</td></tr>
<tr><td>叶片式或圆盘式抹面机</td><td>每车道路面不少于 1 台</td></tr>
<tr><td>3m 刮尺</td><td>每车道路面不少于 2 根</td></tr>
<tr><td>手工抹刀</td><td>每米宽路面不少于 1 把</td></tr>
<tr><td rowspan="2">真空脱水</td><td>真空脱水机有效抽速 ≥15L/s</td><td>每车道路面不少于 1 台</td></tr>
<tr><td>真空吸垫尺寸不小于 1 块板</td><td>每台吸水机应配 3 块吸垫</td></tr>
<tr><td rowspan="2">抗滑构造</td><td>工作桥</td><td>不少于 3 个</td></tr>
<tr><td>人工拉毛齿耙、压槽器</td><td rowspan="2">根据需要确定数量</td></tr>
<tr><td rowspan="2">切缝</td><td>软锯缝机</td></tr>
<tr><td>手推锯缝机</td><td>根据进度确定数量</td></tr>
<tr><td>磨平</td><td>水磨石磨机</td><td>需要处理欠平整部位时</td></tr>
<tr><td>灌缝</td><td>灌缝机具</td><td>根据需要确定规格和数量</td></tr>
<tr><td rowspan="3">养生</td><td>洒水车 4.5～8.0t</td><td>按需要确定数量</td></tr>
<tr><td>压力式喷洒机或喷雾器</td><td>根据需要确定规格和数量</td></tr>
<tr><td>工地运输车 4～6t</td><td>按需要确定数量</td></tr>
</table>

④因故造成 1h 以上停工或达到 2/3 初凝时间，致使拌和物无法振实时，应在已铺筑好的面板端头设置施工缝，废弃不能被振实的拌和物。

（3）插入式振捣棒振实

①在待振横断面上，每车道路面应使用 2 根振捣棒，组成横向振捣棒组，沿横断面连续振捣密实，并应注意路面板底、内部和边角处不得欠振或漏振。

②振捣棒在每一处的持续时间，应以拌和物全面振动液化，表面不再冒气泡和泛水泥浆为

限,不宜过振,但也不宜少于30s。振捣棒的移动间距不宜大于500mm;至模板边缘的距离不宜大于200mm。应避免碰撞模板、钢筋、传力杆和拉杆。

③振捣棒插入深度宜离基层30~50mm,振捣棒应轻插慢提,不得猛插快拔,严禁在拌和物中推行和拖拉振捣棒振捣。

④振捣时,应辅以人工补料,随时检查振实效果、模板、拉杆、传力杆和钢筋网的移位、变形、松动、漏浆等情况,并及时纠正。

(4)振动板振实

①在振捣棒已完成振实的部位,可开始振动板纵横交错两遍全面提浆振实,每车道路面应配备1块振动板。

②振动板移位时,应重叠100~200mm,振动板在一个位置的持续振捣时间不应少于15s。振动板须由两人提拉振捣和移位,不得自由放置或长时间持续振动。移位控制以振动板底部和边缘泛浆厚度3±1mm为限。

③缺料的部位,应辅以人工补料找平。

(5)振动梁振实

①每车道路面宜使用1根振动梁。振动梁应具有足够的刚度和质量,底部应焊接或安装深度4mm左右的粗集料压实齿,以保证(4±1)mm的表面砂浆厚度。

②振动梁应垂直路面中线沿纵向拖行,往返2~3遍,使表面泛浆均匀平整。在振动梁拖振整平过程中,缺料处应使用混凝土拌和物填补,不得用纯砂浆填补;料多的部位应铲除。

(6)整平饰面

①每车道路面应配备1根滚杠(双车道两根)。振动梁振实后,应拖动滚杠往返2~3遍提浆整平。第一遍应短距离缓慢推滚或拖滚,以后应较长距离匀速拖滚,并使将水泥浆始终处于滚杠前方。多余水泥浆应铲除。

②拖滚后的表面宜采用3m刮尺,纵横各1遍整平饰面,或采用叶片式或圆盘式抹面机往返2~3遍压实整平饰面。抹面机配备每车道路面不宜少于1台。

③在抹面机完成作业后,应进行清边整缝,清除粘浆,修补缺边、掉角。应使用抹刀将抹面机留下的痕迹抹平,当烈日暴晒或风大时,应加快表面的修整速度,或在防雨篷遮护下进行。精平饰面后的面板表面应无抹面印痕,致密均匀,无露骨,平整度应达到规定要求。

2)真空脱水工艺要点

(1)小型机具施工三、四级公路混凝土路面,应优先采用在拌和物中掺外加剂,无掺外加剂条件时,应使用真空脱水工艺,该工艺适用于面板厚度不大于240mm混凝土面板施工。

(2)使用真空脱水工艺时,混凝土拌和物的最大单位用水量可比不采用外加剂时增大3~12kg/m^3;拌和物的适宜坍落度:高温天为30~50mm;低温天为20~30mm。

(3)真空脱水机具有的特点:

①具有真空度稳定,附带自动脱水计量装置,有效抽速不小于15L/s的脱水机。

②具有真空度均匀、密封性能好、脱水效率高、操作简便、铺放容易、清洗方便的真空吸垫。每台真空脱水机应配备不少于3块吸垫。

(4)真空脱水作业的程序:

①脱水前,应检查真空泵空载真空度不小于0.08MPa,并检查吸管、吸垫连接后的密封性,同时应检查随机工具和修补材料是否齐备。

②吸垫铺放应采取卷放,避免皱折;边缘应重叠已脱水的面板50~100mm。

③开机脱水，真空度应逐渐升高，最大真空度不宜超过 0.085MPa。脱水量应经过脱水试验确定，但剩余单位用水量和水灰比不得大于表 4-19 和表 4-21 最大值的规定。

④最短脱水时间不宜短于表 4-50 的规定。当脱水达到规定时间和脱水量要求后(双控)，应先将吸垫四周微微掀起 10 ~ 20mm，继续抽吸 15s，以便吸尽作业表面和吸管中的余水。

最短脱水时间(min)　　表 4-50

面板厚度 h(m)	昼夜平均气温 t(℃)					
	3 ~ 5	6 ~ 10	11 ~ 15	16 ~ 19	10 ~ 25	>25
18	26	24	22	20	18	17
22	30	28	26	24	22	21
25	35	32	30	27	25	24

(5)真空脱水后，应采用振动梁、滚杠或叶片、圆盘式抹面机重新压实精平 1 ~ 2 遍。

(6)真空脱水整平后的路面，应采用硬刻槽方式制作抗滑构造。

(7)真空脱水混凝土路面切缝时间可比规定时间适当提前。

5. *碾压混凝土面层施工*

1)碾压铺筑工艺流程

碾压铺筑工艺流程为：

碾压混凝土拌和→运输→卸入摊铺机→摊铺机摊铺→打入拉杆→钢轮压路机初压→振动压路机复压→轮胎压路机终压→抗滑构造处理→养生→切缝→填缝。

2)机械选型与配套

(1)宜选用预压密实度高的摊铺机，根据路面摊铺宽度可选用 1 ~ 2 台。

(2)自重 10 ~ 12t 振动压路机 1 ~ 2 台；15 ~ 25t 轮胎压路机 1 台；1 ~ 2t 小型振动压路机 1 台。

(3)其他施工设备可参照有关规范规定选配。

3)摊铺作业

(1)碾压混凝土路面铺筑松铺系数，应根据混凝土配合比、施工机械由试铺确定。采用高密实度摊铺机时，松铺系数宜控制在 1.05 ~ 1.15 之间。

(2)摊铺前应洒水湿润基层。

(3)摊铺作业应均匀、连续，摊铺过程中不得随意变换速度或停顿。

(4)摊铺速度可按下式计算确定，并宜控制在 0.6 ~ 1.0m/min 范围内。

$$V = MK/60bh$$

式中：V——摊铺速度(m/min)；

M——搅拌机产量(m^3/h)；

b——摊铺宽度(m)；

h——成型后的路面厚度(m)；

K——效率系数，一般为 0.85 ~ 0.95，搅拌机为 1 台时选低值，多台时可取高值。

(5)螺旋分料器转速应与摊铺速度相适应，保证两边缘料位充足。

(6)拉杆设置应与摊铺同步进行，并根据设计间距设置醒目的定位标记，保证准确打入拉杆。

(7)铺筑弯道路段时，应及时调整左右两侧分料器的转速，保证两侧供料均衡；弯道超高路面摊铺应确保超高部位的供料充足。

(8)摊铺过后，应立即对所摊铺混凝土表面进行检查，局部缺料部位，应及时补料。局部粗料集中的部位，应采用湿筛砂浆进行弥补。

4)碾压工艺

(1)碾压段长度以30~40m为宜。直线段碾压时,压路机应从外侧向路中心碾压;平曲线有超高路段,由低侧向高侧、自内向外碾压,压完全宽为1遍;碾压作业应均匀,速度稳定;并按初压、复压和终压三个阶段进行。

(2)初压应采用钢轮压路机或振动压路机静压,静压重叠量宜为1/4~1/3钢轮宽度,初压遍数宜为2遍。

(3)复压应采用振动压路机振动碾压,重叠量宜为1/3~1/2振动碾压宽度。振动压路机起步、倒车和转向均应缓慢柔顺,严禁振动压路机中途急停、急拐、紧急起步及快速倒车。复压遍数按检测达到规定压实度进行控制,一般宜为2~6遍。

(4)终压应采用轮胎压路机静压。终压遍数应以弥合表面微裂纹和消除轮迹为停压标准,一般宜为2~8遍。

(5)初压、复压和终压作业应密切衔接配合;中间不应停顿、等候和拖延,也不得相互干扰。宜尽量缩短全部碾压作业完成时间。如有局部晒干和风干迹象,应及时喷雾。压实后表面应及时覆盖,并洒水养生。

5)施工缝设置

(1)横向施工缝设置形式宜为"台阶式"。其施工工序如下:

①在施工终点处设纵向斜坡,作为压路机碾压过渡段;碾压结束后,将平整度合格部位以外斜坡刨除。

②第二天摊铺开始,后退150~200mm切割施工缝,切割深度宜为80~100mm,将切缝外侧混凝土刨除,形成台阶。

③涂刷水泥浆后,纵向连接摊铺新路面,硬化后切施工缝。

(2)在邻近构造物、小半径平曲线两端和凹形竖曲线纵坡变换处应至少各设置2条胀缝,其余路段可不设置胀缝。胀缝形式可为混凝土枕垫式或钢板枕垫式两种,如图4-5所示。

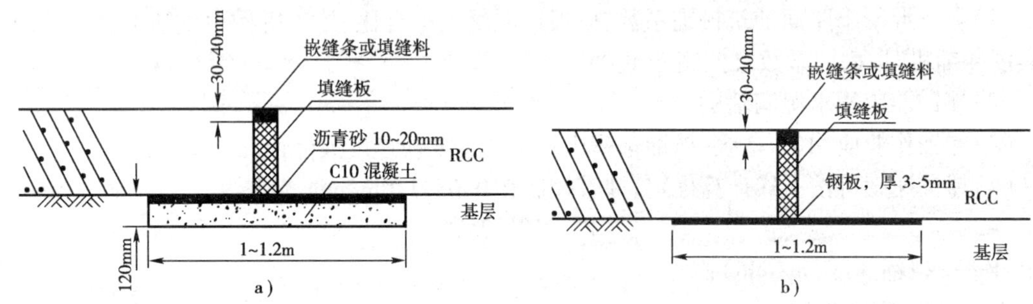

图4-5 胀缝形式

a)混凝土枕垫式胀缝;b)钢板枕垫式胀缝

(3)碾压混凝土路面纵向缩缝中应设拉杆,面板尺寸可与普通混凝土路面相同,也可略大,但最大不宜超过6m×8m。纵、横向缩缝应采用硬切缝,硬切缝及填缝要求与普通混凝土路面相同。面层抗滑构造可采用硬刻槽或缓凝裸露集料法制作,三、四级公路和基层可不作抗滑处理。

(4)碾压混凝土路面铺筑质量除应符合混凝土拌和物质量检验项目及施工质量检查与验收的规定外,尚应符合下列要求:

①应严格控制*VC*值、松铺系数、离析和碾压遍数,保证碾压作业完成后的整个混凝土路面板厚度一致、均匀密实,密实度必须达到配合比设计的规定值。板厚和匀质性可用钻芯

检验。

②碾压成型后的面板应达到公路等级所规定的平整度。

③碾压终了后的面板表面不应有可见微裂纹或轮迹。

五、钢筋与钢纤维混凝土路面施工质量控制

1. 钢筋混凝土路面铺筑

钢筋混凝土路面铺筑前，应按设计图纸准确放样钢筋网设置位置、路面板块、地梁和接缝位置等。

1）钢筋网加工与安装

（1）钢筋网加工

①钢筋网所采用的钢筋直径、间距，钢筋网的设置位置、尺寸、层数等应符合设计图纸的要求。

②钢筋网焊接和绑扎应符合国家相关标准的规定。

③可采用工厂焊接好的冷轧带肋钢筋网，其质量应符合国家相关标准的规定。钢筋直径和间距应按设计的非冷轧钢筋等强互换为冷轧带肋钢筋。

（2）钢筋网安装

①钢筋网应采用预先架设安装方式。单层钢筋网的安装，在确保精度的条件下，可采用两次摊铺、中间摆设钢筋网的安装方式。

②单层钢筋网的安装高度应在面板下（1/3 ~ 1/2）h 处，外侧钢筋中心至接缝或自由边的距离不宜小于 100mm，并应配置 4 ~ 6 个/m^2 焊接支架或三角形架立钢筋支座，保证在拌和物堆压下钢筋网基本不下陷、不移位。单层钢筋网不得使用砂浆或混凝土垫块架立。

③钢筋网的主受力钢筋应设置在弯拉应力最大的位置。单层钢筋网纵筋应安装在底部，双层钢筋网纵筋应分别安装在上层顶部、下层底部。双层钢筋网上、下层之间不应少于 4 ~ 6 个/m^2焊接支架或环形绑扎箍筋。双层钢筋网底部可采用焊接架立钢筋或用 30mm 厚的混凝土垫块支撑，数量不少于 4 ~ 6 个/m^2。

④双层钢筋网底部到基层表面应有不小于 30mm 的保护层，顶部离面板表面应有不小于 50mm 的耐磨保护层。

⑤横向连接摊铺的钢筋混凝土路面之间的拉杆数量，应比普通混凝土路面加密 1 倍。双车道整体摊铺的路面板钢筋网应整体连续，可不设纵缝。

2）边缘补强和角隅补强钢筋的安装

（1）边缘补强钢筋

①在平面交叉口和未设置钢筋网的基础薄弱路段，混凝土面板纵向边缘应安装边缘补强钢筋；横缝为未设传力杆的平缝时应安装横向边缘补强钢筋。

②预先按设计图纸加工焊接好边缘补强钢筋支架，在距纵缝和自由边 100 ~ 150mm 处的基层上钻孔，钉入支架锚固钢筋，然后将边缘补强钢筋支架与锚固钢筋焊接，两端弯起处应各有 2 根锚固钢筋交错与支架相焊接，其他部位每延米不少于 1 根焊接锚固钢筋。边缘补强钢筋的安装位置在距底面 1/4 厚度处，且不小于 30mm，间距为 100mm。

（2）角隅补强钢筋

①发针状角隅钢筋应由两根直径为 12 ~ 16mm 的螺纹钢筋按 $\alpha/3$ 的夹角焊接制成（α 为补强锐角角度），其底部应焊接 5 根支撑腿，安装位置距板顶不小于 50mm，距板边 100mm。

②角隅钢筋在混凝土路面上应补强锐角,但在桥面及搭板上应补强钝角。双层钢筋混凝土路面、桥面及搭板需进行角隅补强时,可等强互换成与钢筋网等直径的钢筋数量,按需补强。

3)钢筋网及钢筋骨架的质量检验

(1)路面钢筋网及钢筋骨架的焊接和绑扎的精确度应符合表4-51规定。

路面钢筋网焊接及绑扎的允许偏差 表4-51

项目		焊接钢筋网及骨架允许偏差(mm)	绑扎钢筋网及骨架允许偏差(mm)
钢筋网的长度与宽度		±10	±10
钢筋网眼尺寸		±10	±20
钢筋骨架宽度及高度		±5	±5
钢筋骨架的长度		±10	±10
箍筋间距		±10	±20
受力钢筋	间距	±10	±10
	排距	±5	±5

(2)搭接焊和帮条焊时钢筋的搭接长度:双面焊不小于$5d$(钢筋直径);单面焊不小于$10d$,钢筋绑扎搭接长度不应小于$35d$。同一垂直断面上不得有2个焊接或绑扎接头,相邻钢筋的焊接或绑扎接头应分别错开500mm和900mm以上。连续钢筋网每隔30m宜采用绑扎方式安装。

(3)摊铺前应检验绑扎或焊接安装好的钢筋网和钢筋骨架,不得有贴地、变形、移位、松脱和开焊现象。路面钢筋网及钢筋骨架安装位置的允许偏差,应符合表4-52的规定。

路面钢筋网及钢筋骨架安装位置的允许偏差 表4-52

项目		允许偏差(mm)
受力钢筋排距		±5
钢筋弯起点位置		20
箍筋、横向钢筋间距	绑扎钢筋网及钢筋骨架	±20
	焊接钢筋网及钢筋骨架	±10
钢筋预埋位置	中心线位置	±5
	水平高差	±3
钢筋保护层	距表面	±3
	距底面	±5

(4)开铺前必须按上述要求对所有在路面中预埋及后安装的钢筋结构作质量检验,验收合格后,方可开始铺筑。

4)钢筋混凝土路面铺筑基本要点

(1)布料

①机械化铺筑必须配备相应的布料设备,选用适宜的布料机械。安装完毕的钢筋网,不得被混凝土或机械压垮、压坏或发生变形。摊铺好的拌和物上严禁任何机械碾压。

②采用滑模摊铺机、箱式轨道摊铺机和三辊轴机组摊铺时,钢筋混凝土路面可采用两次布料方式,以便在其中摆放间断钢筋网。连续配筋混凝土路面应采用钢筋网预设安装,整体一次布料。

③混凝土应卸在料斗或料箱内,再由机械从侧边运送到摊铺位置。钢筋网上的拌和物堆

不宜过分集中，应尽快布匀。

④坍落度相同时的布料松铺高度，宜比相应机械施工方式普通混凝土路面大10mm左右。

(2)基本要点

钢筋混凝土路面摊铺作业除应符合混凝土面层铺筑有关规定外，尚应符合下列规定：

①拌和物的坍落度可比相应铺筑方式普通混凝土路面的规定大10～20mm。

②振捣棒组横向间距宜比普通混凝土路面适当加密。采用插入振捣时，振捣棒组不应碰撞和扰动钢筋。插入振捣时不得拖行振捣棒组，应依次逐条分别振捣。振捣棒组应轻插慢提，不得猛插急提。

③滑模或轨道摊铺机摊铺钢筋混凝土路面时，应适当增大振捣频率或减速摊铺。拌和物坍落度相同时，钢筋混凝土路面的振捣密实持续时间应比普通混凝土路面的规定时间延长5～10s。

④在一块钢筋网连续面板内，应防止摊铺中断，每块板内不应留施工缝，必须摊铺到达横缝位置或钢筋网片的端部，方可停止。应加强对机械装备的维修保养，将故障率降到最低。

⑤摊铺被迫中断时，必须设置横向施工缝，纵向钢筋应保持连续，穿过接缝，并应用1倍数量的长度不小于2m的纵向钢筋做加密处理，横向施工缝距最近横缝的距离不应小于5m。

⑥设接缝的钢筋混凝土路面在摊铺面板时，每张钢筋网片边缘100mm须做标记，以便准确对位切纵、横缩缝。纵、横向接缝部位的传力杆、拉杆、钢筋网表面应涂防锈涂层或包裹防锈塑料套管。

5)连续配筋混凝土路面施工要点

(1)施工前应按设计图纸对锚固结构位置、尺寸进行测量放样。

(2)端部锚固结构应按设计尺寸和配筋要求施工，确保锚固效果，要求如下：

①地梁施工应按设计位置和尺寸开挖地槽，并应尽量避免扰动和超挖两侧基层、垫层及路基，尺寸较规矩、超挖较少时，可不设侧模；否则应设侧模。拆模后应回填超挖部位并夯实路基和垫层，基层应采用贫混凝土修复。岩石路基上可直接将钢筋锚固在岩基中。地梁钢筋应与路面钢筋相焊接，地梁混凝土采用振捣棒分层振实，并应与面板浇筑成整体。地梁与路面混凝土合龙温度宜控制在20～25℃，或在当地年平均气温时合龙。

②宽翼缘工字钢梁施工应按设计枕垫板尺寸在基层上挖槽，再安装钢筋骨架，并浇筑钢筋混凝土枕垫板。枕垫板表面应预留与工字钢梁的焊接锚固钢筋，并铺设滑动隔离层。安装并焊接宽翼缘工字钢后，再摊铺面板。应确保搁置在枕垫板上的连续配筋混凝土路面板端部可自由滑动，面板端部与工字钢槽内连接部位应以胀缝填缝料填塞。

2. 钢纤维混凝土路面施工质量控制

钢纤维混凝土路面和桥面的厚度、平面尺寸和钢纤维掺量等，应符合《公路水泥混凝土路面设计规范》(JTG D40—2003)和设计图纸的规定。

1)基本规定

钢纤维混凝土路面的布料与摊铺除应满足滑模、轨道和三辊轴机组摊铺普通混凝土路面的规定外，尚应符合下列规定：

(1)所采用的各种机械布料与摊铺方式，应保证面板内钢纤维分布的均匀性及结构连续性，在一块面板内的浇筑和摊铺不得中断。

(2)布料松铺高度应通过试铺确定。拌和物坍落度相同时，宜比相同机械施工方式的普通混凝土路面松铺高度高10mm左右。

(3)钢纤维混凝土拌和物应与所选定的摊铺方式相适应,其工作性宜符合施工技术规范的要求。

2)钢纤维混凝土路面的振捣与整平

钢纤维混凝土路面的振捣与整平应满足以下要求:

(1)所采用的振捣机械和振捣方式除应保证钢纤维混凝土密实性外,尚应保证钢纤维在混凝土中分布的均匀性。

(2)除应满足各交通等级路面平整度要求外,整平后的面板表面不得存有裸露上翘的钢纤维,表面下 10 ~ 30mm 深度内的钢纤维应基本处于平面分布状态。

(3)采用滑模摊铺机、轨道摊铺机铺筑钢纤维混凝土路面时,振捣棒组的振捣频率不宜低于10 000r/min,振捣棒组底缘应严格控制在面板表面位置,不得将振捣棒组插入路面钢纤维混凝土内部振捣。

(4)采用三辊轴机组摊铺钢纤维混凝土路面时,不得将振捣棒组插入路面钢纤维混凝土内部振捣,也不得使用人工插捣。可采用大功率平板式振捣器振捣密实,再采用振动梁压实整平。振动梁底面应设凸棱以利表层钢纤维和粗集料压入,然后用三辊轴整平机将表面滚压平整,再用3m 以上刮尺、刮板或抹刀纵横向精平表面。

3)钢纤维混凝土路面施工的特殊工艺要求

钢纤维混凝土路面施工的特殊工艺要求如下:

(1)钢纤维混凝土拌和物从出料到运输、铺筑完毕的允许最长时间不宜超过表 4-53 规定。在浇筑和摊铺过程中严禁因拌和物干涩而加水,但可喷雾防止表面水分蒸发。

钢纤维混凝土拌和物从出料到运输、铺筑完毕允许最长时间 表 4-53

施工气温(℃)	到运输完毕允许最长时间(h)		到铺筑完毕允许最长时间(h)	
	滑模、轨道	三辊轴机组	滑模、轨道	三辊轴机组
5 ~ 9	1.25	1.0	1.5	1.25
10 ~ 19	0.75	0.5	1.0	0.75
20 ~ 29	0.5	0.35	0.75	0.5
30 ~ 35	0.35	0.25	0.50	0.35

注:表中施工气温指施工时间的日平均气温,使用缓凝剂延长凝结时间后,本表数值可增加 0.20 ~ 0.35h。

(2)必须使用硬刻槽方式制作抗滑沟槽,不得使用粗麻袋、刷子和扫帚制作抗滑沟槽。

(3)钢纤维混凝土路面的板长宜为 6 ~ l0m,钢纤维掺量较大,可用大值;掺量小,取小值。面板长宽比应符合设计要求。

六、水泥混凝土接缝施工质量控制

1. 纵缝施工

(1)当一次铺筑宽度小于路面和硬路肩总宽度时,应设纵向施工缝,位置应避开轮迹,并重合或靠近车道线,构造可采用平缝加拉杆型。当所摊铺的面板厚度≥260mm 时,也可采用插拉杆的企口型纵向施工缝。采用滑模施工时,纵向施工缝的拉杆可用摊铺机的侧向拉杆装置插入。采用固定模板施工方式时,应在振实过程中,从侧模预留孔中手工插入拉杆。

(2)当一次铺筑宽度大于4.5m时,应采用假缝拉杆型纵缝,即锯切纵向缩缝,纵缝位置应按车道宽度设置,并在摊铺过程中用专用的拉杆插入装置插入拉杆。

(3)钢筋混凝土路面、桥面和搭板的纵缝拉杆可由横向钢筋延伸穿过接缝代替。钢纤维混凝土路面切开的假纵缝可不设拉杆,而纵向施工缝应设拉杆。

(4)插入的侧向拉杆应牢固,不得松动、碰撞或拔出。若发现拉杆松脱或漏插,应在横向相邻路面摊铺前,钻孔重新植入。当发现拉杆可能被拔出时,宜进行拉杆拔出力(握裹力)检验。

2. 横向施工缝

(1)每天摊铺结束或摊铺中断时间超过30min时,应设置横向施工缝,其位置宜与胀缝或缩缝重合,确有困难不能重合时,施工缝应采用设螺纹传力杆的企口缝形式。

(2)横向施工缝应与路中心线垂直。横向施工缝在缩缝处采用平缝加传力杆形式,如图4-6所示。

图4-6　横向施工缝构造示意图(尺寸单位:mm)

3. 横向缩缝施工

(1)普通混凝土路面横向缩缝宜等间距布置,不宜采用斜缝。必须调整板长时,最大板长不宜大于6.0m;最小板长不宜小于板宽。

(2)在中、轻交通的混凝土路面上,横向缩缝可采用不设传力杆假缝形式,如图4-7a)所示。

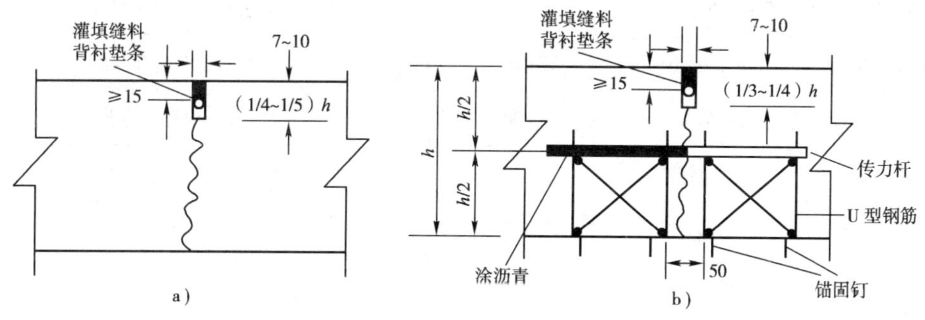

图4-7　横向缩缝构造(尺寸单位:mm)
a)不设传力杆假缝形式;b)假缝加传力杆形式

(3)在特重和重交通公路、收费广场、邻近胀缝或路面自由端的3条缩缝,应采用假缝加传力杆形式。假缝传力杆的施工方法可采用前置钢筋支架法或传力杆插入装置(DBI)法,支架法的构造见图4-7b)。钢筋支架应具有足够的刚度,传力杆应准确定位,摊铺之前应在基层表面放样,并用钢钎锚固,宜使用手持振捣棒振实传力杆高度以下的混凝土,然后采用机械摊铺。传力杆无防粘涂层一侧应焊接,有涂料一侧应绑扎。用DBI法置入传力杆时,应在路侧缩缝切割位置作标记,保证切缝位于传力杆中部。

4. 胀缝设置与施工

(1)普通混凝土路面、钢筋混凝土路面和钢纤维混凝土路面的胀缝间距,视集料的温度膨胀性大小、当地年温差和施工季节综合确定:高温施工,可不设胀缝;常温施工,集料温缩系数和年温差较小时,可不设胀缝;集料温缩系数或年温差较大,路面两端构造物间距大于或等于500m时,宜设一道中间胀缝;低温施工,路面两端构造物间距大于或等于350m时,宜设一道

胀缝。邻近构造物、平曲线或与其他道路相交处的胀缝，应按《公路水泥混凝土路面设计规范》(JTG D40—2003)的规定设置。

(2)普通混凝土路面的胀缝应设置胀缝补强钢筋支架、胀缝板和传力杆，胀缝构造如图4-8所示。钢筋混凝土和钢纤维混凝土路面可不设钢筋支架。胀缝宽20～25mm，使用沥青或塑料薄膜滑动封闭层时，胀缝板及填缝宽度宜加宽到25～30mm。传力杆一半以上长度的表面应涂防粘涂层，端部应戴活动套帽。胀缝板应与路中心线垂直，缝壁垂直；缝隙宽度一致；缝中完全不连浆。

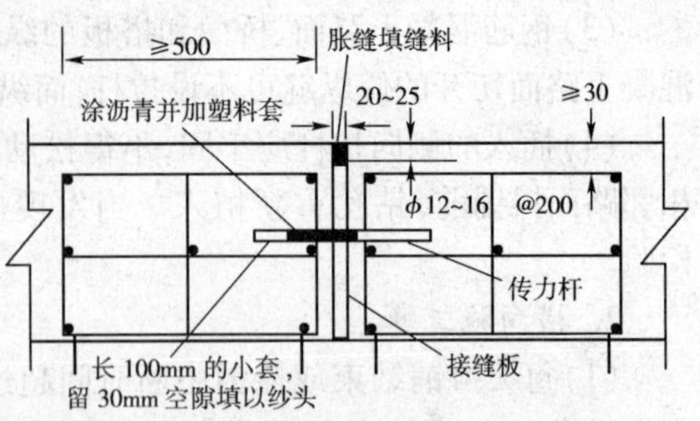

图4-8 胀缝构造示意图(尺寸单位:mm)

(3)胀缝应采用前置钢筋支架法施工，也可采用预留一块面板，高温时再铺封。前置法施工，应预先加工、安装和固定胀缝钢筋支架，并在使用手持振捣棒振实胀缝板两侧的混凝土后再摊铺。宜在混凝土未硬化时，剔除胀缝板上部的混凝土，嵌入(20～25)mm×20mm的木条，整平表面。胀缝板应连续贯通整个路面板宽度。

(4)拉杆、胀缝板、传力杆及其套帽、滑移端设置精确度，应符合表4-54的要求。

拉杆、胀缝板、传力杆及其套帽、滑移端设置精确度 表4-54

项　目	允许偏差(mm)	测量位置
传力杆端上下左右偏斜偏差	10	在传力杆两端测量
传力杆在板中心上下左右偏差	20	以板面为基准测量
传力杆沿路面纵向前后偏位	30	以缝中心线为准
拉杆深度偏差及上下左右偏斜偏差	10	以板厚和杆端为基准测量
拉杆端及在板中上下左右偏差	20	杆两端和板面测量
拉杆沿路面纵向前后偏位	30	纵向测量
胀缝传力杆套帽长度不小于100mm	10	以封堵帽端起测
缩缝传力杆滑移端长度大于1/2杆长	20	以传力杆长度中间起测
胀缝板倾斜偏差	20	以板底为准
胀缝板的弯曲和位移偏差	10	以缝中心线为准

注:胀缝板不允许混凝土连浆，必须完全隔断。

5. 纵、横缝施工规定

(1)贫混凝土基层、各种混凝土面层、加铺层、桥面和搭板的纵、横向缩缝，均应采用切缝法施工。

(2)横向缩缝切缝作业应符合下列规定：

①横向缩缝的切缝方式有全部硬切缝、软硬结合切缝和全部软切缝三种。横向缩缝切缝方式的选用，应由施工期间该地区路面摊铺完毕到切缝时的昼夜温差确定，宜参照表4-55选用。

根据施工气温所推荐的切缝方式　表4-55

昼夜温差*(℃)	切缝方式	缩缝切深
<10	最长时间不得超过24h	硬切缝1/4～1/5板厚
10～15	软硬结合切缝，每隔1～2条提前软切缝，其余用硬切缝补切	软切深度不应小于60mm；不足者应硬切补深到1/3板厚，已断开的缝不补切
>15	宜全部软切缝，抗压强度约为1～1.5MPa，人可行走。软切缝不宜超过6h	软切缝深大于或等于60mm，未断开的接缝，应硬切补深到不小于1/4板厚

注：*注意降雨后刮风引起路面温度骤降，面板温差在表中规定范围内，应按表中方法，提早切缝。

②对分幅摊铺的路面应在先摊铺的混凝土板横缩缝已断开的部位作标记。在后摊铺的路面上应对齐已断开的横缩缝提前软切缝。

③有传力杆缩缝的切缝深度应为1/3～1/4板厚，最浅不得小于70mm；无传力杆缩缝的切缝深度应为1/4～1/5板厚，最浅不得小于60mm。

(3)高速公路和一级公路的路基高度大于或等于10m的高边坡、软基及填挖交界路段、桥头搭板、桥面板的纵向施工缝，应在上半部涂满沥青，然后硬切缝，并填缝。二级及二级以下公路一般路段的纵向施工缝在上半部涂满沥青后，可不切缝。

(4)对已插入拉杆的纵向假缩缝，切缝深度不应小于1/3～1/4板厚，最浅切缝深度不应小于70mm，纵、横缩缝宜同时切缝。

(5)缩缝切缝宽度宜控制在4～6mm，切缝时锯片晃度不应大于2mm。可先用薄锯片锯切到要求深度，再使用6～8mm锯片或叠合锯片扩宽填缝槽，填缝槽深度宜为25～30mm，宽度宜为7～10mm。如图4-9所示。

(6)在变宽度路面上，宜先切缝划分板宽。匝道上的纵缝宜避开轮迹位置。横缝应垂直于每块面板的中心线。变宽度路面缩缝，允许切割成小转角的折线，相邻板的横向缩缝切口必须对齐，允许偏差不得大于5mm。

6. 灌缝施工技术要点

(1)混凝土板养生期满后，应及时灌缝。

(2)灌缝技术要求：

①应先采用切缝机清除接缝中夹杂的砂石、凝结的泥浆等，再使用压力大于或等于0.5MPa的压力水和压缩空气彻底清除接缝中的尘土及其他污染物，确保缝壁及内部清洁、干燥。缝壁检验以擦不出灰尘为灌缝标准。

②使用常温聚氨酯和硅树脂等填缝料时，应按规定比例将两组分材料按1h灌缝量混拌均匀后使用。

③使用加热填缝料时应将填缝料加热至规定温度。加热过程中应将填缝料融化，搅拌均匀，并保温使用。

④灌缝的形状系数宜控制在2左右，灌缝深度宜为15～20mm，最浅不得小于15mm(见图4-9)。先挤压嵌入直径9～12mm多孔泡沫塑料背衬条，再灌缝；灌缝顶面热天应与板面齐平；冷天应填为凹液面，中心低于板面1～2mm。填缝必须饱满、均

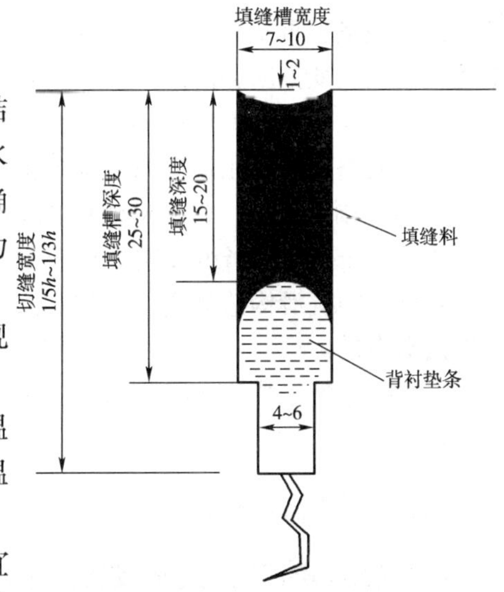

图4-9　缩缝切缝、填缝(槽)、垫条细部尺寸(尺寸单位：mm)

匀、厚度一致并连续贯通,填缝料不得缺失、开裂和渗水。

⑤常温施工式填缝料的养生期,低温天宜为24h,高温天宜为12h。加热施工式填缝料的养生期,低温天宜为2h,高温天宜为6h。在灌缝料养生期间应封闭交通。

(3)路面胀缝和桥台隔离缝等应在填缝前,凿去接缝板顶部嵌入的木条,涂黏结剂后,嵌入胀缝专用多孔橡胶条或灌进适宜的填缝料,当胀缝的宽度不一致或有啃边、掉角等现象时,必须灌缝。

七、抗滑构造施工控制

(1)抗滑构造技术要求:

①各交通等级混凝土面层竣工时的表面抗滑技术要求,应符合施工质量检查与验收规定。

②构造深度应均匀,不损坏构造边棱,耐磨抗冻,不影响路面和桥面的平整度。

(2)抗滑构造施工:

①摊铺完毕或精整平表面后,宜使用钢支架拖挂1~3层叠合麻布、帆布或棉布,洒水湿润后作拉毛处理。布片接触路面的长度以0.7~1.5m为宜,细度模数偏大的粗砂,拖行长度取小值;砂较细,取大值。人工修整表面时,宜使用木抹。用钢抹修整过的光面,必须再拉毛处理,以恢复细观抗滑构造。

②当日施工进度超过500m时,抗滑沟槽制作宜选用拉毛机械施工,没有拉毛机时,可采用人工拉槽方式。在混凝土表面泌水完毕20~30min内应及时进行拉槽。拉槽深度应为2~4mm,槽宽3~5mm,槽间距15~25mm。可施工等间距或非等间距抗滑槽,为减小噪声,宜采用后者。衔接间距应保持一致。

③特重和重交通混凝土路面宜采用硬刻槽,凡使用圆盘、叶片式抹面机精平后的混凝土路面、钢纤维混凝土路面必须采用硬刻槽方式制作抗滑沟槽。可采用等间距刻槽,其几何尺寸与上款相同;为降低噪声宜采用非等间距刻槽,尺寸宜为:槽深3~5mm,槽宽3mm,槽间距在12~24mm间随机调整。路面结冰地区,硬刻槽的形状宜使用上宽6mm、下窄3mm的梯形槽;硬刻槽机质量宜重不宜轻,一次刻槽最小宽度不应小于500mm,硬刻槽时不应掉边角,亦不得中途抬起或改变方向,并保证硬刻槽到面板边缘。抗压强度达到40%后可开始硬刻槽,并宜在两周内完成。硬刻槽后应随即将路面冲洗干净,并恢复路面的养生。

④一般路段可采用横向槽或纵向槽,在弯道或要求减噪的路段宜使用纵向槽。

⑤年降雨量小于250mm地区的各级公路混凝土路面,可不拉毛和刻槽;年降雨量为250~500mm的地区,当组合坡度小于3%时,可不拉毛与刻槽;组合坡度大于或等于3%时,宜按一般路段的抗滑构造规定。高寒和寒冷地区混凝土路面的停车带边板和收费站广场,可不制作抗滑沟槽。

(3)新建路面或旧路面抗滑构造不满足要求时,可采用硬刻槽或喷砂打毛等方法加以恢复。

八、混凝土路面养生

(1)混凝土路面铺筑完成或软作抗滑构造完毕后应立即开始养生。机械摊铺的各种混凝土路面、桥面及搭板,宜采用喷洒养生剂同时保湿覆盖的方式养生。在雨天或养生用水充足的情况下,也可采用覆盖保湿膜、土工毡、土工布、麻袋、草袋、草帘等洒水湿养生方式,不宜使用围水养生方式。

(2)混凝土路面采用喷洒养生剂养生时，喷洒应均匀、成膜厚度应足以形成完全密闭水分的薄膜，喷洒后的表面不得有颜色差异。喷洒时间宜在表面混凝土泌水完毕后进行。喷洒高度宜控制在0.5~1m。使用一级品养生剂时，最小喷洒剂量不得少于0.30kg/m²；合格品的最小喷洒剂量不得少于0.35kg/m²。不得使用易被雨水冲刷掉的和对混凝土强度、表面耐磨性有影响的养生剂。当喷洒一种养生剂达不到90%以上有效保水率要求时，可采用两种养生剂各喷洒一层或喷一层养生剂再加覆盖的方法。

(3)覆盖塑料薄膜养生的初始时间，以不压坏细观抗滑构造为准。薄膜厚度(韧度)应合适，宽度应大于覆盖面600mm。两条薄膜对接时，搭接宽度不应小于400mm，养生期间应始终保持薄膜完整盖满。

(4)覆盖养生：

①宜使用保湿膜、土工毡、土工布、麻袋、草袋、草帘等覆盖物保湿养生并及时洒水，保持混凝土表面始终处于潮湿状态，并由此确定每天的洒水遍数。

②昼夜温差大于10℃以上的地区或日平均温度小于或等于5℃施工的混凝土路面，应采取保温保湿养生措施。

(5)养生时间应根据混凝土弯拉强度增长情况而定，不宜小于设计弯拉强度的80%，应特别注重前7d的保湿(温)养生。一般养生天数宜为14~21d，高温天不宜少于14d，低温天不宜少于21d。掺粉煤灰的混凝土路面，最短养生时间不宜少于28d，低温天应适当延长。

(6)混凝土板养生初期，严禁人、畜、车辆通行，在达到设计强度40%后，行人方可通行。在路面养生期间，平交道口应搭建临时便桥。面板达到设计弯拉强度后，方可开放交通。

九、特殊气候条件下水泥混凝土路面施工控制

混凝土路面铺筑期间，应收集月、旬、日天气预报资料，遇有影响混凝土路面施工质量的天气时，应暂停施工或采取必要的防范措施，制订特殊气候的施工方案。

1. 特殊气候条件下施工的规定

混凝土路面施工如遇到下述条件之一者，必须停工：

(1)现场降雨；

(2)风力大于6级，风速在10.8m/s以上的强风天气；

(3)现场气温高于40℃或拌和物摊铺温度高于35℃；

(4)摊铺现场连续5昼夜平均气温低于5℃，夜间最低气温低于-3℃。

2. 雨季施工

(1)防雨准备

①地势低洼的搅拌场、水泥仓、备件库及砂石料堆场，应按汇水面积修建排水沟或预备抽排水设施。搅拌楼的水泥和粉煤灰罐仓顶部通气口、料斗及不得遇水部位应有防潮、防水覆盖措施，砂石料堆应防雨覆盖。

②雨天施工时，在新铺路面上，应备足防雨篷、帆布和塑料布或薄膜。

③防雨篷支架宜采用可推行的焊接钢结构，并具有人工饰面拉槽的足够高度。

(2)防雨水冲刷

①摊铺中遭遇阵雨时，应立即停止铺筑混凝土路面，并紧急使用防雨篷、塑料布或塑料薄膜等覆盖尚未硬化的混凝土路面。

②被阵雨轻微冲刷过的路面，视平整度和抗滑构造破损情况，采用硬刻槽或先磨平再刻槽

的方式处理。对被暴雨冲刷后，路面平整度严重劣化或损坏的部位，应尽早铲除重铺。

③降雨后开工前，应及时排除车辆内、搅拌场及砂石料堆场内的积水或淤泥。运输便道应排除积水，并进行必要的修整。摊铺前应扫除基层上的积水。

3. 风天施工

风天应采用风速计在现场定量测风速或观测自然现象，确定风级，并按表4-56的规定采取防止塑性收缩开裂的措施。

刮风天混凝土路面防止塑性收缩开裂措施　　表4-56

风力	相应自然现象	风速(m/s)	防止路面塑性收缩开裂措施
1级 软风	烟能表示风向，水面有鱼鳞波	≤1.5	正常施工，喷洒一遍养生剂，原液剂量0.30kg/m²
2级 轻风	人面有感，树叶沙沙响，风标转动，水波显著	1.6～3.3	应加厚喷洒一遍养生剂，剂量0.45kg/m²
3级 微风	树叶和细枝摇晃，旗帜飘动，水面波峰破碎，产生飞沫	3.4～5.6	路面摊铺完成后，立即喷洒第一遍养生剂，拉毛后，再喷洒第二遍养生剂。两遍剂量共0.60kg/m²
4级 和风	吹起尘土和纸片，小树枝摇动，水波出白浪	5.7～7.9	除拉毛前后喷两遍养生剂外(两遍剂量共0.60kg/m²)，还需覆盖塑料薄膜
5级 清劲风	有叶小树开始摇动，大浪明显，波峰起白沫	8.0～10.7	使用抹面机械抹面，加厚喷一遍剂量0.45kg/m²的养生剂并覆盖塑料薄膜或麻袋草袋，使用钢刷做细观抗滑沟槽，使用硬刻槽机刻出抗滑沟槽。无机械抹面措施时，应停止施工
6级 强风	大树枝摇动，电线呼呼响，出现长浪，波峰吹成条纹	10.8～13.8	必须停止施工

4. 高温季节施工

(1)施工现场的气温高于30℃，拌和物摊铺温度在30～35℃，同时，空气相对湿度小于80%时，混凝土路面的施工应按高温季节施工的规定进行。

(2)高温天铺筑混凝土路面应采取下列措施：

①当现场气温大于或等于30℃时，应避开中午高温时段施工，可选择在早晨、傍晚或夜间施工，夜间施工应有良好的操作照明，并确保施工安全。

②砂石料堆应设遮阳篷；抽用地下冷水或采用冰屑水拌和；拌和物中宜加允许最大掺量的粉煤灰或磨细矿渣，但不宜掺硅灰。拌和物中应掺足够剂量的缓凝剂、高温缓凝剂、保塑剂或缓凝(高效)减水剂等。

③自卸汽车上的混凝土拌和物应加遮盖。

④应加快施工各环节衔接，尽量压缩搅拌、运输、摊铺、饰面等各工艺环节所耗费时间。

⑤可使用防雨篷作防晒遮阴篷，在每日气温最高和日照最强烈时段遮阴。

⑥高温天气施工时，混凝土拌和物的出料温度不宜超过35℃，并应随时检测气温、水泥、拌和水、拌和物及路面混凝土温度。必要时加测混凝土水热。

⑦在采用覆盖保湿养生时，应加强洒水，并保持足够的湿度。

⑧切缝应视混凝土强度的增长情况或按250温度小时计，宜比常温施工适当提早切缝，以

防止断板。特别是在夜间降温幅度较大或降雨时,应提早切缝。

5. 低温季节施工

(1)当摊铺现场连续5昼夜平均气温高于5℃,夜间最低气温在-3~5℃之间,混凝土路面的施工应按下述低温季节施工规定的措施进行:

①拌和物中应优选和掺加早强剂或促凝剂。

②应选用水化总热量大的R型水泥或单位水泥用量较多的32.5级水泥,不宜掺粉煤灰。

③搅拌机出料温度不得低于10℃,摊铺混凝土温度不得低于5℃。在养生期间,应始终保持混凝土板最低温度不低于5℃。否则,应采用热水或加热砂石料拌和混凝土,热水温度不得高于80℃;砂石料温度不宜高于50℃。

④应加强保温保湿覆盖养生,可先用塑料薄膜保湿隔离覆盖或喷洒养生剂,再采用草帘、泡沫塑料垫等保温覆盖初凝后的混凝土路面。遇雨雪必须再加盖油布、塑料薄膜等。

⑤应随时检测气温、水泥、拌和水、拌和物及路面混凝土的温度,每工班至少测定3次。

(2)混凝土路面或桥面弯拉强度未达到1.0MPa或抗压强度未达到5.0MPa时,应严防路面受冻。

(3)低温天施工,路面或桥面覆盖保温保湿养生天数不得少于28d,拆模时间应符合规范的规定。

第五节 水泥混凝土路面施工质量检评的事后控制

为保证水泥混凝土路面的施工质量,要求在整个施工过程中对每一道工序环节进行严格的检查和控制。对已完成的水泥混凝土路面进行外观检查,测量其几何尺寸,并根据设计文件进行校核。对出现的问题,立即进行纠正。此外,还要查阅施工记录,对原材料试验、试件强度资料、配合比及隐蔽工程等,以检查结果作为质量评定的依据。水泥混凝土路面施工质量的检评控制,就是对施工质量检查、交工验收和检验评定进行严格把关,确保达到规定质量验收标准。

一、施工质量管理与检查

1. 施工质量管理基本要求

(1)各级公路各种混凝土路面铺筑方式的施工,均应建立健全的质量检测、管理和保证体系。应按铺筑进度作出质检仪器和人员数量动态计划。施工中应按计划落实质检仪器和人员,对施工各阶段的各项质量指标应做到及时检查、控制和评定,以达到所规定的质量标准,确保施工质量及其稳定性。

(2)施工全过程的质量动态检测、控制和管理内容,应包括施工准备、铺筑试验路段和施工过程中的各项技术指标的检验,出现施工技术问题的报告、论证和解决等。

2. 施工中的质量管理

(1)混凝土路面铺筑必须得到正式开工令后方可开工。

(2)施工单位应随时对施工质量进行自检。自检项目和频率:原材料应按表4-34的规定进行;拌和物应按表4-38的规定进行;混凝土路面应按表4-57的规定进行。当施工、监理、监督人员发现异常情况时,应加大检测频率,找出原因,及时处理。高速公路、一级公路应利用计算机实行动态质量管理。

混凝土路面的检验项目、方法和频率　表 4-57

项次	检查项目	检验方法和频率	
		高速公路、一级公路	其他公路
1	弯拉强度	每班留 2~4 组试件，日进度 < 500m 取 2 组；≥500m 取 3 组；≥1000m 取 4 组，测 f_{cs}、f_{min}、Cv	每班留 1~3 组试件，日进度 < 500m 取 1 组；≥500m 取 2 组；≥1000m 取 3 组，测 f_{cs}、f_{min}、Cv
	钻芯劈裂强度	每车道每 3km 钻取 1 个芯样，硬路肩为 1 个车道，测平均 f_{cs}、f_{min}、Cv 板厚 h	每车道每 3km 钻取 1 个芯样，硬路肩为 1 个车道，测平均 f_{cs}、f_{min}、Cv 板厚 h
2	板厚度	路面摊铺宽度内每 100m 左右各 2 处，连接摊铺每 100m 单边 1 处，参考芯样	路面摊铺宽度内每 100m 左右各 1 处，连接摊铺 100m 单边 1 处，参考芯样
3	3m 直尺平整度	每半幅车道 100m，2 处 10 尺	每半幅车道 200m，2 处 10 尺
	动态平整度	所有车道连续检测	
4	抗滑构造深度	铺砂法：每幅 200m 2 处	铺砂法：每幅 200m 1 处
5	相邻板高差	尺测：每 200m 纵横缝 2 条，每条 3 处	尺测：每 200m 纵横缝 2 条，每条 2 处
6	连接摊铺纵缝高差	尺测：每 200m 纵向工作缝，每条 3 处，每处间隔 2m 3 尺，共 9 尺	尺测：每 200m 纵向工作缝，每条 2 处，每处间隔 2m 3 尺，共 6 尺
7	接缝顺直度	20m 拉线测：每 200m 6 条	20m 拉线测：每 200m 4 条
8	中线平面偏位	经纬仪：每 200m 6 点	经纬仪：每 200m 4 点
9	路面宽度	尺测：每 200m 6 处	尺测：每 200m 4 处
10	纵断高程	水准仪：每 200m 6 点	水准仪：每 200m 4 点
11	横坡度	水准仪：每 200m 6 个断面	水准仪：每 200m 4 个断面
12	断板率	断板面板块数占总块数比例	
13	脱皮裂纹露石缺边掉角	量实际面积，并计算与总面积比	
14	路缘石顺直度和高度	20m 拉线测：每 200m 4 处	20m 拉线测：每 200m 2 处
15	灌缝饱满度	尺测：每 200m 接缝测 6 处	尺测：每 200m 接缝测 4 处
16	切缝深度	尺测：每 200m 6 处	尺测：每 200m 4 处
17	胀缝表面缺陷	每条观察填缝及啃边断角	
18	胀缝板连浆	每条胀缝板安装时测量	
	胀缝板倾斜	尺测：每块胀缝板每条两侧	
	胀缝板弯曲和位移	尺测：每块胀缝板每条 3 处	
19	传力杆偏斜	钢筋保护层仪：每车道 4 根	钢筋保护层仪：每车道 3 根

注：路面钻芯劈裂强度应换算为实际面板弯拉强度进行质量评定。

(3)每台搅拌楼所生产的拌和物，除应满足所用施工机械的可摊铺性外，还应着重控制拌和物的匀质性和各质量参数的稳定性。现场混凝土路面铺筑的关键设备(如摊铺机、压路机、布料机、三辊轴整平机、刻槽机、切缝机等)的操作应规范稳定。

(4)混凝土路面除应按表 4-57 规定的检查项目和频率检测外，其中平整度、弯拉强度和板厚三大关键质量指标的自检要求尚应符合下列规定：

①用 3m 直尺检测平整度作为施工过程中质量控制检测项目；用平整度仪检测动态平整

度作为二级及二级以上公路交工验收时工程质量的评定依据。平整度合格标准应符合表4-58的规定。

②应从搅拌楼生产的拌和物中随机取样，并按《公路工程水泥混凝土试验规程》(JTG E30—2005)规定的标准方法检测混凝土路面弯拉强度，检测频率宜符合表4-57的规定。弯拉强度应采用三个参数评价：平均弯拉强度合格值、最小值和统计变异系数。各级公路弯拉强度合格标准规定应按规范规定进行，统计变异系数应符合设计规定。检测小梁弯拉强度后的断块宜测抗压强度，作为混凝土强度等级的参考。

③应在面层摊铺前通过基准线或模板严格控制板厚。其检验标准为：行车道横坡底侧面板厚度和厚度平均值两项指标均应满足设计厚度允许偏差。同时，板厚统计变异系数应符合设计规定。

3. 质量检验标准

(1)在混凝土路面铺筑过程中，路面各技术指标的质量检验评定标准应符合表4-58的规定。

各级公路混凝土路面铺筑质量要求 表4-58

项次	检查项目			允许值	
				高速公路、一级公路	其他公路
1	弯拉强度①(MPa)			100%符合规范规定	
2	板厚度(mm)			代表值≥-5；极值≥-10，C_v 值符合设计规定	
3	平整度	σ(mm)		≤1.2	≤2.0
		IRI(m/km)		≤2.0	≤3.2
		3m直尺最大间隙Δh(mm)		≤3(合格率应≥90%)	≤5(合格率应≥90%)
4	抗滑构造深度(mm)		一般路段	0.70~1.10	0.50~0.90
			特殊路段②	0.80~1.20	0.60~1.00
5	相邻板高差(mm)			≤2	≤3
6	连接摊铺纵缝高差(mm)			平均值≤3；极值≤5	平均值≤5；极值≤7
7	接缝顺直度(mm)			≤10	
8	中线平面偏位(mm)			≤20	
9	路面宽度(mm)			≤±20	
10	纵断高程(mm)			±10	±15
11	横坡度(%)			±0.15	±0.25
12	断板率(‰)			≤2	≤4
13	脱皮印痕裂纹露石缺边掉角(‰)			≤2	≤3
14	路缘石顺直度和高度(mm)			≤20	≤20
15	灌缝饱满度(mm)			≤2	≤3
16	切缝深度(mm)			≥50	I>50
17	胀缝表面缺陷			不应有	不宜有
18	胀缝板连浆(mm)			≤20	≤30
19	传力杆偏斜(mm)			≤10	≤13

注：①路面钻芯劈裂强度应换算为实际面板弯拉强度进行质量评定。

②特殊路段指高速公路、一级公路的立交、平交、变速车道等处；其他公路系指急弯、陡坡、交叉口或集镇附近。

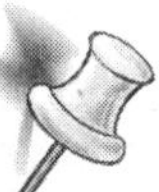

(2)施工单位的质检结果应按表4-58的规定,以1km为单位进行整理。对于滑模、轨道、碾压和三辊轴机组机械铺筑混凝土路面的关键工序宜拍摄照片或进行录像,作为现场记录保存。

二、交工质量检查验收

混凝土路面完工后,施工单位应提交全线检测结果、施工总结报告及全部原始记录等齐全资料,申请交工验收。

1. 质量问题处理

(1)路面混凝土弯拉强度应采用小梁标准试件和路面钻芯取样圆柱体劈裂强度折算的弯拉强度综合评定。当弯拉强度不足时,每公里每车道应取3个以上芯样。二级及二级以下路面混凝土弯拉强度可按下面公式计算,满足则可通过;不满足时,应通过试验得到各自工程的统计公式,试验组数不宜小于10组。

①石灰岩、花岗岩碎石混凝土:

$$f_c = 1.868 f_{sp}^{0.871}$$

式中:f_c——混凝土标准小梁弯拉强度(MPa);

f_{sp}——混凝土直径150mm圆柱体的劈裂强度(MPa)。

②玄武岩碎石混凝土:

$$f_c = 3.035 f_{sp}^{0.423}$$

高速公路、一级公路应通过试验得到各自工程的统计公式,试验组数不宜小于15组。

(2)平整度不合格的部位应进行处理,并硬刻槽恢复抗滑构造。

(3)板厚不足时,应判明区段,返工重铺。

2. 工程施工总结

(1)施工单位应根据国家竣工文件编制规定,提出施工总结报告、质量测试报告或采用新材料、新技术研究报告,连同竣工图表,形成完整的施工资料档案。

(2)施工总结报告应包括工程概况、设计图纸及变更,基层、原材料、施工组织、机械及人员配备,施工工艺、进度、工程质量评价、工程预决算等。

(3)施工质量管理与测试报告应包括施工组织设计、质量保证体系、试验段铺筑报告、施工质量达到或超过现行规范规定情况、原材料和混凝土检测结果、施工中路面质量自检结果、交工复测结果、工程质量评价、原始记录、相册和录像资料等。

(4)首次采用滑模、轨道、碾压、三辊轴机组施工或首次铺筑钢筋混凝土路面、钢纤维混凝土路面等路面结构时,应同时提交试验总结报告。

三、施工质量检验评定

1. 基本要求

(1)基层质量必须符合规定要求,并应进行弯沉测定,验算的基层整体模量应满足设计要求。

(2)水泥强度、物理性能和化学成分应符合国家标准及有关规范的规定。

(3)粗(细)集料、水、外掺剂及接缝(填缝)料应符合设计和施工规范要求。

(4)施工配合比应根据现场测定水泥的实际强度进行计算,并经试验,选择采用最佳配合比。

(5)接缝的位置、规格、尺寸及传力杆、拉力杆的设置应符合设计要求。

(6)路面拉毛或机具压槽等抗滑措施，其构造深度应符合施工规范要求。

(7)面层与其他构造物相接应平顺，检查井盖顶面高程应高于周边路面 1～3mm。雨水口高程按设计比路面低 5～8mm，路面边缘无积水现象。

(8)混凝土路面铺筑后按施工规范要求养生。

2. 实测项目

水泥混凝土面层实测项目如表 4-59 所示。

水泥混凝土面层实测项目　　表 4-59

项次	检查项目		规定值或允许偏差		检查方法和频率	权值
			高速公路、一级公路	其他公路		
1	弯拉强度(MPa)		在合格标准之内		按规范规定检查	3
2	板厚度(mm)	代表值	-5		按规范规定检查每 200m 每车道 2 处	3
		合格值	-10			
3	平整度	σ(mm)	1.2	2.0	平整度仪：全线每车道连续检测，每 100m 计算 σ、IRI	
		IRI(m/km)	2.0	3.2		
		最大间隙 h(mm)	—	5	3m 直尺：半幅车道板带每 200m 测 2 处×10 尺	
4	抗滑构造深度(mm)		一般路段不小于 0.7 且不大于 1.1；特殊路段不小于 0.8 且不大于 1.2	一般路段不小于 0.5 且不大于 1.0；特殊路段不小于 0.6 且不大于 1.1	铺砂法：每 200m 测 1 处	
5	相邻板高差(mm)		2	3	抽量：每条胀缝 2 点；每 200m 抽纵、横缝各 2 条，每条 2 点	2
6	纵、横缝顺直度(mm)		10		纵缝 20m 拉线，每 200m4 处；横缝沿板宽拉线，每 200m4 条	1
7	中线平面偏位(mm)		30		经纬仪：每 200m 测 4 点	1
8	路面宽度(mm)		±20		抽量：每 200m 测 4 处	1
9	纵断高程(mm)		±10	±15	水准仪：每 200m 测 4 个断面	1
10	横坡(%)		±0.15	±0.25		1

注：表中 σ 为平整度仪测定的标准差；IRI 为国际平整度指数；h 为 3m 直尺与面层的最大间隙。

3. 外观鉴定

(1)混凝土板的断裂块数，高速公路和一级公路不得超过评定路段混凝土板总块数的 0.2%，其他公路不得超过 0.4%。不符合要求时每超过 0.1% 减 2 分。对于断裂板应采取适当措施予以处理。

(2)混凝土板表面的脱皮、印痕、裂纹和缺边掉角等病害现象,对于高速公路和一级公路,有上述缺陷的面积不得超过受检面积的0.2%,其他公路不得超过0.3%。不符合要求时每超过0.1%减2分。对于连续配筋的混凝土路面和钢筋混凝土路面,因干缩、温缩产生的裂缝,可不减分。

(3)路面侧石直顺、曲线圆滑,越位20mm以上者,每处减1~2分。

(4)接缝填筑饱满密实,不污染路面。不符合要求时,累计长度每100m减2分。

(5)胀缝有明显缺陷时,每条减1~2分。

第五章　路基工程施工质量控制

路基是公路工程的重要组成部分，是按照路线位置和一定技术要求修筑的支承路面的带状构造物，由于路基在使用过程中要承受由路面传递而来的行车荷载作用并抵御各种环境因素的影响，是路面的基础。路基质量的好坏，直接影响到路面使用性能。路面的损坏往往与路基排水不畅、压实质量不够、整体强度偏低等有直接关系，而且路基破坏后，修复难度大、工程费用高。因此，要求路基必须具有足够的强度、良好的水稳定性和耐久性等。

所谓路基施工，就是以设计文件和施工技术规范为依据，以工程质量为中心，有组织、有计划地将设计图纸转化为工程实体的建筑活动。在公路工程建设中，路基工程不仅工程量大，而且投资大，路基施工质量的好坏，直接影响到路面的使用效果。因此，保证路基工程的施工质量，是公路工程施工的关键。对于公路的路基工程应严格按照交通部颁布的有关路基工程施工技术规范和技术标准的规定进行精心施工，并严格监控把关，以保证路基工程具有足够的强度、稳定性和耐久性以及经济合理性。

第一节　路基工程的特点与基本要求

公路工程建设的特点是线长面广、工程量大、投资大、影响因素复杂。并随着公路等级、几何线形、工程质量要求的标准提高，使得公路工程建设的整体难度加大，在公路工程的建设中，诸多不利因素的影响都必须加以克服，才能保证公路工程的质量。

一、路基工程的特点

路基工程的施工质量受到多种因素的不利影响。虽然路基施工主要是开挖、运输、填筑、压实等比较简单的工序，但由于路基施工存在着条件变化大、工程数量大、施工难度大、施工方法多样等特点，对于保证路基工程质量有相当的难度。特别是地质不良的特殊路段及隐蔽工程较多的路基，在施工时常会遇到复杂的技术问题和各种突发性事故需要处理，可以说路基施工技术是简单中蕴涵着复杂。相对于一般公路来说，高等级公路在路基设计和施工方面与一般公路的不同之处，就在于它的高标准、高质量和严要求。高等级公路的路基工程的设计和施工更具有以下特点：

(1)高填与深挖的路基增多。为了减少横向交通干扰，必须在高等级公路上设置供横穿公路的行人和车辆通行的设施。对于山丘区，可利用地形布置天桥式横穿道。对于平原区则只能以提高路基填土高度来满足设置下穿式通道的要求。因此，在平原区修筑高等级公路，其路基填土高度一般应在4～5m以上。填土高度的增加，既增加了填土路堤的工程量，又要求填土材料具有良好的均匀性，施工时含水量和压实度也应尽量均匀一致，以免引起路基发生过大或不均匀的沉降变形。

由于高等级公路线形要求纵坡平缓，曲线半径大，当路线通过山区或丘陵区时，则会出现较多的深挖或高填问题。对于深挖路堑，有可能因地质、土质和水文情况的变化，使路堑的路

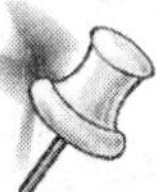

床出现软弱土层及受地下水的侵袭,而使得路基强度降低。对于高填方路堤,应特别注重填筑质量。无论是深挖路堑还是高填路堤,均有高边坡的稳定问题,需要在设计和施工中考虑好支挡、护坡及施工工艺的合理性。

(2)特殊地质条件的路基增多。由于高等级公路线形的重要性,路线通过不良地质地段的机会较多。尤其在丘陵区,往往由于深挖和高填,使路基在软土或强风化岩层上机会比较多。在冲积平原和三角洲地区修筑高等级公路,通常会遇到大面积的和深层的软土地基。以上情况,对路基工程而言,则需要考虑换土或改良和加固路基的问题,这就要求采取特殊的施工工艺。

(3)路基中的桥涵和通道增多。高等级公路一般采取全封闭或半封闭的方式,以保证车辆的快速通行和安全行驶。由于公路要通过广大农村地区,为方便农村人口生产与生活,需要增设较多的小桥和过水的涵洞、灌溉虹吸管,以及人行或农用机械通道。对于这些情况,则要求路基施工时对桥涵和通道的台背填土要碾压密实。由于台背填土压实施工较麻烦,施工时常被放松和疏忽,日后则发生较显著的下沉,致使路基路面与桥涵、通道衔接不平顺,影响高速行车。

(4)取土、弃土的矛盾增大。当路线通过山区和丘陵区时,由于线形标准的提高,则设计时难以考虑好土方的填挖平衡,有可能增大借土的数量和带来公路用地范围的扩大。这些问题必须充分考虑到。当路线通过平原区时,由于路基两侧大都为良田,征地的费用较高,且我国的人均耕地极少,为了减小取土占地的矛盾,有时不得不将路基设计成高架桥的形式。

1. 填方路堤的特点

(1)由于路堤存在沉降和稳定问题,特别是高路堤更可能发生稳定性问题,要求其施工质量要高,因此对基底处理、填料选择、排水措施、压实控制等方面都要求比较高,从而保证路基的稳定性与耐久性。

(2)高等级公路路堤一般都比较高,所需土方量很大,因此必须机械化作业,从基础的处理、填料的开挖、运送、摊铺、压实均采用一系列的机械进行施工。

(3)为适应高等级公路车辆高速行驶的要求,路面必须具有很高的平整度,验收时采用连续式平整度仪测量平整度,其最大标准差值不大于1.2mm。要保证路面达到这么高标准的平整度,必须从路基填土抓起,尤其是路床填土更应严格要求,使每层填土都大致平整,没有大的起伏和凹凸,并基本上符合路基顶面高程的要求,其允许偏差不超过10mm。否则是无法满足路面各结构层厚度和整个路面平整度要求的。

(4)高速公路采用封闭形式,桥涵、通道较多,结构增多势必带来结构物两端路堤的填筑与压实困难问题,因此必须采用各种技术措施保证结构物两端路堤的填筑压实质量,减少桥头跳车。

(5)为尽量减少路堤沉降,提高路堤稳定性,必须广泛采用新材料、新的施工设备和新的检测手段。

(6)高等级公路一旦开通运行后,交通量迅速增长,在较长一段时间内,很难中断行车进行路基和路面维修。

(7)高等级公路施工中必须做好环境保护和绿化工作,而这一点在路堤施工中是相当重要的,施工中存在的水土、植被、地貌都不应因施工而遭到破坏,填料不能含有害物质,防止环境污染。

(8)高等级公路对所在地区的经济建设有很重要的意义，且技术标准高、造价大。如果通车后不久即出现病害，就不得不中断交通返工重修，这不仅造成重大的经济损失，而且在社会上也将造成不良影响。所以高等级公路必须做到“百年大计，质量第一”，保持公路畅通无阻，造福人民。

2. 挖方路基特点

高等级公路交通量大，行车速度快，要求运行质量高，建成后如发生病害，将危及行车安全，影响高等级公路运营，而且养护维修将十分困难。高等级公路挖方路基与一般公路的不同之处有如下几点：

(1)高等级公路挖方路基应保证边坡的长期稳定。对于边坡变形以预防为主，边坡稳定应结合边坡防护处理、边坡排水设施以及施工方法等进行综合考虑。挖方边坡设计时，还应预测高等级公路运营期间的边坡应力与变形的变化情况，对边坡稳定设计方案进行可靠性分析或敏感性分析。

(2)强调挖方边坡设计与施工方案的有机结合。根据分析预测各个施工过程中边坡的应力、应变情况，做好挖方路基施工工艺、方法程序的施工组织设计。

(3)重视行车安全性。选择挖方路基的断面形式不仅要考虑边坡稳定性，还要考虑其对行车安全的影响。对于深路堑，应与修建隧道的方案进行技术经济的比较论证。

(4)重视挖方路基美化和环境保护。挖方路基应与周围自然景观相协调，力求避免深挖高填，破坏生态平衡。在保证边坡稳定的同时，应注意边坡美化，满足行车安全、视觉舒畅、景观优美的要求，并做好挖方路段的废方处理，防止水土流失和生态环境的恶化。

二、路基工程的破坏形式

对于公路的路基工程，应通过各种技术措施确保路基具有要求的强度和稳定性，使路基达到高标准、高质量，保证高等级公路常年畅通无阻，即使在百年一遇洪水侵蚀、风雪严寒、地震灾害等特殊情况下，也不会发生大的变形和破坏。

1. 填方路基常见的变形破坏形式

总结过去已建成的各条公路，在填方路基段常发生这样或那样的病害，影响车辆通行，这与设计和施工都有密切关系。常见的病害有：

(1)填方路基产生过量沉陷，如图5-1所示。其主要原因是填筑时压实不足、填料不良和填筑方法不当所致。如使用不良土质(如淤泥、冻土块、湿陷性黄土、含水量过大的土等)，压实度达不到要求，施工中用性质不同的土混杂填筑等。

(2)基底发生大量沉陷，如图5-2所示。其主要原因是地基土软弱，承载力不足。如基底为软土、流砂、垃圾等，或者基底有空洞、暗穴、采空区，在勘察阶段未发现，在填筑时处治不彻底，因而造成基底大量沉陷，路基也随之下沉。

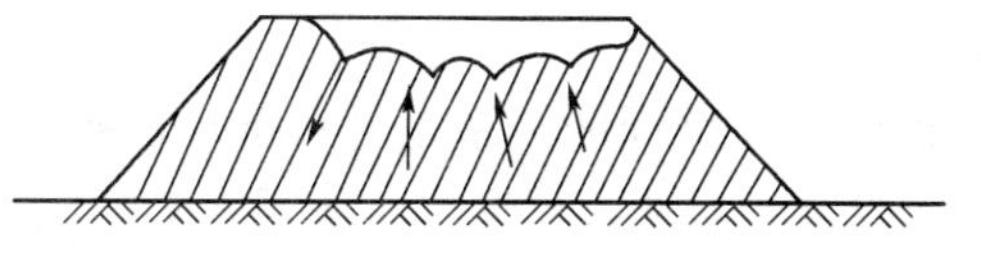

图5-1 填方路基沉陷

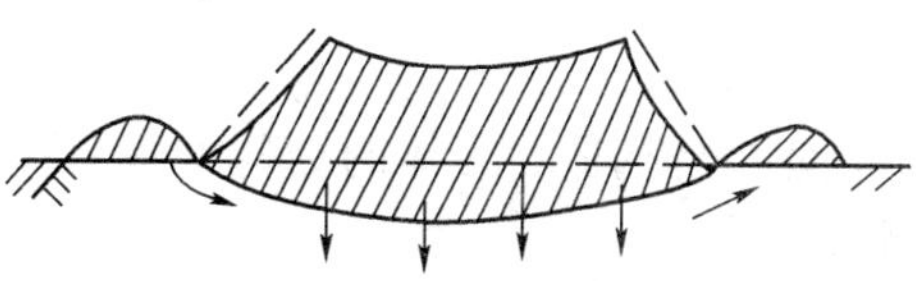

图5-2 地基沉陷

(3)边坡表层滑溜，如图5-3所示。其主要原因是边坡被雨水侵蚀，含水量过大，使边坡表

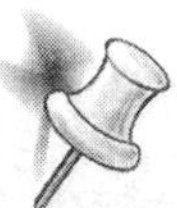

层部分随雨水冲刷下滑而被冲走。

(4)填方路基局部滑坍,如图5-4所示。其主要原因是边坡太陡,压实度不足,基底承载力不够,或填料过湿,土的抗剪强度降低,使部分路基沿滑动面下滑而破坏。

(5)整个路基沿基底面滑动,如图5-5所示。其主要原因是基底面横坡过陡,排水不良,水流渗入地基,致使整个路基底面向下滑坡。

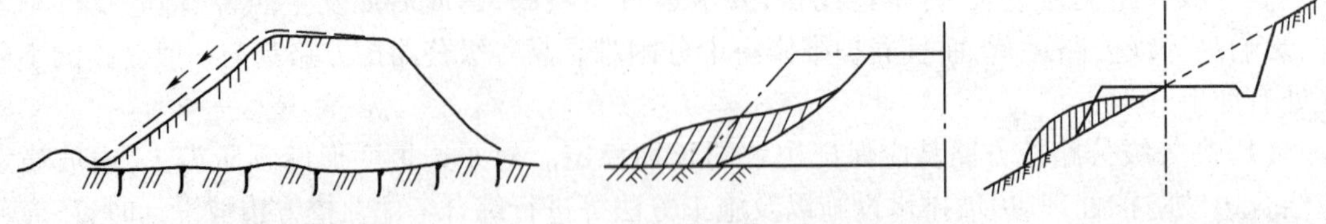

图5-3　边坡表层滑溜破坏　　图5-4　路基边坡滑坍　　图5-5　路堤沿山坡滑动

2. *岩石路堑边坡破坏形式*

(1)岩石路堑边坡破坏类型,如表5-1所示。

岩石路堑边坡破坏类型　　表5-1

破坏类型	示意图	特征
平面破坏		主要结构面的走向、倾向与坡面的基本一致,结构面的倾角小于坡角且大于其摩擦角
楔形破坏		两组结构面的交线倾向坡面,交线的倾角小于坡角且大于其摩擦角
圆弧破坏		节理很发育的破碎岩体发生旋转破坏
倾倒破坏		岩体被陡倾结构面分割成一系列岩柱,当为软岩时,岩柱产生向坡面弯曲;当为硬岩时,岩柱可再被正交节理切割岩块,向坡面翻倒

(2)影响岩石路堑边坡稳定的因素有:岩石性质、岩体结构构造、水的作用、风化作用、地震、地应力、地形地貌及人为因素等。

①岩石性质。岩石的成因类型、组成的矿物成分、结构构造和物理力学性质等是边坡稳定的决定性因素。由坚硬、矿物稳定、抗风化性好、强度较高的岩石构成的路堑边坡,其稳定性一般较好,反之就较差。

②岩体结构构造。岩体的结构类型、结构面性状、其与坡面的关系是岩石路堑边坡稳定的控制因素。

③水的作用。水的渗入使岩体质量增大,岩石被软化而抗剪强度降低;地下水的渗流将对岩体产生动水压力等,这些都对边坡稳定不利。

④风化作用。风化作用使岩体裂隙增多、扩大,透水性增加,抗剪强度降低。

⑤地形地貌。临空面的存在以及边坡的高度、坡度等都是直接与边坡稳定有关的因素。

⑥地震。地震将使边坡岩体的剪应力增大、抗剪强度降低。

⑦地应力。开挖边坡使岩体内的岩石的初始应力状态改变,坡脚附近出现应力集中带,坡顶和坡面的一些部位可能出现张应力区,若残余构造应力释放,可直接引起路堑边坡的变形破坏。

⑧人为因素。边坡不合理的设计、开挖,施工时水的渗入及大爆破都能造成边坡的失稳。

三、路基工程的基本要求

1. 具有足够的强度

路基除与路面共同承受交通荷载外,又是路面结构物的基础。道路上的交通荷载,通过路面传递给路基,并对其产生一定的压力,路基路面的自重又给地基一定压力。因此,要求路基应具有一定的强度,而路基的强度又直接影响到路面的强度。在我国的路基设计方法中,路基的强度指标以回弹模量或路床的 CBR 值表示,要求路基在不利季节气候条件下的强度要达到规定的标准值,以保证路面的强度与稳定。

2. 具有足够的水稳定性

路基还受到水文、气候条件的影响。我国南方非冰冻地区,路基主要受大气降水、地表水、地下水的作用,不仅影响到路基的强度并会引发季节性变化,使路基强度降低,产生过量的变形。特别是高填方路堤,受水侵蚀,路基的抗剪强度显著降低,在交通荷载及路基路面自重的综合作用下,路基失稳,易在路基体内产生滑动破裂面和过大的位移,从而引起路面的变形与损坏。因此,要求路基应具有足够的水稳定性。

3. 具有足够的冰冻稳定性

我国季节性冰冻地区的路基,受到季节性的冰冻作用,使路基出现周期性的冻融状态,并同时引出冻胀病害的发生。路面不均匀冻胀会破坏路面平整度,使路面产生裂缝及春融时路基强度急剧降低。因此,对季节性冰冻地区的路基,除具有足够的强度外,还要求具有足够的冰冻稳定性。在路床中设置防冻层,是保证路基具有冰冻稳定性的有效措施。路基冻胀病害的发生一般要同时具备下列三个条件:

(1)地基或路基的土质为易冻胀土壤。

(2)地基水分多,地下水源补给充足。

(3)地基与路基内的温度低,具有合适的温度梯度,适合水分转移与聚冰。

路床是指路面底面以下 80cm 范围内的路基部分,是路面的基础,承受由路面传来的荷载。路床在结构上分为上路床(0 ~ 30cm)及下路床(30 ~ 80cm)两层。路堤是高于原地面的填方路基,其作用是支承路床和路面。路床以下的路堤分上、下两层,上路堤是指路面底面以下 80 ~ 150cm 范围内的填方部分,下路堤则是指上路堤以下的填方部分。

4. 具有足够的整体稳定性和耐久性

路基是路面的基础,而路堤则是用填料在地表面以上填筑起来的带状路基,是公路建筑工程中重要的组成部分。虽然填方路基的施工工艺比较简单,但其工程数量却相当庞大,费工费时,在公路的总造价中占有很大比重。加之路基又长期暴露在自然环境中,受气候条件影响很大,所以路基抵御各种自然条件侵蚀的能力,即路基的质量好坏,就是一个非常重要的问题。随着公路技术等级的不断提高,路基质量问题就显得越突出,因此,不论是设计还是施工都应当十分重视路基的填筑质量,特别是高速公路,更应特别注意。

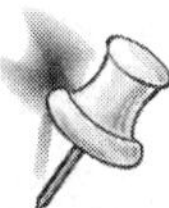

在路基工程施工中,压实是形成路基强度经济有效的技术措施。压实可以充分发挥路基土的强度,减少路基、路面在行车荷载作用下的变形,还可以增加路基的抗透水性和强度稳定性。

四、路基工程机械化施工

1. 概述

路基一般为土石方工程。施工方法有人工施工、简易机械施工、机械化施工及爆破等,施工时应根据工程性质、岩土类别、工程量、施工期限、施工条件等选择一种或几种。

简易机械施工是在人工施工的基础上,对施工过程中劳动强度大和技术要求相对较高的工序用机具或简易机械完成,以利加快工程进度、提高施工效率和工程质量。但这种施工方法工效有限,只能用于工程量较小、工期要求不严的路基或构造物施工,特别不适宜高速公路和一级公路路基的大规模施工。

机械化施工是通过合理选用施工机械,将各种机械科学地组织成有机的整体,优质、高效地进行路基施工的方法。若选用专业机械按路基施工要求对施工的各工序进行既分工又联合的作业,则为综合机械化施工。实现机械化施工是我国路基施工的发展方向,特别是对于工程量大、技术要求高、工期紧的高速公路和一级公路路基工程,必须采用机械化施工。组织机械化施工时,应使机械合理配套、科学组织,最大限度地发挥各种机械的效能。

工程机械化的度量用机械化程度表示。

$$\text{机械化程度} = \frac{\text{利用机械完成的实用工程量}}{\text{全部工程量}} \times 100\%$$

但机械化程度还远未能表示机械化施工的意义,它有着更广泛的含义,即不仅体现于机械化程度,而且更注重于机械的管理水平上,应当理解为涉及施工机械、施工技术、施工组织及施工管理等多学科的现代施工技术。它包含以下三方面的意义:

(1)在高等级公路的机械化施工中,提高机械化装备水准,对可采用机械作业的,应尽可能地采用机械来代替繁重的体力劳动,节省人工,改善劳动条件。并且更要注意根据不同的施工对象和要求,选择最适宜的机械,进行各种不同机械的合理组合,充分发挥机械的效能,加快施工进度,降低消耗和施工成本,保证工程质量,最终取得明显的经济效益。

(2)要有科学的施工组织设计指导工程施工。高等级公路不仅受各种自然条件的影响很大,而且战线长,工程量大,运用机械数量多、种类繁杂。所以应运用科学的管理技术,对施工组织计划进行优化,以最佳方案组织施工,才能更好地发挥机械化施工的作用,体现机械化施工的优越性。

(3)不断采用先进的机械设备,取代低效、高能耗的落后机械,加强施工机械的维修和科学管理,是提高机械化施工水平的重要内容。

2. 路基工程机械化施工的特点

高等级公路的机械化施工是减轻劳动强度、提高工效,加快建设速度、保证工程质量、节约资金和降低成本的重要手段,与人力施工相比,具有其特殊性,因而在施工的技术、组织和管理上有更高的要求。

(1)能完成独特的施工任务:有些工程或工序是人力所无法完成的,或者具有一定的危险性,必须借助于工程机械才能达到预期的设计要求。

(2)能改善劳动条件:使用操作灵活、性能优良的工程机械可以代替大量的体力劳动,并

能在一定工期内和有限的工作面上完成大量作业。

(3)能提高劳动生产率:一台斗容为0.5m^3的挖掘机可以代替80~90个工人的体力劳动;一台中型推土机相当于100~200人的工作量,由此可见,机械施工与人力劳动相比,其效率可提高几十倍甚至百倍以上。

(4)机动灵活:对于高等级公路施工战线长的工程,随着工程的进展,施工队伍转移是经常的,相对而言,机械的调转比大批的人员转移要方便得多,适用于流动性大的工程施工。

3. 路基工程机械化施工的要求

(1)需要有严密且科学的施工组织与管理,需要有充足的燃料能源,需要有附属设施和维修设备、良好的零配件供应及相适应的运输条件,更需要具有一定业务专长的技术干部和技术工人。

(2)为了在整个施工过程中,各个作业,各道工序均衡协调,需要有足够数量、种类及规格的机械设备,因此投资比较大。

第二节　路基工程施工质量的事前控制

路基施工需要消耗大量的人工、物资、机械和时间等资源,是一项历时时间长、技术要求高的工作。路基施工前,必须根据工程的实际情况做好组织准备、物资准备和技术准备工作,使各项施工活动能正常进行。在施工过程中,所有的施工活动都必须严格按有关施工规范进行,以确保工程质量,最后得到质量优良的路基实体。在路基施工准备阶段质量控制的重点是,对承包单位开工前的准备工作进行检查和审批。

一、施工单位质量自检系统审查

(1)审查施工单位质量自检人员配备的数量与素质。

(2)检查施工单位工地试验室功能与试验设备配备的规格、品种、数量与质量,能否满足正常施工期和施工高峰期进行质量自检的需要。

(3)检查施工单位试验室及拌和站自检计量系统是否准确、可靠,是否通过上级质量主管部门或有关计量部门的认证。

(4)修好临时便道、便桥,确保施工设备、材料、生活用品的供应。

(5)为确保安全施工,应设置必要的安全标志。

二、路基工程施工测量与施工放样的控制

路基开工前承包人应做好施工测量工作,其内容包括导线、中线、水准基点复测,横断面检查与补测,水准点增设等。施工测量的精度应符合《公路勘测规范》(JTG C10—2007)的要求。

开工前应全面恢复路中线并固定路线的交点、平曲线主点等主要控制桩,高速公路和一级公路应采用坐标法恢复主要控制桩。若设计文件中公路路线主要由导线控制,施工测量时必须做好导线的复测工作以准确控制路线的平面位置。为满足施工要求,复测路中线时应对指示桩进行必要的加密和加固。若发现路中线与相邻施工段的中线或结构物中轴线不闭合,应及时查明原因并上报有关部门。若原设计路线长度丈量有错误或局部改线时,应作断链处理并相应调整纵坡。路基施工时,若使用设计单位设置的水准点,应进行校核并与国家水准点闭合;产生的闭合差应按有关规定处理,闭合差超出允许误差应查明原因并报告有关部门。为方便施工可增设水准点,但应可靠固定。施工前应对路基纵、横断

面进行检查和核对，并适当补测。根据已经恢复的路中线，按设计文件、施工规定和技术要求等标出路基用地界桩、路堤坡脚、路堑坡顶、边沟及路基附属设施的具体位置。为方便施工，还应在距路中线一定安全距离处设置控制桩，间距不宜大于50m，桩上标明桩号及路中心填挖高度。在路基施工过程中应采取有效措施保护所有测量标志，以免增加测量工作量，减少出现错误的可能。

1. 导线复测

(1)当原测的中线主要控制桩由导线控制时，承包人必须根据设计文件认真做好导线复测工作。

(2)导线复测应采用测量精度满足要求的仪器。仪器使用前应进行校正与检验。

(3)原有导线点不能满足施工要求时，应进行加密，保证在施工全过程中，相邻导线点能互相通视。

(4)导线起讫点应与设计文件提供的结果相比较，测量精度满足设计要求。当设计未规定时，应满足角度闭合差为 $\pm 16\sqrt{n}('')$（n 是测点数），坐标相对闭合差为 ±1/10 000 的要求。

(5)复测导线时，必须和相邻施工段的导线闭合。

(6)对有碍施工的导线点，复测后施工前应加以固定。固定桩应牢固可靠，桩位应便于架设仪器，并设在施工范围以外。

2. 中线复测

(1)路基开工前承包人应全面恢复中线并固定路线主要控制桩，如交点、转点、圆曲线和缓和曲线的起讫点以及起控制作用的百米桩及加桩。对高速公路应采用坐标法恢复主要控制桩。

(2)恢复中线时应注意与结构物中心、相邻施工段的中线闭合，发现问题应及时查明原因，并报现场监理工程师。

(3)路线的复核丈量如发现原设计中线长度与实际复核丈量的长度出入较大或业主需局部改线时，应作断链处理，在纵断面图上相应调整纵坡，并在设计图表上的相应部位注明断链的距离和桩号。

3. 水准基点和路线高程复测

(1)承包人在复测路线沿线设计单位敷设的水准基点时，应与附近国家级水准点闭合。若复测结果超出允许误差范围时，应及时查明原因后报业主。

水准基点的闭合差应满足相关标准的技术要求：

①大桥附近的水准点闭合差应满足《公路桥涵施工技术规范》(JTJ 041—2000)的规定。

②高速公路和一级公路的水准点闭合差为 $\pm 20\sqrt{L}$(mm)。

③二级公路水准点闭合差为 $\pm 30\sqrt{L}$(mm)，L 为水准路线长度，以 km 计。

(2)沿线设置水准基点的间距一般应不大于1km，平坦地区不大于2km。

(3)遇到如人工构造物附近、高填深挖地段、工程量集中及地形复杂地段等情况，应增设临时水准基点。临时水准基点必须符合精度要求才可使用。

(4)如发现个别水准基点受施工影响时，应将其移到影响范围之外，其高程应与原水准点闭合。

(5)纵断高程复测时，观测距离不得超过仪器的有效距离。观测数据必须闭合，复测点应与中桩吻合，纵断高程复测误差应满足精度要求。

4. 横断面的检查与补测

(1)路基施工前,应详细检查、校对横断面;加桩处应补测横断面。

(2)检查和补测横断面的方向,直线段与路中线垂直,曲线段为垂直于所测点的切线方向。

(3)通过高程测量计算出填、挖高度,并列表计算出土、石方数量。

5. 路基施工放样

(1)路基开工前,承包人应根据恢复的路线中桩、设计文件及有关规定进行路基施工放样,钉好路基用地界桩和路堤坡脚、路堑坡顶、边沟、取土坑、护坡道、弃土堆等的具体位置桩。距路中线一定距离沿着路中线方向一般每隔50m设立控制桩,并注明桩号及路中线的填挖高度,用(+)表示填方,用(-)表示挖方。

(2)承包人应根据施工放样后的填、挖高度进行填、挖工程量的复核计算,并将施工放样及计算结果填写“路基工程施工放样报检单”报监理工程师审核。

三、路基工程施工机械选配和审查

1. 路基工程施工机械选择的原则

工程数量与施工进度是合理选择机械的重要依据。为了保证施工进度和提高经济效益,一般工程量大、工期紧时应采用大型机械,而工程量小时则采用中、小型施工机械。但这不是绝对的,有时候可能是其他因素更突出地影响着施工机械的选择。选择施工机械一般应遵守下述原则。

(1)施工机械与工程的具体实际相适应

这里的工程具体实际是指工程量的大小,工期的要求,工地的气候、地形、土质,施工场地的大小,运距远近,施工断面尺寸,工程质量要求等。在条件允许的情况下,尽量选择最能满足施工要求的工程机械。

(2)能保证工程质量要求和施工安全

根据工程的技术要求,选择合适的施工机械是保证工程质量的重要因素之一。对技术质量要求高的作业项目,应考虑采用性能优良或专用的机械,以保证工程质量和较高的生产率。同时,选择的机械应具有可靠的安全性能,能保证施工人员和设备的安全。

(3)应有较好的经济性

施工机械经济性选择的基础是施工单价,主要和机械固定资产消耗及运行费等因素有关。必须权衡工程量与机械费用的关系,同时要考虑机械的先进性和可靠性,这是影响经济效益的重要因素。采用先进的机械设备,其技术性能优良、构造简单、易于操作、故障费可大大降低,最终可取得较好的经济效益。

2. 路基工程施工机械的合理选择

施工机械种类繁多,各种机械又有其独特的技术性能和作业范围。一种机械可能有多种用途,而某一施工内容往往可以采用不同机械去完成,或者需要若干机种联合工作。在工程施工中,应根据机械的技术性能,针对各项作业的具体情况,从下述几方面出发,合理地选择机械。

(1)根据作业内容选择

路基工程的作业内容可分为基本作业和辅助作业。基本作业包括土石方挖掘、装运、填筑、压实、修整和挖沟。辅助作业有砍伐树木并除根、松土、爆破、表层清理和处置。各种作业都由相应的施工机械完成。根据作业内容对施工机械的选择,其参考如表5-2所示。

根据作业内容选择施工机械参考表　　表5-2

工程类别	作业内容	选择的机械与设备
准备工作	清基(树丛、草皮、淤泥、黑土、种植土、废墟、冰雪等清除)和料场准备,松土、破冻土(<0.2m)	伐木机、履带式拖拉机、推土机、挖掘机、装载机、水泵、高压水泵、松土器、大犁、平地机
土方开挖	底宽>2.5m的河渠、基坑、池塘、港口、码头、采土场、小型沟渠和基坑	推土机、铲运机、挖掘机、装载机、冲泥机、吸泥机、开沟机、清淤机
石方开挖	砾石开采、岩石开采、石料破碎	挖掘机、推土机、移动式空气压缩机、凿岩机、爆破设备、破碎机、筛分机
冻土开挖	河渠、基坑、池塘、港口、码头	推土机、冻土犁、冻土锯、冻土拍、冻土钻、冻土铲
土石填筑	大中型堤坝、高质量路基、场地、台阶、小型堤坝、路基、梯田、台阶	推土机、铲运机、羊足碾、压路机、夯板碾压机、洒水车、平地机、大犁
运输	机械设备调运、土石运输	火车、轮船、载货汽车、起重机、推土机、铲运机、装载机、自卸汽车
整形	削坡、平整	平地机、大犁、推土机、铲运机、挖掘机

实践表明,对中小型工程,选择通用性机械较为合理、经济,而大型的工程,应更注重根据作业内容选择机械,才能获得最佳的技术经济效益。具体选择时,先选定作业的主要机械,然后根据其生产能力、工作参数及施工条件选择辅助机械,保证工程连续均衡地开展。

(2)根据土质条件选择

土石是机械施工的主要对象,其性质和状态直接影响施工机械作业的质量、工效和成本等,因此,土质条件也是选择机械的重要依据。一般从以下方面考虑选用。

①根据机械通行性选择。所谓通行性是用以表示车辆,特别是工程车辆在土质等条件限制下,在工地行驶的可能程度。一定土质地面的车辆通行性,可通过对土壤性质变化的测定来确定。

②根据土质的工程特性选择。不同土质对不同机械的施工作业的可能性和难易程度影响较大,因此,必须根据工地土质的工程特性,选择合适的机械。在选择施工机械时,通常我们把较为干燥的黏土、砂土、砂砾土、软岩和岩石等称作硬土;把淤泥、流沙、沼泽土和湿陷性大的黄土、黑土及软弱黏土等称作软土。硬土的开挖、运输机械的选择见表5-3;软土开挖机械的选择见表5-4。

硬土的开挖和运输机械的选择　　表5-3

地质＼施工机械	推土机	铲运机	正铲挖掘机	反铲挖掘机	装载机	压土器	开沟机	平地机	自卸汽车	底卸汽车	钻孔机	凿岩机
黏土和壤土	√	△	√	√	√	√	√	√	√	√	—	—
砂土	√	√	√	√	√	√	√	√	√	√	—	—
砂砾石	√	×	√	√	√	×	△	△	√	△	—	—
软岩和块岩	△	×	√	△	△	×	×	×	√	×	√	√
岩石	×	×	×	×	△	×	×	×	√	—	√	√

注:"√"适用;"△"尚可用;"×"不适用。

软土开挖机械的选择 表5-4

施工机械 \ 水分状况	通用推土机	推土机(接地压力 kPa)			水路两用挖掘机	挖泥船
		19.6~29.4	11.8~19.6	<11.8		
湿地	△	√	√	√	√	×
轻沼泽地	×	√	√	√	√	×
重沼泽地	×	×	△	√	√	△
水下泥地	×	×	×	√	√	√

注:"√"适用;"△"尚可用;"×"不适用。

(3)根据运距选择

各种铲运机械都有自己的经济运距,所以应结合工程规模及现场条件选择施工机械。各种施工机械经济运距参考表5-5所示。

施工机械经济运距 表5-5

机械	履带推土机	履带装载机	轮胎装载机	拖式铲运机	自行式铲运机	轮式拖车	自卸汽车
经济运距(m)	<80	<100	<150	100~500	200~1 000	>2 000	>2 000
道路条件	土路不平	土路不平	土路不平	土路不平	土路不平	平坦路面	一般路面

(4)根据气象条件选择

气象条件主要是指雨季的雨水、冬季结冰的融水及冬季的冰土情况。因为雨水使土壤的含水量增大,工程条件恶化,降低原有机械的作业效率,有时甚至不得不使用效率较低的履带式机械。冬季天气寒冷,出现冻土,增加了施工作业的困难,降低了作业效率,甚至还需要有松土器等机械来辅助作业。

3. 机械合理组合的原则

施工机械种类繁多,各种机械又有其独特的技术性能和作业范围。一种机械可能有多种用途,而某一施工内容往往可以采用不同机械去完成,或者需要若干机种联合工作。为了获得最佳的技术经济效果,根据具体的施工条件,必须对施工机械进行合理地选择与组合,使其发挥尽可能大的效能。合理地进行机械组合是发挥机械设备效能的重要因素,也是机械化施工的一个基本要求,包括技术性能和机械类型及其数量两个方面的配置。组合时应考虑以下几点原则:

①主导机械与配套机械的工作容量、数量及生产率应稍有储备。

②牵引车与配套机具组合。

③配合作业机械组合数尽量少,以提高施工总效率。

④尽量选用系统产品,便于维修和管理。

对于土方工程,使用机械组织施工的方法有:推土机施工法、铲运机施工法和挖掘机加装载机施工法。根据土方工程通常的作业程序,机械的配套和组合见表5-6。它们间的组合关系可以作为组成合理的机组进行施工的一个参考依据。

根据施工方法的施工机械组合　　表 5-6

<table>
<tr><td colspan="2">作业名称</td><td>挖掘</td><td>装载</td><td>搬运</td><td>路基面修整</td><td>撒布</td></tr>
<tr><td colspan="2">作业程序</td><td>1</td><td>2</td><td>3</td><td>4</td><td>5</td></tr>
<tr><td rowspan="3">机械的
配套和组合</td><td>推土机
施工法</td><td colspan="3">推土机</td><td rowspan="3">平地机</td><td rowspan="3">推土机、
平地机、
压实机</td></tr>
<tr><td>铲土机
施工法</td><td colspan="3">铲土机、铲运机 + 推土机</td></tr>
<tr><td>挖掘机加装载机
施工法</td><td colspan="2">挖掘机</td><td>装载机、翻斗车、
自卸汽车</td></tr>
</table>

4. 路基工程施工机械审查

(1)路基开工前施工单位对已进场的路基工程施工机械的品种、规格、型号、配备数量及运行质量进行详细检查后向监理工程师报检。

(2)承包人报检的施工机械,需经监理工程师逐一检查审批后方可用于工程施工。

四、路基工程填料选择与控制

1. 路基填料的技术要求

填方路堤所选用的土及其他填筑材料,应具有一定的强度。特别是高速公路的路基填方材料应经试验检测,试件浸水 96h 的 CBR 值须满足表 5-7 的要求。

路基填料最小强度和最大粒径要求　　表 5-7

项目分类		路面底面以下深度(cm)	填料最小强度(CBR)(%)		填料最大粒径(cm)
			高速公路、一级公路	二级公路	
填方路基	上路床	0~30	8	6	10
	下路床	30~80	5	4	10
	上路堤	80~150	4	3	15
	下路堤	150 以下	3	2	15
零填及路堑路床		0~30	8	6	10

注:①当路床填料 CBR 值达不到表列要求时,可采取掺石灰或其他稳定材料处理。

②其他公路铺筑高等级路面时,应采用高速公路、一级公路的规定值。

③粗粒土(填石)填料的最大粒径,不应超过压实层厚度的 2/3。

④其他等级公路路基填料要求,此表未予列出,请参见《公路路基设计规范》(JTG D30—2004)。

在交通部颁现行《公路路基施工技术规范》(JTG F10—2006)中明确规定:

(1)路堤填料不得使用淤泥、沼泽土、冻土、有机土、含草皮土、生活垃圾、树根和含有腐朽物质的土。采用盐渍土、黄土、膨胀土填筑路堤时,应遵照有关规定执行。

(2)液限大于 50%、塑性指数大于 26 的土,及含水量超过规定的土,不得直接作为路堤填料。要应用时,必须采取满足设计要求的技术措施,经检查合格方可使用。

(3)钢渣、粉煤灰等材料,可用做路堤填料;其他工业废渣在使用前应进行有害物质的含量试验,避免有害物质超标,污染环境。

(4)捣碎后的种植土,可用于路堤边坡表层。

各级公路的路基填方材料的最小强度和最大粒径,应符合表 5-7 的规定。

2. 各种填料的工程性质和适用性

填筑路堤的填料以采用强度高，水稳定性好，压缩性小，便于施工压实以及运距短的土、石材料为宜。在选择填料时，一方面要考虑料源和经济性；另一方面要顾及填料的技术性质是否合适，如淤泥、沼泽土、含有残树根和易于腐朽物质的土以及含水量过大的土，均不适宜填筑路堤。各种填料的工程性质和适用性分述如下。

(1)不易风化的石块透水性大，强度高，水稳定性好，使用场合和施工季节均不受限制，为最好的填料。但石块之间要嵌锁密实，以免在自重和行车荷载作用下，石块发生松动位移，从而产生沉陷变形。

(2)碎(砾)石土透水性大、内摩擦系数高、水稳定性好、施工压实方便，为很好的填料。若细粒含量增多，则透水性和水稳定性就会下降。

(3)砂土无塑性，透水性和水稳定性均良好，毛细管上升高度很小，具有较大的内摩擦系数。但由于其黏性小，易松散，对流水冲刷和风蚀的抵抗能力很弱。为克服该缺点，可适当掺加一些黏性大的土，或将边坡表面予以加固，以提高路基的稳固性。

(4)砂性土内摩擦系数较大，又具有一定的黏结性，易于压实，可获得足够的强度和稳定性，是良好的填筑材料。

(5)粉性土因含有较多的粉粒，毛细现象严重，干时易被风蚀，浸水后很快被湿透，在季节性冰冻地区常引起冻胀和翻浆，水饱和时有振动液化问题。粉性土，特别是粉土是稳定性差的填料，不得已使用时，宜掺配其他材料，并加强排水和隔离等措施。

(6)黏性土透水性小，干燥时坚硬而不易挖掘，浸水后强度下降较多，干湿循环因胀缩引起的体积变化也大，过干或过湿时都不便施工。在给予充分压实和良好排水的条件下，黏性土可做路堤填料。

(7)膨胀性重黏土几乎不透水，黏结力特强，干时难挖掘，湿时膨胀性和塑性都很大。膨胀性重黏土工程性质受黏土矿物成分影响较大，不宜用来填筑路堤。

(8)易风化的软质岩石浸水后易崩解，强度显著降低，变形量大，不宜做路堤填料。

3. 路基填料选择要点

由于公路沿线土石的性质和状态不同，故路基的稳定性亦有很大的差异。为保证路堤的强度和稳定性，需尽可能选择当地稳定性良好的并具有一定强度的土石做填料。

(1)最稳定的填料主要有石质土和工业矿渣两大类。前者常用的有漂石土、卵石土、砾石土、中砂和粗砂等。后者常用的有钢渣、建筑废料等。这两类材料摩擦系数大，不易压缩，透水性好，其强度受水的影响很小，是填筑路堤的最佳材料。

(2)密实后可以稳定的填料亦分为一般填土和工业废料两类。前者通常是指粉土质砂以及砂和黏土所组成的混合土。后者主要有粉煤灰、电石灰等。这些材料经压实后能获得足够的强度和稳定性，是较好的常用填筑材料。但在使用时应注意：

①土中的有机质不可超过5%；

②土中易溶盐含量不应超出规定的数量；

③填土施工要在最佳含水量状态下进行；

④必须按一定厚度铺设，分层压实；

⑤砂的黏性小，易松散，有条件的应适当掺杂一些黏性大的土，或将路堤表面予以加固，以提高路基的稳定性；

⑥用粉煤灰填筑路堤应符合有关规定要求，其他工业废渣在使用前应进行有害物质的含

量试验，避免有害物质超标、污染环境。

(3)稳定性差的填料主要有高液限黏土、粉质土等。

①高液限黏土的黏性高，塑性指数大，透水性极差，干燥时很坚硬，但浸湿后强度急剧下降，不易干燥；干湿循环的胀缩所引起的体积变化很大；过干时成块状，不易打碎和压实，过湿时又易压成弹簧土，属不理想的填料。

②粉质土含有较多的粉土粒，虽有一定的黏性和塑性，但不易稳定，水浸后易成流体状态，干旱时则尘土飞扬。毛细管水上升高度可达0.8～1.5m，在季节性冰冻地带会造成很大水分累积，导致严重的冻胀和翻浆，属最差的路堤填土，黄土类、黑黏土多属于这类土。

(4)改良后填料。稳定性较差的土一般属液限大于50%，塑性指数大于26的土，不宜作为公路路基填土。在特殊情况下，受工程作业现场条件限制，必须使用时，通常应作如下处理后方能使用。

①含水量的调节。进行含水量控制的目的，是保证土料在最佳含水量下达到最好的压实度。如果土料含水量过高，应予以翻晒，最好利用松土机或圆盘耙耧翻，增大暴露面，加速水分蒸发；另外也可在取土场工作面下面挖沟，使地下水位降低，改变土料含水量，这也是一种有效方法。如含水量过低时，常在材料上人工洒水，最好在料场进行，以利控制洒水均匀，洒水量可由自然含水量和最佳含水量之差简单地求出。也可采用洒水车直接在路堤上喷洒，但应配用圆盘耙耧等机具对土料进行翻拌，使其润湿均匀，同时还须注意预计润湿时间，绝不可洒水后立即碾压。

②掺外加剂改良，即利用石灰、水泥工业废料或其他材料做稳定剂对土的性质进行改良，达到填料要求。这种方法对含水量大、塑性高的土或强度不足的材料都有较好的效果。采用外加剂改良土的施工方法，是将土和外加材料按一定比例混合、拌匀后铺平压实，一般采用路拌式稳定土拌和机和平地机等进行作业，也可由设于专门场地的厂拌设备制备。

4. 路基填料的抽检与审批

(1)路基开工前，承包人应修好通往取土坑或弃土场的施工便道。

(2)确定取土坑、弃土场的地点、位置，每一取土坑可取用土方的数量，弃土场需占用的土地面积、运距及土质情况。

(3)对取土坑中可用来填筑路基的土样进行基本的物理力学性质试验，并填写进场材料报检单，报监理工程师审查、确认。

五、路基工程施工方案审批

1. 路基施工方案选择基本要求

各种工作类型由于填挖要求、地形和运距不同，所用的施工方法和施工组织也就完全不同。在施工时，可根据各自的特点，对填挖工作沿路基宽度、高度、深度的推进顺序，采用不同的施工方案。在选择施工方案时，应考虑当地的自然条件、具体的填挖情况、采用的施工机械和工期等因素，使方案尽可能达到下列要求。

(1)创造良好的施工条件，使施工机具的生产效率得以充分发挥。

(2)有足够的工作面，便于布置施工所需要的机具，并使施工队伍和施工机械能正常工作。

(3)有利于提高工程质量，保证安全施工，各个施工阶段都有排水出口。

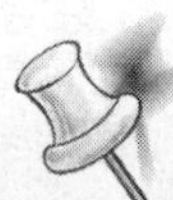

2. 路基填筑机械作业要点

路堤的填筑施工根据不同的施工条件,采用不同的施工机械作业。其有如下一些具体方法。

(1)推土机作业

①推土机横向推填是一种水平分层填筑方法,推土机在路堤一侧或两侧取土场取土。

②推土机纵向推填路堤是采用推土机进行移挖填土施工方法,其特点是可进行纵坡分层压实,但在作业时应注意:挖方土壤应符合填土要求,开挖部分坡度以不大于1:5为限。开挖中一方面应注意随时复核路基高程和宽度,避免超挖和欠挖;另一方面应注意选用多台并列推土和利用前次推土的槽推土等方法,以提高推土效率,缩短推土时间和减少土的失散。纵向推填路堤作业方法,如图5-6所示。

③综合作业法是上述两种方法的综合,即在纵横方向联合作业,宜分段进行,每段50~80m。每段中部设有横向送土道,用横向作业方式将两侧土送上路堤,再由另外的推土机纵向推送铺平压实。如图5-7所示。

图5-6　推土机纵向推填路堤作业法

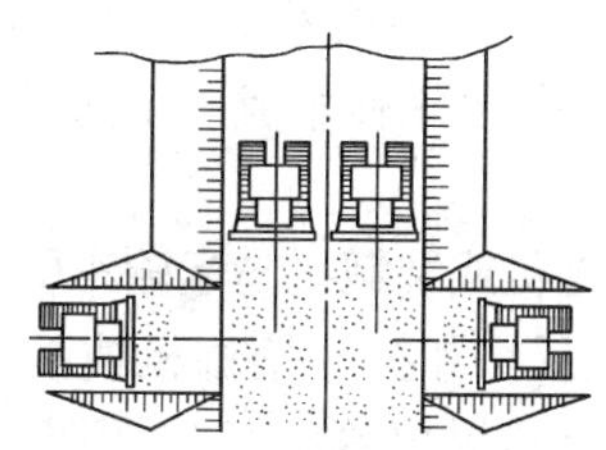

图5-7　推土机综合作业填筑路堤

(2)铲运机作业

利用铲运机填筑路堤,其基本方法与推土机大致相类似,仅以作业现场条件不同而有所区别,最大特点是曲线作业散落料少,故有更灵活的作业路线,并适宜于较远距离取土,一般为100m以外,且填筑高度为2m以上为宜。其作业的运行路线,可根据地形条件,考虑施工效率,有以下几种基本方式,可在实际工作中灵活应用。

①椭圆形运行路线方法适用于填土高度在1.0~2.0m以内,且工作长度在150m以下的情况。其主要缺点是重载上坡转向角大,转弯半径小,每一循环铲运机需要转两次180°大弯,如图5-8所示。

②"8"字形运行路线方法实际上是上述椭圆形路线的组合,每一个作业循环,在同样两次180°大转弯的情况下,可完成两次铲装、运送、卸土的过程,如图5-9所示。该方法可以容纳多机作业,工效比单椭圆形作业路线有一定程度的提高,多用于工作段较长(一般300~500m)的填筑作业,要求取土场在路堤两侧。

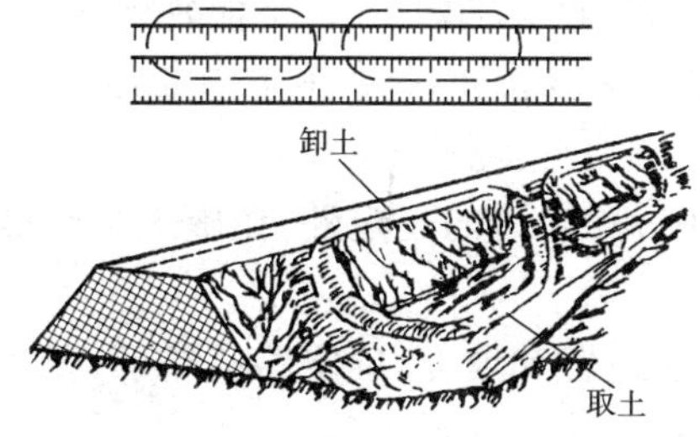

图5-8　铲运机椭圆形运行路线

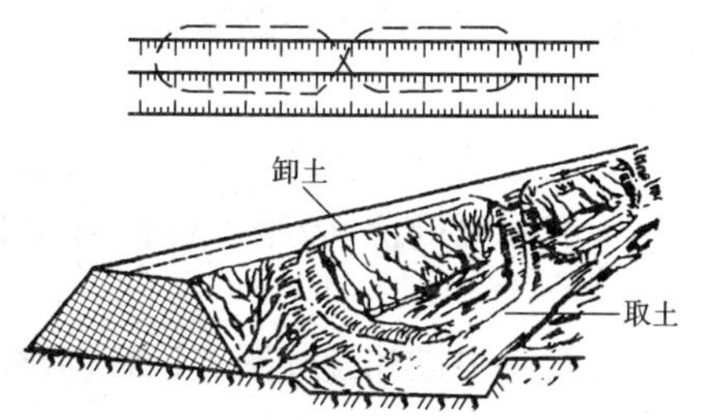

图5-9　"8"字形运行路线

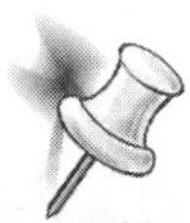

③对于在两侧取土场同时取土作业时,可采取全堤宽循环作业方法,即铲运机连续相间地在路堤两侧取土场取土,而在路堤全宽上均匀铺撒,其运行路线有如图 5-10 所示的三种。这种作业方法适宜于作业区段较长,且宽度较大的路堤填筑。铲运机每次循环中,多次装卸土壤,运行路线可均匀错开,因此碾压质量较好。

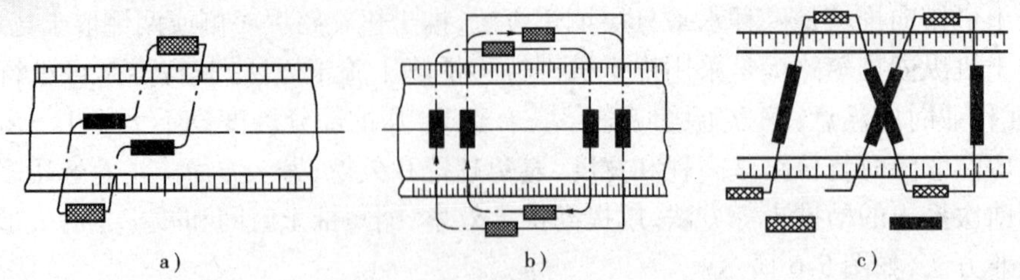

图 5-10　全路堤宽循环作业路线

a)穿梭式;b)螺旋式;c)环回式

用铲运机填筑路堤,无论采取何种运行路线,在路堤整个宽度上,应注意必须从路基边缘向中线进行填筑,并始终保持两侧高于中间,可防止铲运机向外翻车,当两侧填至设计高程时,再填平中间并按要求修整成一定的拱形。在路堑或取土坑中铲土时,应在该段全长全宽上分层铲土。

(3)挖掘机或装载机与运输车辆配合作业

用正铲、反铲和抓斗挖掘机或装载机与运输车辆配合进行路堤填筑施工,适用于取土场较远或特殊地形的施工条件下作业。工作过程比较简单,挖掘机或装载机按其基本作业方法进行挖掘装载,由运输车辆将工料送上路堤,然后由推土机或铲运机按规定厚度铺平并由压实机械压实。采用这种作业方法,影响工效的主要因素是与一定装载能力的挖掘装载机械相配合运土的车辆数及其运行路线。图 5-11 所示为正铲挖掘机与运输车辆配合作业的运行路线图。

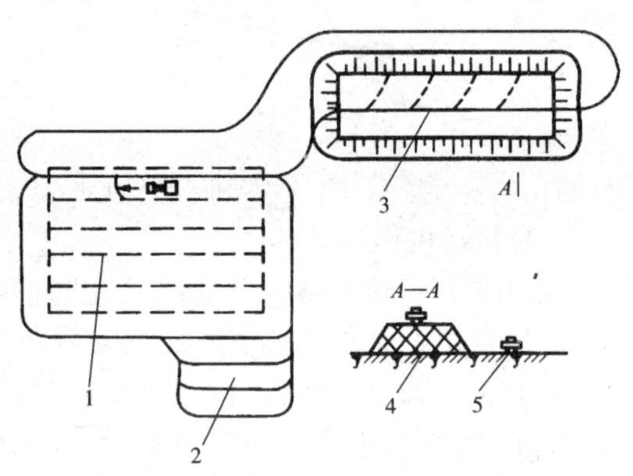

图 5-11　正铲挖掘机与运输车辆配合作业

1-取土场;2-不使用的废弃土;3-重车道;4-路堤;5-汽车

与挖掘装载机械配合作业的车辆数,除与挖掘机、汽车性能有关外,同时还与运输距离、道路条件、驾驶员技术素质等因素有关,也还受到平整和压实机械生产能力的影响,因此,应尽可能使各种设备做到相互平衡、协调,才能使总的工效最佳。

3. 路基边坡机械化施工作业要点

路基边坡机械化施工是路基施工作业中的重要环节,如果注意不够,不但延误工期、降低工程质量,造成经济损失,而且还可能给运营安全带来很大威胁,因此在施工中务必充分重视。

(1) 路基边坡机械化施工的基本要求

路基边坡除应符合《公路工程技术标准》(JTG B01—2003)的规定外,在施工中还应注意以下几点:

①根据线路中桩和设计图表,通过放样定出边坡的位置和坡度,确定路基轮廓,要求放样准确可靠。

②按照规定,首先在适当位置作出边坡式样,作为全面施工的参照。

③对高路堤或深路堑，每施工一段距离就要抄平放线一次，发现问题，及时纠正，变坡点处，更要注意测量检查。

④路基修筑时，边坡部位要留有一定的余量，以方便进一步修正后还能达到设计要求的标准，岩石边坡要尽量一次完成。

⑤边坡附近如遇打眼放炮时，要严格控制炮眼方向及装药量，防止将边坡振松破坏。

⑥填土边坡为了防止在雨水的冲刷下发生滑坡破坏，要对路堤边坡，尽可能采用机械压实的方法达到密实度要求。

⑦路基边坡坡度在1:2.0左右时，坡面要拉线先放粗坡，用3t以上的拖式振动压路机从填土坡脚开始往上卷振压实，如图5-12所示。注意必须是从下往上振压，往下过程中不能振动，否则，斜坡上的材料要被振松而滚滑下去。

⑧路堤边坡也可以在填土时适当加大宽度和高度，分层填土、分层压实，多余部分利用平地机或其他方法铲除修整即可。这种方法，作业面增大，需要有一定的施工回旋余地，但在没有条件进行坡面压实的情况下，往往可以取得满意的结果。

（2）路基边坡整形

路基经过填土、压实后，要进行整形作业，除路基顶面以外，施工作业较复杂的是边坡面的整形，可用平地机或推土机进行。

①平地机坡面整形，由于受平地机的性能和刮刀长度的限制，当坡面坡度为1:1.5～1:5.0，高2m时，可以用一台平地机在一个平面上行驶作业（见图5-13）；如果坡面高为4m或坡度较缓时，一台平地机在一个平面上无法完成全坡面整形，可采用两台平地机在上下两个平面上同时进行作业，或一台平地机分两次在上下两个平面内分别作业，如图5-14所示。对于平地机在上下两平面上仍不能完成整形作业的大坡面，则必须在分层填筑过程中的适当时候就进行修整。

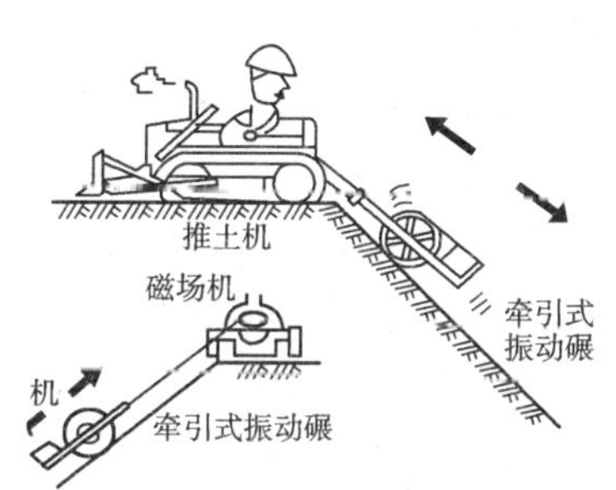

图5-12　用拖式振动压路机压实边坡

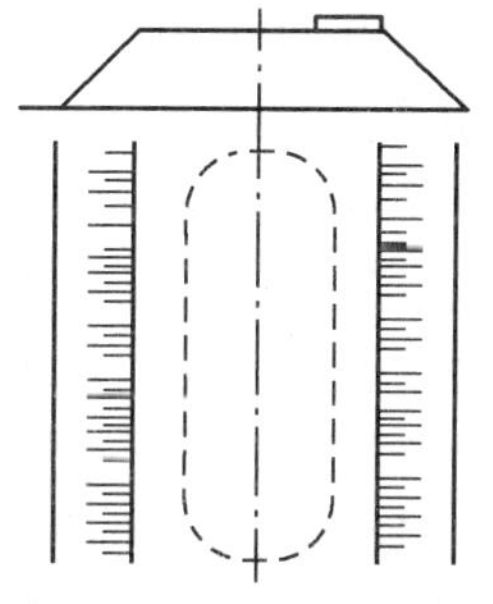

图5-13　一台平地机坡面整形

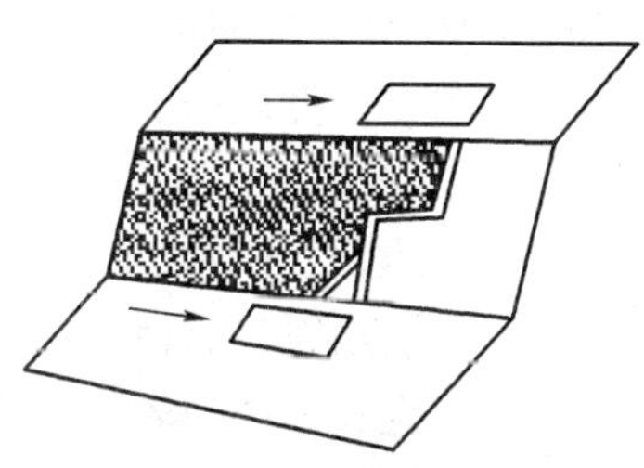

图5-14　两台平地机坡面整形

无论采取何种方式进行坡面整形，施工作业前，都必须在作业段两端做好标准坡面，以便在刮削时有所参照，或者随时用线绳连接两端标准坡面同一位点，指导、检查平地机作业情况，防止超刮及欠刮。对于有找平装置的平地机，也可用拉线的方式，设置基准进行作业。

②推土机坡面整形作业，只适应于坡度小于1:2.5的坡面。一般先用人工作出标准坡面，然后推土机紧靠标准坡面，自下而上或自上而下进行刮削，为了保证推土机不至于远离标准而造成超刮现象，作业段内应有一定数量的标准坡面以对推土机的作业加以控制，标准坡面布设间隔一般为铲刀宽4～6倍为宜，即10～15m。由于推土机进行整形作业时，作业是机车在坡面上行驶的同时进行的。因此，推土机作业过程中，虽然可以多布设一些标准坡面，以便对照，

但仍然比较难于掌握，所以，对操作人员的技术水平要求较高，可根据推土机行驶的坡度与铲刀切削坡度一致的程度，采用简易的环形测坡仪，进行监测，以便控制。一般而言，推土机进行坡面整形作业的质量远不如平地机容易控制。

4. 试验路段的选择与实施

公路施工中需做试验路段的工程项目，通常有路基填方及路面底基层、基层及面层。以下所谈的是路基填方试验路段的选择。

1）试验路段的作用

做试验路段的目的是为了取得施工经验，检验施工机械组合，根据压实机械情况及施工技术规范准许情况下的压实厚度、松铺系数，以确定松铺厚度、土的最佳含水量、达到设计要求密实度的碾压遍数等。将以上资料整理上报，经监理工程师批准后，作为以后施工的经验资料，以指导此工程项目的路基填方施工。

2）试验路段选择的注意事项

（1）为了尽快开工及便于管理，试验路段应选在距驻地近、地形较平坦、交通方便、施工条件较好的地段。

（2）试验路段应选在填方工程数量集中、施工时间较长或需尽早开工填筑完成的地段。

（3）当沿线填筑的土质变化较大时，试验路段应选在土质较好而且对今后施工有广泛指导作用的地段。

（4）当填方的原地面地基水文地质变化较大时，试验路段应避开水位较高及软地基，宜选在不需要加固处理，且地基承载力较高的地段。

3）试验路段的实施

（1）填土前的准备工作。当开工报告被批准后，按放样位置标出清表范围，测量原地面高程及横断面，以核对设计横断面及填挖数量。清表应按设计要求及合同文件的规定进行，草皮应清彻底，树根应挖除，填筑范围内的洞穴、墓坑应按规定回填夯实。清表后报监理工程师检查验收，办理签认手续。清表后的地面高程应测量报验，然后进行填前压实。在填前压实之前或同时，应检查原地面的承载力，以验证是否满足要求。若不符合要求应提出加固措施报批。填前压实顺序自低向高、由边到中，碾压机械速度不应超过4km/h，碾压时轮迹应重叠，碾压遍数可根据压路机的性能及以往的经验确定；一般情况碾压5～6遍后检查密实度，若不符合要求则继续碾压，直到符合要求后方可停止碾压。测量碾压后的地面高程报监理工程师检验签认，以作为填方数量的计量支付凭证。若原地面碾压遍数超过10遍还达不到密实度的要求，应停止作业查找原因。若地基土的含水量对压实度的影响不大，应检查击实标准。若压实标准无问题，那么就是压实机械的问题。应采用压实功能强的压实机具进行碾压。

（2）上第一层土：无论用自卸汽车上土还是用铲运机上土，都要事先与监理工程师协商，确定压实厚度，估计松铺系数，从而计算出松铺厚度；按松铺厚度计算自卸汽车卸土的间距，指挥自卸汽车按计算的间距卸土。

（3）摊铺：摊铺可先用推土机粗摊，然后用平地机摊铺。若用铲运机上土，铲运机可完成粗摊，然后用平地机摊铺。摊铺完成后应挖孔测量铺土厚度，或者用水平测量计算出铺土厚度，核对实铺与计划摊铺厚度的误差，以便在上第二层土时进行调整，同时为计算压实系数提供数据。上土后应取土样测定含水量，若含水量偏高超过能压实的范围时，应翻拌晾晒；若土的含水量偏低则应洒水翻拌。待接近最佳含水量不超过2%～3%时再摊铺碾压。

（4）碾压：路基填土压实应根据填土的种类、含水量、摊铺厚度及所使用的压路机吨位事

先确定,按所约定的碾压遍数碾压。当达到碾压遍数后,测定密实度。当密实度达不到规定值时,应增加碾压遍数。当碾压10遍仍满足不了要求时,除应继续碾压达到标准外,还应考虑减薄填土摊铺厚度。这说明约定的摊铺厚度不适合所用压路机的型号和吨位,应进行调整。一般碾压6~8遍即可达到压实标准。碾压时可先用轮式压路机碾压2遍,然后采用其他压路机碾压。若用振动压路机时,第一遍应不振动,然后先慢后快,由弱振到强振。碾压机械行驶速度开始宜用慢速,最大速度不要超过4km/h。碾压时直线段由两边向中间,曲线段由内侧向外侧,纵向进退式进行。横向接头对振动压路机一般重叠0.4~0.5m,对三轮压路机一般重叠后轮的1/2。

(5)第一层土的施工记录与整理。试验路段施工时,一般情况下项目经理、技术负责人及驻地监理工程师均要参加第一层土的施工。施工的原始记录应在现场填写及办理签认手续,各项指标的检测应详细记录,及时、准确提供数据。完成第一层填土后应及时检验密实度及测量高程、填筑宽度、横坡度等,并及时进行验收。

以上施工原始记录完成后,应进行总结分析,对不合理的地方提出修改意见,以确定第二层填筑的各项指标。当第二层填土完成后,按第一层的方法进行总结分析以确定第三层填土的各项指标。一般情况进行两次调整后就不需再调整了。当填土的摊铺厚度、含水量及碾压遍数这几项指标稳定后,试验路段的目的就已达到,即可写出试验报告。当发现路基设计有缺陷时,应根据监理工程师的要求修改设计程序,提出修改设计报告。

六、开工报告的审批

1. 路基工程施工前的准备工作

(1)开工前,应在全面熟悉设计文件交底的基础上,进行现场核对和施工调查,发现问题应及时根据有关程序提出修改意见并报请变更设计。

(2)施工前调查的内容如下:

①工程范围内的地形、地质、水文和地面排水情况等;

②工程范围内的交通和地上、地下构筑物及公用管线情况;

③施工现场的供水、供电、电信设备及场内外运输线路等情况;

④沿线附近可供取土的地点和有关情况;

⑤沿线附近可供排水的沟渠和涵管等情况;

⑥施工现场附近测量标志及需要保护的植物和构造物等情况。

(3)根据现场收集到的情况、核实的工程数量,按工期要求、施工难易程度和人员、设备、材料准备情况,编制实施性的施工组织设计,并报监理工程师审批。

(4)征地拆迁、场地清理工作是施工前必须做的一项主要的工作,对于路基附近的危险建筑物应予以适当加固,对文物古迹应妥善保护。路基用地范围内的树木、灌木丛等均应在施工前砍伐或移植清理,并将树根全部挖除,将坑穴填土夯实。

(5)根据图纸要求进行放样,编制施工预算,对准备用做填料的上进行试验等。

(6)应事先做好截水沟、排水沟等排水及防渗设施,特别是多雨地区和雨季施工更要加强这方面工作。

2. 开工报告

路基填方施工之前应先向监理工程师上报试验路段开工报告。开工报告至少应有如下内容:施工路段起止桩号、路段长度、施工组织、施工计划、机械设备表、取土坑或挖方地段及填土

的标准击实试验资料、施工方法和工艺、施工测量放样资料、工程质量控制指标及检验频率和方法等。

3. 路基开工报告的审批

一切施工准备工作就绪，报检手续齐全后，由承包人填写开工申请报检单，经监理工程师审核，总监代表或高级驻地监理工程师审批，待下达开工指令后，方可开工。

第三节　土质路基施工质量的事中控制

路堤工程施工是公路工程施工中一个非常重要的环节，需要精心组织、精心施工，确保工程质量。高等级公路特殊的交通功能，对路基施工质量有着更高的要求。

一、土质路堤填筑施工质量控制

路堤施工必须从基底处理、填料选择、压实、排水、防护等各方面加以重视。采用新技术、新材料、新工艺、新机具和新的检测手段，从而保证路基具有足够的稳定性和耐久性。

1. 填方路堤的基底处理控制

为保证路堤的填筑质量、保证路堤具有足够的强度和稳定性，必须对基底的处理予以严格控制。

路堤基底是指路堤填料与原地面的接触部分。为使两者结合紧密，避免路堤沿基底发生滑动、防止因草皮、树根腐烂而引起路堤沉陷，需视基底的土质、水文、坡度和植被情况及填筑高度采取相应的技术措施。路堤基底表土清理压实工序，如图5-15所示。

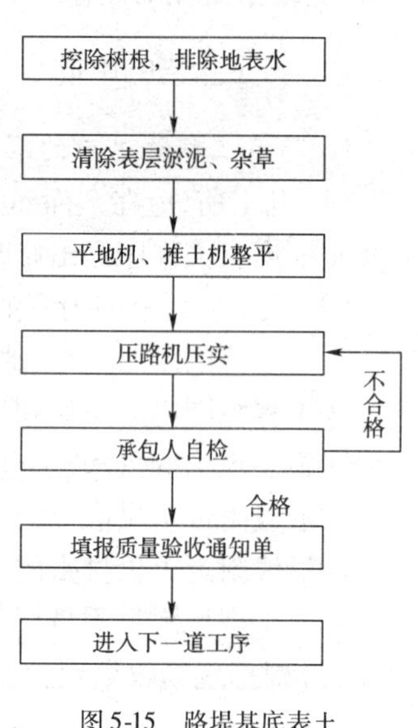

图5-15　路堤基底表土清理压实工序

1）伐树、除根和表土处理

路堤填筑时如不清除结合面上的草木植株等有害于路堤稳定的杂物，路堤成形后一旦杂物腐烂变质，地基将发生松软和不均匀沉陷现象。为了预防这种情况，必须在填土之前做好伐树、除根和表层土壤处理工作。特别当路基填筑高度小于1.0m时，应注意将路基范围内的树根、草丛全部挖除。伐树、除根和清除草丛作业可采用人工方法或机械方法，应注意的是对草丛不能采用火烧的办法。如基底的表层土系腐殖土，则须用挖掘机或人工将其表层土清除换填，厚度视具体情况而定，一般以不小于30cm为宜。并予以分层压实，压实度应符合规范要求。如发现草炭层、鼠洞、裂缝、溶洞等，必须注意处理好，以防造成日后路基塌陷。路堤通过耕地时，填筑施工之前，必须预先填平压实，如其中有机质含量和其他杂质较多时，应换填干土。

2）坡面基底的处理

填方路堤，如基底为坡面时，在荷载作用下，粒料极易失稳而沿坡面产生滑移，因此在施工前必须注意对基底坡面处理后方能填筑。经验表明，当坡度在1:10～1:5之间时，只需清除坡面上的树、草杂物后，将翻松的表层压实后即可保证坡面的稳定。但当坡度在1:5～1:2.5之间时，应将坡面做成台阶形，一般宽度不宜小于2m，高度最小为1.0m，而且台阶顶面应做成向堤内倾斜3%～5%的坡度。

如果基底坡面超过1∶2.5时，则应采用修护墙、护脚等措施对外坡脚进行特殊处理。

（1）经验算下滑力不大时，先清除基底表面的薄层松散土，再挖宽1～2m台阶，但坡脚附近的台阶宜宽一些，通常为2～3m（见图5-16）。

（2）经验算下滑力较大或边坡下部填筑土层太薄时，先将基底分段挖成不陡于1∶2.5的缓坡，再在缓坡上挖宽1～2m的台阶，最下一级台阶亦宜宽一些（见图5-17）。

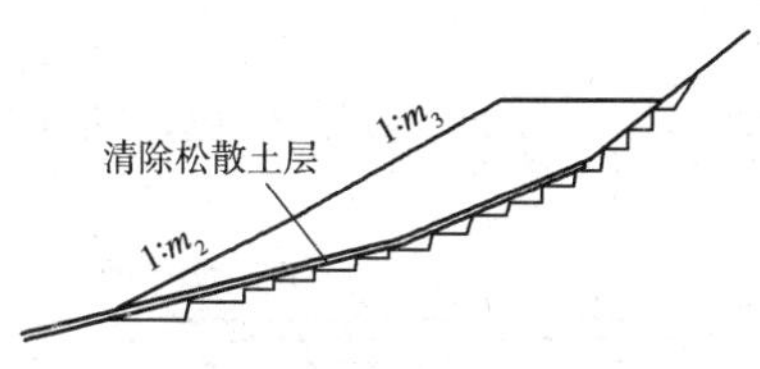

图5-16　基地台阶措施之一

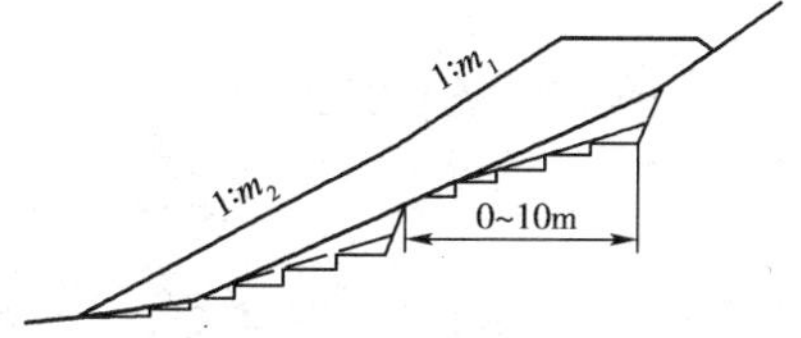

图5-17　基地台阶措施之二

（3）若坡脚附近地面横坡比较平缓时，可在坡脚处作土质护堤或干砌片石垛护堤（见图5-18）。护堤最好用渗水性土填筑，但用与路堤相同的土填筑亦可。片石垛最好用大块的片石分层干砌，里外咬合紧密，不得只砌表面而内部任意抛填。片石垛的断面尺寸应通过稳定性验算确定。

当路基稳定受到地下水影响时，应予拦截或排除，引地下水至路堤基础范围之外（见图5-19），再进行填方压实。

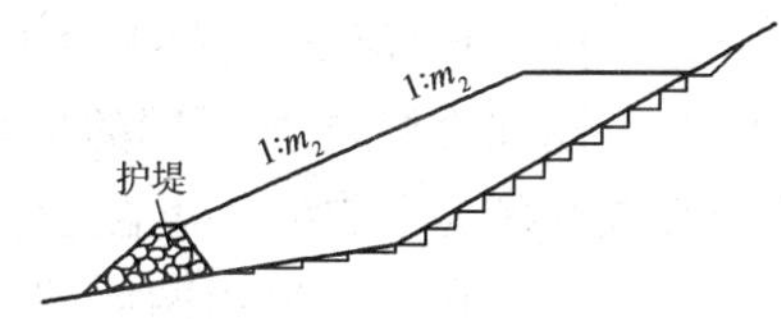

图5-18　作路堤坡脚护堤

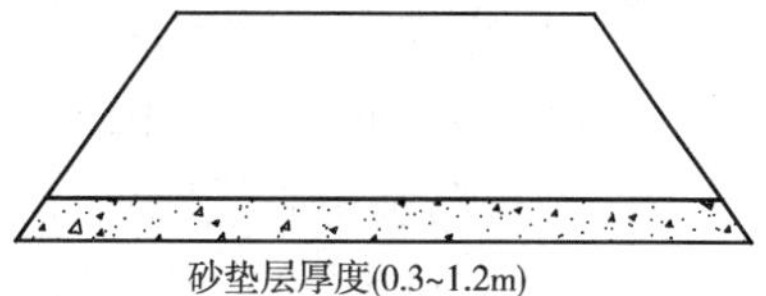

图5-19　砂垫层排水处理

2. 填筑方法与施工机械配置

路堤填筑必须考虑不同的土质从原地面逐层填起，并分层压实，每层的填筑厚度随压实机械和方法而定。

1）土质路基的填筑方法

路堤填筑是把填料用一定方式运送到路堤进行铺平、碾压密实的过程。路堤填筑分为水平分层填筑法、纵坡分层填筑法、横向填筑法和联合填筑法等四种方法。

（1）水平分层填筑法填筑时，按照横断面全宽分成水平层次，逐层向上填筑，如图5-20所示。如原地面不平，应从最低处分层填起，每填一层经过压实符合规定要求后再填上一层。

（2）纵向分层填筑法，宜于用推土机从路堑取料填筑距离较短的路堤，依纵坡方向分层，逐层向上填筑碾压密实。如图5-21所示，原地面纵坡大于12%的地段常采用此法。

（3）横向填筑法，是从路基一端或两端同时按横断面的全部高度逐步推进填筑，仅用于无法自下而上填筑的深谷、陡坡、断岩、泥沼等运土和机械无法进场的路堤，如图5-22所示。横向填筑因填土过厚，通常难以达到规定的压实度，同时也不利于路基稳定，所以在高等级公路建设中不宜采用此填筑法施工。

（4）联合填筑法，即路堤下层用横向填筑法而上层用水平分层填筑法，使上部填料经分层压实获得需要的压实度，如图5-23所示。联合填筑法适应了因地形限制或填筑堤身较高，不宜采用水平分层法和横向填筑法自始至终进行填筑的情况。

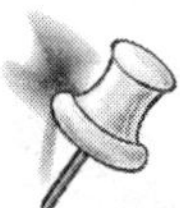

图 5-20 水平分层填筑法

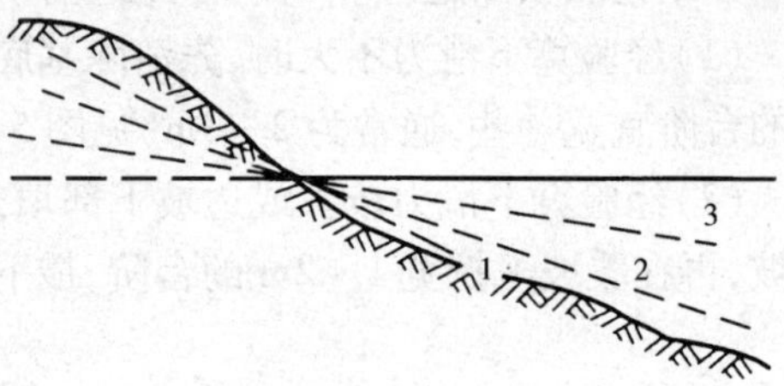

图 5-21 纵向分层填筑法（图中数字为填筑顺序）

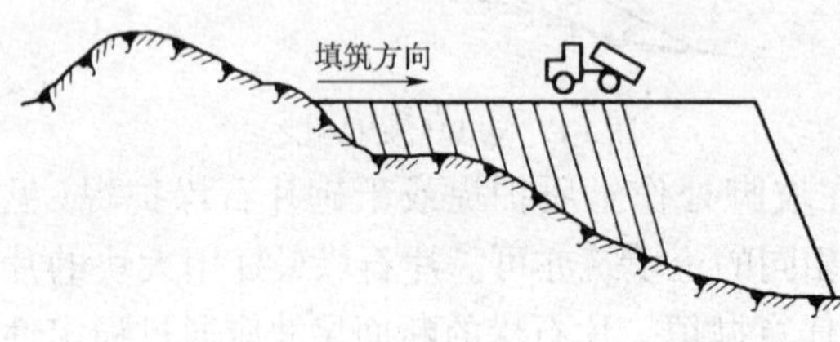

图 5-22 横向填筑法

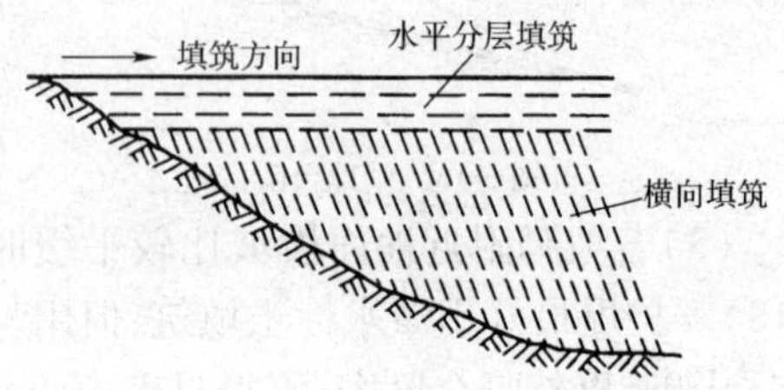

图 5-23 联合填筑法

在路堤单侧取土时，推土机可采用穿梭法进行作业，如图 5-24 所示。作业时，推土机铲满土料，推送至路堤的坡脚，卸土后按原路返回到铲挖位置，如此往复在同一路线上，采用横式作业法送 2 ~3 刀就可挖到 0.7 ~0.8m 深，然后作斜线倒退，向一侧移位，同样方法可推送相邻土料。整个作业区段完成后，可以沿作业时相反方向侧移，可推净遗留土埂，整平取土坑。

当推土机由路堤两侧取土场取土时，每侧作业方法与上述方法相同，所不同的是路堤用土由两侧运来，分别推至路基中心线即可，作业时，为使中心线两侧运土的结合处能充分压实，两侧运来土料均应推送超过中线。采用这种作业方法的，每个作业区段最好由两侧相同台数的推土机，面对面地同步进行，可使路堤均衡对称地形成，如图 5-25 所示。

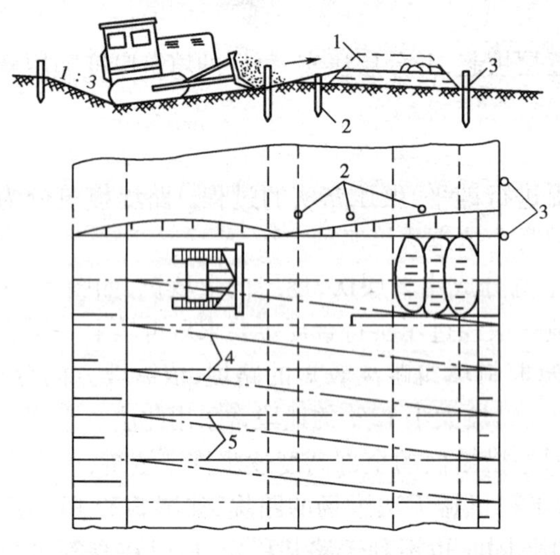

图 5-24 推土机单侧取土填筑路堤

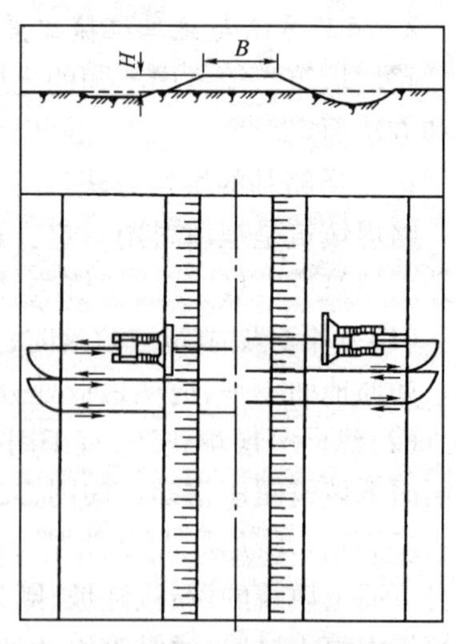

图 5-25 推土机两侧取土填筑路堤

用推土机从两侧取土填筑路堤的方法，适宜于取土距离较短、路堤较低的场合。一般路堤高度在 1m 以下，作业时要分层有序地进行，每层土厚视土质及压实机械而定，一般为 20 ~30cm，并须随时分层压实。

2)路基填筑注意事项

采用不同土质填筑路堤,在公路施工中是十分常见的,若将不同性质的土任意混填,会造成路基病害,因此必须注意下列几点：

(1)不同土质应分层填筑,层次应尽量减少,每层总厚度最好不小于0.5m。不得混杂乱填,以免形成水囊或滑动面。

(2)透水性差的土填筑在下层时,其表面应做成一定的横坡,一般为双向4%横坡,以保证来自上层透水性填土的水分及时排出。

(3)为保证水分及时蒸发和排除,路堤不宜被透水性差的土层封闭,也不应覆盖透水性较大的土所填筑的下层边坡。

(4)根据强度与稳定性要求,合理地安排不同土质的层位,一般不因潮湿及冻融而变更其体积的优良土应填在上层,强度较小的土应填在下层。

(5)为防止相邻两段用不同土质填筑的路堤在交接处发生不均匀变形,交接处应做成斜面,并将透水性差的土填在斜面的下部。

3)土质路基工程施工机械的配套原则

施工机械机群的合理配套是发挥机械效能的重要因素。施工机械的配套应考虑如下原则:

(1)尽量减少组合的机械数,机械组合的台数越多,作业效率越低。

(2)整个作业线上使用机械组合作业时,组合中的各种机械的作业能力应平衡。

(3)在组合机械化施工时,要注意分成几个系列的机械组合同时并列施工;这样可以减少组合中当某一台机械有故障时,造成全面停工的现象。

(4)有若干个组合时,力求选用的机型统一,便于维修管理。

(5)施工机械的选用要以不同的移运距离和施工方法为依据。

3. 填土路基压实质量控制

路基压实是公路路堤施工中一项非常重要的环节,通过压实可提高路堤的强度、稳定性和承载能力,降低渗透性和沉降,因此必须做好路基的压实工作。

1)路基压实准备工作

(1)铺筑试验路段确定路基压实的最佳方案

影响路基压实的主要因素有土的力学性质和压实功能、土的含水量、铺层厚度、土的级配以及底层的强度和压实度。路基碾压时,并不是这些因素独立起作用,而是这些因素共同起作用。因此公路进行路基施工时,施工单位应用不同的施工方案做试验路段,从中选出路基压实的最佳方案。

铺筑试验段需制订试验方案,其目的是在选定压路机的情况下,找出达到压实标准的经济的铺层厚度和碾压次数。确切地说,就是寻求铺层厚度与碾压次数之比的极大值。试验路段位置应选择在地质条件、断面形式均具有代表性的地段,路段长度不宜小于100m。其具体实施可以按以下步骤进行。

①取代表性土样做重型击实试验,确定土的最佳含水量 w 和最大干密度 ρ_{dmax},并绘制干密度与含水量的关系曲线(见图5-26)。

②根据土的干密度与含水量关系曲线控制土的含水量 w。

③确定铺层厚度和碾压遍数。一般可根据压路机械的功能及土质情况确定铺层厚度,高等级公路一般应按松铺厚度30cm进行试验,以确保压实层的匀质性。

④砂性土需碾压次数少，黏性土需碾压次数多。光轮压路机碾压次数较多，轮胎式压路机次之，振动式压路机和夯击机次数最少。

⑤通过试验段的铺筑及有关数据的检测，写出试验报告，最后确定土的适宜铺筑厚度、所需压实遍数及填土的实际含水量，以利施工控制。

(2)根据土壤性质选择压实机械

土壤的性质不同，有效的压实机械也不同。正常情况下，碾压砂性土采用振动压路机效果最好，夯击式压路机次之，光轮压路机最差；碾压黏性土采用捣实式和夯击式最好，振动式稍差。各种压路机都各有其特点，可以根据土质情况合理选用，具体参见表5-8所列。

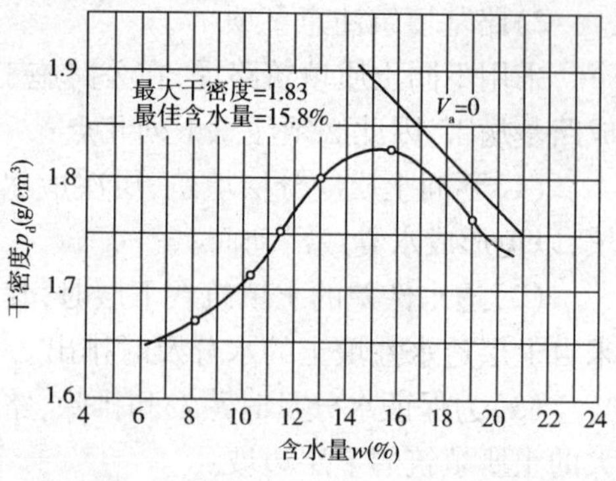

图5-26　含水量与干密度的关系曲线

各种土质适宜的碾压机械

表5-8

机械名称 \ 土的类别	细粒土	砂类土	砾石土	巨粒土	备　注
6～8t两轮光轮压路机	A	A	A	A	用于预压整平
12～18t三轮光轮压路机	A	A	A	B	最常使用
25～50t轮胎压路机	A	A	A	A	
羊足碾	A	C或B	C	C	粉、黏土质砂可用
振动压路机	B	A	A	A	最常使用
凸块式振动压路机	A	A	A	A	最宜使用含水量较高的细粒土
手扶式振动压路机	B	A	A	C	用于狭窄地点
振动式平板夯	B	A	A	B或C	用于狭窄地点，机械质量800kg的可用于巨粒土
手扶式振动夯	A	A	A	B	用于狭窄地点
夯锤(板)	A	A	A	A	夯击影响深度最大
推土机、铲运机	A	A	A	A	仅用于摊平土层和预压

注：①表中符号：A代表适用；B代表无适当的机械时可用；C代表不适用。

②土的类别按《公路土工试验规程》(JTJ 051—93)的规定划分。

③对特殊土和黄土(CLY)、膨胀土(CHE)、盐渍土等的压实机械选择可按细粒土考虑。

④自行式压路机宜用于一般路堤路堑基底的换填等的压实，宜采用直式进退运行。

⑤羊足碾包括凸块式碾、条式碾，应有光轮压路机配合使用。

⑥采用交通部颁布的《公路路基施工技术规范》(JTG F10—2006)。

对于高速公路路基填土压实，宜采用振动压路机或35～50t轮胎压路机进行。

(3)含水量的检测与控制

强度与稳定性主要是通过压实得以提高，压实度受含水量的制约，保证压实最佳的含水量才能取得最大干密度，也就是有效地控制含水量后，才能可靠地压实到压实度标准。土的含水

量控制在接近压实最佳含水量，是确保正常碾压施工的基本条件，最大偏差不宜超过 ±2%，这时所得效果最好。施工中当需要对土采用人工加水时，达到最佳含水量所需要加水量可按下式估算：

$$m = (w - w_0)\frac{Q}{1 + w_0}$$

式中：m——所需加水量（kg）；

w_0——土原来的含水量（以小数计）；

w——土的压实最佳含水量（以小数计）；

Q——需要加水的土的质量（kg）。

需要加的水宜在取土的前一天浇洒在取土坑内的表面，使其均匀地渗入土中，也可将土运至路堤上后，用水车均匀适量地浇洒在土中，并用拌和设备拌和均匀。

2）路基压实施工基本要点

通过上述的准备工作，在确定了所采用的压实机械、需要的压实遍数、最佳含水量后，即可对路基进行压实施工。

碾压前，检查土的含水量是否合适，如果不合适，不要急于碾压，而是要采取处理措施，过湿就摊铺晾晒，过干则洒水润湿。开始时宜用慢速，最大速度不宜超过 4km/h；碾压时直线段由两边向中间，小半径曲线段由内侧向外侧，纵向进退式进行。横向接头对振动压路机一般重叠 0.4～0.5m，对三轮压路机一般重叠后轮宽的 1/2，前后相邻两区段宜纵向重叠 1.0～1.5m。应保证无漏压、无死角，确保碾压均匀。采用振动压路机碾压时，第一遍应不振动静压，然后先慢后快，由弱振至强振。

有大型运载车辆的标段，应合理安排行车路线，充分利用大型车辆对路基的压实作用。大型车辆轴载大，对路基具有压实作用，但是长时间在同一路线上行驶，会导致过度碾压，形成车辙，反而对路基有害。因此，施工时应尽量让车辆在路基全幅宽度内分开行驶。公路填方路基压实施工流程，如图 5-27 所示。

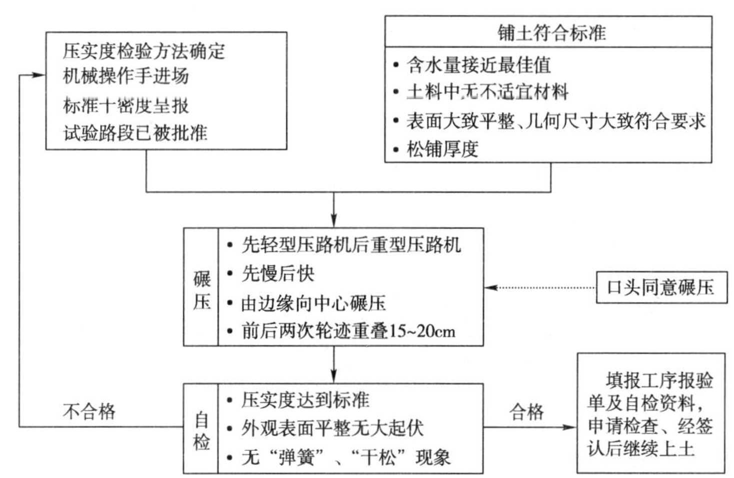

图 5-27　填方路基压实施工流程

3）路基压实质量控制

路基的压实度是路基所测土层实际达到的干密度与室内标准击实试验所得的最大干密度的比值。《公路路基施工技术规范》（JTG F10—2006）规定公路路基施工压实度标准见表 5-9。

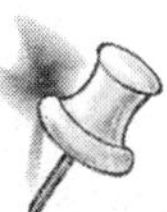

路基压实度标准 表 5-9

项目分类		路面地面以下深度(m)	压实度(%)		
			高速公路、一级公路	二级公路	三、四级公路
路床	填方路基	0～0.3	≥96	≥95	≥94
		0.3～0.8	≥96	≥95	≥94
	零填及挖方路基	0～0.3	≥96	≥95	≥94
		0.3～0.8	≥96	≥95	—
路堤	上路堤	0.80～1.50	≥94	≥94	≥93
	下路堤	1.50 以下	≥93	≥92	≥90

注:①表中压实度系按《公路土工试验规程》(JTJ 051—93)中重型击实法求得的最大干密度的压实度。

②当三、四级公路铺筑沥青混凝土和水泥混凝土路面时,应采用二级公路的规定值。

③路堤采用特殊填料或处于特殊气候地区时,压实度标准可根据试验路的论证在保证路基强度要求的前提下适当降低。

多雨潮湿地区的黏性土,应按下列压实标准和方法进行,当天然稠度小于 1.1、液限大于 40%、塑性指数大于 18 的黏质土用做高速公路上路床的填料时,应采用各种措施达到表 5-9 规定的压实度,上述土用做下路床及上、下路堤的填料时,当进行处治或采用重型压实度确有困难时,可采用轻型击实标准。

重型击实试验法与轻型击实试验法相比,重型击实法增大了约 4.5 倍击实功,从而提高了路基的压实度。其所得最大干密度,对砂性土约提高 6%～10%,黏性土约提高 10%～18%。而最佳含水量则有所降低,砂性土降低约 1%～3%,黏性土降低约 3%～9%。

4)路基压实质量检测

为确保路基达到规定的压实度要求,必须认真做好压实质量的检查与评定工作,路基压实质量监控工作流程可参照图 5-28 进行。

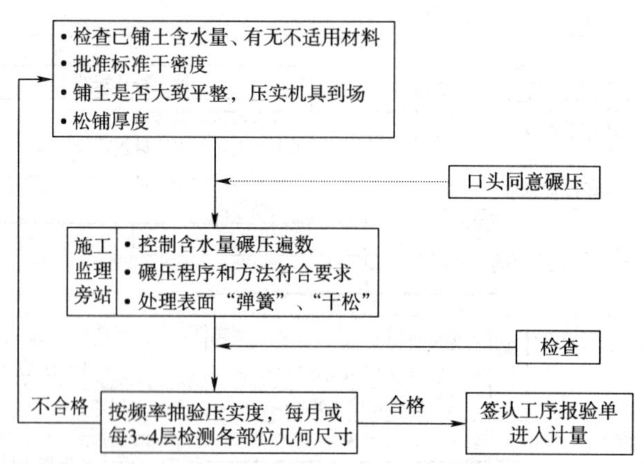

图 5-28 路基压实质量监控工作流程

(1)压实度与弯沉值的检测要求

①每一压实层均应检测压实度,合格后方可填筑其上一层。检测频率每 2 000m^2 检测 8 点,不足 200m^2 时,至少应检测 2 点。必要时可根据需要增加检测点。

②弯沉检测频率应为每一幅单车道每 100m 检测 4 点,左右两后轮隙下各一点。路床顶面的检测弯沉值在考虑季节影响之后应符合设计要求。当设计仅提供路基回弹模量时,则应采用设计规范规定的换算公式,计算设计要求的弯沉值 L。

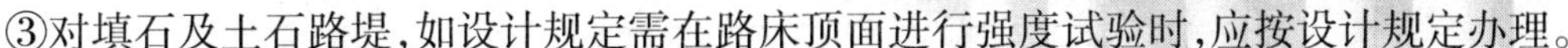

③对填石及土石路堤，如设计规定需在路床顶面进行强度试验时，应按设计规定办理。

(2)路基压实质量检测

压实度的检测以一个工班完成的路段压实层为检测单元比较恰当，如检测不合格能及时补压，不致等待过久而含水量变化过大。检测段的压实度 K 按下式计算，若 K 大于压实度的标准值，则为合格。

$$K=\overline{K}-S(t_a/\sqrt{n})\geqslant K_0$$

式中：K——检测评定段的压实度；

$\overline{K}$——检测评定段内压实度的平均值；

t_a——t 分布表中随测点数和保证率而变的系数，对高速公路保证率为95%；

S——检测值的均方差；

n——检测点数，应不少于8～10点，对高速公路一般取高限；

K_0——压实度标准值。

(3)路基整体强度检测

填筑碾压完成的路基，其路床顶面的回弹模量应满足设计要求。但实测土基回弹模量 E_0 操作比较复杂，费时较多，故可用弯沉值测试 L_0，而弯沉值与回弹模量有如下关系：

$$L_0=9\ 308E_0^{\ -0.938}$$

式中：L_0——以BZZ-100标准轴载试验车实测的允许弯沉值(1/100mm)；

E_0——设计的土基回弹模量(MPa)。

弯沉值测试应在不利季节进行，若在非不利季节测定时，应乘以季节影响系数。弯沉值反映路基工程的整体强度，而压实度反映路基每一层的密实状态，只有弯沉值和压实度两者都合格，路基的整体强度、稳定性和耐久性才能符合要求。

(4)自检和抽检的要求

路基达到碾压遍数后，均由承包人按上述规定自己检测，检测不合格时，自行补压。若检测合格，应填写工序报验单，附上检测记录，报监理工程师进行抽检，或者在碾压到规定遍数后，承包人会同监理工程师到施工现场，进行监理工程师旁站检测。旁站检测合格时即可签认，不合格时承包人无条件进行补压或返工。

5)填方路基施工质量控制

填方路基施工质量控制流程，如图5-29所示。

二、土石路堤填筑施工质量控制

1. 土石路堤填筑的一般要求

土石路堤填筑不得采用倾填方法，均应分层填筑、分层压实，压实后渗水性差异较大的土石混合料应分层或分段填筑，一般不宜纵向分幅填筑。分层厚度应根据压实机械类型和规格确定，但不宜超过40cm。当岩性或土石混合比相差较大时，应分层或分段填筑。如不能分层或分段填筑时，应将含硬质石块的混合料铺于填筑层的下面，且石块不得过分集中或重叠，上面铺含软质混合料，再进行整平碾压。土石混合料中，当石料含量超70%时，应先铺填大块石料，且大面向下，放置平稳，再铺小块石料、石渣嵌缝找平，然后碾压；当石料含量小于70%时，土石可混合填筑，但应避免过大的硬质石块集中。当天然土石混合料中所含石料强度大于20MPa时，石块最大粒径不得超过压实层厚度的2/3，当所含石料为软质岩时，石料最大粒径不得超过压实层厚度。当填筑两侧边缘线以下形成填方边坡时，则填筑面的横坡度不小于

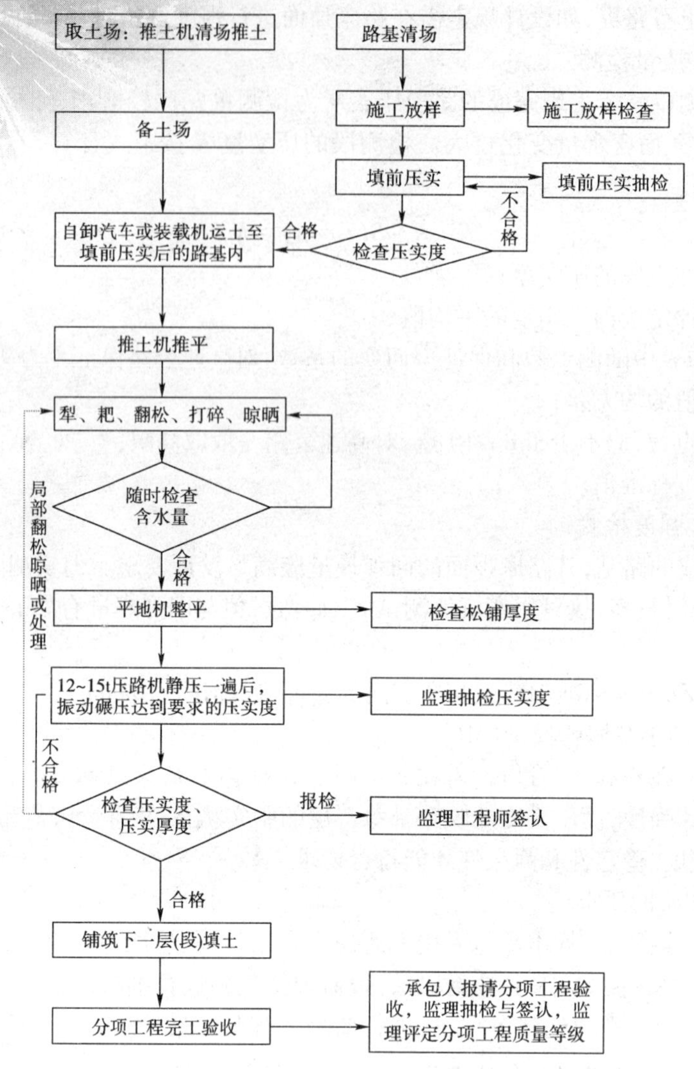

图 5-29　填方路基施工质量控制流程

4%，且不大于 10%。如原地面有一定横坡，填筑面在山坡上侧边缘线以下未形成填方边坡，则填筑面应以单向坡面为宜，填筑面横坡倾向山坡下方，横坡不小于 4%，且不大于 10%。

2. 土石路堤施工注意事项

(1)高速公路、一级公路填石路堤必须分层填筑、压实，松铺厚度不宜大于 0.5m。

(2)土石路堤填筑前，路堤边坡脚应用粒径大于 30cm 的硬质石料码砌(或按设计要求)，码砌厚度要符合规范要求。

(3)逐层填筑时，应安排好石料运输路线，专人指挥；按水平分层，先低后高，先两侧后中央铺料。

(4)当石块级配较差、粒径较大、填层较厚、石块间的空隙较大时，可于每层表面的空隙里扫入石渣、石屑或中、粗砂。

(5)土石路堤的填料如其岩性相差较大，则应将不同岩性填料分层或分段填筑。如路堑或隧道基岩为不同岩性分层，允许使用挖出的混合石料填筑路堤，但石料强度要符合规定。

(6)用强风化石料或软质岩石填筑路堤时，应按土质路堤施工规定先检验其 CBR 值是否

符合要求。CBR 值不符合要求时不得使用,符合要求时应按土质路堤的技术要求施工。

(7)高等级公路土石路堤的路床顶面以下 30~50cm 范围内应填筑符合路床要求的土,并分层压实,其填料粒径不大于 10cm。

(8)雨季施工土石路基时,要注意其顶面有良好的排水能力。

(9)接茬部位是土石路基的薄弱点,所以施工时,注意开挖宽度不小于 1m 的密实台阶,并注意做好压实。

3. 土石路堤的压实特性与质量控制

1)土石混合料的压实特性

土石混合料的压实特性是大小颗粒在外力的作用下克服颗粒间阻力产生位移的过程,即大小颗粒重新排列,相互靠近,使孔隙体积减少,单位体积内固体颗粒数量增加的过程。土石混合料的压实程度不仅与粗粒的风化程度有关,而且与其含量有关。当粗粒料含量低于 40%时,粗粒料在压实体中仅作为不可压缩的集料,土石混合料的压实,细粒料起决定性作用。但随着粗粒料含量的增多,粗粒料起骨架作用,在压实过程中细粒料起润滑和填充作用。

2)现场碾压及质量控制

(1)压实机械的选择

在现场施工中,选定压实机械时,应考虑以下几个因素:填料的选择;选择压实度标准;规定最大铺筑厚度设备与压实能量和台班产量;填料含水量及当地气候条件。需要指出的是土石混合料的碾压机械必须采用振动碾。因为土石混合料颗粒之间存在很不均匀的孔隙,特别是较大颗粒之间夹有很大的孔隙,如果用静压式压路机压实,由于粗粒土土颗粒之间有不同程度的接触,并能承受一定程度的外力,因而压实效果不显著。当外力为振动荷载时,情况就不同了。振动力使颗粒之间摩擦力大大减小;同时,较小颗粒填充大颗粒之间的空隙,结果土石混合料被振动压实。

(2)填料含水量的控制

对于土石混合料填筑,含水量的控制原则是:宁稍湿而勿干。这是因为混合料潮湿时强度低,极易破碎,而干燥时则相反。当发生过干粗粒料集中时,就容易架空。而混合料与纯土相比较,持水能力差,容易风干,产生外干内湿现象,压实后土体疏松。这是因为压实时颗粒之间缺乏必要的润滑水分,摩擦力较大,而水分却储存在聚团体的内部,因此不易压实。可见,土石混合料在施工碾压时含水量可以放宽,以填料在碾压过程中不产生翻浆、弹簧现象,不致影响机械化施工为上限;以由于含水量的减少不致使干密度显著下降、上下层结合不好、不利于压实的含水量为下限。

(3)施工检测标准及检测方法

根据土石混合料的压实特性及室内外试验成果,按粗粒料含量的种类,分别制定混合料的施工检测标准。即由室内作出不同含石量的关系曲线,使不同的粗粒料含量对应于不同的检测标准,做到一点对应一套标准,检测方法采用灌砂法。

三、土质路堑开挖施工质量控制

土质路堑开挖是将路基范围内设计高程之上的天然土体挖除,并运到填方地段或其他指定地点的施工活动。开挖路堑将破坏土体原来的平衡状态,保证挖方边坡的稳定性是一个十分重要的问题,是路基工程中的一个重点,在山岭重丘区修建高等级公路,挖方路基常常是控

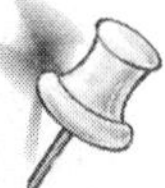

制工程质量和进度的关键。路基出现的病害大多发生在路堑挖方地段上，诸如滑坡、崩坍、落石、路基翻浆等。路基大断面的开挖施工，破坏了原有的山体平衡，施工方案选择不合理，边坡太陡，废方堆弃太近，草皮栽种、护面铺砌及挡土墙施工不及时，排水不良等都会引起路堑边坡失稳、滑坍，严重时甚至影响整个工程进度，这是挖方路基施工中经常出现的问题。施工人员应从设计审查、施工方案选择、现场地质水文调查多方面把关，切实搞好挖方路基施工。公路建成通车后，挖方路基地段又是公路路基工程养护的重点。

1. 土质路堑开挖施工方法

路堑开挖施工，除需考虑当地的地形条件、采用的机具等因素外，还需考虑土层的分布及利用。在路堑开挖前，应做好现场伐树除根等清理和排水工作。如果移挖填筑时，还应将表层土单独掘弃，或按不同的土层分层挖掘，以满足路堤填筑的要求。路堑的开挖方法根据路堑深度、纵向长短及工程量的大小、开挖作业面大小、地形地质状况、土石方调配方案、机械设备等现场施工条件，可采用以下开挖方法进行。

1)横向挖掘法

(1)单层横向全宽挖掘法

从开挖路堑的一端或两端按断面全宽一次性挖到设计高程，逐渐向纵深挖掘，挖出的土方一般都是向两侧运送，如图5-30a)所示。这种方法适用于挖掘深度小且较短的路堑。

(2)多层横向全宽挖掘法

从开挖的一端或两端按横断面分层挖至设计高程，如图5-30b)所示。多层横向全宽挖掘法主要适用于开挖深而短的路堑。土质路堑的开挖可采用人工作业，也可选用机械作业。

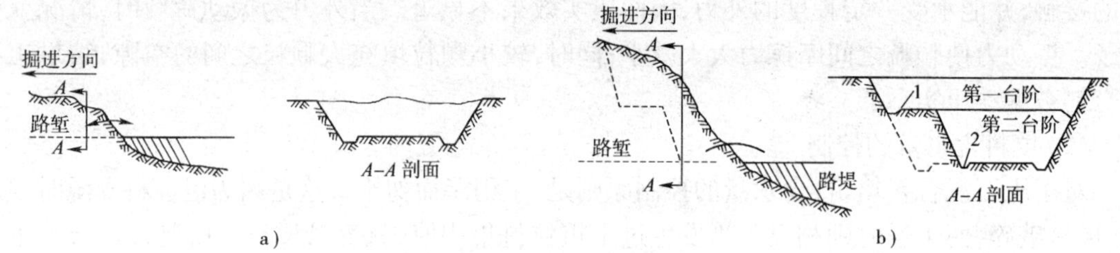

图5-30 横向全宽挖掘法

a)单层横向全宽挖掘法；b)多层横向全宽挖掘法

1-第一台阶运土道；2-临时排水沟

2)纵向挖掘法

(1)分层纵挖法

沿路堑全宽，以深度不大的纵向分层进行挖掘，如图5-31a)所示，适用于较长的路堑开挖。

(2)通道纵挖法

先沿路堑纵向挖掘一通道，然后将通道向两侧拓宽以扩大工作面，并利用该通道作为运土路线及场内排水的出路，如图5-31b)所示。该层通道拓宽至路堑边坡后，再开挖下层通道，如此向纵深开挖至路基高程。该法适用于较长、较深、两端地面纵坡较小之路堑开挖。

(3)分段纵挖法

沿路堑纵向选择一个或几个适宜处，将较薄一侧堑壁横向挖穿，使路堑分成两段或数段，各段再纵向开挖，如图5-31c)所示。该法适用于路堑过长，弃土运距过远的傍山路堑，其一侧堑壁不厚的路堑开挖。土质路堑纵向挖掘，多采用机械化施工。

3)混合式挖掘法

当路线纵向长度和挖深都很大时,为扩大工作面,可将多层横挖法和通道纵挖法综合使用。先沿路堑纵向挖通道,然后沿横向坡面挖掘,以增加开挖坡面,如图 5-32 所示。每一坡面的大小,应能容纳一个施工小组或一台机械作业。

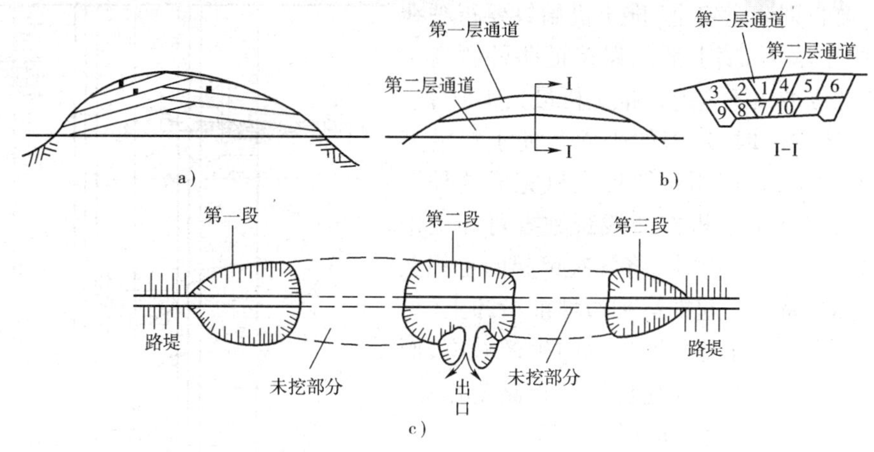

图 5-31 纵向挖掘法

a)分层纵挖法(图中数字为挖掘顺序);b)通道纵挖法(图中数字为拓宽顺序);c)分段纵挖法

2. 土质路基机械化施工质量控制

挖方路基的施工根据不同的施工条件,应采用不同的施工机械作业。

1)推土机作业

推土机具有操作灵活、运转方便,既可开挖土方又能短距离运输土料的特点,在路堑开挖作业中被广泛应用。采用推土机开挖路堑,通常有两种施工作业方法。

(1)横向开挖路堑

用推土机横向开挖路堑,其深度在 3m 以内为宜,如图 5-33 所示。开始时,推土机以路堑中线为界,向两侧用横向"穿梭"推土作业法进行,将路堑中挖出的土送至两侧弃土堆,最后再作专门的清理和平整。当开挖深度超过 3m 时,则需与其他机械配合作业。

图 5-32 混合挖掘法

a)横面与平面;b)平面纵、横通道示意图

(箭头表示运土与排水方向,数字表示工作面号数)

在上述施工作业中,推土机也可采用环形作业法,推土时推土机可按椭圆形或螺旋路线运行。这种运行路线可利用推土机本身对弃土堆进行分层压实和平整。

不论采用何种作业路线进行路堑开挖,都要注意不允许路堑的中部下凹,以免积水。在整个开挖段上,应做出排水方向的坡度以利降雨积水排除。在接近挖至规定断面设计线时,应随时复核路基的高程和宽度,避免出现超挖或欠挖。通常在挖出路堑的粗略外形后,多采用平地机整修边坡和边沟。

(2)纵向开挖路堑

①开挖傍山半路堑。

开挖傍山半路堑,一般多用斜铲推土机进行,开挖时首先由路堑边坡的上部开始,沿线路

行驶,渐次由上而下,分段、分层将土推送至坡下填筑路堤处。推土机的水平回转角根据土壤的性质来调整,在Ⅰ、Ⅱ级轻质土壤上作业时,可调至60°,在Ⅲ级土壤作业时可调至45°。由于推土机沿山施工,要特别注意安全,推土机始终要行驶在坚实稳定的土壤上,填土部位保持道路外侧高于内侧,行驶的纵坡角不宜超过推土机最大爬坡角。

采用上述方法时,铲刀的平面角使土料沿刀身向填回部送出,当使用直铲推土机完成这种半路堑作业时,只有推土机按曲线行驶方可卸土于填土部,这时最好铲土数次,将各次铲起的土积至一处堆起,然后将土一起推运到边坡前沿卸土(见图5-34),这样不但可提高推土机的生产效率,而且比较安全。直铲推土机进行开挖半路堑作业,只适用于坡度不大于25°的场合。

②开挖深路堑。

开挖深路堑运土作填土路堤作业时应首先做好准备工作,要在开挖路堑的原地面线顶端各点和填挖之间处,设置标记,同时挖平小土丘,使推土机能顺利进入作业现场。如果推土机能沿斜坡驶至最高点,则可由路堑的所在坡面上顶点处开始,逐层开挖至路堤处。开挖时可用1~2台推土机沿路中线的平行线向前纵向推填,如图5-34a)所示。当路堑挖到设计深度的一半位置时,另外用1~2台推土机,横向分层推削路堑斜坡,如图5-34b)所示。由斜坡上推削下来的土壤,仍由下面的推土机送至填土区段,直至路堑路堤全部完成为止。

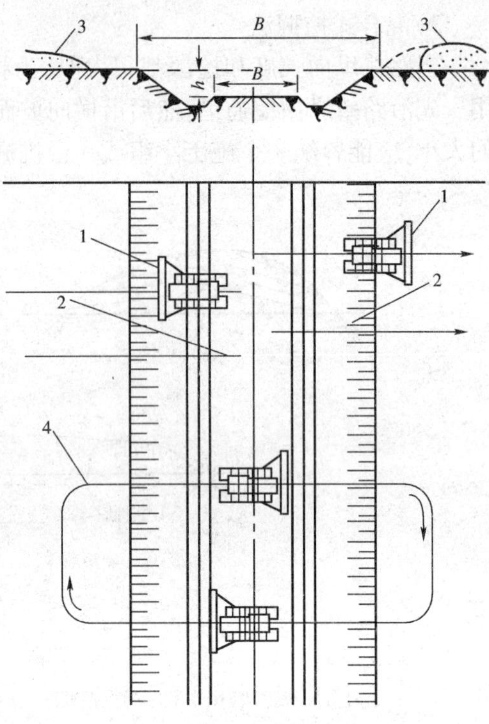

图5-33 推土机横向开挖路堑施工作业

1,2-两台推土机采用“空梭”作业法;3-弃土堆;4-推土机环形作业法

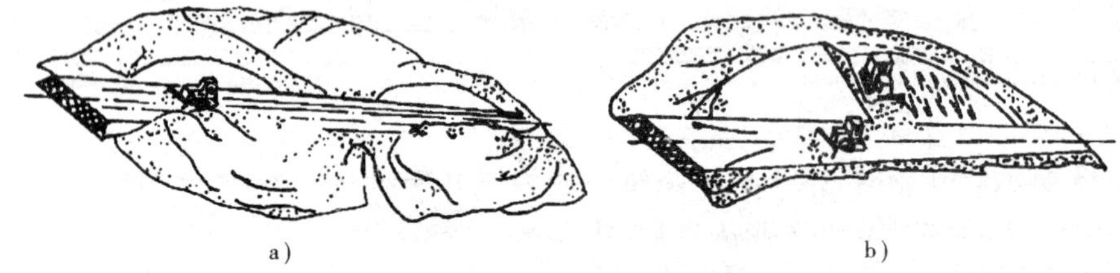

图5-34 推土机深挖路堑作业

a)推土机纵向推填;b)纵、横向协作推填

深路堑的开挖顺序,如图5-35所示。要求每层均按沟槽运土法开挖,并尽量利用地形做到下坡推土。

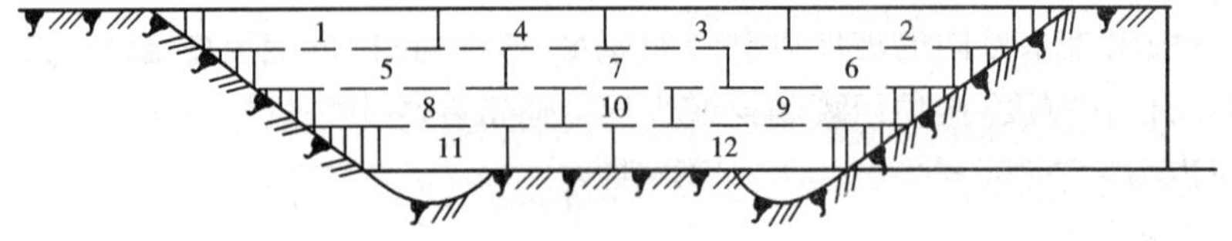

图5-35 推土机深路堑开挖顺序(图中数字表示开挖顺序)

2）铲运机作业

铲运机开挖路堑也有两种作业方法：一是横向弃土开挖；二是纵向移挖作填。路堑应分层开挖，并从两侧开始，每层厚15～20cm，这样做既能控制边坡，又能使取土场保持平整，同时还应沿路堑两侧做出排水纵坡。

（1）横向开挖路堑

横向开挖路堑的施工运行线路与路堤横向取土填筑类似。路堑在以下情况下，宜采用横向开挖：

①堑顶地面有显著横坡，而上游一侧须设置弃土堆，以阻挡地面水流入路堑。

②路堑纵向运土距离太长，超过铲运机的经济运距，严重影响工效。

③不需要利用土方或利用有剩余时。

④长路堑由于施工条件的限制，两端又无法纵向送土时。

（2）纵向移挖作填

①铲运机纵向移挖作填，当须向路堑口外相接的路堤处运土填筑时，铲运机应当利用纵坡自路堑端部开始下坡铲土，并逐渐向路堑内逐段延伸挖土，而填筑路堤也应作相应的延伸。

②一般铲运机可在路堑内做180°转向，从路堑两端分别开挖。当延伸到路堑中部时，长度在30m以内时，可改用直线迂回运行圈的方法，作纵向贯通运行，往返交替向两端挖运，如图5-36所示。如果地面纵坡过陡，铲运机不能运行时，应先用推土机在路堑的端部推出15°左右的缓坡。此外，在挖土区段内每隔20～30m宽度为铲运机开通一条回驶上坡道，并延伸至填土区段内，这样铲运机可用较大功率下坡铲土，在填土区段上回驶坡道卸土填方，并逐步扩大通道宽度，直到工作面的全宽普遍具备正常运行条件。

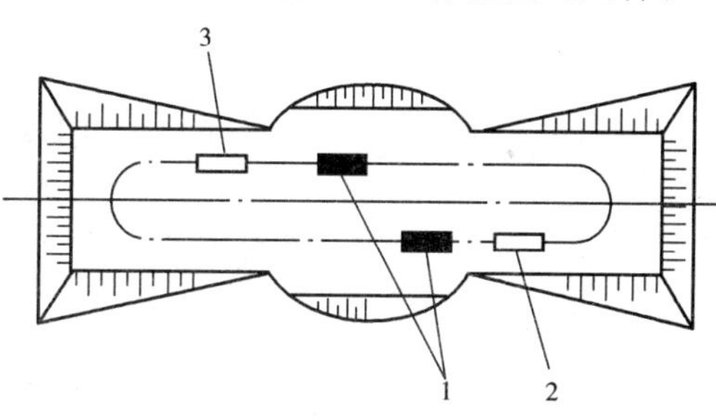

图5-36　铲运机纵向移挖作填作业

1-卸土；2，3-铲土

③铲运机纵向运土时，也可根据工地情况采取图5-37所示的几种不同的行走路线。当然，一次循环可以做两次甚至更多次取土、卸土，这要视作业面纵向长度而定。若这样就可获得更好的经济性。

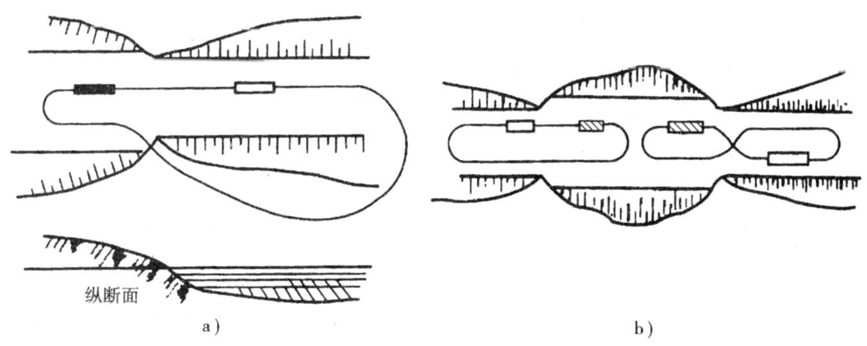

图5-37　铲运机纵向运土行车路线

a）原地面返回；b）路堤上返回

④铲运机开挖路堑作业，应先从两侧开始，如图5-38所示，避免造成超挖欠挖，否则将大大增加边坡修整的工作量，特别是边坡大于1∶3，而不能用机械修整时尤其应当注意。另外采

取先挖两侧的顺序，以利于雨后排水。

3）挖掘机作业

用挖掘机开挖路堑，一般是与运输车辆配合作业的。适宜于Ⅰ～Ⅲ类土的开挖。

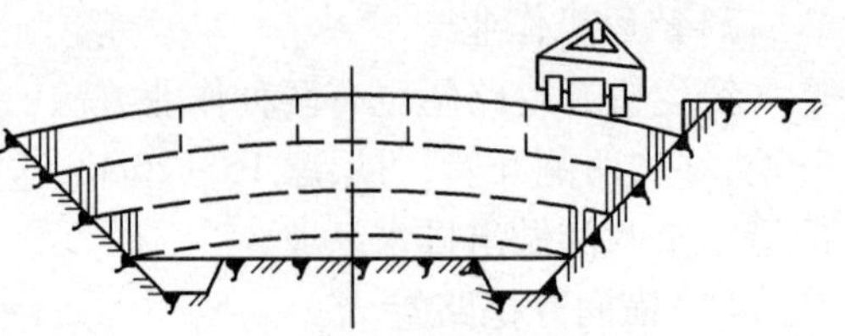

图5-38　铲运机开挖路堑顺序

（1）正铲挖掘机开挖路堑

①正铲挖掘机进行路堑开挖作业，可采用全断面开挖和分层开挖两种方法。如路堑深度在5m以下时，可采用全断面开挖法。挖掘机一次向前开挖路堑全宽至设计高程，运输车辆停在与挖掘机同一平面，且并列布置，或停在挖掘机后侧，如图5-39所示。这种方法施工简单，但挖掘机须横向移位，才能挖到设计高程。

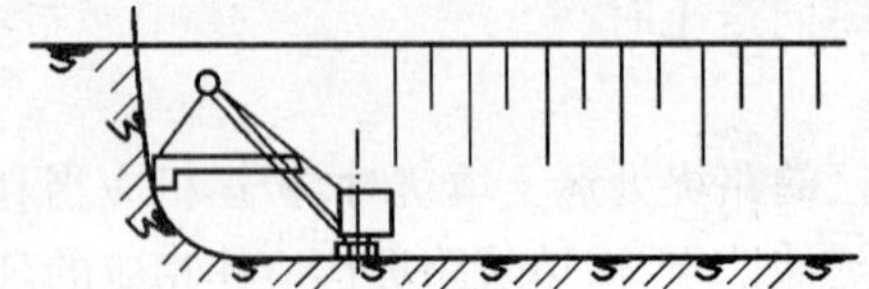

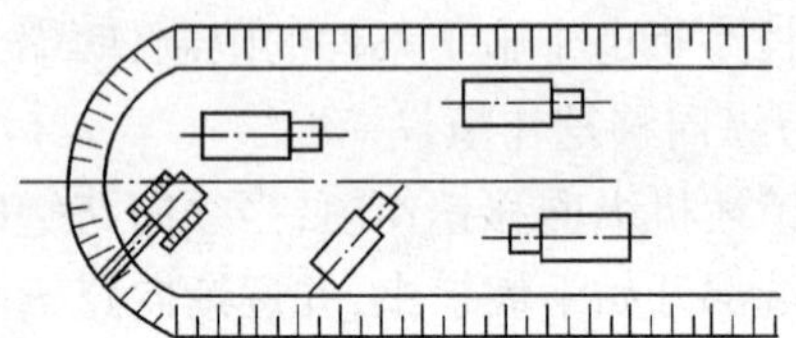

图5-39　正铲挖掘机全断面开挖路堑

②当路堑深度为5m以上时，宜采用分层开挖，即挖掘机在纵向行程中，先把路堑开通一部分，运输车辆在挖掘机一侧布置，并与开挖路线平行，如此往返几个行程，直至将路堑全部开通，如图5-40所示。第一次开挖道高度，应以停放在路堑边缘的车辆能够装料为准，其余各次开挖道都可以按要求位于同一水平面之上，这样可以利用前次挖好的开挖道作为运输车辆的行驶路线。各次的开挖道在全作业段完成后，可退返或掉头作反向开挖，视现场具体情况而定，但务必注意每次开挖道的排水问题。

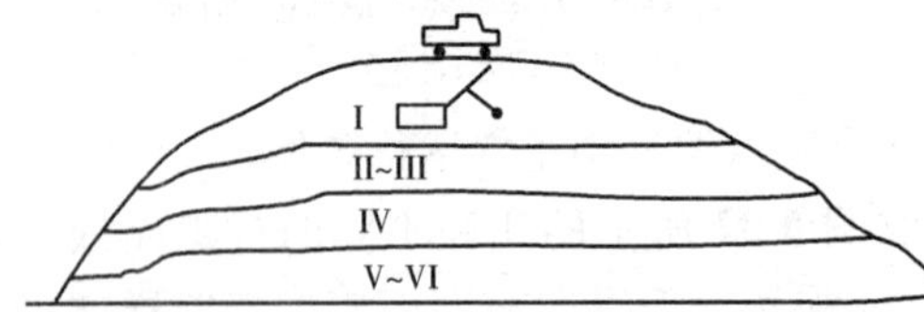

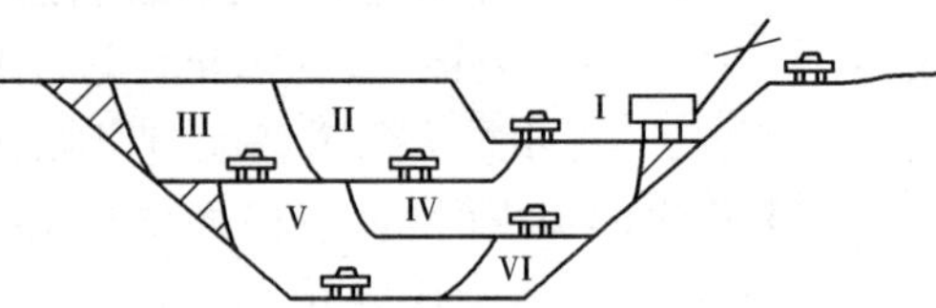

图5-40　正铲挖掘机分层开挖深路堑

（2）反铲挖掘机开挖路堑

由于反铲挖掘机只能挖掘停机面以下的土壤，因此进行开挖路堑作业时，应停在路堑顶部两侧进行，一般只适用于挖掘深度在挖掘范围内的路堑。可视现场情况采用沟端、沟侧的作业方法。如图5-41所示。

（3）拉铲挖掘机开挖路堑

用拉铲挖掘机开挖路堑作业时，如卸料半径能到两侧弃土堆位置，则挖掘机可停在路堑中心线上，采取沟端挖掘方法进行，如图5-42a）所示；否则，必须采用如图5-42b）所示的双开挖道作业，当弃土堆位于路堑一侧时，挖掘机沿路堑边缘移动，为了保证安全，挖掘机内侧履带应与路堑边沿保持1.0～1.5m的距离。

4）推土机和铲运机联合作业

在组织大型土方机械开挖路堑作业时，往往投入作业的机型很多，各自又有不同的适用范围和作业效果，为多机联合作业提供了可能。其中，不同功率的推土机和不同斗容量的铲运机联合作业最为常见。

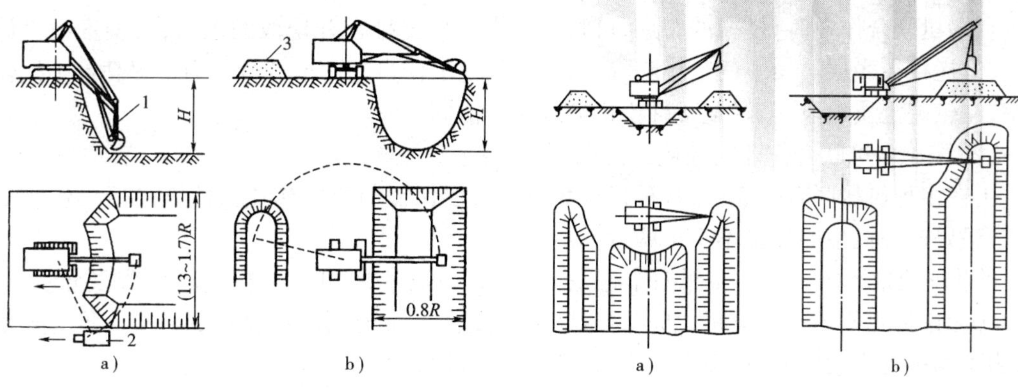

图 5-41　反铲挖掘机开挖路堑
1-反铲挖土机；2-自卸汽车；3-弃土堆

图 5-42　拉铲挖掘机沟端开挖路堑
a）弃土堆在两侧；b）弃土堆在一侧

（1）多机联合作业的适用范围

表 5-10 是不同功率的推土机和不同斗容量铲运机的适用范围和作业效果。由此可知，推土机操作灵活，可正驶推运、倒驶空返，当推运翻松土时效率较高。其中大型推土机载运量较大、爬坡性能好，而中型推土机进退速度较快，当推土机增设侧挡板后推运翻松土，可增加经济运距和载土量。而铲运机能下坡铲土入斗，上坡可以斜驶使土料损失最小，具有较好的整形性能，在干燥地段进行深挖高填的大运距作业，其工效与推土机相当，工程成本可降低。因此，在组织推土机与铲运机联合开挖作业时，应根据这些特点将它们安排在最能发挥各自优势的部位作业。

推土机和铲运机的适用范围比较表　　表 5-10

<table>
<tr><th>机具</th><th colspan="2">铲　土</th><th colspan="2">运　土</th><th>卸土</th><th>平土</th><th>压实</th><th>备　注</th></tr>
<tr><td rowspan="2">推土机</td><td rowspan="2">①适于原状土和扰动土、干湿土；
②直线行驶；
③漏土较多；
④可常年作业；
⑤浅挖方效率高</td><td>铲刀强制入土，有较大的切深</td><td rowspan="2">①行驶中漏土转弯时更严重；②下坡时土体自行脱落</td><td>最佳运距 30m 左右，载土量小，行驶速度快，灵活，可在 15° 坡横驶，10° 坡顺驶</td><td rowspan="2">可集中卸土和均匀卸土</td><td rowspan="2">卸土同时进行平土或用倒铲拉平</td><td rowspan="2">卸土及空返同时进行部分压实</td><td rowspan="2">①可空车倒驶；
②回转半径小；
③推挖翻松土工效高 20% ~30%；
④推土铲加侧挡土板，运距增加到 200m，铲翻松土时工效提高 50% ~100%</td></tr>
<tr><td>铲刀靠自重入土，切土深度较小</td><td>最佳运距 50m 左右，载土量较大，行驶速度较慢，坡道行驶较中型车好</td></tr>
<tr><td rowspan="2">铲运机</td><td rowspan="2">①适于不含石料的原状干土；
②铲土作业直线行驶；
③漏土较少；
④适于暖土；
⑤适于深浅挖填</td><td>铲斗强制入土</td><td rowspan="2">行驶中（直道转弯下坡）均不漏土</td><td>最佳运距 300 ~ 400m，行驶速度快，较灵活，可在 20° 坡顺驶，6° 坡横驶</td><td rowspan="2">均匀卸土</td><td rowspan="2">卸土同时进行平土</td><td rowspan="2">在卸土时可得到局部压实</td><td rowspan="2">①不能倒驶；
②回转半径大</td></tr>
<tr><td>铲斗靠自重入土，大斗容量</td><td>最佳运距 400 ~ 1 000 m，载土量较大，行驶速度慢，坡道行驶较中型车好</td></tr>
</table>

在多机联合作业时，机械的布局，可将中型推土机安排在开挖段的上层，大型推土机放在中层，铲运机在底层。为了便于排除降雨积水，开挖工作自下而上进行。为了提高推土机作业效率，在较硬土质地段，最好配备翻松机械或机具协同作业。

(2)采用多机联合作业时还应注意以下几点：

①在多种机械联合作业中，各种机型数量配备要保证前机的作业量能满足后机作业量的要求，最好同一机型的数量不少于两台。

②推土机推运松土时，采取纵向作业法效率较高，且故障少，也有利于边坡的控制及分层铲土。

③无论推土机还是铲运机，都应尽量坚持分段、分层铲土、运土，随时保持弃土堆的平整密实，为了均衡各机的作业量，在作业中可随时调整分段长度。

④要坚持由低地段向高地段开挖，各机流水作业，以挖成一段成形一段为原则，不宜打乱长堑、顺沟、纵向犁翻的有利条件，以利排除积水和便于继续作业。

实践证明，联合作业具有工程质量好、工效高，受降雨影响小，现场管理方便等优点，有条件的情况下，是值得推广的一种较好的作业方式。

3. 土质路堑施工中的注意事项

1)土方路基开挖中应注意的事项

(1)路基开挖前应对沿线土质进行试验检测。适用于种植草皮和其他用途的表土应储存于指定地点，对开挖出的适用材料，应用于路基填筑，可减少挖方弃土和弃土堆面积，亦可减少填方借土和取土坑面积。但各类材料不应混杂，混杂材料均匀性差，难于保证路基的压实质量，对不适用的材料可作外弃处理。

(2)土质路堑地段的边坡稳定极为重要，开挖时，不论开挖工程量和开挖深度大小，均应自上而下进行，不得乱挖超挖。一方面，要注意施工方法，如采用不加控制的爆破法施工，易造成路堑边坡失稳，易于坍方；掏洞取土易造成土坍塌伤人，因而严禁掏洞取土。在不影响边坡稳定的情况下采用爆破施工时，也应经过设计审批。另一方面，要注意施工顺序。防止因开挖顺序不当而引起边坡失稳崩塌，对类似如图 5-43 所示的情形，应按原有自然坡面自上而下挖至坡脚，不可逆顺序施工，否则，极易引起滑坡体滑坍。

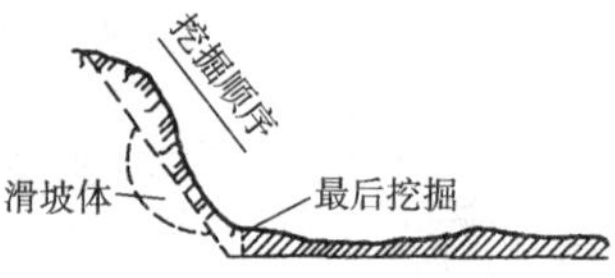

图 5-43 路堑边坡防滑措施

(3)施工中如遇土质变化需修改施工方案时，应及时报批，如因冬季或雨季影响，使挖出的土方不能及时用于填筑路堤时，应按路基季节性施工的有关方法进行处理。如路堑路床的表层下为有机土、难以晾干压实的土、CBR 值小于规定要求的土或不宜做路床的土，均应清除换填，必要时还应设置渗沟，以保证满足路基工程的需要。如遇到盐渍土、黄土、膨胀土等特殊土质以及易于坍滑的土时，应按特殊土的有关要求施工。

(4)挖方路基施工高程应考虑压实的下沉值，绝不能将路基的施工高程与路基的设计高程混同，造成超挖或少挖，产生浪费或返工。

2)土质边坡开挖中应注意的事项

(1)路堑挖土边坡施工的基本要求，基本上与填土边坡类似，除了边坡坡度符合设计规范外，也应做好放样、布设标准边坡等工作，但是，与填方边坡相比又有自己的一些特点。路堤边坡由于是填土而成，其工程性质差异不大，而路堑边坡由自然状态土、石开挖而形成，工程性质有时差别很大，施工作业难易程度也就有一定的区别。

(2)对于砂类土边坡施工时，挖出的斜坡应留有足够的余量，然后打桩、定线、进行坡面整修。具体做法是，先用机械开挖，留有 20～30cm 的余量，以后可人工修整或用平地机修整，也

可用小型反铲挖掘机作业。如果采用挖掘机修整边坡，要求操作人员应有较高的技术水平，否则，很容易造成超挖或欠挖。

(3)对于砾类土边坡，由于影响砾类土挖方边坡的因素主要是土体结合的紧密程度，故其坡度要结合土壤、地质水文等条件确定。砾类土的潮湿程度及边坡高度对边坡的稳定有较大影响，一般湿度大、边坡高时，宜采用较缓坡度。对密实度差的土体，应避免深挖，同时，要注意到边坡缓则受雨水作用面积增大，故不宜过缓，并根据具体情况采取边坡防护和加固措施，切实做好排水工作，以免影响边坡稳定。

(4)对于地质不良拟设挡土墙等防护设施的路堑边坡，应采用分段挖掘、分段修筑防护设施的方法，以保证安全和边坡的稳定。

3)弃土处理中应注意的事项

(1)在施工过程中，弃土随便乱堆会影响现有公路和施工便道的车辆行驶，堵塞农田水利设施，造成水流污染、淤塞或挤压桥孔或涵管口，增加水流速度，改变水流方向，冲刷河岸，所有这些都是不允许的。所以要求在开挖路堑弃土地段前，提出弃土的施工方案报有关单位批准后实施。方案改变时，应报批准单位复查。

(2)弃土堆的边坡不应陡于1:1.5，顶面向外应设不小于2%的横坡，其高度不宜大于3m。路堑旁的弃土堆，其内侧坡脚与路堑顶之间的距离，对于干燥硬土不应小于3m，对于软湿土，不应小于路堑深度加5m。在山坡上侧的弃土堆应连续而不中断，并在弃土堆前设截水沟，山坡下侧的弃土堆应每隔50～100m设不小于1m的缺口排水，弃土堆坡脚应进行防护加固。

(3)岩溶地区的漏斗处，多已成为地面水排泄通道，暗河口则成为地下水的出口通道，如将弃土堆弃在这些地方，会造成地面水和地下水无法排走，形成水灾，影响路基安全。若在贴近桥墩、台处弃土，将会造成桥墩、台承受偏压，桥墩、台的安全会受到影响。所以，应严禁在岩溶漏斗处、暗河口处、贴近桥墩、台处弃土。

4. 土质路堑施工质量控制要点

(1)开挖前应清场，并将清场土运至监理工程师指定的地点。

(2)挖方路基的弃土一般应移挖作填。若设计文件无明确规定时，承包人不得随意动用，而应按监理工程师的指令处理。

(3)挖方路基应按设计的横断面及边坡坡度要求自上而下逐层开挖，不得乱挖、超挖和欠挖。严禁掏洞取土，更不得因开挖方式不当而引起边坡失稳或坍塌。

(4)挖方路基施工，边坡修整与边坡的稳定是影响施工质量的主要工序之一。当遇到高边坡或挖方路段水文地质情况不良时，应及时采取必要的应急措施或设置必要的防护工程。

(5)路堑路床的表层下为有机土、难以晾晒与压实的土或CBR值较低的土壤，不宜作路床用土时，均应清除后用质量符合规定的土换填。

(6)路堑路床深度范围内的压实度应达到现行路基施工技术规定的压实标准，施工时宜全部翻松、分层回填、分层压实，若含水量过大还应晾晒。

第四节　石质路基施工质量的事中控制

一、填石路堤施工的质量控制

填石路堤一般是指用石质挖方路段的开挖石块填筑的路堤。

1. 填石路堤施工基本要求

(1)填石路堤中的石料强度不应小于15MPa,用于护坡的不应小于20MPa,暴露在大气中容易风化的石块通常不宜作为路堤填料。在料源困难而需采用时,应视作填土,应按前述土质路堤施工规定检验其CBR值,符合要求时才准许使用,边坡坡度和形状按土质路堤处理,以保证路堤填筑压实后的浸水整体强度和稳定性要求。

(2)石料的最大粒径不宜超过层厚的2/3。最大粒径应控制在25cm以下,超过时应人工摆放。

(3)当用块径25cm以下石料人工分层铺筑时,可直接分层碾压;当用人工铺填料粒径大于25cm石料时,应先铺填大块石料,大面向下,小面向上,摆平放稳,再用小石块找平,石屑塞缝,最后压实。填石路堤的填料如其岩性相差悬殊,则应将不同岩性的填料分层或分段填筑。填石路堤应分层填筑、分层压实,分层松铺厚度不宜大于0.5m。

(4)当石料级配差、粒径较大、填层较厚、石块间空隙较大时,可在每层表面的空隙里填入石渣、石屑、中粗砂,再用压力水将其冲入下部,反复数次,使空隙填满。

(5)路床底面以下30cm范围内,不得含有粒径大于15cm的石块,以利路面受力均匀和结构良好。

2. 填石路堤的施工方法

(1)填石路堤一般也应分层填筑,每层厚度不要超过1m,其中大石块大于填筑层厚度的2/3时,应予解小,或码砌于坡脚。

(2)逐层填筑时应安排好石料运输路线,专人指挥,按水平分层填筑,先低后高,先两侧后中央卸料,并用大型推土机摊平,个别不平处应配合人工找平。

(3)用大型推土机推平。在推平过程中,人工配合机械,按照技术规范的规定,把超粒径的块石推出路基边线之外。

(4)检查松铺厚度。用水准仪测出点的高程,此高程数与上次该位置处的高程之差,即为本层的松铺厚度。

(5)水田或软土地区的填石路堤在处理完地基后,再将石块铺填于路堤下层,先填大块石料,再用小石块或石渣嵌缝,找平后压实。

(6)碾压先轻后重,压实前需用大型推土机将层面推平,局部要用细石粒人工找平。先用25t轮式振动碾或相近的重型压路机,碾压1~2遍,再用50t拖式振动碾或相近的重型振动碾碾压。振动压路机械,振幅一般在1.5~2.0mm范围内,振动频率在25~30Hz之间。压路机的行驶速度在4.5km/h左右。

(7)测出碾压后的沉降量。除个别点沉降量值较大外,沉降量一般在0~3mm之内变化时,密实度已满足要求,结合该层的横坡、纵坡及外观,质量全部符合要求时,方可进行上一层的填筑工作。

(8)接近路堤设计高程时,需改用土方填筑。否则对道路附属设施的施工影响很大。

(9)特殊情况下允许采用倾填办法施工,例如用推土机将爆破后的石块直接推入路堤。这时,要求倾填前先用较大石块码砌一定高度且厚度不小于2m的边坡,以免边坡部分松散不实。但路槽底面以下4m范围内仍应采用分层填筑,以提高密实度,减少不均匀沉陷。

3. 填石路堤压实及质量控制

(1)填石路堤施工过程的质量控制与土方路堤相似,具体铺筑厚度可根据压实机械及试验段的情况确定。

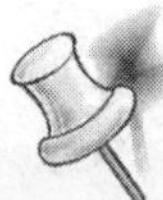

（2）填石路堤的密实度主要靠压路机的碾压遍数来控制，碾压过程应设专人进行控制，达到试验路段的碾压遍数后进行压实度试验，压实试验达到要求后，办好验收签认后，方可进行上一层施工。

（3）填石路堤施工应选择大功率的振动压路机分层压实。其压实标准为：填石碾压稳定无明显轮迹，达到用锹难于挖动，须用撬棍才能松动且坑壁稳定，或者重锤下落不下沉及发生弹跳时，可认为密实度已满足要求。

（4）应认真做好填石里程、层次、厚度、高程、压路机型号和碾压遍数等施工记录。施工记录应填写完整，手续齐全，妥善保管，作为填石路堤施工质量的依据。

二、石质路堑开挖施工质量控制

在路基工程中，当线路通过山区、丘陵及傍山沿溪地段时，往往会遇到集中的或分散的岩石区域，由于岩石坚硬，石质路堑的开挖往往比较困难，这对路基的施工进度影响很大，尤其是工程量大而集中的山区石方路堑更是如此。这就必须进行石方的破碎、挖掘作业。采用何种开挖方法以加快工程进度，是石质路堑开挖需要解决的重要问题。通常，应根据岩石的类别、风化程度、节理发育程度、施工条件及工程量大小等选择爆破法、松土法或破碎法进行开挖。

1．爆破法开挖石质路堑施工质量控制

爆破法是利用炸药爆炸的能量将土石炸碎以利挖运或借助爆炸能量将土石移到预定位置。用这种方法开挖石质路堑具有工效高、速度快、劳动力消耗少、施工成本低等优点。对于岩质坚硬，不可能用人工或机械开挖的石质路堑，通常要采用爆破法开挖。爆破后用机械清方，是非常有效的路堑开挖方法。但这种方法，毕竟是一种带有危险性的作业，需要有一定的爆破知识和必要的安全措施。

根据炸药用量的多少，爆破法分为中、小型爆破和大爆破，其中使用频率最高的是中、小型爆破，大爆破的应用则受多种因素的限制。例如开挖山岭地带的石方路堑时，若岩层不太破碎、路堑较深且路线通过突出的山嘴时，采用大爆破开挖可有效提高施工效率。但如果路堑位于页岩、片岩、砂岩、砾岩等非整体性岩体时，则不应采用大爆破开挖。尤其是路堑位于岩石倾斜朝向路线且有夹砂层、黏土层的软弱地段及易坍塌的堆积层时，禁止采用大爆破开挖，以免对路基稳定性造成危害。

1）爆破法开挖石质路堑作业

（1）爆破法开挖程序

石方爆破开挖必须严格按如下程序进行：施爆区管线调查→炮位设计与设计审批→配备专业施爆人员→用机械或人工清除施爆区覆盖层和强风化岩石→钻孔→爆破器材检查与试验→炮孔检查与废渣清除→装药并安装引爆器材→布置安全岗和施爆区安全人员→炮孔堵塞→撤离施爆区和飞石、强地震波影响区内的人、畜→起爆→清除瞎炮→解除警戒→测定爆破效果。

（2）施爆及排水

进行爆破作业时必须由经过专业培训并取得爆破证书的专业人员施爆。要注意开挖区的施工排水，在纵向和横向形成坡面开挖面，其坡度应满足排水要求，以确保爆破出的石料不受积水浸泡。

（3）边坡清刷

①石质挖方边坡应顺直、圆滑、大面平整。边坡上不得有松石、危石；突出于设计边坡线的石块，其突出尺寸不应大于20cm，起爆凹进部分尺寸也不应大于20cm。对于软质岩石，突出

及凹进尺寸均不应大于10cm,否则应进行清理。

②挖方边坡应从开挖面往下分级清刷边坡,下挖2~3m时,应对新开挖边坡刷坡;对于软质岩石边坡可用人工或机械清刷;对于坚石和次坚石,可使用炮眼法、裸露药包法爆破清刷边坡,同时清除危石、松石。清刷后的石质路堑边坡不应陡于设计规定。

③石质路堑边坡如因过量超挖而影响上部边坡岩体稳定时,应用浆砌片石补砌超挖的坑槽。如石质路堑边坡系易风化岩石,还应砌筑碎落台。

(4)路床整修

①石质路堑路床底高应符合设计要求,开挖后的路床基岩高程与设计高程之差应符合规范要求。如过高,应凿平;过低,应用开挖的石屑或灰土碎石填平并碾压密实。

②石质路堑路床顶面宜使用密集小型排炮施工。炮眼底高程宜低于设计高程10~15cm;装药时宜在孔底留5~10cm空眼;装药量按松动爆破计算。

③石质路床超挖大于10cm的坑洼有裂隙水时,应采用渗沟连通,渗沟宽不宜小于10cm,渗沟底略低于坑洼底,坡度不宜小于6‰,使可能的裂隙水或地表渗水由浅坑洼渗入深坑洼,并与边沟连接。如渗沟底低于边沟底则应在路肩下设纵向渗沟,沟底应低于深坑洼底至少10cm,宽不宜小于60cm;纵向渗沟由填方路段引出。渗沟应填碎石,并与路床同时碾压到规定的要求。

2)爆破施工作业基本要点

山区高等级公路路基石方工程量大,而且集中,一般占土石方总量的45%~75%,目前,爆破仍然是石方路基施工最有效的方法。

(1)爆破施工作业基本要点

①开挖石方应根据岩石的工程地质分类、岩石的风化程度和节理发育程度等确定开挖方式。对于软石和强风化岩石,凡能用机械直接开挖的,均应用机械开挖;如这类石方数量不大,工期允许,也可以人工开挖。凡不能使用机械或人工直接开挖的石方,则用爆破法开挖。石方需用爆破法开挖的路段,应查明路段内有无电缆线,地下预埋管线及其平面位置、埋置深度,同时应调查开挖边界线外的建筑物结构类型、完好程度、距开挖边界距离,然后制订爆破方案。任何爆破方案的制订都必须确保既有建筑物、管线的安全。

②爆破方案选定后,应视受其影响的构造物的重要程度,分别报送当地公安部门、构造物行业主管部门及监理工程师审批。

③爆破作业,必须由经过专业培训并取得爆破证书的专业人员施爆。石方爆破施工中,当工程量小、工期允许时,可采用人工打眼;工程量较大时,应采用机械钻孔,钻孔机械可采用风钻或凿岩机。

④石方开挖所得的土石料一般都可以用在填方及浆砌工程上,因此石方开挖很少采用抛掷爆破。深挖石方路堑多采用松动爆破。高等级公路不得采用抛掷爆破倾填路堤。

⑤石方开挖应充分重视挖方边坡稳定,一般宜选用中小炮爆破。对风化较严重、节理发育或岩层产状对边坡稳定不利的石方开挖,宜用小排炮微差爆破,小型排炮药室距设计坡线的水平距离,应不小于炮孔间距的1/2。

⑥开挖边坡外有必须确保的重要建筑物,当采用减弱松动爆破都无法保证建筑物安全时,可采用人工开凿、化学爆破或控制爆破。

⑦在石方开挖区应注意施工排水,应在纵向和横向形成坡面开挖面。其纵坡应满足排水要求,以确保爆破的石料不受积水的浸泡。

(2)炮眼位置选择注意事项

①炮位设计应充分考虑岩石的形状、类别、节理发育程度、岩石溶蚀情况等因素；炮孔药室应避开溶洞和大的裂隙。

②应避免在两种岩石硬度相差很大的交界面处设置炮孔药室。

③非群炮的单炮和数炮施爆，炮孔宜选在抵抗线最小、临空面多且与各临空面距离较平均的位置。同时应为下次布孔创造更多的临空面。

④群炮炮间间距宜根据地形、岩石类别、炮型等确定，并根据炮眼间距、深度计算每个炮眼的装药量。对于群炮，宜分排或分段采用微差爆破。

⑤非群炮的单炮或数炮施爆，炮眼方向宜与岩石临空面大致平行，一般按岩石外形、节理、裂隙等情况分别选择正炮眼、斜炮眼、平炮眼或吊眼等方位。

3）爆破法开挖石质路堑施工质量控制注意事项

开挖石方应根据岩石的类别、风化程度和节理发育程度等确定开挖方式，对于软石和强风化岩石，能用机械直接开挖的均应采用机械开挖，也可人工开挖。凡不能使用机械或人工直接开挖的石方，才采用爆破法开挖。用爆破法开挖时，应注意如下事项。

（1）采用爆破法开挖的石方，首先应确定爆破方案。根据确定的爆破方案，进行炮位、炮孔深度和用药量计算，其设计图纸和资料应报送主管部门和监理工程师审批。

（2）爆破区管线调查，石方需用爆破法开挖的地段，如空中有缆线，应查明其平面位置和高度；还应调查地下有无管线，如果有管线，应查明其平面位置和埋设深度；同时应调查开挖边界线外的建筑物结构类型、完好程度、与开挖界距离，然后制订爆破方案。任何爆破方案的制订，必须确保空中缆线、地下管线和施工区边界处建筑物的安全。爆破方案确定后，要进行炮位、炮孔深度和用药量设计，其设计图纸资料应报送有关部门审批。

（3）爆破方法的选择。爆破施工对边坡的稳定性影响很大，为保证边坡的稳定，一般不宜选用大爆破，而选用中、小爆破。

①当石方风化较严重、节理发育或岩层产状对边坡稳定不利时，宜用小型排炮微差爆破。小型排炮药室距设计边坡线的水平距离不应小于炮孔间距的1/2。

②当岩层走向与路线走向基本一致，倾角大于15°，且倾向公路，或者开挖边界线外有建筑物，施爆可能对建筑物地基造成影响时，应在开挖层边界，沿设计坡面打预裂孔，孔深同炮孔深度，孔内不装炸药和其他爆破材料，孔的距离不宜大于炮孔纵向间距的1/2。

③开挖层靠边坡的两列炮孔，特别是靠顺层边坡的一列炮孔，宜采用减弱松动爆破。

④开挖边坡外有必须保证安全的重要建筑物，即使采用减弱松动爆破仍无法保证建筑物安全时，可采用人工开凿或静态爆破。

⑤爆破对山体破坏较大，对周围环境也有较大影响，因此必须按有关施工规定和安全规程进行作业，严格按设计文件实施。通常应作试爆分析，结果作为指导施工的依据。

2. 松土法开挖石质路堑施工质量控制

松土法开挖是充分利用岩体的各种裂缝和结构面，先利用大型、整体式松土器将岩体翻松，再用推土机或装载机与自卸汽车配合将翻松的岩块搬运到指定地点。松土法开挖避免了爆破作业的危险性，而且有利于挖方边坡的稳定和附近建筑设施的安全，作业过程比较简单，具有较高的作业效率。凡能用松土法开挖的石方路堑，应尽量不采用爆破法施工，建议使用该种方法。随着大功率施工机械的使用，松土法越来越多地应用于石质路堑的开挖，而且开挖的效率也越来越高，能够用松土法施工的范围也不断扩大。

松土法开挖的效率与岩体破裂面情况及风化程度有关；岩体被破碎岩石分隔成较大块体

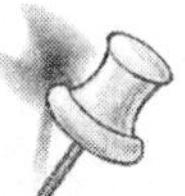

时，松开效率较高。当岩体已裂成小石块或呈粒状时，松土只能劈成沟槽，效率较低。砂岩、石灰岩、页岩等沉积岩有沉积层面，是比较容易松开的岩石，沉积层越薄越容易松开。片麻石、片岩、石英岩等变质岩，松开的难易程度要视其破裂面发育程度而定。花岗岩、玄武岩、安山岩等岩浆岩不呈层状或带状，松开比较困难。

多齿松土器适用于松动较破碎的薄层岩体，单齿松土器则适用于松动较坚硬的厚层岩体。松土器型号及松土间隔应根据岩石的强度、裂隙情况、推土机功率等选择，最好通过现场松土器劈松试验来确定。遇到较坚硬的岩石，松土器难以贯入，引起推土机后部翘起或履带打滑时，可用另一台推土机在松土器后面顶推。坚硬完整的岩石难于翻松，可进行适当的浅孔松动爆破，再进行松土作业。

1）松土机械施工作业

（1）高等级公路施工中常用的松土机械是带松土器的推土机。其生产率除与自身的功率大小有关外，还与岩石的可松性有关，即与岩石的种类、岩石的风化程度及裂缝发展程度有关。一般来说，砂岩、石灰岩、页岩以及砾岩等水成岩，呈层状结构，比较适宜于松土器作业。片麻岩、片岩、石英岩等变成岩，岩层小于15cm亦可采用松土器施工。花岗岩、玄武岩、安山岩等火成岩及较厚的片麻岩、片岩、石英岩，松开较为困难，一般需经预裂爆破后方可进行松土器施工作业。

（2）用松土器进行岩石的破碎开挖，宜选用单齿式松土器，其贯入深度应尽可能大，但推土机必须有足够的牵引力，不致履带打滑。作业时，每次的松土间隔视石料用途和搬运方法确定，一般可取1.0～1.5m。作业时的车速一般应低速行驶，即使在较易松开的作业现场，车速增加也不如加大压入深度或增加齿数更为经济。同时，高速行驶进行松土作业，还容易因岩石硬度变化，引起发动机转速变化，造成机体跳动，增加操纵难度，加剧机具磨损。

（3）交叉松土以选定的间隔在互相垂直的方向上进行作业，在岩石破碎成沟状而其余部分未被破碎时，采用这种方法较为有效。缺点是松土后的地面很粗糙而不规则，因而降低了机械的工作效率。

（4）串联松土用另外一台推土机助推的方法，用于较硬岩石的破碎，且成本有所增加，但行之有效；如果工效能提高3～4倍时，施工的成本反而会降低。

（5）预裂爆破后松土。对特别坚硬的岩石，进行预裂爆破后，再用松土器作业，比单纯爆破工效高，施工成本也低。

2）松土机械施工要点

无论在哪种情况下，松土时机械行驶的方向，应与岩纹垂直，此时破碎效果较好。否则，顺着岩纹作业，可能出现松土器经过的地方劈成沟状，而其余部分仍没有松开或松开很少。另外，应尽可能利用下坡进行松土作业，可提高松土效果。

3．破碎法开挖

破碎法开挖是利用破碎机凿碎岩块，然后进行挖运等作业。这种方法是将凿子安装在推土机或挖土机上，利用活塞的冲击作用使凿子产生冲击力以凿碎岩石，其破碎岩石的能力取决于活塞的大小。破碎法主要用于岩体裂缝较多、岩块体积小、抗压强度低于100MPa的岩石，由于开挖效率不高，只能用于前述两种方法不能使用的局部场合，作为爆破法和松土法的辅助作业方式。

以上三种开挖方法各有特点，应视施工条件合理选用。

4．石质高路堑施工

石质高路堑宜采用中小爆破法施工，只有当路线穿过独山丘，开挖后边坡不高于6m，且根据岩石产状和风化程度，确认开挖后边坡稳定，才可考虑大爆破方案。

(1)单边坡石质高路堑

单边坡石质高路堑已有一面临空，为了使爆破后的石块较小，便于推土机清方，绝对不能采用松动爆破、减弱松动爆破或药室爆破。前两种爆破方法虽然能节约炸药，但爆破后石块太大。有些大石块还要重新钻眼爆破将石块炸小，或需用人工以撬棍将大石块慢慢移走，无法使用机械施工，施工进度太慢。药室爆破虽然爆破方量较大，但可能将边坡炸松，而且构建药室的都是人工操作，花费时间多。正确的做法是采用深粗炮眼、分层、多排、多药量、群炮、光面、微差爆破方法。其原则是打炮眼尽量使用机械，爆破后使石块小一些，便于机械清除。若最后一排炮眼靠近边坡时，应采用光面爆破设计施工。

(2)双边坡石质高路堑

双边坡石质高路堑的施工较单边坡的困难一些。首先需用纵向挖掘法在横断面中部每层开辟一条较宽的纵向通道，以便将爆破后的石料运走，同时成为两侧未炸石方的临空面；然后横断面两侧按单边坡石质路堑的施工方法作业。

第五节　软土地基路基施工质量控制

软土在我国滨海平原、河口三角洲、湖盆地周围及山涧谷地均有广泛分布。在软土地基上修筑高等级公路，特别是修筑高路堤时，若对软基不加以处治或处理不当，往往会导致路基失稳或过量沉降，造成公路不能正常使用。软土地基处理恰当与否也关系到整个工程质量、投资和进度。因此公路修建于软土地基时，无论是设计还是施工均必须给予充分的重视。

一、软土的类型及特征

我国软土按其成因可分为4大类型，按其沉积环境的不同又可分为9种类型(见表5-11)。

软土的类型及特征　　表5-11

类　型		厚度(m)	特　征	分布概况
滨海沉积	滨海相	60~200	面积广，厚度大，常夹有砂层，极疏松，透水性较强，易于压缩固结	沿海地区
	三角洲相	5~60	分选性差，结构不稳定，粉砂薄层多，有交错层理、不规则尖灭层及透镜体	
	泻湖相	2~60	颗粒极细，孔隙比大，强度低，常夹有薄层泥炭	
	溺谷相	—	颗粒极细，孔隙比大，结构疏松，含水量高，分布范围较窄	
湖泊沉积	湖相	5~25	粉土颗粒占主要成分，层理均匀清晰，泥炭层多是透镜体状但分布不多，表层多有小于5m的硬壳	洞庭湖、太湖、鄱阳湖、洪泽湖周边，古云梦泽边缘地带
河滩沉积	河床相、河漫滩相、牛轭湖相	<20	成层情况不均匀，以淤泥及软黏土为主，含砂与泥炭夹层	长江中下游、珠江下游及河口、淮河平原、松辽平原
谷地沉积	谷地相	<10	呈片状、带状分布，靠山浅、谷中心深，谷底有较大的横向坡，颗粒由山前到谷中心逐渐变细	西南、南方山区或丘陵区

二、软土地基的工程特性

1. 软土地基土的工程特性

我国各地不同成因的软土都具有相同的工程特性，主要表现在以下几方面：

(1)土层深度从0.5～30m不等，沿海地区埋置浅，内陆地区埋置较深些。

(2)天然含水量高，含水量在34%～72%之间；孔隙比大，孔隙比在1.0～1.9之间；饱和度一般大于95%，液限一般为35%～60%，塑性指数为13～20，天然密度为15～19kg/m^3。

(3)透水性差。大部分软土的渗透系数为10^{-8}～10^{-7}cm/s。

(4)压缩性高。压缩系数为0.005～0.02，属高压缩性土。

(5)抗剪强度低。其快剪黏聚力在10kPa左右，快剪内摩擦角在0°～5°之间。

(6)流变性显著。其长期抗剪强度只有一般抗剪强度的0.4～0.8倍。

(7)具有触变形，一旦受到扰动，土体的强度明显下降，甚至成流动状态。

(8)软黏土主要有黏土粒和粉粒组成，常含有有机质。

2. 软土地基路堤的特点

(1)软土高路堤的地基沉降在短时间内难以稳定，是公路建设最难处理的技术问题。

(2)路堤沉降需要较长时期才能稳定，这一特点主要取决于路堤荷载与地基土强度的相对稳定。路堤荷载的影响程度取决于路堤的高度和路堤分布的范围两方面。

(3)对于层状分布的软土地基，各层土的模量大小以及它们的分布位置都会对地基变形量以及变形的过程产生影响。高速公路设计路幅宽度一般大于26m，纵坡小于2%。因此，高路堤的纵横向分布面积较大，必然导致路堤产生较大的沉降。

(4)高路堤软土地基的破坏，主要形式是路堤边坡的滑动失稳。其大多是由施工速度过快，路堤边坡太陡或地基承载力不足引起的。

三、软土地基填方路堤基本要求

1. 设计基本要求

(1)当地基、路堤实际验算的稳定性安全系数小于表5-12规定的允许值时，应对软土地基进行稳定性处治。

稳定安全系数 表5-12

安全系数 \ 方法	固结有效应力法		改进总强度法		简化Bishop法、Jaabu法
指标	不考虑固结	考虑固结	不考虑固结	考虑固结	
直接快剪	1.1	1.2			
静力接触、十字板剪			1.2	1.3	
三轴有效剪切指标					1.4

注：当需要考虑地震力时，稳定系数减少0.1。

(2)软土地基填筑的路堤，在路面设计使用年限内的残余沉降(简称工后沉降)应满足表5-13所规定的要求。

容许工后沉降(单位：m) 表5-13

工程位置	桥台与路堤相邻处	涵洞、通道处	一般路段
高速公路、一级公路	≤0.10	≤0.20	≤0.30
二级公路	≤0.20	≤0.30	≤0.50

当软土地基上的道路结构物在设计使用年限内的工后沉降不能满足表5-13的要求时,应根据沉降对软土地基进行处治。

(3)软土地基下沉后,其上路堤的高度、宽度及边坡均会发生变形。路堤断面具体设计要求如下:

①路堤的高度:软土地基上路堤填筑的高度也就是预压填土的设计高度,它必须保证预压结束地基下沉后,地面以上的路堤高度不小于路基的设计高度。

②路堤的加宽:软土地基上路堤底面加宽,其一侧的加宽量Δd为:

$$\Delta d = mS_t$$

式中:m——路堤的设计边坡值;

S_t——路堤坡脚处预压期末的沉降量。

③路堤的边坡:路堤的设计边坡值宜采用1:2,预压路堤修筑的边坡不同于原设计边坡(1:m),其修筑的边坡n值按下式计算:

$$n = (H_0 m + \Delta d)/(H_0 + S_0 + S_y)$$

式中:H_0——原路堤设计高度;

S_0——路堤中心处预压期末的沉降量;

S_y——路堤坡脚处的沉降量;

m——原路堤的设计边坡。

2. 施工基本要求

在软土地基上填筑路堤首先应考虑的两个主要问题是路堤的稳定性和路堤的沉降。因此在软土地基上填筑路堤,应进行稳定验算与沉降计算。表征路堤稳定性的主要技术指标是稳定安全系数F,路堤沉降计算的主要指标是总沉降量。

(1)稳定性验算

稳定性验算主要是指地基、路堤的整体抗剪切破坏的强度应控制在稳定安全系数的允许范围之内。F值的验算有以下三种方法:总应力法、有效固结应力法和有效应力法(准毕消普法)。根据现行《公路路基设计规范》(JTG D30—2004)的规定,软土地基路堤稳定安全系数容许值如表5-12所示。

(2)地基的沉降计算

软黏土地基在荷载作用下沉降变形的主要部分为主固结沉降,其次还包括瞬时沉降与次固结沉降,并可计算总沉降量。

四、软土地基填方路堤处治方案选用原则和注意事项

(1)软土地基处治的方法很多,各种方法都有它的适用范围。具体工程的工程地质条件千变万化,对地基处理的要求不尽一致,而且施工部门采用的机具、当地的材料都会不同,因此必须进行具体分析,从地基条件、处理要求、处理范围、工程进度、材料机具等方面进行综合考虑,以确定合适的处治方法。

(2)软土地基处治的工程费用有时是十分昂贵的,且由于选择方法的错误,有时会完全得不到好的效果,因此进行综合考虑时必须注意尽力选择经济的施工方法,不要过多地浪费有限的资源。在深厚软土地基,沉降量大的地方可铺筑临时路面,待残余沉降达到一定量时再铺筑正式路面。

(3)在施工过程中,必须注意对施工质量和处理效果的检验,以保证工程质量。在施工期

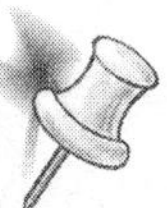

内和施工完成后应按要求做好监测工作，并尽量采用可能的手段来检验处理的效果。

(4)在开发、引用新的地基处理方法，或者对不同的处理方法作比较时，宜在大规模施工以前进行小型现场试验来检验可靠性，并获得必要的施工控制指标。

(5)软基处治包括以下四个环节：

①详细检查：包括地质勘察、土工试验、处理方案、以往使用经验的调查研究。

②科学分析：必要时通过现场试验，取得第一手资料。

③现场监测：特别要注意现场收集数据。

④观测分析：以获得必要参数数据，用以验证设计、监测工程的可靠性。

五、软土地基加固的处治方法

软土地基加固的处治方法，可按滑动破坏（按稳定性）处治与按沉降计算处治（按沉陷）来区分。稳定性处治的有效方法大致有垫层处理法（表层排水、砂垫层、土工聚合物、加固土）、反压护道法、慢速加载法（控制路堤填筑速度）等。沉降处治的有效方法有路堤加载法（等载或超载）和垂直排水法（砂井、袋装砂井、塑料排水板）等。在稳定性处治和沉降处治两方面都有效的方法，有挤密砂桩法、振动置换法（碎石桩、钢渣桩）和加固土桩（水泥粉喷桩）等。下面对软土地基的部分处治方法及其适用状况作简要介绍。

1. 垫层处治法

垫层处治施工通常采用于松软过湿地表面。由于地基表面采用排水、铺设填料或以掺外加剂加固使地表层强度增加，防止地基局部剪切变形，从而保证重型机械通行，又使填土荷载均匀分布在地基上。

(1)砂（砾）垫层：在软、湿地基上铺以0.3～0.5m厚度的排水层，有利于软湿表层的固结，并形成填土的底层排水，在一定程度上能提高地基强度，使施工机械可以通行。

(2)碎石、岩渣垫层：一般厚度为0.4m左右，并铺设单层或双层土工织物或土工网格。其有利于均匀支承填土荷载，提高地基承载力，减少地基的沉降量。

(3)掺和料垫层：利用石灰、水泥、土或加固剂等掺和料，以一定剂量混合在填料中，可改变地基的压缩性和强度特性，从而保证施工机械的顺利通行，同时作为路基土能提高原地基的CBR值，又提高了填土的稳定性。

2. 反压护道法

当在施工过程中，填土将使土基产生的滑动破坏达不到要求时，在填方路堤两侧一定宽度范围内平衡反压填土，以谋求填土的稳定。但是，利用这种方法用地宽度显著增加，为此需要大量的土方。在用地困难、征地费高以及难以得到廉价填土材料的情况下是很不经济的。因此这种方法大多是用在施工过程中已经明显出现不稳定的填方或发生了滑坍破坏的填方时，作为应急措施和修复措施。

3. 慢速加载法

控制填土速度，慢速地填筑路堤，可以期望随着地基逐渐固结而相应地增加地基抗剪强度。由于这一方法不需要特殊的施工机械和材料，当工期有足够时间的情况下，它是最经济的方法。

4. 垂直排水法

垂直排水法的原理是软土地基在路堤荷载作用下，水从孔隙中慢慢排出，孔隙比减小，地基发生固结变形，同时随着超静水压力逐渐扩散，土的有效应力增大，地基土强度逐步增长。

垂直排水法常用于解决软土地基的沉降问题,可使地基沉降在加载预压期间基本完成或大部分完成,使公路完工后在营运期间不发生过大的沉降和减少桥头段的沉降差。垂直排水法是由排水系统和堆载系统两部分组合而成的,排水系统可在天然地基中设置竖向排水体(如普通砂井、袋装砂井、塑料排水板等),其上铺设砂垫层。堆载系统为路堤填料的填筑,可以有欠载、等载、超载预压,也可采用真空预压法用于软黏土地基,施工期间保证有足够的预压期。

5. 振冲置换法

利用一种能产生水平向振动的管桩机械在软弱黏土地基中钻孔,再在孔内分批填入碎石或矿渣,制成桩体,使桩体和周围的地基土构成复合地基以提高地基承载力,并减少压缩性。碎石桩的承载力和沉降量在很大程度上取决于周围软土对碎石桩的约束作用,如周围土过于软弱,对碎石桩的约束作用就差。适用范围为软弱黏性土地基,但对于抗剪强度较低的软黏土采用本法务必慎重。

6. 深层搅拌法

深层搅拌法是利用水泥粉作为固化剂,通过特别的深层搅拌机械,在地基深处将水泥粉和软土强制搅拌,利用固化剂和软土之间产生一系列物理、化学反应,形成坚硬拌和柱体,与周围土体形成复合地基,以提高地基承载作用,并减少压缩性。适用范围为软弱黏性土。

六、软土地基填方路基施工质量控制要点

软土在我国有广泛分布,在软土地基上修筑公路,若不加以处治或处治不当,往往会导致路基失稳或过量沉陷,造成公路不能正常使用。针对上面的处治方法,下面阐述部分软土地基处治方法施工中的控制要点。

1. 垫层与浅层处治施工控制要点

垫层与浅层处治的目的是增加地基强度,防止地基产生局部变形。其适用条件是,当软土层的度小于3m且软土层在表层时,可采用垫层或用生石灰等浅层拌和、换填、抛石等方法进行浅层处理。

(1)垫层

在软土地基上修筑路堤,其下均宜设置透水性垫层,以排除地基中的孔隙水。最常用的透水性垫层是砂垫层,垫层厚度以50cm为宜,宽度为路堤底宽并在两侧各增加50~100cm。垫层材料宜采用洁净的中、粗砂,含泥量不大于5%。也可采用天然级配砂砾,最大粒径不宜大于5cm,砾石强度不低于四级。施工时应分层摊铺,分层洒水碾压,每层压实厚度宜为15~20cm。

(2)浅层换填

根据处治的目的可将路堤内的软土层挖去,换填好土或局部挖除换填。换填好土时,其填筑、压实的施工应满足《公路路基设计规范》(JTG D30—2004)和《公路路基施工技术规范》(JTG F10—2006)的要求。即应分层摊铺、分层碾压,每层的压实度要达到规范规定的压实标准。

(3)浅层拌和稳定剂处治

该处治方法是用稳定材料,如生石灰、消石灰、水泥、石灰粉煤灰或其他固化剂掺入软弱的表层软土层中,就地拌和、压实以改善地基的压缩性和软土地基的强度。施工时,应通过室内试验确定施工配合比。其施工工艺与加固土路拌法的施工工艺相同,主要工序是:摊铺→拌和→压实→养生等。处治稳定层的强度可采用7d龄期抗压强度或CBR值,其中任何一个达到规定的要求即可。

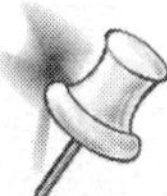

2. 反压护道法施工控制要点

(1)反压护道法主要是当路堤在施工过程中,达不到要求的稳定安全系数容许值时,用主路堤两侧的反压护道达到使路堤稳定的目的。可在路堤的两侧或一侧设置反压护道。

(2)反压护道的高度宜为路堤高度的1/2,宽度应通过稳定性验算确定,且应满足路堤工后沉降的要求。反压护道所用的填筑材料应符合路堤填料的要求。

(3)反压护道施工宜与路堤同时填筑,分开填筑时,必须在路堤达到临界高度前将反压护道填筑好。反压护道的施工,一般按图5-44所示顺序进行。

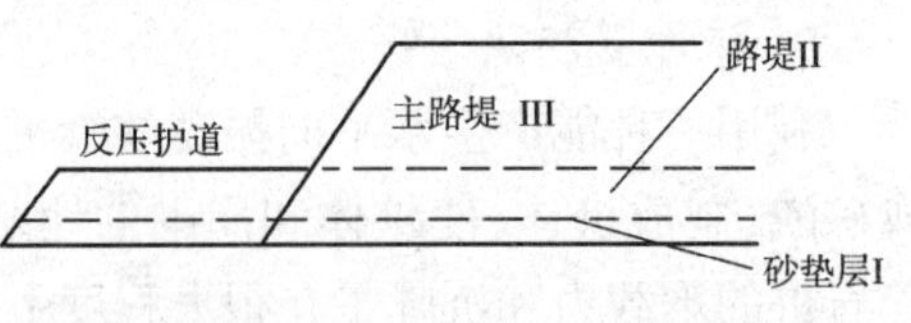

图5-44 反压护道施工顺序图

(4)反压护道施工先填筑包括反压护道在内的砂垫层I及路堤II,接着填筑主路堤III。

(5)反压护道施工避免高堆填,包括反压护道在内的路堤填筑,要摊成大致水平的薄层,每层填土要仔细压实,其压实度宜达到重型压实标准的90%,并保持一定的横坡,现场抽检填土层的压实度。

(6)反压护道的填筑速度不得慢于主路堤,如果反压护道将来作为辅路使用,施工时可用它做施工便道。

3. 土工合成材料处治施工控制要点

土工合成材料具有加筋、防护、过滤、排水、隔离等功能,利用土工合成材料的抗拉、抗剪强度好,改善施工机械的作业条件,均匀支承路堤荷载,减小地基的沉降和侧向位移,提高地基的承载力。土工合成材料的种类有:土工网、土工格栅、土工模袋、土工织物、土工复合排水材料、土工垫等。

(1)土工合成材料在铺设时,应将强度高的方向置于垂直于路堤轴线方向。土工合成材料之间的连接应牢固,在受力方向连接处的强度不得低于材料设计抗拉强度,且其叠合长度不应小于15cm。

(2)土工合成材料的铺设不允许有褶皱,应用人工拉紧,必要时可采用插钉等措施固定土工合成材料于填土层表面。铺设土工合成材料的土层表面应平整,表面严禁有碎、块石等坚硬凸出物。在距土工合成材料层8cm以内的路堤填料,其最大粒径不得大于6cm。

(3)土工合成材料摊铺以后应及时填筑填料,以避免其受到阳光过长时间的直接暴晒,一般情况下,间隔时间不应超过48h。填料应分层摊铺、分层碾压,所选填料及其压实度应达到《公路路基设计规范》(JTG D30—2004)规定的要求。

(4)土工合成材料上的第一层填土摊铺宜采用轻型推土机或前置式装载机,一切车辆、施工机械只容许沿路堤的轴线方向行驶。第一层填料宜采用推土机或其他轻型压实机具进行压实;只有当已填筑压实的垫层厚度大于60cm后,才能采用重型压实机械压实。

(5)对于软土地基,应采用后卸式载货汽车沿加筋材料两侧边缘倾卸填料,以形成运土的交通便道,并将土工合成材料张紧。填料不允许直接卸在土工合成材料上面,必须卸在已摊铺完毕的土面上;卸土高度以不大于1m为宜,以免造成局部承载能力不足。卸土后应立即摊铺,以免出现局部下陷。

(6)施工便道填成后,再由两侧向中心平行于路堤中线对称填筑,宜保持填土施工面呈"U"形。

(7)软基上加筋路堤的填筑速率应符合《公路路基设计规范》(JTG D30—2004)的有关规定。

(8)对于非软土地基,填料的摊铺与填筑可从路堤的中线位置开始,对称地向两侧填土。

(9)加筋路堤的边坡防护应和路堤的填筑同步进行,在夏季施工如防护工作滞后,则应及时对坡面的土工合成材料采取临时保护措施,以免土工合成材料被阳光长时间暴晒。

4. 袋装砂井施工控制要点

(1)材料要求:选用聚丙烯或其他适用的编织料制成砂袋,抗拉强度应能保证承受砂袋自重,装砂后砂袋的渗透系数应不小于砂的渗透系数;采用渗水率较高的中、粗砂,大于0.5mm的砂含量宜占总重的50%以上,含泥量不应大于3%,渗透系数不应小于5×10^{-3}cm/s。

(2)施工主要机具为导管式振动打桩机,在行进方式上普遍采用的有轨道门架式、履带臂架式、吊机导架式等。

(3)袋装砂井的施工工艺和质量控制程序,如图5-45所示。

5. 塑料排水板施工控制要点

塑料排水板是由芯体和滤套组成的复合体,或是由单一材料制成的多孔管道无滤套板带。

(1)材料要求。

①芯板:是由聚乙烯或聚丙烯加工而成的多孔管道或其他形式的板带,应具有足够的抗拉强度和垂直排水能力,其抗拉强度不应小于130N/cm。芯板应具有耐腐蚀性和足够的柔性,保证塑料排水板在地下的耐久性并在土体固结变形时不会被折断或破裂。

②滤套:一般由非纺织物制成,具有一定的隔离土颗粒和渗透功能,且应等效于0.025mm孔隙,其最小自由透水表面积宜为1 500cm^2/m,渗透系数应不小于5×10^{-3}cm /s。

(2)施工主要机具是插板机,也可与袋装砂井机具共用,但应将圆形套管换成矩形套管。

(3)塑料排水板施工工艺和质量控制程序,如图5-46所示。

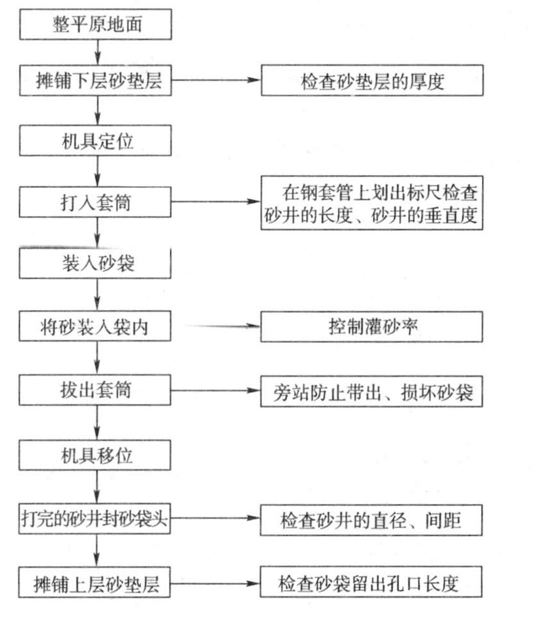

图5-45　袋装砂井的施工工艺和质量控制程序

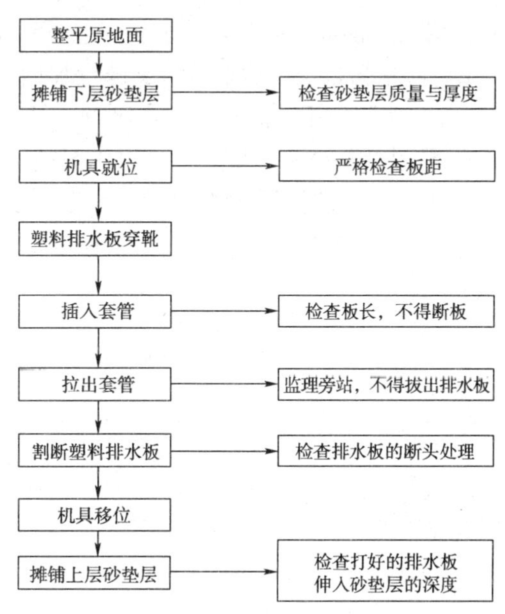

图5-46　塑料排水板的施工工艺和质量控制程序

6. 碎石桩施工控制要点

碎石桩是采用碎石材料作桩料并依靠振动沉管机、水振冲器等在软土地基层内做成。碎石桩与桩间的软土形成复合地基,碎石桩对软土地基起加固、置换作用,可提高地基承载能力,减少最终的地基固结沉降量。

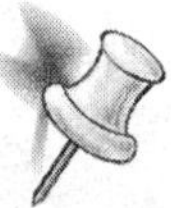

(1)碎石桩填料一般是未风化的干净砾石或轧制碎石,粒径宜为 20~50mm,含泥量不应大于 10%。

(2)施工前应按规定做成桩试验,记录冲孔、清孔、成桩时间和深度、冲水量、水压、压入碎石量及电流的变化等,作为碎石桩施工的控制指标。

(3)碎石桩主要施工机具是振冲器、吊机或施工专用平车和水泵。选择振冲器型号应考虑桩径、桩长及加固工程离周围建筑物的距离。配备的供水设备,出口水压应为 400~600kPa,流量 20~30m^3/h。起重机械起吊能力应大于 100~200kN。

(4)碎石桩的施工工艺和质量控制程序,如图 5-47 所示。

7. *加固土桩施工控制要点*

加固土桩是用某种专用机械将软土地基内局部范围的软土主体用无机结合料加固、稳定,使桩体与桩间的软土形成复合地基。改良后的加固土桩起置换作用和应力集中效应,以减少地基的总沉降。

(1)加固土桩所采用的材料有水泥、生石灰、粉煤灰等。水泥宜采用普通硅酸盐水泥或矿渣水泥等,其质量应满足 GB 175—92、GB 1344—92 所规定的技术要求。严禁使用过期、受潮、结块、变质的劣质水泥。生石灰应是磨细的生石灰粉,生石灰粉的质量要求应满足 GB 1594—79 所规定的技术要求。粉煤灰选用干排粉煤灰更好,要求(SO_2 + Al_2O_3)的含量应大于 70%,烧失量小于 10%。

(2)加固土桩施工前必须进行成桩试验,应达到相关要求,确定搅拌的均匀性。并取得满足设计喷入量的各种技术参数,如钻进速度、提升速度、搅拌速度、喷气压力、单位时间喷入量等,作为施工质量控制的依据。掌握下钻和提升的阻力情况,采取适当的技术处理措施。根据地层、地质情况确定喷覆范围,成桩工艺试验桩数不宜少于 5 根。

(3)应根据软土层的土质情况进行加固土的室内配合比试验,选择合适的固化剂和外掺剂量,确定实际使用时的施工配合比。

(4)在加固土桩工程施工中,固化剂喷入的形态一般有浆液和粉体。粉体固化剂所用的施工机械主要有钻机、粉体发送器、空气压缩机、搅拌钻头等。

(5)加固土桩的施工工艺和质量控制程序,如图 5-48 所示。

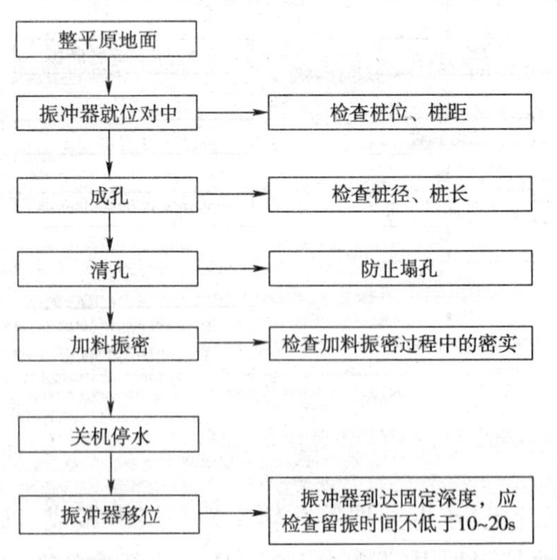

图 5-47　碎石桩施工工艺和质量控制程序

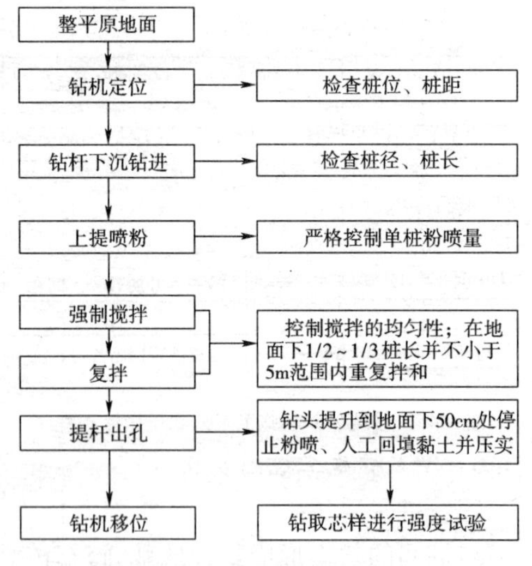

图 5-48　加固土桩施工工艺及质量控制程序

第六节　路基排水与防护工程施工质量控制

过量的水是使路基产生病害的主要原因之一。一方面，土中含水量的增加将降低路基土的强度和稳定性；另一方面，水对路基的浸泡、冲刷等作用将直接影响路基的正常使用，高速公路和一级公路路面积水会影响行车安全。因此应修筑必要的排水设施拦截或排除危害路基的地表水和地下水，路面积水应及时排除，确保公路安全使用。

一、地表排水设施施工质量控制

路基地表排水设施包括边沟、截水沟、排水沟、急流槽、拦水带、蒸发池等。施工排水设施应做到位置、断面、尺寸、坡度准确，所用材料符合设计文件及规范要求。

1. 边沟

边沟布置在挖方路段的边坡坡脚和填土高度小于边沟深度的填方边坡坡脚，用以汇集和排除降落在坡面和路面上的地表水。边沟断面一般为梯形，边沟内侧坡度按土质类型取1:1.0～1:1.5。在较浅的岩石挖方路段，可采用矩形边沟，其内侧沟壁用浆砌片石砌成直立状。矩形和梯形边沟的底宽和深度不应小于0.4m。挖方路段边沟的外侧沟壁坡度与路堑下部边坡坡度相同。边沟的纵坡与路线纵坡保持一致，纵坡为最小值时应缩短边沟出水口间距。一般地区边沟长度不超过500m，多雨地区不超过300m，三角形边沟不超过200m。

边沟施工时，其平面位置、断面尺寸、坡度、高程及所用材料，应符合设计文件和施工技术规范要求。修筑的边沟应线形美观、直线顺直、曲线圆滑，无突然转弯等现象，纵坡顺适，沟底平整排水畅通，无冲刷和阻水现象，表面平整美观。

土质边沟纵坡大于3%时，应采用浆砌片石、干砌片石、水泥混凝土预制块等进行加固。采用浆砌片石铺砌时，片石应坚固稳定，砂浆配合比符合设计要求，砌筑时片石间应咬扣紧密，砌缝砂浆饱满、密实，勾缝应平顺，无脱落且缝宽一致，沟身无漏水现象。采用干砌片石铺筑时，应选用有平整面的片石，砌筑时片石间应咬扣紧密、错缝，砌缝用小石子嵌紧，禁止贴砌、叠砌和浮塞。采用抹面加固土质边沟时，抹面应平整压光。

2. 截水沟

当路堑边坡上侧流向路基的地表径流流量较大，或者路堤上侧倾向路基的地面坡度大于1:2时，应在路堑或路堤上方设置截水沟，以拦截流向路基的地面径流。在坡面汇流长度大的山坡上，应酌情设置两道以上大致平行的截水沟。边坡稳定性差或有可能形成滑坡的路段，应考虑在边坡周界外设置截水沟，以减轻水对坡面的渗透和冲刷等不利影响。截水沟应设置在路堑边坡顶5m以上或路堤坡脚2m以外，并结合地形和地质条件顺等高线合理布置，使拦截的坡面径流顺畅地流向自然沟谷或排水渠道。截水沟长度以200～500m为宜。一般采用梯形断面，沟壁坡度为1:1.0～1:1.5，断面尺寸可按设计径流量计算确定，但底宽和沟深不宜小于0.5m。

截水沟的施工要求与边沟基本相同。在地质不良、土质松软、透水性较大、裂缝多及沟底纵坡较大的地段，为防止水流下渗和冲刷，应对截水沟及其出水口进行严密的防渗处理和加固。

3. 排水沟

由边沟出水口、路面拦水堤或开口式缘石泄水口通过路堤边坡上的急流槽排放到坡脚的

水流,应汇集到路堤坡脚外1~2m处的排水沟内,再排到桥涵或自然水道中。深挖路堑或高填路堤设边坡平台时,若坡面径流量大,可设置平台排水沟,以减小坡面冲刷。排水沟的断面形式和尺寸以及施工要求等与截水沟基本相同。

4. 急流槽与跌水

在路堤、路堑坡面或从坡面平台上向下竖向排水,或者在截水沟和排水沟纵坡较大时,应设急流槽。构筑急流槽后使水流与涵洞进出口之间形成一个过渡段,可减轻水流的冲刷。急流槽可由浆砌片石或水泥混凝土铺筑成矩形或梯形断面。浆砌片石急流槽的底厚为0.2~0.4m,施工时做成粗糙面,壁厚0.3~0.4m,底宽至少0.25m,槽顶与两侧斜坡面齐平,槽底每隔5m设一凸榫,嵌入坡面土体内0.3~0.5m,以防止槽身顺坡面下滑。

在陡坡或深沟地段的排水沟,为避免其出口下游的桥涵、自然水道或农田受到冲刷,可设置跌水。跌水可带消力池,也可不带,按坡度和坡长不同可设成单级或多级跌水。不带消力池的跌水,台阶高度为0.3~0.4m,高度与长度之比,应与原地面坡度吻合。带消力池的跌水,单级跌水墙的高度为1m左右,消力槛的高度宜为0.5m,消力池台面设2%~3%的外倾纵坡,消力槛顶宽不宜小于0.4m,槛底设泄水孔。跌水的槽身结构与急流槽相同。急流槽与跌水都属圬工砌体结构,石砌圬工与边沟的砌筑要求一致。水泥混凝土急流槽的施工与混凝土挡墙的施工要求一致。

二、地下排水设施施工质量控制

路基地下排水设施有明沟、暗沟、渗沟、检查井等,应根据工程地质和水文地质条件选择、确定其类型、位置及几何尺寸,施工时严格按设计文件和施工技术规范进行。

1. 明沟与暗沟

明沟用于拦截和引排路堑边坡或边沟外侧土体内的上层滞水或浅层地下水。当含水层厚度不大时宜采用浆砌片石明沟。沟底埋入不透水层,纵坡不应小于0.3%。明沟断面宜采用梯形,最小底宽0.5m。沟深超过1.2m时宜采用槽形明沟,最小底宽0.8m。明沟深度不宜超过2m,断面形式如图5-49所示。沟壁与含水层之间应设渗水孔和反滤层。渗水孔间距上下为0.3m,左右为0.5~1.0m,孔径根据地下水流量和含水层土质通过计算确定,沟壁最下一排渗水孔的底部高出沟底应不小于0.2m。反滤层可用砂砾石、渗水土工织物或无砂混凝土等材料做成,沿明沟纵向每隔10~15m应设一道伸缩缝,伸缩缝内应用沥青麻絮或有弹性的不透水材料填塞。

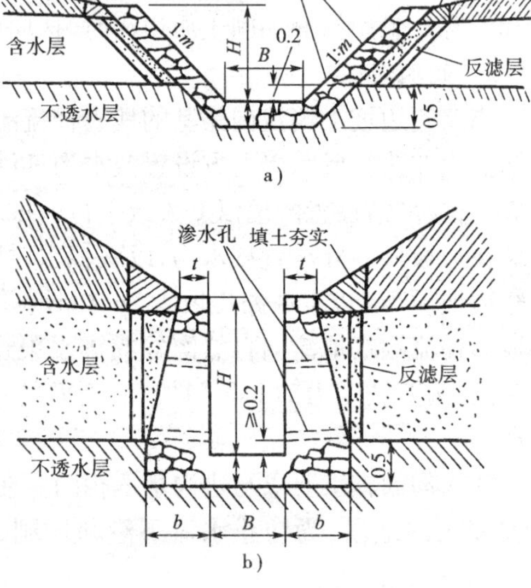

图5-49 地下排水明沟(尺寸单位:m)
a)浆砌片石梯形断面;b)浆砌片石槽形断面

当路基基底遇有裂隙水或层间水时,无论水流量大小均应设置暗沟将水引至路基坡脚以外或排入路堑边沟。暗沟可采用矩形断面,沟宽和沟深按出水口大小确定,沟壁应采用浆砌片石或混凝土砌筑,沟顶设置盖板,盖板上的填土厚度不应小于0.5m。暗沟的纵坡不宜小于1%,出水

口应防止冲刷填土边坡;引入边沟时,沟底高程应高出边沟常水位0.2m以上。

明沟和暗沟应能保证通畅地排除影响路基的地下水,它们的构造、位置、高程、断面形式和尺寸必须满足其功能要求。两种地下排水设施均为圬工砌体结构,施工方法和质量要求与浆砌片石边沟和混凝土结构的施工一致。

2. 渗沟

渗沟用于降低地下水位或拦截地下水,设置在地面以下。渗沟分为填石渗沟、管式渗沟和洞式渗沟三种,构造如图5-50所示。渗沟的各部位尺寸应根据埋设位置和排水需要确定,宜采用槽形断面,最小底宽0.6m,沟深大于3m时最小底宽1.0m。渗沟内部用坚硬的碎、卵石或片石等透水性材料填充。沟顶和沟底应设封闭层,用干砌片石层封闭顶部,并用砂浆勾缝;底部用浆砌片石作封闭层,出水口采用浆砌片石端墙式结构。渗沟应尽量布置成与渗流方向垂直。

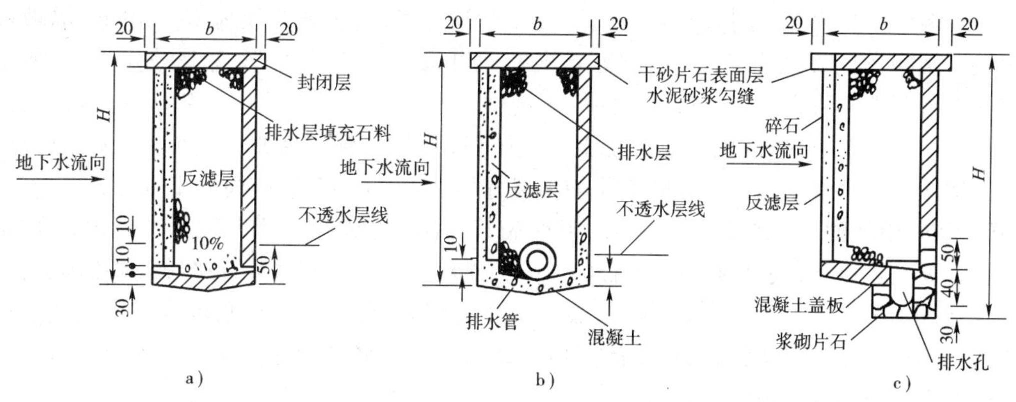

图5-50 渗沟的构造(尺寸单位:m)

a)填石渗沟;b)管式渗沟;c)洞式渗沟

渗沟沟壁应设置反滤层和防渗层。沟底挖至不透水层形成完整渗沟时,迎水面一侧设反滤层,背水面一侧设防渗层。沟底设在含水层内时则形成不完整渗沟,两侧沟壁均设置反滤层,反滤层可用砂砾石、渗水土工织物或无砂混凝土板等。防渗层采用夯实黏土、浆砌片石或土工薄膜等防渗材料。管式渗沟的排水管采用带渗水孔的混凝土圆管,管径不宜小于20cm,管壁交错设渗水孔,间距不大于20cm,孔径可为1.5~2.0cm。洞式渗沟采用浆砌片石作沟洞,孔径大小根据设计流量定,洞顶用混凝土板搭盖,盖板间留缝隙,缝宽2cm。深而长的渗沟应设检查井以便检查维修。

三种结构形式渗沟的位置、断面形式和尺寸应符合设计,材料质量要求等均应严格按设计和上述构造要求精心施工。渗沟采用矩形断面时,施工应从下游向上游开挖,并随挖随支撑,以防坍塌。填筑反滤层时,各层间用隔板隔开,同时填筑,至一定高度后向上抽出隔板,继续分层填筑至要求高度为止。渗沟顶部用单层干砌片石覆盖,表面用水泥砂浆勾缝,再在上面用厚度不小于0.5m的土夯填到与地面齐平。

三、路表排水设施施工质量控制

高速公路和一级公路路幅较宽,路面汇积的水较大时将冲蚀路基边坡,同时会影响行车安全,因此应设置路面排水设施排出路面水。路面排水设施一般由路肩排水和中央分隔带排水设施组成。

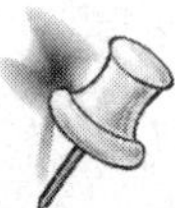

1. 路肩排水设施

路肩排水设施主要由拦水带、急流槽和路肩排水沟组成。路肩排水设施的纵坡应与路面纵坡一致。当路面纵坡小于0.3%时,可采用横向分散排水方式将路面水排出路基,同时对路基边坡采取相应防护措施。当路堤边坡较高,采用横向分散排水不经济时,应采用集中排水方式,在硬路肩边缘设置拦水带,然后通过急流槽将水排出路基。拦水带可用水泥混凝土预制块或沥青混凝土筑成,高出路肩12cm,顶宽8~10cm。急流槽的设置应适应拦水带拦水量的大小,间距以20~50m为宜。当硬路肩汇水量较大时,可在土路肩上设置路肩排水沟,沟底纵坡同路肩纵坡且不小于0.3%,可用V形水泥混凝土预制构件砌筑。其他等级的公路路堤较高时,也可设置拦水带以避免路堤边坡受路面水冲刷。

2. 中央分隔带排水设施

中央分隔带排水设施由纵向排水沟(明沟、暗沟)、渗沟、雨水井、集水井、横向排水管等组成。排水沟(管)的断面尺寸及分段长度通过流量计算确定,一般孔径为20~40cm,纵坡可与路面纵坡相同,但不宜小于0.3%。排水沟横断面可采用碟形、三角形、V形或矩形,一般用水泥混凝土预制件或浆砌片石砌筑。纵向排水沟(管)与横向排水管之间用集水井连接,横向排水管孔径一般为20~60cm的水泥混凝土管或塑料排水管,管底纵坡不应小于1%,出口处的路基应加固。雨水井设置在有超高路段的中央分隔带内,井间距离应根据流量计算确定,一般为10~30m,用浆砌片石或水泥混凝土预制块砌筑。相邻雨水井间用直径为20~40cm的水泥混凝土管纵向连接,管底纵坡不应小于0.3%。雨水井汇集的雨水可直接排入桥涵或通过横向排水管排出。多雨地区的中央分隔带表面不作封闭时,可设地下排水渗沟。渗沟两侧可用沥青砂、沥青土、土工布或黏土封闭,渗沟顶与路床顶面齐平,渗沟内宜用直径为5~8cm的硬塑料管将水引至路基边坡以外。

四、路基防护工程施工质量控制

1. 土质路基边坡坡面防护工程

为防止雨水、风力、水流、波浪等不良水文地质和其他自然因素对路基边坡的危害,同时为了改善公路路容、保护生态环境,应根据当地实际条件,因地制宜地采用经济合理、适用耐久的路基边坡防护措施。根据防护的主要不利因素,路基防护分为常规坡面防护和冲刷防护。根据防护方法的不同,对土质路基边坡的防护主要采用植物防护和工程防护。

1)植物防护

植物防护是在边坡上种植草皮、灌木等植物,覆盖裸露的表土以防止雨水冲刷,调节土的湿度以防止产生裂缝。这样就能防止容易被冲蚀的土质边坡在雨水和风力作用下产生的冲沟、溜方、坍塌等变形和破坏。植物防护具有施工简单、费用低廉、效果较好等优点,在适宜于植物生长的土质边坡上应优先选用植物防护措施。

(1)种草

在边坡上种草适用于草类能够生长的土质边坡,边坡坡度宜缓于1:1.25。种草时将草籽均匀撒布在已清理好的土质边坡上,长出的草将覆盖于坡面。一般宜选用易成活、生长快、根系发达、叶茎低矮或有匍匐茎的多年生草种。高且陡的土质路堑边坡,可通过试验用草籽与含有肥料的有机泥浆混合,均匀喷射在需防护的边坡上。

(2)铺草皮

铺草皮适宜于坡度不陡于1:1的土质边坡,特别适宜于需要迅速绿化的路段。草皮应选

择根系发达、茎矮叶茂的耐旱草种，不宜采用喜水草种，严禁采用生长在泥沼地的草皮。施工时采用带状或块状草皮，规格大小视施工条件而定，草皮厚度宜为10cm左右。铺设时由坡脚向上铺钉，用尖木(竹)桩固定在土质边坡上。铺设形式可为平铺、叠铺或方格状铺等。

(3)植树

植树适用于各种土质边坡和风化极严重的岩石边坡，坡度不陡于1:1.5。树种应选用根系发达、枝叶茂盛，能迅速生长分蘖的低矮灌木。高速公路和一级公路边坡严禁种乔木。

植物防护养护和施工应根据当地气候、土质、含水量等因素，选用易于成活的植物。坡面植树应注意栽植季节。坡面植物种植后，应适时洒水施肥。

2)框格防护

框格防护是采用混凝土、浆砌片(块)石、卵(砾)石等做成框格状骨架，框格内种植物或采用其他辅助措施以保护路基边坡。对于土质边坡和风化岩石边坡，可采用预制混凝土砌块或栽砌卵石、干砌片石等做骨架。骨架宽20~30cm，嵌入边坡深度为15~20cm。根据边坡坡度、土质情况来确定框格大小，方形框格尺寸宜为(1×1m)~(3×3m)；也可做成拱形骨架眉拱直径宜为2~3m；边坡坡顶与坡脚应采用与骨架相同的材料加固，加固条带的宽度宜为40~50cm。

其他土质边坡的工程类防护措施，如捶面、护面墙、石砌护坡等设施的施工与石质路基边坡相同。

2. 石质路基边坡坡面防护工程

路基石质较差时，会在雨水、风力、气温变化、冰冻等自然因素的作用下出现风化、剥落、掉块等病害，严重时则会出现较大的溜方、变形、坍塌等破坏，因此应采取一定的技术措施保护路基边坡。一般应根据当地气候、水文、地形、地质条件及筑路材料分布情况等因地制宜地选择切实可行的防护措施。石质路基的防护设施主要有抹(捶)面、喷浆、喷射混凝土、护面墙、干(浆)砌片石护坡、水泥混凝土预制块等。防护工程施工前，应将坡面上的杂质、浮土、松动石块及表面风化层清除干净。当坡面有潜水出露时，应作引水或截水处理。

(1)抹面与捶面

抹面是用人工将水泥砂浆或多合土等材料抹覆在坡面上以封闭边坡，从而对坡面起保护作用。抹面适用于尚未严重风化的软质岩石边坡，边坡坡度可不受限制，但坡面应干燥。抹面的使用年限为8~10年；厚度为3~7cm，施工时应分两次进行，底层抹全厚的2/3，面层抹全厚的1/3。

捶面是将多合土等材料经捶击、拍打后紧贴于坡面上，形成一紧密的保护层以保护路基边坡。捶面适用于易风化剥落的岩石边坡及土质边坡，边坡坡度不陡于1:0.5。捶面的使用年限为10~15年；厚度为10~15 cm，一般采用等厚式截面，当边坡较高时可采用上薄下厚的截面形式。施工时应均匀捶打多合土使捶面与坡面贴紧、粘牢，做到厚度均匀，表面光滑。

抹(捶)面的面积较大时，应设伸缩缝，缝距不超过10m，缝宽1~2cm；与未防护边坡接触的四周应严密封闭，坡脚设置一道1~2m高的浆砌片石护墙。抹(捶)面在施工前应将坡面清理干净，表面要平整、密实、湿润。用于抹(捶)面的砂浆或多合土应经过试抹或试捶后确定配合比，保证能稳固地紧贴于坡面。

(2)喷浆及喷射混凝土

喷浆及喷射混凝土是用喷射设备将水泥砂浆或混凝土喷射在需防护的边坡上形成砂浆或混凝土保护层，防止边坡风化。这两种方法适用于易风化、裂隙和节理发育、坡面不平的岩石边坡。对于高且陡、上部岩层较破碎而下部岩层较完整的边坡及需要大面积防护的边坡，用这种方法防护比较经济。

喷浆防护所用的砂浆强度不应低于 M10，厚度为 5～10cm。喷射混凝土强度不应低于 C15，混凝土中集料最大粒径不超过 15mm，厚度为 10～15cm，分 2～3 次喷射，喷层厚度应均匀。喷浆及喷射混凝土护坡与未防护边坡的衔接处应严格封闭，以免水分渗入而造成防护层破坏，坡脚做一道 1～2m 高的浆砌片石护坡。喷浆及喷射混凝土施工前，岩体表面应冲洗干净，边坡上如有较大裂缝及凹坑时应嵌补牢固，在喷射混凝土内放置菱形金属网或高强聚合物土工格栅，用锚杆或锚钉将其固定在边坡上，可提高混凝土防护层的整体强度，增强喷射混凝土与边坡之间的联结，改善防护效果。将锚杆嵌入岩体时，应先将孔内冲洗干净，再插入锚杆，然后灌注水泥砂浆。菱形金属网或土工格栅与锚杆的联结应牢固可靠，不得外露，并与坡面保持规定的间距。严禁在大雨中或冰冻季节进行喷射作业。喷射后养护 7～10d。

（3）灌浆及勾缝

坚硬的岩石边坡开挖后，应用水泥砂浆或混凝土对存在的裂隙作灌浆或勾缝处理，以免水分渗入岩石裂隙造成病害，改善边坡外观。灌浆适用于较坚硬而裂缝较大较深的岩石路堑边坡；勾缝则适用于较硬、不易风化，节理发育、裂缝多而细的岩石路堑边坡。

对岩体坡面进行灌缝或勾缝时，应先将缝内冲洗干净。灌浆用水泥砂浆的配合比为 1:4 或 1:5，裂缝很宽时可用体积比为 1:3:6或 1:4:6的混凝土灌注并振捣密实，灌至缝口并抹平。勾缝时用 1:2或 1:3的水泥砂浆或 1:0.5:3或 1:2:9的水泥石灰砂浆。施工后坡面应平整、密实、线形顺适。

（4）护面墙

护面墙能防治比较严重的坡面变形，适宜于易受侵蚀的土质边坡和易风化的软质岩石挖方边坡。护面墙可用浆砌片石、块石、混凝土预制构件砌筑，也可采用现浇混凝土。砌筑砂浆强度不应低于 M5，寒冷地区不应低于 M7.5；混凝土强度不应低于 C15。护面墙基础应设置在稳定的地基上，埋深应根据地质条件确定，在冰冻地区应设置在冰冻线以下不小于 0.25m，墙趾应低于边沟铺砌的底面。护面墙可分为实体式、窗孔式及拱式等类型，应根据边坡地质条件合理选用。实体式护面墙适宜防护坡度不陡于 1:0.5 的边坡；窗孔式护面墙防护的边坡不应陡于 1:0.75，窗孔内可采用干砌片石、草皮等辅助防护。窗孔宜采用半圆拱形，圆拱半径 1.0～1.5m，高 2.5～3.5m，宽 2～3m。单级护面墙高度不宜超过 10cm，顶宽一般为 40～60cm，底宽为顶宽加 0.1～0.2 倍墙高。护面墙每隔 10～15m 应设一道 2cm 宽的伸缩缝，并每隔 2～3m 交错布设泄水孔，孔径 0.1m。

（5）浆砌片石护坡

浆砌片石护坡常用于石料丰富、劳动力价格较低的地区。所用砂浆强度不应低于 M5，砌体厚度宜为 25～50cm，每隔 10～15m 设置一道 2cm 宽的伸缩缝，间隔 2～3m 设置 10cm × 10cm 的矩形泄水孔或孔径 10cm 的圆形泄水孔，泄水孔后设置反滤层。需防护的边坡坡体应稳定、干燥，必要时设置粒料类垫层，以防因边坡过分潮湿、严重冻害而使护坡变形。

3. 路基冲刷防护工程

沿河路基由于受到地形限制，大多依山傍水，可能受到经常性或周期性水流的冲刷时，为保证路基的安全和稳定性，应根据实际情况采取必要的防护措施以消除和减轻水流对路基的冲刷危害。路基冲刷防护一般分为岸坡防护（直接防护）、导流构造物防护（间接防护）两种形式。

（1）直接防护

山区狭窄的河谷地段不宜设置导流构造物，也难以改移河道，应优先考虑采用岸坡防护措施。岸坡防护是直接加固河岸路基边坡或基底，防护设施直接承受水流的冲刷，因此，各种防

护设施的施工必须进行彻底、认真的基础处理，保证施工质量，以免遭受水流冲刷而破坏、淘空，应能经受最不利水流的考验，确保路基稳定。常用的岸坡防护设施有：草皮防护、抛石防护、干砌片石防护、石笼防护、浆砌片石防护及挡土墙等。

草皮防护可用于水流速度不大于1.2m/s的河岸防护；抛石防护用于经常浸水且水较深的路基及洪水季节的防洪抢险；干砌片石护坡用于周期性浸水的路基边坡或河岸；石笼防护用于受水流冲刷的沟底和堤岸边坡；浆砌片石适用于经常浸水且受水主流冲刷或受较强波浪作用的路基边坡，也可用于有水流及封冻的河岸边坡的防护。

路基边坡主要的直接防护形式是干（浆）砌片石或水泥混凝土板。在施工过程中，开挖基坑应核对地质情况，必须挖到设计高程。基础完成后应及时用稳定性较好的材料回填，并做好原始记录。边坡坡面应密实、平整，铺砌时应自下而上进行，砌块应交错嵌紧，严禁浮塞，砂浆在砌体内必须饱满、密实。所用石料的强度应符合要求，砂浆、混凝土符合设计配合比。坡岸砌体两端和顶部与岸坡应牢固衔接、平稳密贴，防止水进入坡岸背面。每隔10~15m设一伸缩缝，基底土质变化处应设置沉降缝。采用片石砌筑时，不得大面平铺，石块应彼此交错搭接、无松动；采用河卵石铺砌时，必须长方向垂直于坡面，成横行栽砌牢固；采用就地浇筑混凝土时，宜在混凝土中加入速凝剂，提高早期强度，并在表面收浆时抹熳，做到平整、光滑。

（2）间接防护

间接防护是利用顺坝、丁坝、拦水坝、格坝等导流构造物来改变水流方向，调节水流速度，从而消除和减弱水流对路基边坡的直接作用。施工这些导流结构物时，应认真研究，制订合理的施工方案，避免因这些结构物的施工而引起沿岸农田、建筑物等遭受水流冲刷。改移河道工程因造价较高，仅用于小规模的工程，如局部裁弯取直、挖滩改道、清除孤石等，一般在较短、较窄的河流中进行。

第七节　路基工程施工质量检评的事后控制

为了保证路基工程施工质量，除了做好路基工程施工前期和施工过程的质量控制外，还应在路基工程交验时，根据《公路工程质量检验评定标准》（JTG F80/1—2004）中的规定，进行施工质量检验评定或中间交验，也就是路基工程施工质量的事后检评控制。通过对路基工程质量的检验评定，评定路基工程施工整体质量合格与否。符合规定质量验收标准，达到规定的合格质量水平，即予验收通过。对不符合规定验收质量标准的分项工程，通过整修或返修后重新进行交验评定。

一、路基整修基本要求

路基土石方工程基本完工后，施工单位应会同监理人员，按设计文件要求检查路基中线、高程、宽度、边坡坡度和截（排）水沟系统。并根据检查结果编制整修计划，进行路基整修。

1. 路床顶面整修

土质路床顶面的整修，可用机械配合人工切土或补土，并配合压路机械碾压，不得有松散、软弹及表面不平整现象。石质路基表面应用石屑嵌缝紧密、平整，不得有坑槽和松石。

2. 路基边坡整修

（1）整修边坡时，深路堑土质边坡整修应按设计要求坡度，应自上而下进行边坡整修，不得在边坡上贴补。边坡需要加固地段，应预留加固位置和厚度，使完工后的坡面与设计边坡一致，

当路堑边坡受雨水冲刷形成小冲沟时，应将原边坡挖成台阶，分层填补，仔细夯实。如填补的厚度很小(10～20cm)，而又非边坡加固地段时，可用种草整修的方法，以种植土来填补，但应顺适、美观、牢靠。石质路基边坡，应达到设计要求的边坡比，坡面上的松石、危石应及时清除。

(2)填方路基边坡受雨水冲刷形成冲沟或坍塌缺口时，应自下而上，分层挖台阶加宽填补夯实，再按设计坡面削坡。弯道内侧路肩边缘，应修建路肩拦水带，在整修路堤边坡表面过程中，还应将其两侧超填的宽度切除。如遇边坡缺土时，可按上述路堑边坡的处理方法填补夯实。

二、土方路基施工质量验收标准

1. 基本要求

(1) 在路基用地和取土坑范围内，应清除地表植被、杂物、积水、淤泥和表土，处理坑塘，并按规范和设计要求对基底进行压实。

(2) 路基填料应符合规范和设计的规定，经认真调查、试验后合理选用。

(3) 填方路基须分层填筑压实，每层表面平整，路拱合适，排水良好。

(4) 施工临时排水系统应与设计排水系统结合，避免冲刷边坡，勿使路基附近积水。

(5) 在设定取土区内合理取土，不得滥开滥挖。完工后应按要求对取土坑和弃土场进行修整，保持合理的几何外形。

2. 检测标准

土方路基的检测项目、允许偏差、检查方法和频率，如表5-14所示。

土方路基检测项目、允许偏差、检查方法和频率　　表5-14

项次	检查项目			规定值或允许偏差			检查方法和频率	权值
				高速公路、一级公路	其他公路			
					二级公路	三、四级公路		
1	压实度(%)	零填及挖方(m)	0～0.30	—	—	94	按规定方法检查。密度法：每200m每压实层测4处	3
			0～0.80	≥96	≥95	—		
		填方(m)	0～0.80	≥96	≥95	≥94		
			0.80～1.50	≥94	≥94	≥93		
			>1.50	≥93	≥92	≥90		
2	弯沉(0.01mm)			不大于设计要求值			按规定方法检查	3
3	纵断高程(mm)			+10，-15	+10，-20		水准仪：每200m测4个断面	2
4	中线偏位(mm)			50	100		经纬仪：每200m测4点，弯道加HY、YH 2点	2
5	宽度(mm)			不小于设计			米尺：每200m测4处	2
6	平整度(mm)			15	20		3m直尺：每200m测2处×10尺	2
7	横坡(%)			±0.3	±0.5		水准仪：每200m测4个断面	1
8	边坡			符合设计要求			尺量：每200m测4处	1

注：①表列压实度以重型击实试验法为准，评定路段内的压实度平均值下置信界限不得小于规定标准，单个测定值不得小于极值(表列规定值减5%)。小于表列规定值2%的测点，按其数量占总检查点的百分率计算减分值。

②采用核子仪检验压实度时应进行标定试验，确认其可靠性。

③特殊干旱、特殊潮湿地区或过湿土路基，可按交通部颁发的路基设计、施工规范所规定的压实度标准进行评定。

④三级公路修筑沥青混凝土或水泥混凝土路面时，其路基压实度应采用二级公路标准。

3. 外观鉴定

(1)路基表面平整,边线直顺,曲线圆滑。不符合要求时,单向累计长度每 50m 减 1 ~ 2 分。

(2)路基边坡坡面平顺,稳定,不得亏坡,曲线圆滑。不符合要求时,单向累计长度每 50m 减 1 ~2 分。

(3)取土坑、弃土堆、护坡道飞碎落台的位置适当,外形整齐、美观,防止水土流失。不符合要求时,每处减 1 ~2 分。

三、石方路基施工质量验收标准

1. 基本要求

(1)石方路堑的开挖宜采用光面爆破法。爆破后应及时清理险石、松石,确保边坡安全、稳定。

(2)修筑填石路堤时应进行地表清理,逐层水平填筑石块,摆放平稳,码砌边部。填筑层厚度及石块尺寸应符合设计和施工规范规定,填石空隙用石碴、石屑嵌压稳定。上、下路床填料和石料最大尺寸应符合规范规定。采用振动压路机分层碾压,压至填筑层顶面石块稳定,18t 以上压路机振压两遍无明显高程差异。

(3)路基表面应整修平整。

2. 检测标准

石方路基的检测项目、允许偏差及检查方法和频率,如表 5-15 所示。

石方路基检测项目、允许偏差及检查方法和频率 表 5-15

项次	检查项目		规定值或允许偏差		检查方法和频率	权值
			高速公路、一级公路	其他公路		
1	压实度(%)		层厚和碾压遍数符合要求		查施工记录	3
2	纵断高程(mm)		+10, -20	+10, -30	水准仪:每 200m 测 4 个断面	2
3	中线偏位(mm)		50	100	经纬仪:每 200m 测 4 点,弯道加 HY、YH 2 点	2
4	宽度(mm)		不小于设计值		米尺:每 200m 测 4 处	2
5	平整度(mm)		20	30	3m 直尺:每 200m 测 2 处 ×10 尺	2
6	横坡(%)		±0.3	±0.5	水准仪:每 200m 测 4 个断面	1
7	边坡	坡度	不陡于设计值		每 200m 抽查 4 处	1
		平顺度	符合设计要求			

注:土石混填路基压实度或固体体积率可根据实际可能进行检验,其他检测项目与石方路基相同。

3. 外观鉴定

(1)上边坡不得有松石。不符合要求时,每处减 1 ~2 分。

(2)路基边线直顺,曲线圆滑。不符合要求时,单向累计长度每 50m 减 1 ~2 分。

四、软土地基处治施工质量验收标准

1. 基本要求

(1)换填地基的填筑压实要求同土方路基。

(2)砂垫层:砂的规格和质量必须符合设计要求和规范规定;适当洒水,分层压实;砂垫层

宽度应宽出路基边脚0.5~1.0m，两侧端以片石护砌；砂垫层厚度及其上铺设的反滤层应符合设计要求。

(3)反压护道：填筑材料、护道高度和宽度应符合设计要求，压实度不低于90%。

(4)袋装砂井、塑料排水板：砂的规格、质量，砂袋织物质量和塑料排水板质量比应符合设计要求；砂袋和塑料排水板下沉时不得出现扭结、断裂等现象；井(板)底高程必须符合设计要求，其顶端必须按规范要求伸入砂垫层。

(5)碎石桩：碎石材料应符合设计要求；应严格按试桩结果控制电流和振冲器的留振时间；分批加入碎石，注意振密挤实效果，防止发生"断桩"或"颈缩桩"。

(6)砂桩：砂料应符合规定要求；砂的含水量应根据成桩方法合理确定；应确保桩体连续、密实。

(7)粉喷桩：水泥应符合设计要求；根据成桩试验确定的技术参数进行施工；严格控制喷粉时间、停粉时间和水泥喷入量，不得中断喷粉，确保粉喷桩长度；桩身上部范围内必须进行二次搅拌，确保桩身质量；发现喷粉量不足时，应整桩复打；喷粉中断时，复打重叠孔段应大于1m。

(8)软土地基上的路堤，应在施工过程中进行沉降观测和稳定性观测，并根据观测结果对路堤填筑速率和预压期等作出必要调整。

2. 检测标准

软土地基处治方法的检测项目、允许偏差及检查方法和频率见表5-16~表5-19。

砂垫层检测项目、允许偏差及检查方法和频率 表5-16

项次	检查项目	规定值或允许偏差	检查方法和频率	权值
1	砂垫层厚度	不小于设计值	每200m检查4处	3
2	砂垫层宽度			1
3	反滤层设置	符合设计要求		1
4	压实度(%)	90		2

袋装砂井、塑料排水板检测项目、允许偏差及检查方法和频率 表5-17

项次	检查项目	规定值或允许偏差	检查方法和频率	权值
1	井(板)间距(mm)	±150	抽查2%	2
2	井(板)长度	不小于设计值	查施工记录	3
3	竖直度(%)	1.5		2
4	砂井直径(mm)	+10,0	挖验2%	1
5	灌砂量(%)	-5	查施工记录	2

碎石桩(砂桩)检测项目、允许偏差及检查方法和频率 表5-18

项次	检查项目	规定值或允许偏差	检查方法和频率	权值
1	桩距(mm)	±150	抽查2%	1
2	桩径(mm)	不小于设计值		2
3	桩长(m)		查施工记录	3
4	竖直度(%)	1.5		2
5	灌石(砂)量	不小于设计值		2

粉喷桩检测项目、允许偏差及检查方法和频率　　表5-19

项次	检查项目	规定值或允许偏差	检查方法和频率	权值
1	桩距(mm)	±100	抽查2%	1
2	桩径(mm)	不小于设计值	抽查2%	2
3	桩长(m)	不小于设计值	查施工记录	3
4	竖直度(%)	1.5	查施工记录	1
5	单桩喷粉量	符合设计要求	查施工记录	3
6	强度(kPa)	不小于设计值	抽查5%	3

五、排水工程施工质量验收标准

1. 土沟

(1) 基本要求

①土沟边坡必须平整、坚实、稳定,严禁贴坡。

②沟底应平顺整齐,不得有松散土和其他杂物,排水畅通。

(2) 检测标准

土沟施工的检测项目、允许偏差及检查方法和频率,如表5-20所示。

土沟的检测项目、允许偏差及检查方法和频率　　表5-20

项次	检查项目	规定值或允许偏差	检查方法和频率	权值
1	沟底高程(mm)	0,-30	水准仪:每200m测4处	2
2	断面尺寸(mm)	不小于设计值	尺量:每200m测2处	2
3	边坡坡度	不陡于设计值	尺量:每200m测2处	1
4	边棱直顺度(mm)	不陡于设计值	尺量:20m拉线,每200m测2处	1

(3) 外观鉴定

沟底无明显凹凸不平和阻水现象。不符合要求时,每处减1~2分。

2. 浆砌排水沟

(1) 基本要求

①砌体砂浆配合比准确,砌缝内砂浆均匀饱满,勾缝密实。

②浆砌片(块)石、混凝土预制块的质量和规格应符合设计要求。

③基础中缩缝应与墙身缩缝对齐。

④砌体抹面应平整、压光、直顺,不得有裂缝、空鼓现象。

(2) 检测标准

浆砌排水沟的检测项目、允许偏差及检查方法和频率,如表5-21所示。

浆砌排水沟的检测项目、允许偏差及检查方法和频率　　表5-21

项次	检查项目	规定值或允许偏差	检查方法和频率	权值
1	砂浆强度(MPa)	在合格标准内	按标准检查	3
2	轴线偏位(mm)	50	经纬仪或尺量:每200m测5处	1
3	沟底高程(mm)	+15	水准仪:每200m测5处	2
4	墙面直顺度(mm)或坡度	30或不陡于设计值	20m拉线、坡度尺:每200m测2处	1

续上表

项次	检查项目	规定值或允许偏差	检查方法和频率	权值
5	断面尺寸(mm)	±30	尺量:每200m测2处	2
6	铺砌厚度(mm)	不小于设计值		1
7	基础垫层宽、厚(mm)			1

(3) 外观鉴定

①砌体内侧及沟底应平顺。不符合要求时减1~2分。

②沟底不得有杂物。不符合要求时减1~2分。

3. 盲沟

(1)基本要求

①盲沟的设置及材料规格、质量等,应符合设计要求和施工规范规定。

②反滤层应用筛选过的中砂、粗砂、砾石等渗水性材料分层填筑。

③排水层应采用石质坚硬的较大粒料填筑,以保证排水孔隙度。

(2)检测标准

盲沟施工的检测项目、允许偏差及检查方法和频率,如表5-22所示。

盲沟的检测项目、允许偏差及检查方法和频率 表5-22

项次	检查项目	规定值或允许偏差	检查方法和频率	权值
1	沟底高程(mm)	±15	水准仪:每10~20m测1处	1
2	断面尺寸(mm)	不小于设计值	尺量:每20m测1处	1

(3) 外观鉴定

①反滤层应层次分明。不符合要求时减1~2分。

②进(出)水口应排水通畅。不符合要求时减1~2分。

六、路基挡、护工程施工质量验收标准

1. 砌体挡土墙

(1) 基本要求

①石料或混凝土预制块的强度、规格和质量,应符合有关规范和设计要求。

②砂浆所用的水泥、砂、水的质量应符合有关规范的要求,按规定的配合比施工。

③地基承载力必须满足设计要求,基础埋置深度应满足施工规范要求。

④砌筑应分层错缝。浆砌时坐浆挤紧,嵌填饱满密实,不得有空洞;干砌时不得松动、叠砌和浮塞。沉降缝、泄水孔、反滤层的设置位置、质量和数量应符合设计要求。

(2) 检测标准

砌体挡土墙施工的检测项目、允许偏差及检查方法和频率,如表5-23和表5-24所示。

(3) 外观鉴定

①砌体表面平整,砌缝完好、无开裂现象,勾缝平顺,无脱落现象。不符合要求时减1~3分。

②泄水孔坡度向外,无堵塞现象。不符合要求时必须进行处理,并减1~3分。

③沉降缝整齐垂直,上下贯通。不符合要求时必须进行处理,并减1~3分。

砌体挡土墙的检测项目、允许偏差及检查方法和频率　表 5-23

项次	检查项目	规定值或允许偏差		检查方法和频率	权值
1	砂浆强度(MPa)	在合格标准内		按标准检查	3
2	平面位置(mm)	50		经纬仪:每 20m 检查墙顶外边线 3 处	1
3	顶面高程(mm)	±20		水准仪:每 20m 测 1 处	1
4	竖直度或坡度(%)	0.5		吊垂线:每 20m 测 2 处	1
5	断面尺寸(mm)	不小于设计值		尺量:每 20m 量 2 个断面	3
6	底面高程(mm)	±50		水准仪:每 20m 检测 1 处	1
7	表面平整度(mm)	块石	20	2m 直尺:每 20m 检测 3 处,每处检查竖直和墙长两个方向	1
		片石	30		
		混凝土块、料石	10		

干砌挡土墙的检测项目、允许偏差及检查方法和频率　表 5-24

项次	检查项目	规定值或允许偏差	检查方法和频率	权值
1	平面位置(mm)	50	经纬仪:每 20m 检测 3 处	2
2	顶面高程(mm)	±30	水准仪;每 20m 测 3 处	2
3	竖直度或坡度(%)	0.5	尺量:每 20m 吊垂线检测 3 处	1
4	断面尺寸(mm)	不小于设计值	尺量:每 20m 检测 2 处	2
5	底面高程(mm)	±50	水准仪:每 20m 测 1 处	2
6	表面平整度(mm)	50	2m 直尺:每 20m 检测 3 处,每处检查竖直和墙长两个方向	1

2. 悬臂式和扶臂式挡土墙

(1) 基本要求

①混凝土所用的水泥、石、砂、水和外掺剂的规格和质量应符合有关规范的要求,按规定的配合比施工。

②地基强度必须满足设计要求。

③不得有露筋和空洞现象。

④沉降缝、泄水孔的设置位置、质量和数量应符合设计要求。

(2) 检测标准

悬臂式和扶臂式挡土墙施工的检测项目、允许偏差及检查方法和频率,如表 5-25 所示。

(3) 外观鉴定

①混凝土施工缝平顺。不符合要求时减 1 ~2 分。

②蜂窝、麻面面积不得超过该面面积的 0.5%,不符合要求时,每超过 0.5% 减 3 分;深度超过 1cm 的必须处理。

③混凝土表面出现非受力裂缝,减 1 ~3 分。裂缝宽度超过设计规定或设计未规定时超过

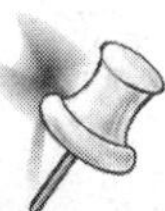

0.15mm 必须处理。

④泄水孔坡度向外，无堵塞现象。不符合要求时必须进行处理，并减 1 ~3 分。

⑤沉降缝整齐垂直，上下贯通。不符合要求时应进行处理，并减 1 ~3 分。

悬臂式和扶臂式挡土墙的检测项目、允许偏差及检查方法和频率 表 5-25

项次	检 查 项 目	规定值或允许偏差	检查方法和频率	权值
1	混凝土强度(MPa)	在合格标准内	按标准检查	3
2	平面位置(mm)	30	经纬仪：每 20m 检测 3 处	1
3	顶面高程(mm)	±20	水准仪；每 20m 检测 1 处	1
4	竖直度或坡度(%)	0.3	吊垂线：每 20m 检测 2 处	1
5	断面尺寸(mm)	不小于设计值	尺量：每 20m 检查 2 个断面，抽查扶臂 2 个	2
6	底面高程(mm)	±30	水准仪：每 20m 检测 1 处	1
7	表面平整度(mm)	5	2m 直尺：每 20m 检测 2 处	1

3. 锚杆、锚碇板和加筋土挡土墙

(1) 基本要求

①混凝土所用的水泥、砂、石、水和外掺剂的规格和质量必须符合有关规范的要求，按规定的配合比施工。

②地基强度应符合设计要求。

③锚杆、拉杆或筋带的强度、质量和规格，必须满足设计和有关规范的要求，根数不得少于设计数量。

④筋带须理顺、放平、拉直，筋带与面板、筋带与筋带连接牢固。

⑤混凝土不得出现露筋和空洞现象。

(2) 检测标准

锚杆、锚碇板和加筋土挡土墙总体的检测项目、允许偏差及检查方法和频率，如表 5-26 所示。

锚杆、锚碇板和加筋土挡土墙总体的检测项目、允许偏差及检查方法和频率 表 5-26

项次	检 查 项 目		规定值或允许偏差	检查方法和频率	权值
1	墙顶和肋柱平面位置(mm)	路堤式	+50，-100	经纬仪：每 20m 检测 3 处	2
		路肩式	±50		
2	墙顶和柱顶高程(mm)	路堤式	±50	水准仪：每 20m 测 3 处	2
		路肩式	±30		
3	肋柱间距		±15	尺量：每柱间	1
4	墙面倾斜度(mm)		+0.5%H 且不大于 +50，-1%H 且不小于 -100	吊垂线或坡度板：每 20m 测 2 处	2
5	面板缝宽(mm)		10	尺量：每 20m 至少检查 5 条	1
6	墙面平整度(mm)		15	2m 直尺：每 20m 测 3 处	1

注：①平面位置和倾斜度，“+”指向外，“-”指向内。

②H 为墙高。

(3) 外观鉴定

①预制面板表面平整光洁，线条顺直美观，不得有破损翘曲、掉角啃边等现象。不符合要

求时减1～2分。

②蜂窝、麻面面积不得超过该面面积的0.5%；不符合要求时，每超过0.5%减2分；深度超过1cm的必须处理。

③混凝土表面出现非受力裂缝减1～3分。裂缝宽度超过设计规定或设计未规定时超过0.15mm必须进行处理。

④墙面直顺，线形顺适，板缝均匀，伸缩缝贯通垂直，不符合要求时减1～3分。

⑤露在面板外的锚头应封闭密实、牢固，整齐美观。不符合要求时减1～5分。

4．抗滑桩

（1）基本要求

①混凝土所用的水泥、砂石、水和外掺剂的质量和规格，必须符合设计和有关规范的要求，按规定的配合比施工。

②施工中应核对滑动面位置，如图纸与实际位置有出入，应变更抗滑桩的深度。

③做好桩区地面截水、捧水及防渗，孔口地面上应加筑适当高度的围埂。

（2）检测标准

抗滑桩施工的检测项目、允许偏差及检查方法和频率，如表5-27所示。

抗滑桩的检测项目、允许偏差及检查方法和频率 表5-27

<table>
<tr><th>项次</th><th colspan="2">检 查 项 目</th><th>规定值或允许偏差</th><th>检查方法和频率</th><th>权值</th></tr>
<tr><td>1</td><td colspan="2">混凝土强度(MPa)</td><td>在合格标准内</td><td>按标准检查</td><td>3</td></tr>
<tr><td>2</td><td colspan="2">桩长(m)</td><td rowspan="2">不小于设计值</td><td>测绳量：每桩测量</td><td>2</td></tr>
<tr><td>3</td><td colspan="2">孔径或断面尺寸(mm)</td><td>探孔器：每桩测量</td><td>2</td></tr>
<tr><td>4</td><td colspan="2">桩位(mm)</td><td>100</td><td>经纬仪：每桩测量桩检查</td><td>1</td></tr>
<tr><td rowspan="2">5</td><td rowspan="2">竖直度(mm)</td><td>钻孔桩</td><td>1%桩长，且不大于500</td><td>测壁仪或吊垂线：每桩检查</td><td rowspan="2">1</td></tr>
<tr><td>挖孔桩</td><td>0.5%桩长，且不大于200</td><td>吊垂线：每桩检查</td></tr>
<tr><td>6</td><td colspan="2">钢筋骨架底面高程(mm)</td><td>±50</td><td>水准仪：测每桩骨架顶面高程后反算</td><td>1</td></tr>
</table>

（3）外观鉴定

无破损检测桩的质量有缺陷，但经设计单位确认仍可用时，应减3分。

5．挖方边坡锚喷防护

（1）基本要求

①锚杆、钢筋和土工格栅的强度、数量、质量和规格，必须符合设计和有关规范的要求。

②混凝土及砂浆所用的水泥、砂、石、水和外掺剂必须符合有关规范的要求，按规定的配合比施工。

③边坡坡度、坡面应符合设计要求。岩面应无风化、无浮石，喷射前必须用水冲洗。

④钢筋应清除污锈，钢筋网与锚杆或其他锚固装置连接牢固，喷射时钢筋不得晃动。

⑤锚杆插入锚孔深度不得小于设计长度的95%，孔内砂浆应密实、饱满。

⑥喷射前应做好排水设施，对个别漏水空洞的缝隙应采用堵水措施，确保支护质量。

⑦钢筋、土工格栅或锚杆不得外露，混凝土不得开裂脱落。

（2）检测标准

锚喷防护施工的检测项目、允许偏差及检查方法和频率，如表5-28所示。

锚喷防护的检测项目、允许偏差及检查方法和频率　　表 5-28

项次	检查项目	规定值或允许偏差	检查方法和频率	权值
1	混凝土强度(MPa)	在合格标准内	按标准检查	3
2	砂浆强度(MPa)			3
3	锚孔深度(mm)	不小于设计值	尺量:抽查 10%	1
4	锚杆(索)间距(mm)	±100		1
5	锚杆拔力(kN)	拔力平均值≥设计值,最小拔力≥0.9 设计值	拔力试验;锚杆数 1%,且不少于 3 根	3
6	喷层厚度(mm)	平均厚≥设计厚,60% 检查点的厚度≥设计厚,最小厚度≥0.5 设计厚,且不小于设计规定	尺量(凿孔)或雷达断面仪;每 10m 检查 1 个断面,每 3m 检查 1 点	2
7	锚索张拉应力(MPa)	符合设计要求	油压表:每索由读数反算	3
8	张拉伸长率(%)	±6 或设计要求	尺量:每索	2
9	断丝、滑丝数	每束 1 根,且每断面不超过钢线总数的 1%	目测:逐根(束)检查	2

注:实际工程中未涉及的项目不参与评定。

(3) 外观鉴定

混凝土表面密实,不得突变;与原表面结合紧密,不起鼓。不符合要求时减 1～3 分。

6. 锥、护坡

(1) 基本要求

①石料质量、规格应符合有关规定。砂浆所用的水泥、砂、水的质量应符合有关规范的要求,按规定的配合比施工。

②锥、护坡基础埋置深度及地基承载力应符合设计要求。

③砌体应咬扣紧密,嵌缝饱满密实。

④锥、护坡填土密实度应达到设计要求,对坡面刷坡整平后方可铺砌。

(2) 检测标准

锥、护坡施工的检测项目、允许偏差及检查方法和频率,如表 5-29 所示。

锥、护坡的检测项目、允许偏差及检查方法和频率　　表 5-29

项次	检查项目	规定值或允许偏差	检查方法和频率	权值
1	砂浆强度(MPa)	在合格标准内	按标准检查	3
2	顶面高程(mm)	±50	水准仪:每 50m 检测 3 处,不足 50m 时至少 2 处	1
3	表面平整度(mm)	30	2m 直尺:锥坡检测 3 处,护坡每 50m 检测 3 处	1
4	坡度(%)	不陡于设计值	坡度尺量:每 50m 量 3 处	1
5	厚度(mm)	不小于设计值	尺量;每 100m 检测 3 处	2
6	底面高程(mm)	±50	水准仪;每 50m 检测 3 处	1

(3) 外观鉴定

①表面平整,无垂直通缝。不符合要求时减 1～3 分。

②勾缝平顺,无脱落现象。不符合要求时减 1～3 分。

第六章　路面基层(底基层)施工质量控制

位于路面面层下用高质量材料铺筑的承重结构层称为路面基层。在沥青路面基层下铺筑的次要承重层或在水泥混凝土路面基层下铺筑的辅助层称为路面底基层。又可把路面基层和底基层统称为基层。基层按照原材料组成不同可分为水泥稳定类、石灰稳定类、二灰稳定类及沥青稳定类、外掺剂稳定类和填隙碎石与级配碎(砾)石等类型。无论是沥青路面还是水泥混凝土路面,影响其使用性能和耐久性能的关键因素之一是基层的施工质量。本章就路面基层施工质量控制要点进行介绍,避免因基层施工质量不好而导致路面结构的破坏。

第一节　路面基层(底基层)的强度机理与技术问题

为保证各类型路面基层的施工质量,对路面基层材料的强度形成机理和特点、相关的技术性能要求必须进行很好的掌握,正确地选择适用于不同条件的路面基层,进行正确合理的施工。本节就这些路面基层材料的基础知识进行介绍,以确保路面基层施工中正确运用规范和标准。

一、路面基层材料的类型

1. *水泥稳定土*

在粉碎的或原来松散的土中,掺入足够数量的水泥和水,经拌和得到的混合料,在经过摊铺、压实及养生后,当其抗压强度和耐久性符合规定要求时,称为水泥稳定土。

用水泥稳定砂性土、粉性土和黏性土得到的混合料,简称水泥土;用水泥稳定砂得到的混合料,简称水泥砂;用水泥稳定粗粒土或中粒土得到的混合料,视所用原材料,可简称水泥碎石(级配碎石和未筛分碎石)、水泥砂砾等。在稳定各种土时,时常根据设计强度和耐久性等要求,以及地方材料的供应情况,同时用水泥和石灰、水泥和粉煤灰稳定某种土得到的混合料,简称综合稳定土。在实际应用中,也可以用水泥或水泥粉煤灰等稳定各种粒状矿渣。另外,仅使用少量水泥改善各种土的塑性指数或提高其强度但又达不到水泥稳定土规定的强度要求,这种材料可称为水泥改善土。

2. *石灰稳定土*

在粉碎的或原来松散的土中,掺入足够数量的石灰和水,经拌和得到的混合料经摊铺压实及养生后,当其抗压强度或耐久性符合规定要求时,称为石灰稳定土。

用石灰稳定细粒土得到的混合料,简称石灰土;用石灰稳定粗粒土或中粒土得到的混合料,视所用材料而定,原材料为天然砂砾土时,简称石灰砂砾土;原材料为天然碎石土时,简称为石灰碎石土;用石灰土稳定级配砂砾(砂砾中无土)或级配碎石(包括未筛分碎石)时,也分别简称石灰砂砾土和石灰碎石土。同时用石灰和水泥稳定某种土得到的混合料,简称综合稳定土。另外,仅使用少量石灰改善各种土的塑性指数或提高其强度,但又达不到石灰稳定土规定的强度要求,这种材料可称为石灰改善土。

3. 石灰工业废渣稳定土

工业废渣包括:粉煤灰、炉渣、煤渣、高炉矿渣(镁渣)、钢渣(已经过崩解达到稳定)、镁渣、煤矸石和其他粉状废渣。用一定比例的石灰与这些废渣中的一种或两种经加水拌和、压实和养生后,得到强度和耐久性都有很大提高并符合规范要求时,称为石灰工业废渣稳定土(简称石灰工业废渣)。

石灰工业废渣材料可分两大类:石灰粉煤灰类和石灰其他废渣类。同时用石灰和粉煤灰稳定细粒土(含砂)得到的混合料,简称二灰土;同时用石灰和粉煤灰稳定级配砂砾(砂砾中无土)和级配碎石(包括未筛分碎石)时,分别简称为二灰砂砾和二灰碎石。

4. 级配碎石

粗、细碎石集料和石屑各占一定比例的混合料,当其颗粒组成符合密实级配,经拌和、摊铺、碾压成型后,当其稳定性、密实度符合规定要求时,称为级配碎石。

级配碎石可用未筛分碎石和石屑组成,也可以由预先筛分成几个大小不同粒级的碎石组配而成。缺乏石屑时,也可以添加细砂砾或粗砂,但其强度和稳定性不如添加石屑的级配碎石。也可以用颗粒组成合适的含细集料较多的砂砾与未筛分碎石配合成级配碎砾石。

5. 级配砾石

粗、细砾石集料和砂各占一定比例的混合料,当其颗粒组成符合密实级配,经拌和、摊铺、碾压成型后,当其稳定性和密实度符合规定要求时,称为级配砾石。

天然砂砾符合规定的级配要求,而且塑性指数也满足规定要求时,可作为级配砂砾;级配不符合要求的天然砂砾,需要筛除超尺寸颗粒或需要掺加另一种砂砾或砂,使其符合级配要求。

含砂或土过多的砂砾,可采用筛除一部分砂或土的办法,使其符合级配要求。塑性指数偏大的砂砾,可加少量石灰或水泥降低其塑性指数;有时也可以用无塑性的砂或石屑进行掺配,使其塑性指数降低到符合要求。另外,在天然砂砾中掺加部分碎石或轧碎砾石,可以提高混合料的强度和稳定性。天然砂砾掺加部分未筛分碎石组成的混合料称为级配碎砾石。级配碎砾石的强度和稳定性介于级配碎石和级配砾石之间。

6. 填隙碎石

用单一尺寸的粗碎石作主集料,形成嵌锁作用,用石屑填满碎石间的孔隙,增加密实度和稳定性,这种结构称填隙碎石。缺乏石屑时,也可以添加细砂砾或粗砂等细集料,但其技术性能不如石屑。在砂砾石资源丰富地区,但其天然级配差时,可以采用轧制砾石作主集料。

二、路面基层材料的强度形成机理

1. 水泥稳定类材料强度形成机理

1)强度形成机理

在水泥稳定土中,由于水泥用量很少,水泥的水化完全是在土中进行的,土对这一过程起着很大的影响,故凝结速度比水泥混凝土中进行得缓慢。水泥与土拌和后,水泥矿物与土中的水分发生强烈的水解和水化反应,同时从溶液中分解出氢氧化钙并形成其他水化物。当水泥的各种水化物生成后,有的自身继续硬化形成水泥石骨架,有的则同有活性的土发生反应,归纳起来有如下几种形式:

(1)离子交换和团粒化作用

在水泥水化后的胶体中,$Ca(OH)_2$ 和 Ca^{2+}、$(OH)^-$ 共存,而构成黏土的矿物是以 SiO_2 为

骨架合成的板状、针状的结晶,通常其表面会有 Na^+ 和 K^+ 等离子进行当量吸附交换,结果使大量的土颗粒形成较大的土团。由于水泥水化生成物 $Ca(OH)_2$ 具有强烈的吸附活性,使这些较大的土团粒进一步结合起来,形成水泥土的链条状结构,并封闭各土团之间的孔隙,形成坚固的联结,这是水泥土具有一定强度的主要原因。

(2)硬凝反应作用

随着水泥水化反应的深入,溶液中析出大量 Ca^{2+},当 Ca^{2+} 的数量超过上述离子交换的需要量后,则在碱性的环境中使组成黏土矿物的 SiO_2 和 $A1_2O_3$ 的一部分或大部分同 Ca^{2+} 发生化学反应,生成不溶于水的稳定的结晶矿物,从而增大了土的强度,这种反应称为硬凝反应。

(3)碳酸化作用

水泥水化物中的游离 $Ca(OH)_2$ 不断地吸收水中的 HCO_3^- 和空气中的 CO_2,生成 $CaCO_3$。这种反应也能使土固结,提高土的强度,但比硬凝反应的作用差一些。

2)影响水泥稳定类材料强度形成的因素

(1)土质对水泥土强度的影响

土的类别和性质是影响水泥土强度的重要因素之一。除有机质或硫酸盐含量高的土以外,各种砂砾土、砂土、粉土和黏土均可用水泥稳定。但稳定的效果不尽相同。表 6-1 中列出了各类土用水泥稳定后的一些特性。重黏土由于难以粉碎和拌和,以及水泥用量过高而不经济,不宜用水泥稳定。有些国家限定土的液限不大于 40%,塑性指数不大于 20。

水泥稳定土的特性

表 6-1

土　类	抗压强度(MPa)	弯拉模量(10^3MPa)	CBR	水泥用量(%)
级配良好的砂砾、砂或砾石	2.8~10.5 以上	7~21	>600	≤5
粉质砂、砂质黏土	1.7~3.5	7	600	7
粉砂土、级配差的砂	0.7~1.7	3.5~7	200	9
粉土、粉质黏土、级配很差的砂	0.35~1.05	<3.5	100	10
重黏土	<0.7	1.4	50	≥13

(2)水泥的成分和剂量对水泥土强度的影响

各种类型的水泥都可以用于稳定土。对于同一种土,水泥矿物成分是决定水泥土强度的主导因素。在通常的情况下,硅酸盐水泥的稳定效果较好,而铝酸盐水泥则较差。当水泥的矿物成分相同时,水泥土的强度随着水泥比表面和活性的增大而提高。在硬化条件相似的情况下,当水泥的矿物成分相同时,随着水泥分散度的增大,其化学活性程度和硬化能力也有所增长,从而水泥土的强度也大大提高。

水泥土的强度还在很大程度上取决于水泥的数量,即随着水泥剂量的增加,水泥土的物理-力学性质也将显著地改善,但不存在最佳水泥剂量。过多的水泥用量,虽可获得强度的增长,但经济上是不合理的,因而存在一个经济用量。所需的水泥用量,按强度和耐久性需要并考虑其经济性,由试验确定。表 6-1 中也列有各类土的水泥经济用量,可供参考。由表中数据可看出,水泥用量随细粒含量而增加。

(3)含水量对水泥土强度的影响

水泥土混合料中的含水量对水泥土的强度有很大的影响。当混合料中含水不足时,水泥就要与土争水,若土对水有更大的亲和力,就不能保证水泥的完全水化和水解作用。水泥正常水化所需要的水量约为水泥质量的 20%。另外,水泥土的含水量不适宜时,也不能保证大土团被粉碎和水泥在土中的均匀分布,更不能保证达到最大压实度的要求。

(4)工艺过程和养生条件对水泥土强度形成的影响

水泥、土和水拌和得越均匀,水泥土的强度和稳定性越高。拌和不均匀会使水泥剂量少的地方强度不能满足设计要求,而水泥剂量多的地方则裂缝增加。从开始加水拌和到完成压实的延迟时间,对水泥土的密实度和强度有很大的影响。间隔过长,水泥会部分结硬,一方面影响到水泥土的压实度,而压实度对强度的影响很大;另一方面将破坏已结硬水泥的胶凝作用,使水泥土的强度下降。所以,水泥土建议在加水拌和后2h内压实完毕。

水泥土的强度也随龄期而增长,为保证水泥的水化,在初期养生阶段应洒水保持潮湿,每天洒水的次数和养生天数视当地气候条件而定。

2. *石灰稳定类材料强度形成机理*

石灰稳定土具有良好的力学性能,并有较好的水稳性和一定的抗冻性,它的初期强度和水稳性较低,后期强度较高,但由于它的干缩、冷缩,从而易产生裂缝。石灰稳定土可适用于各类路面的基层和底基层,但石灰土不宜用做高等级公路路面的基层,而宜用做底基层。在冰冻地区的潮湿路段,以及其他地区的过分潮湿路段,不宜采用石灰土做基层。在只能采用石灰土时,应采取措施防止水分侵入石灰土层。

1)强度形成机理

在土中掺入适当的石灰,并在最佳含水量下压实后,既发生了一系列的物理-力学作用,也发生了一系列的物理-化学作用,从而使土的性质发生根本的改变。在初期,主要表现在土的结团、塑性降低、最佳含水量的增大和最大密实度减小等。后期变化主要表现在结晶结构的形成,从而提高其板体性、强度和稳定性。试验研究表明,石灰加入土中后主要发生以下四个作用:

(1)离子交换作用:离子交换作用几乎是石灰同土接触后迅即发生的。石灰(氢氧化钙)中游离的钙离子同黏土矿物中的钠、氢离子发生离子交换,从而减薄吸附水膜的厚度,促使土粒凝积和凝聚,形成团粒结构,由此,改变了土的塑性和压实性,并使土在施工过程中易于操作。

(2)火山灰作用:火山灰作用是指石灰与土中活性的氧化硅和氧化铝发生化学反应,生成含水的硅酸钙和铝酸钙的过程。它们在水分作用下能够逐渐结硬,是一种水稳性良好的结合料。火山灰反应是构成石灰土早期强度的主要原因。

(3)碳酸化作用:碳酸化作用就是熟石灰和碳酸气发生化学反应,生成坚硬的碳酸钙结晶体,它对土有胶结作用从而使土得到加固。由于二氧化碳可从混合料的孔隙渗入,也可由土本身产生,当石灰土的表层碳酸化后则形成一层硬壳,从而阻碍二氧化碳的进一步渗入,因而氢氧化钙的碳化是一个相当长的反应过程,也是形成石灰土后期强度的主要原因之一。

(4)结晶作用:消石灰(氢氧化钙)掺入土中,由于水分较少,只有少部分离解,还有少部分参与了化学作用,绝大部分饱和的氢氧化钙在灰土中由胶体逐渐成为晶体。这种晶体能够相互结合,并与土粒结合起来形成共晶体,把土粒结成整体,使石灰土的水稳性得到提高。

2)石灰对土性质的影响

土中掺入石灰后,石灰与土之间发生强烈的相互作用,从而使土的性质发生根本的变化。它主要表现在下述三个方面:

(1)塑性指数下降:由于离子交换作用,形成团粒结构,土的塑性指数下降。塑性指数的下降主要是由于塑限的提高,就塑性指数下降随时间变化的过程而言,生石灰的反应较消石灰快。

(2)压实参数变化:石灰的掺入,使土的最佳含水量增加而最大密实度降低。这主要是由于土颗粒的凝积以及土中的水分有一部分消耗于石灰与土的水化,因而不能用于减少颗粒间的摩擦力。由此也可推知,石灰同土拌和后间隔一段时间再压实,将使土的塑性变化较多,对压实是不利的。

(3)强度提高:石灰对土的影响,最主要的是提高强度,而强度的提高取决于许多因素。

①土质。根据上述对反应机理的分析可知,石灰的稳定效果同土中黏土颗粒的矿物成分和含量有关。因此,对不同的土类,可取得不同的稳定效果。一般说来,黏土颗粒含量多,其矿物成分以蒙脱土为主,稳定效果好。粉质黏土的稳定效果最佳,重黏土虽然黏土颗粒含量多,由于不易破碎和拌和,稳定效果反而差些。一般认为,塑性指数在 10 ~ 15 范围内的土最合适。石灰对砂土,特别是均匀砂的稳定效果最差,故通常规定塑性指数小于 4 的土不宜用石灰稳定。砾石混合料也可用石灰稳定,其效果取决于其中黏土组分的含量和矿物成分。当土的有机质含量大于 10%、硫酸盐类含量大于 0.8% 时,不宜用石灰稳定。

②灰质和石灰剂量。石灰中活性 CaO 和 MgO 的含量直接影响到石灰同土的反应程度,也即影响到石灰土的强度。因而,对石灰的质量要提出明确的要求;同时,石灰消解后不能在空气中存放过久,以免碳化而降低活性。石灰土的强度随石灰剂量增长,但超过一定剂量后,强度反而有下降的趋势。在生产实践中常用的石灰剂量应不低于 6%,不高于 18%,而以 10% ~14% 为经济实用。具体选用时,应根据路面结构层位要求的强度、水稳性、冻稳性,结合土质、石灰质量和气候、水文等因素参照已有经验选定。表 6-2 中所列的石灰剂量,可供初步设计或估算用。

石灰土石灰剂量范围(混合料质量百分比)　　表 6-2

结构层位	土　类	
	粉性土、黏性土	砂性土
基层	11 ~ 14	14 ~ 16
底基层	9 ~ 11	11 ~ 14
垫层	6 ~ 9	9 ~ 11

③龄期。由于胶凝反应和碳化反应的进程均缓慢,石灰土强度随龄期而增长,石灰含量低时,龄期对强度的影响很小;而随石灰剂量增大,龄期的影响愈益显著,同时,石灰最佳剂量逐渐增大。因而,7d 或者 28d 养生期的强度试验结果,并不能代表石灰土的最终结果。

3. 二灰稳定类材料强度形成机理

1)强度形成机理

各种工业废渣能用以修筑路面基层,主要是由于这些废渣中含有较多的二氧化硅、氧化铝或氧化钙。活性二氧化硅和氧化铝本身在水中不会结硬,但在饱和的 $Ca(OH)_2$ 溶液中会发生火山灰反应,生成水化硅酸钙和铝酸钙凝胶,把颗粒胶凝在一起。因而,含活性二氧化硅和氧化铝较多的煤渣或水碎渣,同一定比例的石灰渣或电石渣相拌和,就能形成强度高、整体性好的石灰煤渣或石灰水碎渣混合料。而在石灰土内掺入一定数量的粉煤灰,也可改善石灰土的火山灰反应,从而增加石灰土的强度。

由于石灰稳定工业废渣的强度主要靠火山灰反应产生,而火山灰反应的速度较缓慢。因此,混合料的强度随龄期也缓慢增长,这类混合料的早期强度较低,但到后期仍保持一定的强度增长速度,因而后期强度较高。同时石灰水碎渣混合料的强度随水碎渣来源不同而有很大差别,但仍都比其他两类混合料高。石灰粉煤灰混合料的强度则随土的类型而异,黏土颗粒含量高,强度也高。

2)二灰稳定类基层的特性

(1)水硬性:工业废渣来源虽不同,但是主要化学成分不外乎钙、硅、铝及少量的镁和其他物质,属硅酸盐一类的材料,经过拌和、加水、压实成型后都具有明显的水硬性。因此,此类材料强度的增长速率与养护湿度有着密切关系。这是由于组成混合料强度的水化硅酸钙、水化铝酸钙等水化产物的形成,需保持适度的水分和提供一定湿度的养护条件。

(2)缓凝性:所谓缓凝性是相对于水泥混凝土而言。水泥混凝土28d的抗压强度约为一年龄期的28%,而水碎渣石灰混合料、煤渣石灰混合料和石灰粉煤灰混合料仅为17%~25%,而且在2~3年内继续增长。由于工业废渣与石灰的作用非常缓慢,所以堆存了一两个星期的混合料碾压成型后,仍能结硬,但其成型后强度随堆置气温的升高与时间的增长而降低。在冬季施工的基层,气温低、强度增长缓慢,但一旦气温上升,强度则有明显增长。"缓凝性"给施工创造了有利条件,各施工工序间的衔接可以不需要像水泥混凝土那样严格。混合料湿度高,搁置1~2d后,再碾压,仍能获得良好的成效。但是"缓凝性"给早期开放交通带来不便。

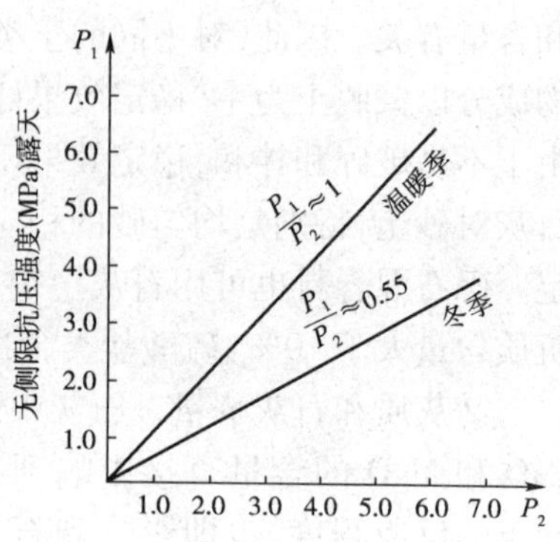

图6-1 养护温度对混合料强度的影响

(3)抗裂性好、抗磨性差:与水泥混凝土相比,二灰稳定类混合料在一定的龄期后,具有较低的抗弯拉强度和刚度,但是它的弯压比(抗弯强度/抗压强度)和极限弯拉应变则较大。二灰稳定类混合料抗磨性较差,因此,一般只适宜于用做基层或底基层。

(4)温度影响较大:气温对二灰稳定类混合料的强度增长有很大影响。图6-1所示为水碎渣石灰混合料室内试验与露天自然养护(表面盖3~4cm土层)的抗压强度的关系。由图可知,气温在14~19℃的温暖季节二者比值为1:1;气温4℃左右时,此值仅为0.55。

(5)板体性好:二灰稳定类混合料压实成型后,经过一定的龄期,就具有较高的强度和良好的板体性,作为沥青路面基层时,变形与开裂现象大为改善。

4. *粒料类基层强度形成机理*

粒料类基层按强度形成机理可分为嵌锁型与级配型。嵌锁型包括泥结碎石、泥灰结碎石、填隙碎石等;级配型包括级配碎石、级配砾石、符合级配的天然砂砾、部分砾石经轧制掺配而成的级配砾、碎石等。

1)嵌锁型粒料类基层强度形成机理

嵌锁型基层,其强度主要依靠碎石颗粒之间的嵌锁和摩阻作用所形成的内摩阻力,而颗粒之间的黏结力是次要的,即这种结构层的抗剪强度主要取决于剪切面上的法向应力和材料内摩阻角。它由三项因素构成:粒料表面的相互滑动摩擦;剪切时体积膨胀而需克服的阻力;粒料重新排列而受到的阻力。

研究表明:单一粒料在另一粗糙面但表面平整的粒料上滑动,其摩阻角大多小于30°;许多粒料相互紧密接触,沿某一剪切面相互变位时,因体积膨胀和粒料重新排列而多耗的功,可使摩阻角增至45°~50°。

因此,嵌锁型结构强度主要取决于石料的强度、形状、尺寸、均匀性、表面粗糙度以及施工时的压实程度。当石料强度高、形状接近立方体、有棱角、尺寸均匀、表面粗糙、压实度高时,基层的强度就高。

2)级配型粒料类基层强度形成机理

级配型粒料基层的强度和稳定性,取决于内摩阻力和黏结力的大小。因此,其强度与稳定性在很大程度上取决于集料的类型(碎石、砾石或碎砾石)、集料的最大粒径和级配以及混合料中0.5mm以下细料的含量及塑性指数。同时,还与其密实度有很大关系。因此,对级配型粒料,主要控制材料的最大粒径、细料含量及其塑性指数和现场压实度。

三、路面基层的技术要求

基层的强弱和好坏对整个路面,无论是沥青路面还是水泥混凝土路面的整体强度、使用质量和使用寿命都有十分重要的影响。因此,作为路面的基层,一般必须具备以下几个基本条件。

1. 足够的强度和刚度

(1)强度

基层必须能够承受车轮荷载的反复作用,即在预定设计标准轴载反复作用下,基层不会产生过多的残余变形,更不会产生剪切破坏(无结合料的粒料基层)或疲劳弯拉破坏(用各种结合料处治的基层)。基层要满足上述的技术要求,除必需的厚度外,主要取决于基层材料本身的强度。对基层材料的强度要求,在重交通道路上要比一般道路上的高。材料的强度包括两个主要方面:一方面是石料颗粒本身的硬度或强度,可用集料压碎值或岩石的抗压强度表示;另一方面是材料整体(混合料)的强度和刚度,如回弹模量、承载比、抗压强度、抗剪切强度、抗弯拉强度或劈裂强度等。在我国路面基层施工技术规范中,对于集料,采用集料压碎值作为选择粒料的技术指标。集料压碎值既可用来检验碎石,也可以用来检验砾石以及其他粒料。

(2)刚度

基层的刚度(回弹模量)必须与面层的刚度相配。如面层和基层的刚度差别过大,则面层会由于过大的拉应力或拉应变而过早开裂破坏。各种基层材料,就其强度和刚度而言,大致可分为三个等级。强度和刚度最高的一级中可包括水泥稳定粒料(土)、石灰粉煤灰稳定粒料(土)、石灰土稳定碎石(或砂砾)或石灰稳定砂砾土、沥青碎石(混合料)及沥青贯入式碎石(该两种含沥青的材料仅指在较低温度下)。强度和刚度中等的一级中可包括水泥土、石灰粉煤灰土、石灰土、级配碎石和填隙碎石。强度和刚度最低的一级是级配砾石和级配碎砾石。当然,在同一等级中的不同材料的强度和刚度也是有明显差别的。

在普通道路上,沥青面层一般较薄,整个路面的承载能力将主要依靠基层来满足。这就要求基层材料具有较高的强度和刚度,而且基层的厚度也要较大。使用强度大、承载能力高的基层,以适应较薄的沥青面层,或适当减薄沥青面层。对于水泥混凝土路面,也希望采用强度大、承载能力高的基层。

在重交通高速公路上,基层材料还应该有较高的抗疲劳破坏能力。就各种材料的抗疲劳破坏能力而言,由强到弱的排序为:沥青混凝土、沥青碎石、石灰粉煤灰粒料(矿渣、碎石、砾石)、水泥粒料(碎石、砾石、砂砾土)以及石灰土粒料或石灰粒料土。在我国的高等级道路上,特别是在高速公路上,无论是沥青面层,还是水泥混凝土面层,几乎全部采用半刚性材料做基层。这是因为半刚性材料,特别是厚层的半刚性材料,可使路面具有很高的承载能力。

2. 有足够的水稳性和冰冻稳定性

沥青面层,特别是层铺法的沥青表面处治和沥青贯入式面层,往往是透水的,尤其在使用初期,其透水性较大。因此,雨季表面水能透过沥青面层进入基层和底基层,也能从两侧路肩或路面与路肩的结合处以及中央分隔带缘石与路面结合处透入路面结构层中。如果沥青面层产生了裂缝,表面水更易从裂缝透入路面结构层中。在地下水位接近地表的地段,特别在路基填土不高时,地下水可通过毛细作用进入路面结构层。在冰冻地区,由于冬季水分重分布的结果,路面上层和路面底基层处于潮湿或过分潮湿状态。沥青面层虽不是完全不透水的,但却能阻碍路面结构层和土基中的水分蒸发。水泥混凝土路面面板,由于横缝、纵缝及胀缝的存在,尽管广泛采取填缝料灌缝密封,但事实上表面水仍会不可避免地沿缝进入基层、底基层甚至路基。通常情况下,水进入基层顶面,并滞留在那里,在高速行车作用下产生高压水,对基层顶面产生冲刷,致使板下脱空、碎裂、断板。

进入路面结构层的水能使含土较多、土的塑性指数较大的基层或底基层材料的含水量增加及强度大大降低,从而导致路面过早破坏。在冰冻地区,这种水造成的危害更大。因此,必须用水稳性好的材料做路面的基层和底基层。就各种基层材料的水稳性而言,水泥粒料的水稳性最好,石灰粉煤灰粒料次之,细土含量多且塑性指数大的级配碎石和级配砾石的水稳性最差。水泥处治粒料及石灰处治粒料土的水稳性随其中细土含量的增加及其塑性指数增大而降低。

用于冰冻地区,特别是重冰冻地区的路面基层材料还应该有足够的冰冻稳定性。在冰冻地区,在地下水位接近地表或路基两侧有长期积水的情况下,如果路基填土高度不大,在冬季土路基中会发生水分重分布,在0~3℃温度下,长期滞留水的土层会形成严重的聚冰现象,土层会有很多冰晶体,甚至冰夹层。这层土常称作路基中的聚冰带。到春融期间在该土基上直接铺筑与土基相接触的路面结构层材料,将产生明显的毛细水作用。在这种材料层内也会发生水分重分布现象。如这些材料层又位于冰冻深度范围,在这些材料层内也发生聚冻带,到春融化冻期间,这些材料层强度也会明显下降,导致路面整体承载能力明显下降,甚至发生破坏。在冰冻地区,当石灰土用在过分潮湿路段时,常发生路面破坏就是因为石灰土的冰冻稳定性不好。因此,在冰冻地区的潮湿路段上,在路面的底基层或基层内有可能产生聚冻带时,应该采用冰冻稳定性好的材料。各种粒料、含土少的粒料土、结合料稳定粒料和稳定粒料土都是冰冻稳定性好的材料。在冰冻地区的潮湿路段上,当只能使用石灰土时,应采用隔水措施,使冰冻期间水分不会明显进入石灰土层中。特别注意,在重冰冻地区,即使在干燥路段上,石灰土和水泥土,特别是剂量不足或强度达不到要求的石灰土和水泥土,经过冬季的冰冻作用,其强度也会明显降低。

3. *有足够的抗冲刷能力*

随着交通量和轴载的增加,对路面基层材料提出了新的抗冲刷的要求。

(1)冲刷唧浆现象

基层材料的冲刷及由之而产生的唧浆现象是经常存在的。表面水会通过多种途径进入沥青路面结构层内,同样也会进入水泥混凝土路面结构层内。如果进入的水不能及时排出,而是停留在面层与基层的交界面上,就会使得基层局部潮湿甚至接近饱和。从沥青面层的裂缝进入的自由水,往往使裂缝附近的基层材料过分潮湿,特别是在面层裂缝下无机结合料稳定基层也开裂的情况下,基层裂缝中往往充满自由水,在行车荷载作用下,路面结构层内或基层材料中的自由水会产生相当大的水压力。这种有压力的水会冲刷基层材料中的细料。一次冲刷的量是很小,在行车荷载作用下反复多次冲刷,就会积少成多,在裂缝中形成细料浆,细料浆被逐渐挤出裂缝,形成沥青面层上裂缝处的唧浆现

象。显然,路面结构层内自由水产生的水压力随行车荷载的增加而增加,同时冲刷量随行车反复作用的次数而增加。半刚性基层沥青路面的唧浆现象,多雨地区较为常见,在干旱地区也有发生。我国的高速公路沥青路面几乎全部采用水泥稳定级配集料或石灰粉煤灰稳定级配集料做基层,冲刷唧浆现象是一些高速公路沥青路面早期损坏的主要现象之一。

在混凝土板的接缝处由于板在行车作用下的泵吸作用造成唧浆现象,由于唧浆使混凝土板的边、角脱空而造成边、角断裂。为了避免这种现象,改善水泥混凝土路面的使用性能和延长其使用寿命,现在普遍地采用水泥稳定碎石集料或水泥稳定砾石集料作为水泥混凝土路面的基层。

(2)影响冲刷程度的因素

基层的冲刷程度与进入路面结构的水量大小有很大关系。进入的水愈多,冲刷程度愈大。冲刷程度还与基层材料本身有很大关系,对于未处治的级配集料来说,集料中小于0.075mm的粉粒与黏粒愈多,冲刷愈严重。对于无机结合料处治基层材料,稳定细粒土的冲刷最严重;稳定粒料土的冲刷程度随集料中0.075mm以下的颗粒含量而变,细料含量愈多,冲刷愈严重。对于同一种稳定粒料土而言,其冲刷程度随水泥剂量增加而减少,水泥剂量在4%~5%以上时,抗冲刷能力大幅度提高。

(3)提高基层抗冲刷性的措施

为了提高路面基层的抗冲刷性能,应采取以下措施:

①在采用水泥稳定粒料基层时,粒料的级配应依照基层施工规范中规定的级配碎石或级配砾石基层的集料级配范围而定,同时限制集料中小于0.075mm的颗粒含量,有塑性指数最好不超过3%,无塑性指数不超过5%。

②在采用石灰粉煤灰粒料基层时,混合料中粒料的比例应是80%~85%,同时粒料需具有良好的级配,且其中小于0.075mm的颗粒含量应等于0。

③在采用石灰稳定级配粒料土或石灰土稳定级配粒料时,混合料中粒料的比例应接近85%。

4. 收缩性小

对于高等级道路上的基层,特别是半刚性基层,还应该要求其收缩性小。半刚性材料的收缩性包括两个方面:一是由于水分减少而产生干缩;二是由于温度降低而产生温度收缩。

(1)干缩的影响

干缩性大的半刚性材料基层铺成后,在铺筑沥青面层前就可能产生干缩裂缝。石灰土、水泥土或水泥石灰土基层碾压结束后,如果不及时养生或养生结束后未及时铺筑沥青封层或沥青面层,只要暴晒2~3d就可能出现干缩裂缝。随暴晒时间延长,裂缝会越来越严重,将基层表面切割成数平方米大小的小块。即使是用干缩性小的石灰粉煤灰粒料和水泥粒料铺筑的基层,在养生结束后,如暴晒时间过久,也会产生横向干缩裂缝。就各种半刚性材料的干缩裂缝而言,主要是横向裂缝,大部分间距是8~20m;也有少数纵向裂缝,缝的顶宽约0.3~0.5mm,这种裂缝危害性最大。在沥青路面使用过程中,在某种条件下,裂缝会逐渐向上扩展并通过沥青面层出现在表面,或在某种条件下,基层的裂缝会促使沥青面层表面先开裂,并逐渐向下扩展与基层的裂缝相连。由这两种方式形成的沥青面层的裂缝都俗称“反射裂缝”。因此,在铺筑沥青面层前,采取措施防止半刚性基层开裂是个十分重要的问题。

在采用干缩性大的半刚性材料做沥青路面的基层时，如果沥青面层较薄而又处于较干旱地区，即使在铺筑沥青面层时基层并未开裂，在路面使用过程中基层混合料的含水量仍能明显减少并产生干缩裂缝，从而促使沥青面层开裂，产生反射裂缝。如果施工碾压时的含水量合适，且能保护基层在铺筑沥青面层前不开裂，则在铺筑较厚沥青面层后，一般情况下，基层就不会先于沥青面层开裂。在有沥青面层覆盖的情况下，在一般地区半刚性基层混合料干燥到相当于风干状态也是不可能的。另一方面，在潮湿多雨地区，较厚沥青面层下的半刚性基层混合料往往能保护其含水量接近施工时的最佳含水量。因此，如能保护半刚性基层在铺筑沥青面层前不开裂，较厚沥青面层铺筑后，一般情况下半刚性基层就不会再先于沥青面层产生干缩裂缝。如果施工碾压时的含水量偏大，即使已铺上一层或两层6～12cm沥青面层，在旱季或冬季基层也可能产生干燥缩缝，同时将沥青面层拉裂或很快反映到沥青面层上。就半刚性材料的干缩性而言，稳定细粒土的干缩系数大于稳定中粒土和稳定粗粒土，在稳定细粒土中，稳定塑性指数大的黏性土混合料的干缩系数大于稳定塑性指数小的粉性或砂性土混合料的干缩系数。此外，石灰粉煤灰土的干缩系数小于石灰土和水泥土的干缩系数。在稳定中粒土和粗粒土中，稳定粒料土的干缩系数大于稳定不含细土粒料的干缩系数，而且细土的含量愈多，混合料的干缩系数愈大。

(2)温缩的影响

半刚性基层内部的温度变化和温差会产生温度应力。在寒冷季节，半刚性基层表面的温度低，基层的顶部会产生拉应力。在暖和的春季，半刚性基层底部的温度低(特别在薄沥青面层的情况下)，在基层的底部可能产生温度拉应力。这个拉应力与行车荷载在基层底部产生的拉应力相结合，会促使基层底面开裂。因此，半刚性基层材料的温度收缩特性对沥青路面，特别是薄沥青面层的开裂有重要影响。

不同半刚性材料的温缩性质有很大差异。石灰土、水泥土和石灰粉煤灰土等稳定细粒土的温缩性最大。但是，除非在日温差大的地区，通常即使是对稳定细粒土基层，如在养生过程中或养生后能较及时地铺筑沥青面层，在正常温度下应不致产生温缩裂缝。因为沥青面层，特别是较厚的沥青面层对半刚性基层有很好的隔温保护作用，使基层顶面的温度变化幅度明显小于沥青面层或裸露基层表面的温度变化幅度。在面层厚10cm的情况下，半刚性基层中的温度梯度可降低40%。这些都将明显减小半刚性基层顶部产生的温度拉应力。此外，基层顶面温度变化速度也较面层表面的温度变化速度要小，有利于基层材料中温度应力的松弛。但是，半刚性基层，即使是温缩性最小的水泥稳定粒料和石灰粉煤灰稳定粒料基层，如较长时间的裸露或在其上仅有一薄的沥青封层，也会受到日温差产生的温度应力的反复作用。此温度应力与基层顶面产生的干缩应力相结合，更容易引起半刚性基层开裂。在冰冻地区，暴露的半刚性基层过冬，容易受到负温度作用而开裂。温缩性大的基层材料更是如此。此外，在冬季，裸露的温缩性大的半刚性材料层受到水和反复冻融的作用，其上层还容易冻胀变松。基层一旦开裂，在其上铺筑沥青面层后，就容易在沥青面层内形成反射裂缝或对应裂缝。因此，在基层养生结束后，应立即铺筑沥青面层。在冰冻地区，特别是在重冰冻地区，温缩性大的半刚性材料基层上为薄或较薄的沥青面层时，由于这种基层材料的温缩系数明显大于沥青混凝土的温缩系数，在冬季气温急剧降低时，半刚性基层会产生温度收缩裂缝。半刚性基层一旦开裂，在持续低温或又一次降温的过程中，半刚性基层的裂缝张开很容易将沥青面层拉裂并形成反射裂缝，从而增加沥青面层内裂缝的总数。半刚性基层材料的刚性越大，铺筑半刚性基层时的温度与冬季温度之间的差别越大,半刚性基层就越容易产生温度裂缝,裂缝的间距也就越小,缝的开口也越宽。

半刚性基层混合料的温缩系数小于沥青面层材料的温缩系数,由于基层所遭受的负温度和温度梯度明显小于面层所遭受的温度变化,特别在沥青面层较厚的情况下更是如此,基层往往不会率先开裂,严格地说,面层或基层材料的温缩开裂还取决于极限拉应变的大小。

5. 有足够的平整度

基层的平整度对薄沥青面层的平整度有十分明显的影响,薄沥青面层的平整度取决于基层的平整度。基层的平整度对较厚沥青混凝土面层的平整度的影响虽不如对薄沥青面层的影响那么大,但基层的不平整会引起沥青混凝土面层厚薄不匀,使沥青面层在使用过程中的平整度降低较快,并导致沥青混凝土面层产生一些薄弱面。它会成为路面使用期间产生温度收缩裂缝的起点。因此,基层的平整度对较厚沥青面层的使用性能也有很重要的影响。

6. 层间结合良好

面层与基层间的良好结合,对于沥青面层的使用质量是非常重要的。与层间结合比较差的情况比较,它可以减少面层底面由于行车荷载引起的拉应力和拉应变,一般情况下可减小50%以上,它还可以明显减小由温度变化引起的沥青面层内的拉应力和拉应变。基层与面层良好结合可以使薄沥青面层不产生滑动、推移等破坏。为此,基层表面应该稳定并且具有一定的粗糙度,表面还应该结构均匀,无松散颗粒。对于无机结合料处治基层,不应有局部松散的情况。基层上的局部松散常是沥青面层碎裂破坏的祸根。含有石灰土或石灰粉煤灰的稳定粒料基层表面,应使粒料颗粒外露,在喷洒透层沥青和下封层前,应将表面的浮尘及粒料颗粒表面的薄层石灰粉煤灰或石灰土扫除。级配碎(砾)石基层表面不能有薄层砂土,无机结合料处治基层的表层不应有薄层找补,薄层找补往往是薄沥青面层在使用过程中产生推移破坏的根源。高等级公路上和其他等级公路上的石灰粉煤灰稳定级配集料基层和石灰土级配集料基层在竣工后表面往往有一薄层石灰粉煤灰或石灰土覆盖,这种细料通常与整体结合不好,即使在有透层沥青或下封层的情况下,它实际上也妨碍沥青面层与基层间的黏结。开放交通后,雨水一旦浸入,此薄层细料容易形成浆,导致产生唧浆现象并使面层与基层脱开。

四、各种基层材料的适用范围

我国高等级公路路面所用的基层材料已基本规格化和定型化,同时路面基层的设计和施工也更具科学性,这是公路交通技术发展到一定水平的必然结果。

1. 路面基层材料基本要求

(1)在路面使用过程中比较稳定,形变在允许范围内。从这点出发,应该采用密实类型的材料,如各种结合料稳定级配碎石、级配砾石和填隙碎石,而不宜采用多孔隙的材料,如干压碎石及手摆片石之类。

(2)材料的透水性小、孔隙率小,则材料层内所能积存的自由水也就少,从而能保证基层、底基层以及土基的强度稳定。从这点出发,也应采用密实类型的材料,而不宜采用多孔隙的材料。

(3)基层和底基层材料都应适宜于机械化施工,以保证质量、提高功效和减小劳动强度。

2. 路面基层适用范围

(1)水泥稳定土:由于可被水泥稳定的土的范围相当广泛,同时水泥剂量越多,水泥稳定土混合料的强度越高。因此,水泥稳定土的强度可以在大范围内进行调整,以适应不同等级道路以及不同路面结构层位对材料的强度要求。例如,水泥稳定土的7d龄期无侧限抗压强度可以低到小于1MPa,也可以高到10MPa以上。因此,单纯从强度而言,水泥稳定土可以适用做各等级道路路面的基层。但是,考虑不同水泥稳定土的干缩性能、温缩性能、抗冲刷性能等因素后,对于不同等级道路的路面以及不同的路面结构层位,应该选用技术经济都最合适的材料。作为高速公路的基层,不但应选用稳定粒料,而且粒料的级配应符合基层施工规范中规定的集料级配范围,以改善水泥稳定粒料基层的干缩和温缩性以及提高其抗冲刷能力。对于高等级公路的路面基层,则可以选用基层施工规范中水泥稳定土基层颗粒组成范围内的任何当地材料进行稳定。

(2)石灰工业废渣稳定土:石灰工业废渣稳定土中具有普遍意义的主要材料是石灰粉煤灰稳定类,它包括石灰粉煤灰细粒土(如石灰粉煤灰、石灰粉煤灰土、石灰粉煤灰砂等)、石灰粉煤灰中粒土和粗粒土(如石灰粉煤灰砂砾或砂砾土、石灰粉煤灰碎石、石灰粉煤灰矿渣以及石灰粉煤灰其他粒料)。后两者也可简称石灰粉煤灰粒料或二灰粒料。就石灰粉煤灰土或二灰土而言,其强度随3个组成部分的配合比而变。但在原材料不变及压实度相同的情况下,其7d龄期的无侧限抗压强度 R_7 变化不大,R_7 的变化范围为0.5~0.9MPa。某些二灰细粒土的强度虽然可能明显超过二灰粒料的强度,但考虑前者的干缩和温缩系数明显大于后者,以及前者的抗冲刷能力次于后者,因此,二灰细粒土不应用做高速公路基层,而只用做底基层。使用质量好的粉煤灰时,二灰砂砾和二灰碎石的3个月龄期的强度大致相当于水泥砂砾和水泥碎石的强度。二灰矿渣3个月龄期的强度,特别是其抗拉强度甚至可超过水泥碎石的强度,因此,二灰粒料与水泥砂砾或水泥碎石一样可用做高速公路的基层。但是,作为高速公路路面的基层,宜采用粒料占80%以上的二灰粒料混合料,同时粒料应具有良好的级配,且其中0.075mm以下的颗粒含量应接近于0,以减小二灰粒料基层的收缩性并增加其抗冲刷性能。

(3)石灰稳定土:石灰稳定土的强度较水泥稳定土的强度低得多,例如,良好石灰土的7d龄期无侧限抗压强度只有0.8~1.0MPa。此外,石灰土的强度没有大的可调整范围。但是,实践证明,石灰稳定土基层有很大的刚性和荷载分布能力,它仅略次于水泥稳定土基层,因此,它仍是一种较好的路面基层和底基层材料。它虽然可用做各种路面的基层和底基层,但将它用到大交通量、重载高速公路上却要十分注意。即使是石灰土稳定良好的级配碎石,在高速公路上也不宜用做基层。其主要原因是这种材料的抗拉强度较低和抗冲刷能力较差,收缩性也较大。石灰稳定类作为高速公路基层,不单应选用石灰稳定粒料土或石灰土稳定粒料,而且粒料的比例应该为80%~85%。同时其级配应符合基层施工规范中规定的集料级配范围。由于石灰土的冰冻稳定性较差以及在过分潮湿情况下难于成型和强度发展较慢。工程实践证明,在冰冻地区的潮湿和过分潮湿路段以及其他地区的过分潮湿路段,不宜采用石灰土做基层。在只能采用石灰土时,应该采取措施防止水分浸入石灰土层。

(4)级配碎石:级配碎石是不用结合料的传统基层材料中最好的一种材料。在不少国家采用加州承载比(CBR)作为检验基层材料是否合适的技术指标时,对级配碎石通

常不提 CBR 值的要求,也不做 CBR 试验。因为,当级配碎石的颗粒组成符合规定的级配范围以及塑性指数小于规定的限值时,其 CBR 值完全满足要求。在用抗剪强度作为路面设计的技术指标时,也认为级配碎石是一种免检材料。

级配碎石实际上可在各种等级道路上用做不同等级路面的基层。但是,在交通量大和重车比例多的高等级道路上用做沥青路面的基层而基层下又无半刚性材料层时,其上往往需要铺筑厚层沥青面层。在一些国家的重交通高等级道路上,常采用级配碎石作为半刚性基层与沥青面层间的隔离层或应力消减层。在这种情况下,级配碎石层上的沥青面层可大大减薄,直到仅厚 5 ~ 10cm。在石料丰富的地区,采用级配碎石基层往往是比较经济的。在潮湿多雨地区,采用级配碎石基层更具优越性,因为施工过程中降雨对其性质的影响很小。目前,至少在二级以下的公路上采用级配碎石基层时不需要厚沥青面层,可以采用与半刚性基层上相同厚度的沥青面层。

五、半刚性路面基层基本特点

1. 具有一定的抗拉强度

半刚性路面基层材料具有一定的抗拉强度。测定半刚性材料的抗拉强度共有三种方法。第一种方法是利用梁式试件,用三分点加载方法,进行弯拉试验,直到试件破坏,用此法测得的试件抗拉强度称为抗弯拉强度(R_b)。第二种方法是利用圆柱体试件并沿其直径方向用接近于线压力进行试验,直到破坏,用此法得到的试件抗拉强度称为间接抗拉强度或劈裂强度(R_i)。第三种方法是利用梁式试件或圆柱体试件进行直接拉伸试验,直到破坏,用此法测得的抗拉强度称为直接抗拉强度。对于同一种材料的试件,用不同方法测得的抗拉强度有明显的差别。

(1)石灰粉煤灰矿渣 90d 龄期的抗弯拉强度最大达 1.5 ~ 2.0MPa,水泥砂砾 28d 龄期的抗弯拉强度为 0.8 ~ 1.0MPa。

(2)石灰粉煤灰砂砾 90d 龄期的间接抗拉强度为 0.3 ~ 0.5MPa,略低于 6% 水泥砂砾 28d 龄期的间接抗拉强度 0.4 ~ 0.8MPa。

(3)水泥土抗拉强度明显小于同龄期水泥砂砾的抗拉强度,石灰粉煤灰土的抗拉强度大致与石灰粉煤灰砂砾的抗拉强度相当。

(4)石灰稳定土的抗拉强度最小。

2. 温度对混合料强度的形成有很大影响

温度越高,半刚性材料内部的化学反应就越快和越强烈,因此其强度也越高。试验证明,半刚性材料的强度在高温下形成和发展得很快,当温度低于 0 ~ 5℃ 时半刚性材料的强度就难于形成和基本上没有什么增长。而当温度低于 0℃ 时,如半刚性材料遭受反复冻融,其强度还可能下降,在伴随有自由水侵入的情况下,半刚性材料甚至会遭受破坏。实践证明,在夏季高温季节到来之前和高温季节施工的半刚性基层具有很高的强度。北方地区凡在秋末施工的半刚性基层经常是强度不高,质量不好。在其上铺筑的沥青面层,特别是薄沥青面层到了第二年春融时期往往容易产生过早破坏。冻前施工的二灰土或石灰土结构层,由于材料强度形成和发展得不好,如其上没有覆盖层,在北方冰冻地区经过一个冬季的负温度和雪水的反复作用,其上层 5 ~ 8cm 往往容易变松。因此,半刚性基层应在夏季到来之前和夏季组织施工,并在第一次重冰冻 -5 ~ -3℃ 到来之前半个月(水泥稳定土)到一个月(石灰稳定土和石灰粉煤灰稳定土)停止施工。

3. 材料强度和刚性都随龄期增长

半刚性材料的化学反应要持续一个相当长的时间才能完成。即使是早期强度高的水泥稳定土,在水泥终凝后,水泥混合料的硬结过程也常延续到一至两年以上。因此,在大致相同的环境温度下,半刚性材料的强度和刚性都随龄期的延长而不断增长。尤其是具有慢凝性质的石灰粉煤灰稳定类材料和石灰稳定类材料的硬结过程相当长。

4. 无机结合料稳定细粒土使用的局限性

在基层施工规范中,对于无机结合料稳定土有一个共同的规定,即稳定细粒土如石灰土、水泥土、石灰水泥土和石灰粉煤灰土都不宜用做高速公路沥青路面的基层,而宜用做底基层。换句话说,高速公路沥青面层不宜直接铺筑在这些稳定细粒土结构层上。

总称的水泥稳定土和石灰粉煤灰稳定土等可适用于各种等级道路的基层和底基层。但水泥土、石灰粉煤灰土和石灰土等不宜用做高等级公路沥青路面的基层,其原因主要有:稳定细粒土的干缩性和温缩性都较稳定中粒土和稳定粗粒土的干缩性和温缩性大得多,沥青面层避免不了要产生裂缝;稳定细粒土基层在施工季节较晚或施工质量较差的情况下,往往强度形成得不好或局部强度形成得不好。为了避免沥青路面产生过多的裂缝和发生早期破坏现象,为了保证沥青路面的使用性能和使用寿命,基层施工规范规定在高等级公路沥青路面下不宜采用稳定细粒土做基层。为了避免水泥混凝土板下基层产生脱空现象,也不宜采用稳定细粒土做水泥混凝土路面的基层。实践证明,在高等级公路沥青面层或水泥混凝土面层与无机结合料稳定细料土层之间,应设置无机结合料稳定粒料层。

第二节　路面基层(底基层)施工质量的事前控制

为保证路面基层、底基层的施工质量,在路面基层施工前期阶段,应做好下面的质量控制工作:原材料质量控制,混合料配合比设计质量控制,施工机械设备质量控制,施工技术方案和开工报告的审批及铺筑试验路段。

一、原材料质量控制

基层、底基层所用的原材料包括:土、石灰、水泥、粉煤灰、煤渣、碎石、砾石、石屑及施工用水。

1. 原材料质量要求

(1)土(按照粒径大小分类的细粒土)

土的塑性指数在10~20范围之内,土中不得含有污物和有害杂质,土中的有机质含量不超过8%,但对水泥稳定土有机质含量不超过2%,硫酸盐含量不超过0.25%。

(2)石灰

石灰的质量应符合表6-3规定的III级以上的消石灰和生石灰技术要求。当石灰的CaO + MgO含量小于III级灰标准时,应通过室内配合比试验,选择满足强度要求的剂量方可使用。

(3)水泥

普通硅酸盐水泥、矿渣硅酸盐水泥和火山灰质硅酸盐水泥都可使用,但应选用终凝时间宜在6h以上,等级较低的水泥。快凝水泥、早强水泥以及受潮变质的水泥不应使用。

石灰的技术指标(GB 1594—79)　　表 6-3

项目 \ 类别		钙质生石灰			镁质生石灰			钙质消石灰			镁质消石灰		
		等级											
		I	II	III	I	II	III	I	II	III	I	II	III
有效 CaO + MgO 含量(%)不小于		85	80	70	80	75	65	65	60	55	60	55	50
未消化残渣含量(5mm 圆孔筛余量,%)不大于		7	11	17	10	14	20	—	—	—	—	—	—
含水量(%)不大于		—	—	—	—	—	—	4	4	4	4	4	4
细度	0.71mm 方孔筛的筛余(%)不大于	—	—	—	—	—	—	0	1	1	0	1	1
	0.125m 方孔筛的累计筛余(%)不大于	—	—	—	—	—	—	13	20	—	13	20	—
钙镁石灰的分类界限,氧化镁含量(%)		≤5			>5			≤4			>4		

注:硅、铝、铁氧化物含量之和大于 5% 的生石灰,有效 CaO + MgO 含量指标 I 级不小于 75%,II 级不小于 70%,III 级不小于 60%,未消化残渣含量指标与镁质生石灰指标相同。

(4)粉煤灰

粉煤灰不应含有凝固团块和其他杂质。粉煤灰中 SiO_2、Al_2O_3 和 Fe_2O_3 的总含量应大于 70%,粉煤灰的烧失量不应超过 20%,粉煤灰的比表面积宜大于 2 500cm^2/g,湿排粉煤灰的含水量不宜超过 35%。

(5)煤渣

它的主要成分是 SiO_2、Al_2O_3,其松干密度在 700 ~ 1 100kg/m^3 之间。最大粒径不应大于 30mm,颗粒组成宜有一定的级配,且不含杂质。

(6)砾石

砾石用于基层的最大粒径不应超过 40mm,用于底基层时最大粒径不应超过 50mm。砾石颗粒中细长和扁平颗粒的含量不应超过 20%。级配砾石用于基层时,其颗粒组成与塑性指数应符合表 6-4 规定的级配及塑性指数的要求。级配砾石做基层与底基层时,集料的压碎值应满足下列规定:高速公路、一级公路的底基层和二级公路的基层不大于 30%;二级公路的底基层不大于 35%。

(7)碎石

由各种类型的坚硬岩石,通过碎石机轧制出来,再通过几种不同筛孔而得出不同粒径范围的碎石,如 40 ~ 20mm、20 ~ 10mm、5 ~ 10mm 等或未筛分碎石。碎石中的扁平、细长颗粒含量不应超过 20%。其中不应有土块及植物根茎等。用做路面基层、底基层的级配碎石,其颗粒组成和塑性指数应满足表 6-4 规定的要求。级配碎石做基层、底基层时,集料压碎值应满足下列要求:高速公路、一级公路的基层不大于 26%;高速公路、一级公路的底基层和二级公路的基层不大于 30%;二级公路的底基层不大于 35%。

(8)水泥稳定中粒土及粗粒土

水泥稳定中粒土及粗粒土,如级配碎石、未筛分碎石、砂砾、碎石土、砂砾土和各种粒状矿渣等,混合料中集料的级配应满足表 6-4 规定的级配要求。水泥稳定土中碎石或砾石的抗压碎能力应符合下列要求:二级公路集料压碎值不大于 35%;高速公路、一级公路集料压碎值不大于 30%。

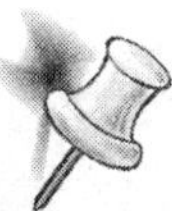

表 6-4

不同等级公路基层、底基层集料混合料的级配要求

材料名称	公路等级	层位	通过下列筛孔(—)质量百分率(%)											
			53.0	37.5	31.5	26.5	19.0	9.5	4.75	2.36	1.18	0.6	0.075	0.002
水泥稳定集料	高速公路、一级公路	底基层		100	90~100	—	67~90	45~68	29~50	18~38	—	8~22	0~7	—
		基层			100	90~100	72~89	47~67	29~49	17~35	—	8~22	0~7	—
	二级公路	基层		90~100	—	66~100	54~100	39~100	28~84	20~70	14~57	8~47	0~30	—
		底基层	100	—	—	—	—	—	50~100	—	—	17~100	0~50	0~30
石灰工业废渣稳定集料	高速公路、一级公路	底基层		100	85~100	—	68~85	50~70	35~55	25~45	17~35	10~27	0~15	—
				100	90~100	—	72~90	48~68	30~50	18~38	10,27	6~20	0~7	—
		基层			100	—	85~100	55~75	39~59	27~47	17~35	10~25	0~10	—
					100	—	81~98	52~70	30~50	18~38	10~27	6~20	0~7	—
级配碎石	高速公路、一级公路	基层中间层			100	—	85~100	52~74	29~54	17~37	—	8~20	0~7	—
		底基层		100	90~100	—	73~88	49~69	29~54	17~37	—	8~20	0~7	—
	二级公路	基层		100	90~100	—	73~88	49~69	29~54	17~37	—	8~20	0~7	—
未筛分碎石	各级公路	底基层	100	85~100	69~88	—	40~65	19~43	10~30	8~25	—	6~18	0~10	—
				100	83~100	—	54~84	29~59	17~54	11~35	—	6~21	0~10	—
级配砾石	二级公路(轻交通)	基层		100	90~100	—	73~88	49~69	29~54	17~37	—	8~20	0~7	—
					100	—	85~100	52~74	29~54	17~37	—	8~20	0~7	—
	各级公路	底基层	100	90~100	81~94	—	63~81	45~66	27~51	16~35	—	8~20	0~7	—
砂砾、砂砾土	各级公路	底基层	100	80~100	—	—	—	10~100	25~85	—	—	8~45	0~15	—

注:集料中0.5mm以下细粒土有塑性指数时,小于0.075mm的颗粒含量不应超过5%;细粒土无塑性指数时,小于0.075mm的颗粒含量不应超过7%。

(9)石灰稳定中粒土及粗粒土

适宜做石灰稳定中粒土的基层、底基层材料有:级配碎石、未筛分碎石、砂砾、碎石土、砂砾土及各种粒状矿渣等。混合料中集料级配应满足表6-4规定的级配要求。混合料中集料的压碎值应满足下列要求:二级公路的底基层不大于40%;高速公路和一级公路的底基层、二级以下公路的基层不大于35%;二级公路的基层不大于30%。

(10)二灰稳定中粒土及粗粒土

二灰稳定中粒土及粗粒土,如砂砾、碎石、矿渣、煤矸石、碎石土。混合料中集料的级配应满足表6-4所规定的级配要求。混合料中集料的压碎值应满足的要求有:二级公路集料压碎值不大于35%;高速公路、一级公路集料压碎值不大于30%。

(11)施工用水

一般人或牲畜饮用的水源,均可使用。

2. 原材料试验与审批

在工程开工前,要求承包人在所选定的料场中取代表性样品,进行下列规定的各项试验,并应将试验结果报监理工程师审批。经监理工程师审查质量合格的原材料,才可批准使用。

(1)水泥稳定类

土的颗粒分析,土的塑限、液限和塑性指数,重型击实试验,碎石、砾石的筛分试验,集料压碎值试验,水泥样品物理力学指标及成分分析,土的有机质(必要时),土的硫酸盐(必要时)。

(2)石灰稳定类

土的物理指标试验,石灰活性(CaO + MgO,%)分析,重型击实试验,集料压碎值试验,集料筛分试验,石灰剂量标定曲线,土的有机质(必要时),土的硫酸盐(必要时)。

(3)石灰、粉煤灰稳定类

石灰活性(Ca0 + MgO,%)分析,粉煤灰成分(SiO_2、Al_2O_3 和 Fe_2O_3)分析,粉煤灰细度,重型击实试验,集料筛分试验,集料压碎值试验。

(4)级配碎石、级配砂砾

筛分试验,压碎值试验,重型击实试验。

二、混合料配合比设计质量控制

1. 基层、底基层的压实标准

路面基层、底基层在施工时必须达到表6-5所规定的压实标准,以保证路面结构层具有足够的力学强度,从而保证路面的整体强度、使用质量与使用寿命。

2. 基层、底基层混合料强度要求

基层、底基层混合料的强度应满足表6-6规定的强度标准,它是确定施工配合比的主要依据。

(1)混合料配合比试验:承包人应根据设计图纸所提供的设计配合比并结合选用原材料性质的试验结果,按照规定的试验方法,进行配合比试验。在室内制成1:1(直径:高度)圆柱体试件,试件的压实度与施工要求达到的压实度相同,在规定的标准养生条件下,湿养6d,浸水1d,进行饱水抗压强度试验。根据试验结果提出基层、底基层混合料施工配合比,并报监理工程师审批。

路面基层、底基层的压实标准　　表 6-5

层位 \ 标准	结合料类别	材料名称	要求达到的压实度(%) 二级公路	高速公路和一级公路
基层	水泥稳定土	水泥稳定中粒土和粗粒土	97	98
底基层			95	97
基层		水泥稳定细粒土	93	—
底基层			93	95
基层	石灰稳定土	石灰稳定中粒土和粗粒土	97	—
底基层			95	97
基层		石灰稳定细粒土	93	—
底基层			93	95
基层	石灰工业废渣稳定土	石灰工业废渣稳定中粒土和粗粒土	97	98
底基层			95	97
基层		石灰工业废渣稳定细粒土	93	—
底基层			93	95
基层	级配碎石、级配砾石	级配碎石	98	98
中间层			100	100
底基层			96	96
基层		级配砾石	98	—
底基层			96	96

基层、底基层材料的强度标准(单位:MPa)　　表 6-6

层位 \ 公路等级	基层、底基层材料名称	二级公路	高速公路和一级公路
基层	水泥稳定类	2.5~3.0	3~5①
底基层		1.5~2.0	1.5~2.5①
基层	石灰稳定类	≥0.8②	—
底基层		0.5~0.7③	≥0.8
基层	二灰混合料稳定类	≥0.6~0.8	0.8~1.1④
底基层		≥0.5	≥0.6

注:①设计累计标准轴次 $<12\times10^6$ 的公路可采用低限值,超过 12×10^6 的公路可用中值,主要行驶重载车辆的公路应用高限值。

②在塑性指数小于 7 的低塑性土地区,石灰稳定砂砾土和碎石土的 7d 浸水抗压强度应大于 0.5MPa。

③低限用于塑性指数小于 7 的黏性土,高限用于塑性指数大于 7 的黏性土。

④设计累计标准轴次 $<12\times10^6$ 的高速公路用低限值,$\geq12\times10^6$ 高速公路用中值,主要行驶重载车辆高速公路用高限值。

(2)进行混合料配合比试验时,试件 7d 龄期饱水抗压强度平均值,应满足下式的要求:

$$\overline{R}\cdot(1-Z_aCv)\geq R_d$$

式中:$\overline{R}$——7d 龄期 n 个试件抗压强度平均值(MPa);

R_d——抗压强度标准值(表 6-6)(MPa);

Cv——试验结果的偏差系数(以小数计);

Z_a——标准正态分布表中随保证率(或置信度α)而变的系数,高速公路和一级公路取保证率95%,此时 $Z_a=1.645$;二级公路应取保证率90%,即 $Z_a=1.282$。

3. 审查混合料配合比

承包人在开工前,应对经监理工程师批准使用的原材料进行混合料的配合比试验,确定满足强度要求的目标配合比,并报监理工程师审批。监理工程师对承包人报检的混合料配合比,经审核计算,并通过试验予以验证后,批准目标配合比。承包人应在审批目标配合比的基础上,进行试拌和试验路铺筑,然后再确定生产配合比和施工配合比,当施工配合比确定后应反馈给主管监理工程师。

三、施工机械设备质量控制

1. 审查承包人主要机械设备的配置及质量现状

在开工前承包人应自行检查为本工程施工所配置的机械设备的品种、数量及运行质量,并将检查、调试结果报监理工程师审查。

监理工程师应按照报检的设备清单,按施工规范对施工机械的功能要求对其数量与质量逐一进行审查。其主要包括拌和设备(厂拌与路拌)、运输设备、与摊铺方式配套的摊铺设备、整平机械、洒水车、各种吨位的压实设备。上述设备经监理工程师审查合格后,予以批准使用。对功能不全或不能满足施工技术功能要求的机械设备,应禁止使用。

2. 施工机械设备安装调试

在试验路段铺筑前,对主要施工机械设备和试验检测仪器设备进行调试,对个别机械设备和全部测试仪器还需进行计量标定,否则不能投入使用。

四、施工技术方案和开工报告的审批

1. 施工技术方案的审批和试验路段的方案审查

承包人所报检的施工技术方案,一般应包括以下内容:

施工方法与施工工艺;施工机械与主要设备;主要施工技术人员的分工及劳力安排;施工技术难点和相应的质量保证措施;施工进度安排。

经监理工程师审查认为有必要试铺试验路段或开展施工前的试验时,方可实施其试验,若没有必要进行试验时,则应按监理工程师批准的施工技术方案进行施工。

2. 施工放样的数据审查与现场核实

审查承包人报检的施工放样报检单。报检单上的施工放样数据包括基层、底基层的边线宽度,下承层顶面高程,下承层表面的平整度等。同时根据审查的数据到现场去核实。

3. 开工报告审批

经监理工程师审核,施工准备工作就绪,试验资料齐全,机具设备配置数量与施工项目及施工进度匹配,机具运行质量良好,施工放样数据符合设计要求,监理工程师认为确实具备开工条件方可批准施工。

五、铺筑试验路段

1. 通过铺筑试验路段应确定的内容

应通过铺筑试验段确定以下主要内容:

(1)用于施工的集料配合比例;

(2)材料的松铺系数;

(3)合理的施工方法;

(4)确定每一作业段的合适长度;

(5)确定一次铺筑的合适厚度。

2. 施工方案确定所应有的内容

确定施工方案需要如下内容:

(1)集料数量的控制;

(2)集料摊铺方法和适用机具;

(3)合适的拌和机械、拌和方法、拌和深度和拌和遍数;

(4)集料含水量的增加和控制方法;

(5)整平和整形的合适机具和方法;

(6)压实机械的选择和组合,压实的顺序、速度和遍数;

(7)拌和、运输、摊铺和碾压机械的协调和配合;

(8)密实度的检查方法,初定每一作业段的最小检查数量。

3. 铺筑试验路段的目的

通过铺筑基层试验段,除确定上述所列项目外,还应确定控制结合料数量和拌和均匀性的方法。对于水泥稳定土基层,还包括严密组织拌和、洒水、整形、碾压等工序,缩短延迟时间。

第三节 路面基层(底基层)施工质量的事中控制

路面基层(底基层)施工过程是公路工程施工中一个非常重要的环节,它涉及路面基层(底基层)的类型及其特性、施工机械与施工技术工艺等,只有在施工过程中,做到精心组织、精心施工,才能确保路面基层(底基层)的施工质量。高等级公路特殊的交通功能,对路面基层(底基层)施工质量有着更高的要求,因此更应抓好施工质量的事中控制。

一、水泥稳定土施工质量控制

1. 原材料基本要求

(1)对于二级和二级以下的公路,水泥稳定土所用的粗粒土、中粒土、细粒土应满足如下要求:

①水泥稳定土用做底基层时,单个颗粒的最大粒径不应超过53mm,水泥稳定土的颗粒组成应在表6-7所列范围内,土的均匀系数应大于5。细粒土的液限不应超过40%,塑性指数不应超过17。对于中粒土和粗料土,如土中小于0.6mm的颗粒含量在30%以下,塑性指数可稍大。实际工作中,宜选用均匀系数大于10、塑性指数小于12的土。塑性指数大于17的土,宜采用石灰稳定,或用水泥和石灰综合稳定。

用做底基层时水泥稳定土的颗粒组成范围　　表6-7

筛孔尺寸(mm)	53	4.75	0.6	0.075	0.002
通过质量百分率(%)	100	50~100	17~100	0~50	0~30

注:本规范表中所列用筛均匀方孔筛。在无相应尺寸方孔筛的情况下,可先将颗粒组成在半对数坐标纸上画出两根级配曲线,然后在对数坐标上查找所需筛孔的位置或点,从此点引一垂直线向上与两根曲线相交。从此两交点画水平线与垂直坐标相交,即可得到所需颗粒尺寸的通过百分率。

②水泥稳定土用做基层时,单个颗粒的最大粒径不应超过 37.5mm。水泥稳定土的颗粒组成应在表 6-8 范围内。集料中不宜含有塑性指数的土。对于二级公路宜按接近级配范围的下限组配混合料或采用表 6-9 中的 2 号级配。

用做基层时水泥稳定土的颗粒组成范围　　表 6-8

筛孔尺寸(mm)	通过质量百分率(%)	筛孔尺寸(mm)	通过质量百分率(%)
37.5	90～100	2.36	20～70
26.5	66～100	1.18	14～57
19	54～100	0.6	8～47
9.5	39～100	0.075	0～30
4.75	28～84	—	—

水泥稳定土的颗粒组成范围　　表 6-9

项　目 \ 通过质量百分率(%)		编号 1	编号 2	编号 3
筛孔尺寸(mm)	37.5	100	100	—
	31.5	—	90～100	100
	26.5	—	—	90～100
	19	—	67～90	72～89
	9.5	—	45～68	47～67
	4.75	50～100	29～50	29～49
	2.36	—	18～38	17～35
	0.6	17～100	8～22	8～22
	0.075	0～30	0～7	0～7
液限(%)		—	—	<28
塑性指数		—	—	<9

注:集料中 0.5mm 以下细粒土有塑性指数时,小于 0.075mm 的颗粒含量不应超过 5%;细粒土无塑性指数时,小于 0.075mm 的颗粒含量不应超过 7%。

③级配碎石、未筛分碎石、砂砾、碎石土、砂砾土、煤矸石和各种粒状矿渣均适宜用水泥稳定。碎石包括岩石碎石、矿渣碎石、破碎砾石等。

(2)对于高速公路和一级公路,水泥稳定土所用的粗粒土和中粒土应满足如下要求:

①水泥稳定土用做底基层时,单个颗粒的最大粒径不应超过 37.5mm。水泥稳定土的颗粒组成应在表 6-9 所列 1 号级配范围内,土的均匀系数应大于 5。细粒土的液限不应超过 40%,塑性指数不应超过 17。对于中粒土和粗粒土,如土中小于 0.6mm 的颗粒含量在 30% 以下,塑性指数可稍大。实际工作中,宜选用均匀系数大于 10、塑性指数小于 12 的土。塑性指数大于 17 的土,宜采用石灰稳定,或用水泥和石灰综合稳定。对于中粒土和粗粒土,宜采用表 6-9 中 2 号级配,但小于 0.075mm 的颗粒含量和塑性指数可不受限制。

②水泥稳定土用做基层时,单个颗粒的最大粒径不应超过 31.5mm。水泥稳定土的颗粒组成应在表 6-9 所列 3 号级配范围内。

③水泥稳定土用做基层时,对所用的碎石或砾石,应预先筛分成 3～4 个不同粒级,然后配合,使颗粒组成符合表 6-9 所列级配范围。

(3)水泥稳定粒径较均匀的砂时,宜在砂中添加少部分塑性指数小于 10 的黏性土或石灰土,也可添加部分粉煤灰,加入比例可按使混合料的标准干密度接近最大值确定,一般约为 20%～40%。

(4)有机质含量超过2%的土,必须先用石灰进行处理,闷料一夜后再用水泥稳定。硫酸盐含量超过0.25%的土,不应用水泥稳定。

(5)普通硅酸盐水泥、矿渣硅酸盐水泥和火山灰质硅酸盐水泥都可用于稳定土,但应选用初凝时间3h以上和终凝时间较长(宜在6h以上)的水泥。不应使用快硬水泥、早强水泥以及已受潮变质的水泥。宜采用强度等级为325或425的水泥。

(6)综合稳定土中用的石灰应是消石灰粉或生石灰粉。

(7)凡是饮用水(含牲畜饮用水)均可用于水泥稳定土施工。

2. 混合料组成设计控制要点

1)一般规定

(1)各级公路用水泥稳定土的7d浸水抗压强度,应符合表6-10的规定。

(2)水泥稳定土的组成设计应根据表6-10的强度标准,通过试验选取最适宜于稳定的土,确定必需的水泥剂量和混合料的最佳含水量,在需要改善混合料的物理力学性质时,还应确定掺加料的比例。

(3)综合稳定土的组成设计,应通过试验选取最适宜于稳定的土,确定必需的水泥和石灰剂量以及混合料的最佳含水量。

(4)采用综合稳定土时,如水泥用量占结合料总量的30%以上,应按本章的技术要求进行组成设计。水泥和石灰的比例宜取60:40、50:50或40:60。

水泥稳定土的抗压强度标准 表6-10

层位＼公路等级	二级和二级以下公路	高速公路和一级公路
基层(MPa)	2.5~3②	3~5①
底基层(MPa)	1.5~2.0②	1.5~2.5①

注:①设计累计标准轴次小于 12×10^6 的公路可采用低限值;设计累计标准轴次超过 12×10^6 的公路可用中值;主要行驶重载车辆的公路应用高限值。某一具体公路应采用一个值,而不用某一范围。

②二级以下公路可取低限值;行驶重载车辆的公路,应取较高的值;二级公路可取中值;行驶重载车辆的二级公路应取高限值。某一具体公路应采用一个值,而不用某一范围。

(5)水泥稳定土的各项试验应按《公路工程无机结合料稳定材料试验规程》(JTJ 057—94)进行。

2)原材料的试验

(1)在水泥稳定土层施工前,应取所定料场中有代表性的土样按《公路土工试验规程》(JTJ 051—94)进行下列试验:颗粒分析;液限和塑性指数;相对密度;击实试验;碎石或砾石的压碎值;有机质含量(必要时做);硫酸盐含量(必要时做)。

(2)对级配不良的碎石、碎石土、砂砾、砂砾土、砂等,宜改善其级配。

(3)应检验水泥的强度和终凝时间。

3)混合料的设计步骤

(1)分别按表6-11所列五种水泥剂量配制同一种土样、不同水泥剂量的混合料。

混合料的配制水泥剂量表 表6-11

层位＼土类	中粒土和粗粒土*					塑性指数小于12的细粒土					其他细粒土				
基层(%)	3	4	5	6	7	5	7	8	9	11	8	10	12	14	16
底基层(%)	3	4	5	6	7	4	5	6	7	9	6	8	9	10	12

注:*如要求用做基层的混合料有较高强度时,水泥剂量可用4%、5%、6%、7%、8%。

(2)确定各种混合料的最佳含水量和最大干(压实)密度,至少应做三个不同水泥剂量混合料的击实试验,即最小剂量、中间剂量和最大剂量。其他两个剂量混合料的最佳含水量和最大干密度用内插法确定。

(3)按规定压实度分别计算不同水泥剂量的试件应有的干密度。

(4)按最佳含水量和计算得的干密度制备试件,进行强度试验时,作为平行试验的最少试件数量应不小于表6-12的规定。如试验结果的偏差系数大于表中规定的值,则应重做试验,并找出原因,加以解决。如不能降低偏差系数,则应增加试件数量。

最少试件数量　　表6-12

试件数量 / 土类	偏差系数		
	<10%	10%~15%	15%~20%
细粒土	6	9	—
中粒土	6	9	13
粗粒土	—	9	13

(5)试件在规定温度下保湿养生6d,浸水24h后,按《公路工程无机结合料稳定材料试验规程》(JTJ 057—94)进行无侧限抗压强度试验。

(6)计算试验结果的平均值和偏差系数。

(7)根据表6-10的强度标准,选定合适的水泥剂量,此剂量试件室内试验结果的平均抗压强度$\overline{R}$应符合下式的计算要求:

$$\overline{R} \geqslant R_d/(1-Z_a Cv)$$

式中:R_d——设计抗压强度(表6-10);

Cv——试验结果的偏差系数(以小数计);

Z_a——标准正态分布表中随保证率(或置信度α)而变的系数,高速公路和一级公路应取保证率95%,即$Z_a=1.645$;水泥改善土的塑性指数应不大于6,承载比应不小于240。

(8)工地实际采用的水泥剂量应比室内试验确定的剂量多0.5%~1.0%。采用集中厂拌法施工时,可只增加0.5%;采用路拌法施工时,宜增加1%。

(9)水泥的最小剂量应符合表6-13的规定。

水泥的最小剂量　　表6-13

拌和方法 / 土类	路拌法	集中厂拌法
中粒土和粗粒土	4%	3%
细粒土	5%	4%

(10)综合稳定土的组成设计与以上步骤相同。

3. 施工组织与作业段划分

(1)水泥稳定土施工时,必须采用流水作业法,使各工序紧密衔接。特别是要尽量缩短从拌和到完成碾压之间的延迟时间。应做水泥稳定土的延迟时间对其强度影响的试验,以确定合适的延迟时间。

(2)确定路拌法施工每一作业段的合理长度时,应综合考虑下列因素:水泥的终凝时间;延迟时间对混合料密实度和抗压强度的影响;施工机械和运输车辆的效率和数量;操作的熟练程度;尽量减少接缝;施工季节和气候条件。

(3)一般情况下,当稳定土层宽7~8m时,每一流水作业段以200m为宜,但每天的第一个作业段宜稍短,可为150m。如稳定土层较宽,则作业段应再缩短。

4. 路拌法施工质量控制要点

1)工艺流程

路拌法施工的工艺流程宜按图6-2的顺序进行。

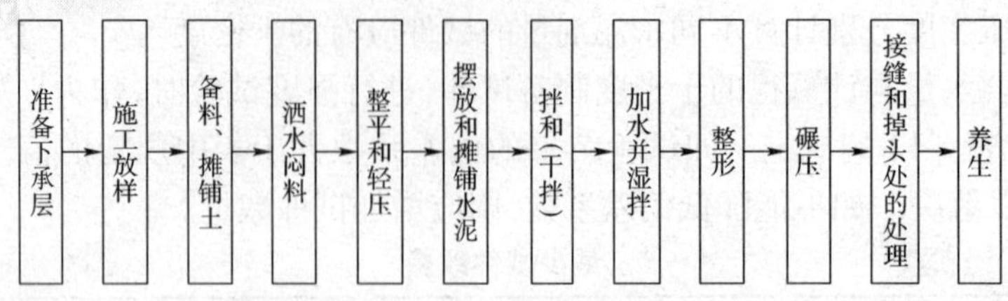

图6-2 路拌法施工水泥稳定土的工艺流程

2)准备下承层

(1)水泥稳定土的下承层表面应平整、坚实,具有规定的路拱。下承层的平整度和压实度应符合规范规定。

(2)当水泥稳定土用做基层时,要准备底基层;当水泥稳定土用做老路面的加强层时,要准备老路面;当水泥稳定土用做底基层时,要准备土基。

①对土基不论是路堤还是路堑,必须用12~15t三轮压路机或等效的碾压机械进行3~4遍碾压检验。在碾压过程中,如发现土过干、表层松散,应适当洒水;如土过湿,发生“弹簧”现象,应采用挖开晾晒、换土、掺石灰或水泥等措施进行处理。

②对于底基层,应进行压实度检查,对于柔性底基层还应进行弯沉值检验。凡不符合设计要求的路段,必须根据具体情况,采用措施,使之达到规范规定的标准。

③对于老路面,应检查其材料是否符合底基层材料的技术要求,如不符合要求,就应翻松老路面并采取必要的处理措施。

④底基层或老路面上的低洼和坑洞,应仔细填补及压实;搓板和辙槽应刮除;松散处,应耙松洒水并重新碾压,达到平整密实。

⑤新完成的底基层或土基,必须按规范规定进行验收。凡验收不合格的路段,必须采取措施,使其达到标准后,方可铺筑水泥稳定土层。应按规范规定逐个断面检查下承层高程。

(3)在槽式断面的路段,两侧路肩上每隔一定距离(可为5~10m)交错开挖泄水沟(或做盲沟)。

3)施工放样

在底基层或老路面或土基上恢复中线,直线段每15~20m设一桩,平曲线段每10~15m设一桩,并在两侧路肩边缘外设指示桩。在两侧指示桩上用明显标记标出水泥稳定土层边缘的设计高程。

4)备料

(1)利用老路面或土基上部材料。

①必须首先清除干净老路面上或土基表面的石块等杂物。

②每隔10~20m挖一小洞,使洞底高程与预定的水泥稳定土层的底面高程相同,并在洞底做一标记,以控制翻松及粉碎的深度。

③用犁、松土机或装有强固齿的平地机或推土机将老路面或土基的上部翻松到预定的深度,土块应粉碎到符合要求。应经常用犁将土向路中心翻松,使预定处治层的边部成一个垂直面,防止处治宽度超过规定。用专用机械粉碎黏性土。在无专用机械的情况下,也可以用旋转

耕作机、圆盘耙粉碎塑性指数不大的土。

(2)利用料场的土(包括细粒土、中粒土和粗粒土)。

①采集土前,应先将树木、草皮和杂土清除干净,土中的超尺寸颗粒应予筛除。应在预定的深度范围内采集土,不应分层采集,不应将不合格的土采集一起。对于塑性指数大于12的黏性土,可视土质和机械性能确定土是否需要过筛。

②计算材料用量:根据各路段水泥稳定土层的宽度、厚度及预定的干密度,计算各路段需要的干燥土的数量。根据料场土的含水量和所用运料车辆的吨位,计算每车料的堆放距离。根据水泥稳定土层的厚度和预定的干密度及水泥剂量,计算每一平方米水泥稳定土需要的水泥用量,并确定水泥摆放的纵横间距。

③在预定堆料的下承层上,在堆料前应先洒水,使其表面湿润,但不应过分潮湿而造成泥泞。

④土装车时,应控制每车料的数量基本相等。在同一料场供料的路段内,由远到近将料按上述计算距离卸置于下承层表面的中间或上侧。卸料距离应严格掌握,避免有的路段料不够或过多。料堆每隔一定距离应留一缺口。土在下承层上的堆置时间不应过长。运送土只宜比摊铺土工序提前1~2d。

⑤当路肩用料与稳定土层用料不同时,应采取培肩措施,先将两侧路肩培好。路肩料层的压实厚度应与稳定土层的压实厚度相同。在路肩上,每隔5~10m应交错开挖临时泄水沟。

5)摊铺土

(1)应事先通过试验确定土的松铺系数。人工摊铺混合料时,其松铺系数可按表6-14选用。

混合料松铺系数参考表 表6-14

材料名称	松铺系数	备注
水泥稳定砂砾	1.30~1.35	
水泥土	1.53~1.58	现场人工摊铺土和水泥,机械拌和,人工整平

(2)摊铺土应在摊铺水泥的前一天进行。摊铺长度按日进度的需要量控制,满足次日完成掺加水泥、拌和、碾压成型即可。雨季施工,如第二天有雨,不宜提前摊铺土。应将土均匀地摊铺在预定的宽度上,表面应力求平整,并有规定的路拱。

(3)摊料过程中,应将土块、超尺寸颗粒及其他杂物拣除。如土中有较多土块,应进行粉碎。

(4)检验松铺土层的厚度,应符合设计要求。除洒水车外,严禁其他车辆在土层上通行。

6)洒水闷料

(1)如已整平的土(含粉碎的老路面)含水量过小,应在土层上洒水闷料。洒水应均匀,防止出现局部水分过多的现象。严禁洒水车在洒水段内停留和掉头。

(2)细粒土应经一夜闷料;中粒土和粗粒土,视其中细土含量的多少,可缩短闷料时间。如为综合稳定土,应先将石灰和土拌和后一起进行闷料。

7)整平和轻压

对人工摊铺的土层整平后,用6~8t两轮压路机碾压1~2遍,使其表面平整,并有一定的压实度。

8)摆放和摊铺水泥

(1)计算出的每袋水泥的纵横间距,在土层上做安放标记。应将水泥当日直接送到摊铺路段,卸在做标记的地点,并检查有无遗漏和多余。运水泥的车应有防雨设备。

(2)用刮板将水泥均匀摊开,并注意使每袋水泥的摊铺面积相等。水泥摊铺完后,表面应没有空白位置,也没有水泥过分集中的地点。

9)拌和(干拌)

(1)对二级及二级以上公路,应采用专用稳定土拌和机进行拌和并设专人跟随拌和机,随时检查拌和深度并配合拌和机操作员调整拌和深度。拌和深度应达稳定层底并宜侵入下承层5~10mm,以利上下层黏结。严禁在拌和层底部留有素土夹层。通常应拌和两遍以上,在最后一遍拌和之前,必要时可先用多铧犁紧贴底面翻拌一遍。直接铺在土基上的拌和层也应避免素土夹层。

(2)对于三、四级公路,在没有专用拌和机械的情况下,可用农用旋转耕作机与多铧犁或平地机相配合进行拌和,但应注意拌和效果,拌和时间不能过长。先用平地机或多铧犁(四铧犁或五铧犁)将铺好水泥的土翻拌两遍,使水泥分布到土中,但不应翻犁到底,防止水泥落到底部。第一遍由路中心开始,将混合料向中间翻,机械应慢速前进;第二遍应相反,从两边开始,将混合料向外侧翻。接着用旋转耕作机拌和两遍。再用多铧犁或平地机将底部料翻起。随时检查调整翻犁的深度,使稳定土层全部翻透。严禁在稳定土层与下承层之间残留一层素土,也应防止翻犁过深或过多破坏下承层的表面,通常应翻犁两遍。接着,再用旋转耕作机拌和两遍,用多铧犁或平地机再翻犁两遍。

(3)对于三、四级公路,在没有专用拌和机械的情况下,也可以用缺口圆盘耙与多铧犁或平地机相配合,拌和水泥稳定细粒土和中粒土,但应注意拌和效果,拌和时间不可过长。用平地机或多铧犁在前面翻拌,用圆盘耙跟在后面拌和。圆盘耙的速度应尽量快,使水泥与土拌和均匀。应翻拌四遍,开始的两遍不应翻犁到底,以防水泥落到底部;后面的两遍应翻犁到底,随时检查调整翻犁的深度。

10)加水并湿拌

(1)在上述拌和过程结束时,如果混合料的含水量不足,应用喷管式洒水车(普通洒水车不适宜用作路面施工)补充洒水。水车起洒处和另一端掉头处都应超出拌和段2m以上。洒水车不应在正进行拌和以及当天计划拌和的路段上掉头和停留,以防局部水量过大。洒水后,应再次进行拌和,使水分在混合料中分布均匀。拌和机械应紧跟在洒水车后面进行拌和,减少水分流失。

(2)洒水及拌和过程中,应及时检查混合料的含水量。含水量宜略大于最佳值。对于稳定粗粒土和中粒土,宜较最佳含水量大0.5%~1.0%;对于稳定细粒土,宜较最佳含水量大1%~2%。应配合人工拣出超尺寸颗粒,消除粗细颗粒“窝”以及局部过分潮湿或过分干燥之处。

(3)混合料拌和均匀后应色泽一致,没有灰条、灰团和花面,即无明显粗细集料离析现象,且水分合适和均匀。

11)整形

(1)混合料拌和均匀后,应立即用平地机初步整形。在直线段,平地机由两侧向路中心进行刮平;在平曲线段,平地机由内侧向外侧进行刮平。必要时,再返回刮一遍。用拖拉机、平地机或轮胎压路机立即在初平的路段上快速碾压一遍,以暴露潜在的不平整。再用平地机进行整形,整形前应用齿耙将轮迹低洼处表层5cm以上耙松,再碾压一遍。

(2)对于局部低洼处,应用齿耙将其表层5cm以上耙松,并用新拌的混合料进行找平。再用平地机整形一次。应将高处料直接刮出路外,不应形成薄层贴补现象。

(3)每次整形都应达到规定的坡度和路拱,并应特别注意接缝必须顺适平整。

(4)当用人工整形时,应用锹和耙先将混合料摊平,用路拱板进行初步整形。用拖拉机初

压1~2遍后,根据实测的松铺系数,确定纵横断面的高程,并设置标记和挂线。利用锹耙按线整形,再用路拱板校正成型。如为水泥土,在拖拉机初压之后,就可用重型框式路拱板(拖拉机牵引)进行整形。

(5)在整形过程中,严禁任何车辆通行,并保持无明显的粗细集料离析现象。

12)碾压

(1)根据路宽、压路机的轮宽和轮距的不同,制订碾压方案,应使各部分碾压到的次数尽量相同,路面的两侧应多压2~3遍。

(2)整形后,当混合料的含水量为最佳含水量(+1%~+2%)时,应立即用轻型压路机并配合12t以上压路机在结构层全宽内进行碾压。直线和不设超高的平曲线段,由两侧路肩向路中心碾时,应重叠1/2轮宽,后轮必须超过两段的接缝处,后轮压完路面全宽时,即为一遍。一般需碾压6~8遍。压路机的碾压速度,头两遍以采用1.5~1.7km/h为宜,以后宜采用2.0~2.5km/h。采用人工摊铺和整形的稳定土层,宜先用拖拉机或6~8t两轮压路机或轮胎压路机碾压1~2遍,然后再用重型压路机碾压。严禁压路机在已完成的或正在碾压的路段上掉头或紧急制动,应保证稳定土层表面不受破坏。

(3)碾压过程中,水泥稳定土的表面应始终保持湿润,如水分蒸发过快,应及时补洒少量的水,但严禁洒大水碾压。碾压过程中,如有"弹簧"、松散、起皮等现象,应及时翻开重新拌和(加适量的水泥)或用其他方法处理,使其达到质量要求。

(4)经过拌和、整形的水泥稳定土,宜在水泥初凝前并应在试验确定的延迟时间内完成碾压,并达到要求的密实度,同时没有明显的轮迹。

(5)在碾压结束之前,用平地机再终平一次,使其纵向顺适,路拱和超高符合设计要求。终平应仔细进行,必须将局部高出部分刮除并扫出路外;对于局部低洼之处,不再进行找补,可留待铺筑沥青面层时处理。

13)接缝和掉头处的处理

(1)同日施工的两工作段的衔接处,应采用搭接。前一段拌和整形后,留5~8m不进行碾压,后一段施工时,前段留下未压部分,应再加部分水泥重新拌和,并与后一段一起碾压。

(2)经过拌和、整形的水泥稳定土,应在试验确定的延迟时间内完成碾压。

(3)应注意每天最后一段末端缝(即工作缝)处理。工作缝和掉头处可按下述方法处理:

①在已碾压完成的水泥稳定土层末端,沿稳定土挖一条横贯铺筑层全宽的宽约30cm的槽,直挖到下承层顶面。此槽应与路的中心线垂直,靠稳定土的一面应切成垂直面,并放两根与压实厚度等厚、长为全宽一半的方木紧贴其垂直面。用原挖出的素土回填槽内其余部分。

②如拌和机械或其他机械必须到已压成的水泥稳定土层上掉头,应采取措施保护掉头作业段。一般可在准备用于掉头的约8~10m长的稳定土层上,先覆盖一张厚塑料布或油毡纸,然后铺上约10cm厚的土、砂或砂砾。

③第二天,邻接作业段拌和后,除去方木,用混合料回填。靠近方木未能拌和的一小段,应人工进行补充拌和。整平时,接缝处的水泥稳定土应较已完成断面高出约5cm,以利形成一个平顺的接缝。整平后,用平地机将塑料布上大部分土除去(注意勿刮破塑料布),然后人工除去余下的土,并收起塑料布。在新混合料碾压过程中,应将接缝修整平顺。

(4)纵缝的处理。水泥稳定土层的施工应该避免纵向接缝,在必须分两幅施工时,纵缝必须垂直相接,不应斜接。纵缝应按下述方法处理:

①在前一幅施工时,在靠中央一侧用方木或钢模板做支撑方木或钢模板的高度与稳定土

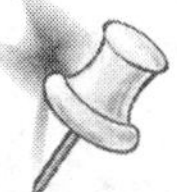

层的压实厚度相同;混合料拌和结束后,靠近支撑木(或板)的一部分,应人工进行补充拌和,然后整形和碾压。

②养生结束后,在铺筑另一幅之前,拆除支撑木(或板)。

③第二幅混合料拌和结束后,靠近第一幅的部分,应人工进行补充拌和,然后进行整形和碾压。

5. 中心站集中厂拌法施工质量控制要点

(1)水泥稳定土可以在中心站用厂拌设备进行集中拌和,对于高速公路和一级公路,应采用专用稳定土集中厂拌机械拌制混合料。集中拌和时,应符合下列要求:

①土块应粉碎,最大尺寸不得大于15mm;

②配料应准确,拌和应均匀;

③含水量宜略大于最佳值,使混合料运到现场摊铺后碾压时的含水量不小于最佳值;

④不同粒级的碎石或砾石以及细集料(如石屑和砂)应隔离,分别堆放。

(2)当采用连接式的稳定土厂拌设备拌和时,应保证集料的最大粒径和级配符合要求。

(3)在正式拌制混合料之前,必须先调试所用的设备,使混合料的颗粒组成和含水量都达到规定的要求。原集料的颗粒组成发生变化时,应重新调试设备。

(4)在潮湿多雨地区或其他地区的雨季施工时,应采取措施保护集料,特别是细集料(如石屑和砂等)应有覆盖,防止雨淋。

(5)应根据集料和混合料含水量的大小,及时调整加水量。

(6)应尽快将拌成的混合料运送到铺筑现场。车上的混合料应覆盖,减少水分损失。

(7)应采用沥青混凝土摊铺机或稳定土摊铺机摊铺混合料。如下承层是稳定细粒土,就应先将下承层顶面拉毛,再摊铺混合料。

(8)拌和机与摊铺机的生产能力应互相匹配。对于高速公路和一级公路,摊铺机宜连续摊铺,拌和机的产量宜大于400t/h。如拌和机的生产能力较小,在用摊铺机摊铺混合料时,应采用最低速度摊铺,减少摊铺机停机待料的情况。在摊铺机后面应设专人消除粗细集料离析现象,特别应该铲除局部粗集料"窝",并用新拌混合料填补。

(9)宜先用轻型两轮压路机跟在摊铺机后及时进行碾压,后用重型振动压路机、三轮压路机或轮胎压路机继续碾压密实。

(10)在二、三、四级公路上,没有摊铺机时,可采用摊铺箱摊铺混合料,也可以用自动平地机按以下步骤摊铺混合料:

①根据铺筑层的厚度和要求达到的压实干密度,计算每车混合料的摊铺面积;

②将混合料均匀地卸在路幅中央,路幅宽时,也可将混合料卸成两行;

③用平地机将混合料按松铺厚度摊铺均匀;

④设一个3~5人的小组,携带一辆装有新拌混合料的小车,跟在平地机后面,及时铲除粗集料"窝"和粗集料"带",补以新拌的均匀混合料,或补撒拌均匀的细混合料,并与粗集料拌和均匀。

(11)用平地机摊铺混合料后的整形和碾压均与路拌法相同。

(12)集中厂拌法施工时的横向接缝应符合下列要求:

①用摊铺机摊铺混合料时,不宜中断,如因故中断时间超过2h,应设置横向接缝,摊铺机应驶离混合料末端;人工将末端含水量合适的混合料弄整齐,紧靠混合料放两根方木,方木的高度应与混合料的压实厚度相同;整平紧靠方木的混合料;方木的另一侧用砂砾或碎石回填约

3m长,其高度应高出方木几厘米。

②将混合料碾压密实。

③在重新开始摊铺混合料之前,将砂砾或碎石和方木除去,并将下承层顶面清扫干净;摊铺机返回到已压实层的末端,重新开始摊铺混合料。

④如摊铺中断后,未按上述方法处理横向接缝,而中断时间已超过2h,则应将摊铺机附近及其下面未经压实的混合料铲除,并将已碾压密实且高程和平整度符合要求的末端挖成与路中心线垂直并垂直向下的断面,然后再摊铺新的混合料。

(13)应避免纵向接缝。高速公路和一级公路的基层应分两幅摊铺,宜采用两台摊铺机一前一后相隔约5~10m同步向前摊铺混合料,并一起进行碾压。在不能避免纵向接缝的情况下,纵缝必须垂直相接,严禁斜接,并符合下列规定:在前一幅摊铺时,在靠中央的一侧用方木或钢模板做支撑,方木或钢模板的高度应与稳定土层的压实厚度相同;养生结束后,在摊铺另一幅之前,拆除支撑木(或板)。

6. 养生及交通管制

(1)水泥稳定土底基层分层施工时,下层水泥稳定土碾压完后,在采用重型振动压路机碾压时,宜养生7d后铺筑上层水泥稳定土。在铺筑上层稳定土之前,应始终保持下层表面湿润。在铺筑上层稳定土时,宜在下层表面撒少量水泥或水泥浆。底基层养生7d后,方可铺筑基层。水泥稳定级配碎石(或砾石)基层分两层用摊铺机铺筑时,下层分段摊铺和碾压密实后,在不采用重型振动压路机碾压时,宜立即摊铺上层,否则在下层顶面应撒少量水泥或水泥浆。

(2)每一段碾压完成并经压实度检查合格后,应立即开始养生。宜采用湿砂进行养生,砂层厚宜为7~10cm。砂铺匀后,应立即洒水,并在整个养生期间保持砂的潮湿状态。不得用湿黏性土覆盖。养生结束后,必须将覆盖物清除干净。对于基层,也可采用沥青乳液进行养生。沥青乳液的用量按0.8~1.0kg/m^2(指沥青用量)选用,宜分两次喷洒。第一次喷洒沥青含量约35%的慢裂沥青乳液,使其能稍透入基层表层。第二次喷洒浓度较大的沥青乳液。如不能避免施工车辆在养生层上通行,应在乳液分裂后撒布3~8mm的小碎(砾)石,做成下封层。

(3)无上述条件时,也可用洒水车经常洒水进行养生。每天洒水的次数应视气候而定。整个养生期间应始终保持稳定土层表面潮湿,应注意表层情况,必要时,用两轮压路机压实。

(4)对于高速公路和一级公路,基层的养生期不宜少于7d。对于二级和二级以下的公路,如养生期少于7d即铺筑沥青面层,则应限制重型车辆通行。对于二级和二级以下公路,如基层上为水泥混凝土面板,且面板是用小型机械施工的,则基层完成后可较早铺筑混凝土面层。

(5)在养生期间未采用覆盖措施的水泥稳定土层上,除洒水车外,应封闭交通。在采用覆盖措施的水泥稳定土层上,不能封闭交通时,应限制重车通行,其他车辆的车速不应超过30km/h。

(6)养生期结束后,如其上为沥青面层,应先清扫基层,并立即喷洒透层或粘层沥青。在喷洒透层或粘层沥青后,宜在其上均匀撒布5~10mm的小碎(砾)石,用量约为全铺一层用量的60%~70%。如喷洒的透层沥青能透入基层,且运料车辆和面层混合料摊铺机在其上行驶不会破坏沥青膜时,可以不撒小碎(砾)石。在撒小碎(砾)石的情况下,应尽早铺筑沥青面层的底面层。在清扫干净的基层上,也可先做下封层,以防止基层干缩开裂,同时保护基层免遭施工车辆破坏,宜在铺设下封层后的10~30d内开始铺筑沥青面层的底面层。如为水泥混凝土面层,也不宜让基层长期暴晒,以免开裂。

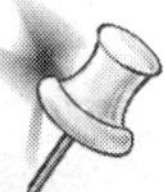

7. 路缘处理

如水泥稳定土层上为薄沥青面层，基层每边应较面层展宽 20cm 以上。在基层全宽上喷洒透层或粘层沥青或设下封层，沥青面层边缘向外侧做成三角形。如设置路缘石，必须注意防止路缘石阻滞路面上表面水和结构层中水的排除。

二、石灰稳定土施工质量控制

1. 一般规定

(1)石灰剂量以石灰质量占全部粗细土颗粒干质量的百分率表示，即石灰剂量 = 石灰质量/干土质量。

(2)石灰稳定土适用于各级公路的底基层，以及二级和二级以下公路的基层，但石灰土不得用做二级公路的基层和二级以下公路高级路面的基层。

(3)在冰冻地区的潮湿路段及其他地区的过分潮湿路段，不宜采用石灰土做基层。当只能采用石灰土时，应采取措施防止水分浸入石灰土层。

(4)石灰稳定土层应在春末和夏季组织施工。施工期的日最低气温应在 5℃以上，并应在第一次重冰冻(-3 ~ -5℃)到来之前一个月到一个半月完成。稳定土层宜经历半月以上温暖和热的气候养生。多雨地区，应避免在雨季进行石灰土结构层的施工。在雨季施工石灰稳定中粒土和粗粒土时，应采用排除表面水的措施，防止运到路上的集料过分潮湿，并应采取措施保护石灰免遭雨淋。

(5)石灰稳定土层施工时，应遵守下列规定：

①细粒土应尽可能粉碎，土块最大尺寸不应大于 15mm。

②配料应准确。

③路拌法施工时，石灰应摊铺均匀。

④洒水、拌和应均匀。

⑤应严格控制基层厚度和高程，其路拱横坡应与面层一致。

⑥应在混合料处于最佳含水量或略小于最佳含水量(1% ~2%)时进行碾压，直到达到表 6-5 按重型击实试验法确定的要求压实度。

⑦石灰稳定土结构层应用 12t 以上的压路机碾压。用 12 ~15t 三轮压路机碾压时，每层的压实厚度不应超过 15cm；用 18 ~20t 三轮压路机和振动压路机碾压时，每层的压实厚度不应超过 20cm；对于石灰稳定土，采用能量大的振动压路机碾压时，或对于石灰土，采用振动羊足碾与三轮压路机配合碾压时，每层的压实厚度可以根据试验适当增加。压实厚度超过上述规定时，应分层铺筑，每层的最小压实厚度为 10cm，下层宜稍厚。对于石灰土，应采用先轻型、后重型压路机碾压。

⑧石灰稳定土层宜在当天碾压完成，碾压完成后必须保温养生，不使稳定土层表面干燥，也不应过分潮湿。

⑨石灰稳定土层上未铺封层或面层时，禁止开放交通；当施工中断，临时开放交通时，应采取保护措施，不使基层表面遭破坏。

(6)石灰稳定土基层施工时，严禁用薄层贴补的办法进行找平。

(7)在采用石灰土做基层时，必须采取措施防止表面水透入基层，同时应经历一个月以上的温暖和热的气候养生。作为沥青路面的基层时，还应采取措施加强基层与面层的联结。

(8)对于二级以下的公路，石灰稳定土基层和底基层可以采用路拌法施工。对于二级公

路,宜采用专用的稳定土拌和机路拌和集中厂拌法拌制混合料。对于高速公路和一级公路,直接铺筑在土基上的底基层下层可以用专用稳定土拌和机进行路拌法施工,如土基上层已用石灰或固化剂处理,则底基层的下层也应用集中拌和法拌制混合料。其上的各个稳定土层都应用集中厂拌法拌制混合料并宜用摊铺机摊铺混合料。

2. 原材料的基本要求

1)土料基本要求

(1)塑性指数为15~20的黏性土以及含有一定数量黏性土的中粒土和粗粒土均适宜于用石灰稳定。

(2)用石灰稳定无塑性指数的级配砂砾、级配碎石和未筛分碎石时,应添加15%左右的黏性土。

(3)塑性指数在15以上的黏性土更适宜于用石灰和水泥综合稳定。塑性指数在10以下的亚砂土和砂土用石灰稳定时,应采取适当的措施或采用水泥稳定。

(4)塑性指数偏大的黏性土,应加强粉碎,粉碎后土块的最大尺寸不应大于15mm。可以采用两次拌和法,第一次加部分石灰拌和后,闷放1~2d,再加其余石灰,进行第二次拌和。

2)使用石灰稳定土的有关规定是

使用石灰稳定土时,应遵守下列规定:

(1)石灰稳定土用做高速公路和一级公路的底基层时,颗粒的最大粒径不应超过37.5mm;用做其他等级公路的底基层时,颗粒的最大粒径不应超过53mm。石灰稳定土用做基层时,颗粒的最大粒径不应超过37.5mm。

(2)级配碎石、未筛分碎石、砂砾、碎石土、砂砾土、煤矸石和各种粒状矿渣等均适宜用做石灰稳定土的材料。石灰稳定土中碎石、砂砾或其他粒状材料的含量应在80%以上,并应具有良好的级配。

(3)硫酸盐含量超过0.8%的土和有机质含量超过10%的土,不宜用石灰稳定。

3)使用石灰的有关注意事项

石灰技术指标应符合表6-3的规定。应尽量缩短石灰的存放时间。石灰在野外堆放时间较长时,应覆盖防潮。使用等外石灰、贝壳石灰、珊瑚石灰等,应进行试验,如混合料的强度符合表6-15的标准,即可使用。对于高速公路和一级公路,宜采用磨细生石灰粉。

4)对水的要求

凡饮用水(含牲畜饮用水)均可用于石灰土施工。

3. 混合料组成设计控制要点

1)一般规定

(1)各级公路用石灰稳定土的7d浸水抗压强度,应符合表6-15的规定。

石灰稳定土的抗压强度标准　　表6-15

层位＼公路等级	二级和二级以下公路	高速公路和一级公路
基层(MPa)	≥0.8①	—
底基层(MPa)	0.5~0.7②	≥0.8

注:①在低塑性土(塑性指数小于7)地区,石灰稳定砂砾土和碎石土的7d浸水抗压强度应大于0.5MPa(100g平衡锥测液限)。

②低限用于塑性指数小于7的黏性土,且低限值宜仅用于二级以下公路;高限用于塑性指数大于7的黏性土。

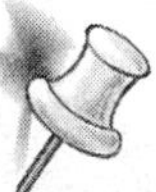

(2)石灰稳定土的组成设计应根据表6-15的强度标准,通过试验选取最适宜于稳定的土,确定必需的或最佳的石灰剂量和混合料的最佳含水量,在需要改善混合料的物理力学性质时,还应确定掺加料的比例。

(3)采用综合稳定土时,如水泥用量占结合料总量的30%以下,则按本节的技术要求进行组成设计。

(4)石灰稳定土各项试验应按《公路工程无机结合料稳定材料试验规程》(JTJ 057—94)进行。

2)原材料试验

(1)在石灰稳定土层施工前,应取所定料场中有代表性的土样进行下列试验:颗粒分析;液限和塑性指数;击实试验;碎石或砾石的压碎值;有机质含量(必要时做);硫酸盐含量(必要时做)。

(2)如碎石、碎石土、砂砾、砂砾土等的级配不好,宜先改善其级配。

(3)应检验石灰的有效钙和氧化镁含量。

3)混合料的设计步骤

(1)按表6-16所列石灰剂量配制同一种土样、不同石灰剂量的混合料。

石灰剂量配制建议值 表6-16

结 构 层	土 类	石灰剂量(全部粗细土颗粒的干重百分比)
基层	砂砾土和碎石土	3,4,5,6,7
	塑性指数小于12的黏性土	10,12,13,14,16
	塑性指数大于12的黏性土	5,7,9,11,13
底基层	塑性指数小于12的黏性土	8,10,11,12,14
	塑性指数大于12的黏性土	5,7,8,9,11

(2)确定混合料的最佳含水量和最大干(压实)密度,至少应做三个不同石灰剂量混合料的击实试验,即最小剂量、中间剂量和最大剂量。其余两个混合料的最佳含水量和最大干密度用内插法确定。

(3)按规定的压实度,分别计算不同石灰剂量的试件应有的干密度。

(4)按最佳含水量和计算得的干密度制备试件,进行强度试验时,作为平行试验的最少试件数量应不小于表6-17中的规定。如试验结果的偏差系数大于表中规定的值,则应重做试验,并找出原因,加以解决。如不能降低偏差系数,则应增加试件数量。

最少试件数量 表6-17

偏差系数 / 土类	<10%	10%~15%	15%~20%
	试件数量		
细粒土	6	9	
中粒土	6	9	13
粗粒土		9	13

(5)试件在规定温度下保湿养生6d,浸水24h后,按《公路工程无机结合料稳定材料试验规程》(JTJ 057—94)进行无侧限抗压强度试验。

(6)计算试验结果的平均值和偏差系数。

(7)根据表6-15的强度标准,选定合适的石灰剂量。此剂量试件室内试验结果的平均抗

压强度 $\overline{R}$ 应符合以下公式计算的要求：

$$\overline{R} \geq R_d/(1 - Z_a Cv)$$

式中：R_d——设计抗压强度；

Cv——试验结果的偏差系数(以小数计)；

Z_a——标准正态分布表中随保证率(或置信度 α)而变的系数，高速公路和一级公路应取保证率95%，即 $Z_a = 1.645$；其他公路应取保证率90%，即 $Z_a = 1.282$。

(8)工地实际采用的石灰剂量应比室内试验确定的剂量多0.5%~1.0%。采用集中厂拌法施工时，可只增加0.5%；采用路拌法施工时，宜增加1%。

(9)石灰稳定不含黏性土的级配碎石、未筛分碎石和级配砂砾用做高级沥青路面的基层时，碎石和砂砾的颗粒组成应符合规范级配碎石或未筛分碎石或级配砾石的级配范围，并应添加黏性土。石灰和所加土的总质量与碎石或砂砾的质量比宜为1:4~1:5，即碎石或砾石在混合料中的质量应不少于80%。

(10)综合稳定土的组成设计与上述步骤相同。

4)混合料组成设计注意事项

(1)工地使用的石灰可能是消石灰粉，也可能是磨细生石灰粉，进行混合料的击实试验和抗压强度试验时，使用的石灰应与工地所用的石灰相同。

(2)如石灰土混合料的强度达不到规定的抗压强度标准，应添加部分水泥，或改用另一种土。塑性指数过小的土，通常不适宜用石灰稳定，宜改用水泥稳定。

(3)由于1:4的石灰土集料的7d抗压强度往往较小，而实际道路路面的承载能力却并不差，为便于做试验，可仅对石灰土做组成设计，此时石灰土的7d抗压强度应大于0.8MPa。在选定配合比后，应再做石灰土集料的7d抗压强度试验，以积累资料。在确定石灰砂砾(或碎石)土的计算回弹模量和强度时，也应用选定配合比的石灰集料土混合料制备试件。

4. 路拌法施工质量控制要点

1)工艺流程

路拌法施工石灰稳定土的工艺流程宜按图6-3的顺序进行。

2)基本要求

下承层的准备与施工放样同水泥稳定土要求。

3)备料

(1)利用老路面或土基上部材料。

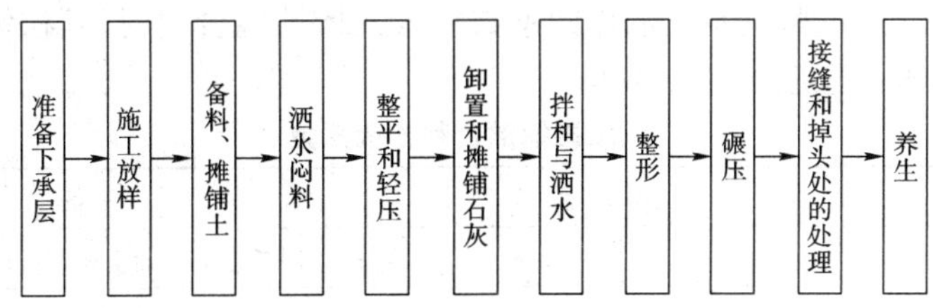

图6-3　石灰稳定土路拌法施工的工艺流程

①必须首先清除干净老路面上或土基表面的石块等杂物。

②每隔10~20m挖一小洞，使洞底高程与预定的水泥稳定土层的底面高程相同，并在洞底做一标记，以控制翻松及粉碎的深度。

③用犁土机、松土机或装有强固齿的平地机或推土机将老路面或土基的上部翻松到预定的深度，土块应粉碎到符合要求。应经常用犁将土向路中心翻松，使预定处治层的边部成一个垂直面，防止处治宽度超过规定。用专用机械粉碎黏性土。在无专用机械的情况下，也可以用旋转耕作机、圆盘耙粉碎塑性指数不大的土。

(2)利用料场的土(包括细粒土、中粒土和粗粒土)。

①采集土前，应先将树木、草皮和杂土清除干净，土中的超尺寸颗粒应予筛除。应在预定的深度范围内采集土，不应分层采集，不应将不合格的土采集一起。对于塑性指数大于12的黏性土，可视土质和机械性能确定土是否需要过筛。

②计算材料用量：根据各路段水泥稳定土层的宽度、厚度及预定的干密度，计算各路段需要的干燥土的数量。根据料场土的含水量和所用运料车辆的吨位，计算每车料的堆放距离。根据水泥稳定土层的厚度和预定的干密度及水泥剂量，计算每平方米水泥稳定土需要的水泥用量，并确定水泥摆放的纵横间距。

③在预定堆料的下承层上，在堆料前应先洒水，使其表面湿润，但不应过分潮湿而造成泥泞。

④土装车时，应控制每车料的数量基本相等。在同一料场供料的路段内，由远到近将料按上述计算距离卸置于下承层表面的中间或上侧。卸料距离应严格掌握，避免有的路段料不够或过多。料堆每隔一定距离应留一缺口。土在下承层上的堆置时间不应过长。运送土只宜比摊铺土工序提前1~2d。

⑤当路肩用料与稳定土层用料不同时，应采取培肩措施，先将两侧路肩培好。路肩料层的压实厚度应与稳定土层的压实厚度相同。在路肩上，每隔5~10m应交错开挖临时泄水沟。

(3)石灰稳定土备料除应按以上规定外，还应符合下列规定：

①当需分层采集土时，应将土先分层堆放在一场地上，然后从前到后将上下层土一起装车运送到现场。

②对于塑性指数小于15的黏性土，机械拌和时，可视土质和机械性能确定是否需要过筛。人工拌和时，应筛除15mm以上的土块。

③石灰应选择公路两侧宽敞、临近水源且地势较高的场地集中堆放。当堆放时间较长时，应覆盖封存。石灰堆放在集中拌和场地时间较长时，也应覆盖封存。

④生石灰块应在使用前7~10d充分消解。消解后的石灰应保持一定的湿度，不得产生扬尘，也不可过湿成团。消石灰宜过孔径10mm的筛，并尽快使用。

4)摊铺土

摊铺土应事先通过试验确定土的松铺系数。人工摊铺混合料时，其松铺系数可按表6-18选用。其他要求同水泥稳定土对应要求。

人工摊铺混合料松铺系数 表6-18

材料名称	松铺系数	备注
石灰土	1.53~1.58	现场人工摊铺土和石灰，机械拌和，人工整平
	1.65~1.70	路外集中拌和，运到现场人工摊铺
石灰土砂砾	1.52~1.56	路外集中拌和，运到现场人工摊铺

5)洒水闷料、整平和轻压的要求

洒水闷料、整平和轻压的要求同水泥稳定土对应要求。

6)卸置和摊铺石灰

(1)按计算所得的每车石灰的纵横间距，用石灰在土层上做标记，同时划出摊铺石灰

的边线。

(2)用刮板将石灰均匀摊开,石灰摊铺完后,表面应没有空白位置。测量石灰的松铺厚度,根据石灰的含水量和松密度,校核石灰用量是否合适。

7)拌和与洒水

(1)对二级及二级以上公路,要求同水泥稳定土对应要求,只是当使用生石灰粉时,宜先用平地机或多铧犁将石灰翻到土层中间,但不能翻到底部。

(2)对于三、四级公路的石灰稳定细粒土和中粒土,在没有专用拌和机械的情况下,可用农用旋转耕作机与多铧犁或平地机相配合拌和四遍。先用旋转耕作机拌和两遍,后用多铧犁或平地机将底部素土翻起,再用旋转耕作机拌和两遍,多铧犁或平地机将底部料再翻起,并随时检查调整翻犁的深度,使稳定土层全部翻透。严禁在稳定土层与下承层之间残留一层素土,但也应防止翻犁过深,过多破坏下承层的表面。也可以用缺口圆盘耙与多铧犁或平地机相配合,拌和石灰稳定细粒土、中粒土和粗粒土。要求同水泥稳定土对应要求。

(3)拌和过程中混合料的含水量及检查同水泥稳定土对应要求的规定。

(4)如为石灰稳定级配碎石或砂砾时,应先将石灰和需添加的黏性土拌和均匀,然后均匀地摊铺在级配碎石或砂砾层上,再一起进行拌和。

(5)用石灰稳定塑性指数大的黏土时,应采用两次拌和。第一次加70% ~100%预定剂量的石灰进行拌和,闷放1 ~2d,此后补足需用的石灰,再进行第二次拌和。

8)整形和碾压的要求

整形和碾压,应符合水泥稳定土对应要求的规定。

9)接缝和掉头处的处理

(1)同日施工的两工作段的衔接处,应采用搭接形式。前一段拌和整形后,留5 ~8mm不进行碾压,后一段施工时,应与前段留下未压部分一起再进行拌和。

(2)拌和机械及其他机械不宜在已压成的石灰稳定土层上掉头。如必须掉头,应采取措施保护掉头部分,使石灰稳定土表层不受破坏。

(3)纵缝的处理应符合的规定同水泥稳定土对应要求。

5. 中心站集中厂拌法施工的控制要点

中心站集中厂拌法施工控制要点同水泥稳定土对应要求。

6. 人工沿路拌和法施工

(1)二级以下公路的小工程可以采用人工沿路拌和施工。

(2)备料。将需稳定的土料按事先计算的数量运到路上分堆堆放,应每隔一定距离留一缺口。将消石灰按事先计算的数量运到路上,直接卸在土堆上或卸在土堆旁。

(3)拌和。

①筛拌法。将土和石灰混合或交替过孔径15mm的筛,筛余土块应随打碎随过筛。过筛以后,适当加水,拌和到均匀为止。

②翻拌法。将过筛的土和石灰先干拌1 ~2遍,然后加水拌和,应不少于3遍,直到均匀为止。

③为使混合料的水分充分均匀,可在当天拌和后堆放闷料,第二天再摊铺。

(4)摊铺。将拌好的石灰土混合料按松铺厚度摊铺均匀。

(5)整形和碾压控制要点同水泥稳定土对应要求。

7. 养生及交通管制

(1)石灰稳定土在养生期间应保持一定的湿度,不应过湿或忽干忽湿。养生期不宜少于7d。每次洒水后,应用两轮压路机将表层压实。石灰稳定土基层碾压结束后1~2d,当其表层较干燥(如石灰土的含水量不大于10%,石灰粒料土的含水量为5%~6%)时,可以立即喷洒透层沥青,然后做下封层或铺筑面层,但初期应禁止重型车辆通行。

(2)在养生期间未采用覆盖措施的石灰稳定土层上,除洒水车外,应封闭交通。在采用覆盖措施的石灰稳定土层上,不能封闭交通时,应限制车速不得超过30km/h,禁止重型载货汽车通行。

(3)养生期结束后,在铺筑沥青面层前,应清扫基层并喷洒透层沥青或做下封层。如面层是沥青混凝土,在喷洒透层沥青后,应撒布5~10mm的小碎(砾)石,小碎(砾)石应均匀撒布约60%的面积。如喷洒的透层沥青能透入基层,其上作业车辆不会破坏沥青膜时,可以不撒小碎(砾)石。在喷洒沥青时,石灰稳定土层的上层应比较湿润。

(4)石灰稳定土分层施工时,下层石灰稳定土碾压完成后,可以立即铺筑上一层石灰稳定土,不需专门的养生期。

8. 其他注意事项

(1)路缘处理。

如石灰稳定土层上为薄沥青面层,基层每边应较面层宽20cm以上。在基层全宽上喷洒透层沥青或设下封层,沥青面层边缘向外侧做成三角形。如设置路缘石时,必须注意防止路缘石阻滞路面上表面水和结构层中水的排除。

(2)用石灰稳定低塑性土时,施工中应掌握下列要点:

①宜分两阶段碾压:第一阶段,洒较多水后用履带拖拉机先压2~3遍,达到初步稳定;第二阶段,待水分接近最佳含水量时,再用12t以上压路机压实。

②当缺少履带拖拉机时,洒水后,先用轻型压路机碾压两遍;然后覆盖一层素土,继续用12t以上压路机压实;养生后,将素土层清除干净。

三、石灰工业废渣稳定土施工质量控制

1. 一般规定

(1)石灰工业废渣稳定土可适用于各级公路的基层和底基层,但二灰、二灰土和二灰砂不应用做二级和二级以上公路高级路面的基层。

(2)石灰工业废渣混合料采用质量配合比计算,以石灰、粉煤灰、集料(或土)的质量比表示。

(3)石灰工业废渣稳定土宜在春末和夏季组织施工。施工期的日最低气温应在5°C以上,并应在第一次重冰冻(-3~-5°C)到来之前一个月到一个半月完成。

(4)石灰工业废渣稳定土结构层施工时,应遵守下列规定:

①配料应准确。

②石灰应摊铺均匀。

③洒水、拌和应均匀。

④应严格控制基层厚度和高程,其路拱横坡应与面层一致。

⑤应在混合料处于或略大于最佳含水量时进行碾压,直到达到表6-5按重型击实试验法确定的要求压实度。

⑥石灰工业废渣稳定土应用12t以上的压路机碾压。用12~15t三轮压路机碾压时,每层的压实厚度不应超过15cm;用18~20t三轮压路机和振动压路机碾压时,每层的压实厚度不应超过20cm。对于二灰级配集料,采用能量大的振动压路机碾压时,或对于二灰土,采用振动羊足碾与三轮压路机配合碾压时,每层的压实厚度可以根据试验适当增加。压实厚度超过上述规定时,应分层铺筑,每层的最小压实厚度为10cm,下层宜稍厚。对于石灰工业废渣稳定土,应采用先轻型、后重型压路机碾压。

⑦必须保湿养生,不使石灰工业废渣稳定土层表面干燥。

⑧石灰工业废渣稳定土基层上未铺封层或面层时,应封闭交通,保护表层不受破坏。当施工中断,临时开放交通时,必须采取保护措施。

(5)石灰工业废渣基层施工时,严禁用薄层贴补的办法进行找平。

(6)对于二级以下的公路,用石灰工业废渣做基层和底基层时,可以采用路拌法施工;对于二级公路,应采用专用的稳定土拌和机,或用集中厂拌法拌制混合料。

(7)对于高速公路和一级公路,直接铺筑在土基上的底基层下层可以用专用的稳定土拌和机进行路拌法施工,如土基上层已用石灰或固化剂处理,则底基层的下层也应用集中拌和法拌制混合料。其上的各个稳定土层都应用集中厂拌法拌制混合料,并应用摊铺机摊铺基层混合料。

2. 原材料质量要求

(1)石灰工业废渣稳定土所用石灰质量应符合III级消石灰或III级生石灰的技术指标,应尽量缩短石灰的存放时间,如存放时间较长,应采取覆盖封存措施,妥善保管。有效钙含量在20%以上的等外石灰、贝壳石灰、珊瑚石灰、电石渣等,当其混合料的强度通过试验符合规范规定的标准时,可以应用。

(2)粉煤灰中SiO_2、Al_2O_3和Fe_2O_3的总含量应大于70%,粉煤灰的烧失量不应超过20%;粉煤灰的比表面积宜大于2500cm^2/g(或90%通过0.3mm筛孔,70%通过0.075mm筛孔)。干粉煤灰和湿粉煤灰都可以应用。湿粉煤灰的含水量不宜超过35%。

(3)煤渣的最大粒径不应大于30mm,颗粒组成宜有一定级配,且不宜含杂质。

(4)宜采用塑性指数12~20的黏性土(亚黏土)。土块的最大粒径不应大于15mm。有机质含量超过10%的土不宜选用。

(5)二灰稳定的中粒土和粗粒土不宜含有塑性指数的土。

(6)用于二级及二级以下公路的二灰稳定土应符合下列要求:

①二灰稳定土用做底基层时,石料颗粒的最大粒径不应超过53mm。

②二灰稳定土用做基层时,石料颗粒的最大粒径不应超过37.5mm;碎石、砾石或其他粒状材料的质量宜占80%以上,并符合表6-19a)或表6-19b)的级配范围。

二灰级配砂砾中集料的颗粒组成范围　　　　表6-19a)

编号 / 筛孔尺寸(mm)	1	2
	通过质量百分率(%)	
37.5	100	
31.5	85~100	100
19.0	65~85	85~100
9.50	50~70	55~75
4.75	35~55	39~59

续上表

筛孔尺寸(mm) \ 编号	1	2
	通过质量百分率(%)	
2.36	25~45	27~47
1.18	17~35	17~35
0.60	10~27	10~25
0.075	0~15	0~10

注:表中所列级配的颗粒组成范围是根据强度高、干缩性小和抗冲刷能力强提出的。此颗粒组成范围可作改变,但改变后的二灰级配集料的强度,特别是干缩性和抗冲刷能力,应优于按表列颗粒组成范围配合的二灰级配集料的性质。

二灰级配砂砾石中集料的颗粒组成范围

表 6-19b)

筛孔尺寸(mm) \ 编号	1	2
	通过质量百分率(%)	
37.5	100	
31.5	90~100	100
19.0	72~90	81~98
9.50	48~68	52~70
4.75	30~50	30~50
2.36	18~38	18~38
1.18	10~27	10~27
0.60	6~20	6~20
0.075	0~7	0~7

(7)用于高速公路和一级公路的二灰稳定土应符合下列要求:

①二灰稳定土用做底基层时,土中碎石、砾石颗粒的最大粒径不应超过 37.5mm。各种细粒土、中粒土和粗粒土都可用二灰稳定后用做底基层。

②二灰稳定土用做基层时,二灰的质量应占 15%,最多不超过 20%,石料颗粒的最大粒径不应超过 31.5mm,其颗粒组成宜符合表 6-19 中 2 号级配的范围,粒径小于 0.075mm 的颗粒含量宜接近 0。

③对所用的砾石或碎石,应预先筛分成 3~4 个不同粒级,然后再配合成颗粒组成符合表 6-19 所列级配范围的混合料。

(8)凡饮用水(含牲畜饮用水)均可使用。

3. 混合料组成设计控制要点

1)一般规定

(1)石灰工业废渣稳定土的 7d 浸水抗压强度,应符合表 6-20 的规定。

二灰混合料的抗压强度标准

表 6-20

层位 \ 公路等级	二级和二级以下公路	高速公路和一级公路
基层(MPa)	0.6~0.8	0.8~1.1
底基层(MPa)	≥0.5	≥0.6

注:设计累计标准轴次小于 12×10^6 的高速公路用低限值;设计累计标准轴次大于 12×10^6 的高速公路用中值;主要行驶重载车辆的高速公路用高限值。对于具体一条高速公路,应根据交通状况采用某一强度标准。

(2)石灰工业废渣稳定土的组成设计应根据表6-20的强度标准,通过试验选取最适宜于稳定的土,确定石灰与粉煤灰或石灰与煤渣的比例,确定石灰粉煤灰或石灰煤渣与土的质量比例,确定混合料的最佳含水量。

(3)对于CaO含量2%~6%的硅铝粉煤灰,采用石灰粉煤灰做基层或底基层时,石灰与粉煤灰的比例可以是1:2~1:9。

(4)采用二灰土做基层或底基层时,石灰与粉煤灰的比例可用1:2~1:4(对于粉土,以1:2为宜),石灰粉煤灰与细粒土的比例可以是1:9,采用此比例时,石灰与粉煤灰之比宜为1:2~1:3。

(5)采用二灰级配集料做基层时,石灰与粉煤灰的比例可用1:2~1:4,石灰粉煤灰与集料的比应是20:80~15:85。

(6)采用石灰煤渣做基层或底基层时,石灰与煤渣的比例可用20:80~15:85。

(7)采用石灰煤渣土做基层或底基层时,石灰与煤渣的比例可选用1:1~1:4,石灰煤渣与细粒土的比例可以是1:1~1:4。混合料中石灰不应少于10%,或通过试验选取强度较高的配合比。

(8)采用石灰煤渣集料做基层或底基层时,石灰:煤渣:集料可选用(7~9):(26~33):(67~58)。

(9)为提高石灰工业废渣的早期强度,可外加1%~2%的水泥。

(10)各种混合料的各项试验应按《公路工程无机结合料稳定材料试验规程》(JTJ 057—94)进行。

2)原材料的试验

在石灰工业废渣稳定土施工前,应取有代表性的样品进行下列试验:

(1)土的颗粒分析;

(2)液限和塑性指数;

(3)石料的压碎值试验;

(4)有机质含量(必要时做);

(5)石灰的有效钙和氧化镁含量;

(6)收集或试验粉煤灰的化学成分、细度和烧失量。

3)混合料的设计步骤

(1)制备不同比例的石灰粉煤灰混合料(如10:90,15:85,20:80,25:75,30:70,35:65,40:60,45:55,50:50),确定其各自的最佳含水量和最大干密度,确定同一龄期和同一压实度试件的抗压强度,选用强度最大时的石灰粉煤灰比例。

(2)根据上款所得的二灰比例,制备同一种土样的4~5种不同配合比的二灰土或二灰级配集料。其配合比宜位于规范所列范围内。

(3)确定各种二灰土或二灰级配集料的最佳含水量和最大干密度(用重型击实试验法)。

(4)按规定达到的压实度,分别计算不同配合比时二灰土、二灰级配集料试件应有的干密度。

(5)按最佳含水量和计算得的干密度制备试件,进行强度试验时,作为平行试验的最少试件数量应符合表6-21中的规定。如试验结果的偏差系数大于表中规定的值,则应重做试验,并找出原因,加以解决。如不能降低偏差系数,则应增加试件数量。

最少试件数量　　表 6-21

土类 \ 偏差系数	<10%	10%~15%	15%~20%
	试件数量		
细粒土	6	9	
中粒土	6	9	13
粗粒土		9	13

(6)试件在规定温度下保湿养生6d,浸水24h后,按《公路工程无机结合料稳定材料试验规程》(JTJ 057—94)进行无侧限抗压强度试验。

(7)计算试验结果的平均值和偏差系数。

(8)根据强度标准,选定混合料的配合比。在此配合比下试件室内试验结果的平均抗压强度 $\overline{R}$ 应符合以下公式计算的要求:

$$\overline{R} \geqslant R_d/(1 - Z_a Cv)$$

式中:R_d——设计抗压强度;

Cv——试验结果的偏差系数(以小数计);

Z_a——标准正态分布表中随保证率(或置信度 α)而变的系数,高速公路和一级公路应取保证率95%,即 $Z_a = 1.645$;其他公路应取保证率90%,即 $Z_a = 1.282$。

(9)石灰煤渣混合料的设计,可参照上述石灰粉煤灰混合料的设计步骤。

4. 路拌法施工控制要点

1)工艺流程

石灰工业废渣稳定土的施工,宜按图6-4的顺序进行。

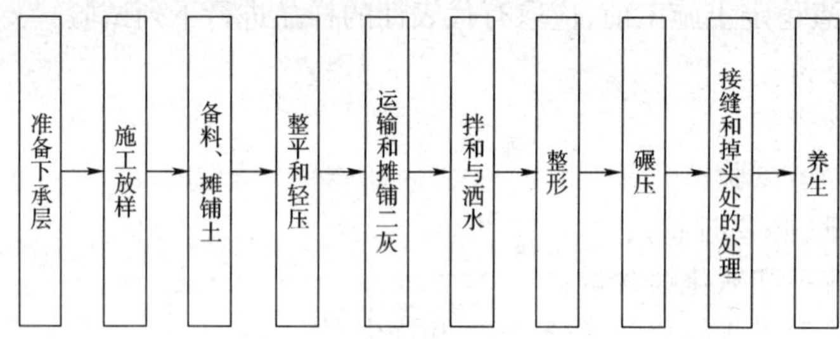

图6-4　路拌法施工石灰工业废渣稳定土的工艺流程

2)基本要求

下承层的准备与施工放样同水泥稳定土要求。

3)备料

(1)运到现场的粉煤灰,应含有足够的水分,防止扬尘。在干燥和多风季节,应使料堆表面保持湿润,或者覆盖。如在堆放过程中,部分粉煤灰凝结成块,使用时应将灰块打碎。场地集中堆放的粉煤灰,应予覆盖,避免雨淋后过分潮湿。

(2)集料和石灰的备料要求同石灰稳定土施工控制对应要求。

(3)计算材料用量。根据各路段石灰工业废渣稳定土层的宽度、厚度及预定的干密度,计算各路段需要的干混合料质量;根据混合料的配合比、材料的含水量以及所用运料车辆的吨位,计算各种材料每车料的堆放距离。

(4)如路肩用料与石灰工业废渣稳定土层用料不同,应采取培肩措施,先将两侧路肩培

好,路肩料层的压实厚度应与稳定土层的压实厚度相同。在路肩上,每隔5~10m应交错开挖临时泄水沟。

(5)在预定堆料的下承层上,在堆料前应先洒水,使其表面湿润。

4)运输和摊铺

(1)材料装车时,应控制每车料的数量基本相等。

(2)采用地灰时,应先将粉煤灰运到现场;采用二灰稳定土时应先将土运到现场。在同一料场供料的路段内,由远到近将料按计算的距离卸置于下承层上,卸料距离应均匀。

(3)料堆每隔一定距离应留一缺口。材料在下承层上的堆置时间不应过长。

(4)应通过试验确定各种材料及混合料的松铺系数。

(5)采用机械路拌时,应采用层铺法。即每种材料摊铺均匀后,宜先用两轮压路机碾压1~2遍,然后再运送并摊铺下一种材料。摊铺每层材料时应力求平整,并具有规定的路拱。集料应较湿润,必要时先洒少量水。

5)拌和与洒水

(1)对于二级和二级以上公路,应采用专用稳定土拌和机进行拌和,并应先干拌两遍。用稳定土拌和机拌和时,拌和深度应达到稳定层底,并宜侵入下承层5~10mm(不应过多),以加强上下层黏结。应设专人跟随拌和机,随时检查拌和深度并配合拌和机操作员调整拌和深度。直接铺在土基上的拌和层宜避免素土夹层,其余各层严禁在拌和层底部留有素土夹层。通常拌和两遍以上,在进行最后一遍拌和之前,必要时先用多铧犁紧贴底面翻拌一遍。

(2)对于三、四级公路,在没有专用拌和机械的情况下,如为二灰稳定细粒土和中粒土,也可用旋转耕作机与多铧犁或平地机相配合先干拌四遍。先用旋转耕作机拌和两遍,后用多铧犁或平地机将底部素土翻起,再用放置耕作机拌和第二遍,用多铧犁或平地机将底部料再翻起,随时检查调整翻犁的深度,使稳定土层全部翻透。严禁在稳定土层与下承层之间残留一层素土,但也应防止翻犁过深,过多破坏下承层的表面。如拌和二灰稳定中粒土和粗粒土,也可以用缺口圆盘耙与多铧犁或平地机相配合干拌。用平地机或多铧犁在前面翻拌,用圆盘耙跟在后面拌和,即采用边翻边耙的方法。圆盘耙的速度应尽量快,使二灰和集料拌和均匀。共翻拌四遍,开始的两遍不应翻犁到底,以防二灰落到底部,后面的两遍,应翻犁到底,随时检查调整翻犁的深度。

(3)用喷管式洒水车将水均匀地喷洒在干拌后的混合料上,洒水距离应长些,水车起洒处和另一端掉头处都应超出拌和段2m以上。洒水车不应在正进行拌和的以及当天计划拌和的路段上掉头和停留,应防止局部水量过大。

(4)拌和机械应紧跟在洒水车后面进行拌和,尤其在纵坡大的路段上应配合紧密,以减少水分流失。在洒水拌和过程中,应及时检查混合料的含水量。水分宜大于最佳含水量1%左右。

(5)拌和过程中,要及时检查拌和深度,要使石灰工业废渣层全深都拌和均匀。拌和完成的标志是:混合料色泽一致,没有灰条、灰团和花面,没有粗细颗粒“窝”或“带”,且水分合适、拌和均匀。

(6)对于二灰级配集料,应先将石灰和粉煤灰拌和均匀,然后均匀地摊铺在集料层上,再一起进行拌和。

6)整形

(1)平地机整形。

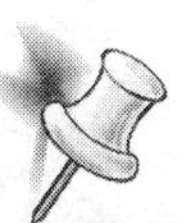

①混合料拌和均匀后，先用平地机初步整平和整形。在直线段及不设超高的平曲线段，平地机由两侧向路中心进行刮平；在设超高的平曲线段，平地机由内侧向外侧进行刮平。必要时，再返回刮一遍。

②用拖拉机、平地机或轮胎压路机快速碾压1~2遍，以暴露潜在的不平整。再用平地机进行整形，并用轮胎压路机械再碾压一遍。整形过程中，应及时消除粗细集料离析现象。

③对于局部低洼处，应用齿耙将其表层5cm以上耙松，并用新拌的二灰级配集料找补平整。再用平地机整形一次。

④每次整形都要按照规定的坡度和路拱进行，并应特别注意接缝顺适平整。

(2)人工整形。

人工用锹和耙先将混合料摊平，用路拱板进行初步整形。用拖拉机初压1~2遍后，根据试验确定的松铺系数，确定纵横断面的高程，并钉桩、挂线。利用锹耙按线整形，并再用路拱板校正成型。

(3)在整形过程中，必须禁止任何车辆通行。

(4)初步整形后，检查混合料的松铺厚度，必要时应进行补料或减料。二灰土的松铺系数约为1.5~1.7；二灰集料的松铺系数约为1.3~1.5；人工铺筑石灰煤渣土的松铺系数为1.6~1.8；石灰煤渣集料的松铺系数为1.4；用机械拌和及机械整形时，集料松铺系数约为1.2~1.3。

7)碾压、接缝和掉头处的处理要求

碾压、接缝和掉头处的处理要求同水泥稳定土相应要求。

5. 中心站集中厂拌法施工控制要点

(1)石灰工业废渣混合料可以在中心站用多种机械进行集中拌和，也可用路拌机械或人工在现场进行分批集中拌和。对于高速公路和一级公路，应采用专用稳定土集中厂拌机械拌制混合料。集中拌和时，应符合下列要求：

①土块最大尺寸不应大于15mm；粉煤灰块不应大于12mm，且9.5mm和2.36mm筛孔的通过量应分别大于95%和75%。

②不同粒级的砾石或碎石以及细集料都应分开堆放。石灰、粉煤灰和细集料都应有覆盖，防止雨淋过湿。

③配料应准确，拌和应均匀。混合料的含水量应略大于最佳含水量，使混合料运到现场摊铺后碾压时的含水量能接近最佳值。

(2)石灰工业废渣稳定土的集中拌和流程按图6-5进行。

(3)除满足下列两款外，其他要求同水泥稳定土相对应的要求。

①拌成混合料的堆放时间不宜超过24h，宜在当天将拌成的混合料运送到铺筑现场，不应将拌成的混合料长时间堆放。

②关于横向接缝。如压实层末端未用方木作支撑处理，在碾压后末端成一斜坡，则在第二天开始摊铺新混合料之前，应将末端斜坡挖除，并挖成一横向(与路中心线垂直)垂直向下的断面。挖出的混合料加水到最佳含水量拌匀后仍可使用。

6. 人工沿路拌和法施工控制要点

(1)对于二级以下公路和不适宜采用机械施工的小工程，可以采用人工沿路拌和法施工。

(2)备料：

①将细土或集料按事先计算的数量(或折算成体积)运到路上分堆堆放，且应每隔一定距

离留一缺口。

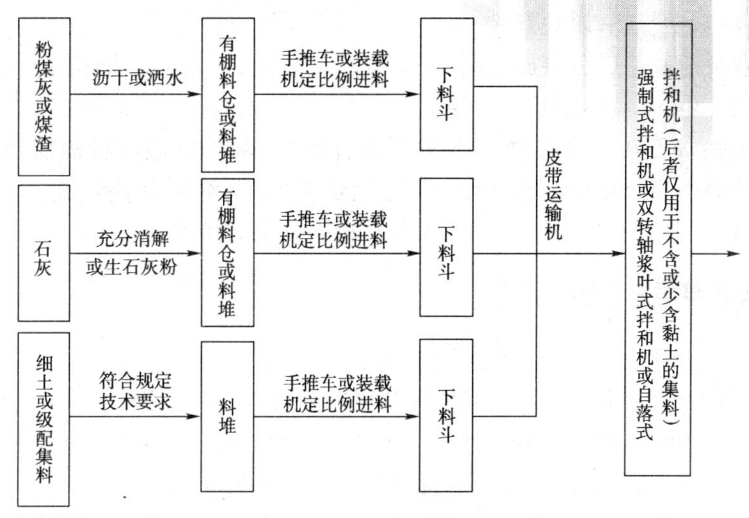

图6-5　石灰工业废渣稳定土的集中拌和工艺流程

注:①进入下料斗的粉煤灰、石灰、土和细集料都不应潮湿。

②如拌制基层用二灰级配集料,则至少应有三个集料下料斗,分装粗细集料。

②将粉煤灰或煤渣按事先计算的数量(或折算成体积)运到路上,直接卸在细土堆上或集料堆旁。将石灰按事先计算的数量(或折算成体积)运到路上,直接卸在粉煤灰或煤渣上。

(3)拌和:

①筛拌法将土、粉煤灰和石灰混合或交替过孔径15mm的筛,筛余土块、粉煤灰块随打碎随过筛。过筛以后,适当加水至比最佳含水量大1%~2%,并拌和均匀。

②翻拌法将过筛的土、粉煤灰或煤渣和石灰先干拌1~2遍,然后加水拌和均匀,不宜少于3遍。

③对于二灰集料和石灰煤渣集料,应先将石灰和粉煤灰或煤渣拌和均匀,然后再与集料一起拌和均匀。

④为使混合料的水分均匀,宜在当天拌和后堆放闷料,第二天再摊铺。

(4)摊铺:将拌和好的混合料按松铺厚度摊铺均匀。

(5)整形和碾压同路拌法施工控制要点对应的要求。

(6)养生及交通管制:

①石灰工业废渣稳定土层碾压完成后的第二天或第三天开始养生,每天洒水的次数视气候条件而定,应始终保持表面潮湿,也可用泡水养生法。对于二灰稳定粗、中粒土的基层,也可用沥青乳液和沥青下封层进行养生,养生期一般为7d。二灰层宜采用泡水养生法,养生期应为14d。在养生期间,除洒水车外,应封闭交通。

②对于二灰集料基层,养生期结束后,宜先让施工车辆慢速通行7~10d,磨去表面的二灰薄层,或用带钢丝刷的机械扫刷去表面的二灰薄层。清扫和冲洗干净后再喷洒透层或粘层沥青。在喷洒透层或粘层沥青后,宜撒布5~10mm的小碎(砾)石,小碎(砾)石均匀撒布约60%~70%的面积。然后应尽早铺筑沥青面层的底面层。如喷洒的透层沥青能透入基层,当运料车辆和面层混合料摊铺机在其上行驶不会破坏沥青膜时,可以不撒小碎(砾)石。

③在清扫干净的基层上,也可先做下封层,防止基层干缩开裂,同时保护基层免遭施工车

辆破坏。宜在铺设下封层后的 10 ~ 30d 内开始铺筑沥青面层的底面层。如为水泥混凝土面层,也不宜让基层长期暴晒,以免开裂。

④石灰工业废渣底基层分层施工时,下层碾压完毕后,可以立即铺筑上一层,不需专门的养生期。也可以养生 7d 后再铺筑另一层。

(7)路缘处理:如石灰工业废渣层上为薄沥青面层,基层每边应较面层层宽 20cm 以上。在基层全宽上喷洒透层或粘层沥青或设下封层,沥青面层边缘向外侧做成三角形。如设置路缘石,必须注意防止路缘石阻滞路面表面水和结构层中水的排除。

四、级配碎石基层施工质量控制

1. 一般规定

(1)用于二级和二级以上公路基层和底基层的级配碎石,应用预先筛分成几组不同粒径的碎石(如 37.5 ~ 19mm,19 ~ 9.5mm,9.5 ~ 4.75mm 的碎石)及 4.75mm 以下的石屑组配而成。在其他等级公路上,级配碎石可用未筛分碎石和石屑组配而成。

(2)缺乏石屑时,可以添加细砂砾或粗砂。也可以用颗粒组成合适的含细集料较多的砂砾与未筛分碎石组配成级配碎(砾)石。

(3)级配碎石可用于各级公路的基层和底基层。级配碎石可用做较薄沥青面层与半刚性基层之间的中间层。当级配碎石用做二级和二级以下公路的基层时,其最大粒径应控制在 37.5mm 以内;当级配碎石用做高速公路和一级公路的基层以及半刚性路面的中间层时,其最大粒径宜控制在 31.5mm 以下。

(4)级配碎石层施工时,应遵守下列规定:颗粒组成应是一根顺滑的曲线;配料必须准确;塑性指数应符合规定;混合料必须拌和均匀,没有粗细颗粒离析现象;在最佳含水量时进行碾压,直到达到按重型击实试验法确定的要求压实度;应使用 12t 以上三轮压路机碾压,每层的压实厚度不应超过 15 ~ 18cm。用重型振动压路机和轮胎压路机碾压时,每层的压实厚度可达 20cm;级配碎石基层未洒透层沥青或未铺封层时,禁止开放交通,以保护表层不受破坏。

(5)级配碎石用做半刚性路面的中间层以及用做二级以上公路的基层时,应采用集中厂拌法拌制混合料,并用摊铺机摊铺混合料。

2. 原材料的质量要求

(1)轧制碎石的材料可以是各种类型的岩石(软质岩石除外)、圆石或矿渣。圆石的粒径应是碎石最大粒径的 3 倍以上;矿渣应是已崩解稳定的,其干密度和质量应比较均匀,干密度不小于 960kg/m^3。碎石中针片状颗粒的总含量应不超过 20%。碎石中不应有黏土块、植物等有害物质。

(2)石屑或其他细集料可以使用一般碎石场的细筛余料,也可以利用轧制沥青表面处治和贯入式用石料时的细筛余料,或专门轧制的细碎石集料。也可以用天然砂砾或粗砂代替石屑。天然砂砾的颗粒尺寸应该合适,必要时应筛除其中的超尺寸颗粒。天然砂砾或粗砂应有较好的级配。

(3)级配碎石或级配碎(砾)石用做二级和二级以下公路的基层时,其颗粒组成和塑性指数应满足表 6-22 中 1 号级配的规定。级配碎石用做高速公路和一级公路的基层时,其颗粒组成和塑性指数应满足表 6-22 中 2 号级配的规定。同时,级配曲线宜为圆滑曲线。

级配碎石或级配碎(砾)石的颗粒组成范围　　表 6-22

项目＼编号		1	2
		通过质量百分率(%)	
筛孔尺寸(mm)	37.5	100	
	31.5	90~100	100
	19.0	73~88	85~100
	9.5	49~69	52~74
	4.75	29~54	29~54
	2.36	17~37	17~37
	0.6	8~20	8~20
	0.075	0~7②	0~7②
液限(%)		<28	<28
塑性指数		<6(或9①)	<6(或9①)

注:①潮湿多雨地区塑性指数宜小于6,其他地区塑性指数宜小于9。

②对于无塑性的混合料,小于0.075mm的颗粒含量应接近高限。

(4)在塑性指数偏大的情况下,塑性指数与0.5mm以下细土含量的乘积应符合下列规定:

①在年降雨量小于600mm的地区,地下水位对土基没有影响时,乘积不应大于120;

②在潮湿多雨地区,乘积不应大于100。

(5)级配碎石用做中间层时,其颗粒组成和塑性指数应符合表6-22中2号级配的规定。

(6)未筛分碎石用做二级和二级以下公路的底基层时,其颗粒组成和塑性指数应符合表6-23中1号级配的规定;用做高速公路和一级公路的底基层时,其颗粒组成和塑性指数应符合表6-23中2号级配的规定。

未筛分碎石底基层颗粒组成范围　　表 6-23

项目＼编号		1	2
		通过质量百分率(%)	
筛孔尺寸(mm)	53	100	
	37.5	85~100	100
	31.5	69~88	83~100
	19.0	40~65	54~84
	9.5	19~43	29~59
	4.75	10~30	17~45
	2.36	8~25	11~35
	0.6	6~18	6~21
	0.075	0~10	0~10
液限(%)		<28	<28
塑性指数		<6(或9*)	<6(或9*)

注:*在潮湿多雨地区,塑性指数宜小于6,其他地区塑性指数宜小于9。

3. 路拌法施工控制要点

1)工艺流程

级配碎石路拌法施工的工艺流程,应符合图6-6的顺序。

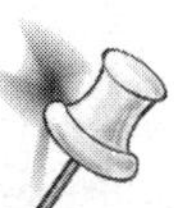

2)有关要求

有关下承层施工放样的要求同水泥稳定土施工控制要点对应要求。但下承层不宜做成槽式断面。

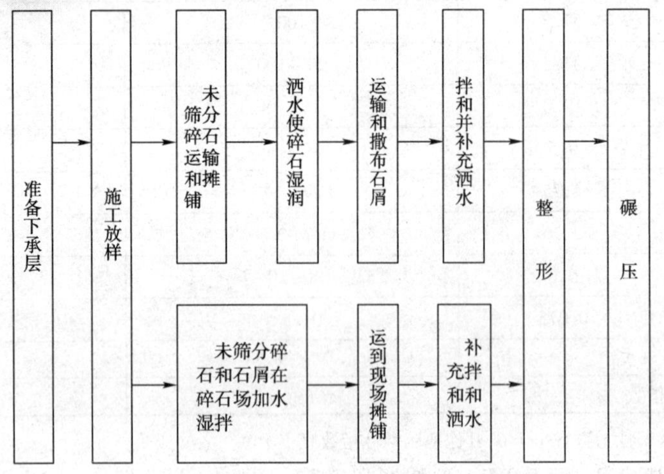

图6-6　级配碎石路拌法施工的工艺流程

3)备料

(1)计算材料用量:

①采用未筛分碎石和石屑组成级配碎石时,按表6-23的要求计算未筛分碎石和石屑的配合比。采用不同粒级的单一尺寸碎石和石屑组成级配碎石时,按表6-23的要求计算不同粒级碎石和石屑的配合比。

②根据各路段基层或底基层的宽度、厚度及规定的压实干密度,并按确定的配合比分别计算各段需要的未筛分碎石和石屑的数量或不同粒级碎石和石屑的数量,还应计算每车料的堆放距离。

(2)未筛分碎石的含水量较最佳含水量宜大于1%左右。未筛分碎石和石屑可按预定比例在料场混合,同时洒水加湿,使混合料的含水量超过最佳含水量约1%。

4)运输和摊铺集料

(1)集料装车时,应控制每车料的数量基本相等。在同一料场供料的路段内,宜由远到近卸置集料。卸料距离应严格掌握,避免料不够或过多。未筛分碎石和石屑分别运送时,应先运送碎石。料堆每隔一定距离应留一缺口。

(2)集料在下承层上的堆置时间不应过长。运送集料较摊铺集料工序只宜提前数天。

(3)应事先通过试验确定集料的松铺系数并确定松铺厚度。人工摊铺混合料时,其松铺系数约为1.40~1.50;平地机摊铺混合料时,其松铺系数约为1.25~1.35。用平地机或其他合适的机具将料均匀地摊铺在预定的宽度上,表面应力求平整,并具有规定的路拱。应同时摊铺路肩用料。检查松铺材料层的厚度,必要时,应进行减料或补料工作。

(4)未筛分碎石摊铺平整后,在其较潮湿的情况下,将石屑按计算的距离卸置其上。用平地机并辅以人工将石屑均匀摊铺在碎石层上,并摊铺均匀。

(5)采用不同粒级的碎石和石屑时,应将大碎石铺在下层,中碎石铺在中层,小碎石铺在上层。洒水使碎石湿润后,再摊铺石屑。

5)拌和及整形

(1)对于二级及二级以上的公路,应采用专用稳定土拌和机拌和级配碎石。对于二级以下的公路,在无稳定土拌和机的情况下,可采用平地机或多铧犁与缺口圆盘耙相配合进行拌和。

①用稳定土拌和机应拌和两遍以上。拌和深度应达到级配碎石层底。在进行最后一遍拌和之前,必要时先用多铧犁紧贴底面翻拌一遍。

②用平地机进行拌和,宜翻拌5～6遍,使石屑均匀分布于碎石料中。平地机拌和的作业长度,每段宜为300～500m。平地机刀片的安装角度宜符合表6-24和图6-7的要求。

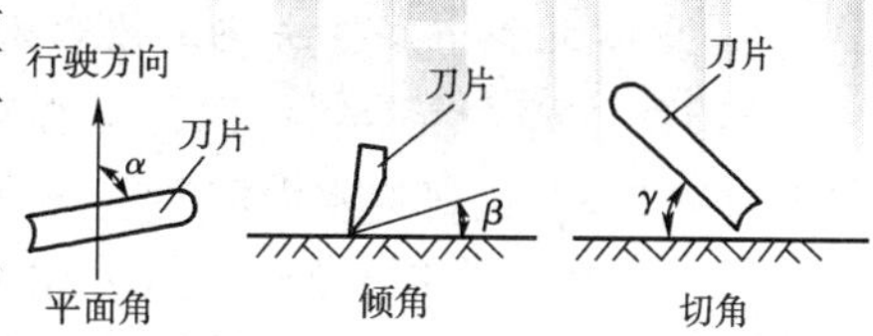

图6-7　平地机刀片的安装示意图

拌和结束时,混合料的含水量应均匀,并较最佳含水量大1%左右,同时应没有粗细颗粒离析现象。

平地机刀片安装角度　　表6-24

拌和条件	平面角 α(°)	倾角 β(°)	切角 γ(°)
干拌	30～50	45	3
湿拌	35～40	45	2

③用缺口圆盘耙与多铧犁相配合拌和级配碎石时,用多铧犁在前面翻拌,圆盘耙紧跟在后面拌和,即采用边翻边耙的方法,共翻耙4～6遍。应随时检查调整翻耙的深度。用多铧犁翻拌时,第一遍由路中心开始,将混合料向中间翻,同时机械应慢速前进。第二遍从两边开始,将混合料向外翻。拌和过程中,应保持足够的水分。拌和结束时,混合料的含水量和均匀性应符合要求。

(2)使用在料场已拌和均匀的级配碎石混合料时,摊铺后混合料如有粗细颗粒离析现象,应用平地机进行补充拌和。

(3)用平地机将拌和均匀的混合料按规定的路拱进行整平和整形。在整形过程中,应注意消除粗细集料离析现象。

(4)用拖拉机、平地机或轮胎压路机在已初平的路段上快速碾压一遍,以暴露潜在的不平整。再用平地机进行整平和整形。

6)碾压

(1)整形后,当混合料的含水量等于或略大于最佳含水量时,立即用12t以上三轮压路机、振动压路机或轮胎压路机进行碾压。直线和不设超高的平曲线段,由两侧路肩开始向路中心碾压;在设超高的平曲线段,由内侧路肩向外侧路肩进行碾压。碾压时,后轮应重叠1/2轮宽;后轮必须超过两段的接缝处。后轮压完路面全宽时,即为一遍。碾压一直进行到要求的密实度为止。一般需碾压6～8遍,应使表面无明显轮迹。压路机的碾压速度,头两遍以采用1.5～1.7km/h为宜,以后用2.0～2.5km/h。

(2)路面的两侧应多压2～3遍。

(3)严禁压路机在已完成的或正在碾压的路段上掉头或紧急制动。

(4)凡含土的级配碎石层,都应进行滚浆碾压,一直压到碎石层中无多余细土泛到表面为止。滚到表面的浆(或事后变干的薄土层)应清除干净。

7)接缝的处理

(1)横缝的处理:两作业段的衔接处,应搭接拌和。第一段拌和后,留5～8m不进行碾压,第二段施工时,前段留下未压部分与第二段一起拌和整平后进行碾压。

(2)纵缝的处理:应避免纵向接缝。在必须分两幅铺筑时,纵缝应搭接拌和。前一幅全宽碾压密实,在后一幅拌和时,应将相邻的前幅边部约30cm搭接拌和,整平后一起碾压密实。

4. 中心站集中厂拌法施工控制要点

(1)级配碎石混合料可以在中心站用多种机械进行集中拌和,如强制式拌和机、卧式双转轴桨叶式拌和机、普通水泥混凝土拌和机等。

(2)对用于高速公路和一级公路的级配碎石基层和中间层,宜采用不同粒级的单一尺寸碎石和石屑,按预定配合比在拌和机内拌制级配碎石混合料。不同粒级的碎石和石屑等细集料应隔离,分别堆放。细集料应有覆盖,防止雨淋。

(3)在正式拌制级配碎石混合料之前,必须先调试所用的厂拌设备,使混合料的颗粒组成和含水量都能达到规定的要求。在采用未筛分碎石和石屑时,如未筛分碎石或石屑的颗粒组成发生明显变化,应重新调试设备。

(4)将级配碎石用于高速公路和一级公路时,应用沥青混凝土摊铺机或其他碎石摊铺机摊铺碎石混合料。摊铺机后面应派专人消除粗细集料离析现象。

(5)用振动压路机、三轮压路机进行碾压,碾压方法同路拌法施工控制要点对应的要求。

(6)级配碎石用于二级和二级以下公路时,如没有摊铺机,也可用自动平地机(或摊铺箱)摊铺混合料。

根据摊铺层的厚度和要求达到的压实干密度,计算每车混合料的摊铺面积。将混合料均匀地卸在路幅中央,路幅宽时,也可将混合料卸成两行。用平地机将混合料按松铺厚度摊铺均匀。设一个三人小组跟在平地机后面,及时消除粗细集料离析现象。对于粗集料"窝"和粗集料"带",应添加细集料,并拌和均匀;对于细集料"窝",应添加粗集料,并拌和均匀。

(7)用平地机摊铺混合料后的整形和碾压均与路拌法施工相同。

(8)集中厂拌法施工时的横向接缝按下述方法处理:

用摊铺机摊铺混合料时,靠近摊铺机当天未压实的混合料,可与第二天摊铺的混合料一起碾压,但应注意此部分混合料的含水量。必要时,应人工补充洒水,使其含水量达到规定的要求。用平地机摊铺混合料时,每天的工作缝可按本规范规定处理。

(9)应避免纵向接缝。如摊铺机的摊铺宽度不够,必须分两幅摊铺时,宜采用两台摊铺机一前一后相隔约5~8m同步向前摊铺混合料。在仅有一台摊铺机的情况下,可先在一条摊铺带上摊铺一定长度后,再开到另一条摊铺带上摊铺,然后一起进行碾压。在不能避免纵向接缝的情况下,纵缝必须垂直相接,不应斜接,并按下述方法处理:

①在前一幅摊铺时,在靠后一幅的一侧应用方木或钢模板做支撑,方木或钢模板的高度与级配碎石层的压实厚度相同;

②在摊铺后一幅之前,将方木或钢模板除去;

③如在摊铺前一幅时未用方木或钢模板支撑,靠边缘的30cm左右难于压实,而且形成一个斜坡,在摊铺后一幅时,应先将未完全压实部分和不符合路拱要求部分挖松并补充洒水,待后一幅混合料摊铺后一起进行整平和碾压。

五、级配砾石基层施工质量控制

1. 一般规定

(1)天然砂砾符合规定的级配要求,而且塑性指数在6或9以下时,可以直接用做基层。

(2)塑性指数偏大的砂砾,可加少量石灰降低其塑性指数,也可以用无塑性的砂或石屑进行掺配,使其塑性指数降低到符合要求,或塑性指数与细土(粒径小于0.5mm的颗粒)含量的乘积符合要求。

(3)可在天然砂砾中掺加部分碎石或轧碎砾石,以提高混合料的强度和稳定性。天然砂砾掺加部分未筛分碎石组成的混合料的强度和稳定性介于级配碎石和级配砾石之间。

(4)级配砾石可适用于轻交通的二级和二级以下公路的基层以及各级公路的底基层。

(5)级配砾石层施工时,应遵守下列规定:颗粒级配应符合规定;配料应准确;塑性指数应符合规定;混合料应拌和均匀,没有粗细颗粒离析现象;在最佳含水量时进行碾压,直到达到按重型击实试验法确定的要求压实度;级配砾石应用12t以上三轮压路机碾压,每层的压实厚度不应超过15~18cm。用重型振动压路机和轮胎压路机碾压时,每层的压实厚度不应超过20cm;级配砾石基层未洒透层沥青或未铺封层时,禁止开放交通,保护表层不受破坏。

2. 原材料质量要求

(1)级配砾石用做基层时,砾石的最大粒径不应超过37.5mm;用做底基层时,砾石的最大粒径不应超过53mm。

(2)砾石颗粒中细长及扁平颗粒的含量不应超过20%。

(3)级配砾石基层的颗粒组成和塑性指数应满足表6-25的规定,同时级配曲线应为圆滑曲线。

在塑性指数偏大的情况下,塑性指数与0.5mm以下细土含量的乘积应符合下列规定:

①在年降雨量小于600mm的中干旱和干旱地区,地下水位对土基没有影响时,乘积不应大于120;

②在潮湿多雨地区,乘积不应大于100。

(4)当用于基层的在最佳含水量下制备的级配砾石试件的干密度与工地规定达到的压实干密度相同时,浸水4d的承载比值应不小于160%。

级配砾石基层的颗粒组成范围 表6-25

项目 \ 编号		1	2	3
		通过质量百分率(%)		
筛孔尺寸(mm)	53	100		
	37.5	90~100	100	
	31.5	81~94	90~100	100
	19.0	63~81	73~88	85~100
	9.5	45~66	49~69	52~74
	4.75	27~51	29~54	29~54
	2.36	16~35	17~37	17~37
	0.6	8~20	8~20	8~20
	0.075	0~7②	0~7②	0~7②
液限(%)		<28		<28
塑性指数		<6(或9①)	<6(或9①)	<6(或9①)

注:①潮湿多雨地区塑性指数宜小于6,其他地区塑性指数宜小于9。

②对于无塑性的混合料,小于0.075mm的颗粒含量应接近高限。

(5)用做底基层的砂砾、砂砾土或其他粒状材料的级配,应位于表6-26的范围内。液限应

小于28%，塑性指数应小于9。

砂砾底基层的级配范围　　表6-26

筛孔尺寸(mm)	53	37.5	9.5	4.75	0.6	0.075
通过质量百分率(%)	100	80～100	40～100	25～85	8～45	0～15

(6)当用于底基层的在最佳含水量下制备的级配砾石试件的干密度与工地规定达到的压实干密度相同时，浸水4d的承载比值在轻交通道路上应不小于40%，在中等交通道路上应不小于60%。

3. 施工控制要点

(1)级配砾石施工的工艺流程，按图6-8的顺序进行。

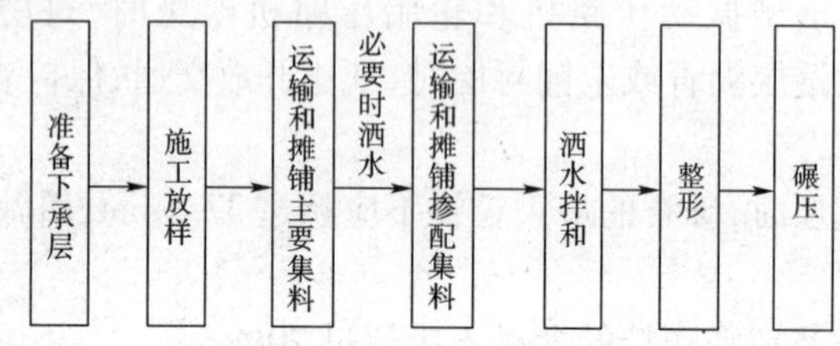

图6-8　级配砾石施工工艺流程

(2)下承层准备、施工放样，有关要求同水泥稳定土施工控制要点中相对应要求。

(3)计算材料用量：根据各路段基层或底基层的宽度、厚度及预定的干密度，计算各段需要的集料数量。如级配砾石系用两种集料合成时，分别计算两种集料的数量；根据料场集料的含水量以及所用运料车辆的吨位，计算每车材料的堆放距离。

(4)运输和摊铺集料：

①集料装车时，应控制每车料的数量基本相等。

②同一料场供料的路段内，由远到近将料按计算的距离卸置于下承层上。卸料距离应严格掌握，避免料不够或过多。采用两种集料时，应先将主要集料运到路上，待主要集料摊铺后，再运另一种集料并摊铺。如粗细两种集料的最大粒径相差很多，应在粗集料处于潮湿状态下摊铺细集料。料堆每隔一定距离应留一缺口。

③集料在下承层上的堆置时间不宜过长。运送集料较摊铺集料工序只宜提前数天。

④应通过试验确定集料的松铺系数，并确定松铺厚度。人工摊铺混合料时，其松铺系数约为1.40～1.50；平地机摊铺混合料时，其松铺系数约为1.25～1.35。

⑤用平地机或其他合适的机具将料均匀地摊铺在预定的宽度上，表面应力求平整，并有规定的路拱。应同时摊铺路肩用料。

⑥检查松铺材料层的厚度是否符合设计要求，必要时，应进行减料或补料工作。

(5)拌和及整形：

①用平地机拌和时，每一作业段的长度宜为300～500m。

拌和时，平地机刀片的安装角度宜符合表6-24和图6-7的要求。一般需拌和5～6遍。拌和过程中，用洒水车洒足所需的水分。拌和结束时，混合料的含水量应均匀，并较最佳含水量大1%左右。应无粗细颗粒离析现象。

使用符合级配要求的天然砂砾时，如摊铺后混合料有粗细颗粒离析现象，应用平地机进行补充拌和。用平地机将拌和均匀的混合料按规定的路拱进行整平和整形。

用拖拉机、平地机或轮胎压路机在已初平的路段上快速碾压一遍，以暴露潜在的不平整。

再用平地机进行整平和整形。

②用拖拉机牵引四铧犁或五铧犁进行拌和时,每一作业段的长度宜为100~150m。第一遍由路中心开始,将混合料向中间翻,同时机械应慢速前进。第二遍则应从两边开始,将混合料向外翻。拌和过程中,用洒水车洒足所需的水分。拌和遍数以双数为宜,一般需拌6遍。拌和结束时,混合料含水量应均匀,并较最佳含水量大1%左右,且无离析现象。

用平地机或用其他机具按规定的路拱进行整平和整形。整形过程中,严禁任何车辆通行。

(6)碾压、横缝纵缝的处理,有关要求同级配碎石施工控制要点中相对应要求。

六、填隙碎石基层施工质量控制

1. 一般规定

(1)用单一粒径的粗碎石和石屑组成的填隙碎石可用干法施工,也可用湿法施工。干法施工的填隙碎石特别适宜于干旱缺水地区。

(2)填隙碎石的一层压实厚度,可取碎石最大粒径的1.5~2.0倍。

(3)缺乏石屑时,可以添加细砾砂或粗砂等细集料,但其技术性能不如石屑。

(4)填隙碎石可用于各等级公路的底基层和二级以下公路的基层。

(5)填隙碎石施工时,应遵守下列规定:细集料应干燥;应采用振动轮每米宽质量不小于1.8t的振动压路机进行碾压。填隙料应填满粗碎石层内部的全部孔隙。碾压后,表面粗碎石间的孔隙应填满,但不得使填隙料覆盖粗集料而自成一层,表面应看得见粗碎石。碾压后基层的固体体积率应不小于85%,底基层的固体体积率应不小于83%;填隙碎石基层未洒透层沥青或未铺封层时,禁止开放交通。

2. 原材料质量要求

(1)填隙碎石用做基层时,碎石的最大粒径不应超过53mm;用做底基层时,碎石的最大粒径不应超过63mm。

(2)粗碎石可以用具有一定强度的各种岩石或漂石(宜用石灰岩)轧制,但漂石的粒径应为粗碎石最大粒径的3倍以上;也可以用稳定的矿渣轧制,矿渣的干密度和质量应比较均匀,且其干密度不小于960kg/m^3。材料中的扁平、长条和软弱颗粒的含量不应超过15%。

(3)填隙碎石、粗碎石的颗粒组成,应符合表6-27的规定。

填隙碎石、粗碎石的颗粒组成　表6-27

编号	筛孔尺寸(mm) / 标称尺寸(mm)	63	53	37.5	31.5	26.5	19	16	9.5
		通过质量百分率(%)							
1	30~60	100	25~60		0~15		0~5		
2	25~50		100		25~50	0~15		0~5	
3	20~40			100	35~70		0~15		0~5

(4)采用表6-27中的1号粗集料时,填隙料的标称最大粒径可为9.5mm,且宜用轧制石灰岩碎石的石屑。填隙料宜具有表6-28的颗粒组成。

填隙料的颗粒组成　表6-28

筛孔尺寸(mm)	9.5	4.75	2.36	0.6	0.075	塑性指数
通过质量百分率(%)	100	85~100	50~70	30~50	0~10	<6

3. 施工控制要点

1)工艺流程

填隙碎石的施工工艺流程,宜按图6-9的顺序进行。

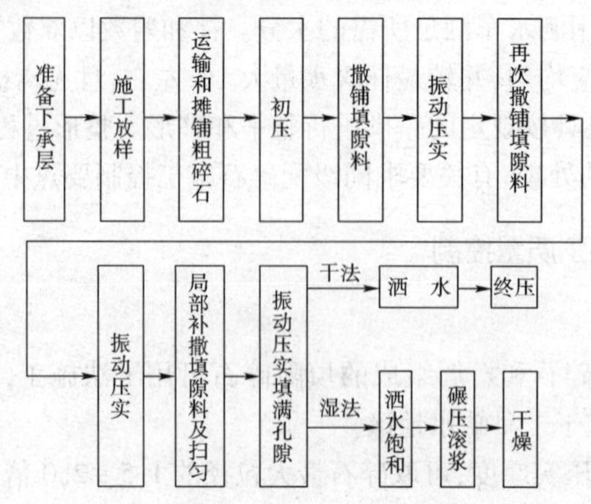

图6-9 填隙碎石施工工艺流程

2)有关要求

下承层准备、施工放样,有关要求同水泥稳定土施工控制要点中相对应要求。

3)备料

根据各路段基层或底基层的宽度、厚度及松铺系数,计算各段需要的粗碎石数量;根据运料车辆的车厢体积,计算每车料的堆放距离。填隙料的用量约为粗碎石质量的30%~40%。

4)运输和摊铺粗碎石

(1)碎石装车时,应控制每车料的数量基本相等。

(2)在同一料场供料的路段内,由远到近将粗碎石按计算的距离卸置于下承层上。卸料距离应严格掌握,避免有的路段料不够或料过多。料堆每隔一定距离应留一缺口。

(3)用平地机或其他合适的机具将粗碎石均匀地摊铺在预定的宽度上,表面应力求平整,并有规定的路拱。应同时摊铺路肩用料。

(4)检查松铺材料层的厚度是否符合设计要求,必要时,应进行减料或补料工作。

5)撒铺填隙料和碾压

(1)干法施工

①初压:用8t两轮压路机碾压3~4遍,使粗碎石稳定就位。在直线和不设超高的平曲线段上,碾压从两侧路肩开始,逐渐错轮向路中心进行;在设超高的平曲线段上,碾压从内侧路肩开始,逐渐错轮向外侧路肩进行。错轮时,每次重叠1/3轮宽。在第一遍碾压后,应再次找平。初压终了时,表面应平整,并具有要求的路拱和纵坡。

②撒铺填隙料:用石屑撒布机或类似的设备将干填隙料均匀地撒铺在已压稳的粗碎石层上,松铺厚度约2.5~3.0cm。必要时,用人工或机械扫匀。

③碾压:用振动压路机慢速碾压,将全部填隙料振入粗碎石间的孔隙中。如没有振动压路机,可用重型振动板。碾压方法同初压方式,但路面两侧应多压2~3遍。

④再次撒布填隙料:用石屑撒布机或类似的设备将干填隙料再次撒铺在粗碎石层上,松铺厚度约2.0~2.5cm。用人工或机械扫匀。

⑤再次碾压:用振动压路机进行碾压。在碾压过程中,对局部填隙料不足之处,人工进行找补。局部多余的填隙料应扫除。

⑥再次碾压后,如表面仍有未填满的孔隙,则应补撒填隙料,并用振动压路机继续碾压,直到全部孔隙被填满为止。同时,应将局部多余的填隙料铲除或扫除。填隙料不应在粗碎石表面自成一层。表面必须能看得见粗碎石。如填隙碎石层上为薄沥青面层,应使粗碎石的棱角外露3~5mm。

⑦当需分层铺筑时,应将已压成的填隙碎石层表面粗碎石外露约5~10mm,然后在其上摊铺第二层粗碎石,并按以上各项要求施工。

⑧填隙碎石表面孔隙全部填满后,用12~15t三轮压路机再碾压1~2遍。在碾压过程中,不应有任何蠕动现象。在碾压之前,宜在表面先洒少量水,洒水量宜为$3kg/m^2$以上。

(2)湿法施工

①开始工序与以上要求相同。

②粗碎石层表面孔隙全部填满后,立即用洒水车洒水,直到饱和,但应注意避免多余水浸泡下承层。

③用12~15t三轮压路机跟在洒水车后进行碾压。在碾压过程中,将湿填隙料继续扫入所出现的孔隙中。需要时,再添加新的填隙料。洒水和碾压应一直进行到填隙料和水形成粉砂浆为止。粉砂浆应填塞全部孔隙,并在压路机轮前形成微波纹状。

④干燥:碾压完成的路段应让水分蒸发一段时间。结构层变干后,表面多余的细料以及细料覆盖层都应扫除干净。

⑤当需分层铺筑时,应待结构层变干后,将已压成的填隙碎石层表面的填隙料扫除一些,使表面粗碎石外露5~10mm,然后在其上摊铺第二层粗碎石,并按以上各项要求施工。

第四节　路面基层(底基层)施工质量检验评定的事后控制

为了保证路面基层(底基层)施工质量,除了做好路面基层(底基层)施工前期和施工过程的质量控制外,还应在路面基层(底基层)工程交验时,根据《公路工程质量检验评定标准》(JTG F80/1—2004)中的规定,进行施工质量检验评定或中间交验,也就是路面基层(底基层)施工质量验检评定的事后控制。通过对路面基层(底基层)工程质量的检验评定,评定路面基层(底基层)工程施工整体质量合格与否。符合规定质量验收标准,达到规定的合格质量水平,即予验收通过。对不符合规定验收质量标准的分项工程,通过整修或返修后重新进行交验评定。

一、施工质量管理与检查

路面基层(底基层)质量管理,包括所用材料的标准试验、施工过程中的质量管理和检查验收、路面基层(底基层)结构外形尺寸检查控制等方面的内容。

1. 原材料质量控制

在组织现场施工以前以及在施工过程中,原材料(包括土)或混合料发生变化时,必须对拟采用的材料进行规定的基本性质试验,评定材料质量和性能是否符合要求。对用做底基层和基层的原材料,应进行表6-29所列的试验。

底基层和基层原材料的试验项目 表6-29

试验项目	材料名称	目的	频度	仪器和试验方法
含水量	土、砂砾、碎石等集料	确定原始含水量	每天使用前测2个样品	烘干法、酒精燃烧法、含水量快速测定仪
颗粒分析	砂砾、碎石等集料	确定级配是否符合要求，确定材料配合比	每种土使用前测2个样品，使用过程中每2 000m^3测2个样品	筛分法
液限、塑限	土、级配砾石或碎石中0.5mm以下的细土	求塑性指数，审定是否符合规定	每种土使用前测2个样品，使用过程中每2 000 m^3测2个样品	液限塑限联合测定法测液限；滚搓法塑限试验测塑限
相对毛体积密度、吸水率	砂砾、碎石等	评定粒料质量，计算固体体积率	使用前测2个样品，砂砾使用过程中每2 000m^3测2个样品，碎石种类变化重做2个样品	网篮法或容积1 000mL以上的比重瓶法
压碎值	同上	评定石料的抗压碎能力是否符合要求	同上	集料压碎值试验
有机质和硫酸盐含量	土	确定土是否适宜于用石灰或水泥稳定	对土有怀疑时做此试验	有机质含量试验，易溶盐试验
有效钙、氧化镁	石灰	确定石灰质量	做材料组成设计和生产使用时分别测2个样品，以后每月测2个样品	石灰的化学分析
水泥强度等级和终凝时间	水泥	确定水泥的质量是否适宜应用	做材料组成设计时测1个样品，料源或强度等级变化时重测	水泥胶砂强度检验方法，水泥凝结时间检验方法
烧失量	粉煤灰	确定粉煤灰是否适用	做材料组成设计前测2个样品	烧失量试验

2. 混合料质量控制

对初步确定使用的底基层和基层混合料，包括掺配后不用结合料稳定的材料，应进行表6-30所列的试验。

底基层和基层混合料的试验项目 表6-30

试验项目	目的
重型击实试验	求最佳含水量和最大干密度，以规定工地碾压时的合适含水量和应该达到的最小干密度，确定制备强度试验和耐久性试验的试件所应该用的含水量和干密度；确定制备承载比试件的材料含水量
承载比	求工地预期干密度下的承载比，确定材料是否适宜做基层或底基层
抗压强度	进行材料组成设计，选定最适宜于用水泥或石灰稳定的土（包括粒料）；规定施工中所用的结合料剂量；为工地提供评定质量的标准
延迟时间	对已定水泥剂量的混合料，确定延迟时间对混合料密度和抗压强度的影响，并据此确定施工允许的延迟时间

3. 施工过程中的质量控制

施工过程中的质量控制主要包括外形尺寸的控制和检查以及施工质量控制和检查，外形

尺寸检查项目、频度和质量标准应符合表6-31的要求。施工质量控制与管理的项目有材料含水量、级配、集料压碎值、拌和的均匀度、压适度、抗压强度等,质量控制的项目、频度和质量标准应符合表6-32的要求。

外形尺寸检查项目、频度和质量标准 表6-31

工程类别	项目		频度	质量标准	
				高速公路和一级公路	一般公路
底基层	纵断高程(m)		二级及二级以下公路每20延米1点;高速公路和一级公路每20延米1个断面,每个断面3~5个点	+5,-15	+5,-20
	厚度(mm)	均值	每1 500~2 000m^{2}6个点	-10	-12
		单个值		-25	-30
	宽度(mm)		每40延米1处	+0以上	+0以上
	横坡度(%)		每100延米3处	±0.3	±0.5
	平整度(mm)		每200延米2处,每处连续10尺(3m直尺)	12	15
基层	纵断高程(m)		二级及二级以下公路每20延米1点;高速公路和一级公路每20延米1个断面,每个断面3~5个点	+5,-10	+5,-15
	厚度(mm)	均值	每1 500~2 000m^{2}6个点	-8	-15
		单个值		-10	-20
	宽度(mm)		每40延米1处	+0以上	+0以上
	横坡度(%)		每100延米3处	±0.3	±0.5
	平整度(mm)		每200延米2处,每处连续10尺(3m直尺)	8	12
			连续式平整度仪的标准差(mm)	3.0	

质量控制的项目、频度和质量标准 表6-32

工程类别	项目	频度	质量标准
无结合料底基层	含水量	据观察,异常时随时试验	在规范规定范围内
	级配		
	拌和均匀性	随时观察	无粗细集料离析现象
	压实度	每一作业段或不大于2 000m^{2}检查6次以上	96%以上,填隙碎石以固体体积率表示,不小于83%
	塑性指数	每1 000m^{2}1次,异常时随时试验	小于规范规定值
	承载比	每3 000m^{2}1次,据观察,异常时随时增加试验	不小于规范规定值
	弯沉值检验	每一评定段(不超过1km)每车道40~50个测点	95%(二级及二级以下公路)或97.7%(高速公路和一级公路)概率的上波动界限不大于计算得的容许值

续上表

<table>
<tr><th>工程类别</th><th colspan="2">项 目</th><th>频 度</th><th>质量标准</th></tr>
<tr><td rowspan="9">无结合料基层</td><td colspan="2">含水量</td><td>据观察,异常时随时试验</td><td rowspan="2">在规范规定范围内</td></tr>
<tr><td colspan="2">级配</td><td>每 2 000$m^2$1 次</td></tr>
<tr><td colspan="2">拌和均匀性</td><td>随时观察</td><td>无粗细集料离析现象</td></tr>
<tr><td colspan="2">压实度</td><td>每一作业段或不大于 2 000m^2 检查 6 次以上</td><td>级配集料基层 98%,中间层 100%,填隙碎石固体体积率 85%</td></tr>
<tr><td colspan="2">塑性指数</td><td>每 1 000$m^2$1 次,异常时随时试验</td><td>小于规范规定值</td></tr>
<tr><td colspan="2">集料压碎值</td><td>据观察,异常时随时试验</td><td>不超过规范规定值</td></tr>
<tr><td colspan="2">承载比</td><td>每 3 000$m^2$1 次,据观察,异常时随时增加试验</td><td>不小于规范规定值</td></tr>
<tr><td colspan="2">弯沉值检验</td><td>每一评定段(不超过 1km)每车道 40~50个测点</td><td>95%(二级及二级以下公路)或 97.7%(高速公路和一级公路)概率的上波动界限不大于计算得的容许值</td></tr>
<tr style="display:none"><td></td></tr>
<tr><td rowspan="9">水泥或石灰稳定土及综合稳定土</td><td colspan="2">级配</td><td>每 2 000$m^2$1 次</td><td>在本规范规定范围内</td></tr>
<tr><td colspan="2">集料压碎值</td><td>据观察,异常时随时试验</td><td>不超过本规范规定值</td></tr>
<tr><td colspan="2">水泥或石灰剂量</td><td>每 2 000$m^2$1 次,至少 6 个样品,用滴定法或直读式测钙仪试验,并与实际水泥或石灰用量校核</td><td>不小于设计值 -1.0%</td></tr>
<tr><td rowspan="2">含水量</td><td>水泥稳定土</td><td rowspan="2">据观察,异常时随时试验</td><td rowspan="2">在规范规定范围内</td></tr>
<tr><td>石灰稳定土</td></tr>
<tr><td colspan="2">拌和均匀性</td><td>随时观察</td><td>无灰条、灰团,色泽均匀,无离析现象</td></tr>
<tr><td rowspan="2">压实度</td><td>稳定细粒土</td><td rowspan="2">每一作业段或不大于 2 000m^2 检查 6 次以上</td><td>二级及二级以下公路 93% 以上,高速公路和一级公路 95% 以上</td></tr>
<tr><td>稳定中粒土和粗粒土</td><td>二级及二级以下公路的底基层 95%,基层 97%;高速公路和一级公路的底基层 96%,基层 98%</td></tr>
<tr><td colspan="2">抗压强度</td><td>稳定细粒土,每一作业段或每 2 000$m^2$6 个试件;稳定中粒土和粗粒土,每一作业段或每 2 000$m^2$6 个或 9 个试件</td><td>符合本规范规定要求</td></tr>
<tr><td rowspan="8">石灰工业废渣稳定土</td><td colspan="2">延迟时间</td><td>每个作业段 1 次</td><td>不超过本规范规定</td></tr>
<tr><td colspan="2">配合比</td><td rowspan="2">每 2 000$m^2$1 次</td><td>石灰剂量不小于设计值 -1%(当石灰剂量少于4%时,为不小于设计值 -0.5%)以内</td></tr>
<tr><td colspan="2">级配</td><td>在本规范规定范围内</td></tr>
<tr><td colspan="2">含水量</td><td>据观察,异常时随时试验</td><td>最佳含水量 ±1%(二灰土为 ±2%)</td></tr>
<tr><td colspan="2">拌和均匀性</td><td>随时观察</td><td>无粗细集料离析现象</td></tr>
<tr><td rowspan="2">压实度</td><td>二灰土</td><td rowspan="2">每一作业段或不大于 2 000m^2 检查 6 次以上</td><td>二级及二级以下公路 93% 以上,高速公路和一级公路 95% 以上</td></tr>
<tr><td>其他含粒料的石灰工业废渣</td><td>二级及二级以下公路底基层 95% 或 93%,基层 97% 以上;高速公路和一级公路底基层 97% 或 95%,基层 98% 以上</td></tr>
<tr><td colspan="2">抗压强度</td><td>稳定细粒土,每一作业段或每 2 000$m^2$6 个试件;稳定中粒土和粗粒土,每一作业段或每 2 000$m^2$6 个或 9 个试件</td><td>符合规定要求</td></tr>
</table>

对于无机结合料稳定基层,应取路面钻芯样检验其整体性。水泥稳定基层的龄期 7 ~ 10d 时,应能取出完整的钻件。二灰稳定基层的龄期 20 ~ 28d 时,应能取出完整的钻件。如果路面钻机取不出水泥稳定基层或二灰稳定基层的完整钻件,则应找出不合格基层的界限,进行返工处理。

二、交工质量检查验收

检查验收的目的是判定完成的路面结构层是否满足设计文件与施工规范的要求。检查内容包括工程竣工后的外形和质量。

判定路面结构层质量是否合格(即满足要求)时,以 1km 长的路段为评定单位。采用大流水作业法施工时,也可以每天完成的段落为评定单位。检查施工原始记录,对上述检查内容进行初步评定。进行抽样检查。抽样必须是随机的,不能带有任何倾向性。压实度、厚度、水泥(石灰)剂量检测样品、制强度试件样品等的现场随机取样位置的确定应按规范规定的方法进行。竣工工程外形的检查项目、频度和质量标准值,应符合表 6-33 的要求。路面基层(底基层)结构内在的质量合格标准,应符合表 6-34 的要求。

厚度检查后,应按下式分别计算其平均值 $\overline{X}$ 和标准差 S:

$$\overline{X}=\frac{X_1+X_2+\cdots+X_n}{n}$$

$$S=\sqrt{\frac{(X_2-\overline{X})^2+(X_2-\overline{X})^2+\cdots+(X_n-\overline{X})^2}{n-1}}$$

式中:X_1、$X_2\cdots X_n$——每次检查得的厚度值;

n——检查数量。

按 $\overline{X}_L=\overline{X}-t_\alpha\frac{S}{\sqrt{n}}$ 计算算术平均值的下置信限 $\overline{X}$:,厚度平均值的下置信限($\overline{X}_L$)应不小于设计厚度减去均值允许误差。

式中,t_α 是 t 分布表中随自由度和保证率(或置信度 α)而变的系数,对高速公路和一级公路应取保证率 99%,对其他公路可取保证率 95%。

路基、路面基层和底基层竣工工程外形的检查项目、频度和质量标准值　　表 6-33

工程类别	项目		频度	质量标准	
				高速公路和一级公路	二级和二级以下公路
路基	高程(mm)		每 200m 4 点	+10,-15	+10,-20
	宽度(mm)		每 200m 4 个断面	不小于设计值	
	横坡度(%)			±0.5	±0.5
	平整度(mm)		每 200m 2 处,每处连续 10 尺(3m 直尺)	≤15	≤20
底基层	高程(mm)		每 200m 4 点	+5,-15	+5,-20
	厚度(mm)	均值	每 200m 每车道 1 点	-10	-12
		单个值		-25	-30
	宽度(mm)		每 200m 4 个断面	+0 以上	+0 以上
	横坡度(%)			±0.3	±0.5
	平整度(mm)		每 200m 2 处,每处连续 10 尺	12	15

续上表

工程类别	项目		频度	质量标准	
				高速公路和一级公路	二级和二级以下公路
基层	高程(mm)		每200m 4点	+5,-10	+5,-15
	厚度(mm)	均值	每200m每车道1点	-8	-10
		单个值		-15	-20
	宽度(mm)		每200m 4个断面	+0以上	+0以上
	横坡度(%)			±0.3	±0.5
	平整度(mm)		每200m 2处,每处连续10尺	8	12
			连续式平整度仪的标准差(mm)	3.0	

路基、路面基层和底基层质量合格标准值　　表6-34

工程类别	检查项目	检查数量	标准值	极限低值
路基	压实度	200m 4处(灌砂法)	重型压实标准,二级和二级以下公路93%以上,高速公路和一级公路不小于95%	二级和二级以下公路88%,高速公路和一级公路90%
	碾压检验①	全面、随时	无"弹簧"现象	
	弯沉值②	第一评定段(不超过1km)每车道40~50个测点③	95%或97.7%概率上波动界限不大于计算得的允许值	
无结合料底基层	压实度	6~10③处	96%	92%
	弯沉值②	每车道40~50个测点③	不大于设计要求值	
级配碎石(或砾石)	压实度	6~10③处	基层98%	94%
			底基层96%	92%
	颗粒组成	2~3③	规定级配范围	
	弯沉值②	每车道40~50个测点③	不大于设计要求值	
填隙碎石	压实度(固体体积率)	6~10③处	基层85%	82%
			底基层83%	80%
	弯沉值②	每车道40~50个测点③	不大于设计要求值	
水泥土、石灰土、二灰、二灰土	压实度	6~10③处	93%(95%)	89%(91%)
	水泥或石灰剂量(%)	3~6③处	设计值	水泥1.0%、石灰2.0%
水泥稳定土、石灰稳定土、石灰工业废渣稳定土	压实度	6~10③处	基层98%(97%)	94%(93%)
			底基层96%(95%)	92%(91%)
	颗粒组成	2~3	规定级配范围	
	水泥或石灰剂量(%)	3~6③处	设计值	设计值-1.0%

注:①对于路基,碾压检验是最重要的。用重型压路机在准备验收的路基上错轮碾压3~4遍,能暴露潜在的薄弱位置,以便及时进行必要的处理。

②按规范规定方法计算得的弯沉值即是极限高值。

③以每天完成段落为评定单位时,检查数量可取低值,以1km为评定单位时,检查数量应取高值。

测量弯沉后,考虑一定保证率测量值的上波动界限按 $l_r = \bar{l} + Z_\alpha S$ 计算,式中:l_r 为测量值的上波动界限(即代表弯沉值);$\bar{l}$ 是标准车测得的弯沉的平均值;Z_α 是与要求保证率有关的系数,高速公路和一级公路可取 $Z_\alpha = 2.0$;二级公路取 $Z_\alpha = 1.645$;二级以下公路取 $Z_\alpha = 1.5$。

在计算观测值的平均值和标准差时,可将超出 $[\bar{l} \pm (2 \sim 3)S]$ 的弯沉特异值舍弃。舍弃后,计算得的代表弯沉值应不大于容许的弯沉值。对舍弃的弯沉值过大的点,应找出其周围界限,并进行局部处理。压实度检查后,其下置信限 $\overline{K}_L$ 应不小于标准值置 K_d。水泥或石灰剂量测定后,其下置信限应不小于设计值。对超出极限值的点,应找出其范围并进行局部处理。

三、施工质量检验评定

公路工程质量检验评定是以分项工程为评定单元,采用100分制评分办法进行评分,外观缺陷或资料不全时按相应规定进行扣分。路面基层分项工程质量检验内容包括基本要求、实测项目、外观鉴定和质量保证资料四个部分,只有在其使用的材料、半成品、成品及施工工艺符合基本要求的规定且无严重外观缺陷和质量保证资料真实并基本齐全时,才能对路面基层分项工程质量进行检验评定。

1. 水泥土基层和底基层

(1)基本要求

①土的性能应符合设计要求,土块要经粉碎。水泥用量按设计要求控制准确。

②路拌深度要达到层底。

③混合料处于最佳含水量状况下,用重型压路机碾压至要求的压实度。从加水拌和到碾压终了的时间不应超过3~4h,并应短于水泥的终凝时间。碾压检查合格后立即覆盖或洒水养生,养生期要符合规范要求。

(2)实测项目

水泥土基层和底基层实测项目及检验标准,如表6-35所示。

水泥土基层和底基层实测项目　　表6-35

<table>
<tr><th rowspan="3">项次</th><th rowspan="3" colspan="2">检查项目</th><th colspan="4">规定值或允许偏差</th><th rowspan="3">检查方法和频率</th><th rowspan="3">权值</th></tr>
<tr><th colspan="2">基层</th><th colspan="2">底基层</th></tr>
<tr><th>高速公路、一级公路</th><th>其他公路</th><th>高速公路、一级公路</th><th>其他公路</th></tr>
<tr><td rowspan="2">1</td><td rowspan="2">压实度(%)</td><td>代表值</td><td>—</td><td>95</td><td>95</td><td>93</td><td rowspan="2">按规定方法检查,每200m每车道2处</td><td rowspan="2">3</td></tr>
<tr><td>极值</td><td>—</td><td>91</td><td>91</td><td>89</td></tr>
<tr><td>2</td><td colspan="2">平整度(mm)</td><td>—</td><td>12</td><td>12</td><td>15</td><td>3m直尺:每200m测2处×10尺</td><td>2</td></tr>
<tr><td>3</td><td colspan="2">纵断高程(mm)</td><td>—</td><td>+5,-15</td><td>+5,-15</td><td>+5,-20</td><td>水准仪:每200m测4个断面</td><td>1</td></tr>
<tr><td>4</td><td colspan="2">宽度(mm)</td><td colspan="4">不小于设计值</td><td>尺量:每200m测4个断面</td><td>1</td></tr>
<tr><td rowspan="2">5</td><td rowspan="2">厚度(mm)</td><td>代表值</td><td>—</td><td>-10</td><td>-10</td><td>-12</td><td rowspan="2">按规定方法检查,每200m每车道1点</td><td rowspan="2">2</td></tr>
<tr><td>合格值</td><td>—</td><td>-20</td><td>-25</td><td>-30</td></tr>
<tr><td>6</td><td colspan="2">横坡(%)</td><td>—</td><td>±0.5</td><td>±0.3</td><td>±0.5</td><td>水准仪:每200m测4个断面</td><td>1</td></tr>
<tr><td>7</td><td colspan="2">强度(MPa)</td><td colspan="4">符合设计要求</td><td>按规定方法检查</td><td>3</td></tr>
</table>

(3)外观鉴定

①表面平整密实、无坑洼。不符合要求时,每处减1~2分。

②施工接茬平整、稳定。不符合要求时,每处减1~2分。

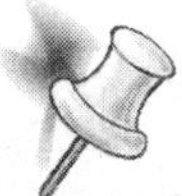

2. *水泥稳定粒料(碎石、砂砾或矿渣等)基层和底基层*

(1)基本要求

①粒料应符合设计和施工规范要求,并应根据当地料源选择质坚干净的粒料,矿渣应分解稳定,未分解渣块应予剔除。水泥用量和矿料级配按设计控制准确。

②路拌深度要达到层底。

③摊铺时要注意消除离析现象。

④混合料处于最佳含水量状况下,用重型压路机碾压至要求的压实度从加水拌和到碾压终了的时间不应超过3~4h,并应短于水泥的终凝时间。碾压检查合格后立即覆盖或洒水养生,养生期要符合规范要求。

(2)实测项目

水泥稳定粒料基层和底基层实测项目,如表6-36所示。

水泥稳定粒料基层和底基层实测项目 表6-36

<table>
<tr><th rowspan="3">项次</th><th rowspan="3" colspan="2">检查项目</th><th colspan="4">规定值或允许偏差</th><th rowspan="3">检查方法和频率</th><th rowspan="3">权值</th></tr>
<tr><th colspan="2">基层</th><th colspan="2">底基层</th></tr>
<tr><th>高速公路、一级公路</th><th>其他公路</th><th>高速公路、一级公路</th><th>其他公路</th></tr>
<tr><td rowspan="2">1</td><td rowspan="2">压实度(%)</td><td>代表值</td><td>98</td><td>97</td><td>96</td><td>95</td><td rowspan="2">按规定方法检查,每200m每车道2处</td><td rowspan="2">3</td></tr>
<tr><td>极值</td><td>94</td><td>93</td><td>92</td><td>91</td></tr>
<tr><td>2</td><td colspan="2">平整度(mm)</td><td>8</td><td>12</td><td>12</td><td>15</td><td>3m直尺:每200m测2处×10尺</td><td>2</td></tr>
<tr><td>3</td><td colspan="2">纵断高程(mm)</td><td>+5,-10</td><td>+5,-15</td><td>+5,-15</td><td>+5,-20</td><td>水准仪:每200m测4个断面</td><td>1</td></tr>
<tr><td>4</td><td colspan="2">宽度(mm)</td><td colspan="4">不小于设计值</td><td>尺量:每200m测4个断面</td><td>1</td></tr>
<tr><td rowspan="2">5</td><td rowspan="2">厚度(mm)</td><td>代表值</td><td>-8</td><td>-10</td><td>-10</td><td>-12</td><td rowspan="2">按规定方法检查,每200m每车道1点</td><td rowspan="2">2</td></tr>
<tr><td>合格值</td><td>-15</td><td>-20</td><td>-25</td><td>-30</td></tr>
<tr><td>6</td><td colspan="2">横坡(%)</td><td>±0.3</td><td>±0.5</td><td>±0.3</td><td>±0.5</td><td>水准仪:每200m测4个断面</td><td>1</td></tr>
<tr><td>7</td><td colspan="2">强度(MPa)</td><td colspan="4">符合设计要求</td><td>按规定方法检查</td><td>3</td></tr>
</table>

(3)外观鉴定

①表面平整密实、无坑洼、无明显离析。不符合要求时,每处减1~2分。

②施工接茬平整、稳定。不符合要求时,每处减1~2分。

3. *石灰土基层和底基层*

(1)基本要求

①土质应符合设计要求,土块要经粉碎。石灰质量应符合设计要求,块灰须经充分消解才能使用。石灰和土的用量按设计要求控制准确,未消解生石灰块必须剔除。

②路拌深度要达到层底。

③混合料处于最佳含水量状况下,用重型压路机碾压至要求的压实度。

④保湿养生,养生期要符合规范要求。

(2)实测项目

石灰土基层和底基层实测项目,如表6-37所示。

石灰土基层和底基层实测项目　表 6-37

项次	检查项目		规定值或允许偏差				检查方法和频率	权值
			基层		底基层			
			高速公路、一级公路	其他公路	高速公路、一级公路	其他公路		
1	压实度(%)	代表值	—	95	95	93	按规定方法检查,每 200m 每车道 2 处	3
		极值	—	91	91	89		
2	平整度(mm)		—	12	12	15	3m 直尺:每 200m 测 2 处 × 10 尺	2
3	纵断高程(mm)		—	+5, −15	+5, −15	+5, −20	水准仪:每 200m 测 4 个断面	1
4	宽度(mm)		不小于设计值				尺量:每 200m 测 4 个断面	1
5	厚度(mm)	代表值	—	−10	−10	−12	按规定方法检查,每 200m 每车道 1 点	2
		合格值	—	−20	−25	−30		
6	横坡(%)		—	±0.5	±0.3	±0.5	水准仪:每 200m 测 4 个断面	1
7	强度(MPa)		符合设计要求				按规定方法检查	3

(3)外观鉴定

①表面平整密实、无坑洼。不符合要求时,每处减 1 ~ 2 分。

②施工接茬平整、稳定。不符合要求时,每处减 1 ~ 2 分。

4. 石灰稳定粒料(碎石,砂砾或矿渣等)基层和底基层

(1)基本要求

①粒料应符合设计和施工规范要求,矿渣应分解稳定后才能使用。石灰质量应符合设计要求,块灰须经充分消解才能使用。石灰的用量按设计要求控制准确,未消解生石灰块必须剔除。

②路拌深度要达到层底。

③混合料处于最佳含水量状况下,用重型压路机碾压至要求的压实度。

④保湿养生,养生期要符合规范要求。

(2)实测项目

石灰稳定粒料基层和底基层实测项目,如表 6-38 所示。

石灰稳定粒料基层和底基层实测项目　表 6-38

项次	检查项目		规定值或允许偏差				检查方法和频率	权值
			基层		底基层			
			高速公路、一级公路	其他公路	高速公路、一级公路	其他公路		
1	压实度(%)	代表值	—	97	96	95	按规定方法检查,每 200m 每车道 2 处	3
		极值	—	93	92	91		
2	平整度(mm)		—	12	12	15	3m 直尺:每 200m 测 2 处 × 10 尺	2
3	纵断高程(mm)		—	+5, −15	+5, −15	+5, −20	水准仪:每 200m 测 4 个断面	1
4	宽度(mm)		不小于设计值				尺量:每 200m 测 4 个断面	1
5	厚度(mm)	代表值	—	−10	−10	−12	按规定方法检查,每 200m 每车道 1 点	2
		合格值	—	−20	−25	−30		
6	横坡(%)		—	±0.5	±0.3	±0.5	水准仪:每 200m 测 4 个断面	1
7	强度(MPa)		符合设计要求				按规定方法检查	3

(3)外观鉴定

①表面平整密实、无坑洼。不符合要求时,每处减1~2分。

②施工接茬平整、稳定。不符合要求时,每处减1~2分。

5. 石灰、粉煤灰土基层和底基层

(1)基本要求

①土质应符合设计要求,土块要经粉碎。石灰和粉煤灰质量应符合设计要求,石灰须经充分消解才能使用。混合料配合比应准确,不得含有灰团和生石灰块。

②碾压时应先用轻型压路机稳压,后用重型压路机碾压至要求的压实度。

③保湿养生,养生期要符合规范要求。

(2)实测项目

石灰、粉煤灰土基层和底基层实测项目,如表6-39所示。

(3)外观鉴定

①表面平整密实、无坑洼。不符合要求时,每处减1~2分。

②施工接茬平整、稳定。不符合要求时,每处减1~2分。

石灰、粉煤灰土基层和底基层实测项目　表6-39

项次	检查项目		规定值或允许偏差				检查方法和频率	权值
			基层		底基层			
			高速公路、一级公路	其他公路	高速公路、一级公路	其他公路		
1	压实度(%)	代表值	—	95	95	93	按规定方法检查,每200m每车道2处	3
		极值	—	91	91	89		
2	平整度(mm)		—	12	12	15	3m直尺:每200m测2处×10尺	2
3	纵断高程(mm)		—	+5,-15	+5,-15	+5,-20	水准仪:每200m测4个断面	1
4	宽度(mm)		不小于设计值				尺量:每200m测4个断面	1
5	厚度(mm)	代表值	—	-10	-10	-12	按规定方法检查,每200m每车道1点	2
		合格值	—	-20	-25	-30		
6	横坡(%)		—	±0.5	±0.3	±0.5	水准仪:每200m测4个断面	1
7	强度(MPa)		符合设计要求				按规定方法检查	3

6. 石灰、粉煤灰稳定粒料(碎石、砂砾或矿渣等)基层和底基层

(1)基本要求

①粒料应符合设计和施工规范要求,并应根据当地料源选择质坚干净的粒料。矿渣应分解稳定,未分解渣块应予剔除。石灰和粉煤灰质量应符合设计要求,石灰须经充分消解才能使用。混合料配合比应准确,不得含有灰团和生石灰块。

②摊铺时要注意消除离析现象。

③碾压时应先用轻型压路机稳压,后用重型压路机碾压至要求的压实度。

④保湿养生,养生期要符合规范要求。

(2)实测项目

石灰、粉煤灰稳定粒料基层和底基层实测项目,如表6-40所示。

石灰、粉煤灰稳定粒料基层和底基层实测项目　　表 6-40

<table>
<tr><th rowspan="3">项次</th><th rowspan="3" colspan="2">检查项目</th><th colspan="4">规定值或允许偏差</th><th rowspan="3">检查方法和频率</th><th rowspan="3">权值</th></tr>
<tr><th colspan="2">基层</th><th colspan="2">底基层</th></tr>
<tr><th>高速公路、一级公路</th><th>其他公路</th><th>高速公路、一级公路</th><th>其他公路</th></tr>
<tr><td rowspan="2">1</td><td rowspan="2">压实度(%)</td><td>代表值</td><td>98</td><td>97</td><td>96</td><td>95</td><td rowspan="2">按规定方法检查,每 200m 每车道 2 处</td><td rowspan="2">3</td></tr>
<tr><td>极值</td><td>94</td><td>93</td><td>92</td><td>91</td></tr>
<tr><td>2</td><td colspan="2">平整度(mm)</td><td>8</td><td>12</td><td>12</td><td>15</td><td>3m 直尺:每 200m 测 2 处×10 尺</td><td>2</td></tr>
<tr><td>3</td><td colspan="2">纵断高程(mm)</td><td>+5,-10</td><td>+5,-15</td><td>+5,-15</td><td>+5,-20</td><td>水准仪:每 200m 测 4 个断面</td><td>1</td></tr>
<tr><td>4</td><td colspan="2">宽度(mm)</td><td colspan="4">不小于设计值</td><td>尺量:每 200m 测 4 个断面</td><td>1</td></tr>
<tr><td rowspan="2">5</td><td rowspan="2">厚度(mm)</td><td>代表值</td><td>-8</td><td>-10</td><td>-10</td><td>-12</td><td rowspan="2">按规定方法检查,每 200m 每车道 1 点</td><td rowspan="2">2</td></tr>
<tr><td>合格值</td><td>-15</td><td>-20</td><td>-25</td><td>-30</td></tr>
<tr><td>6</td><td colspan="2">横坡(%)</td><td>±0.3</td><td>±0.5</td><td>±0.3</td><td>±0.5</td><td>水准仪:每 200m 测 4 个断面</td><td>1</td></tr>
<tr><td>7</td><td colspan="2">强度(MPa)</td><td colspan="4">符合设计要求</td><td>按规定方法检查</td><td>3</td></tr>
</table>

(3)外观鉴定

①表面平整密实、无坑洼、无明显离析。不符合要求时,每处减 1~2 分。

②施工接茬平整、稳定。不符合要求时,每处减 1~2 分。

7. 级配碎(砾)石基层和底基层

(1)基本要求

①选用质地坚韧、无杂质碎石、砂砾、石屑或砂,级配应符合要求。配料必须准确,塑性指数必须符合规定。

②混合料拌和均匀,无明显离析现象。

③碾压应遵循先轻后重的原则,洒水碾压至要求的密实度。

(2)实测项目

级配碎(砾)石基层和底基层实测项目,如表 6-41 所示。

级配碎(砾)石基层和底基层实测项目　　表 6-41

<table>
<tr><th rowspan="3">项次</th><th rowspan="3" colspan="2">检查项目</th><th colspan="4">规定值或允许偏差</th><th rowspan="3">检查方法和频率</th><th rowspan="3">权值</th></tr>
<tr><th colspan="2">基层</th><th colspan="2">底基层</th></tr>
<tr><th>高速公路、一级公路</th><th>其他公路</th><th>高速公路、一级公路</th><th>其他公路</th></tr>
<tr><td rowspan="2">1</td><td rowspan="2">压实度(%)</td><td>代表值</td><td>98</td><td>98</td><td>96</td><td>98</td><td rowspan="2">按规定方法检查,每 200m 每车道 2 处</td><td rowspan="2">3</td></tr>
<tr><td>极值</td><td>94</td><td>94</td><td>92</td><td>92</td></tr>
<tr><td>2</td><td colspan="2">平整度(mm)</td><td>8</td><td>12</td><td>12</td><td>15</td><td>3m 直尺:每 200m 测 2 处×10 尺</td><td>2</td></tr>
<tr><td>3</td><td colspan="2">纵断高程(mm)</td><td>+5,-10</td><td>+5,-15</td><td>+5,-15</td><td>+5,-20</td><td>水准仪:每 200m 测 4 个断面</td><td>1</td></tr>
<tr><td>4</td><td colspan="2">宽度(mm)</td><td colspan="4">不小于设计值</td><td>尺量:每 200m 测 4 个断面</td><td>1</td></tr>
<tr><td rowspan="2">5</td><td rowspan="2">厚度(mm)</td><td>代表值</td><td>-8</td><td>-10</td><td>-10</td><td>-12</td><td rowspan="2">按规定方法检查,每 200m 每车道 1 点</td><td rowspan="2">2</td></tr>
<tr><td>合格值</td><td>-15</td><td>-20</td><td>-25</td><td>-30</td></tr>
<tr><td>6</td><td colspan="2">横坡(%)</td><td>±0.3</td><td>±0.5</td><td>±0.3</td><td>±0.5</td><td>水准仪:每 200m 测 4 个断面</td><td>1</td></tr>
<tr><td>7</td><td colspan="2">弯沉值(0.01mm)</td><td colspan="4">符合设计要求</td><td>按规定方法检查</td><td>3</td></tr>
</table>

(3)外观鉴定

表面平整密实,边线整齐,无松散。不符合要求时,每处减1~2分。

8. 填隙碎石(矿渣)基层和底基层

(1)基本要求

①粗粒料应为质坚、无杂质的轧制石料或分解稳定的轧制矿渣,填缝料为5mm以下的轧制细料或粗砂。

②应用振动压路机碾压,使填缝料填满粗粒料空隙。

(2)实测项目

填隙碎石(矿渣)基层和底基层实测项目,如表6-42所示。

填隙碎石(矿渣)基层和底基层实测项目 表6-42

<table>
<tr><th rowspan="3">项次</th><th rowspan="3" colspan="2">检查项目</th><th colspan="4">规定值或允许偏差</th><th rowspan="3">检查方法和频率</th><th rowspan="3">权值</th></tr>
<tr><th colspan="2">基 层</th><th colspan="2">底基层</th></tr>
<tr><th>高速公路、一级公路</th><th>其他公路</th><th>高速公路、一级公路</th><th>其他公路</th></tr>
<tr><td rowspan="2">1</td><td rowspan="2">压实度(%)</td><td>代表值</td><td>—</td><td>85</td><td>83</td><td>83</td><td rowspan="2">按规定方法检查,每200m每车道2处</td><td rowspan="2">3</td></tr>
<tr><td>极值</td><td>—</td><td>82</td><td>80</td><td>80</td></tr>
<tr><td>2</td><td colspan="2">平整度(mm)</td><td>—</td><td>12</td><td>12</td><td>15</td><td>3m直尺:每200m测2处×10尺</td><td>2</td></tr>
<tr><td>3</td><td colspan="2">纵断高程(mm)</td><td>—</td><td>+5,-15</td><td>+5,-15</td><td>+5,-20</td><td>水准仪:每200m测4个断面</td><td>1</td></tr>
<tr><td>4</td><td colspan="2">宽度(mm)</td><td colspan="4">不小于设计值</td><td>尺量:每200m测4个断面</td><td>1</td></tr>
<tr><td rowspan="2">5</td><td rowspan="2">厚度(mm)</td><td>代表值</td><td>—</td><td>-10</td><td>-10</td><td>-12</td><td rowspan="2">按规定方法检查,每200m每车道1点</td><td rowspan="2">2</td></tr>
<tr><td>合格值</td><td>—</td><td>-20</td><td>-25</td><td>-30</td></tr>
<tr><td>6</td><td colspan="2">横坡(%)</td><td>—</td><td>±0.5</td><td>±0.3</td><td>±0.5</td><td>水准仪:每200m测4个断面</td><td>1</td></tr>
<tr><td>7</td><td colspan="2">弯沉值(0.01mm)</td><td colspan="4">符合设计要求</td><td>按规定方法检查</td><td>3</td></tr>
</table>

(3)外观鉴定

表面平整密实,边线整齐,无松散现象。不符合要求时,每处减1~2分。

第七章　公路工程施工中常见的问题与防治

工程质量是公路建设永恒的主题，在当今公路建设投资大幅度增加、建设步伐不断加快的新形势下，如何能够确保工程建设质量是一个非常实际且非常急迫的问题。近几年交通部在确保工程建设质量方面采取了一系列的措施，但是，仍发现部分公路在建成初期就出现了不同程度的早期病害，造成了一定的经济损失。因此，总结分析公路施工中出现常见问题的形成原因和防治措施，对加快公路建设步伐、提高工程质量、节约建设投资，具有十分重要的意义。

第一节　沥青路面施工中常见的问题与防治

在沥青路面施工过程中，往往由于对集料质量控制，对混合料的配合比、拌和、摊铺和碾压、试验检测等工序把关不严，导致路面在施工过程中出现各种质量通病。因此，分析这些问题形成的原因，并采取相应的防治措施，对于防止沥青路面出现早期病害起着极其重要的作用。

一、沥青混合料施工中常见问题的防治

1．沥青混合料检验中粉胶比不合格

(1)形成原因

①用油量不符合标准。

②矿粉用量不符合标准。

③石灰岩集料压碎值偏大或针片状含量过高，造成石料被压碎，导致小于0.075mm级配数量增加。

④集料颗粒含有粉尘，生产配合比设计时集料未用水洗法筛分。

⑤拌和楼吸尘装置未有效吸尘。

(2)防治措施

①严格控制沥青混合料生产配合比。

②选用压碎值小、针片状颗粒含量较少、0.075mm以下颗粒含量较少的石料。

③生产配合比设计时，集料筛分应用水洗法。

④保证拌和楼吸尘装置有效和矿粉、沥青用量准确。

2．沥青混合料残留稳定度不合格

(1)形成原因

①细集料粉尘含量过高，砂当量不合格。

②矿粉亲水系数不合格。

③用油量偏低。

④小于0.075mm部分与沥青用量的比例超标。

⑤试验方法不规范。

(2)防治措施

①选用合格的原材料进行施工。

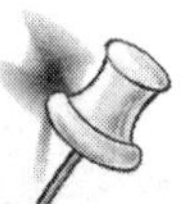

②严格控制好沥青用量,确保油石比符合要求。

③规范油石比检测试验操作方法。

3. 沥青混合料油石比不合格

(1)形成原因

①实际配合比与生产配合比偏差过大。

②混合料中细集料含量偏高。

③拌和楼沥青称量系统误差过大。

④承包人设定拌和楼油石比时采用生产配比误差下限值。

⑤油石比试验误差过大。

(2)防治措施

①保证石料的质量和均匀性。

②对拌和楼沥青称量系统进行检查标定,并取得计量认证。

③调整生产配合比,确保油石比在规定的范围内。

④按试验规程认真进行油石比试验。

⑤保证吸尘装置工作正常和矿料沥青用量准确。

⑥对每日沥青用量和集料矿料用量进行计算,验证油石比是否满足要求。

4. 沥青混合料枯料

(1)形成原因

①砂及矿粉含水量过高,致使细料烘干时粗料温度过高。

②沥青混合料拌和温度过高。

③集料孔隙较多。

(2)防治措施

①细集料以及矿粉的存放应有覆盖,确保细集料烘干前含水量小于7%。

②混合料出厂温度超过规定时,应废弃。

③对孔隙率较大的粗集料,应适当延长加热时间,使孔隙中的水分蒸发,但应控制加热温度。

5. 沥青面层空隙率不合格

(1)形成原因

①马歇尔试验空隙率偏大或偏小。

②压实度未控制在规定的范围内。

③混合料中细集料含量偏低。

④油石比控制较差。

(2)防治措施

①在沥青拌和站的热料仓口取集料筛分,以确保沥青混合料矿料级配符合规定。

②确保生产配合比在规定的误差范围内。

③控制碾压温度在规定范围。

④选用符合要求的压路机,控制碾压遍数。

⑤严格控制压实度。

6. 沥青路面面层离析

(1)形成原因

①混合料集料最大公称粒径与路面厚度不匹配。

②沥青混合料级配不佳。

③混合料拌和不均匀,运输中发生离析。

④摊铺机工作状况不佳,未采用两台摊铺机。

(2)防治措施

①适当选择小一级集料最大公称粒径的沥青混合料,以与路面厚度相适应。

②适当调整生产配合比矿料级配,使稍粗集料接近级配范围上限,较细集料接近级配范围下限。

③运料装料时应至少分三次装料,避免形成一个锥体使粗集料滚落锥底。

④摊铺机调整到最佳状态,熨平板前料门开度应与集料最大粒相适应,螺旋布料器上混合料的高度应基本一致,料面应高于螺旋布料器的2/3以上。

二、沥青路面压实施工中常见问题的防治

1. 沥青面层施工中集料被压碎

(1)形成原因

①石灰岩集料压碎值偏大。

②粗集料针片状颗粒较多。

③石料中软石含量或方解石含量偏高。

④碾压机械组合或碾压程序不合理。

⑤碾压温度偏低。

(2)防治措施

①选择压碎值较小的粗集料。

②选用针片状颗粒含量小的粗集料。

③控制碾压遍数,以达到规定压实度为限,不要超压。

④应按初压、复压、终压程序进行碾压。初压用钢轮、复压用胶轮、终压用钢轮碾压。碾压应遵循先轻后重、从低到高的原则进行。

⑤在规定的碾压温度下完成终压。

2. 沥青面层压实度不合格

(1)形成原因

①沥青混合料级配差。

②沥青混合料碾压温度过低。

③压路机质量小、压实遍数不够。

④压路机未走到边缘。

⑤标准密度不准。

(2)防治措施

①确保沥青混合料的良好级配。

②做好保温措施,确保沥青混合料碾压温度不低于规定要求。

③选用符合要求的压路机压实,压实遍数符合规定。

④当采用埋置式路缘石时,路缘石应在沥青面层施工前安装完毕,压路机应从外侧向中心碾压,且紧靠路缘石碾压;当采用铺筑式路缘石时,可用耙子将边缘的混合料稍稍耙高,然后将压路机的外侧轮伸出边缘10cm左右碾压,也可在边缘先空出宽30~40cm,待压完第一遍后,将压路机大部分重力位于已压实过的混合料面上压边缘,减少边缘向外推移。

⑤严格按要求进行马歇尔试验，保证马歇尔标准密度的准确性。

3. 沥青面层压实度不均匀

(1)形成原因

①装卸、摊铺过程中导致沥青混合料离析，局部混合料温度过低。

②碾压混乱，压路机台套不够，导致局部漏压。

③碾压温度不均匀。

(2)防治措施

①装料过程中料车应前后移动，运料车应覆盖保温。

②调整好摊铺机送料器的高度，使布料器内混合料饱满齐平。

③合理组织压路机，确保压轮的重叠和压实遍数。

三、沥青路面施工中其他常见问题的防治

1. 沥青面层污染

(1)形成原因

①交叉施工，运料车行驶滴油撒料造成路面被污染。

②其他工程施工产生的砂浆污染。

③中央分隔带回填土或进行绿化时，造成路面被泥土污染。

④各种工程施工机械柴油泄漏。

⑤绿化浇水产生泥水污染。

(2)防治措施

①实行路面交通管制，规范施工车辆行驶路线，禁止车辆滴油撒料。

②边坡、压顶、隔离栅施工时，中央分隔带回填土或进行绿化工程时，都应在沥青路面面层上垫彩条布隔离。

③中央分隔带浇水应喷洒，不应冲浇，或采用开沟挖坑浇水。

④在沥青混凝土路面施工前尽可能完成会产生污染的工程。

2. 沥青面层厚度不足

(1)形成原因

①试铺时未认真定好松铺系数。

②施工时未根据每天检测结果对松铺厚度进行调整。

③摊铺机或找平装置未调整好。

④基层高程超标。

(2)防治措施

①试铺时仔细确定松铺系数，每天施工中根据实际检测情况进行调整。

②调整好摊铺机及找平装置的工作状态。

③下面层施工前认真检查下封层高程，基层超标部分应刮除部分基层，补好下封层，再摊铺下面层。

④根据每天沥青混合料摊铺总量检查摊铺厚度，并进行调整。

3. 沥青面层宽度不足

(1)形成原因

①偷工减料。

②摊铺机未调整好。

(2)防治措施

①做好施工放样。

②调整好摊铺机的宽度。

4. 面层取芯孔未及时填补

(1)形成原因

对面层取芯孔的及时填补疏忽或重视不够。

(2)防治措施

及时填补上相同配合比的沥青混凝土或水泥混凝土,并夯实到规定要求。

5. 沥青面层平整度超标

(1)形成原因

①摊铺机及找平装置未调整好,致使松铺面不平整。

②摊铺过程中停车待料。

③运料车倒退卸料撞击摊铺机。

④下承层平整度很差。

(2)防治措施

①仔细设置和调整,使摊铺机及找平装置处于良好的工作状态,并根据试铺效果进行随时调整。

②施工过程中摊铺机前方应有运料车在等候卸料,确保摊铺连续、均匀地进行,不得中途停顿,不得时快时慢,做到每天摊铺仅在收工时才停机。

③路面各个结构层施工,均应严格控制好平整度。

6. 沥青面层原材料主要检测项目不全或原材料检测频率过少

(1)形成原因

①试验人员责任心不强,未按规范的要求检测。

②试验人员不熟悉规范。

(2)防治措施

①增强试验人员责任心,并经常组织试验人员学习有关规范和对沥青面层原材料检测项目、检测频率的规定,按规定进行检测。

②学习试验规程,规范试验操作。

第二节　水泥混凝土路面施工中常见的问题与防治

近年来,世界石油价格不断上涨,资源短缺,势必将影响沥青路面的更广泛应用。由此,水泥混凝土路面建设的发展将更加迅猛,但由于各种因素的影响,施工质量并不十分令人满意,导致建设费用增加,并出现各种早期病害。在施工过程中出现混凝土和易性不好、外加剂使用不当、抗弯强度低、离散性大、混合料色差等常见问题。为了能更好地控制水泥混凝土路面的质量,本节分析水泥混凝土施工过程中常见的问题的原因,并介绍在特殊条件下的施工措施和常见病害的防治措施。

一、混凝土和易性不好

1. 现象

(1)混合料松散不易黏结;

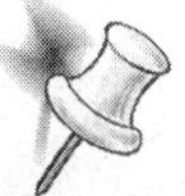

(2)混合料黏聚力大、成团、不易浇筑;

(3)混合料中水泥砂浆填不满石子间孔隙;

(4)混合料在运输、浇筑过程中分层离析,表面严重泌水。

2. 原因分析

(1)水泥用量选用不当。当水泥用量过少、水泥浆量不足包裹砂子时,混合料黏聚性不够,表现为松散、不易黏结;当水泥用量过多,水泥浆量富余太多,此时水灰比没有调节好,混合料黏聚力大,成团,不易浇筑。

(2)砂率选择不当。砂率过大,即使水泥用量正常,水泥浆量也不足包裹砂子,此时,混合料同样黏聚性不够,松散、不易黏结;砂率过小,倘若此时砂石级配质量差,空隙率大,即使水泥用量正常,此时混合料中总体的水泥砂浆过少,也填不满石子间的孔隙。

(3)水灰比选择不当,或在夏季路用商品混凝土从运输车上倾料不畅,施工人员私自加水,造成混合料坍落度过大,混合料在运输或浇筑过程中难以控制其均匀性,出现分层离析。

(4)水泥品种选择不当,选择玻璃体含水量大的水泥,如矿渣水泥、粉煤灰水泥等,造成混合料泌水,以致工后路面耐磨性差。

(5)混合料拌和时,计量工作不准确、计量制度不严格或计量方法不正确。

(6)搅拌时间短,混合物本身不均匀。

(7)配合比选择,不符合施工工艺对和易性的要求。

3. 预防措施

(1)路面混凝土的配合比设计,其计算方法应按《公路水泥混凝土路面施工技术规范》(JTG F30—2003)中要求执行。

(2)道路混凝土宜采用硅酸盐水泥或普通硅酸盐水泥,其强度等级不应低于42.5;当条件受限制时,可采用矿渣水泥,其强度等级不应低于42.5,并应严格控制用水量,适当延长搅拌时间;加强养护工作;亦可采用强度等级32.5普通水泥,但应采用外加剂、干硬性混凝土或真空吸水等措施。机场道面和高速公路,必须采用强度等级不低于42.5的硅酸盐水泥。

(3)水泥用量不应小于300kg/m^3,不应大于550kg/m^3。

(4)砂应采用洁净、坚硬、符合规定级配、细度模数在2.5以上的粗中砂;当无法取得粗、中砂时,经配合比试验可行,可采用泥土杂物含量小于3%的细砂。具体技术要求如表7-1所示。

砂的技术要求 表7-1

项目			技术要求					
颗粒级配	筛孔尺寸(mm)		方孔筛				圆孔筛	
			0.16	0.315	0.63	1.25	2.50	5.0
	累计筛余量(%)	Ⅰ区	100~90	95~80	85~71	65~35	35~5	10~0
		Ⅱ区	100~90	92~70	70~41	50~10	25~0	10~0
		Ⅲ区	100~90	85~55	40~16	25~10	15~0	10~0
泥土杂物含量(冲洗法)			≤3					
硫化物和硫酸物盐含量(折算为SO_3)(%)			≤1					
有机杂质含量(比色法)			颜色不应深于标准溶液的颜色					
其他杂物			不得混有石灰、煤渣、草根等其他杂物					

注:①Ⅰ区砂基本属于粗砂;Ⅱ区砂属于中砂和一部分偏粗的细砂,颗粒适中,级配最好;Ⅲ区砂属细砂和一部分偏细的中砂。

②有机物含量标准溶液的配制方法,取28鞣酸粉溶于98mL的10%酒精溶液中即得所需鞣酸溶液。然后取该溶液2.5mL注入97.5mL、浓度为3%的氢氧化钠溶液中,加塞后剧烈摇动,静置24h即得标准溶液。

(5)碎(砾)石应质地坚硬，并应符合规定级配，最大粒径不应超过40mm。碎石的技术要求如表7-2所示，砾石的技术要求如表7-3所示。

碎石技术要求　　表7-2

项　　目		技术要求			
颗粒级配	筛孔尺寸(mm)(圆孔筛)	40	20	10	5
	累计筛余量(%)	0~5	30~65	75~90	95~100
粒度	石料饱水抗压强度与混凝土设计抗压强度比(%)	≥200			
	石料强度分级	≥3级			
针片状颗粒含量(%)		≤15			
硫化物及硫酸盐含量(折算为SO_3)(%)		≤1			
泥土杂物含量(冲洗法)(%)		≤1			

注：石料强度分级，应符合《公路工程岩石试验规程》(JTG E41—2005)的规定。

砾石技术要求　　表7-3

项　　目		技术要求			
颗粒级配	筛孔尺寸(mm)(圆孔筛)	40	20	10	5
	累计筛余量(%)	0~5	30~65	75~90	95~100
空隙率(%)		≤45			
软弱颗粒含量(%)		≤5			
针片状颗粒含量(%)		≤15			
泥土杂物含量(冲洗法)(%)		≤1			
硫化物及硫酸盐含量(折算为SO_3)(%)		<1			
有机物含量(比色法)		颜色不深于标准溶液的颜色			
石料强度分级		≥3级			

注：石料强度可采用压碎指标值(%)。

(6)混凝土掺用外加剂，应经配合比试验，符合要求后方可使用。掺用的外加剂，可按下列规定选用：

①为减少用水量，改善和易性或节约水泥、提高混凝土强度，可掺减水剂；

②夏季施工或需延长作业时间，可掺缓凝剂；

③冬季施工为提高早期强度或为缩短养护时间，可掺早强剂；

④严寒地区抗冻，可掺引气剂。

(7)混合料的稠度试验，采用坍落度测定时，坍落度宜为1~2.5cm；坍落度小于1cm时，应用维勃稠度仪测定，维勃时间宜为10~30s；当采用路用商品混凝土时，坍落度宜为6~8cm。

(8)混凝土最大水灰比，应符合下列规定：

①公路、城市道路和厂矿道路不应大于0.50；

②机场道面和高速公路不应大于0.46；

③冰冻地区冬季施工不应大于0.45；

④采用商品混凝土时，为0.45~0.50。

(9)混凝土的单位用水量，应按下列经验值采用：

①碎石为150~170 kg/m^3；

②砾石为 140 ~ 160 kg/m^3；

③路用商品混凝土为 160 ~ 190kg/m^3；

④掺外加剂掺和料时，应进行试配，调整用水量。

(10)混凝土砂率按表 7-4 选用。

混凝土砂率　　表 7-4

碎石 水灰比	碎石最大粒径 40(mm)	砾石最大粒径 40(mm)
0.40	27% ~32%	24% ~30%
0.50	30% ~35%	28% ~33%

注：①表中数值为 II 区砂的选用砂率。

②采用 I 区砂时，应采用较大砂率；采用 III 区砂时，应采用较小砂率。

(11)原材料计量应实行岗位责任制，计量方法力求简便易行。

①进入拌和机的砂石，必须准确过秤；磅秤班开工前应检查校正。

②散装水泥必须过秤；袋装水泥，当以袋计量时，应抽查其量是否准确。

③严格控制水量。每班开工前，实测砂、石料的含水量，由工地试验确定施工配合比。

④原材料按质量计的允许误差，不应超过：水泥 ±1%，粗细集料 ±3%，水 ±1%，外加剂 ±2%。

(12)混凝土搅拌时间应符合表 7-5 中规定。

混凝土混合物最短搅拌时间　　表 7-5

搅拌机容量		转速(r/min)	搅拌时间(s)	
			低流动性	干硬性
自落式	400L	18	105	120
	800L	14	165	210
强制式	375L	38	90	100
	1 500L	20	180	240

(13)混凝土在拌制和浇筑过程中应按下列规定进行检查：

①检查拌制混凝土所用原材料的品种、规格和用量，每一工作班至少两次；

②检查混凝土在浇筑地点的坍落度，每一工作班至少两次；

③在每一工作班内，当混凝土配合比由于外界影响有变动时应及时检查；

④混凝土拌样时间应随时检查；

⑤当采用路用商品混凝土时，应在商定的交货地点进行坍落度检查，实测的混凝土坍落度与要求坍落度之间允许偏差须符合 ±20mm 内的要求。

4. 治理对策

因和易性不好而影响路面质量工程的混合料，只能用于其他次要构件中。

二、外加剂使用不当

1. 现象

(1)混凝土浇筑后，局部或大部长时间不凝结硬化。

(2)在炎热夏季，路面过早出现贯穿收缩裂缝。

(3)已浇筑完的混凝土表面出现鼓包。

(4)路用商品混凝土倾料不畅，坍落度过小。

2. 原因分析

(1)缓凝型减水剂掺量过多。

(2)炎热夏季,减水剂选择不当,缓凝时间不够,致使混凝土凝结时间过快,水分蒸发多,路面过早出现横向收缩贯穿裂缝。

(3)不按外加剂使用说明方法,以干粉状掺加,使混合料会有未溶颗料,遇水膨胀,造成混凝土表面鼓包。

(4)外加剂选择不当或混合物运输时间过长,造成坍落度严重损失。

3. 预防措施

(1)应熟悉各类外加剂的品种,掌握其特性,在使用前,必须结合实际工程的特点,经过配合比调配,合格后方可使用。

①普通减水剂及高效减水剂。

减水剂可分为:木质素磺酸盐类、多环芳香族磺酸盐类、水溶性树脂磺酸盐类、其他如腐殖酸等。普通减水剂宜用于日最低气温5℃以上施工的混凝土;高效减水剂宜用于日最低气温0℃以上施工的混凝土,适用制备高强度混凝土。减水剂的掺量应严格按使用说明书的指定掺量使用,宜以溶液掺加,溶液中的水量应从拌和水量中扣除。

②缓凝剂及缓凝减水剂。

缓凝剂及缓凝减水剂可分为:糖类(如糖钙等)、木质素磺酸盐类(如木质素磺酸钙等),羟基羧酸及其盐类(如柠檬酸、酒石酸钾钠等)、无机盐类(如锌盐、硼酸盐等)及其他(如胺盐及其衍生物等)。可用于炎热气候条件下施工的混凝土以及需长时间停放或运输的混凝土缓凝剂及缓凝减水剂不宜用于日最低气温5℃以下施工的混凝土。其品种及掺量,应根据混凝土的凝结时间、运输距离、停放时间、强度等要求确定。

③早强剂及早强减水剂。

早强剂分为:氯盐类(如氯化钙、氯化钠等)、硫酸盐类(如硫酸钠等)、有机胺类(如三乙醇胺等)、其他(如甲酸盐等)、早强剂及早强减水剂可用于常温、低温和负温(最低气温不低于-5℃)条件下施工的有早强或防冻要求的混凝土。氯盐、结晶硫酸钠以及有机胺类等早强剂可配成溶液使用,需要时可用40~70℃的热水加速溶解,溶液必须充分溶解。硫酸钠溶液宜随配随用,溶液浓度不得大于20%,使用前如有结晶沉淀现象,应加热搅拌使之完全溶解。在钢筋混凝土中氯酸盐掺量一般不大于1%,硫酸盐掺量一般不大于2%。

(2)粉状外加剂要保持干燥状态,防止受潮结块。已结块的粉状外加剂,应烘干、碾碎,过0.6mm筛后使用。

(3)应尽量选择离施工现场较近的拌和站,缩短运输时间,减小坍落度损失。

4. 治理对策

(1)因缓凝型减水剂掺量过多造成混凝土长时间不凝结硬化,可延长其养护时间,推迟拆模,后期强度一般不受影响。

(2)因缓凝时间不够,致使混凝土凝结时间过快,水分蒸发多,路面过早出现横向收缩贯穿裂缝,应采用适当的修补措施。

(3)因外加剂颗粒造成的鼓包,应剔除后再修补。

(4)路用商品混凝土因外加剂选用不当,或运输停留时间过长,造成交货时坍落度严重损失,倾料不畅,不能通过强行加水搅拌增大坍落度来解决问题,而应作退货处理。

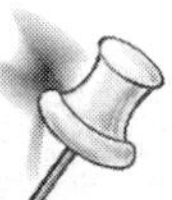

三、抗弯强度低

1. 现象

(1)同批混凝土试件的抗折强度平均值低于设计要求强度与试件强度标准差与合格判定系数k之乘积的和(其中$n=6\sim9$时,k为0.35;$n=10\sim14$时,k为0.45;$n=15\sim24$时,k为0.55;$n\geqslant25$时,k为0.65)。

(2)同批混凝土中最低一组试件强度值低于0.85设计强度。

(3)同批混凝土中个别试件强度值过高或过低。

(4)冬季施工,条件养护试件达不到预期的拆模或撤除保温时的强度要求。

2. 原因分析

(1)混凝土原材料不符合要求。

①水泥过期或受潮结块,水泥未经检验就投入使用;所用袋装水泥质量不足50kg。

②砂、石集料级配不好,空隙率大,含泥量、杂质多。

③对外加剂种类选择不当;外加剂未经检验就投入使用,掺量不准确。

(2)混凝土配合比不准确。

①试验室不按材料情况,调配配合此,套用经验配合比;试验室配合比本身有问题。

②不向试验室申请配合比,随意套用以往配合比。

③管理混乱、计量设备陈旧或维修保管不好,精度不合格。

④砂、石、水泥等不认真过磅,计量不准确。

⑤混凝土加水不准或随意加水;特别是夏季路用商品混凝土倾料不畅,强行加水使混凝土水灰比和坍落度增大,影响强度。

⑥砂石含水量不检测或测定不准确,影响强度。

(3)混凝土拌和时,不注意加料顺序,搅拌时间不够,混合料不均匀。

(4)混凝土冬季施工,没有防护措施,致使早期受冻。

(5)混凝土试件没有代表性:

①试模保管不善,多次使用后产生变形,而未及时更换,试模尺寸和混凝土石料粒径不相适应。

②不按规定制作试块,随意取样或多加水泥;试件没有振捣密实。

③试件标准养护管理不善或养护条件不符合要求;同条件养护时,早期脱水或随意乱扔等外力撞击。

(6)混凝土混合料停留时间过长,特别是路用商品混凝土,使混凝土强度受到损失。

3. 预防措施

(1)确保混凝土原材料质量。

①水泥进场必须附有质量证明文件,并按文件对品种、强度等级、包装、出厂日期等进行检查验收,并取试样送试验室检验,并按试验结果强度等级使用。

②应加强对水泥的保管工作。水泥库应尽量搭设在地势高、干燥、运输方便处。水泥堆放时,下面要垫高约30cm,四周离墙30cm以上,堆高一般不超过10包,便于取用。同时应按不同品种、版号、强度等级、出厂日期分别堆放,插上标签,避免搞错。要做到先到先用,避免存放三个月以上,散装水泥宜置于水泥筒仓内。

③砂、石堆放场地要进行清理,防止杂物混入,各种粒径的砂石堆放隔离,不得混放。批量

达到规定量时，应及时交试验室检验。

④外加剂的保管工作也应与水泥一样，特别是干粉状外加剂，应避免受潮。

(2)严格控制混凝土配合比。

①现场来料后，应及时将原材料交试验室检验，试验室应确保配合比的正确性。

②严格按试验室配合比计量施工，在规定计量偏差内称量。

③各种计量器具应建立校验、维修、保管制度。

④集料含水率应经常测定，特别在雨季；应根据含水率的实际情况，增加测定次数，及时调整配合比。

(3)拌制混凝土时，要建立岗位责任制。

(4)冬季施工，要有早强或保温措施，防止混凝土早期受冻，在遭受冻结以前，早期养护的强度须达到设计强度的30%。

(5)应按《公路水泥混凝土路面施工技术规范》(JTG F30—2003)及《公路工程质量检验评定标准》(JTG F80/1—2004)的规定，认真制作试验试件，并加强对试件的管理和养护。

4. 治理对策

(1)当试件检测结果与要求相差悬殊时，或试件合格而对混凝土实际强度有怀疑，或有试件丢失、编号搞乱、忘记作试件时，可采用非破坏检验方法(如回弹法、超声波法等)来测定混凝土强度，或按《硬化混凝土芯样的钻取、检查和强度试验》(T 0532—94)进行测定。如果测定的混凝土强度不符合要求，应经有关人员研究，查明原因，采取必要措施进行处理。

(2)冬季施工，宜在混凝土中加入早强剂，或采用热砂覆盖、电热毯加温等保温措施。

四、混合料色差大

1. 现象

(1)硬化后混凝土路面颜色深浅不一。

(2)每盘出料的混合料颜色呈“花样”。

2. 原因分析

(1)在施工期间，因水泥进料量不够，而采用了不同品牌的水泥，而不同品牌水泥的颜色有差异，造成铺筑后路面有深浅色差。

(2)搅拌时，没按规定的最短搅料时间进行，造成混合料均匀性差，产生同一盘出料的混合料颜色不均匀。

3. 预防措施

(1)在预估水泥进料量时，应根据配合比与阶段工程量，确定阶段进料量，最好能选择水泥品质稳定、产量较大的水泥供货单位。

(2)应根据拌和机的种类、容量以及混合料的情况，保证适当的搅拌时间，使混凝土混合料质量均匀稳定。

(3)建立原材料进货保管以及搅拌工艺的岗位责任制。

4. 治理对策

发现因搅拌时间不足，造成混合料均匀性差的颜色有异，如还能控制盘搅拌量，应及时返送搅拌机，延长搅拌时间，使之均匀。若不能控制，则此盘料不能使用，移作其他用。

五、特殊气候条件下施工

要做好水泥混凝土路面，不仅对材料质量、配合比、各工序的施工技术和工艺要求严格掌

握、控制，而且施工时气温高低和气候情况也都应加以注意。例如，雨季施工要比旱季施工困难，冬夏施工要比春秋施工不便，因此，在不同的季节施工就应分别采取不同措施，以确保工程质量。

1. 雨季施工

我国一些地方特别是江南地区，每年均有一定时间的雨季或梅雨季节，如果在路面当天浇筑的中途突然降雨，将会给施工带来很多的不便，特别对混凝土的质量，会由于水分增大而无法控制，造成强度降低。表面磨耗层砂浆会被雨水冲洗，日后可能出现露砂露石。因此必须做好以下各点：

(1)经常与当地气象台取得联系，了解近期的天气形势预报，抓紧在不下雨时间施工；尤其是对当天的天气情况要及时掌握，一般有雨时不施工。

(2)预先搭设一定数量的工作雨棚。移动式工作雨棚可用小竹及铅丝绑扎而成，或用木条制成。专业筑路单位，建议采用 ϕ25mm ~ ϕ40mm 的自来水管制成晴雨棚，其铁管节点处用螺栓固定，使用拆装方便，反复使用时间长，棚上覆盖塑料布或油布。目前工地已广泛采用。

(3)对刚铺筑的路面，遇下雨时，即可放上工作雨棚，利用它继续铺筑。一般在下雨时，应铺筑完未浇完的一块板，并停工做工作缝，不要再另行铺筑另一块。

(4)如局部面层砂浆已被雨水冲掉，可另拌少量同级配砂浆及时加以修补，如表面被雨水冲刷严重，面积较大，并且石子已经显露，将工作雨棚放置完毕后，立即拌制 1∶1.5 ~ 1∶2.0 水泥砂浆加以粉面，厚度不超过 4mm，水灰比为 0.4，不许使用纯干水泥或干拌水泥黄砂材料(正常情况是禁止另加水泥砂浆抹面的)。

2. 夏季施工

(1)夏季气温高，混凝土中水分容易蒸发，特别是在高温烈日下存在以下几个问题：

①高温情况下容易出现坍落度严重降低，失去原有施工和易性，给混凝土操作、振捣密实等带来困难。

②水分过快地蒸发，混凝土表面很难振出足够的砂浆磨耗层(约 3mm 厚)，并对表面整平和收水抹面带来困难。

③高温烈日下可使混凝土表面产生严重收缩裂缝。缩缝形状一般为直线形，缝长为 20 ~ 100cm，裂缝深度可达 3 ~ 5cm。这种情况的出现，主要是混凝土内水分蒸发量超过混凝土出现裂缝前的每小时容许蒸发 1 ~ 1.5L/m^2。

(2)夏季施工为防止水分过早大量蒸发，一般应采取以下措施：

①预先估计到混凝土在运输、摊铺过程中水分过快蒸发所造成的坍落度的降低，事先调整好配合比，适当增加用水量。至于用水量增加多少，应根据运距、气候、日照、风力大小来决定，一般在 30°C 气温下，要保持气温 20℃时的坍落度，就要增加单位用水量 4 ~ 7kg。

②混凝土在运输时要遮盖，及时运送至工地，中途不许延误过久。

③摊铺、振捣、收水抹面与养护各道工序应衔接紧凑，尽可能地缩短施工时间。

④在已摊铺好的路面上，可搭设凉棚(用雨季施工的雨棚代替)，以避免混凝土表面遭到烈日暴晒。

⑤建筑防风墙，以减弱吹到混凝土表面的风速，减少水分蒸发。

⑥遇到高温烈日和大风时，在已振捣的混凝土面层，可适当喷洒少量水加以湿润，能防止混凝土内水分过量蒸发，同样，在收水抹面时，因表面过分干燥而无法操作的情况下容许喷洒少量水于表面进行收水扫毛或滚槽。

3. 冬季施工

混凝土强度的增长主要依靠水泥的水化作用。温度高，混凝土水化作用迅速完成，强度增长快；温度低，则水化作用缓慢，强度增长慢。若在日平均温度低于5℃或最低气温低于0℃时施工，必须采取冬季施工措施；若日平均气温低于0℃，一般应停止施工。

冬季温度降到0℃以下时（一般混凝土冻结温度为 -3℃），具有和易性的混凝土即产生冰冻，表面则产生冰晶，混凝土解冻后，这种印迹仍然存在。早期受冻的混凝土强度可降低40% ~50%。强度大幅度降低的原因为：结冻时混凝土中水的体积增加9%，解冻后则不再恢复；集料周围有层水膜或水泥浆膜，在结冰后其黏结力被破坏。

严重受冻的混凝土可以形成一堆互不起作用的混合物，因此，混凝土路面应尽可能在气温高于5℃时进行施工。当昼夜平均气温在5℃与 -5℃之间时，为保证混凝土受冻前至少能达到设计强度的70%左右，应采取下列措施。

（1）原材料加热法

拌制混凝土的水加热至80℃，应在加入水泥以前先放入集料，或者把水和砂石料一齐加热至60 ~70℃，保证混凝土在拌制时的温度不超过40℃，摊铺后的温度不低于10 ~20℃。收水抹面结束后，即覆盖双层干草帘保温，冬季负温时不必洒水，水泥板要在0℃以上的温度条件下保持7h以上，即可达到28d强度的50% ~60%。如果气温更低，或不具备材料加热条件，可考虑添加总量不超过2%的氯化钙或氯化钠，同时掺入等量的亚硝酸钠。

（2）外加混凝土早强剂

①氯化钙和其他氯盐。

常用的早强剂的掺量为：普通混凝土2%；钢筋混凝土1%；预应力混凝土中禁止使用氯化钙和其他氯盐（以水泥质量计）。使用前溶成30% ~35%的溶液同拌和水一起加入搅拌机内。掺量过多，会使混凝土结构破坏引起凝结过快，造成无法施工，同时会引起混凝土体积收缩，产生裂缝，降低强度。在电信和电力电缆导电范围内，不得使用氯化物，以防导电。使用氯化钙早强剂有许多优点，使用方便，易溶于水，价廉易得，能防止混凝土早强冻结，有利于冬季施工。主要缺点是加剧钢筋锈蚀（锈蚀可引起结构的破坏）。因此，有些国家禁用于钢筋混凝土中，在我国规定在钢筋混凝土中，掺量不得超过水泥质量的2%，也不得超过6kg/m^3。氯化钙和氯化钠两种早强剂不得同时使用。如氯化钙同亚硝酸钠（阻锈剂）同时掺用，能抑制钢筋锈蚀。

②三乙醇胺复合早强剂（方案一）。

配合比为三乙醇胺0.05% +氯化钠0.5%（以水泥质量计）。其特点是早强效果好，在正常温度条件下养生，比不掺早强剂的2d强度提高30% ~50%，达到28d强度的70%的时间也可缩短一半。

③三乙醇胺复合早强剂（方案二）。

配合比为三乙醇胺0.05% +氯化钠0.5% +亚硝酸钠0.5% ~1.0%（以水泥质量计）。早强效果同方案一，因掺有0.5%的亚硝酸钠，故能有效地阻止由于掺入0.5%氯化钠而引起的钢筋锈蚀，并能起到早强和防冻作用，是冬季施工较为理想的外加剂。

三乙醇胺和亚硝酸钠单掺时早强效果并不显著，但当与氯化钠复合后，则早强效果显著增加。

在使用三乙醇胺复合早强剂时，按规定比例，如100kg水泥需500g氯化钠，500 ~1 000g亚硝酸钠、50g三乙醇胺溶成6kg的水溶液，然后在使用时同拌和水一起加入搅拌机内即可。有一点必须注意，掺有外加剂的混凝土要保证不少于2.5min的拌和时间，一般比正常拌和时间多1 ~1.5min。适当增加拌和时间是冬季施工应特别注意的问题。

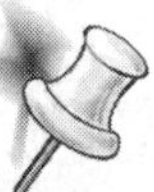

④硫酸盐复合早强剂。

用配合比为2%的硫酸钠+(1%~2%)的亚硝酸钠+(1%~2%)的二水石膏(以水泥质量计)配制硫酸复合早强剂,早强效果好。在-8℃至自然正常温度条件下,掺硫酸钠复合早强剂的混凝土比不掺早强剂的混凝土2d强度能提高60%以上,达到28d强度70%的时间也能缩短1/2~3/4,其28d强度还能增加15%左右,硫酸钠和亚硫酸钠对钢筋均能起保护和防锈作用,但亚硝酸钠对砂石集料有侵蚀作用。故应严禁在含有活性集料(如蛋白石)的混凝土中使用。

另外,早强剂的使用不但对水泥混凝土路面的冬季施工具有重要的意义,而且在正常温度情况下,特别对城市道路局部路面的损坏修复起积极的作用。因水泥混凝土路面修筑成后需较长时间的养生,才能开放使用,这样会中断交通而影响车辆的正常行驶,而掺了早强剂后,一般5d左右即可开放使用。

(3)保温电热法

用保温棚四周用油布遮好,在离浇筑好的混凝土离地面1.5m处高的地方每隔3m间隔各挂一只100W的灯泡,连续通电72h后,其强度也能达到设计强度的50%以上。

在冬季采用矿渣水泥作胶结料时,收水抹面也常遇到这种情况,使水泥凝结时间大大推迟,收水抹面的整个过程可以拖得很长,且表层出现大量泌水。因此在收水抹面前,应用芦花扫帚将面层泌水顺横纹方向排除,然后按抹面的顺序和要求进行。

另外,应当指出收水抹面不许另加干水泥或干拌水泥黄砂,否则日后易起壳脱落。

下午浇筑的混凝土,应在防雨保温棚内进行收水抹面工作。保温棚周围应用塑料布密封,不使混凝土水化过程中放出的热量和水汽散失,以保持一定温度(不得低于0℃)和湿度,保证混凝土强度的增长。

混凝土浇筑后,当表面有相当硬度(即用手指轻轻揿上去没有痕迹)时,应铺1~2层草包。若遇雨雪,必须再加盖油布保温,保温期为3~5d。

混凝土的浇水养生工作一般宜在第二天上午进行,下午不宜浇水,若温度低于5℃也不宜浇水。

第三节　路基工程施工中常见的问题与防治

路基工程的质量是保证整个公路工程施工质量的关键因素。在公路路基施工中,常会出现路基的沉降不均、裂缝、压实不足、地基出现“弹簧”,甚至出现路基边坡滑坍、表面松散、局部积水冲刷、防护不利等病害,将对公路以后的使用功能造成极大隐患。因此,总结分析路基施工中出现常见问题的形成原因和防治措施,对加快高等级公路建设步伐、提高工程质量、节约建设投资,具有十分重要的意义。

一、路基工程基底处理施工中常见问题防治

1. 高填方路基施工后沉降与不均匀沉降

(1)形成原因

①粉喷桩、挤密碎石桩、塑料排水板打入深度、间距达不到设计要求。

②粉喷桩复搅深度达不到要求或喷粉量未达到设计要求。

③挤密碎石桩未进行反插。

④预压或超载预压沉降未稳定,即卸载。

⑤软基处理质量未达到设计要求。
⑥桩未打穿软弱层。
(2)防治措施
①粉喷桩、挤密碎石桩、塑料排水板打入深度、间距应达到设计要求。
②粉喷桩应整桩复搅,喷粉量应达到设计要求。
③挤密碎石桩应进行反插。
④应进行连续的沉降观测,待沉降稳定后方可卸载。
⑤在现场进行试桩,按试桩结果调整设计桩长。

2. 路基工程出现纵、横向裂缝和错台

(1)形成原因
①清表不到位,路基底存在软弱层。
②沟塘清淤不彻底,清淤回填不均匀或压实度不足。
③填挖相接处施工方案工艺不当,形成沉降缝。
④路基压实度不均匀。
(2)防治措施
①应认真清表及时发现路基底暗沟、暗塘。
②沟、塘淤泥应清理干净,并采用水稳定性好的材料严格分层回填,并达到设计要求压实度。
③挖台阶,铺加格栅网。
④提高路基压实度。

3. 高填方路基边坡出现滑裂面

(1)形成原因
①基底存在软土且软土厚度不均匀。
②淤泥清除换填不彻底。
③填土速率过快。
(2)防治措施
①软土处理要到位,并及时发现暗沟、暗塘。
②加强沉降和侧向位移观测,及时发现侧滑迹象。

二、路基工程压实施工中常见问题防治

1. 路基碾压出现"弹簧"

(1)形成原因
①碾压时土的含水量超过最佳含水量较多。
②高塑性黏性土"砂化"未达到应有的效果。
③翻晒、拌和不均匀。
④碾压层下存在软弱层。
(2)防治措施
①低塑性高含水量的土应翻晒到规定含水量方可碾压。
②高塑性黏性土难以粉碎,应进行两次拌灰并存放一段时间,使其充分"砂化"。
③对产生"弹簧"的部位翻挖掺灰后重新碾压。

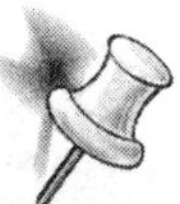

2. 路基压实度不够

(1)形成原因

①碾压遍数不够。

②压路机质量偏小。

③松铺厚度过大。

④碾压不均匀,局部漏压。

⑤含水量偏离最佳含水量超过规定值。

(2)防治措施

①确保压路机的质量及碾压遍数符合规定。

②采用振动压路机配合三轮压路机碾压,保证碾压均匀。

③压路机应进退有序,前后应有重叠。

④应在路基土接近最佳含水量时进行碾压。

3. 路基压实度超百

(1)形成原因

①未认真进行标准击实试验,最大干密度误差较大。

②路基填料不均匀。

③采用重型压实机械,压实功偏大。

(2)防治措施

①在取土坑具有代表性的土样认真进行标准击实试验,不同土样应分别进行标准击实实验。

②选择均匀的填料。

4. 路基边缘压实度不够

(1)形成原因

①压实机具未走到边缘。

②路基按设计要求超宽填筑。

(2)防治措施

控制碾压工艺,压路机一定要行驶到路基边缘。

三、路基工程表面质量常见问题防治

1. 路基工程表面松散

(1)形成原因

①施工路段偏长,拌和、粉碎、压实机具不足。

②粉碎、拌和后未及时碾压,表层失水过多。

③压实层土的含水量低于最佳含水量过多。

(2)防治措施

①确保压实层土的含水量与最佳含水量差在规定范围内。

②适当洒水后重新进行拌和碾压。

2. 路基表面网状裂缝

(1)形成原因

①土的塑性指数偏高或为膨胀土。

②碾压时含水量偏大,且未能及时覆土。

③压实后养护不到位，表面失水过多。

(2)防治措施

①采用合格的填料，或采取掺灰处理。

②选用符合规范要求的土料填筑路基，确保压实层土的含水量接近最佳含水量。

③加强养护，避免表面水分过分损失。

④认真进行施工组织安排。

3. 路基表面起皮

(1)形成原因

①压实层土的含水量不均匀且失水过多。

②为调整高程而贴补薄层。

③碾压机具不足，碾压不及时，未配置胶轮压路机。

(2)防治措施

①确保压实层土的含水量均匀且与最佳含水量差在规定范围内。

②认真进行施工组织设计，配备足够合适的机具保证翻晒均匀、碾压及时。

4. 路基表面出现起包

(1)形成原因

用石灰土处理过湿路基的混合料中石灰消解不充分。

(2)防治措施

石灰应在使用前 7 ~ 10d 进行充分消解，并过 10mm 筛。

四、路基工程施工中其他常见问题防治

1. 路基工程局部积水严重

(1)形成原因

①路基表面不平整。

②路基表面未设横坡或出现倒坡。

(2)防治措施

①路基压实前应整平。

②路基表面应设 2% ~4% 的横坡。

2. 路基边坡被冲刷

(1)形成原因

①过早的削坡而边坡防护工程未能及时跟上。

②未设临时急流槽和拦水埂。

③每次雨水冲刷后未及时修补路基。

④边坡未植草防护。

(2)防治措施

①削坡后边坡防护工程应及时紧跟上。

②应设临时急流槽和拦水埂和排水沟。

③应及时填平冲沟。

3. 路基灰土封层的灰剂量不均

(1)形成原因

①路基土的砂化不充分。

②路基掺灰未按工艺要求规格撒灰。

③拌和不均匀。

(2)防治措施

①液限较大黏性土应充分砂化。

②应严格按掺灰路基施工工艺进行撒灰、粉碎,采用稳定土拌和机进行拌和。

4. 路基灰土剂量不足

(1)形成原因

①施工单位偷工减料,未按规定规格撒灰。

②石灰堆放时间过长或拌和碾压不及时。

③较长时间堆放的石灰未覆盖。

(2)防治措施

①确保石灰的掺量。

②石灰消解后要在7~10d内及时用完。

③堆放时间过长的石灰,应事先用彩条布或土覆盖,使用前测定其有效钙镁含量,必要时重新调整掺灰剂量。

④撒灰应及时拌和碾压。

五、砌石防护施工中常见问题防治

1. 块石及片石强度低

(1)形成原因

①块石及片石进场前未进行检验。

②部分石料风化。

(2)防治措施

①块石及片石进场前应进行检验,质量应符合规定。

②剔除风化石。

2. 砌缝砂浆强度低

(1)形成原因

①砂浆中所用水泥、砂等材料质量不符合规范要求。

②未进行砂浆试配。

③拌和时对各种原材料未按要求进行计量。

④未采用机械拌和,而是采用人工随意加料拌和。

⑤拌和好的砂浆未及时用于砌筑。

⑥砂浆运输过程中离析。

(2)防治措施

①对原进场材料按要求进行检验,不合格的材料坚决清理出场。

②砌筑开工前按要求进行砂浆强度试配。

③拌和过程中各种原材料用量计量要准确。

④砂浆应采用机械集中拌和,不允许人工拌和。

⑤拌和好的砂浆摆放时间不能过长,要及时用于砌筑。

⑥砂浆运输线路不能过长，拌和场地尽可能地靠近施工现场。

3. 砌缝砂浆不密实，不饱满

(1)形成原因

①砌筑时先干砌后灌浆。

②填缝砂浆没有插捣密实。

(2)防治措施

①砌筑时应先坐浆。

②对填缝砂浆一定要插捣密实，不留空隙。

4. 勾缝砂浆剥落较多

(1)形成原因

①砂浆勾缝后要进行养护。

②勾缝前砌缝表面的泥土及浮浆没清理干净。

(2)防治措施

①砂浆勾缝后要进行养护。

②勾缝前要将砌缝表面的泥土及浮浆清理干净。

5. 排水边沟排水不畅

(1)形成原因

①沟底纵坡设置过长。

②沟底纵坡度过小。

③边沟被堵塞。

④边沟沟底不平顺。

(2)防治措施

①按实际排水需要设置边沟纵坡长度和坡度。

②及时清理边沟中的杂物，保持边沟排水通畅。

③边沟沟底要砌筑平顺，防止局部凹陷。

六、土工网垫植草防护施工中常见问题防治

1. 草籽植被不均匀

(1)形成原因

①部分漏撒。

②草籽质量不好。

③坡面土质不适合草籽生长(如灰土)。

④播草籽后养护不及时。

⑤播种的草籽被雨水冲走，没及时进行补种。

(2)防治措施

①采用机械撒播，防止漏撒。

②坡面换填一层适合草籽生长的耕植土层。

③选择较好的草种。

④播籽后要及时进行养护。

⑤大雨后要及时补种被冲走区域。

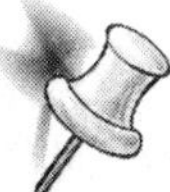

2. 土工网垫与坡面连接不密贴

(1)形成原因

①坡面不平整。

②坡面杂物未清理干净。

(2)防治措施

①铺网垫前将坡面整平。

②铺网垫前将坡面杂物清理干净。

3. 土工网垫剥落

(1)形成原因

①网垫锚钉偏少。

②网垫搭接长度不够。

(2)防治措施

①按设计要求和实际需要布设锚钉。

②保证有足够的搭接长度。

第四节　路面基层(底基层)施工中常见的问题与防治

无论是对于沥青路面还是水泥混凝土路面,路面基层施工质量是影响路面的耐久性和使用性关键因素之一。近些年来新建公路产生的一些早期病害常与路面基层施工质量好坏有关。因此,在路面基层施工中加强对出现的常见问题的分析,进一步采取有效的防治措施,对工程质量有着重要的现实意义和关键作用。

一、二灰土路面底基层施工中常见问题的防治

1. 二灰土抗压强度不合格

(1)形成原因

①石灰剂量不足,石灰等级较低,黏土粉碎不够,拌和不均匀。

②二灰土抗压试件养护温度不符合要求,养护期间失水过多。

(2)防治措施

①实际石灰剂量应比设计剂量高出0.5%~1.0%。

②采用有效钙加氧化镁含量较高的石灰,并充分消解。

③土块粉碎至规定尺寸,拌和应均匀。

④二灰土试件高度误差应在±0.2mm范围内。

⑤试件应用塑料膜裹覆养生,养生温度和湿度应在规定范围内。

2. 二灰土底基层表面起皮

(1)形成原因

①二灰土含水量过大或过小。

②二灰土表层失水过多,未及时碾压。

③碾压未按先轻后重的原则。

④二灰土拌和不均匀。

(2)防治措施

①二灰土的含水量宜大于最佳含水量1%开始碾压,并及时压实。

②及时清除黏附在压路机轮上的二灰土,并清除出路面以外。

③应按先轻后重的碾压程序逐步压实。

④对表面起皮层应清除出路面以外,高程用基层补足,也可及时刨松,厚度不小于10cm,打碎洒水拌匀后再压实。

⑤严格按放样线施工,不得采用贴补薄层的方法补足高程。

3. 二灰土表面松散

(1)形成原因

①二灰土表层含水量较低,不能压实。

②二灰土表层受冻松散。

③冬季覆盖土内水分下渗,使基层表面吸水而涨松。

④灰剂量不足或失效。

(2)防治措施

①高温干燥气候,碾压过程适当洒水。

②做好二灰土过冬的防冻措施。

③可采用含水量较小、透水性小的土作为覆盖层,且碾压密实。

4. 二灰土表面开裂

(1)形成原因

①碾压含水量过大。

②用土塑性指数过高。

③地基沉降尚未稳定,地基沉降不均匀。

(2)防治措施

①严格控制碾压含水量。

②选用符合规范要求的土料或铺筑二灰土底基层,采取二次掺灰的办法降低土的塑性指数。

③地基沉降速率连续两个月不大于5mm/月时再施工底基层。

5. 二灰土表面放炮

(1)形成原因

①二灰土底基层碾压完毕尚有过火石灰未消解。

②消解石灰未按规定过筛。

(2)防治措施

①生石灰应在使用前一周洒水充分消解。

②消解石灰必须通过10mm筛后才能使用。

二、二灰碎石基层施工中常见问题的防治

1. 二灰碎石抗压强度不合格

(1)形成原因

①石灰剂量不足。

②石灰等级较低。

③二灰碎石抗压试件制备不标准。

④未能保湿养护。

⑤二灰碎石拌和不均匀。

⑥二灰碎石成型后养护温度偏低。

(2)防治措施

①施工中石灰剂量应较设计值高0.5%～1.0%。

②选用有效钙加氧化镁含量高的石灰(Ⅱ级以上)。

③添加1%～2%的水泥。

④石灰应充分消解,通过10mm筛。

⑤提高二灰碎石拌和均匀并及时成型试件。

⑥成型后及时洒水养护应不少于7d。

⑦尽可能在气温较高时施工。

2. 二灰碎石压实度不符合要求

(1)形成原因

①含水量不符合规定。

②压路机质量较小,碾压遍数不够,局部漏压。

③二灰碎石拌和不均匀,局部粉煤灰偏多,集料偏少。

④靠近中央分隔带处加宽不够。

(2)防治措施

①严格控制二灰碎石混合料拌和过程中含水量,使碾压前含水量接近最佳含水量。

②采用重型压路机反复碾压,按试铺路段碾压遍数直到压实度符合规定为止。

③提高二灰碎石拌和均匀性。

④中央分隔带处应设有一定的加宽。

3. 二灰碎石压实度不均匀

(1)形成原因

①二灰碎石配合比和含水量不均匀。

②二灰碎石碾压遍数不一致,局部漏压。

(2)防治措施

①严格控制各料仓喂料速度加水量,做到配料准确,含水量符合规定。

②控制碾压遍数,均匀碾压。

4. 二灰碎石基层摊铺离析

(1)形成原因

①二灰碎石运到摊铺现场已经离析。

②二灰碎石集料含量偏高,超过85%,集料最大粒径超过设计要求。

③摊铺机工作状态不佳。

(2)防治措施

①按设计配合比拌制二灰碎石混合料,集料级配应在设计级配范围内。

②成品料堆应经常铲平,避免形成锥体使粗料流向堆底。

③摊铺机应调整到最佳状态,螺旋布料器中混合料面应与路面呈平行的平面,并将布料器掩盖。

5. 二灰碎石基层开裂

(1)形成原因

①二灰碎石混合料中二灰比例偏大;集料级配中细料偏多。

②二灰碎石碾压时含水量偏大。

③成型温度较高,强度形成较快。

④碎石中含泥量较高。

⑤路基沉降尚未稳定或路基发生不均匀沉降。

⑥养护不及时。

(2)防治措施

①优化二灰碎石配合比设计,严格按施工配合比混合料,选择合格的集料。

②控制碾压时含水量不超出允许范围。

③待沉降稳定后再铺筑基层。

④对已开裂的基层应加铺玻纤网加固,对纵向裂缝应采用钢筋混凝土跨缝加固,防止裂缝对沥青面层的反射影响。

6. *二灰碎石表面放炮*

(1)形成原因

①石灰未充分消解。

②石灰未过筛或筛孔尺寸过大。

(2)防治措施

①石灰使用前应充分消解,必须在施工前 7 ~10d 加水充分消解。

②消解石灰应通过 10mm 筛后才能使用。

③保证碾压时的含水量。

7. *二灰碎石表面松散*

(1)形成原因

①二灰碎石表面水分蒸发,含水量偏低,无法碾压成型。

②二灰碎石保湿养护不足,表面未成型。

③二灰碎石表层被破坏。

(2)防治措施

①在气温高、相对湿度较小的时期施工,在碾压过程中应适当洒水,保持在最佳含水量状态下压实。

②对过冬的二灰碎石应采取各种防冻措施,防止表层被冻坏。

③及时洒水养护,保证表面形成强度。

三、水泥稳定碎石基层施工中常见问题的防治

1. *碎石基层开裂*

(1)形成原因

①水泥剂量偏大。

②水泥稳定碎石基层碾压时混合料含水量偏大。

③养护不及时。

④养护结束后未及时铺筑封层。

(2)防治措施

①在保证强度的情况下应降低水泥稳定碎石的水泥剂量。

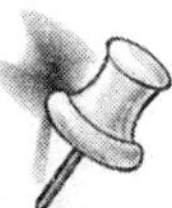

②碎石级配应接近要求级配范围中值。

③加水应严格控制。

④养生结束后应及时铺筑下封层。

⑤宜在春末和气温较高的季节组织施工，工期的最低气温应在5℃以上，并在第一次重冰冻到来之前半个月到一个月完成；并且基层表面在冬季上冻前应做好覆盖层（下封层或摊铺下面层或覆盖土）。

2. 基层厚度不均匀

(1)形成原因

①二灰土表面高程超标。

②二灰碎石摊铺用的钢丝设置放样误差过大。

③松铺系数不准确。

(2)防治措施

①二灰土底基层按标准进行检测验收。

②控制摊铺厚度钢丝的设置，对其高程应进行复核。

参考文献

[1] 中华人民共和国交通部行业标准. 公路工程技术标准(JTG B01—2003). 北京:人民交通出版社,2003.

[2] 中华人民共和国交通部行业标准. 公路工程质量检验评定标准(JTG F80/1—2004). 北京:人民交通出版社,2004.

[3] 中华人民共和国交通部行业标准. 公路沥青路面施工技术规范(JTG F40—2004). 北京:人民交通出版社,2004.

[4] 中华人民共和国交通部行业标准. 公路改性沥青路面施工技术规范(JTJ 036—98). 北京:人民交通出版社,1998.

[5] 中国工程建设标准. 公路沥青玛蹄脂碎石路面技术指南(SHC F40—01—2002). 北京:人民交通出版社,2002.

[6] 中华人民共和国交通部行业标准. 公路水泥混凝土路面施工技术规范(JTG F30—2003). 北京:人民交通出版社,2003.

[7] 中华人民共和国交通部行业标准. 公路水泥混凝土路面滑模施工技术规范(JTJ/T 037.1—2000). 北京:人民交通出版社,2000.

[8] 中华人民共和国交通部行业标准. 公路路基设计规范(JTG D30—2004). 北京:人民交通出版社,2004.

[9] 中华人民共和国交通部行业标准. 公路路基施工技术规范(JTJ 033—95). 北京:人民交通出版社,1995.

[10] 中华人民共和国交通部行业标准. 公路工程集料试验规程(JTG/T E42—2005). 北京:人民交通出版社,2005.

[11] 中华人民共和国交通部行业标准. 公路路面基层施工技术规范(JTJ 034—2000). 北京:人民交通出版社,2000.

[12] 中华人民共和国交通部行业标准. 公路工程施工监理规范(JTJ 077—95). 北京:人民交通出版社,1995.

[13] 刘吉士,阎洪河. 公路路基施工技术. 北京:人民交通出版社,2004.

[14] 交通部公路司. 公路工程质量通病防治指南. 北京:人民交通出版社,2002.

[15] 沙庆林. 高速公路沥青路面早期破坏现象及预防. 北京:人民交通出版社,2001.

[16] 徐培华,郑南翔,徐玮. 高等级公路路基路面施工质量控制技术. 北京:人民交通出版社,2005.

[17] 高速公路丛书编委会. 高速公路路面设计与施工. 北京:人民交通出版社,2001.

[18] 沈金安. 改性沥青与 SMA 路面. 北京:人民交通出版社,1999.

[19] 廖正环. 公路施工与管理. 北京:人民交通出版社,1999.

[20] 王明怀. 高等级公路施工技术与管理. 北京:人民交通出版社,1999.

[21] 胡长顺,黄辉华. 高等级公路路基路面施工技术. 北京:人民交通出版社,2005.

[22] 何挺继,胡永彪. 水泥混凝土路面施工与施工机械. 北京:人民交通出版社,2000.

[23] 王秉纲,郑木莲. 水泥混凝土路面设计与施工. 北京:人民交通出版社,2004.

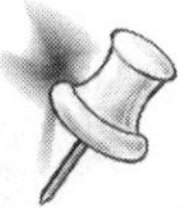

[24] 文德云.公路工程施工现场控制要点.北京:人民交通出版社,2003.
[25] 般治宁,程中则.公路施工监理.北京:人民交通出版社,2004.
[26] 尚云东,王玮.路面混凝土弯拉强度及弹性模量的试验研究.交通标准化.2006(5).
[27] 向中富.桥梁施工控制技术.北京:人民交通出版社,2001.
[28] 陈晓明.道路材料.北京:人民交通出版社,2005.
[29] 李宇峙.工程质量监理.北京:人民交通出版社,2001.
[30] 沈金安.沥青与沥青混合料路用性能.北京:人民交通出版社,2003.
[31] 全国建筑施工企业项目经理培训教材编委会.施工项目质量与安全管理.北京:中国建筑工业出版社,1995.